D0813550

Breve historia de la literatura española

Literatura

Carlos Alvar,
José-Carlos Mainer,
Rosa Navarro

Breve historia de la literatura española

El libro de bolsillo
Literatura española
Alianza Editorial

Primera edición: 1997
Cuarta reimpresión: 2004

Calle Juan Ignacio Luca de Tena, 15; 28027 Madrid; teléf. 91 393 88 88
www.alianzaeditorial.es
ISBN: 82-206-3403-4
Depósito legal: M. 51.552-2003
Compuesto e impreso en Fernández Ciudad, S. L.
Catalina Suárez, 19. 28007 Madrid
Printed in Spain

Preliminar

Cuando decimos «historia de la literatura española» (ese término que nos es tan familiar desde el bachillerato y que por eso mismo nos parece tan sólido y definido), enunciamos una serie de analogías y equívocos que conviene tener en cuenta. Muchos historiadores consideran discutible el estatuto «histórico» de los estudios artísticos y, sobre todo, muchos estudiosos de la literatura piensan que el orden cronológico y causal de los hechos literarios aporta muy poco o nada a su conocimiento. Hace ya setenta años, el gran lingüista ruso Roman Jakobson opinaba que la historia de la literatura realiza con el objeto de su atención lo mismo que la policía en el lugar del crimen: describe el entorno del suceso, pregunta a los que bajaban por la escalera o pasaban por la calle... Pero nada de este protocolo circunstancial explica, de entrada, la interioridad de lo acaecido, la motivación íntima y la construcción interna de las cosas. Tampoco «literatura» es un término unívoco: en las páginas que siguen se tratará de crónicas medievales, traducciones de libros científicos del taller de Alfonso el Sabio, expresiones de la conciencia religiosa escritas por mandato de un superior, obras de divulgación de Feijoo y ensayos de alcance filosófico de Ortega, al lado de poemas, novelas y dramas. Solamente desde la época romántica entendemos por literatura algo relacionado con la inspiración, la imaginación y, a fin de cuentas, cierta gratuidad: hasta entonces, sus diferencias con la erudición o el simple ejercicio profesional de la escritura no existen, como sabe muy bien quien piense en el alcance del término «letrado» o «clérigo» en la Edad Media y de «literato» en el siglo XVIII.

De hecho, cuando hablamos de «historia de la literatura española», aludimos a un concepto que se comenzó a constituir en el siglo XVIII y que tuvo plena virtualidad en el siglo XIX: es una más de las «historias de la literatura nacionales» que surgieron en las mismas fechas como referentes patrióticos y como símbolos de unidad de la ciudadanía al calor ideológico del romanticismo, y luego a la sombra científica del positivismo. El primero les dio color local y emoción sentimental y el segundo convirtió en pautas interpretativas rígidas la influencia de los contextos materiales -geográficos, políticos, idiosincráticos- y el sentido interno de la evolución de las cosas humanas, paralela a la de las biológicas. Pero también sabemos que decir «español» antes de los comienzos del siglo XVIII es un ejercicio de voluntarismo que tiene poco que ver a menudo con la conciencia real de los hechos que había antes de ese momento.

Y no ya sólo en el terreno de lo político, sino también en el de los mismos datos lingüísticos. El «castellano» (destinado a ser «español» e «idioma nacional» con toda legitimidad) surgió, como el pequeño condado del que tomó el nombre, en condiciones de manifiesta inferioridad física y política en el marco del mosaico dialectal del norte de la Península. Durante los siglos VIII al X, al comienzo de lo que llamamos con término muy discutible «reconquista», se fraguaban en aquella zona, de oeste a este, un conjunto de lenguas románicas (derivadas del latín vulgar) de destino muy dispar: el área gallega que, después del siglo XIII, generaría el portugués actual; el conjunto asturiano-leonés, cuya expansión no rebasó nunca el límite de la cuenca superior del Duero; el bloque navarro-aragonés, emparentado con el riojano y con un hipotético dominio lingüístico cuyos rasgos llegarían hasta Andalucía oriental, pero que ya a fines del XIV languidecía y hoy sólo se conserva muy fragmentado en algunas zonas prepirenaicas; el muy definido idioma catalán –que es iberorromance con algún parentesco menor galorrománico–, que se expandiría desde el Rosellón hacia el sur y el este por Valencia y por las Baleares, hasta el puerto de Biar y la población sarda de Alghero. Y a ello hay que sumar –porque no es románico– el enclave vasco, de confusa delimitación por la relación que pudo tener con otras lenguas prerrománicas y, al menos, por la notable expansión de su toponimia, que se hallaba hasta en el norte de la actual Rioja a comienzos del siglo XII.

Al sur, en tierras convertidas al islamismo, se hablaba un conjunto de variedades lingüísticas que llamamos «mozárabe», apenas conocidas a través de glosarios árabe-romances, pero cuyos rasgos de fonética y léxico permiten hablar de una cierta continuidad entre los dialectos norteños reseñados y esa vasta región lingüística del sur. No han dejado, sin embargo, ninguna huella en las hablas de hoy y es empeño vano vincular los rasgos propios del valenciano a una presunta continuidad del mozárabe: la diferencia del catalán usado por un hablante de Gerona y otro de Castellón no es mayor que la del español de un nativo de Valladolid y otro de Málaga.

Pero volvamos al «pequeño rincón» –como dice el *Poema de Fernán González*– donde nacieron a la vez el condado de Castilla y el castellano, una lengua muy innovadora, destinada a avanzar como una «cuña» idiomática que se ensancha hacia el sur (la gráfica expresión es de Ramón Menéndez Pidal y Amado Alonso). Aquel idioma se convirtió muy pronto en la *lingua franca* de una encrucijada dialectal y esto, tanto como la expansión política de Castilla, aseguró su éxito. Se sobrepuso, primero, al uso del árabe y del hebreo, lenguas propias de sendas comunidades hispanas que cultivaron las letras a lo largo de la Edad Media y que llamaron a su tierra Sefarad o Al-Andalus con tanto derecho como otros la llamaron Hispania o España. La consideración de ambos grupos es inevitable a la hora de entender la transmisión de muchos saberes a la Europa medieval a través de la lengua castellana, pues judíos fueron los traductores de los textos científicos y filosóficos del mundo árabe. Y si la tardía adopción del castellano por la España islámica dio el curioso fenómeno de la literatura *aljamiada* (escrita en romance con grafía árabe), el mismo y precoz hecho entre los hebreos originó –después de la expulsión de 1492– el judeoespañol, todavía en uso. Pronto, el castellano relegó el leonés y aragonés hasta hacerlos desaparecer del uso escrito. Creó su dialecto andaluz y conformó, con algún rasgo peculiar de las hablas orientales, el murciano y, con alguna sombra de las occidentales, el extremeño; se adaptó luego en Canarias y América, sin perder una unidad mucho mayor que las de otras lenguas destinadas a tan dilatada expansión. De «castellano» pasó a «español»... pero sin dejar de ser «castellano». En la medida en que tal denominación evoca los orígenes de la lengua común y la viva pluralidad de las lenguas de España, el nombre resulta más propio que si llamamos «toscano» al italiano.

De esa unidad y de esa variedad, en definitiva, quiere hablar hoy una *Breve historia de la literatura española*. A lo largo de los siglos XVIII y XIX se fragua, como se recordaba arriba, la idea de que toda literatura es la expresión de un carácter nacional, noción que formularon, con intereses y tonos diversos, idealistas esotéricos, románticos reaccionarios, liberales radicales y positivistas académicos. Hoy, lejos de esos principios, pensamos que la historia de la literatura refleja los avatares de una *institución* (que tiene sus facetas lingüísticas, económicas, de control ideológico, de formación escolar...) y la cambiante constitución de un *canon* de escritores y tendencias, vivido como patrimonio propio de una comunidad. Y en tal sentido, la historia de la literatura cobra -como disciplina académica y como objeto de interés público- una nueva legitimidad,

Ochocientos años de quehacer literario continuo, con autores cuyo único punto en común es el empleo de la misma lengua: no es tarea fácil reducir a la unidad esa disparidad original. Tras la literatura se esconden siempre otros elementos, como las preocupaciones, miedos y fantasías, la visión del mundo, las creencias de cada momento, tan variables que se pueden distinguir distintos períodos: Edad Media, Siglos de Oro, siglo XVIII, siglo XIX, época contemporánea, actualidad, etc. Pero a su vez cada uno de esos períodos es susceptible de nuevas subdivisiones, y así sucesivamente, pues no en vano siempre, en cada momento, somos iguales y siempre distintos a nosotros mismos, como individuos y como colectividad.

Hemos dividido esos ochocientos años de quehacer literario en tres bloques, generalmente aceptados por los estudiosos, y que, fundamentalmente, coinciden con las divisiones de la materia que se hacen en el mundo académico y universitario: de la Edad Media se ha ocupado Carlos Alvar; los Siglos de Oro han sido el campo de Rosa Navarro; José Carlos Mainer ha estudiado la producción literaria desde el siglo XVIII hasta nuestros días. Son tres etapas muy diferentes, con sus propios afanes y anhelos, con sus peculiaridades. Siendo el planteamiento el mismo y manteniendo la unidad de criterio, el tratamiento tenía que ser diferente, para poder aprehender en su mayor parte el fenómeno literario: la cuestión de la lectura, y por tanto, de la difusión de la obra literaria, no se puede tratar del mismo modo cuando se trabaja con manuscritos –de escasas copias– que cuando se habla de tiradas de varios miles de ejemplares; la formación intelectual de los autores difiere considerablemente entre la Edad Media y la actualidad; la presencia femenina tampoco reviste las mismas características en los Siglos de Oro que en nuestros días. Y del mismo modo, las preocupaciones de los escritores del siglo XIII no podían ser las mismas que las de los autores de la Generación del 98, ni las de los poetas renacentistas que las de los novelistas de postguerra...

Por otra parte, la historia de la literatura, como la filología y otras ciencias, aplica enfoques metodológicos distintos a cada uno de estos períodos: empeñarse en reducirlos a la unidad de criterio daría como resultado un extraño híbrido de dudosos frutos. Así, esta *Breve historia de la literatura española* se presenta como el resultado de la unión de tres períodos, pero con el respeto a las peculiaridades de cada una de esas divisiones. En la Edad Media, no se puede olvidar la referencia a otras literaturas peninsulares, cuando algunos autores escriben en dos lenguas diferentes y cuando los influjos mutuos son abundantes; del mismo modo que no se puede perder de vista el momento histórico en el que se desarrolla la actividad literaria, pues no sólo condiciona la mentalidad, sino que también ayuda a explicar el nacimiento de algunos textos o el éxito de otros; la distancia cronológica que nos separa, las vicisitudes políticas de la Reconquista y otros factores justifican sobradamente este planteamiento. Tampoco debe extrañar que en los Siglos de Oro uno de los hilos conductores sea el del cambio de mentalidad, con las nuevas aportaciones llegadas de Italia, o las preocupaciones por el individuo. Algo semejante se podría decir de la última parte, en la que los nuevos hallazgos de la ciencia llevan a los autores a plantearse cuestiones hasta entonces apenas intuidas: baste como ejemplo Freud y el psicoanálisis, con todo lo que ello supuso para el conocimiento de algunas actitudes de la persona; o donde la evolución de la sociedad –que sufrió dos grandes guerras en el siglo XX– lleva a cambios tan trascendentales como la paulatina liberación de la mujer.

Unidad y diversidad. El lector se va a poder encontrar aquí con todos los autores importantes de nuestra literatura que se han expresado en castellano, pero también hallará una recreación de las circunstancias históricas y de la tradición literaria en la que esos escritores se insertan. Tiene, pues, en este libro las claves para comprender mejor una parte del pasado y del presente, para seguir el proceso evolutivo de los cambios de mentalidad, y para conocer más de cerca a quienes han utilizado nuestra lengua con mayor acierto, con más sensibilidad, los que han servido de modelo o han marcado un camino; en definitiva quienes han configurado en gran medida nuestra forma de ser y de pensar.

C. Alvar, J. C. Mainer, R. Navarro Durán
1996

La Edad Media
1. Los inicios

De fines del siglo XI a comienzos del siglo XIII

Hace poco más de mil años, el latín utilizado en Castilla se había distanciado tanto de sus orígenes, que hasta los monjes necesitaban explicaciones o aclaraciones para las que recurrían a otros términos latinos o a algunas palabras que ya se empleaban en la lengua común, heredera de la que habían traído los romanos: el castellano. De este modo, las *Glosas Emilianenses* y, algo más tarde, las *Silenses*, se convierten en el primer testimonio –apenas balbuceos– de que en tierras riojanas había nacido una modalidad lingüística nueva, resultado del uso local del latín hablado; eran los últimos años del siglo X.

Habrá que esperar todavía doscientos años para ver transformados esos tímidos balbuceos en una obra literaria, el *Poema de Mio Cid*. Entre tanto los castellanos cantaron cancioncillas tal vez recibidas y transformadas –como la lengua misma– de los romanos; pero la noche oscura de los tiempos sólo deja lugar a conjeturas. El hecho cierto es que algunas de esas breves canciones (las *jarchas*) llegaron a formar parte, ya a mediados del siglo XI, de las poesías de grandes autores que escribían en árabe o en hebreo.

Es la época, también, en la que vivió Rodrigo Díaz de Vivar, el protagonista del *Poema de Mio Cid,* nuestro texto narrativo más antiguo. Pero además es un momento especialmente importante para la sociedad castellana: por una parte, el crecimiento demográfico lleva a la repoblación de amplias zonas del territorio, a la vez que florecen los asentamientos urbanos con fines comerciales, al margen de la economía rural (agrícola y ganadera), que era la predominante.

Alfonso VI (1072-1109) es el rey castellano que ocupa la segunda mitad del siglo XI. Las circunstancias de su llegada al trono de Castilla están íntimamente relacionadas con la muerte de su hermano Sancho II, y fueron objeto de algún cantar de gesta, en el que el Cid también desempeñaría un papel relevante. Entre los hechos más sobresalientes del reinado de Alfonso VI se encuentran la anexión de Toledo (mayo de 1085) y de una amplia zona a su alrededor, gracias al apoyo de los mozárabes (población cristiana bajo dominio árabe). La incorporación de estos amplios territorios permitirá que aparezcan figuras que viven y se enriquecen en las zonas fronterizas, combatiendo contra los árabes o aliándose con ellos, pues el botín y el honor constituyen la base de su propio poder: el Cid será uno de ellos.

Por otra parte, Alfonso VI implantó en Castilla varias innovaciones culturales promovidas por su abuelo Sancho el Mayor de Navarra (1004-1035). La primera de ellas fue el abandono del rito mozárabe y la incorporación al rito romano, a la vez que imponía la regla benedictina a los más destacados monasterios, con lo que se reforzaba la dependencia del Papa por parte de la Iglesia navarra, primero, y castellana, después.

Las reformas cluniacenses –de signo benedictino– se fueron extendiendo poco a poco por toda la Península a partir de 1071, y en Castilla desde el concilio de Burgos (1080): los monasterios más destacados de cada uno de los reinos no tardaron en tener un prior o un abad cluniacense igual que las sedes episcopales más importantes o de nueva creación, y como la regla se estaba imponiendo desde Francia, casi todos ellos eran franceses, lo que supuso notables enfrentamientos con el clero peninsular, y también un decidido proceso de «europeización» de la cultura clerical hispana.

El cambio de liturgia y la masiva llegada de monjes franceses, que no tardarían en ocupar todas las sedes, supuso también el abandono de los viejos libros litúrgicos (con la adquisición de otros llegados de Francia), y el olvido o abandono de la letra «visigótica» que será sustituida por la «carolingia», mucho más clara y legible, sin contar la pérdida de la música que acompañaba a los cantos litúrgicos...

Ante esta situación no extraña la temprana presencia de relatos épicos, o de inspiración épica, de origen francés en la Península, como ocurre con la *Nota Emilianense* (h. 1070), breve texto latino escrito en letra visigótica, en el que se citan seis personajes de los ciclos de Carlomagno y Guillermo, a la vez que se alude a la derrota del ejército franco y a la muerte de *Rodlane* en *Rozaballes.*

La muerte de Almanzor (1002) supuso una profunda crisis para el califato, con sucesivas revoluciones, que, a partir del año 1008, agravan la situación de Córdoba, provocando la huida de sabios y la insubordinación del pueblo. La falta de una autoridad política efectiva posibilitó la desmembración del Califato y la aparición de pequeños reinos autónomos (taifas), que llegaron a superar el medio centenar. La llegada de los almorávides, incultos guerreros bereberes, pondrá fin a esta división territorial (1090), a la vez que supone un intento de reforma religiosa y una vuelta a la ortodoxia islámica, con las consiguientes persecuciones contra judíos, cristianos y musulmanes heterodoxos, que tienden a refugiarse en los dominios cristianos del norte, dando lugar al nacimiento o desarrollo de centros intelectuales de primera magnitud y, lo que es más importante, poniendo en contacto la ciencia árabe con el occidente medieval, que comenzaba a dar los primeros pasos hacia lo que sería el «renacimiento» cultural del siglo XII.

Pero además, la caída del califato cordobés con todo su refinamiento cultural y literario y la ignorancia del árabe por parte de los almorávides llevó al abandono casi total del cultivo de la poesía árabe clásica, que fue sustituida por formas vulgares, quizá procedentes de la tradición: es así como surgen los primeros zéjeles, resultado –al parecer– de los esfuerzos eclécticos de Ibn Batjtja de Zaragoza (Avempace), que de este modo pretendió unir la poesía árabe y la cristiana. Eran los últimos años del siglo XI.

Desde fines del siglo XI se aprecian en el occidente europeo algunos signos de revitalización intelectual, que llevarán en definitiva al denominado «renacimiento cultural» del siglo XII, con todo lo que ese auge intelectual lleva consigo, desde una mejora del latín a una mayor difusión de la cultura gracias a la incorporación de las mujeres a los centros de estudio, desde un incremento de los lectores, hasta la aparición de la literatura en lenguas romances como consecuencia de esa difusión; pero el siglo XII es, además, el del auge de la caballería y de las Cruzadas, entre otros aspectos; en definitiva, se trata de una centuria de gran vitalidad. También la Península Ibérica participa de esa vitalidad, aunque de un modo diferente.

Dos hechos fundamentales cabe destacar durante este período: la plena formación de las diferentes nacionalidades peninsulares y el paulatino dominio del reino de Castilla sobre los demás reinos de la Península. Los enfrentamientos de la nobleza con la incipiente burguesía no sólo acabaron en Castilla con el comercio, sino que además tuvieron como consecuencia la ruptura matrimonial (1110) entre Alfonso I de Aragón (defensor de los intereses de campesinos y comerciantes) y doña Urraca de León-Castilla (inclinada hacia la protección de la nobleza), y el posterior ascenso al trono castellano-leonés de Alfonso VII (1126-1157), que llevaría a cabo una política de división entre los reinos cristianos en beneficio propio y en defensa de su idea de ser reconocido «emperador» por los otros reyes de la Península: bajo el reinado de Alfonso VII nace Portugal como condado independiente de León, que no tardará mucho en convertirse en reino (1143) y Castilla se separará, una vez más, del reino leonés.

Los conflictos entre los reinos cristianos de la Península son sólo un aspecto del panorama político del siglo XII, al que hay que añadir la decadencia militar de los almorávides, los enfrentamientos entre los árabes de al-Andalus y, finalmente, la llegada de los almohades (a mediados del siglo), musulmanes más rigurosos y crueles aún que sus predecesores, a los que acusaron de heterodoxos y apóstatas. Los almohades habían nacido como una reacción espiritual frente a los almorávides, pero el movimiento no tardó en convertirse en una auténtica revolución política: en 1171 conquistan Sevilla, capital del imperio almorávide, no tardan en amenazar a Toledo, símbolo del poder cristiano, y derrotan a Alfonso VIII en la batalla de Alarcos (1195), convirtiéndose en una grave amenaza para

Castilla y los demás reinos peninsulares, que así lo entienden y se unen frente al poder almohade en una cruzada que tiene como resultado la batalla de Las Navas (1212) y, como consecuencia de la misma, el final de la hegemonía militar de los almohades. El camino para las conquistas andaluzas de Fernando III queda expedito.

El panorama político del siglo XII quedaría incompleto si no se hace una breve referencia a la «internacionalización» de los reinos peninsulares, primero por la presencia de sucesivas oleadas de cruzados que tuvieron muy desigual fortuna, con fracasos en Zaragoza (1101) y Baleares (1114), y éxitos en Lisboa y Almería (1147), con motivo de la Segunda Cruzada a Tierra Santa, y en Las Navas (1212); pero las relaciones con otros reinos de fuera de la Península se mantenían también a través de las alianzas matrimoniales: Alfonso VII de León y Castilla era hijo de Raimundo de Borgoña y suegro de Luis VII de Francia, por el matrimonio de su hija Constanza (1152); Alfonso VIII de Castilla se casó con Leonor de Aquitania, hija de Enrique II de Inglaterra (1170) y casaría a su hija Blanca con Luis VIII de Francia. Esta política matrimonial se mantendrá a lo largo del siglo XIII.

En el inquieto panorama político y militar del siglo XII, en el que se suceden reinos de taifas, guerras civiles, invasiones de sectas intolerantes y continuos avances de la frontera hacia el sur, destaca –casi como una paradoja– la situación cultural.

Toledo había heredado gran parte de la biblioteca de al-Hakam II y poco después de la conquista (1085) era ya un centro destacado (aunque no el único) por su actividad intelectual, gracias al empeño del obispo don Raimundo de Salvetat y a la presencia de traductores tan prolíficos como Gundisalvo, que se ocupó de verter al latín la

Física de Aristóteles y otros tratados del Estagirita a través de Avicena: Gundisalvo llevó a cabo, al menos, una veintena de traducciones del árabe al latín, de contenido filosófico generalmente, que tendrían una gran repercusión entre sus contemporáneos.

Las letras latinas del siglo XII en Castilla y León producen también obras originales, como el apéndice del *Codex Calixtinus*, la *Historia Compostelana* y la *Chronica Adefonsi Imperatoris,* que contiene el *Poema de Almería,* la mejor obra épica hispanolatina de la Edad Media (h. 1147) y cuyas alusiones al Cid y a Álvar Fáñez se suman a otros textos como la *Gesta Roderici* y el *Carmen Campidoctoris* para dar una idea de la existencia de leyendas épicas relativas al ciclo de Rodrigo Díaz de Vivar; pero el autor del *Poema de Almería* era hombre culto, conocedor también de la épica francesa, pues cita a Roldán y Oliveros, en clara muestra de la difusión de un cantar de gesta protagonizado por la pareja épica y conocido ya en lengua peninsular.

Es, sin lugar a dudas, la producción historiográfica la más sobresaliente: no sólo hay que hacer referencia a la *Historia Compostelana* impulsada por el arzobispo Diego Gelmírez en la primera mitad del siglo XII, sino que también merecen un recuerdo especial la *Historia Seminense* (o *Silense,* h. 1120) y la *Chronica Najerense* (h. 1160): de tendencia leonesa la primera y castellana la otra; antifrancesa aquélla, más inclinada a acoger tradiciones épicas orales ésta.

Mientras tanto, los musulmanes y judíos de la Península desarrollan una floreciente literatura, con algunos autores de primera fila. Entre los musulmanes se encuentran: Ibn Bassam, que llevó a cabo la gran antología de la poesía andalusí; Ibn Quzman, autor de una extraordinaria colección de zéjeles; el zaragozano Ibn Batjtja (Avempace), poeta y filósofo posible iniciador de las formas zejelescas; Ibn Tufayl (Abentofáil), autor del *Filósofo autodidacto,* obra de gran repercusión y cuyo influjo llega hasta *Robinson Crusoe;* Ibn al-Arabi, poeta místico, autor de moaxajas; Ibn Rushd (Averroes, 1126-1198), el traductor y comentarista de Aristóteles... También los judíos gozan de una nutrida representación: Mosheh ibn Ezra (h. 1055-post. 1135), poeta granadino que se cuenta entre los mayores del siglo de oro hebraico-español; Yehudah ha-Levi) (h. 1070-1141), médico en Toledo y poeta de extraordinaria y merecida fama; Mosheh ben Maimon (Maimónides, 1138-1204), filósofo y comentarista de la *Misnah,* autor de la *Guía de perplejos* (h. 1190), con clara influencia aristotélica, y sobre todo, pensador que intentó unir razón y fe, suscitando encendidas polémicas entre los judíos de Provenza y los de la Península Ibérica. A la lista se pueden añadir otros muchos nombres, como los de los traductores que trabajaban en Toledo y en la Marca del Ebro, o como el converso Pedro Alfonso.

Algunos de estos autores, así Ibn Ezra, incorporan jarchas en lengua romance como cierre de sus moaxajas; otros escriben alguna de sus obras en latín (Pedro Alfonso) o actúan como traductores, pero en general la relación entre las tres culturas peninsulares (árabes, judíos y cristianos) no resulta especialmente profunda, y la huella recíproca no es unánimemente admitida por los investigadores.

En Castilla y León aún no ha surgido la literatura en lengua romance, aunque cada vez son más numerosos los testimonios de la existencia de una tradición oral relativa a la poesía lírica y, posiblemente también, a la épica: poemillas paralelísticos amorosos o heroicos («Cantan de Roldán», h. 1158), jarchas, citas de personajes... Todo hace pensar que el terreno se encuentra ya abonado. Y parte de la semilla la ponen los juglares que ya empiezan a aparecer en los textos y en la vida cotidiana: tal es el caso del primero que se cita, *Pallea juglar,* que el 24 de abril de 1136 aparece como confirmante del *Fuero de los Francos* de Toledo, al lado de condes, obispos y ricoshombres, lo que indica con toda claridad la consideración de que goza. Se puede especular que su actividad no debía ser la de entretener y divertir con gracias o juegos de habilidad, pues ese tipo de juglares era frecuentemente víctima de las iras eclesiásticas; por el contrario, habrá que considerar que su repertorio estaría formado por literatura edificante (vidas de santos, hechos heroicos, etc.), única modalidad aceptada sin objeciones por parte de la Iglesia.

Por la misma época se encuentra el trovador provenzal Marcabrú en la corte de Alfonso VII, y Cercamón, trovador también, dedica un *planh* a la muerte de Guillermo X duque de Aquitania, muerto en Santiago de Compostela como peregrino el 9 de abril de 1137: era hijo del famoso Guillermo de Poitiers (Guilhem de Peitieu), el iniciador de la poesía cortés. Luego llegarán Peire d'Alvernha y muchos otros a lo largo del siglo XII, atraídos especialmente por la corte de Alfonso VIII que no en vano estaba casado con Leonor de Aquitania, hermana de Ricardo Corazón de León y nieta de Guilhem de Peitieu. Sin embargo, los primeros imitadores de la poesía trovadoresca no aparecerán hasta los últimos años del siglo, y escribirán sus composiciones en gallego-portugués.

Las jarchas y la lírica de tipo tradicional

Pero además de la literatura culta, obra de autores formados en el seno de las escuelas monásticas o catedralicias, existe una literatura que se transmite de generación en generación, y cuyos primeros testimonios son las canciones populares. Intentar averiguar cuándo y cómo nacieron esas canciones es una labor tan difícil como vana: todos los pueblos cantan y, normalmente, esa forma de expresión se transmite de padres a hijos, sin llegar a la escritura a no ser en ocasiones excepcionales.

Por lo que respecta al occidente medieval, la lírica popular en lengua románica nació en el momento mismo en que el latín dejó de ser latín y empezó a ser un producto nuevo, embrión de las lenguas actuales: en el siglo VI, Cesáreo, obispo de Arles (muerto el año 542) condenaba las canciones «diabólicas» de los campesinos y campesinas; en el siglo siguiente, el concilio de Châlons (639-654) censuraba las canciones obscenas y soeces cantadas especialmente por coros femeninos; las condenas se repitieron en los concilios de Reims (813) y París (829) y son recordadas en diversas órdenes episcopales, cartas circulares, capitulares, etc., a lo largo de los siglos VIII y IX; resulta claro que la insistencia de la Iglesia en prohibir las canciones populares revela el poco éxito que tenían las prohibiciones y la vitalidad de que gozaba el lirismo tradicional. El mismo Carlomagno publicó una capitular en el año 789 en la que recortaba la libertad a las abadesas y ordenaba que hubiera un correcto comportamiento en los monasterios: «Que ninguna abadesa ose abandonar el convento sin nuestra autorización, ni permita que ninguna de sus monjas lo haga, y bajo ningún concepto deje que escriban canciones amorosas o que las envíen fuera del convento».

La lírica popular de todas las épocas y de todos los lugares tiene cantos femeninos, y los testimonios al respecto empiezan a proliferar en el occidente medieval a partir del siglo X.

Jarchas, moaxajas y zéjeles

Los testimonios más antiguos de poesía lírica en lengua romance los constituyen las *jarchas*, breves composiciones que se encuentran al final de determinados poemas en árabe o hebreo (llamados *moaxajas*), cuyos autores se sitúan –salvo contadísimas excepciones– entre mediados del siglo XI y fines del siglo XII, siendo contemporáneos de los poetas latinos que figuran en los *Carmina Cantabrigensia*, y medio siglo anteriores a Guilhem de Peitieu, el primer trovador provenzal de nombre conocido.

Según los tratadistas árabes medievales, fueron los poetas de al-Andalus (concretamente Muqaddam ibn Mu'afa o Muhammad ibn Mahmud, poetas cordobeses, de Cabra, de fines del siglo IX o de principios del siglo X) los inventores de la *moaxaja*, término con el que designaron un tipo de oda o de canción amorosa compuesta por varias estrofas de cinco o seis versos; de estos versos, los cuatro o cinco primeros riman entre sí, mientras que el último, o los dos últimos, riman con el último o los dos últimos de las demás estrofas, constituyendo de este modo un doble juego de rimas: unas mantienen la unidad estrófica; las otras dan coherencia a la composición. Sin duda, éste era el aspecto más llamativo de la *moaxaja* y de ahí derivaría su nombre, que no significa otra cosa que «adornado con un tipo de cinturón de doble vuelta».

La denominación y la utilización en sentido metafórico de un término que designa un objeto tan suntuoso como es el citado cinturón (hecho de dos hileras de perlas y piedras preciosas) pueden dar idea de las connotaciones de lujo y rebuscamiento que caracterizan a la forma poética llamada *moaxaja*, fruto sólo posible en una sociedad refinada y muy próxima al «manierismo» literario.

La moaxaja es el resultado de una serie de alteraciones y desvíos de la norma establecida para la poesía árabe clásica, que se basaba en tiradas de largos versos monorrimos, escandidos según la cantidad de la sílaba (larga o breve). Frente a este principio, la moaxaja se divide en estrofas, con versos cortos y alternancia de rimas, como la poesía románica posterior: es posible que la existencia de un sustrato (de características y origen poco claros) influyera en la dirección que debían tomar esos desvíos de la norma.

El último o últimos versos de la moaxaja estaban formados por la *jarcha:* las rimas del final de todas las estrofas dependían de la rima asonante establecida en la jarcha, que, además, tenía escasa relación temática con el resto de la composición y que era introducida de forma forzada mediante un verbo «de lengua».

La jarcha constituye, así, la base sobre la que se edifica la moaxaja. Si la jarcha era anterior a la moaxaja, nos encontraríamos ante breves muestras de la lírica tradicional pretrovadoresca; si, por el contrario, las jarchas son el resultado de la creación del poeta árabe o hebreo que compuso la moaxaja, nos hallaríamos ante obras cultas, aunque en lengua romance: se debe admitir que unas jarchas tuvieron existencia propia independientemente de las moaxajas mientras que otras son, sin duda, creación de los mismos autores que las incluyeron en la moaxaja, a imitación de otros textos preexistentes.

A la vez que la moaxaja, se cultivó en al-Andalus otro tipo de poesía de carácter popular: el *zéjel;* por lo general, el zéjel está escrito en árabe vulgar o admite palabras romances en sus versos y normalmente es más narrativo y satírico que la moaxaja, y presenta una estructura estrófica similar a la de composiciones de tipo tradicional de otros dominios lingüísticos: tiene un estribillo inicial, tres versos con una misma rima, un verso de vuelta y, de nuevo, el estribillo. El zéjel carece de jarcha.

Resulta imposible conocer el origen del zéjel, por más que se señale como inventores a los poetas cordobeses Muqaddam ibn Mu'afa y Muhammad ibn Mahmud (fines del siglo X-comienzos del siglo XI), a quienes se atribuye también la invención de la moaxaja. El zéjel tuvo en Ibn Quzman (Aben Guzmán), muerto en 1160, a su principal cultivador, aunque ya aparecen estrofas zejelescas entre los trovadores provenzales del siglo XII: es posible que el préstamo haya ido desde el mundo musulmán hacia el norte, pero no se puede descartar la hipótesis de un sustrato preislámico, tardorromano.

Según se deduce de los testimonios conservados, las jarchas romances son, fundamentalmente, cantos de amor puestos en boca de una mujer desconsolada, que se queja ante su madre por la ausencia del amado, y por los sufrimientos que padece por culpa del amor. La similitud temática con las *cantigas de amigo* gallego-portuguesas es evidente, aunque se ha señalado con acierto que el tono es muy distinto, ya que las jarchas expresan un «amor gozoso», frente al sentimiento triste que se desprende de las cantigas. Y así, ha llamado la atención de los críticos la actitud apasionada de la mujer; poniéndose en relación con otras composiciones del occidente europeo: lírica castellana de tipo tradicional, *Frauenlieder, chansons de toile*, etc. En todo caso, los paralelismos existentes entre las jarchas y otras manifestaciones líricas románicas o del occidente europeo no sólo son atribuibles a la existencia de un sustrato común o a contaminaciones diversas: se ha señalado que la terminología a veces e incluso algunos textos parecen establecer firmes vínculos entre la tradición provenzal y la andalusí.

La zozobra de la mujer por la ausencia del amado se expresa de las más variadas formas, según las circunstancias: en unos casos le suplicará que no se vaya; en otros le rogará que regrese pronto; otras veces impreca al tiempo por su lentitud en pasar, etc. En este mundo poético existe una sola persona, el *yo* femenino, narrador y sujeto. El interlocutor –como en la lírica tradicional, en las *chansons de femme* o en las *Frauenlieder*– es la madre, que normalmente no toma la palabra. En algunos casos, el lamento de la mujer va dirigido al amado, que no deja de ser una figura que hace bulto, como la madre, y que –como ésta– nunca contesta a las súplicas o quejas de la mujer.

La soledad en que se mueve la joven enamorada se hace más patente si prestamos atención al entorno físico en el que tienen lugar los hechos: el paisaje cuenta poco o nada, no hay pájaros que anuncien la llegada de la primavera, ni el amor se presenta como consecuencia de la entrada del mes de mayo (todo lo más, se recuerda la Pascua). La jarcha se desarrolla en un ambiente urbano: las ciudades que sirven de escenario son Guadalajara, Sevilla o Valencia; es decir, centros muy distantes, núcleos de la vida árabe en la Península Ibérica durante los siglos XI y XII. Y si alguna vez se alude a un oficio, no será al de pastor, ni al de molinero, sino al de comerciante o al de orfebre.

Al lado de las jarchas de carácter amoroso hay unas pocas que tienen como tema central el elogio de un personaje conocido, como la que alude a la visita de Yosef ibn Ferrusiel, médico de Alfonso VI, a la ciudad de Guadalajara, que se debe fechar entre 1091 y 1095.

La lírica tradicional

Ya a partir del siglo XIII, la lírica popular tuvo un claro cruce con los ideales corteses, que modificaron el planteamiento del género: por una parte, la poesía culta lo acogió, reelaborándolo; por otra, se convirtió en el género característico de la poesía erótica y de connotaciones soeces (según hacen pensar los textos franceses y alemanes conservados de los siglos XIV y XV). En algún caso, la poesía popular ignoró a la lírica culta y continuó su vida lejos de los textos escritos, transmitiéndose de generación en generación y aceptando las modificaciones que se le introducían: las canciones tradicionales han pervivido así hasta nuestros días, básicamente iguales a las de la Edad Media, pero casi siempre distintas.

La vitalidad de la lírica tradicional en España y Portugal es una excepción en el panorama occidental, y es una excepción también el que se pueda seguir el camino recorrido por esa tradición desde el siglo XV, con muy pocas interrupciones, gracias en muchos casos a la pervivencia de las formas viejas, fosilizadas, en la cultura oral de los judíos sefardíes expulsados en 1492. Sin embargo, han quedado pocos textos originales de la poesía tradicional tal como era en la Edad Media, ya que en la mayoría de las ocasiones han sido transmitidos a través de colecciones cultas o formando parte de poesías de autores con cierto grado de conocimientos literarios: las jarchas se han conservado gracias a las moaxajas; las cantigas de amigo primitivas se reconstruyen por las imitaciones de los poetas gallego-portugueses; gran número de villancicos han llegado a nuestros días debido a la labor de autores cultos, que hicieron las glosas correspondientes o que los recogieron en repertorios a lo largo del siglo XVI. Lo mismo se puede decir con respecto a la poesía francesa de tipo popular, pues las muestras que hay se deben o al interés de algunos autores que las utilizaron como ilustracion lírica de sus obras, o al interés de algunos humanistas. La lírica alemana, por su parte, tiende a convertirse en poesía culta (son los *Meistersänger*, «maestros cantores»), o bien se confunde con el *Volkslied* («canción popular») que llegará a adquirir un importante relieve a partir del siglo XVI y que se caracterizará por sus abundantes rasgos realistas.

Pero si es cierto que la lírica popular se ha conservado gracias al interés de los escritores cultos, no es menos cierto que este interés tardó muchos años en despertar y que afloró cuando los esquemas de la lírica cortés ya empezaban a dar muestras de agotamiento, y habrá que advertir que son pocos los textos de tipo tradicional que se pueden situar sin dudas en la Edad Media.

El *villancico* es la estrofa característica de la lírica castellana de tipo tradicional: está formada por dos o tres versos, con un número de sílabas muy variable; carece, por tanto, de forma fija, por lo que es una composición de enorme flexibilidad, aunque hay una tendencia marcada hacia el esquema *a b b,* con versos de ocho y de seis sílabas, que a veces pueden presentar un pie quebrado. El término *villancico* designa, también, una forma estrófica constituida por la suma de la composición tradicional y su *glosa,* con que se acostumbró acompañar las cancioncillas, por lo menos desde mediados del siglo XV hasta el siglo XVII. El *villancico* es, además, un tipo de canto coral litúrgico, que se cantaba en las iglesias con motivo de determinadas celebraciones, como Navidad y Epifanía.

Resulta difícil saber qué ocurría con el villancico antes del siglo XV. Algunos testimonios aislados dan a entender que existieron en Castilla por lo menos desde el siglo XIII, y que fueron «desarrollados» mediante glosas paralelísticas y zejelescas. Entre los testimonios más antiguos está el recogido por don Lucas de Tuy en su *Chronicon Mundi* (acabado en 1236) que alude a una batalla que tuvo lugar el año 998 y a una aparición del demonio a orillas del Guadalquivir, que anunciaba la muerte de Almanzor (1002):

En Cañatañazor
perdió Almanzor
el atamor.

En la *Crónica de la población de Ávila* (1255) se incluye otra canción, que presenta un desarrollo paralelístico, cuyo origen podría situarse en el siglo XII, hacia 1158:

Cantan de Roldán
cantan de Olivero,
e non de Çorraquín Sancho,
que fue buen cavallero.
Cantan de Olivero,
cantan de Roldán,
e non de Çorraquín Sancho,
que fue buen barragán.

Pero es a lo largo del siglo XV cuando los testimonios se multiplican: antes de 1403 la esposa de Ruy González de Clavijo (embajador del rey Enrique III ante Tamorlán) escribe una seguidilla a la que responde su marido:

¡Ay, mar brava, esquiva,
de ti doy querella,
fázesme que viva
con gran mansella!

Este texto reaparece en el *Cancionero de San Román* o *de Gallardo* (hacia 1450) como anónimo, lo que hace pensar que la esposa de González de Clavijo se había limitado a utilizar un material ya existente.

Después se sucederán las endechas a la muerte de Guillén Peraza (1443) o las de *Los Comendadores* (1448), y la «ensalada» del Marqués de Santillana (1398-1458) que comienza *Por una gentil floresta*, en la que se incluyen cuatro villancicos. En todos los casos es inevitable considerar el tamiz culto por el que han pasado las composiciones citadas antes de llegar a nosotros, y a la vez es imposible saber cuándo nacieron (quizá en el mismo siglo XV).

La poesía tradicional –portuguesa, castellana o francesa– se caracteriza por la abundancia de composiciones breves, de dos y de tres versos, con una distribución de rimas que tiende a hacerse fija. Por lo general, estos dísticos y trísticos, que en castellano se denominan *villancicos*, han sufrido un desarrollo posterior: en unos casos han sido engarzados en composiciones más extensas, de carácter culto; otras veces, los versos en cuestión fueron ampliados mediante una glosa, de acuerdo con una moda estética y unos hábitos poéticos. Este tipo de reelaboración presupone la existencia de un método que se puede aislar gracias a su repetición más o menos fija en varias composiciones, o gracias a su inclusión sistemática dentro de la glosa.

De este modo, el villancico suele considerarse el elemento invariable en la lírica de tipo tradicional, mientras que la glosa se modifica continuamente, de acuerdo con el gusto de una época o de un autor. Así pues, el villancico se constituye en la base métrica de las moaxajas, en fundamento temático de las cantigas de amigo paralelísticas, en adorno «popularizante» o pintoresco de algunas pastorelas, y en cimiento de todo tipo de glosa (popular o culta, sacra o profana).

Sea como fuere, los estudiosos de la lírica tradicional suelen admitir la vinculación de esta poesía con la danza, e incluso ponen en relación los orígenes de la lírica tradicional con canciones paganas a la llegada de la primavera: en la lírica románica persisten algunos testimonios que corroborarían esta hipótesis, como la balada provenzal que comienza *A l'entrada del tens clar,* o la danza francesa de *Bele Aeliz,* o las *Avelaneiras frolidas* gallego-portuguesas. Estos restos, y pocos más, han llevado a pensar que el subjetivismo de la lírica, la expresión de los sentimientos, tardó en llegar a las formas populares, donde se sumó a temas ya existentes, o bien se diversificó, dando así lugar a nuevas variedades.

La lírica tradicional se suele agrupar en torno a unos temas muy concretos:

1. La naturaleza, que pone en relación a la lírica tradicional con primitivos cantos dedicados a la llegada de la primavera; no es extraño que junto a los campos en flor aparezcan avecicas (la calandria, el ruiseñor, la tórtola) u otros animales cargados de simbolismo erótico (el ciervo, la garza, el halcón, etc.), y ese mismo significado tienen las flores (en especial, la rosa como símbolo de virginidad) o el agua (como símbolo de fertilidad); por lo general, la idea de la llegada de la primavera va acompañada con la del nacimiento del amor.
2. Para celebrar determinados acontecimientos también debieron existir canciones que han pervivido más o menos alteradas; unas invitan a bailar, otras son cantos de boda, o de muerte, y hubo también

cantos de victoria y de bienvenida, como queda de manifiesto a través de distintas crónicas, como la *Compostelana* (con motivo de la llegada del obispo a Santiago, en 1110) o la *Chronica Adefonsi Imperatoris* (h. 1150), al referirse a la entrada triunfal del rey Alfonso VII en Toledo (1139).

Las canciones de romería se sitúan entre el grupo dedicado a celebrar el renacimiento de la naturaleza y el de las canciones de las grandes fiestas, pues aunque los cantos de romería están vinculados a determinadas festividades, no deja de haber en ellos un componente pagano, de invocación a la fertilidad, asociado a la primavera.

3. También para acompañar el trabajo se compusieron algunas canciones de siega, de hilanderas, de tejedoras, de molineras, etc. Quizá habría que hacer en este grupo un sitio a los cantos de vigía, de los que se ha conservado un texto castellano antiguo, atribuido a Gonzalo de Berceo, *Eya, velar.*
4. Posiblemente, el grupo más nutrido es el formado por las canciones de tema amoroso, con todas sus variedades y sus matices: el amor aparece como complemento obligado de toda alegría, pero también como causa de la tristeza de la joven que se ha visto olvidada o separada de su amigo; a este grupo pertenecen las composiciones que tienen por tema a la monja que reniega del convento, a la casada descontenta (malmaridada), a la joven deseosa de casarse y a la niña que ha encontrado tempranos amores. Y de tema amoroso son las pastorelas, con su variante peninsular, las serranas y serranillas. Si, por el contrario, las canciones expresan el dolor de los enamorados que se separan al amanecer, o la

alegría de los amantes que se encuentran con la llegada del día, estaremos ante el grupo de las albas o alboradas.

5. Sin duda, existieron también algunas canciones dedicadas a la burla o a la sátira. Esta variedad tiene, también, como los demás grupos, representación en otros pueblos del occidente medieval; de tal forma hay que considerar, al menos, los *estribots,* los *strambotti y* otras manifestaciones tradicionales francesas e italianas.

La lírica tradicional llega a los cancioneros a mediados del siglo XV de la mano, especialmente, de los maestros de música, que adaptan las canciones a la polifonía que empieza a extenderse por la Península Ibérica, gracias entre otros a los músicos flamencos: los tímidos intentos del *Cancionero musical de Palacio* (fin siglo XV) se transforman en hábitos frecuentes en el *Cancionero general* de Hernando del Castillo (Valencia, 1511); y el éxito de la polifonía, junto a la preocupación humanística por una expresión artística más pura o más natural, hicieron que se copiaran villancicos en obras de teatro, en cancioneros, en tratados de música o en pliegos sueltos, en colecciones de refranes y en cuantos medios se pueden imaginar.

2. La madurez

La unificación de Castilla y León y el reinado de Alfonso X

El espíritu de Cruzada dominante en el siglo XII pervivía en Castilla a comienzos del siglo siguiente; incluso, es posible que el *Poema de Mio Cid* naciera con su forma actual durante ese período: la enemistad castellano-leonesa por una parte, el encumbramiento de la baja nobleza por otra, y el ambiente bélico frente a los almohades, así lo hacen pensar.

La victoria de los almohades sobre Alfonso VIII de Castilla en Alarcos (1195) constituye el momento de mayor empuje de los árabes, pero la situación cambiará en pocos años pues la batalla de Las Navas (1212) puede considerarse el inicio de una rápida decadencia. El hecho mismo de que la campaña que culminó con la batalla de Las Navas fuera considerada como Cruzada por Inocencio III es un símbolo del carácter que tiene esta nueva época. Pero además de la importancia espiritual que tuvo la campaña, sin lugar a dudas lo más destacado fueron las consecuencias políticas y sociales, pues en el combate murieron casi todos los componentes del ejército árabe (más de cien mil hombres) y el botín logrado por los participantes fue inmenso.

La muerte de Yusuf II (1224), miramamolín («emir de los almohades»), supuso una nueva aparición de reinos de taifas: la división fue aprovechada por Fernando III de Castilla (rey desde 1217) y por su padre Alfonso IX de León para conquistar por la fuerza o anexionarse con una hábil política nuevas ciudades, entre las que destaca Córdoba (1236): la frontera meridional de Castilla llegaba así hasta la cuenca del río Guadalquivir. Las conquistas de Murcia (1243), Jaén (1246) y Sevilla (1248) son una consecuencia natural de esa expansión, reforzada por las conquistas aragoncsas de Mallorca (1220) y Valencia (1238), bajo el reinado de Jaime I (1213-1276), y los avances leoneses en el occidente peninsular, que supusieron la ocupación de Cáceres (1227) y Badajoz (1230). La muerte de Alfonso IX de León (1230) y la llegada al trono de su hijo Fernando III, que ya era rey de Castilla desde 1217, tiene como resultado la unión definitiva de los dos reinos y su hegemonía en la Península Ibérica. En 1262 sólo quedaba por conquistar el pequeño reino de Granada que pagaba a Castilla grandes cantidades de oro como tributo, lo que aseguraba, a la vez, la independencia árabe aunque fuera como vasallos de los castellanos. Además, Castilla era el único reino peninsular que aún tenía fronteras con los árabes, y, por tanto, conservaba todavía la posibilidad de conseguir más territorios.

La conquista de tantas ciudades y tierras del mediodía de la Península Ibérica movió a numerosos hombres libres (pastores y agricultores), principalmente de Castilla y León, hacia Andalucía, donde encontraron las ciudades vacías que los árabes habían tenido que abandonar y los campos de cultivo con una mano de obra barata, los musulmanes vencidos. Para ocupar las nuevas posesiones, los reyes procedieron al reparto de casas y tierras entre los participantes en la conquista de los nuevos dominios, de tal forma que las zonas urbanas fueron socialmente muy heterogéneas, mientras que las amplias extensiones rurales en las que todavía permanecían los antiguos habitantes musulmanes (llamados «mudéjares»), quedaron encomendadas a las Órdenes Militares y a la nobleza de mayor potencia militar y más fiel al rey; de este modo nacieron los grandes latifundios meridionales –que todavía existen– que se vieron incrementados muy pronto con terrenos próximos a las ciudades, pues muchos de los nuevos propietarios, beneficiados en los «Repartimientos» no tardaron en vender sus lotes para regresar a sus lugares de origen: las tierras y las poblaciones quedaron en manos de la Iglesia y de la nobleza, que a partir del siglo XIII se distinguirá en tres grupos según sus dominios (y no necesariamente según su linaje): ricoshombres, infanzones o hidalgos y caballeros. Por debajo de la Iglesia y de la nobleza quedan los hombres libres, campesinos y pastores, y por último, los «mudéjares», que mantienen su libertad a cambio del pago de importantes tributos a los propietarios de las tierras que ocupan. Los judíos constituyen un grupo aparte; en algunos casos se beneficiaron de los repartos de tierras, como el resto de los participantes en las conquistas, y en general formaron un núcleo dedicado al comercio, a diferentes actividades económicas o bien se dedicaron al estudio de la ciencia y a la práctica de la medicina. Mientras pervivió la bonanza económica debida a las conquistas del siglo XIII hubo tolerancia y convivencia entre las tres culturas (cristianos, musulmanes y judíos), pero cuando empezaron las dificultades y carestías del siglo XIV, el equilibrio inestable se rompió y comenzaron las sangrientas persecuciones contra los judíos y la presión económica y religiosa cada vez mayor sobre los mudéjares, que se acabarán sublevando en varias ocasiones.

El poder de la nobleza empujó a los reyes a buscar el apoyo en el pueblo llano, en los habitantes de ciudades y aldeas, a los que protegieron con fueros que permitieran su crecimiento, reconociendo, además, las singularidades geográficas o estratégicas de cada población, pues los asentamientos de frontera gozaban de mayores privilegios que los de regiones incorporadas desde antiguo al poder del rey o que las ciudades más seguras; sin embargo, los privilegios locales fueron sustituidos por códigos de mayor alcance, con los que se sustituía la tradición visigoda (basada en las costumbres) por el derecho romano y el canónico, aunque fue grande la resistencia a la implantación de los nuevos modos. Y de acuerdo con las pautas marcadas por Justiniano y por Graciano, Fernando III (1214-1252) y su hijo Alfonso X (1252-1284) se esforzaron en la unificación de los textos legales y en codificar la actividad de sus súbditos, como queda patente a través de las *Siete Partidas*, pero la fuerza de los nobles impidió que la pretensión de los reyes tuviera completo éxito: será necesario esperar hasta los Reyes Católicos, en la segunda mitad del siglo XV, para encontrar la unidad del corpus legal aplicado en Castilla y León.

La preocupación legisladora de los reyes castellanos del siglo XIII representa, a la vez, un interés por el Derecho Romano, que va a constituir uno de los pilares del estudio universitario. Culturalmente, el hecho diferenciador más significativo entre el siglo XII y el siglo XIII es la aparición de las universidades, que vinieron a ocupar el lugar de las escuelas monásticas y catedralicias, como consecuencia del renacimiento cultural europeo del siglo XII y del desarrollo de las ciudades. Así, las universidades surgen, en general, como corporaciones formadas por maestros y estudiantes, y como tales se organizan para defender unos intereses comunes, con sus propios estatutos y estructuras, y con gran independencia y autonomía frente al resto de los poderes (del rey o de la Iglesia).

En Castilla, la primera universidad es la fundada por Alfonso VIII en Palencia (1212-1214), con maestros llegados de Bolonia y París –con lo que queda clara su tendencia jurídica–, pero llevó una vida precaria y la muerte del rey en 1214 supuso el fin de la protección regia; a pesar de los esfuerzos del obispo don Tello Téllez de Meneses (muerto en 1240), la Universidad palentina acabó desapareciendo seis años después de la muerte de su protector.

En el reino de León, Alfonso IX creó un Estudio General en Salamanca (h.1220), que recibiría la protección de Fernando III en 1242; Alfonso X (1254) le dio carta fundacional, confirmada por el papa Alejandro IV en 1255: la orientación jurídica de esta nueva fundación tampoco deja lugar a dudas, pues los maestros dedicados a la enseñanza del Derecho eran los más numerosos y los mejor pagados.

Por la misma época nacieron los Estudios de Valladolid, en el reino de Castilla, a los que se concedieron los mismos estatutos y privilegios de los que gozaban los estudiantes de París, y sobre el modelo de Valladolid, Sancho IV fundó los Estudios Generales de Alcalá de Henares (1293), aunque todo parece indicar que éstos apenas fueron algo más que una simple creación «de papel», hasta su revitalización a fines del siglo XV.

En el mes de diciembre de 1254, Alfonso X fundó unas Escuelas Generales de latín y árabe en Sevilla, en las que dio acogida a maestros a los que había hecho venir de Oriente. En cierto sentido, esta creación era paralela a la *madrasa* («escuela árabe») existente en Murcia, en la que enseñaba un maestro de gran prestigio, Muhammad ibn Ahmad ibn Abu Bakr al-Riquti («el Ricotí»), a musulmanes, judíos y cristianos indistintamente. Es posible que las enseñanzas en Murcia y en Sevilla fueran diferentes, pero nada se sabe de ellas.

La fundación de la Universidad de Palencia coincide cronológicamente con el IV concilio de Letrán (1215), en el que se puso de relieve la preocupación de las altas jerarquías eclesiásticas por la escasa formación de los sacerdotes, a la vez que se propugnaba la necesidad de que el clero tuviera una preparación más profunda; en ese sentido, el impulso a los centros de estudio ya existentes y la creación de otros nuevos, denotan en gran medida el éxito del concilio lateranense. También a principios del siglo XIII empiezan a desarrollarse en Castilla y León formas literarias elaboradas, ajenas a la tradición oral, y cuyos máximos representantes son conocidos bajo el común denominador de «mester de clerecía». No extraña que se haya intentado poner en relación de causalidad todos estos hechos históricos; sin embargo, no se debe olvidar que las recomendaciones de Letrán no llegaron a Castilla hasta después del concilio de Valladolid de 1228, y que en modo alguno la reunión lateranense tuvo en el centro de la Península Ibérica un influjo comparable al que tuvo en otros países del occidente: así, en Inglaterra hubo 34 sínodos y concilios promovidos por autoridades locales en los cincuenta años posteriores a 1215, y de ellos salieron otras tantas colecciones de decretos y constituciones, mientras que en Castilla apenas se reunieron siete veces a lo largo de todo el siglo XIII; la penetración de las reformas lateranenses fue lenta, de tal modo que su huella más profunda empieza a encontrarse a partir de comienzos del siglo XIV: basta recordar que en 1293 muchos de los miembros del cabildo catedralicio de Palencia –y entre ellos el maestrescuela– eran incapaces de escribir su propia firma.

Estos datos no deben ser interpretados como signo de absoluta ignorancia entre el clero del reino castellano-leonés: algunos autores cultivan la historiografía, como Lucas de Tuy y Rodrigo Jiménez de Rada, cuyos trabajos son importantes fuentes para el conocimiento del desarrollo de las leyendas épicas y para la comprensión de la obra historiográfica de Alfonso X. A los dos grandes, el Tudense y el Toledano, hay que añadir en la primera mitad del siglo al autor de la *Chronica latina Regum Castellae* (tal vez Juan de Burgos, 1236), y en la segunda parte de la centuria al prolífico franciscano Juan Gil de Zamora (a. 1241-a. 1318), autor de un conjunto de obras históricas (entre las que destacan el *Liber Illustrium Personarum* y el *De preconiis Hispaniae),* de un grupo de tratados gramaticales (como el *Prosodion* y el *Dictaminis Epithalamium,* terminados antes de 1280), que son claro ejemplo de la enseñanza de estas materias en Castilla en la segunda mitad del siglo XIII; Juan Gil de Zamora compuso, también, un *Ars Musica,* siguiendo el modelo de la obra de Bartolomé Anglico. Es muy posible que colaborara con el rey en las *Cantigas de Santa María,* y que llegara a ser preceptor de Sancho IV. Pero la figura de Juan Gil de Zamora parece más bien excepcional en el panorama cultural castellano del momento.

Otros autores que escriben en latín en el reino de Castilla durante el siglo XIII se centran en la hagiografía y en la literatura edificante, como el culto Diego García de Campos (*Planeta,* 1218), el canónigo sevillano Bernardo de Brihuega (*Gesta et miracula confessorum Christi;* segunda mitad del siglo) y Rodrigo Cerratense (*Vitae Sanctorum,* 1276). Sin embargo, ninguno de ellos llega a la altura de sus contemporáneos catalanes Ramon Llull (h. 1235-1315) y Arnau de Vilanova (1240-1311).

La derrota de los almohades en Las Navas y la conquista de gran parte del mediodía peninsular, con la consiguiente expulsión de las ciudades de sus habitantes musulmanes, tuvo como consecuencias inmediatas el exilio de los escritores musulmanes, que buscaron refugio en el norte de África, y un profundo sentimiento de crisis entre los escritores que permanecieron en el reino árabe de Granada, y que apenas cultivaron otros géneros que la poesía elegíaca o la literatura epistolar. Entre los nombres dignos de recuerdo merecen un lugar propio Abu-Baqa' de Ronda (1204-1285) conocido por su famosa elegía por la caída de Sevilla, a la que autores diferentes fueron añadiendo plantos por la pérdida de otras ciudades: el lamento por las plazas conquistadas reaparece en la literatura castellana en poemas como *Ay, Jherusalem* o el romance *Ay de mi Alhama,* aunque será necesario advertir que no existen más puntos de contacto entre estos poemas que el tema, tratado de forma muy distinta por todos ellos.

Otros escritores musulmanes se dedican a la recopilación de antologías poéticas, tal es el caso de Ibn al-Abbar de Valencia (1199-1260) y, sobre todo, de Ibn Sa'id al-Magribi (1213-1286), heredero de una extensa colección formada a lo largo de cien años y que él mismo completó con nuevas adiciones, y de la que después sacó un extracto de primordial importancia para conocer la poesía hispano-musulmana, titulado *El libro de las banderas de los campeones.*

El panorama de la literatura en hebreo se centra en torno a la polémica suscitada por la obra de Maimónides, que tendrá un desenlace inesperado con la intervención de los dominicos y la condena pública de los escritos del filósofo cordobés, que fueron quemados en la hoguera (1233). Pero fue el reinado de Alfonso X el que vio una mayor abundancia de autores judíos: Todros ben Yosef ha-Levi Abulafiah (1220-h.1298), que será uno de los grandes maestros de Cábala, miembro destacado de la corte; o su posible pariente Todros ben Yehudah ha-Levi Abulafiah (1247-1306), prolijo poeta que muestra influjo de los trovadores. A los nombres citados habrá que añadir los de los colaboradores de Alfonso X en sus trabajos astronómicos, que con los traductores al castellano de obras científicas dieron especial esplendor a la corte del rey Sabio. Además de todos ellos, es el momento de mayor florecimiento de los cabalistas, relacionados con sus homólogos de Gerona y Provenza (sería el caso de Moshe de León, h.1240-1305, autor de la parte central del *Zohar*).

A lo largo del siglo XIII se traducen del árabe al hebreo, entre otras obras, los *Dichos de los filósofos* de Hunayn ben Ishaq (por Yehudah al-Harizi, h.1170-h.1230), el *Calila e Dimna* (por Ya'aqob ben El'azar; en el primer tercio del siglo) y el *Barlaam y Josafat* (por Abraham ibn Hasday, a mediados del siglo XIII), en clara coincidencia cronológica con las versiones castellanas de las mismas obras.

La inmensa mayoría de la población de Castilla-León era analfabeta, aunque poseyera cierta cultura, la cultura de los iletrados, formada a través de las más variadas vías a las que no eran ajenos los predicadores y los juglares: sermones, relatos edificantes, vidas de santos y cuentos, cantares de gesta y noticias o curiosidades de todo tipo, en las que se mezclarían supersticiones y datos más o menos reales, debían constituir los conocimientos de esa población analfabeta, que acompañaba los momentos más significativos de su vida con canciones tradicionales, heredadas generación tras generación: el amor y la muerte, el trabajo y la fiesta, y también la burla de todo formaban un repertorio que en rarísimas ocasiones llegaría a ser puesto por escrito.

La literatura escrita, en lengua romance, se configura plenamente desde comienzos del siglo XIII. Ya a fines del siglo anterior empieza a haber imitaciones en gallego-portugués de la poesía trovadoresca, pero será entre 1200 y 1201 cuando Johan Soárez de Pavha escriba su sátira política contra el rey de Navarra inspirándose en una conocida canción de cruzada del *trouvère* Conon de Béthune (*Ahi! Amors, com dure departie*, 1189): el sirventés del noble portugués es la primera muestra fechable con seguridad de los cambios estéticos que se están produciendo llegados de Francia, y es también un testimonio más de la estrecha relación de Portugal con el país vecino.

Sin embargo, la poesía gallego-portuguesa no adquirirá su pleno florecimiento hasta 1245-1248, cuando la guerra civil en Portugal obligue a Sancho II con numerosos vasallos fieles a refugiarse en Castilla-León: el rey portugués morirá en Toledo en 1248, el mismo año que sus caballeros participarán en la conquista de Sevilla, por lo que recibirán abundantes tierras.

La presencia de trovadores provenzales en los reinos de Castilla y León está atestiguada desde la primera mitad del siglo XII, pero las visitas que en un principio eran esporádicas se van convirtiendo poco a poco en estancias prolongadas. Hay dos momentos de especial importancia: el reinado de Alfonso VIII y el de Alfonso X; a lo largo del siglo XIII y coincidiendo con estos dos reyes, casi medio centenar de trovadores y juglares visitan la corte castellana y leonesa. A estos datos hay que añadir que algunos nobles de las cortes de los dos Alfonsos gustaron de proteger a los poetas que venían del sur de Francia; es el caso de don Diego López de Haro, señor de Vizcaya, o de don Pedro Ruiz de Azagra, señor de Albarracín, ambos de tiempos de Alfonso VIII; con Alfonso X destaca la figura del infante don Enrique, hermano del rey, aventurero y rebelde, que continuamente es recordado por los trovadores; pero no es el único protector de trovadores: también se alude a García Ortiz de Azagra, al infante don Manuel, a Nuño González de Lara y a Lope Díaz de Haro; sin embargo, la relación de la nobleza de Alfonso X con los trovadores es mínima si la comparamos con el séquito de Alfonso VIII: quizá la explicación a este hecho se encuentre en que el rey vencedor en Las Navas estaba casado con doña Leonor de Aquitania, la nieta del primer trovador de nombre conocido. En todo caso, los frecuentes viajes de trovadores y juglares tuvieron como resultado una aclimatación de la poesía cortés con características ligeramente distintas de la poesía escrita en provenzal, debido a la fusión con la tradición lírica autóctona. En Castilla y León se empezó a seguir la nueva moda, utilizando para ello el gallego-portugués incluso los autores de origen castellano, lo que hará que la lírica en esta lengua tarde varios siglos en aparecer. La relación entre poetas y trovadores llega a ser tan intensa que algún autor del occidente peninsular escribe en provenzal, mientras que algún trovador del Sur de Francia intenta hacerlo en gallego-portugués.

Por otra parte, las pretensiones imperiales de Alfonso X a la muerte de Conrado IV (1254) dieron una dimensión internacional a la figura del monarca castellano: el asunto era de gran importancia para todos los habitantes del Imperio, tanto alemanes como italianos, pero también interesaba de forma especial a los franceses, por su actividad política favorable al Papado (Urbano IV y Clemente IV eran franceses); los catalanes estaban pendientes del resultado por la trascendencia comercial que podía suponer en el Mediterráneo el triunfo de Pisa o de Génova. Por eso, no deben extrañar los frecuentes testimonios conservados relativos al «Fecho del Imperio»: escritores en latín y en lengua romance se hacen eco en repetidas ocasiones de la candidatura castellana, hasta 1275, en que Alfonso X acude a Beaucaire a entrevistarse con Gregorio X y renuncia a sus pretensiones. Casi de forma simbólica se puede recordar que en el séquito del rey castellano se encontraba el cabalista judío Todros ben Yosef ha-Levi Abulafiah, y que Alfonso X compuso una cantiga a Santa María en gallego-portugués por haberlo librado de una grave enfermedad (cantiga 235): la aventura imperial se cerraba con la mirada puesta en el propio reino.

La cultura castellano-leonesa del siglo XIII –y especialmente la literatura– se convierte, así, en una encrucijada de relaciones: el mundo oriental deja ver sus huellas en los cuentos y en numerosos textos didácticos o moralizantes. El influjo francés se aprecia en un conjunto de poemas graves y de tema religioso que frecuentemente utilizan el verso eneasílabo pareado, e incluso la única manifestación teatral de los orígenes, la *Representación de los Reyes Magos*, tiene más que ver con la tradición francesa que con los modelos literarios hispánicos. Pero no queda ahí el influjo francés. Haciendo abstracción de la presencia de los trovadores provenzales en las cortes regias o señoriales de Castilla y León, resulta inevitable aludir a la presencia del Norte de Francia en la base del «mester de clerecía»: las formas métricas, los temas, las fuentes... Todo lleva a la conclusión de que la siembra de los cluniacenses desde finales del siglo XI no fue estéril, y que el prestigio de las Escuelas y Universidades francesas alcanzaba también al reino castellano-leonés. Es posible, además, que autores en latín de la talla de Rodrigo Jiménez de Rada o Juan Gil de Zamora se formaran en Francia: gracias a la incorporación de nuevos modelos, su aportación a la historiografía y a las letras en general fue capaz de cambiar el curso de la tradición hispánica, especialmente en el caso del primero, preparando el camino a Alfonso X.

Mención aparte merece el esfuerzo de los traductores de la segunda mitad del siglo por verter al castellano desde el árabe numerosos tratados científicos, en su mayor parte astronómicos. El abandono del latín denota un consumo local de esas traducciones y una utilización inmediata: ahí está la diferencia con las versiones que se hicieron en Toledo en la época del obispo don Raimundo o en el Valle del Ebro en épocas anteriores. Poco interesan ya en el occidente europeo esos textos.

La abundancia de traducciones, la riqueza de textos poéticos o historiográficos, las necesidades expresivas nuevas, dieron lugar a la formación del castellano literario, resultado de la evolución del latín, pero lleno también de neologismos árabes y franceses, y plagado de cultismos, que muestran a las claras la formación cultural de los escritores de este siglo XIII.

La poesía épica

Uno de los géneros más característicos de la Edad Media es –sin lugar a dudas– la poesía épica, pues presenta una personalidad bien definida desde los primeros textos conservados hasta su transformación en la segunda mitad del Medievo: nacida con fines informativos o noticieros, frecuentemente se convierte en un poderoso medio de propaganda política, pues llega a un público muy amplio; en este sentido, se han puesto de relieve tres núcleos como posibles beneficiarios de las ideas expresadas en los poemas épicos medievales: el mundo del feudalismo y de las Cruzadas, el de los monasterios y las reliquias, y el de la burguesía.

El origen mismo de la épica marca sus características esenciales: objetividad y realismo, que se expresan de diversas formas, y que condicionan a la vez otros aspectos.

La épica se suele considerar poesía narrativa porque, igual que cualquier tipo de narración, tiene como objeto la «exposición de cosas realizadas o casi realizadas»: en este sentido, podría considerarse como transmisora de la verdad, o al menos, de cierto aspecto de la verdad, y esto le da un notable carácter objetivo, del que está privada la poesía lírica.

En la poesía épica, uno de los aspectos que más llaman la atención es su carácter no problemático, aseverativo: «no describe un lento e incierto proceso que lleve a la adquisición de nuevos valores (o que someta a crítica valores ya adquiridos), sino que más bien describe la defensa y el triunfo de valores colectivamente reconocidos, de los cuales son portadores los héroes (en su carga positiva) y los enemigos de los héroes (en su carga negativa)». Naturalmente, este carácter aseverativo incide en la «objetividad» de la epopeya como género y se apoya o bien en una base histórica o bien en una tradición unánimemente admitida por el público y considerada como verdadera.

Los lazos entre el poema épico y la historia o la leyenda se suelen establecer de forma realista: se produce una minuciosa adaptación de todos los elementos relacionados con la vida de los personajes, según el modelo existente del entorno en el momento en que se crea el poema. Sin embargo, hay que señalar que en esta transposición la realidad es recibida en un molde enormemente mayor del normal: el valeroso y leal deberá serlo siempre y en modo sobrehumano, y viceversa, los malvados lo serán hasta el fondo, obligados por una coherencia que los pierde. Paralelamente, sobre el plano físico, héroes y antihéroes son capaces de acciones absolutamente extraordinarias, dotados como están de una fuerza hiperbólica.

Por último, la poesía épica se nos presenta como impersonal y dramática, dada la presencia continua de discursos pronunciados por los personajes, que hablan en primera persona: el público entra así en contacto casi directo con los héroes que narran sus propias vivencias.

Así, resulta perfectamente explicable la importancia de la acción en los poemas épicos; cualquier elemento descriptivo no relacionado con el combate es superfluo y, por tanto, la psicología y el estudio de los sentimientos tienen poca cabida, a no ser que estén directamente unidos al desarrollo de la acción.

Los poemas épicos se cantaban, apoyados generalmente en una monodia, y con acompañamiento de instrumentos de cuerda (lira, laúd, cítara, arpa, rabel, etc.). Es muy poco lo que se sabe de los intérpretes de poesía épica, y la falta de información se suple con los testimonios recogidos entre los pueblos que todavía mantienen en la actualidad ese tipo de poesía narrativa. Los indicios más claros hacen pensar que el juglar (bardo, aedo, scopa...) aprendía una serie de temas épicos junto con una estructura narrativa: la calidad del intérprete está estrechamente unida al número de temas que conoce y a la habilidad con que los expone. Pero no se trata de una lista extraordinariamente amplia: en casos excepcionales se habla de intérpretes que sabían unos setenta u ochenta cantares, y de uno se dice que podía recitar más de un centenar, a la vez que de otro se afirmaba que conocía más de trescientos: es fácil que en estos casos los testimonios exageren. Por lo general, el intérprete apenas llegaba a recordar una treintena de poemas, por lo menos en la tradición moderna, y esto ya indica cierta riqueza de conocimientos, adquiridos en casi todos los casos mediante la memorización de las enseñanzas de los viejos: el aprendizaje se hace de forma lenta y siguiendo los pasos del maestro; cuando el joven adquiere soltura comienza a participar, repitiendo algunos versos de los que entona el experto. En raras ocasiones se habla de intérpretes realmente autodidactas, pues la técnica del recital se presenta, casi siempre, muy depurada. Y, del mismo modo, son pocos los que extraen su información de textos escritos. No de manera muy diferente debía suceder en la Antigüedad y en la Edad Media, aunque en este sentido los testimonios que poseemos son muy escasos y no unánimemente aceptados.

Cuando surgen los primeros textos épicos medievales fijados por la escritura (fines del siglo XI, principios del siglo XII), las transformaciones con respecto a la épica antigua son tan profundas que hay que pensar en una posible ruptura de tradiciones, especialmente en los pueblos románicos.

La utilización del latín como lengua de cultura vinculada a la Iglesia y la larga tradición de cantos heroicos entre los pueblos germánicos están en la base de la nueva poesía épica, enriquecida con la presencia de algún otro elemento en mayor o menor grado.

Los más antiguos poemas épicos en lenguas romances presentan varios núcleos temáticos, que limitan lo que se ha denominado «edad heroica». Esa edad heroica no coincide cronológicamente en todos los pueblos neolatinos: para el dominio de *oil* (es decir, mitad norte de la actual Francia), la edad heroica debe situarse en torno a la figura de Carlomagno (742-814). En Castilla es posible que haya habido dos núcleos temáticos: la invasión árabe y los primeros focos de resistencia (siglo VIII) y, sobre todo, los inicios de la independencia de Castilla (siglo X). Menos homogeneidad hay en los testimonios épicos de otros dominios lingüísticos de la Romania, debido en gran medida a la escasez de datos: en las crónicas catalanas hay prosificaciones de lo que pudieron ser poemas épicos, pero no se ha conservado ningún cantar; tal vez se podría hablar de un núcleo épico relacionado con la vida de Jaime I y la conquista de Valencia y Mallorca, y de otro núcleo más antiguo, que se podría establecer en torno a Wifredo el Velloso y a la unión del condado de Barcelona con el reino de Aragón, bajo la figura de Ramiro II el Monje y el matrimonio de su hija Petronila con el conde Ramón Berenguer IV. En Provenza la situación es aún más compleja: gran parte de los poemas épicos del norte de Francia tienen como protagonistas a héroes meridionales (Guillermo de Orange, Aimeric de Narbona, Girart de Rosellón, etc.); sin embargo, sólo se han conservado dos poemas en provenzal (*Rollan a Saragossa y Ronsasvals*), y ambos están relacionados con Carlomagno y Roldán; el carácter tardío de estos textos y su vinculación con la épica del norte no permiten hablar de un núcleo bien definido. Por lo que respecta a Italia, la épica francesa es adaptada con una mezcla lingüística muy concreta, el franco-italiano: todo parece indicar que en Italia, como en otros dominios románicos, no hubo una epopeya autóctona.

Entre los núcleos épicos citados (que se sitúan en los siglos VIII y IX en Francia y en el siglo X en Castilla) y los cantares de gesta conservados (que se fechan a partir del siglo XI) hay una laguna de varios siglos muy difícil de rellenar. En este lapso de tiempo ha habido –sin duda– una serie de transformaciones que en algunos casos han alterado el hecho histórico de tal forma que apenas se puede reconocer. Los estudiosos han centrado gran parte de sus esfuerzos en desenmarañar los aditamentos que se han sumado con el paso del tiempo. En este sentido, se pueden considerar tres momentos diferentes: el acontecimiento histórico, la formación de la leyenda épica y su elaboración como cantar de gesta. La relación que se establece entre los tres momentos es contingente, pero no reversible; es decir, sin la existencia del primero, no pudo originarse la leyenda, y sin la leyenda no podía haber existido el cantar; es evidente que el proceso no puede desarrollarse en dirección opuesta: cada cantar que se nos ha conservado ha sido el resultado de una voluntad artística sumada a una tradición oral que arranca, más o menos fantaseada, de una realidad histórica. Por otra parte, las leyendas épicas, en principio restringidas a un ámbito local, participaron de un gran número de los elementos presentes en toda tradición oral: deformaciones, cruces con leyendas distintas, reelaboraciones individuales, paralelismos con vidas de santos, enriquecimiento con la retórica eclesiástica (especialmente a través de los sermones), etc. El proceso de fermentación que va del hecho histórico al cantar de gesta es largo y oscuro, por lo menos en los primeros tiempos. La versión escrita del cantar de gesta es un afortunado accidente, pero antes de que este accidente se produjera, el cantar existía sin lugar a dudas: aceptando esta hipótesis –no unánimemente admitida–, se puede reducir algún tiempo el proceso de fermentación, pero no se puede explicar cómo se ha producido el paso del hecho histórico a la leyenda, y de ésta al cantar de gesta. La cuestión se debate inútilmente desde hace más de cien años.

Sorprende la pobreza de textos épicos castellanos conservados. La escasez de cantares de gesta no es prueba de su inexistencia: de forma continua se pueden rastrear leyendas épicas en la historiografía medieval ya desde fines del siglo IX. Las crónicas, redactadas en latín hasta la *Primera Crónica General* o *Estoria de España* alfonsí (anterior a 1289), incorporan paulatinamente leyendas épicas como testimonios históricos dignos de credibilidad: los textos transmitidos por las crónicas están en prosa –y en latín– y sólo en un par de ocasiones, cuando la crónica correspondiente está redactada en castellano, es decir, a partir de Alfonso X, se han conseguido reconstruir breves fragmentos del poema original (*Siete Infantes de Lara, Cantar de Sancho II*); el resto de los testimonios no pueden ser considerados más que como leyendas, no como poemas épicos.

Ramón Menéndez Pidal consigue aislar una larga lista de temas épicos (en la *Primera Crónica General* son por lo menos trece); sin embargo, cada uno de esos temas no responde a un cantar de gesta: sin duda se trata de leyendas –recogidas y ampliadas por los cronistas–, pero no todas las leyendas fructifican; en los cronistas del siglo XIV la lista se ha reducido de forma elocuente: hay, en efecto, un ciclo completo dedicado al Cid (formado posiblemente por un *Cantar del rey Fernando,* otro de las *Mocedades de Rodrigo,* otro del *Rey Sancho y el cerco de Zamora* y, por último, otro con las hazañas del Cid, próximo al *Poema* conservado) y se puede encontrar también un *Cantar de Bernardo del Carpio* (quizá con dos versiones distintas, debido a la contaminación con una leyenda pirenaica), otro *Cantar de Fernán Gonçález* y, por último, un *Cantar de los Infantes de Salas* (con varias versiones también). Del resto no hay nada, y resulta sorprendente porque, según todos los indicios, el siglo XIV es el más abundante en prosificaciones: esto hace pensar que muchas de las leyendas citadas por Menéndez Pidal no llegaron vivas a los últimos años del siglo XIII, sino que se habían heredado de Crónica en Crónica, como otros tantos datos.

De algunos poemas no se ha podido reconstruir ningún verso, pero hay razones para pensar que existieron: es el caso del *Cantar de la Condesa traidora* y del *Romanz del Infant García,* de los que hallamos algunas noticias en la *Najerense* y en la crónica del Toledano (Rodrigo Jiménez de Rada, a. 1248), respectivamente; sin embargo, no consiguieron remontar el siglo XIII, y en el siglo XIV las crónicas no recuerdan estas leyendas.

La conservación de los cantares de gesta en las crónicas, gracias a las prosificaciones, es un hecho de extraordinaria importancia: por una parte, los recopiladores de las crónicas consideran textos históricos los narrados por los juglares y les dan la misma credibilidad que a las crónicas en latín; así ocurre especialmente en el momento de mayor auge de las prosificaciones épicas en las crónicas, es decir, en el siglo XIV; los historiadores en latín son mucho más sobrios al respecto. Por otra parte, el correr del tiempo influirá tanto en los textos cronísticos como en el cantar de gesta: el poema épico, que tiene vida independiente de la crónica en que ha sido prosificado, sufre las vicisitudes propias de la tradición oral y, por esto, cuando años más tarde otro historiador vuelve a dar cabida al poema en su crónica, se encuentra con una versión notablemente evolucionada o alterada en algunas ocasiones, mientras que otras veces se encuentra con un cantar que contradice los testimonios que ha obtenido en obras anteriores, y así lo expresa.

De acuerdo con los cantares de gesta conservados y con las noticias que nos llegan a través de las crónicas, se suele considerar que la epopeya castellana está formada por tres ciclos temáticos: el de los condes de Castilla, el del Cid y el ciclo francés.

El ciclo de los condes de Castilla agrupa el *Cantar de los Siete Infantes de Lara, Cantar de la Condesa traidora,* el *Romanz del Infant García* y el *Cantar de Fernán Gonçález.*

El ciclo del Cid está constituido por el *Cantar de Mio Cid, Cantar de Sancho II* y las *Mocedades de Rodrigo.*

Por último, en el ciclo francés se incluyen distintas obras relacionadas de una forma o de otra con la épica del norte de los Pirineos: a este grupo pertenecen el *Roncesvalles,* el *Mainete* y el *Bernardo del Carpio.*

El *Poema de Mio Cid*

El *Poema* ha llegado a nuestros días gracias a una copia realizada en el siglo XIV, a partir de un manuscrito del año 1207 elaborado por Per Abbat.

Según el punto de vista que se adopte, Per Abbat será «genial autor» o «creador» del *Poema* (individualistas), o «simple escribano» del dictado de un juglar (neotradicionalistas). En el primer caso, se supondrá que Per Abbat era hombre culto, formado fuera de España, con conocimientos profundos de varias materias, que tuvo acceso a cierta documentación relacionada con Rodrigo Díaz de Vivar y que, a imitación de las modas literarias ultrapirenaicas, decidió escribir un cantar de gesta sobre el héroe castellano. En el segundo caso, Per Abbat sería un sencillo y paciente notario, que se limitó a poner por escrito un poema ya existente en la tradición, conocido por todos: el origen del texto habría que buscarlo mucho antes de ese mes de mayo de 1207 con que cierra su trabajo.

El *Poema* toma como base una parte de las hazañas de Rodrigo Díaz de Vivar, noble castellano que vivió en la segunda mitad del siglo XI, conquistó Valencia en 1094 y murió en 1099. El cantar de gesta alude a la toma de la ciudad levantina, aunque sin concederle especial importancia, quizá porque los almorávides la recuperaron muy pronto (1102), y cita de forma lacónica la fecha de la muerte del héroe, en un verso posiblemente tardío (*Passado es deste sieglo el dia de Çinqaeesma*, v. 3.726), pero que es bastante exacto, pues corresponde a finales del mes de mayo, cuando el héroe murió realmente el 10 de junio.

Todo esto hace pensar que entre el año 1099 y el año 1207 se produjo la formación del *Poema de Mio Cid;* en el *Poema de Almería*, inserto en la *Chronica Adefonsi Imperatoris* y escrito entre 1147 y 1157, se alude a Rodrigo Díaz de Vivar llamándolo «Mio Cidi» y se menciona la pareja épica Cid-Álvar Fáñez. Esto no quiere decir que el *Poema* estuviera plenamente configurado en 1150; es posible que para entonces hubiera algún cantar breve en lengua romance, que se engrosó fundamentalmente en tiempos de Alfonso VIII y se puso por escrito en 1207, aunque, sin duda, siguió teniendo vida oral, como atestigua el hecho de que un texto distinto del de Per Abbat fue utilizado por el redactor de la *Crónica de Veinte Reyes*, a comienzos del siglo XIV.

Al ocuparse del autor, Menéndez Pidal habló primero de la existencia de un escritor único, pero en su último libro sobre el *Poema* defendió la tesis de dos juglares: uno de San Esteban de Gormaz, más próximo a los hechos, que estableció el plan general de la obra y escribió el «Cantar del destierro»; otro, de Medinaceli, más moderno, menos apegado a la realidad, que elaboró los otros dos «cantares». Pero no todos los estudiosos están de acuerdo con estas ideas, ya que la lengua y estilo, la estructura y unidad de la obra parecen demostrar la presencia de un autor único. De nuevo, la solución ecléctica podría ser la más válida: las divergencias internas se deben a la pluralidad de autores en que se basa la tradición; la unidad del conjunto se debe, sin duda, al reelaborador último, Per Abbat.

El *Poema de Mio Cid* se divide en tres cantares de extensión similar. Esta división tripartita de la obra no se corresponde con una estructuración similar del contenido: aproximadamente la mitad del *Poema* se dedica a narrar las proezas del Cid, sin olvidar detalles que completan el retrato del protagonista (valor, astucia, generosidad...). La otra mitad no incluye casi ninguna escena bélica, sino que se centra en las relaciones de los Condes de Carrión y las hijas del Cid. Por eso se puede considerar que el *Poema* está construido sobre dos ejes: «el deshonor moral y político» y «el descrédito personal y familiar». El resultado es que la acción constituye el elemento fundamental para recuperar la honra y el crédito, hasta la plena reivindicación a los ojos del rey.

Es importante señalar que la conquista de Valencia -hecho crucial de la biografía histórica del protagonista- constituye la línea divisoria de las dos partes: ciertamente, el acontecimiento se narra con un laconismo más propio de la historiografía que de la épica; sin embargo, el lugar que ocupa en el conjunto del *Poema* es de gran relieve, pues marca el final de un período y el comienzo del otro.

Nuestro *Poema* destaca por su extraordinaria sobriedad y sencillez expresivas, que es donde se apoya su mayor efectividad. En primer lugar, la acción se desarrolla de forma rectilínea, sin rodeos ni digresiones; en segundo lugar, hay un personaje central -el Cid- en torno al cual girarán todos los demás, colaborando con sus acciones al encumbramiento del héroe, que es -en definitiva- el encumbramiento de todos ellos.

Para llevar a cabo su labor, el poeta recurre al empleo de fórmulas y expresiones formularias, utilizadas con gran habilidad, al evitar la repetición mecánica de las mismas, adaptándolas en cada momento a las necesidades del relato: resulta elocuente la aparición de determinados epítetos «Mio Cid Roy Diaz, el que en buena cinxó espada», «Martín Antolínez, el burgalés de pro», que sirven para dar mayor intensidad a la narración, para expresar la importancia del ascenso del héroe, para manifestar los cambios de actitud en el ánimo del rey, en gradación perfectamente establecida. Aquí se puede apreciar la originalidad y fuerza del poeta, que logra imponerse y superar los tópicos del género.

Rodrigo Díaz de Vivar fue muy pronto objeto de leyendas variadas. Algunas fueron contemporáneas suyas, fruto de la admiración de sus hombres; otras, más tardías, fueron el resultado de manipulaciones interesadas. Autores latinos, árabes y romances aluden al caballero, acrecentando de este modo la aureola legendaria que le rodeaba.

La fama alcanzada por el Cid amplió el horizonte de interés del público y, al lado de las hazañas que realizó bajo el reinado de Alfonso VI, empezaron a aparecer textos que narraban proezas de la juventud del héroe, que preludiaban las victorias que lograría en su madurez. Rodrigo pasó a desempeñar un papel importante en las obras que aludían al reparto de los reinos que llevó a cabo Fernando I entre sus hijos y los enfrentamientos a que dieron lugar, fundamentalmente entre el rey de Castilla, Sancho II, y el de León, Alfonso VI: había nacido el ciclo épico del Cid. La unión de unos cantares con otros exigiría crear episodios nuevos, como la Jura de Santa Gadea; y la fama le dio longevidad, para que pudiera aparecer como consejero de Fernando I, a pesar de su juventud. El paso siguiente consistiría en crear un Rodrigo Díaz joven, pero seguro de sí mismo, como en su madurez, dispuesto a defender a su rey ante cualquier agresión física o moral: ése será el motivo principal de las *Mocedades de Rodrigo.*

Las *Mocedades de Rodrigo* y las transformaciones del género

Se sitúa la redacción original del texto conservado entre 1350 y 1360, obra de un autor culto –posiblemente clérigo– que reelaboró un cantar de gesta anterior (*Gesta de las mocedades de Rodrigo,* perdido), en actitud similar a la del anónimo reelaborador del *Poema de Fernán Gonzá-*

lez, con el que tiene no pocas deudas; pero, a diferencia de éste, las *Mocedades* no ha recurrido a un metro regular, perfectamente culto, sino que ha empleado la versificación propia de la juglaría, de gran irregularidad.

La introducción en prosa del texto conservado es de carácter histórico, sobre los Jueces de Castilla, Nuño Rasura y Laín Calvo. El verso comienza con el pleito de Fernán González y el rey de León, que concluiría con la independencia de Castilla; descendiente del belicoso conde fue Sancho Abarca, primer rey castellano, que halló la tumba de san Antolín junto a Palencia: el hallazgo da pie al autor para narrar la historia de la diócesis palentina.

De Laín Calvo descienden Rodrigo Díaz, y las principales familias castellanas. Durante el reinado de Fernando I se produjeron roces entre los descendientes de ambos jueces; como consecuencia de uno de ellos, Rodrigo Díaz mata a don Gómez de Gormaz y apresa a sus dos hijos varones. Las tres hijas acuden al padre de Rodrigo (Diego Laínez) a pedir clemencia para sus hermanos, y obtienen su liberación. Jimena, una de las hijas de don Gómez, pide en matrimonio a Rodrigo, para apaciguar los ánimos. El rey convoca a Diego Laínez y a Rodrigo para comunicárselo, pero éstos recelan traición y toman precauciones, que sorprenden al mismo rey. Al recibir por esposa a doña Jimena, también se sorprende Rodrigo, pues no lo esperaba, y promete no consumar el matrimonio hasta después de haber vencido en cinco batallas campales: derrota al moro Burgos de Ayllón; acepta el reto del mensajero del rey aragonés, pero aplazan el encuentro, porque Rodrigo quiere ir como peregrino a Santiago y a Santa María de Rocamador: al regresar se encuentra con un leproso, Lázaro, que le anuncia que cuenta con el apoyo divino. Cumple la segunda lid, venciendo a un conde navarro. La tercera batalla es contra cinco reyes moros. En la cuarta, derrota a los traidores condes de Campó y repone al obispo Bernaldo al frente de la diócesis de Palencia. En esto llegan cartas del emperador, del rey de Francia y del Papa exigiéndole tributo al rey castellano.

Las tropas de los cinco reinos españoles van a Francia; allí, Rodrigo nombra alférez a su sobrino Pedro Vermúdez y derrota (quinta lid) al conde de Saboya, que paga el rescate de su prisión entregándole su hija a Rodrigo; éste se la da al rey Fernando para que embarragane con ella a Francia.

Llegan a las puertas de París; Rodrigo, que ya recibe el nombre honorífico de Ruy Díaz, reta a los Doce Pares. Son recibidos por el Emperador, el Papa y el rey de Francia; acuerdan dirimir sus diferencias en combate campal, pero, cuando van a enfrentarse, la hija del conde Saboyano da a luz un niño varón, hijo del rey de Castilla, que es bautizado por el Papa y apadrinado por el Emperador y el rey de Francia. Deciden treguas para doce años. (Y aquí se interrumpe el texto del manuscrito.)

Desde el punto de vista temático, es indudable la existencia de varios núcleos bien definidos: la introducción histórica, las hazañas de Rodrigo en la Península y las proezas en Francia. Por eso no extraña que muchos estudiosos consideren que el cantar de gesta debe ser dividido en dos partes que tendrían como finalidad el encumbramiento del rey Fernando entre los demás reyes peninsulares, de forma que todos lo tienen por «emperador», y el encumbramiento del castellano entre los príncipes más poderosos de la Cristiandad, de tal modo que acaba siendo «par de emperador».

Las alteraciones, abundantes –como las incongruencias– y no todas atribuibles a la tradición manuscrita, son más significativas aún si se tiene en cuenta que debieron existir otros cantares de gesta sobre la juventud del Cid, a juzgar por los testimonios de las Crónicas y del Romancero: el texto de las *Mocedades* presenta curiosas divergencias con respecto a los otros testimonios conservados, pues Rodrigo es más violento y soberbio, y, sobre todo, la diócesis de Palencia adquiere un protagonismo desconocido en las prosificaciones de las Crónicas, claro testimonio de los intereses que movían al anónimo autor.

Las *Mocedades de Rodrigo,* texto tardío de la épica castellana, muestran la huella de los cantares de gesta en que se inspira –además de algunas alusiones a personajes de textos épicos franceses–, pero los materiales empleados por el anónimo reelaborador incluyen también elementos procedentes del folclore (como la fuga del prisionero ayudado por una mujer o el tributo anual de quince doncellas, entre otros muchos ejemplos). Por otra parte, las *Mocedades* presentan curiosas coincidencias, difíciles de aclarar, con obras literarias de su época, como el *Libro de Buen Amor* y, sobre todo, el *Poema de Alfonso XI* de Rodrigo Yáñez. No todo este material fue aportado por el clérigo palentino; hay que suponer que desde que nació la *Gesta* cada nueva versión se vio enriquecida con elementos nuevos, no siempre homogéneos, que alteraron notablemente el poema original, sin mejorarlo.

Entrado el siglo XIV aparece en la Península un nuevo tipo de poesía narrativa de tono heroico: las crónicas particulares rimadas. No cabe olvidar que el propósito de una crónica y el de un poema épico pueden coincidir, pues ambos sirven en ocasiones para probar la nobleza (o divinidad, como ocurre en la *Eneida*) de un linaje o familia, o bien para animar el espíritu guerrero de una colectividad, o de un grupo (las crónicas se presentan como lectura obligada para nobles desde Alfonso X, con testimonios tan importantes como el de Alonso de Cartagena en su *Epístola* al Conde de Haro); además, no debemos olvidar que algunos poemas épicos tienen un diseño biográfico, como ocurre con el *Poema de Mio Cid* o con la leyenda del primer conde de Castilla tal como se nos muestra en el *Poema de Fernán González.*

La poesía culta

Desde el siglo XII proliferan por todo el occidente medieval poemas dialogados en los que los interlocutores discuten en latín o en lengua vulgar sobre los más variados temas (religiosos o profanos, filosóficos, teológicos, amorosos o sociales).

En general, el debate suele establecerse mediante personificaciones o alegorías que encarnan a los personajes más variados (un cadáver, el alma, Carnaval y Cuaresma, el lirio y la rosa...), en un juego literario en el que el recurso retórico de la antítesis ocupa un lugar de primera magnitud. Todo ello con una clara intención didáctica, que con el tiempo puede llegar a ser desplazada por la tendencia hacia el adorno retórico, hacia la burla o la parodia.

El éxito del debate en el mundo medieval se debe, en gran medida, al hábito escolar de la *controversia* y de la *disputatio* heredadas de los programas de enseñanza de la Antigüedad: los testimonios son muy abundantes y van del simple discurso forense (Pedro Damián, en el siglo XI, censuraba que los alumnos defendieran en clase a Aquiles por haber dado muerte a Héctor) a la discusión dialogada (bastará recordar que siguiendo los pasos del emperador Adriano y del filósofo Epicteto, Alcuino de York debatirá con Carlomagno de Retórica).

El *Debate del alma y el cuerpo* castellano está escrito al dorso de un documento de 1201 procedente del monasterio de Oña. El fragmento –sin lugar a dudas copia un original anterior (tal vez de fines del siglo XII)– está formado por dieciocho renglones, que derivan de un poema francés emparentado con el latino *Nuper huiuscemodi* (*Un samedi par matin...*, siglo XII) al que traduce con bastante libertad.

La obra conocida como *Razón de amor con los denuestos del agua y el vino* muestra ya desde el título el carácter mixto de su contenido: por una parte, un relato de tipo amoroso que transcurre en un vergel; por otra, un debate entre el agua y el vino. La primera corresponde a la narración amorosa, a medio camino entre la pastorela y la *chanson de femme*, con abundantes elementos procedentes de la lírica gallego-portuguesa, otros procedentes del mundo cortés y sobre todo, de la poesía de los goliardos, en un contraste de tradiciones líricas muy sugestivo. La tradición literaria en la que inserta profundamente sus raíces esta segunda parte no deja lugar a dudas, y es mucho más clara que la de la *Razón*, pues es también más pobre. Las composiciones dedicadas al placer de la bebida (*carmina potatoria*) constituyen uno de los pilares fundamentales de la poesía de los goliardos, y el tema de la disputa del agua y el vino se encuentra representado en la misma tradición, al menos por una decena de textos.

Menos dificultades plantea el debate de *Elena y María*, que se inscribe plenamente en la tradición de las disputas del caballero y el clérigo, y que por tanto tiene un carácter lúdico o erótico plenamente definido. Siguiendo las más estrictas pautas del género, la obra plantea la discusión entre Elena (amiga de un caballero) y María (compañera de un abad) sobre cuál de los dos es mejor para amante. Como la disputa no llega a un resultado satisfactorio, las dos mujeres acuden a la corte del rey Oriol para que sea éste en «juicio de amor» el que dictamine, dando la razón a una de ellas. El manuscrito, incompleto en su comienzo y en su final, se interrumpe cuando Elena está exponiendo sus razones al rey; no se sabe, por tanto, cuál sería el desenlace final de la obra.

A la tradición ultrapirenaica pertenecen también los dos poemas contenidos en un manuscrito único del siglo XIV, junto al *Libro de Apolonio*; son dos textos que difieren de éste por el carácter menos cuidado de su métrica y por no utilizar la cuaderna vía, sino el verso octosílabo, igual que ocurría en los poemas de debates que adaptaban obras francesas. Se trata de la *Vida de Santa María Egipcíaca* y del *Libro de la infancia y muerte de Jesús*, dos textos hagiográficos, ajenos en gran medida a la tradición hispánica, y que fueron copiados por un escriba que dejó en la lengua de las dos obras claros testimonios de su origen aragonés.

Poemas en cuaderna vía: el mester de clerecía

Desde comienzos del siglo XIII hasta fines del siglo XIV surgen en Castilla una serie de obras escritas, en su totalidad o en parte, en estrofas de cuatro versos de rima consonante (tetrásticos monorrimos), de catorce sílabas con cesura tras la séptima, que se conocen con la denominación de cuaderna vía, según el nombre que aparece en la estrofa segunda del *Libro de Alexandre*:

Mester traigo fermoso, non es de joglaría;
mester es sen pecado, ca es de clerecía:
fablar curso rimado por la cuaderna vía
a síllavas cuntadas, ca es grant maestría.

La forma métrica de este grupo de obras (una treintena) se asocia sin grandes dificultades al verso alejandrino francés, así llamado por ser el que se emplea en el *Roman d'Alexandre* desde las reelaboraciones de Lambert le Tort y Alexandre de Bernay. El influjo de modos franceses no sorprende si se tiene en cuenta la importancia de la presencia de los comerciantes y monjes llegados de Francia desde fines del siglo XI.

Por otra parte, los orígenes de este tipo de verso y de estrofa se sitúan en la poesía rítmica, en latín, de los goliardos, con lo que quedaría de manifiesto su base culta. Además, el ámbito goliárdico explicaría en gran medida su difusión por el mundo románico: en efecto, tetrásticos monorrimos de doce o catorce sílabas se encuentran tanto en la literatura francesa (con autores como Jean Bodel, Jean de Meun o en distintas representaciones teatrales), como en la italiana (Bonvesin de la Riva, entre otros) o la castellana; sin embargo, hay que señalar que en los textos en latín falta la tendencia didáctica o moralizante que se encuentra frecuentemente asociada a los tetrásticos en las distintas literaturas románicas.

Los cultivadores de la cuaderna vía en Castilla forman un grupo bien caracterizado a lo largo de los siglos XIII y XIV: su vínculo más significativo es, naturalmente, la forma métrica a la que recurren, distanciándose tanto de los cantares de gesta como de las formas más breves (octosílabos, eneasílabos, etc.); se han señalado, además, otros rasgos relevantes de este grupo de autores:

son escritores cultos, conocedores del latín y que, por tanto, tienen una formación superior a la del resto de sus coetáneos; parece claro que sólo los clérigos tenían una preparación similar; y, por tanto, se ha dado en llamar «mester de clerecía» («oficio de clero») la actividad literaria que se expresa en cuaderna vía; dominan los recursos retóricos y, dada su formación, se consideran herederos de unos conocimientos transmitidos por otros a través de sus obras: las referencias al texto escrito que les sirve de modelo son muy frecuentes, a la vez que desprecian todo cuanto no se sustente en una «autoridad», de ahí su menosprecio hacia los juglares por sus palabras engañosas; escriben con una clara intención didáctica: para que sus palabras lleguen a un público más amplio no sólo utilizan la lengua romance, sino que además recurren a las técnicas juglarescas (llamadas al público, intromisión del autor en la obra, epítetos, distensiones jocosas, etc.).

Por lo demás, los autores del mester de clerecía –y en especial los del siglo XIV– hacen uso de una gran libertad, tanto en la métrica, como en el contenido de sus obras; así, los géneros que recurren a la cuaderna vía son numerosos: el *roman* histórico (*Libro de Alexandre, Apolonio, Historia troyana* o los perdidos *Votos del pavón*), vidas de santos (obras de Berceo y del Beneficiado de Úbeda), épica (*Poema de Fernán González*), literatura gnómica (*Proverbios de Salamón*), didáctica (*Castigos y exemplos de Catón*), edificante (*Libro de miseria de omne*), religiosa o dogmática (*Poema de Yúçuf, Alhotba arrimada* (o *Sermón de Rabadán*), *Poema en alabanza de Mahoma,* o algunas obras de Berceo); y, del mismo modo, el tono puede ser grave canciller Ayala) o jocoso (Arcipreste de Hita)...

La materia religiosa: Gonzalo de Berceo

Gonzalo de Berceo era clérigo, vinculado al monasterio de San Millán, aunque no era monje; además, tenía una buena formación literaria, obtenida –tal vez– en el Estudio General de Palencia entre 1223 y 1236. Estas dos afirmaciones están estrechamente relacionadas entre sí, y es posible que Berceo deba ser considerado como uno de los clérigos seculares formados al amparo de las decisiones del IV concilio de Letrán (1215), que se aplicaron en Castilla de forma sistemática a partir del concilio de Valladolid (1228).

La lista de las obras de Berceo se establece a partir de los manuscritos que las han conservado, todos ellos copias dieciochescas de dos códices (uno desaparecido, de hacia 1260, y otro desmembrado, de hacia 1325) que a su vez copiaban el original; de acuerdo con los datos que nos han transmitido esas copias, Berceo escribió una docena de obras que se suelen reunir en tres grupos, atendiendo a su contenido: vidas de santos (*La vida de San Millán, La vida de Santo Domingo de Silos, El martirio de San Lorenzo, La vida de Santa Oria*); obras marianas (*Loores de Nuestra Señora, Milagros de Nuestra Señora, El duelo que fizo la Virgen el día de la Pasión de su Hijo*); obras doctrinales o litúrgicas (*El sacrificio de la misa, Signos que aparecerán antes del Juicio*); y, por último tres *Himnos* (traducción castellana de *Veni Creator Spiritus*, de *Ave maris stella* y de *Christe, qui lux es et dies*).

La obra de mayor difusión de Berceo son los *Milagros de Nuestra Señora*. La tradición literaria de los milagros marianos se inscribe en la corriente del culto a la Virgen María, que se atestigua por numerosas obras dedicadas a la Madre de Jesús (entre las que se pueden situar; de nue-

vo, los *Loores* y el *Duelo*), por la consagración de iglesias y catedrales bajo su advocación (como sería el caso del altar mayor en el monasterio de San Millán de Yuso), y por otras muchas manifestaciones artísticas; por otra parte, el influjo de los cistercienses y, en especial, los sermones de san Bernardo de Claraval impulsaron el culto a la Virgen por todo el Occidente desde mediados del siglo XII.

En ese conjunto, las colecciones de milagros de la Virgen empiezan a reunirse a partir de la segunda mitad del siglo XI, pero será a lo largo de los siglos XII y XIII cuando se producirá un considerable aumento tanto de colecciones como de milagros reunidos en cada una de ellas, y con la formación de nuevos milagros, frecuentemente fruto de elaboraciones locales y movidos por el atractivo de algún centro mariano (Laon, Rocamadour, Chartres, etc.): en francés, por ejemplo, se conocen, al menos, cuatrocientos milagros distintos en verso y seiscientos en prosa, mientras que en latín se conservan más de dos mil milagros diferentes. El género fue bien conocido en las lenguas romances, con autores como Gautier de Coinci, Jean Le Marchant, Adgar, Bonvesin de la Riva o Alfonso X.

Los *Milagros* de Berceo se insertan en esta tradición literaria con unos objetivos claros: rendir culto a la Virgen –posiblemente, Nuestra Señora de Marzo, venerada en el monasterio de San Millán de Yuso– y entretener a los peregrinos; poco importa que los milagros realizados no queden delimitados geográficamente en las proximidades del monasterio; al contrario, la universalidad atestiguaría el poder de María, no se necesita la exclusividad patente en los poemas hagiográficos del mismo Berceo. Y, en todo caso, el autor y sus oyentes identificarían a la Virgen de los *Milagros* con la imagen venerada en el altar mayor del monasterio de San Millán de Yuso.

La elaboración de los *Milagros* fue larga. Por la alusión que hay al obispo don Tello (a. 1207-1246) en la estrofa 325, se deduce que el milagro XIV es anterior a la fecha de la muerte del prelado (1246); en la estrofa 869 Berceo se refiere a Fernando III con unos términos que parecen indicar que el rey ya había muerto (1252), por lo que el milagro de «La iglesia robada» (último milagro en el manuscrito) debió ser redactado durante el reinado de Alfonso X.

La Introducción alegórica parece ser obra original de Berceo, o al menos no se han encontrado textos que pudieran ser fuente directa de la inspiración del poeta riojano; sin embargo, cabe destacar que el tópico del *locus amoenus* con que se inicia la obra es frecuente en la literatura medieval, y que la misma imagen del prado lleno de flores es utilizada por el monje Fernandus al comienzo de su *Liber miraculorum sancti Emiliani* (h. 1230). Y, lo que es más importante, la Introducción es la base organizadora del conjunto de los milagros reunidos por Berceo, gracias a la hábil utilización de un juego alegórico cuya clave de interpretación tipológica permite apreciar la historia de la caída del Hombre y su salvación por la intercesión de María: es, en definitiva, el mismo esquema que se repite en cada uno de los relatos, aunque éstos se centren en casos concretos, lejos del planteamiento abstracto de la Introducción.

Los veinticinco milagros –el cinco es la cifra de la Virgen, según la numerología cristiana– que componen la colección siguen de cerca una versión latina, en la que se incluirían los mismos milagros, con el mismo orden, a excepción de la introducción alegórica, como ya se ha señalado, y del relato de «La iglesia robada», que parece vincularse a la tradición local. Los límites creadores de

Berceo se basan en la *amplificatio*, en el dominio del diálogo y en la habilidad narrativa, que le lleva a frecuentes cambios de ritmo o a arriesgadas rupturas del hilo de la narración mediante anticipaciones o con otros recursos estilísticos que pudo aprender en las artes poéticas.

La materia antigua: el *Libro de Alexandre* y el *Libro de Apolonio*

El éxito de la figura de Alejandro Magno en las literaturas románicas está atestiguado por las numerosas versiones existentes en las distintas lenguas, que directa o indirectamente se inspiraron en la obra de pseudo-Calístenes (s. II d. J. C.), traducida al latín por Julio Valerio (s. IV), y resumida por Quinto Curcio (s. IX) o en otros materiales de los más diversos orígenes. En la literatura castellana medieval son frecuentes las alusiones a Alejandro en textos didácticos (*Libro de los buenos proverbios, Bocados de oro, Poridat de poridades*) o históricos (*Grande e General Estoria*), y no podía faltar una adaptación en verso culto de las hazañas del Macedonio.

En efecto, el *Libro de Alexandre* es algo más que una simple versión libre del *Alexandreis* de Gautier de Châtillon: se puede considerar como una de las obras más vigorosas de la literatura castellana medieval; y también, como una de las que plantean mayores problemas y divisiones entre los estudiosos, pues se ignora quién fue su autor y la fecha aproximada de su creación, que se sitúa entre 1201 y 1250.

El autor se ha basado en el *Alexandreis* de Gautier de Châtillon, elaborando el poema latino mediante la utilización de las más variadas fuentes, orales y escritas, que le suministran más de una tercera parte del material; así, se aprecia la huella de otras obras sobre Alejandro Magno o sobre la Antigüedad: el *Roman d'Alexandre,* la *Historia de Preliis* o la *Ilias latina* (para la larga digresión sobre la guerra de Troya). Naturalmente, a este relevante grupo de textos habrá que añadir otros que constituyen en gran medida el acerbo cultural del momento: las *Etimologías* isidorianas, Ovidio, Catón, junto con algunos historiadores como Flavio Josefo y el biógrafo de Alejandro, Quinto Curcio... La riqueza de fuentes es extraordinaria y manifiesta una voluntad clara por parte del autor: relatar la historia de Alejandro sin dejar lagunas, de forma exhaustiva, reuniendo para ello cuantos materiales tenía a su alcance y combinándolos en un conjunto perfectamente trabado.

Junto al material clásico, escrito en latín, el autor del *Libro de Alexandre* ha recurrido a la tradición oral. Es posible que haya que vincular con esta forma de transmisión de conocimientos algunas referencias que aparecen en la obra, como serían las relativas a ciertos animales (serpientes, elefantes...), aunque éstas también podrían derivar de algún *Fisiólogo.* De mayor alcance son los paralelismos que se establecen entre el *Libro de Alexandre* y el *Poema de Mio Cid.* El *Alexandreis* de Gautier de Châtillon se planteaba como un poema épico, en la línea de la *Eneida* o de la *Farsalia,* y el anónimo autor castellano se esforzó en mantener ese carácter al narrar las hazañas del protagonista de su obra; para ello, se ve obligado a utilizar motivos, fórmulas y otros recursos habituales en el *Poema,* y así, Alejandro será *de la barva onrada* (828a), Héctor, *una lança ardida* (333d), Paris –nuevo Martín Antolínez–, *buen doñeador,* en rima con Hércules que es *firme campeador* (2567b y d); los paralelismos son frecuentes, y a veces llegan a sorprender: los ejemplos son demasiado numerosos –y demasiado próximos en ocasiones– para ser casuales, aunque no será ocioso recordar que el *Poema* fue compuesto –apoyándose en materiales anteriores– el año 1207 según la copia conocida, y que el *Libro de Alexandre* debió nacer en torno a esa fecha.

Pero, por otra parte, el *Libro* castellano es una obra de madurez narrativa, con unas preocupaciones estéticas que distan considerablemente de los planteamientos épicos y la acercan a la novela en verso (*roman*): parece claro que los vínculos que unen el *Alexandre* castellano con las obras francesas anteriores (escritas en francés o en latín) no le han suministrado sólo la «materia», sino que también le han proporcionado recursos y formas expresivas, incluido el verso, pues el dodecasílabo (siempre agudo) del *Roman d'Alexandre*, con cesura tras la sexta, da lugar al verso castellano de catorce sílabas. No debe extrañar, por tanto, la precoz presencia (para Castilla) de Alejandro como un caballero en busca de aventuras, que debe ser atribuida más a los orígenes del *Libro* que a la tradición literaria castellana o a la imaginación del anónimo poeta.

Tras un exordio en el que el autor justifica su trabajo –y en el que se encuentra la alusión al mester de clerecía que ya se ha comentado–, se narra la juventud de Alejandro Magno, formado en el ideal de las armas y las letras, del caballero y el clérigo (estr. 5-198). La segunda parte representa la madurez del héroe, desde su coronación como rey, hasta su transformación en gran emperador, en virtud de las muchas conquistas realizadas (estr. 199-2265). Por último, el *Libro* explicaría las razones de la caída y muerte de Alejandro (2266- 2669). La obra se cierra con cinco estrofas de despedida del autor. Esta estructura –tripartita en lo esencial– mantiene su equilibrio en escalas más reducidas, de tal forma que cada una de las partes se dividirá a su vez en tres episodios, y cada episodio en tres escenas y así sucesivamente, hasta en los detalles más pequeños: no se trata pues de una simple coincidencia, sino de una clara expresión de la voluntad del autor.

Y, al final, la moralización, original del autor castellano: Alejandro será castigado por la soberbia que ha tenido al intentar conocerlo todo. Dos enseñanzas se desprenden, el menosprecio del mundo y el abandono de cualquier manifestación de soberbia. Pero en el *Libro de Alexandre* domina el didactismo sobre cualquier otro propósito, lo que convierte a la obra en un compendio de gran parte del saber de su época: los viajes del protagonista dan pie a la descripción del mundo, de las tierras y sus habitantes, los animales y los árboles; a la vez, el itinerario recorrido permite reflexionar sobre la historia pasada (el caso de Troya es el más elocuente). La curiosidad de Alejandro no se detiene en el mundo conocido, sino que le lleva al cielo, a las profundidades del mar o al infierno... Todo cabe, sin llegar a romper en ningún momento la unidad del conjunto. No extraña el éxito y la difusión que tuvo, y que en gran medida será el responsable de la extraordinaria pervivencia de la cuaderna vía.

El anónimo *Libro de Apolonio* se suele situar a mediados del siglo XIII y elabora en cuaderna vía los materiales procedentes de la *Historia Apollonii regis Tyri*, posiblemente escrita en el siglo VI a partir de un tema anterior (siglo III d. J. C.); el éxito del texto latino hizo que surgieran otras versiones, con las que a veces concuerda el *Libro* castellano: es el caso de la *Gesta Apollonii* (siglo XI) o del *Pantheon* de Godofredo de Viterbo (fin siglo XII). La leyenda de Apolonio también tiene ramificaciones entre los pueblos de lengua germánica, románica, eslava, húngara o griega.

Varios siglos han transcurrido desde las primeras referencias que hizo Venancio Fortunato (siglo VI d. J. C.) a Apolonio, hasta las múltiples versiones medievales; en ese tiempo se ha producido una extraordinaria dispersión de la leyenda por toda Europa, sin duda por su profundo carácter moralizante y ejemplar, que sin embargo no impidió que la obra fuera recordada como apéndice de un libro erótico en el siglo XIX. Quizá sea justamente la tensión entre los pecados de la carne y el didactismo moral la que consiguió cautivar al público durante mil años, por lo menos. Naturalmente, el final feliz, con la reunión de la familia, contribuiría al éxito.

Todo parece indicar que durante los siglos XII y XIII la leyenda era del dominio común en el occidente, hecho que viene corroborado por la relativa abundancia de manuscritos posteriores que copian textos originales del período citado. Es evidente también que el siglo XIII es el momento de expansión de la leyenda por Castilla. A esa época pertenece el único manuscrito de la obra en latín que se ha localizado en España, y de mediados del siglo XIII debía ser el original del *Libro de Apolonio* en cuaderna vía. Y es posible que desde el primer tercio del mismo siglo se conociera la leyenda en Castilla.

El *Libro de Apolonio* presenta –como pocas obras de este período– una constante preocupación por el mundo intelectual; además, el amor, o más exactamente, las relaciones sexuales son uno de los ejes fundamentales del relato; en efecto, no sólo hay un caso de incesto (de Antíoco y su hija) como motor de toda la trama, sino que incluso el reencuentro de Apolonio con su hija Tarsiana también se plantea con tintes incestuosos, aunque Apolonio evita cualquier sospecha al dar una bofetada a la joven. Entre el episodio inicial y el reencuentro de padre e hija ha habido otras escenas de fuerte carga erótica: un «homne malo, señor de soldaderas» compra a Tarsiana para obligarla a ejercer la prostitución; Tarsiana logra convencer al primer cliente (Antinágoras) para que no peque con ella... No se puede ignorar la importancia de este primer eje.

Otro de los ejes fundamentales de la narración viene marcado por los continuos viajes: trece travesías marítimas realiza Apolonio; Luciana y Tarsiana coinciden con el protagonista en algunos de sus viajes, pero también navegan solas, de manera que los continuos desplazamientos se convierten en una constante a lo largo de toda la obra.

El mar y la música serán las claves del *Libro*: el mar separa a la familia, causa todo tipo de desgracias al protagonista, y es, también, el causante del reencuentro. La música –teórica y práctica– adquiere un lugar preeminente: Luciana y Apolonio llevan a cabo su actividad en el ámbito de la corte; Tarsiana, en la calle, como juglaresa; Luciana y Tarsiana, madre e hija, actúan ante Apolonio con un intervalo de quince años, con un perfecto paralelismo en las situaciones... Y a todo ello habrá que añadir las adivinanzas, las ordalías y todo un mundo de pequeños detalles tomados de la realidad cotidiana.

El autor castellano no se ha limitado a seguir fielmente el texto de la *Historia Apollonii regis Tyri*, sino que ha enriquecido gran parte de los materiales heredados, gracias a su notable cultura, representada por la preocupación que manifiesta por la actividad intelectual, por la figura de Apolonio y por las enseñanzas que se desprenden de la misma obra. Nada se sabe del autor, pero sus conocimientos musicales y retóricos hacen pensar que tuvo una sólida formación, quizá universitaria.

Tampoco hay datos para establecer una fecha de composición del texto castellano, aunque por la lengua se puede situar a mediados del siglo XIII, entre 1240 y 1260.

Tal como ya se ha dicho, el *Libro de Apolonio* narra la historia del rey de Tiro, la dramática separación de su mujer y de su hija, y el reencuentro (anagnórisis) final de los tres. Lógicamente, la estructura de la obra sigue ese mismo planteamiento: el hilo conductor es el marcado por los hechos del protagonista, pero queda interrumpido en varias ocasiones para enlazar con la historia de Luciana y Tarsiana. El reencuentro de todos supone el final de la acción, del mismo modo que la muerte de Apolonio cierra el relato. Esa trama elemental se puede complicar con otros elementos narrativos: las fechorías que sufre Apolonio al comienzo recibirán su justo castigo tras el reencuentro de la familia, y, por la misma razón, la ayuda recibida será recompensada. No siempre el hilo narrativo avanza rectilíneo: con una técnica que ya se encuentra en la *Odisea,* los protagonistas rememoran su vida pasada, con lo que hay frecuentes recapitulaciones, que ayudan al público a seguir las vicisitudes del relato y de sus personajes.

La materia de Castilla: el *Poema de Fernán González*

El *Poema de Fernán González* se ha conservado en un manuscrito casi completo que transmite un poema escrito en cuaderna vía en la segunda mitad del siglo XIII. A su vez, este poema sería la versión culta de un cantar de gesta anterior, redactado en series monorrimas asonantadas. Sin embargo, los estudiosos no coinciden a la hora de establecer la fecha de ese supuesto cantar de gesta.

El reelaborador del *Poema de Fernán González*, que sigue con bastante fidelidad las normas poéticas del «mester de clerecía», alude en cinco ocasiones distintas a un texto escrito, aunque en ninguno de estos casos se puede pensar en poemas épicos o cantares de gesta anteriores. Las únicas fuentes que cita explícitamente el autor del *Poema de Fernán González*, y que han podido identificarse, son fuentes cultas, en latín, y de carácter historiográfico; este hecho se corrobora al comprobar que gran parte de los materiales de la introducción del *Poema* y de parte del mismo proceden de los historiadores del siglo XIII, concretamente del Tudense y del Toledano.

Por su asunto –la figura del conde castellano que consiguió la independencia de Castilla frente a León– el *Poema de Fernán González* podría ser un texto épico; por la forma, es un poema culto de carácter más o menos histórico; en definitiva, se podría considerar que es un cantar de gesta con forma de «historia». Parece claro que el autor buscaba realzar la seriedad del contenido de su obra mediante una forma prestigiosa (alejándose de las mentiras de los juglares); la elección de la cuaderna vía era obligada, pues se había consagrado como el vehículo adecuado para las narraciones cultas de carácter histórico: que el contenido fuera más o menos ficticio, o que se basara en una serie de motivos folclóricos sin sustento en la verdad histórica, resultaba de importancia menor; el público recibiría la obra como un relato agradable, pero serio, de profundo contenido.

El anónimo autor se ocupó de que el *Poema de Fernán González* tuviera esa imagen de seriedad, y para ello recurrió a dos procedimientos: por una parte, aludió al *scripto*, es decir, adujo *auctoritates*, y por otra, aproximó el contenido de su obra al monasterio de San Pedro de

Arlanza, dándole de esta manera un nuevo refrendo. El resultado de la suma de estos dos factores ha hecho pensar a los estudiosos que el autor era un monje o clérigo, de sólida formación -émulo de Berceo-, vinculado a dicho monasterio. La estrecha relación que establece entre el conde Fernán González y San Pedro de Arlanza podría deberse a intereses económicos, y la obra intentaría mover en ese sentido al rey castellano, descendiente del héroe del poema.

El mayor interés histórico de la figura de Fernán González (¿905?-970) estriba fundamentalmente en que fue el impulsor de la unión de los distintos condados castellanos, haciendo que Castilla se convirtiera en un solo condado, el más extenso y potente del reino de León, que con el paso del tiempo, casi cien años más tarde, aún bajo su mismo linaje, se transformará en reino. Sus continuas guerras contra el califato cordobés o su hábil política exterior quedan relegadas a un segundo plano ante el significado que se da en el siglo XIII a la unión de Castilla que él había conseguido frente a León, justamente en un momento en que aún está muy reciente la unión de León y Castilla en un solo reino bajo la figura de Fernando III (1230).

Sobre esos datos históricos -en general muy vagos y escasísimos-, se creó la leyenda en la que se mezclaron un origen ficticio (naturalmente, ennoblecedor), la liberación del conde gracias a la ayuda de una infanta navarra, la venta de un azor y un caballo al rey leonés y la consiguiente independencia de Castilla al no poder pagar el rey el precio acordado, con otros muchos elementos narrativos de origen folclórico.

La falta de datos históricos y la inexistencia de una fuente literaria, obligan al autor a recurrir a la tradición para rellenar algunos de los episodios de su narración: los orígenes del héroe se enriquecen mediante su adscripción a un alto linaje (es el menor de tres hijos), a la vez que se encubren con su educación al lado de un carbonero, al que abandonará para ir en busca de fama (estr. 180c y d); el encuentro con un jabalí que se refugia tras el altar de una ermita es otro de los motivos folclóricos utilizados por el autor (se encuentra también en las *Mocedades de Rodrigo*), como lo es la ayuda que le presta una mujer de noble condición para que pueda huir (motivo presente en los *Infantes de Lara* y en otras muchas obras)... La presencia de estos motivos tradicionales, junto con la abundancia de fórmulas y expresiones formulares, revela una clara relación del *Poema* con la tradición oral, aspecto que queda de manifiesto, también, por las abundantes anomalías métricas, que producen estrofas de hasta seis versos, o rimas irregulares (cabe la posibilidad de que las notabilísimas alteraciones se deban a la tardía fecha de copia, en un momento en que se entendían mal la poesía épica y la cuaderna vía).

Contrasta la imperfección métrica del *Poema* con la habilidad que muestra su autor en la estructuración y dominio de la técnica narrativa: por una parte, procura en todo momento identificar al héroe con el destino del condado de Castilla; con este planteamiento, está claro que el núcleo central del relato estará constituido por el episodio de las cortes de León, con la venta del azor y el caballo, que llevará a la independencia de Castilla; y del mismo modo, la narración se cerrará en el momento en que el condado castellano quede exento de pagar tributo a León. En torno a ese núcleo central se agrupan las guerras contra los árabes (en Carazo y Lara), contra Navarra (en la Era Degollada y en el vado del Ebro) y contra Almanzor (en Hacinas). Completa el cuadro la relación amorosa de

Fernán González y doña Sancha de Navarra, que concluirá en el matrimonio de los dos, y que está lleno de elementos folclóricos (carta secreta, liberación del prisionero, encuentro con el arcipreste malo...).

La estructura del *Poema* se presenta como si se tratara de una narración cronística, con una introducción histórica (precursores del conde) y hazañas del protagonista. No debe extrañar, pues, que esos planteamientos alcancen también a otros aspectos de la obra: la narración –como en la historiografía– es lineal, aunque haya excepciones, marcadas fundamentalmente por la necesidad de relatar hechos que han ocurrido a la vez, o de interrumpir la narración para dar cabida a digresiones diversas; el autor consigue mantener firme la estructura del conjunto mediante las premoniciones, recapitulaciones, paralelismos y otros recursos narrativos.

De la épica y de la tradición oral el autor ha mantenido la gran abundancia del diálogo y del estilo directo, lo que en principio permite la introducción de diversos puntos de vista y, sobre todo, hace que el narrador pueda intervenir como si fuera un espectador más de los acontecimientos que se relatan.

No parece que el *Poema de Fernán González* tuviera un gran éxito, a pesar del interés de su tema, y resulta difícil saber si los textos en los que reaparece el héroe se han inspirado en el *Poema* o en la *Estoria de España* alfonsí, mucho más difundida: así ocurre con los cuentos XVI y XXXVII de *El conde Lucanor*, de don Juan Manuel, o con la *Crónica de Fernán González* y el poema de Gonzalo de Arredondo, ambos de principios del siglo XVI; y el mismo origen deben de tener los numerosos romances de Fernán González (de los que sólo tres son tradicionales) y las piezas teatrales de los siglos XVI y XVII.

La prosa

Las traducciones del árabe

Durante el califato de Abd al-Rahman III (912-961) y de su hijo al-Hakam II (961-976), protectores de la ciencia y de la cultura, en Córdoba se produce un extraordinario florecimiento de los estudios, especialmente los científicos. La presencia en la biblioteca califal de algunos textos traducidos del griego, del persa y del sirio favorecieron e incrementaron el interés por la medicina, las matemáticas o la astronomía. El hijo de Abd al-Rahman III, al-Hakam II, continuó con la misma política cultural, y llegó a reunir en Córdoba una biblioteca de 400.000 volúmenes, recogidos en un índice de 44 cuadernos de 50 folios cada uno. Pero Córdoba no era el único foco cultural de la Península Ibérica: Zaragoza, Toledo, Badajoz y Sevilla también fueron centros en los que existía una notable actividad científica en la segunda mitad del siglo X y gran parte del siglo XI.

Por otra parte, las relaciones diplomáticas del califato cordobés alcanzaron no sólo al imperio bizantino, sino también al imperio germánico de Otón I: bajo el mandato de Abd al-Rahman III el mozárabe Recemundo (también llamado Arib ibn Said o Rabi ben Zayd), obispo de Elvira, buen conocedor de la astronomía y de la ciencia árabe, estuvo casi un año en tierras germánicas (955-956), mientras que el emisario de Otón, Juan de Gorza, permanecía en Córdoba, donde posiblemente mantuvo relación con Hasday ben Shaprut, traductor de Dioscórides.

Se puede fijar, pues, que a mediados del siglo X empezó a tenerse noticia en el occidente europeo de la existencia de las ciencias árabes, especialmente desarrolladas en matemáticas y astronomía, campos ajenos a los intereses de los romanos y casi desconocidos entre los pueblos occidentales. Por eso no es de extrañar la expectación que despertaron estos estudios, y la necesidad que pronto se sintió en los monasterios y centros culturales del Cristianismo de poseer versiones en latín de esos tratados científicos.

La muerte de al-Hakam II (976), la turbulenta sucesión de su débil hijo Hixam II (976-1009) manejado por Ibn Abi Amir, al-Mansur (Almanzor, 938-1002), y la rápida desintegración del califato de Córdoba y su definitiva desaparición (1031) hicieron que cambiara por completo el panorama: en algunos casos, los reinos de taifas se convertirán en centros científicos destacados, pero Córdoba perderá la hegemonía, y su biblioteca –ya expurgada por Almanzor– será arrasada (1013), aunque numerosos volúmenes llegarán a Toledo.

La inestabilidad surgida en al-Andalus empujó a muchos estudiosos, judíos, cristianos y musulmanes heterodoxos a buscar refugio en otras regiones, a la vez que algunas obras también recorrían el mismo itinerario hacia zonas más tranquilas o monasterios distantes: Zaragoza, la Marca Superior (el Valle del Ebro) y la Marca Hispánica (del Ebro a los Pirineos) se convirtieron en centros de atracción y de difusión de la cultura árabe y judía.

El 20 de abril del año 888 se consagró el monasterio de Santa María de Ripoll, al pie de los Pirineos, y fue dotado de unos cuantos libros «secundum posibilitatem nostram». La pobre biblioteca original fue creciendo con el transcurso del tiempo y se enriqueció notablemente a base de textos procedentes del resto de la Península cristiana y de al-Andalus, a la vez que el monasterio estrechaba o aumentaba sus relaciones con el sur de Francia. Son justamente las obras científicas árabes las que más interés suscitaron entre los estudiosos medievales, de tal forma que el *scriptorium* de Ripoll tuvo que llevar a cabo versiones al latín y copias abundantes de esos textos en códices misceláneos, especialmente a lo largo del siglo X. No extraña, pues, que en el occidente europeo empiece a haber clérigos interesados en profundizar en las nuevas ciencias de origen oriental, y que alguno de ellos se traslade o sea enviado a estudiar en los centros más representativos: Ripoll se convierte en obligado punto de referencia, pero también Gerona, Tudela, Vich o Zaragoza... Uno de los ejemplos más sobresalientes es el de Gerbert de Aurillac (futuro papa Silvestre II), que pasó tres años en la Marca Hispánica (entre 967 y 970), se hizo traducir numerosos textos y mantuvo la relación con sus maestros durante muchos años, haciéndose llegar traducciones y copias de libros científicos, y construyó esferas armilares, además de inventar un tipo de tubo óptico para observar las estrellas.

El prestigio de Gerbert y su incansable actividad en los centros más relevantes de la cultura de su momento posibilitaron una rápida difusión de los conocimientos adquiridos en su estancia en Ripoll: las traducciones al latín de tratados árabes de matemáticas, astronomía o filosofía se convertirán en algo habitual a lo largo de los siglos XI y XII, y constituirán uno de los pilares del pensamiento científico y filosófico de escuelas tan relevantes como la de Chartres.

Así pues, en los distintos reinos de la Península Ibérica hay una notable actividad traductora centrada en textos científicos, filosóficos o didácticos árabes que fueron vertidos al latín por clérigos de las más variadas procedencias. Las bibliotecas de algunas localidades y la privilegiada situación cultural hispánica –que permitía la relación de judíos, árabes y cristianos– facilitaba de modo extraordinario el conocimiento de las lenguas y posibilitaba la realización de traducciones. Por otra parte, la tradición peninsular ponía al alcance de los estudiosos medievales materiales inencontrables en el resto del occidente: la prestigiosa biblioteca de Ripoll, que contaba con unos doscientos cincuenta manuscritos a mediados del siglo XI, o la rica biblioteca reunida en Toledo tras la caída del califato de Córdoba (1031), heredera en gran medida de la magnífica colección de al-Hakam II, eran dos de los centros más buscados por los estudiosos.

Los testimonios acerca de la actividad traductora aumentan en la segunda mitad del siglo XI. El Valle del Ebro, con localidades como Zaragoza, Tarazona o Tudela, se convierte en una de las regiones de mayor impulso intelectual, con poetas, pensadores y filósofos como Ibn Gabirol (h. 1020-1058), Abraham Ibn Ezra (h. 1089-1167, viajero incansable por Italia, Francia e Inglaterra), Abraham bar Hiyya (h. 1065-h. 1145, compañero de Platón de Tívoli), y otros muchos; la hegemonía cultural del Valle del Ebro queda reforzada debido a la entrada de los almohades, que se impusieron a los almorávides e implantaron un régimen de intolerancia religiosa que obligó a muchos judíos y mozárabes a huir hacia el norte en busca de refugio.

No extraña, pues, encontrar localidades en las que la traducción de los textos árabes es una labor habitual: en Tarazona destaca Hugo de Santalla, autor de una decena de traducciones bajo el obispado de don Miguel (1119-1151), en Pamplona trabajaron Roberto de Ketton (o de Chester) y Hermann el Dálmata, que a mediados del siglo XII (h. 1143) comenzaron la traducción del *Corán* por encargo de Pedro el Venerable, abad de Cluny: los había conocido varios años antes, en 1134, aplicados a verter al latín textos astronómicos, según el mismo Pedro escribe a san Bernardo en 1141.

Pero en el rico panorama de las traducciones y traductores de las lenguas semíticas al latín en el norte de la Península Ibérica destaca, por el gran influjo que ejerció, Pedro Alfonso (nombre cristiano del que fue judío llamado Mosé Sefardí, bautizado en Huesca el año 1106).

Además de algunos textos apologéticos contra los judíos, la actividad de Pedro Alfonso se centró en la enseñanza, fundamentalmente en Inglaterra, donde tuvo como discípulos a Walcher de Malvern y Adelardo de Bath. Su postura ante la ciencia queda de manifiesto en la «Carta a los estudiosos franceses», en la que propone una reestructuración de las enseñanzas superiores, con reducción de las materias del *trivium* y ampliación de las correspondientes al *quadrivium,* a la vez que critica la falta de conocimientos de los maestros, que, incapaces de responder, se encierran en un silencio de superioridad que sólo esconde ignorancia, crítica similar a la que expresaban Daniel de Morley y Adelardo de Bath.

Con todo, la obra más importante de Pedro Alfonso es la *Disciplina clericalis,* colección de cuentos que traducirá al latín, constituyendo el caudal más rico de narraciones breves de origen oriental difundidas por Occidente: por una parte, le llegan materiales de las colecciones árabes de máximas y proverbios de filósofos y personajes célebres, como la recogida por Hunayn ibn Ishaq (siglo IX), que tuvo amplia difusión en la Península Ibérica, según atestiguan el *Libro de los buenos proverbios* y los *Bocados de oro,* que llaman al compilador Joanicio (o Johannitius); la otra vertiente de la que recibe sus materiales la *Disciplina* son las colecciones de cuentos de remoto origen hindú, como el *Sendebar* o el *Calila e Dimna*, que llegarían a la Península Ibérica a través de los árabes, y que serán traducidas al castellano a mediados del siglo XIII.

El gran éxito de la *Disciplina clericalis* se debió a la utilización del latín, de tal forma que llegó a un número de clérigos muy amplio; cuando las órdenes mendicantes comiencen a incluir *exempla* en sus sermones (en la primera mitad del siglo XIII), será inevitable que los recopiladores recurran a Pedro Alfonso, con lo que el alcance de su colección –y gracias a ella, de la narrativa oriental– llegará a ser enorme: no tardarán en aparecer versiones, de la colección entera o de algunos cuentos, a las distintas lenguas del Occidente, y, tras su utilización por los predicadores, tampoco resultará extraño reencontrar alguno de sus cuentos en los *novellieri* italianos, que darán nuevo impulso a esos relatos breves.

La conquista de Toledo por Alfonso VI (1085) y el flujo hacia la nueva ciudad cristiana de comerciantes francos, de musulmanes heterodoxos que huían de Córdoba, de judíos perseguidos por la intolerancia almohade (desde fines del siglo XI, y con mayor contundencia a partir de 1145), fueron factores decisivos para que se produjera un desplazamiento de la cultura desde el Valle del Ebro hacia Toledo, o al menos, para que las ciudades y monasterios de la Marca Superior se encontraran con un centro de gran importancia cultural, debido a sus ricas bibliotecas y a su auge económico, que poco a poco irá marginando a los núcleos anteriores.

La política cultural de Alfonso VI, decididamente francófila, impulsó la presencia de cluniacenses al frente de los monasterios más importantes de Castilla y en las principales sedes episcopales. Toledo no será una excepción: al gascón Bernardo le sucederá Raimundo

(1125-1152), también gascón, que se convertirá en un gran impulsor de traducciones, entre las que destacarán las de las obras de Aristóteles, realizadas por Avendehut y Domingo Gundisalvo.

La actividad de los traductores del siglo XII se centró en las mismas materias que habían sido objeto de versiones al latín en los siglos anteriores: matemáticas, astronomía, medicina, filosofía... Pero el aspecto más importante, y del que hay noticias abundantes, es que se mantiene la forma de traducir habitual en la Edad Media; es decir, un judío o árabe vertía directamente a la lengua romance el texto, palabra por palabra, y otro autor ponía en latín (más o menos correcto) la materia que había sido traducida. El proceso supone que la lengua romance ya estaba plenamente constituida para expresar –aunque fuera de forma oral– ideas abstractas o elevados cálculos: traducir al latín la versión oral en vez de corregir el estilo significaba añadir un eslabón más a la cadena, con las dificultades anexas que ello conllevaba, tanto económicas como lingüísticas. Por otra parte, la presencia de clérigos extranjeros hacía necesario este eslabón, pues el latín sigue siendo, todavía, la lengua del estudio, de la ciencia y la cultura. En el momento en que las traducciones no se destinen a las bibliotecas de fuera de la Península Ibérica, sino que sean para la utilización en Castilla, resultará innecesario continuar con su versión al latín: eso ocurrirá bajo el reinado de Alfonso X, cuando el signo de la cultura haya cambiado, y la abundancia de textos ya traducidos haga innecesario seguir desplazándose a los reinos peninsulares en busca de novedades que han dejado de serlo.

Con una perspectiva diacrónica, Toledo aparece como uno de tantos centros en los que se realizaban traducciones, pues tenían libros que resultaban de interés científico para el Occidente, y había también una población multilingüe, capaz de entender el árabe y hacerse comprender en latín o en lengua romance. Sin embargo, nada hace pensar que en Toledo, Zaragoza, Daroca, Tarazona o en cualquier otro lugar en donde se llevaron a cabo traducciones en este período hubiera una Escuela de Traductores, más o menos organizada dependiente del poder eclesiástico o regio; al contrario, hay que considerar que se trata de una actividad esporádica, plenamente motivada por el despertar cultural europeo, que durante muchos años –desde fines del siglo x hasta fines del siglo XIII– buscó en las bibliotecas de la Península Ibérica libros de materias nuevas: el prestigio de determinados centros de cultura y las circunstancias políticas llevaron a los estudiosos medievales hacia unas regiones u otras, pero la labor sigue presentándose como un esfuerzo individual y muy dirigido hacia materias científicas concretas. En todo caso los traductores no suelen ser buenos conocedores de las lenguas a las que traducen (y de ahí el literalismo ininteligible que mantienen en ocasiones), ni suelen ser especialistas de las materias que vierten, a pesar de la demanda: se explican así algunos errores y la falta de renovación o puesta al día de los textos.

Así, el panorama de la traducción se altera a lo largo del siglo XIII. La utilización del romance como lengua final del proceso de traducción en el siglo XIII constituye una muestra más de una tendencia que afecta a distintos géneros y que se puede considerar común a varios reinos del occidente europeo. En efecto, como consecuencia del resurgir cultural del siglo XII, se aprecia un notable aumento de la historiografía –por ejemplo– que abandona el latín tanto en Francia como en la Península Ibérica, para expresarse en lengua romance, como veremos más adelante. El fenómeno se debe sin duda, a un creciente interés por parte de un público cada vez más amplio, aunque con una formación elemental que les permitiría la comprensión del latín, pero que sin duda no les capacitaría para escribir esta lengua ya en claro retroceso incluso entre los letrados.

Es posible que los vínculos de algunos de los colaboradores judíos (especialmente como traductores) con el rey Alfonso se establecieran antes de su llegada al trono: así lo hace pensar el hecho de que algunos estuvieran a su servicio durante casi medio siglo (es el caso de Yehuda ben Mose), o unos treinta años (como el alfaquí Abraham). En ese dilatado período de tiempo, no sólo llevaron a cabo traducciones, sino que también fueron autores y adaptadores de obras astronómicas y astrológicas: una de las grandes preocupaciones del monarca fue la elaboración de unas tablas astronómicas de la máxima precisión; el trabajo duró mucho tiempo, y nada tiene de extraño que los astrónomos del rey simultanearan sus observaciones con estudios de la misma materia.

Tampoco bajo el reinado de Alfonso X puede hablarse de la existencia de una Escuela de Traductores: ni existió una organización que avalara semejante idea, ni hubo un programa que orientara la actividad en ese sentido, ni en las cuentas regias o catedralicias se dedican partidas económicas a fines similares. Hay que concluir, pues, que las versiones realizadas eran trabajos esporádicos que, sin duda, pretendían poner al alcance de algunos astrónomos desconocedores del árabe –entre los que podría contarse el mismo rey– los textos más útiles, a la vez que servirían para dar continuidad a los conocimientos en los que se sustentaban, o a los que habían dado lugar, las observaciones. La idea de una Escuela de Traductores en

Toledo (y fuera de Toledo) es el fruto de la historiografía literaria romántica y postromántica, y carece de fundamento.

Sermones y *exempla*

El concilio de Tours, del año 813, recomendaba al clero utilizar la lengua de los fieles, para hacerse comprender, y a partir de ese momento el clero juega el doble papel de receptor de una tradición literaria en latín y de emisor de unas nuevas formas en lenguas vernáculas.

Entre los géneros más estrechamente relacionados con el didactismo eclesiástico en lengua vernácula hay que dedicar un lugar de primer orden a los sermones destinados a la instrucción del pueblo cristiano. De acuerdo con la prescripción del concilio de Tours, reiterada luego en Reims y Maguncia, la predicación se debía hacer en las lenguas vernáculas; sin embargo, las colecciones de sermones conservadas sólo contienen testimonios en latín, quizá porque las lenguas autóctonas no habían adquirido aún altura suficiente para ser escritas, o quizá porque los textos religiosos en lenguas distintas del latín se consideraron desde el siglo XII como sospechosos de herejía, y se hicieron desaparecer.

La finalidad moralizante de los sermones lleva a algunos clérigos a atraer al público con el embellecimiento de las homilías: el primer paso consiste en la elaboración de sermones en verso, dentro de una tendencia habitual en la literatura francesa del siglo XII. Gran parte de la literatura moralizante, incluyendo decires y coplas sobre la Pasión de Cristo, gozos de la Virgen y confesiones de pecados representan una transformación de los sermones en verso.

Otros predicadores –y las órdenes mendicantes se mostraron especialmente sensibles a esta tendencia– buscan el embellecimiento de los sermones mediante *distinctiones*, divisiones y subdivisiones de la materia tratada, o no renuncian a la posibilidad de la utilización de rimas y ritmos: con frecuencia se encuentran juegos del tipo *intellectus...affectus...effectus; corde...ore...opere*, etc., que facilitan además la construcción de una homilía apoyada en determinadas asociaciones de ideas. Abundan los testimonios, y quizá por eso la Iglesia reaccionó violentamente contra esta forma de predicar, que consideraba poco edificante.

Otra forma de adornar los sermones y mantener despierta la atención del auditorio consistía en la utilización de *exempla* (singular, *exemplum*), que procedían por lo general de los libros sagrados, de las vidas de los santos, o de los escritos de los Padres de la Iglesia.

El *exemplum* era cualquier narración, historia, fábula o parábola, descripción o moraleja, refrán o anécdota capaz de servir de prueba en apoyo de una argumentación doctrinal, religiosa o moral. Naturalmente, lo que empezó siendo un simple recurso adquirió cada vez más importancia y en el siglo XII, con el florecimiento de la literatura cisterciense y después con el apogeo de las órdenes mendicantes (franciscanos y dominicos), el *exemplum* se especializó como un género bien definido. Quizá contribuyó a esta nueva orientación el enriquecimiento de los materiales tradicionales gracias a la presencia de temas y técnicas que tenían su origen remoto en la India, pero que ya habían sufrido un largo proceso antes de aparecer en latín.

Aunque los autores cistercienses –desde Alanus de Insulis (muerto en 1202) a Hélinand de Froidmont (autor del famoso *Vers de la Mort*, muerto en 1220)– recurrieron con frecuencia a los *exempla*, serán las órdenes mendicantes las que se disputarán la preeminencia en el género: el contacto directo con la gente y el conocimiento (en especial entre los franciscanos) de no pocos recursos consagrados por los juglares, van a permitirles extraer el máximo provecho a esta nueva forma de argumentación, y serán justamente miembros de las órdenes mendicantes (y sobre todo dominicos) quienes reunirán las colecciones de *exempla* más difundidas en la Edad Media, entre los que destacará el *Tractatus de diversis materiis praedicabilibus*, del dominico Étienne de Bourbon (Stephanus de Borbone), que reunió entre 1250 y 1261 una colección de casi tres mil ejemplos de la más variada procedencia: a simple vista se puede calcular la riqueza del contenido de la obra de este dominico y, por eso, no debe sorprender la difusión que tuvo el *Tractatus*, como avalan el medio centenar de manuscritos en que se conserva todavía.

Étienne de Bourbon es uno de los hitos importantes; su continuador directo es Humberto de Romans que escribe un *Tractatus de habundantia Exemplorum* (entre 1263 y 1277), que se puede considerar resumen del *Tractatus* de Étienne: quizá por esto y por el prestigio de Humberto –que fue quinto maestre general de la orden de los predicadores–, su obra tuvo una rapidísima difusión: casi todos los recopiladores de colecciones de *exempla* lo tendrán muy presente, igual que muchos teóricos de la predicación. Tal vez, el mayor logro de los trescientos ejemplos de Humberto consista en haber convertido las simples narraciones cargadas de valores morales en el medio indispensable para emocionar a los oyentes. En un lapso de tiempo de quince años, cambiaron las ideas: el *exemplum* al principio sólo era un recurso para subrayar o apoyar una doctrina; más tarde se convirtió, también, en una forma de distracción, cargada de intenciones moralizantes, por supuesto.

El éxito del *Tractatus* de Humberto de Romans no extraña; duró todo el siglo XIV, llegó a la imprenta en el siglo XV y era conocido en el siglo XVI, hasta que se produjeron las prohibiciones del V concilio de Letrán (1516), del concilio de Sens de 1529 (en que se pide la suspensión como predicadores de quienes cuenten «ridiculas et aniles fabulas» desde el púlpito), cuando ya corrían aires contrarreformistas, o del concilio de Burgos (1624), cien años más tarde. Poco a poco se había impuesto la distracción sobre la moralización y el didactismo: los sermones adornados con ejemplos, igual que los sermones en verso, resultaban más entretenidos que didácticos; el peligro era evidente.

En las colecciones de Étienne de Bourbon y de Humberto de Romans había algunas narraciones procedentes del *Disciplina clericalis* de Pedro Alfonso y de la leyenda de Barlaam y Josafat, y cuyos orígenes más o menos lejanos remontaban al mundo oriental. Medio siglo más tarde, a principios del siglo XIV, el obispo de Santiago de Compostela, Berenguer de Landorre, dominico, formaba su propia colección titulada *Lumen anime:* en esta obra, llena de divisiones y subdivisiones, las fuentes orientales se han multiplicado de forma considerable, gracias a la aportación de testimonios procedentes de Avicena, Averroes, Avempace, Avicebón, Alfora, Alfarabí, Ibn Gabirol, etc.; pero hay que tener presente que la obra del obispo compostelano se basa de forma muy especial en las propiedades de las cosas y que, por lo tanto, tiene una inspiración mucho más «científica» que otras colecciones. Por otra parte, la literatura de origen oriental y fondo didáctico o moralizante (en especial de tipo cuentístico) tuvo una importante expansión por el occidente medieval entre mediados del siglo XIII y principios del siglo XIV; posiblemente no fueran ajenas a esa expansión las nuevas formas de predicación, con la necesidad de renovar o enriquecer los materiales de las colecciones de ejemplos. Pero, sin duda, también contribuyó a esa expansión el creciente interés de la nobleza por alcanzar un cierto grado de conocimientos y formación.

En las colecciones de ejemplos, las narraciones constituyen unidades autónomas, con valor propio, y son independientes unas de otras, ya que dan apoyo a una doctrina, sirviendo de prueba objetiva. Sin embargo, a partir del momento en que en el *exemplum* aparecen otros valores y que, por tanto, puede funcionar fuera del sermón, se comienza a sentir la necesidad de «enmarcar» esas narraciones breves; o, dicho de otra forma, se siente la necesidad de sustituir el marco que constituía el sermón por un marco distinto, más elaborado literariamente, pero igualmente didáctico o moralizante. La materia es la misma que había sido recogida en las colecciones de ejemplos, sólo había que cambiar la estructura de conjunto, que se reelaboró en muchos casos a partir de la técnica narrativa del *Sendebar,* del *Calila,* del *Barlaam* y de otras obras de origen oriental.

Al lado de esta tradición corre otra tendencia más acusadamente didáctica y de hondas raíces latinas y occidentales: es la basada en el *Elucidarium* de Honorio de Autun (Honorius Augustodunensis, 1095), catecismo de doctrina cristiana, que dará lugar al *Lucidario,* obra del tiempo de Sancho IV (1284-1295), en la que las preguntas del discípulo al maestro han sido incluidas en algunos casos en un incipiente marco narrativo, que anuncia la técnica que será habitual en el *Conde Lucanor.*

A fines del siglo XIII no eran sólo los predicadores quienes reunían colecciones de *exempla*: otros autores lo hacían con intereses más puramente literarios, sin pensar en su utilidad práctica para los sermones; este paso fue posible gracias a las transformaciones culturales que se produjeron a lo largo de todo el siglo y que afectaron fundamentalmente a la nobleza.

En el dominio hispánico medieval hubo destacados tratadistas de la predicación e importantes predicadores, casi todos ellos vinculados a la Corona de Aragón. Entre los primeros, cabe recordar los nombres de Ramon Llull o Raimundo Lulio (*Liber de praedicatione,* 1304) y Francesc Eiximenis (*Ars praedicandi populo,* princ. s. XV). Entre los predicadores, además de los dos citados, es inevitable nombrar al más destacado de todos, el valenciano Vicente Ferrer (1350-1419), a pesar de que apenas dejó obra escrita, pues los testimonios que de él se conservan fueron copiados al dictado por *relatores* presentes en la predicación del famoso dominico. Vicente visitó no sólo las localidades de la Corona de Aragón, utilizando su lengua, sino también Toledo, Ayllón (donde se encontraba la corte real) y otras ciudades de Castilla: en estos casos parece ser que empleaba el castellano para hacerse comprender.

En el reino de Castilla sobresale fray Ambrosio de Montesino (h. 1445-1514), franciscano, que llegó a ser obispo de Sarda, en Albania, y auxiliar directo del cardenal Francisco Jiménez de Cisneros. De Montesino se han conservado ochenta y seis sermones, que constituyen casi la mitad de los textos homiléticos medievales aún existentes.

Máximas y proverbios

A mediados del siglo XIII se produce un fenómeno de gran interés, pues se traducen del árabe una serie de textos de carácter moralizante o didáctico. Por lo que se sabe de la existencia anterior de esas obras, aparecen en la Península Ibérica en el siglo XI o XII, entre los médicos judíos: habría que considerar que son justamente los judíos quienes impulsan esas versiones en el momento en que los médicos reales son judíos; por otra parte, no parece inverosímil que esos textos tuvieran una primera versión al latín, que permitió una rápida difusión de los mismos por el occidente europeo. Se trata de una moda que no parece que durara mucho tiempo, pues todos los textos que tenemos del género se sitúan en torno a las mismas fechas: aun teniendo en cuenta la dificultad de la datación exacta, y dejando unos márgenes amplios, se podrían situar entre los años 1230 y 1260, aproximadamente. Las relaciones y deudas de unas obras con otras son obvias, por lo que se refuerza la idea de que posiblemente son el resultado de un movimiento didáctico muy limitado cronológica y geográficamente.

Forman parte de este grupo el *Libro de los buenos proverbios,* los *Bocados de oro,* el *Libro de los cien capítulos, Flores de filosofía, Poridat de poridades,* y alguna otra obra de menor importancia.

Son muy numerosas las obras medievales formadas por proverbios, refranes o sentencias; en algunos casos –como suele ocurrir en la tradición castellana– los originales llegan de la India o de Persia, a través del árabe y con una larga vida ya. Pero también el resto del occidente europeo tuvo obras de este tipo, herederas casi siempre de los *Dísticos* de Catón y de los Libros Sapienciales del Antiguo Testamento. Tanto en los derivados de los *Disticha Catonis,* como en las colecciones más tardías de proverbios y refranes de origen oriental, hay una acusada tendencia a presentar las máximas en verso (es obvio en el caso de los *Dísticos*), que pueden ir desde los pareados más elementales a formas un poco más elaboradas. Sin embargo, los textos que ahora nos interesan están todos escritos en prosa y en todos ellos aparece una tenue narración que sirve para enmarcar o atribuir los proverbios.

El adoctrinamiento de príncipes

Junto a estas colecciones de proverbios, la Edad Media conoció otras obras destinadas a la educación de príncipes e infantes. Desde la Antigüedad, la forma habitual de adoctrinamiento de los jóvenes de familias nobles eran los «espejos», género basado en los consejos de un padre a su hijo, de un sabio a su discípulo o de un rey a su heredero. Y aunque no faltaban textos de este tipo en el mundo clásico, los autores tendieron a tomar los materiales de la Biblia y, sobre todo, del Antiguo Testamento.

Posiblemente, habría que considerar a Alcuino, el hombre de letras de la corte de Carlomagno, como el gran precursor del género en la Edad Media. A partir de Alcuino y todavía en el siglo IX, aparecen *Specula* del más diverso tipo, escritos por los más variados autores (Jonás de Orleáns, Dhuoda...), pero en general mantienen su característica de instrucción a los nobles, que deben ser –como clase superior– modelo de virtudes guerreras, religiosas y humanas. Con el transcurso del tiempo, estas obras concebidas como tratados morales se transforman y dan cabida a elementos de carácter militar, tomados en su mayor parte de Vegecio (*Epitoma rei militaris*) y de Frontino (*Stratagemata*) a lo largo del siglo XIV y durante el siglo XV, los tratados bélicos y de caballería sustituirán en gran medida a cualquier otra forma de instrucción y ocuparán un papel de primer orden en la educación de la nobleza.

Entre los manuales de adoctrinamiento de príncipes que conceden notable cabida al arte de gobernar, y que tuvieron amplísima difusión en el Occidente medieval, hay algunos que destacan especialmente aunque por distintos motivos: los *De regimine principum* de santo Tomás de Aquino y de Gil de Roma (Egidius Romanus), ambos en latín o los *Enseignements* que san Luis de Francia dirigió a sus hijos, en francés. Sin embargo, hay que tener presente en todo momento que estas obras constituyen un género más por la finalidad a la que se destinan y por el carácter que tienen, que por la homogeneidad formal o de contenido, pues en muchos casos no se pueden indicar apenas semejanzas entre las obras del mismo género.

En la Península Ibérica se encuentra, además, otra tradición llegada de Oriente a través de los árabes, y que coincide en algunos planteamientos con la literatura gnómica citada con anterioridad. A esa tradición pertenecen obras como el *Calila e Dimna*, el *Barlaam y Josafat* o el *Sendebar*, concebidas en su origen para el adoctrinamiento de príncipes, aunque con el paso del tiempo y con la difusión geográfica se fueron adaptando a las nuevas necesidades culturales, llegando a ser consideradas colecciones de cuentos.

El *Calila e Dimna*

Entre todas las colecciones medievales de cuentos conservadas, el *Calila e Dimna* es, tal vez, la más importante. Se basa en una colección hindú de fábulas animales, posiblemente del siglo IV de nuestra era, emparentada directamente con el *Panchatantra.* El itinerario recorrido por el relato original desde la India hasta la Península Ibérica fue largo, y supone una etapa intermedia fundamental: la traducción al persa (fin siglo VI), base de la versión de Ibn al-Muqaffa', que tradujo la obra al árabe en el siglo VIII, por orden de Almanzor, segundo califa abbasida. Como tantos otros textos, no tardó en llegar de Bagdad a al-Andalus, donde fue conocido antes de que se hiciera la versión conservada; al menos, así lo hace pensar el hecho de que autores como Pedro Alfonso utilicen materiales contenidos en esta obra: es posible que una parte de los relatos, o el conjunto, ya se hubiera difundido, oralmente o por escrito, entre las comunidades judías y musulmanas de la Península: de forma semejante a lo ocurrido en Italia, donde Rabi Joel llevó a cabo una versión al hebreo en el mismo siglo XII (o muy a comienzos del siglo XIII), que sirvió de base a la traducción latina de Juan de Capua (*Directorium humanae vitae,* entre 1273 y 1305), en la Península Ibérica hubo una versión hebrea, de Jacob Ben Eleazar (1170-¿1233?), realizada también en el siglo XIII, por encargo del médico Benvenist ben Hiyya ben al-Dayyan, servidor de Jaime I de Aragón.

La popularidad de la obra y el largo camino recorrido hizo que se distanciara pronto de su primitiva finalidad como manual de adoctrinamiento de príncipes, a la vez que ampliaba su público; sin embargo, la traducción castellana reaparece vinculada a la familia real.

De acuerdo con la forma habitual en el género, el *Calila e Dimna* se plantea como diálogo entre un rey y un filósofo a lo largo de los quince capítulos de que consta la obra; el filósofo aconseja a su señor ejemplificando mediante cuentos, casi siempre protagonizados por animales, como los dos lobos cervales que dialogan en el capítulo III (primer capítulo del cuerpo de la obra), de cuyos nombres recibirá título el libro.

La importancia del *Calila e Dimna* se debe no sólo a su contenido, que reforzó la tradición de las fábulas animales (con claro influjo sobre distintas ramas del *Roman de Renart*), sino también a la gran riqueza de técnicas narrativas que se despliegan a lo largo de la obra y que constituyen la base de la narrativa breve posterior, al organizar los relatos dentro de un marco más amplio, representado por el diálogo del rey y el filósofo. Los cuentos se insertan en ese marco y establecen distintos tipos de relación estructural entre sí, dando al conjunto una gran variedad de posibilidades, desconocidas hasta entonces en el mundo románico. Autores como don Juan Manuel o Boccaccio recurrirán a enmarcar sus cuentos en estructuras similares.

Alfonso X

La actividad de Alfonso X (1221, 1252-1284) como impulsor y cultivador de la ciencia y las letras es de extraordinaria envergadura, pues su nombre aparece al frente de tratados científicos, obras legales, compilaciones históricas y composiciones poéticas, líricas y narrativas, de amor y de burlas, y cantigas religiosas. Es posible, además, que Alfonso X escribiera algún tratado cinegético, pero no se ha logrado identificar ninguno de estos textos como obra del rey.

La participación que tuvo en la redacción de sus propias obras ha sido objeto de debates y precisiones, que –en todo caso– han de apoyarse en unas palabras puestas en boca del mismo Alfonso en la *General Estoria*:

El rey faze un libro, non porqu'él le escriva con sus manos, mas porque compone las razones d'él, e las emienda et yegua e enderesça, e muestra la manera de cómo se deven fazer, e desí escrívelas qui él manda, pero dezimos por esta razón que el rey faze el libro.

Otrossí quando dezimos el rey faze un palacio o alguna obra, non es dicho porque lo él fiziesse con sus manos, mas porque l'mandó fazer e dio las cosas que fueron mester para ello.

Estas palabras parecen razón suficiente para atribuir al rey casi toda la producción literaria, jurídica o científica de su época, y aun de tiempos posteriores. Sin duda, se trata de un abuso: habrá que considerar el nombre de Alfonso X como una etiqueta bajo la que se reúnen numerosos autores que trabajaron al servicio del rey.

Una parte de las obras de Alfonso X se han conservado en códices de gran calidad, copiados en pergamino, con una pulcra letra gótica francesa, frecuentemente adornados con ricas y abundantes miniaturas: el esmero con el que han sido elaborados estos manuscritos y la fecha en la que se compusieron hacen pensar que se trata de los textos que se conservaban en la cámara regia o que fueron copiados en el *scriptorium* alfonsí, pero no es mucho lo que se sabe de las condiciones materiales en las que se llevaba a cabo el trabajo.

Los libros astronómicos, astrológicos y de magia

Al final de la Antigüedad, la Astrología formaba parte integrante de todas las ciencias de la Naturaleza: Astronomía, Mineralogía, Botánica, Zoología, y también Medicina y «Psicología». Todos los seres y todos los fenómenos están vinculados de una manera u otra al dominio del Zodíaco, y, en definitiva, de los planetas: el universo, el tiempo y el hombre dejan sentir el influjo continuo de los astros; la clave del conocimiento total se encontrará en la exactitud con que se descifren las relaciones existentes, que se establecen tanto en el Mundo (Macrocosmos), como en el Hombre (Microcosmos), según ya indicaron Boecio y Bernardo Silvestre.

Durante mucho tiempo, la astronomía que se estudiaba en las Escuelas medievales procedía de las informaciones contenidas en el comentario de Macrobio al *Somnium Scipionis,* en las exégesis al *Timeo* de Platón, en la obra de Isidoro, en los escritos de Beda, y poco más. La situación cambiará a partir del siglo XII gracias a las traducciones al latín de textos científicos árabes, cuyos originales tenían una deuda con el mundo bizantino y, en definitiva, con Ptolomeo y Aristóteles. Sin embargo, para los árabes, Astronomía y Astrología viven juntas y son inseparables, de ahí que con el florecimiento de los estudios astronómicos, facilitado por las abundantes traducciones de textos árabes realizadas por judíos, se produzca un rebrote de la Astrología.

Los autores cristianos intentan adaptar estos conocimientos a las doctrinas de la Iglesia, y encuentran la solución adecuada al considerar que los astros son la manifestación más evidente de los designios divinos: interpretar el mundo de los astros de forma adecuada equivaldrá a conocer la voluntad de Dios. El conocimiento de los astros marca el camino que se debe seguir, igual que la estrella de Belén guió a los Reyes Magos.

Creo que es significativa en Alfonso X la unión de la doble faceta de historiador y astronómo/astrólogo; la preocupación que impulsa al rey de Castilla es una sola:

conocer los designios divinos tanto de carácter colectivo (Historia) como de tipo individual (Astronomía/Astrología). Alfonso X dedicó gran parte de sus esfuerzos (de los esfuerzos de sus colaboradores) al estudio astronómico y, sobre todo, astrológico. Gran parte del éxito dependía de la exactitud de los cálculos, y de ahí el empeño que puso en la construcción de instrumentos fieles, manejables, que pudieran ser transportados con facilidad, o que permitieran saber la hora de un nacimiento ocurrido por la noche, cuando el reloj de sol resulta inútil.

Si el ascendente es fundamental para conocer el destino, no menos importancia tienen las conjunciones de los astros y el influjo de las estrellas: en este sentido, Astronomía y Astrología se confunden en una misma ciencia. No es necesario insistir más en la cuestión; otras obras científicas alfonsíes como los diferentes *Lapidarios* deben ser examinadas con esa perspectiva.

Los *Libros del saber de Astronomía* constituyen la colección más importante de tratados astronómicos en lengua romance. El conjunto fue reunido por distintos colaboradores de Alfonso X, a instancias y bajo la supervisión más o menos directa del mismo rey.

Se dividen los *Libros del saber de Astronomía* en tres partes bien diferenciadas, reunidas en épocas muy dispares, y que llegaron a tener vida independiente unas de otras. La primera parte estaría constituida por «Los cuatro libros de la ochava espera», considerando la octava esfera como el cielo de las estrellas fijas y de los signos zodiacales, de acuerdo con unas observaciones que se remontan a Ptolomeo y a los matemáticos griegos, y según las cuales la Tierra estaría en el centro de una serie de círculos o esferas («órbitas»): Tierra, Luna, Mercurio, Venus, Sol, Marte, Júpiter, Saturno, Octava esfera.

La segunda parte es el «Libro de los estrumentos et de las huebras», manual para la construcción y utilización de trece instrumentos diferentes, que, en varios casos, constituyen novedades en el campo de la Astronomía, aunque sean de utilidad dudosa, y por lo general se trata de obras originales, o de las que no se indica que sean traducciones de textos preexistentes.

Finalmente, la tercera y última parte de los *Libros del saber de Astronomía* está formada por las «Taulas alfonsíes», que quizá son cronológicamente anteriores al resto. Estas tablas de cálculo astronómico, toman como base las coordenadas de Toledo, y son, con diferencia, el trabajo científico más importante de los realizados en la corte de Alfonso X. De la importancia de las *Tablas* pueden dar idea las numerosas adaptaciones, versiones y ediciones que se hicieron de ellas a través de una temprana traducción latina, o basándose en ellas, a lo largo de toda la Edad Media y durante parte del siglo XVI. Hay que advertir, sin embargo, que sólo se conservan la introducción y los cánones (o «modo de empleo») de las *Tablas* alfonsíes.

La actividad astronómica y astrológica de los colaboradores de Alfonso X se desarrolla a lo largo de una treintena de años, entre 1250 y 1279. Fueron numerosos los colaboradores de Alfonso X en la redacción de los *Libros del saber de Astronomía* y de las demás obras científicas; se pueden identificar, por lo menos, a doce de ellos: cinco de origen judío, que participaron en 23 de las 31 obras científicas del período; mientras que los otros siete colaboradores son árabes o cristianos. Llama la atención que entre los colaboradores cristianos sólo dos parecen ser de Castilla (Garci Pérez y Álvaro), pues los demás son aragoneses o italianos; por el contrario, los colaboradores judíos son, casi todos, de Toledo.

Interesan las obras astronómicas alfonsíes como reflejo o manifestación de una forma de pensamiento y como fuente de informaciones lingüísticas, como cumbre de unos esfuerzos sintácticos, y como modelo de acuñación de neologismos, aunque ninguno de estos aspectos se puede considerar meramente literario. A pesar de todo, no resulta rara la aparición de descripciones y narraciones en los *Libros del saber de Astronomía*; esto ocurre, en especial cuando Alfonso X intenta explicar el nombre de alguna constelación o la iconografía de algún planeta.

Obra historiográfica

La proliferación de crónicas y obras historiográficas de todo tipo, que se da en el occidente medieval desde principios del siglo XII, encuentra su cabal réplica en la Península Ibérica cien años más tarde: el *Chronicón Villarense*, redactado en riojano muy a comienzos del siglo XIII, constituye la primera muestra de la utilización de una lengua romance peninsular en la redacción de obras históricas. Sin embargo, el latín se seguirá empleando aún durante medio siglo.

En Castilla, don Lucas de Tuy (el Tudense) termina su *Chronicon Mundi* hacia 1236 (fecha de conclusión, también, de la *Crónica latina de los reyes de Castilla*); el título mismo del Cronicón del Tudense remite a san Isidoro, no en vano había pasado don Lucas veintiocho años en el monasterio del santo en León, y utilizó abundantemente la producción del obispo hispalense.

Don Rodrigo Jiménez de Rada escribe poco después el *De rebus Hispaniae* o *Historia Gothica* (1245), también profundamente marcada por la huella de Isidoro; sin embargo, no sólo utiliza las obras de este autor, al contrario: la crónica del Toledano se puede considerar un compendio de toda la historiografía anterior, incluida gran parte de la árabe: así se explica el gran éxito que tuvo. Pero además, enriqueció sus informaciones mediante la utilización de fuentes poéticas tanto españolas como francesas, rechazando estas últimas como falsas y mentirosas. Es un hecho significativo, que ha merecido la atención de los estudiosos, el conocimiento de los textos franceses: es evidente que se trata de una actitud nueva. Ya el anónimo autor de la *Crónica Seminense* –cien años antes que el Toledano– motejaba de falaces las narraciones francesas sobre la conquista de España por parte del emperador Carlomagno, pero es probable que el autor de la *Seminense* reaccionara de tan violento modo por la convivencia en León con la abundante colonia de francos. Distinto es el caso del Toledano, que rechaza explícitamente las historias que cuentan los juglares.

Don Rodrigo compuso además una *Historia Romanorum*, una *Historia Ostrogothorum*, una *Historia Hunnorum*, *Vandalorum*, *Suevorum*, *Alanorum et Silinguorum* que junto con la *Historia Arabum* complementan la narración del *De rebus Hispaniae*; pero estos complementos han sido concebidos como explicación del tronco central, que es la historia de los godos, legítimos habitantes de la Península, como ya pensaba Alfonso III en los albores de la historiografía postisidoriana. Es innegable el interés compilador que trasciende de la obra del Toledano. En definitiva, parece haber querido reunir una *summa* latina de la historia de España, igual que en Francia se había reunido una summa latina de todas las crónicas.

La gran preparación del arzobispo toledano hace que su historia supere a cuantas fueron escritas antes de

Alfonso X, y que su obra constituya una trilogía básica para comprender los planteamientos alfonsíes, a la vez que es la principal fuente consultada por el rey Sabio.

La Estoria de España

La idea de escribir una *Estoria de España* (o *Primera Crónica General*, según denominación que le dio Menéndez Pidal) es el resultado lógico de la evolución del concepto historiográfico, pero –además– el proyecto no habría podido adquirir cuerpo sin los cimientos establecidos por el Toledano.

No se sabe con precisión cuándo emprendieron Alfonso X y sus colaboradores la tarea de componer la *Crónica General de España*. Se piensa que hacia 1272 ya se habían redactado 565 capítulos de la *Estoria de España*. Por otra parte, en 1270, el rey castellano pedía al cabildo de la colegiata de Albelda y al convento de Santa María de Nájera varios libros en préstamo para hacerlos copiar. Entre estos libros, algunos eran necesarios para la redacción de la *Crónica General*, y fueron utilizados ampliamente en los primeros cien capítulos.

A lo largo de los 565 primeros capítulos se relata la historia de la Antigüedad y el dominio godo hasta la llegada de los árabes: en el conjunto sólo se utilizó una fuente poética, la *Farsalia*, pero se dio cabida a todo tipo de información procedente de textos históricos y de leyendas tradicionales: igual que los monjes de Saint-Denis, Alfonso X abandonó el latín y procuró reunir todas las noticias existentes sobre los temas que trataba. Su intención era la de divulgar los conocimientos sobre los hechos de los antepasados «porque los que después viniessen por los fechos de los buenos punnassen en fazer bien, et por los de los malos que se castigassen de fazer mal»; y pensaba conseguirlo suministrando además una materia de lectura más fácil que las crónicas anteriores.

La intervención del monarca en esta primera parte parece que fue considerable: él debió planearla, eligió los colaboradores y revisó el estilo y la lengua de la redacción, según se deduce de las conocidas palabras, frecuentemente citadas, de la *General Estoria*, y que hemos transcrito más arriba al hablar de la participación del rey en la redacción de sus obras.

La segunda parte de la *Estoria de España* –que llega hasta la muerte de Fernando III– fue acabada durante el reinado de Sancho IV, pero siguiendo la estructura y las pautas marcadas en los primeros 565 capítulos: el borrador de esta segunda parte debió quedar redactado antes de 1274, pero el rey Sabio no llegó a revisarlo; luego, bajo Sancho IV, se actualizaron los datos y se le dieron algunos leves retoques. La proximidad cronológica de los hechos narrados en la última parte permitió que se pudiera recurrir a mayor número de fuentes poéticas, sobre todo de cantares de gesta. Aún hubo otra continuación, auspiciada por el rey Alfonso XI, que se terminaría hacia 1340, setenta años después del comienzo de la *Crónica*.

Alfonso X rompe la tradición isidoriana de identificar la historia de España con la de los godos, dedicando una gran parte de su obra a los sucesos previos ocurridos en suelo peninsular, o directamente relacionados con ellos; establece un cotejo cronológico entre los hechos hispanos y las dinastías de los papas, los emperadores y los reyes de Francia, y lo que parece ser más importante, amplía el concepto de «historia» seguido hasta entonces, para dar entrada a «todos los fechos que fallarse pudieran» de España, y no solamente a la biografía de los monarcas.

La Grande e General Estoria

Las dos empresas historiográficas de Alfonso X presentan analogías metodológicas, pero en ellas abundan las diferencias de detalle y de ejecución, y sobre todo quedan profundamente separadas por el criterio compilatorio utilizado, que en la *Estoria de España* es restrictivo, mientras que en la *General Estoria* se presenta con una tendencia más exhaustiva; además, esta última suele presentar las informaciones, recibidas de las más diversas fuentes, mediante una concatenación de datos, repitiendo distintas versiones del mismo acontecimiento.

Nada se sabe sobre la fecha de inicio de la *General Estoria*; su composición interrumpió por algún tiempo la marcha de la *Crónica General* y aprovechó parcialmente los materiales ya reunidos por aquélla, pero es muy probable que las dos empresas historiográficas se desarrollaran simultáneamente durante algún tiempo e, incluso, que la *Estoria de España* recurriera a materiales compilados para la elaboración de la *General Estoria*. En todo caso, se estima que la redacción de la historia universal ya estaba comenzada en 1272 y que el trabajo duró hasta la muerte del rey, en 1284.

El plan general era muy ambicioso: llevar a cabo una historia universal, desde la creación del mundo hasta los tiempos del rey Alfonso. Y, del mismo modo que para la redacción de la *Estoria de España* utilizó como base la obra de Jiménez de Rada, para la *General Estoria* empleó de trama los *Cánones crónicos* de Eusebio de Cesarea-san

Jerónimo, con las modificaciones incluidas por san Agustín y san Isidoro, especialmente las relativas a la división del mundo en seis edades distintas, y así, la primera edad se extiende desde el génesis y la creación del mundo, hasta Moisés, dando cabida a los hechos más importantes de los imperios antiguos de Egipto, Asiria, etc. (se conserva en el ms. 816 de la Biblioteca Nacional de Madrid, considerado como copia procedente del *scriptorium* regio). La segunda edad llega a la muerte del rey David; es el momento en el que se incluye gran parte del material contenido en las *Metamorfosis* y las *Heroidas* de Ovidio, a la vez que se relatan la historia de Tebas (tomada del francés *Roman de Thèbes*), los trabajos de Hércules y la destrucción de Troya (según las informaciones de Dares el Frigio). La tercera parte va desde la materia de los *Salmos* hasta Ezequiel; en esta parte se incluyen las peripecias de Ulises y la historia de los reyes de Bretaña (según las informaciones contenidas en la obra de Geoffrey de Monmouth) y por último da cabida a la vida y obra del rey Salomón y a otros materiales del Antiguo Testamento.

La cuarta parte se extiende desde la época de Daniel al *Eclesiástico*; pero el interés de los compiladores se aleja de los judíos para centrarse en los imperios de Babilonia, Persia, Egipto, Grecia y Roma, ocupándose muy especialmente de las hazañas de Alejandro Magno (según la *Alexandreis* de Gautier de Châtillon). La quinta parte narra la historia de los Macabeos, junto con una traducción de la *Farsalia* de Lucano y la historia de Roma hasta el nacimiento de Cristo. Por último, la sexta parte, muy fragmentada, habla de los profetas y de la genealogía de la Virgen María.

Sin dificultad se aprecia que en la trama suministrada por el Antiguo Testamento se fueron entretejiendo las informaciones allegadas de las más variadas fuentes. El material ha sido organizado tomando como eje central al pueblo hebreo, elegido por Dios, y en torno a la historia judía se ha tejido el resto, haciendo coincidir las distintas cronologías, a pesar de las dificultades que entrañaba este planteamiento, por la carencia de datos concretos que remitieran a los años, y de ahí la tendencia a historiar períodos amplios de tiempo, en los que resulta más importante la unión temática que la exactitud cronológica.

Por otra parte, la simultaneidad de los hechos narrados obligaba a interrumpir continuamente el relato del hilo principal (la historia de los judíos), por lo que los redactores de la *General Estoria* tendieron a formar unidades narrativas autónomas con todos los conocimientos relativos a un suceso o a un personaje. Esta forma de construir el relato debe responder al sistema original de reunir los materiales con informaciones exhaustivas, que luego se elaborarían mediante la inserción de otros episodios cronológicamente simultáneos, que romperían la unidad narrativa de los hechos de un pueblo o de un personaje.

Naturalmente, el relato de las vicisitudes de los distintos imperios pone de manifiesto de forma clara cómo el poder imperial y la legitimidad del mismo se ha ido transfiriendo de oriente a occidente, justificando de esta forma las pretensiones de Alfonso X, que se considera descendiente de Nemrod y de Saturno, igual que el emperador Federico II descendía de Saturno y de Júpiter.

En todo caso, la importancia de la *Estoria de España* y de la *General Estoria* es grande no sólo para la historiografía medieval, sino para la cultura peninsular y para la formación de la prosa castellana: en ambos textos se encuentran las primeras versiones (o las versiones que tuvieron mayor difusión) a la lengua romance de obras fundamentales para el desarrollo del pensamiento literario medieval: desde la Biblia a Ovidio, de la historia de Alejandro Magno, o de Isidoro a Geoffrey de Monmouth... Y todo ello redactado en una lengua de gran riqueza expresiva, en la que las construcciones sintácticas han ido ganando en complejidad y, también, en exactitud.

La actividad jurídica y legislativa

Las diferentes formas de ocupación de los territorios y la necesidad de repoblar zonas abandonadas dio lugar en la Península a la existencia de tradiciones y hábitos de derecho consuetudinario, pocas veces escrito. Sin embargo, entre los textos escritos, los más importantes y característicos de Castilla y León fueron los *fueros* y las *cartas pueblas*: los unos eran la recopilación de privilegios de cada localidad, mientras que en el segundo caso se trataba de documentos para proteger la repoblación de los lugares fronterizos.

Fernando III comenzó la labor de unificación de los instrumentos legales de Castilla y León. En primer lugar, mandó traducir el *Liber iudicum*; el texto resultante, *Fuero juzgo*, quedó como instrumento legal de las ciudades conquistadas bajo su reinado, de tal forma que gran parte de Andalucía y Murcia tuvieron las mismas leyes. Luego, comenzó un nuevo corpus legal, el *Setenario*, que fue terminado en la época de Alfonso X; en general, se puede considerar que el método didáctico y expositivo utilizado en las *Siete Partidas* se encuentra en embrión incompleto en el *Setenario*, y que, tal vez, esta obra quedó inacabada para dar paso a la gran recopilación que constituyen las *Siete Partidas*.

La primera versión de las *Siete Partidas* se redactó entre el 23 de junio de 1256 y el 28 de agosto de 1265. Con anterioridad, se habían elaborado otros textos jurídicos en la corte de Alfonso X, como el *Espéculo* (también llamado *Libro de las Leyes* o *Libro del Fuero*) y el *Fuero Real* (o *Fuero de las Leyes*), que se pueden fechar en 1255.

Las *Siete Partidas* fueron concebidas posiblemente como un código legal, pero las continuas revisiones y redacciones a que fueron sometidas hicieron de la obra un tratado más teórico, de tal forma que se convirtió en un libro de referencia para jueces y legisladores en general.

El contenido se ocupa de las relaciones entre los súbditos en todos los aspectos, con una clara jerarquización: en primer lugar, la religión y el estado eclesiástico (y aquí la relación con el *Setenario* queda de manifiesto); luego, los reyes y grandes señores, incluyendo la guerra y los estudios y saberes; en tercer lugar, la administración de justicia; la Partida IV se ocupa del matrimonio y las relaciones de parentesco; la siguiente trata de la actividad mercantil; a continuación se legislan los testamentos y herencias; y, finalmente, los delitos y penas.

En definitiva, las *Siete Partidas* se ocupan de todas las facetas de la actividad humana: en este sentido, la cantidad de información que suministran sobre la vida cotidiana es extraordinaria, con una riquísima variedad de detalles.

Sin embargo, hay que tener en cuenta que, para llevar a cabo este texto, los autores (el maestro Jacobo Ruiz, el notario Juan Alfonso, el maestro Roldán y Fernando Martínez, entre otros) tuvieron que recurrir no sólo a fueros y a textos legales castellanos anteriores, sino también a obras de Derecho Romano (Justiniano), Eclesiástico (Graciano y Decretales), y a escritos de la más variada índole (Biblia, *Etimologías*, etc.): en ocasiones las *Siete Partidas* no reflejan necesariamente aspectos de la vida castellano-leonesa del siglo XIII, sino que pueden estar haciéndose eco de algunas costumbres del mundo romano o visigodo, o pueden recoger elementos de otros lugares del occidente medieval, debido a la aplicación mecánica de glosas y comentarios procedentes de Bolonia o de Montpellier o París, por ejemplo.

La actividad legisladora de Alfonso X no concluyó con las *Siete Partidas*. Bajo su reinado se reunieron una serie de «opúsculos legales» de menor importancia para la historia de la Literatura: son las *Leyes para los adelantados mayores*, las *Leyes nuevas*, los *Ordenamientos de las tafurerías*, las *Leyes del estilo et declaraciones sobre las leyes del Fuero*. Todos ellos afectan a diversos aspectos del procedimiento judicial y son de carácter más técnico que las *Siete Partidas*.

Los reyes posteriores a Alfonso X reelaboraron parcialmente la obra legislativa de éste, de acuerdo con unos criterios distintos acerca de las relaciones entre nobleza y poder real (sería el caso de Sancho IV), y las reiteradas tentativas de crear un sistema jurídico más ágil (Tribunal de la corte, 1274, 1312 y 1371) chocaron a lo largo del siglo XIV con la resistencia de la nobleza, que veía mermados parte de sus privilegios.

3. Crisis

De la muerte de Alfonso X a principios del siglo XV

Los últimos años del reinado de Alfonso X estuvieron marcados por la guerra civil entre los partidarios de que heredaran el trono los descendientes de su primogénito Fernando de la Cerda, muerto antes de llegar a ser rey, y los que defendían los derechos del otro hijo varón de Alfonso, Sancho; finalmente se impuso éste, con lo que la calma volvió a restablecerse, al menos en apariencia. En realidad, fueron más profundas las razones que llevaron al enfrentamiento: habrá que recordar, entre otros aspectos, las tensiones existentes entre la nobleza y la Iglesia (que apoyaba a Sancho) y los habitantes de los municipios, junto con la incipiente burguesía (favorables a las pretensiones de Alfonso); y, del mismo modo, no se puede olvidar que las conquistas realizadas por Fernando III en la primera mitad del siglo daban una clara hegemonía a Castilla sobre los demás reinos peninsulares, constituyendo, por tanto, un potencial peligro para los vecinos más cercanos: Aragón y Portugal apoyarán las disensiones en busca de un debilitamiento que les podía ser beneficioso.

Al morir Sancho IV (1295) la situación es especialmente delicada pues su hijo mayor, Fernando (1295-1312), apenas contaba nueve años: todas las tensiones que habían sido dominadas con la fuerza por Sancho IV volvieron a reaparecer. Por una parte, los sucesores de Fernando de la Cerda; por otra, la nobleza dispuesta a obtener ventajas de la minoría del rey; y además, Portugal y Aragón –los árabes apenas cuentan– decididas a conseguir nuevos territorios en detrimento de Castilla. El panorama era crítico, y al conjunto había que añadir los interesados movimientos de la familia real para lograr la tutela del niño... La reina viuda, María de Molina, consiguió esquivar con habilidad todos estos peligros, contando para ello con el ambiguo apoyo del infante don Enrique, belicoso hermano de Alfonso X, que llegó a ser rey de romanos, prisionero de Carlos de Anjou durante muchos años y noble recordado por numerosos trovadores provenzales. En el bando de la reina se encontraba también otro miembro de la alta nobleza, don Juan Manuel, sobrino de Alfonso X, primo de Sancho IV, que será el prosista más destacado del siglo XIV.

La temprana muerte de Fernando IV cuando tenía veinticinco años, reprodujo la agitada situación de fines de siglo: el heredero había nacido apenas un mes antes de la muerte de su padre, con lo que resurgen las banderías y los enfrentamientos de la nobleza en busca de cargos que la aproximen al ámbito del rey; y de nuevo la reina María de Molina se volvió a hacer cargo de la regencia y tuvo que sortear los peligros que acechaban al pequeño Alfonso XI (1312-1350), pero la muerte de la experta reina (1321) provocó una profunda fragmentación del poder en Castilla, de tal manera que la crisis de autoridad se dejó sentir por todas partes hasta que el rey fue declarado mayor de edad (1325); y aunque las revueltas nobiliarias no cesaron, poco a poco se fue restableciendo el orden gracias al apoyo continuo de ciudades y municipios al poder regio, lo que supuso a la vez un incremento de la representación del tercer estado –el pueblo llano– en las Cortes, institución creada en principio para impartir justicia y que acabó convirtiéndose en órgano legislativo.

Alfonso XI se ocupó de apaciguar el reino y de asegurar sus fronteras frente a los portugueses, aragoneses y árabes; el peligro de estos últimos se había incrementado con la aparición de los benimerines que habían pasado el Estrecho de Gibraltar para intervenir en la política del reino de Granada, que padecía una situación igual de inestable que la de Castilla: el Estrecho se planteaba como una posición estratégica; dominarlo significaría tener la clave de acceso a la Península. Y Alfonso XI dedicó gran parte de sus energías a lograr este propósito: la victoria del Salado (1340) –a la que el Psalterio de Coimbra dedica cuatro himnos en latín– supuso el final del peligro benimerí; el dominio sobre el Estrecho estaba conseguido, para afirmarlo sólo era necesario conquistar la plaza de Gibraltar, pero en el asedio de la misma (1350) murió el rey a causa de la peste que en apenas dos años había diezmado la población del occidente europeo.

La reconquista de grandes territorios a lo largo del siglo XIII y la reducción del dominio árabe al reino de Granada, limitó considerablemente los ingresos, por lo que los reyes tuvieron que buscar otras fuentes alternativas; por otra parte, la guerra continua, mantenida frecuentemente por mercenarios, hacía acuciante la necesidad de dinero: las Cortes se mostraban reacias a la imposición de nuevas cargas fiscales, a no ser en casos muy concretos, por lo que los reyes recurrieron a impuestos indirectos (al comercio, por lo general), y para recaudarlos formaron un cuerpo de oficiales que pudieran responder con sus propios bienes; de este modo entran los judíos más ricos al servicio directo del rey, pero también pasan a ocupar unos cargos que resultan especialmente odiosos al resto de la población: frente a la pobreza económica general son los únicos que tienen dinero, y que lo prestan. No tardarán en comenzar las persecuciones sistemáticas contra algunos judíos en concreto y, más tarde, generalizadas contra todos ellos, llegando al momento peor con las matanzas de 1391.

La escasa producción de obras en latín pone de manifiesto la ignorancia de gran parte del clero: ni el IV Concilio de Letrán (1215), ni otros sínodos similares lograron paliar la falta de preparación de quienes se dedicaban a la Iglesia en Castilla. Los autores que escriben en latín durante el siglo XIII se formaron fuera del reino castellano; la situación se agrava en el siglo XIV, de tal forma que apenas se pueden encontrar unos pocos que sigan utilizando el latín como vehículo para la expresión de sus pensamientos. Tres nombres parecen dignos de mención, sin que ello suponga que se trata de autores de primera fila: Pedro Compostelano, autor de una *Consolatione rationis* de obvia filiación boeciana, tanto en el prosímetro utilizado como por el contenido didáctico-alegórico. Esta obra está dedicada a Berenguer, obispo de Santiago, al que hay que identificar con el dominico francés Berenguer de Landorre (obispo de 1318 a 1330), autor él mismo de una notable colección de *exempla* titulada *Lumen anime*. El tercero de los escritores en latín es un historiógrafo, Gonzalo de Hinojosa, obispo de Burgos (m. 1327), cuya *Chronica* constituye un retroceso técnico en comparación con la obra de Alfonso X, a pesar de que fuera traducida al francés durante el mismo siglo XIV por Jean Golein para Charles V. Poca cosa más se puede decir de la literatura latina en Castilla y León en la primera mitad del siglo: el *Breve compendium artis rhetorice* de Martín de Córdoba, que sigue de cerca a Godofredo de Vinsauf, y las copias de artes poéticas y retóricas clásicas y medievales completarían un panorama de escasa producción nueva.

En el reino árabe de Granada tampoco hay muchos escritores que merezcan detención: los más significativos son Ibn al-Yayyab (1274-1349), Ibn al-Jatib (1313-1375) e Ibn Zamrak (1333-1393), maestros y discípulos consecutivamente, poetas funcionarios los tres, destacan no tanto por la novedad o calidad de su obra, como porque sus versos fueron utilizados para decorar las estancias más nobles de la Alhambra. Entre los tres sobresale muy especialmente Ibn al-Jatib por ser el compilador de una gran colección de moaxajas hispanoárabes, con las correspondientes jarchas romances (en total, 12 diferentes), que, con la colección reunida por Ibn Busrá (siglo XV, 26 jarchas distintas), constituyen la base para estudiar los primeros testimonios de la lírica románica. Ibn al-Jatib, además, fue un extraordinario historiador de los nazaríes.

Los judíos continúan escribiendo comentarios a textos sagrados en un ambiente cada vez más hostil. Algunos, como el rabino de Toledo 'Aser ben Yehi'el, ha-ROS (1250-1327/8), habían llegado de otros países escapando de las persecuciones contra los judíos que se sucedían en el occidente europeo desde fines del siglo XIII. En ese ambiente no extrañan las abundantes conversiones al Cristianismo, que desencadenan, a la vez, una rica literatura de polémica religiosa, tanto en hebreo como en castellano: el médico Abner de Burgos (h. 1270-h. 1340) se convirtió con el nombre de Alfonso de Valladolid y algunas de sus obras apologéticas fueron traducidas al castellano, lengua que también utilizó para otros textos, polémicos por lo general. Con Alfonso de Valladolid es posible que debatiera el rabino Sem Tob Ardutiel, conocido en castellano como Sem Tob o don Santob de Carrión, autor de unos importantes *Proverbios morales*. Tampoco debe extrañar, en esta época de crisis en todos los sentidos, cuando el árabe y el hebreo pierden terreno, que empiecen a escribirse textos aljamiados, dando origen a unas formas literarias que aún perdurarán en el siglo XVI.

Los últimos años del siglo XIII conocen la paulatina desaparición de la lírica provenzal y, por consiguiente, cesa la presencia de trovadores en las cortes peninsulares; pero el modelo ya se había aclimatado en la Península y daba frutos abundantes en gallego-portugués, aunque a la muerte de Alfonso X el centro se traslada de Castilla al reino de Portugal, donde florece –entre otros– el propio rey, don Denis (1279-1325), como protector de poetas y poeta él mismo de notable habilidad; poco después de la desaparición de este rey debió iniciarse la recopilación de la poesía gallego-portuguesa, pues en 1350 don Pedro, conde de Barcelos, dejaba en su testamento a Alfonso XI un «libro de canciones», que suele ser considerado predecesor de los cancioneros cinquecentistas; luego, un período oscuro que llega hasta el primer cancionero en castellano, reunido por Juan Alfonso de Baena.

Desde los últimos años del siglo XIII se han ido produciendo importantes alteraciones en los géneros literarios, que en definitiva reflejan cambios en la estética y la aparición de una nueva sensibilidad literaria, a la que no pueden ser ajenas las nuevas circunstancias políticas y socioculturales: los cantares de gesta aún se mantienen en la tradición oral, pues la *Crónica de 1344* recoge testimonios que difieren tanto de los recogidos por Alfonso X que sólo se pueden explicar por su pervivencia entre la gente; a la vez, aparecen los romances más antiguos, quizá como resultado de la fragmentación de cantares de gesta. Pero el hecho literario más importante es la aparición de la novela a comienzos del siglo XIV (*Libro del cavallero Zifar*).

Por otra parte, el panorama literario de Castilla en este momento está colmado por la presencia de dos figuras, representantes de los estamentos de mayor preparación cultural, nobleza y clero: se trata del infante don Juan Manuel (1282-1348) y del Arcipreste de Hita, Juan Ruiz (...1330...); en ambos se encuentran aún indudables marcas formales heredadas de la tradición culta del siglo XIII, lo que no les impide acoger de forma esporádica elementos procedentes del folclore y de la tradición popular: se convierten así en claros testimonios de la efervescencia de un mundo en crisis.

La muerte de Alfonso XI en 1350, víctima de la peste, reaviva los problemas sucesorios que se habían repetido desde comienzos de siglo, aunque en esta ocasión las causas eran aparentemente muy distintas de las que rodearon la llegada al trono de Fernando IV o del propio Alfonso XI: no se trata ya de la minoría del heredero –a pesar de que éste apenas contaba dieciséis años de edad–, sino de la disputa entre dos hijos del rey. Pedro I (1350-1369) era el heredero legítimo, hijo del rey y de su mujer, la reina María de Portugal; frente a él se levantó Enrique II (1369-1379), hijo de Alfonso XI y de Leonor de Guzmán.

Los largos enfrentamientos de los dos mediohermanos no eran más que un reflejo de lo que estaba ocurriendo en el resto de la sociedad, pues suponía la reaparición de las hostilidades entre la nobleza y el poder real –no totalmente apaciguadas desde los tiempos de Alfonso X– y, sobre todo, la incorporación de Castilla como nuevo escenario de la Guerra de los Cien Años que estaban dirimiendo Inglaterra y Francia: las compañías francesas de Du Guesclin y las inglesas del Príncipe Negro formarán parte del panorama bélico de esta segunda mitad del siglo.

La violenta muerte de Pedro a manos de su hermano en Montiel (1369) permitió a Enrique la llegada al trono y el establecimiento de la dinastía bastarda de los Trastámara al frente de Castilla; pero causó, también, una profunda impresión entre los habitantes del reino, como atestiguan algunos escritores.

Pedro I, necesitado de dinero, protegió a los comerciantes –igual que su padre– pues cualquier operación comercial pagaba tributo, lo que suponía una importante fuente de ingresos constantes; para mayor seguridad dictó leyes o dio garantías para evitar los abusos, físicos y económicos, de los nobles y eclesiásticos: el desarrollo de la burguesía y el ascenso de los judíos resultaba inevitable. Por otra parte, la nobleza y la Iglesia, descontentas con lo que consideraron una merma de su poder –robustecido en las minorías de los reyes–, se enfrentaron al rey, que no dudó en ejecutar a cuantos oponentes cayeron en sus manos, en confiscar los bienes de los rebeldes y en imponerles tributos: medidas todas ellas que sólo sirvieron para acrecentar las diferencias y llevar el reino a la guerra civil. Mientras la burguesía y las ciudades dedicadas al comercio apoyaban al rey, los nobles y el clero buscaron un sustituto en don Enrique de Trastámara.

El nuevo rey tuvo que ocuparse en primer lugar de pacificar sus dominios, y para ello hizo salir a las compañías extranjeras, redujo los impuestos e hizo todo lo posible para ganarse al tercer estado, sin perder la confianza de quienes le habían apoyado en sus largos enfrentamientos con Pedro I. Mientras tanto, la Guerra de los Cien Años continuaba, y el panorama político del occidente europeo seguía estando tan revuelto como algunos años antes. La pacificación de Castilla no convenía a Inglaterra, pues era previsible una inmediata alianza con los franceses, que habían apoyado a Enrique II en sus pretensiones al trono frente a Pedro I. Los temores ingleses se confirmaron; los barcos castellanos destruyeron la flota inglesa ante La Rochelle (1372) y esta plaza, uno de los principales puntos de apoyo ingleses en el continente, sucumbió ante el asedio de los franceses. La victoria no sólo aseguró la superioridad de la flota castellana en el Atlántico durante mucho tiempo, sino que además dio tranquilidad a Enrique II, que pudo negociar la paz, en posición ventajosa, con portugueses y aragoneses, a la vez que reforzaba los lazos con Francia.

Pero la paz se vio ensombrecida por la actuación de Juan I de Castilla (1379-1390) en Portugal a la muerte de Fernando I (1383): las legítimas pretensiones castellanas al trono reavivarían los temores ingleses y despertarían el antagonismo de una parte de la nobleza portuguesa, defensora –por motivos diversos– de los derechos del maestre de Avís, descendiente bastardo del rey portugués Pedro I (1357-1367). La consecuencia de estas tensiones fue una serie de escaramuzas, asedios, combates fallidos y, finalmente, la batalla de Aljubarrota (1385), que supuso un tremendo desastre para las fuerzas de Castilla, y la prisión o la muerte para un gran número de nobles castellanos (entre los que se encontrará don Pero López de Ayala). Sin una oposición seria, el maestre de Avís, Juan I, fue nombrado rey de Portugal (1385-1433).

Lo que queda de siglo está marcado por nuevas guerras intestinas en Castilla, motivadas por la prematura muerte de Juan I, cuando su hijo Enrique III (1390-1406) apenas tenía once años, y las consiguientes luchas de los nobles por alcanzar un puesto en el consejo de regencia.

La situación era similar en Aragón, aunque se resolvería de forma distinta. El heredero al trono, único hijo varón de Martín I (1395-1410), murió en 1409, y el mismo rey, que se encontraba sin descendientes legítimos y sin esperanzas de tenerlos, consciente del peligro que se cernía sobre el reino, intentó nombrar un heredero aceptado por sus súbditos, pero no tuvo tiempo, pues no tardó en morir. Se reavivaron las tensiones internas entre valencianos, aragoneses y catalanes, defensores de distintos pretendientes al trono, y fueron nueve delegados, tres por cada reino, reunidos en Caspe (1412), los que tuvieron que decidir qué candidato tenía más derecho a la corona: la elección cayó sobre Fernando de Antequera, tío del rey de Castilla y, por tanto, de la casa de Trastámara.

La inestabilidad en los reinos de Castilla y Aragón se veía acrecentada por la crisis del Papado y el Cisma de Occidente (1378-1417), que supuso la elección casi simultánea de dos papas, Urbano VI (1378-1389) y Clemente VII (1378-1394); el apoyo hispánico al papa de Aviñón fue constante, y especialmente desde que fue elegido Pedro de Luna (Benedicto XIII, 1394); hasta 1416 se mantendría ese apoyo, pero las presiones externas y la voluntad firme del concilio de Constanza (1414-1418) llevarán al abandono del papa Luna, al fin del Cisma y a la reunificación de la Iglesia.

Las guerras y, sobre todo, las sucesivas oleadas de la epidemia de peste redujeron notablemente la población de la Península Ibérica, de forma paralela a lo que ocurría en Francia, Italia, Inglaterra, y, en general, en todos los países del Occidente. Como consecuencia de la escasez de mano de obra, los precios aumentaron y las disposiciones regias para controlar los salarios en Aragón, Castilla y Portugal no parece que surtieran un gran efecto, pues la carestía fue en aumento, con graves consecuencias para el comercio. A la par que se producía la decadencia económica de las ciudades y Estados dedicados a la actividad agrícola o comercial, las regiones ganaderas se vieron enriquecidas precisamente por el descenso de la población; así, Castilla pudo exportar abundante lana a Flandes y los Países Bajos gracias a los enfrentamientos de los dos principales beligerantes de la Guerra de los Cien Años y, sobre todo, gracias al apoyo de Francia, que de esta forma perjudicaba los intereses ingleses; la exportación contaba, además, con una flota activa y de gran experiencia, dispuesta tanto para el comercio como para la guerra. Por su parte, también Portugal se había especializado en el comercio de la lana: no extraña que pronto surgieran fricciones entre los dos reinos del occidente peninsular, y que el reino portugués fuera formando poco a poco una flota capaz de competir con la castellana.

La peste marca, también, en gran medida las relaciones sociales en la segunda mitad del siglo XIV. La mortandad supuso, entre otras cosas, que el número de contribuyentes a las arcas regias disminuyera notablemente en un momento en que los reyes necesitaban abundante dinero para armar y mantener los ejércitos; como era previsible, aumentaron los impuestos, y los recaudadores –en su mayoría judíos–, impopulares siempre, vieron cómo se iba formando una animadversión cada vez mayor contra ellos como representantes del rey y como miembros de una comunidad diferente: el caso de Samuel Halevi podría servir de ejemplo, pues fue jefe de los recaudadores de Pedro I, ocupó altos cargos en la corte y gozó de toda la confianza del rey; todo ello no pudo evitar que fuera apresado en 1361, encarcelado en Sevilla y sometido a torturas por las que murió.

Las matanzas de judíos, esporádicas en los primeros años de esta segunda mitad de siglo, se fueron haciendo cada vez más frecuentes, pues se les asociaba a la difusión de la peste; pero será a partir de 1378, con los violentos sermones de Ferrant Martínez en Écija, cuando los pogromos se convertirán en persecuciones sistemáticas por parte de campesinos y en algunas ciudades; y de nada valdrán las advertencias reales: Sevilla, Córdoba, Toledo, Burgos y otras muchas ciudades ven destruidas sus aljamas y muertos sus habitantes judíos. En 1391 las revueltas antijudías se hicieron generales con las consiguientes matanzas y conversiones en masa.

Entre los conversos de la última década del siglo se encuentra Salomón Halevi, descendiente del jefe de recaudadores de Pedro I; a la sazón tenía cuarenta años y gozaba, como su antepasado, de la confianza del rey; fue bautizado en Burgos (1390), recibiendo el nombre cristiano de Pablo de Santa María (1352-1435). Y del mismo modo que la vida de su antepasado Samuel podía servir de ejemplo para comprender las dificultades con que tropezaban los judíos algunos años antes, también la vida de Salomón sería buen testimonio del futuro que esperaba a algunos conversos de este momento: tras haber sido rabino mayor de su ciudad natal (1379) y gozar de cierto prestigio en la corte de Enrique III, se convirtió con toda su familia menos su mujer, de la que se divorció; se hizo sacerdote, alcanzó el grado de doctor en Teología en la Sorbona, mantuvo estrecha amistad con Pedro de Luna (futuro Benedicto XIII), fue obispo de Cartagena (1403), miembro del Consejo Real, canciller mayor de Castilla (1407), maestro del infante don Juan (II) y obispo de Burgos (1415), en cuya sede le sucedería su hijo Alonso de Cartagena... Pablo de Santa María es un testimonio no sólo de la preparación que alcanzaban los judíos, pues escribió en hebreo, latín y castellano, sino también un claro ejemplo –y son muchos los que hay– de converso dedicado a la persecución de sus antiguos correligionarios, para lo que contó con el efectivo apoyo de san Vicente Ferrer.

En Castilla y en Aragón se repitieron las polémicas religiosas –como la mantenida en Tortosa (1413) por el médico de Benedicto XIII, Jerónimo de Santa Fe (llamado Joshua Halorki mientras fue judío, h. 1350-h. 1419), y la predicación de san Vicente (y, sobre todo, el miedo) obtenía abundantes conversiones. Surgió de esta forma el grupo social de los conversos o cristianos nuevos, que se ocupaban de las mismas actividades que habían desarrollado los judíos, pues, en definitiva, eran las mismas personas, y que en muchos casos continuaban con las mismas prácticas religiosas, aunque ocultas (criptojudíos). El grupo de los conversos era numeroso, y reunía miembros de todas las clases, desde grandes familias (Luna, Guzmán, Enríquez) y eclesiásticos, hasta hombres de letras, burgueses o artesanos...

No tardará en llegar la preocupación por la limpieza de sangre, promovida tanto por los judíos más recalcitrantes como por los cristianos viejos, que ven mermar su poder.

El reino de Granada apenas produce escritores dignos de mención, exceptuando el caso de Ibn al-Jatib (1313-1375) e Ibn Zamrak (1333-1393), maestro y discípulo, antagonistas literarios, víctima y asesino, poetas de la

Alhambra los dos, ya citados en el capítulo anterior. Quizá podría añadirse a la escueta nómina de esta segunda mitad de siglo las figuras del almeriense Ibn Jâtima (m. 1369) y del príncipe Yusuf III (1407-1417), poeta enamorado de una cristiana, Leonor, y capaz de escribir delicados versos amorosos o de expresar su indignación por el avance de los castellanos en el reino de Granada. Pero, sin duda, el hecho más sobresaliente del período sería la presencia del historiador Ibn Jaldún (1332-1406) en Granada, donde buscó refugio de las intrigas políticas del norte de África; su amistad con Ibn al-Jatib le valió el nombramiento de embajador ante Pedro I, lo que le permitiría conocer una parte de la historia de Castilla. Ibn Jaldún es considerado el mayor historiador árabe. Habría que mencionar, además, al mallorquín Abd Allah ibn Abd Allah al-Tarchuman al-Mayurquí al-Muhtadí (Anselm Turmeda, muerto en 1423), que tras ser franciscano y estudiar teología en Bolonia, fue a Túnez (1385), donde abjuró del cristianismo y se hizo musulmán, escribiendo una de sus obras en árabe, la apologética *Tuhfa*.

El apoyo de Pedro I a los judíos fue una de las causas de la caída en desgracia de éstos al terminar la guerra entre los dos hijos de Alfonso XI y con la llegada al trono de Enrique II. La literatura hebrea en la Península Ibérica en este momento apenas puede distanciarse de los estudios talmúdicos ya habituales y de las disputas entre racionalistas y cabalistas. Las persecuciones de 1391 apenas habían respetado más aljamas que la de Zaragoza, y es allí donde se desarrolló un grupo de escritores de cierto relieve, protegidos por la familia de los Labi de la Cavallería; la conversión al Cristianismo de Salomón ben Meshullam de Piera (h. 1340-h. 1418), uno de los más viejos y respetados poetas del círculo, y de su discípulo Vidal (Yosef) ben Benveniste ibn Labi (Gonzalo de la Cavallería, h. 1365-h. 1456), como consecuencia de la disputa de Tortosa, produjo una honda conmoción y originó las críticas de otro poeta del grupo, Salomón Bonafed (h. 1370-h. 1450). Pero son los conversos ya citados Pablo de Santa María (Salomón ben Yishaq ha-Levi) y Jerónimo de Santa Fe (Yehoshua ha-Lorqi) los más destacados escritores y polemistas de su momento.

La segunda mitad del siglo XIV está marcada por la desaparición de la escuela poética gallego-portuguesa y por el desarrollo de la llamada escuela gallego-castellana. La sustitución de una lengua por otra tiene como punto de partida el año 1350, en que don Pedro, conde de Barcelos, lega a Alfonso XI un «libro de canciones» considerado el predecesor de los apógrafos cinquecentistas que se han conservado; el punto de llegada de ese proceso es el *Cancionero de Baena* (h. 1430), donde la tónica general es el empleo del castellano, aunque pervivan algunos testimonios de la moda anterior.

El mismo período presenta características muy diferentes en el dominio del catalán, donde se puede hablar de un auténtico florecimiento literario. Por una parte, se mantiene la tradición trovadoresca, a través de los Consistorios poéticos de la Gaya Ciencia –que apenas aportan novedades dignas de reseñar– y con la presencia de una serie de poetas que llevan a cabo una continua depuración de la lengua, que con el valenciano Ausias March (h. 1397-1459) llega a una perfección lingüística y poética hasta entonces nunca alcanzada. Las justas poéticas, a imitación de las instituidas en Tolosa en 1323, debían repetirse en Barcelona con regularidad, el 15 de marzo o el domingo siguiente, desde 1393 por disposición del rey Juan I, pero los tiempos eran difíciles: y las tensiones muchas, de forma que las justas fueron más bien esporádicas, aunque a ellas concurrieron abundantes poetas de notable calidad; en las de 1408 estuvo don Enrique de Villena, que, según sus propias informaciones en el *Arte de trovar* (1423), llegó a desempeñar un papel importantísimo en el Consistori de la Gaya Sciència, y el mismo personaje dedica esta obra al Marqués de Santillana, que había vivido en la corte barcelonesa, por lo menos, desde el año 1412 hasta el año 1418.

A la vez que se daba la poesía institucionalizada de la Gaya Ciencia, florecían otros poetas entre los que merecen mención especial los hermanos Jacme March (h. 1335-1410) y Pere March (h. 1338-1413), este último padre de Ausias March; junto a ellos destacaron Gilabert de Próxita (muerto en 1405), Andreu Febrer (h. 1365-1444), traductor de Dante y amigo del Marqués de Santillana, Melchor de Gualbes, el más italianizante de todos ellos, o Jordi de Sant Jordi (h. 1400-1425), amigo juvenil del Marqués de Santillana, que lloró su prematura muerte.

La historiografía también produce obras de calidad, como la *Crònica* de Pedro el Ceremonioso (escrita entre 1375 y 1383), una de las joyas de la prosa histórica catalana. Entre los escritores en prosa didáctica o moralizante destacan el franciscano Francesc Eiximenis (h. 1327-1409), de extensa obra, los dominicos valencianos san Vicente Ferrer (1350-1419) y Antoni Canals (h. 1352-h. 1417), y el canónigo barcelonés Felip de Malla, todos ellos destacados autores de sermones. Pero es la figura de Bernat Metge (h. 1343-14 13) la que ocupa el panorama literario del fin de siglo, como el más claro testimonio de la llegada del humanismo italianizante de raíces latinas a la corte barcelonesa: con Bernat Metge el Petrarca latino llega a la Península Ibérica.

Posiblemente amigo de Bernat Metge fue Ramón de Perellós, que narró sus propias experiencias (y otras, literarias) en el *Viatge al Purgatori de Sant Patrici.* Mientras tanto, un desconocido escribía la *Història de Jacob Xalabín* (princ. s. XV), ambientada en Turquía.

No se puede cerrar la lista de escritores en catalán, por superficial que ésta sea, sin volver a mencionar a Anselm Turmeda, pues escribió la mayor parte de su obra en catalán, en verso (*Libre dels bons amonestaments,* 1398) o en prosa (*Disputa de l'ase,* 1417-18).

La coexistencia en la corte de Barcelona de los epígonos trovadorescos, que no tardarán en apagarse a pesar de los esfuerzos realizados –y de la institucionalización de los Consistorios poéticos–, y los nuevos modos humanistas que ganan terreno día a día, es un claro testimonio de que se está produciendo un cambio de estética en los últimos años del siglo XIV. Bernat Metge es el más sobresaliente ejemplo de los nuevos aires que llegan, aunque no el único.

Precursor de esos cambios fue el aragonés Juan Fernández de Heredia (h. 1310-1391), gran maestre de la orden hospitalaria de San Juan (1377), diplomático en las cortes peninsulares, en la curia papal de Aviñón y en Rodas. Destacará por su labor historiográfica y, sobre todo, por las traducciones al aragonés de autores griegos como Tucídides y Plutarco, o de textos franceses como *Il Milione* de Marco Polo; a ese mismo ambiente pertenece la versión aragonesa del *Libro de las maravillas* de Juan de Mandeville. Sin embargo, la actitud de Fernández de Heredia no consigue desencadenar el proceso que llevará al Humanismo, sino que resulta consecuencia de la curiosidad literaria existente en la curia pontificia de Aviñón.

Las letras castellanas de la última mitad del siglo XIV y de los inicios del siglo siguiente apenas ofrecen más nombres que los que ya han sido citados como protagonistas de algunos hechos históricos: Pedro de Luna (Benedicto XIII, 1328-1423), Pero López de Ayala, canciller de Castilla (1331-1407), Pablo de Santa María (h. 1352-1435), a los que habría que añadir el nombre de Clemente Sánchez de Vercial (1365-h. 1434), y poco más.

Mención aparte merece Leonor de Córdoba (1362-1412), primera escritora hispánica de nombre conocido, autora de unas *Memorias* (1402) que pueden considerarse, a su vez, primer representante del género autobiográfico en la Península.

El hecho realmente destacado es el desarrollo del Romancero, que llegará a convertirse en sustituto de la épica, a la vez que competirá con la lírica tradicional y con otras formas poéticas, sobre todo debido al empleo que harán de los romances los autores del siglo XV y los músicos del siglo XVI.

Poesía y prosa a fines del siglo XIII y comienzos del siglo XIV

El último cuarto del siglo XIII presenta ya unas características literarias plenamente configuradas: las traducciones (de la Biblia o de obras orientales), los textos científicos y las crónicas se escriben en prosa; el verso queda para el resto de la producción: cantares de gesta, literatura de entretenimiento, obras del mester de clerecía, narraciones diversas... A grandes rasgos se puede decir que la literatura más seria recurre a la prosa, sin duda porque se trata de libros destinados al estudio o a la lectura individual.

Sin embargo, ese panorama empieza a sufrir alteraciones a fines del mismo siglo XIII, con la aparición de relatos en prosa sobre los más variados temas: asuntos que pocos años antes habían sido tratados en verso cambian ahora su forma literaria, quizá buscando un acercamiento a la historiografía y, por tanto, una mayor credibilidad a través de la prosa (hasta entonces reservada a obras graves), quizá debido a un incremento de los lectores, gracias al desarrollo de escuelas y universidades, o quizá como consecuencia de la suma de esos dos factores.

Mientras tanto, el mester de clerecía continúa su andadura con gran fuerza, aunque los autores no se sienten tan atados a la conservación de la cuaderna vía en su forma más pura de tetrástico monorrimo de catorce sílabas con dos hemistiquios (forma métrica que, además, parece que no permitía la sinalefa). Por el contrario, desde fines del siglo los autores tienden a emplear diversas combinaciones métricas en una misma obra, a la vez que se relaja la cesura del alejandrino: los hemistiquios no siempre son heptasílabos (son numerosos los octosílabos) y con frecuencia los autores evitan el hiato mediante la sinalefa.

A juzgar por los testimonios transmitidos por las crónicas, los cantares de gesta debieron tener un notable cultivo: textos épicos recogidos en la *Estoria de España* alfonsí reaparecen en la *Crónica de 1344* con importantes transformaciones, fruto –posiblemente– de la transmisión oral (sería el caso, por ejemplo, del *Cantar de los Infantes de Lara*). Pero, además, los manuscritos del *Poema del Cid* y del *Roncesvalles* son de comienzos del siglo XIV, y la versión original del *Poema de Fernán González* y de las *Mocedades de Rodrigo* se sitúan en la segunda mitad del siglo XIII.

En este contexto se desarrolla un género nuevo, la novela, y aparecen también los primeros romances, composiciones lírico-narrativas que tendrán un extraordinario éxito en los siglos siguientes. Sin embargo, hay que hacer una matización terminológica: la palabra «romance» tiene una gran polisemia en castellano, pues no sólo designa la lengua derivada del latín, sino que también se utiliza en la Edad Media para denominar las narraciones de ficción, en verso o en prosa, distintos tipos de canciones y las composiciones lírico-narrativas en versos octosílabos. Con el transcurso del tiempo, el término «romance» se especializó en esta última acepción y abandonó los significados de «narraciones de ficción» y «canción»; por otra parte, las ficciones en verso desaparecieron también a lo largo de la Edad Media y en el Renacimiento se adoptó un italianismo, «novela», para el género que impuso Cervantes: el resultado ha sido que las narraciones de ficción medievales han quedado sin «etiqueta» y los estudiosos las denominan «libros», «historias», «novelas», «romances», términos todos ellos inadecuados, pero aceptables como puros convencionalismos con los que se conoce a un género narrativo en el que predominan unos rasgos bien definidos, como su carácter simbólico o su estructura idealizadora, en el que los personajes carecen de relieve, pues son –en general– simples modelos ejemplares, y como tales no se hacen a sí mismos a lo largo de la narración, sino que se limitan a seguir un destino que les está fijado de antemano (sería, por ejemplo, la aventura que les pertenece, que sólo el escogido puede llevar a cabo). Siempre el protagonista será un caballero, cuyas hazañas o vicisitudes son narradas, hasta que logra el triunfo final (amoroso, bélico, religioso, moral) tras superar innumerables pruebas.

Los últimos años del siglo XIII y comienzos del siglo XIV se presentan, pues, como un momento del mayor interés literario por la aparición de nuevos géneros y por los cambios de mentalidad que se están produciendo; pero, a la vez, hay que considerar que –en general– sólo la forma es innovadora: los temas se heredan de una tradición anterior, que puede ser literaria o histórica, que puede hundir sus raíces en el pasado castellano o buscar la inspiración fuera de la Península Ibérica. Es entonces cuando aparecen nuevas versiones de la leyenda troyana (*Historia troyana en prosa y verso* y *Crónica troyana*) y cuando se documentan las primeras traducciones de narraciones de la Materia de Bretaña: *Tristán de Leonis*, siglo XIV; *Libro de Josep Abarimatea*, castellano, h. 1469, y su correspondiente portugués, 1313.

A mitad de camino entre la prosa de las crónicas y la ficción se encuentra la *Gran Conquista de Ultramar*, cuya base hay que buscarla en la *Historia rerum in partibus transmarinis gestarum*, del arzobispo Guillermo de Tiro, que llega al castellano a través de una versión francesa concluida antes de 1291. No se trata, como en otras ocasiones, de una versión más o menos libre, sino de una elaboración de amplias proporciones: siguiendo el método de trabajo del taller historiográfico alfonsí, el autor de la *Gran Conquista de Ultramar* ha reunido cuantos materiales ha tenido a su alcance sobre las Cruzadas. El héroe es Godofredo de Bouillón, que llegará a rey de Jerusalén, cuyas hazañas se explican a través de los orígenes míticos del personaje, descendiente del Caballero del Cisne: la narración de los hechos de éste se extiende a lo largo de cien capítulos, de manera que constituye una auténtica novela intercalada en la *Gran Conquista de Ultramar*. Y no es el único caso; con los distintos poemas del Ciclo de las

Cruzadas ocurre otro tanto, igual que con los relatos de Berta y de Mainete.

Es el *Libro del cavallero Zifar* la primera narración de caballerías original castellana, rica fusión de las más variadas tradiciones literarias: regimientos de príncipes, narraciones caballerescas, vidas de santos, literatura edificante, sermones, etc. Se podría fechar la redacción del prólogo pocos años después del jubileo, hacia 1303 o 1304, mientras que el *Libro* sería de entre 1301 y 1303, y, en todo caso, antes de 1343.

No está clara la paternidad del *Libro.* La presencia de Ferránt Martínez como personaje en el prólogo ha llevado a pensar a algunos estudiosos que fue el Arcediano de Madrid (muerto en 1309) el autor de la narración, y que llevó a cabo su trabajo en el ámbito de la catedral de Toledo. Pero nada corrobora semejante hipótesis. Por otra parte, si se considera una fecha tardía de redacción (posterior a 1321), Ferrán Martínez no sería más que un personaje del prólogo. De la lectura del *Libro* se desprende que el autor era posiblemente clérigo vinculado a la catedral de Toledo y bien relacionado con la corte real, de buena formación, conocedor de la cultura árabe, pero antisemita: es un perfil que se encuentra con frecuencia en otros autores de la época.

Aunque en el prólogo se afirma que el *Libro* fue traducido del caldeo al latín y de esta lengua al castellano, semejantes palabras más parecen encerrar un tópico literario que responder a la realidad. La mezcla de tradiciones, además, dificulta cualquier búsqueda en este sentido: se han encontrado analogías entre un cuento de raíces indias («El rey que lo perdió todo») y el *Zifar,* narración que habría sido enriquecida con la leyenda de san Eustaquio, con las *Flores de filosofía* (que pasan casi completas a los «Castigos del rey de Mentón»), y con otros relatos orientales; pero además de los abundantes motivos de procedencia oriental no faltan episodios de clara raigambre artúrica (así, el de las Islas Dotadas), dando al conjunto un tono característico.

En efecto, el entramado argumental del *Libro* procede del folclore y de la vida de san Eustaquio, general romano (llamado Plácidas antes de convertirse al Cristianismo) que sufrió todo tipo de avatares, con separación y reencuentro de la familia, hasta que padeció martirio por orden del emperador Adriano, aunque el *Libro* sitúa la acción en la India (sin duda por influjo del cuento que sirve de base). El planteamiento, que reúne las características de la novela bizantina, con separaciones y reconocimientos finales, es el predominante en la primera parte de la obra, y deja paso luego a unas preocupaciones didácticas más profundas, expresadas en forma de consejos del rey de Mentón (Zifar) a su hijo Roboán. La última parte del *Libro* se ocupa principalmente de Roboán y de sus compañeros de armas, que llevan a cabo las más variadas aventuras, hasta que el hijo de Zifar llega a ser rey de Tigrida. El conjunto se adorna con 25 ejemplos, milagros y facecias y unos 60 proverbios, especialmente abundantes en boca del Ribaldo, rústico servidor de Zifar, características comunes de este personaje y de Sancho Panza en el *Quijote*.

La fusión de tan variados materiales, junto con las abundantes digresiones didácticas, hace que el hilo narrativo se pierda en reiteradas ocasiones, de forma que no resulta fácil comprender el propósito del autor. Se suele aceptar, no obstante, la incuestionable unidad de la obra, construida en torno a una idea central: Dios premia a quienes cumplen su voluntad. El *Libro* parte de esta idea, como si se tratara del *thema* de un sermón, y la va desarrollando mediante la utilización de numerosos recursos retóricos, entre los que destacan la *interpretatio*, la *digressio* y las construcciones paralelas o simétricas, que llegan a alcanzar al mismo modo de composición de la obra, dándole una estructura que tiene como punto culminante el momento en que Zifar llega a ser rey de Mentón y los consejos que da a su hijo: ahí se podría establecer la línea divisoria entre el pasado (El Caballero de Dios) y el futuro (Roboán). Semejante partición pone de manifiesto la importancia que adquiere el didactismo en la obra, que se convierte en un regimiento de príncipes con el que Zifar adoctrina a su hijo Roboán y el autor, al lector. En ese mundo de enseñanzas hay una marcada tendencia a poner de relieve las necesidades cotidianas y los peligros que acechan al caballero, lejos del idealismo de las narraciones caballerescas, lo que no quiere decir que esté ausente el elemento maravilloso. Todo ello hace que el *Libro* se convierta en una obra singular.

Los inicios del Romancero

A la vez que iba desapareciendo la épica y de forma paralela al nacimiento de otros géneros narrativos, surgen los primeros romances. Como se ha indicado más arriba, al comienzo de este mismo capítulo, la misma denominación de «romance» indica el conflicto inicial con otras formas narrativas; finalmente, desapareció la polisemia casi por completo y el término pasó a designar a los poemas narrativos, de extensión variable (por lo general, breves), de carácter épico-lírico, en tiradas de versos monorrimos asonantes de 16 sílabas, divididos en dos hemistiquios (lo que lleva a la publicación de los romances como si se tratara de versos octosílabos con rima en los pares y libres los impares). Además, suelen presentar una gran simplicidad en todos sus recursos expresivos, lo que les da un alcance inmediato, ya que en su brevedad (y en su fragmentarismo final) suelen ser de gran concisión y dramatismo, sin digresiones de ningún tipo.

Es evidente el paralelismo formal –y en muchos casos, también de contenido– del Romancero con la épica castellana: no debe extrañar, pues, que se haya puesto en relación el nacimiento de los romances con la decadencia de los cantares de gesta; según Menéndez Pidal, al ampliarse el público de la epopeya, se fueron introduciendo elementos que agradaran a un público más heterogéneo (amor, episodios novelescos, etc.); después, este público se entusiasmaría con algún momento determinado del cantar y haría que el juglar lo repitiera; el auditorio acabaría aprendiéndose estos fragmentos, que a pesar del paso de los siglos aún se conservan –al menos en parte– en la memoria popular. Se llega así a una selección que podría considerarse natural. El juglar, en algún caso, retoca los fragmentos o los reelabora para darles un mayor dramatismo o introduce novedades significativas para la mejor comprensión del texto.

Los romances más antiguos que se pueden fechar por datos internos se remontan al siglo XIV, y son de carácter noticiero: aluden a la muerte de Fernando IV, ocurrida en el año 1312, a la rebelión del prior de la orden de San Juan, Fernán Rodríguez, bajo el reinado de Alfonso XI (en 1328), a la derrota de don Juan de la Cerda tras la batalla del río Candón (en 1357), al sitio de Baeza (1368), etc. Sin embargo, esos romances fueron recogidos más tarde, generalmente en el siglo XVI, ciento cincuenta años después de los acontecimientos que les dieron vida.

Los testimonios externos de los romances más antiguos son posteriores: el texto fechado más antiguo se encuentra en un manuscrito de Jaume de Olesa, estudiante mallorquín, que en 1421 escribió (o copió) el romance *Gentil dona, gentil dona* (*La dama y el pastor*), en castellano mezclado con abundantes catalanismos. Después, hacia 1440, Juan Rodríguez del Padrón debió componer otros tres romances (conservados en el *Cancionero de Londres*), y en 1442, Carvajal, poeta de la corte napolitana de Alfonso V de Aragón, compuso otro romance, también de carácter lírico.

De los romances más antiguos que se pueden fechar, no hay ninguno que sea de carácter épico, hecho que ha suscitado las dudas sobre la relación genética entre épica y Romancero. Hay que esperar hasta los años 1465-1470 para encontrar la primera cita de un romance épico (*Rey don Sancho, rey don Sancho*). Algunos años después, Diego de San Pedro utiliza un romance relativo a los Infantes de Lara y otro directamente vinculado con el *Cantar de Roncesvalles*, y los reelabora de acuerdo con sus propios intereses. Y aún en el siglo XV se copia por primera vez el romance de la *Jura de Santa Gadea*.

A pesar de su recogida tardía, los romances de tema épico atestiguan la existencia de una tradición latente, y en muchas ocasiones parecen derivar de textos hoy perdidos, base también de algunas referencias de las crónicas. Sin embargo, son muy escasos los paralelismos directos entre cantar de gesta y Romancero; más bien habría que pensar –y es la idea de Menéndez Pidal– en niveles distintos de elaboración de la tradición épica por parte de autores de épocas muy diferentes. Y de nuevo surge la sospecha de que muchos romances tienen vínculos más estrechos con las crónicas que con los poemas épicos...

Los romances antiguos derivados de los cantares de gesta –no de las prosificaciones contenidas en las crónicas– son muy escasos y fueron recogidos en época bastante tardía; presentan dificultades de datación y de filiación, ya que no coinciden con los textos conservados, y a veces dan lecturas únicas de admirable exactitud, y que no han podido ser tomadas de ningún texto escrito conocido, ni en latín, ni en lengua vulgar (árabe o castellano).

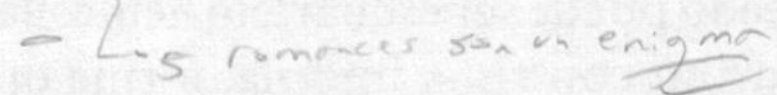

Santob de Carrión: un judío que escribe en castellano

Mención aparte merecen los *Proverbios Morales* de don Santob de Carrión, pues se alejan de la cuaderna vía, tienen una compleja tradición textual y presentan obvias relaciones y concomitancias con las enseñanzas judías. Poco se sabe del rabino Sem Tob (o Shem Tov) ben Yitzhak Ardutiel de Carrión (fines siglo XIII-1370), a pesar de que fue poeta en hebreo de cierto renombre; es posible que fuera funcionario regio bajo Alfonso XI y, luego, con su hijo Pedro I. Otros datos son más difíciles de comprobar, o simples suposiciones: así, la disputa con Alfonso de Valladolid o su conversión al Cristianismo; por otra parte, la homonimia con un autor judío de origen italiano, Sem Tob de Soriano, hizo que se le atribuyeran de forma errónea algunas obras cabalísticas. Se han conservado cuatro obras en hebreo bajo su nombre: un *Viddui* («Confesión»), el *Yam Kohelet* («Mar del Eclesiastés»), que es una *bakashá* («súplica») de carácter litúrgico y gran rebuscamiento formal (casi dos mil palabras empiezan por la letra *m*), el *Mitzvot Zemaniyot* («Preceptos periódicos») obra litúrgica traducida de la obra árabe de Israel Israeli de Toledo, y una famosa *maqama* en prosa rimada, con poemas intercalados, *Mil' hemet ha-Et ve-ha-Misparaim* («Disputa entre el Cálamo y las Tijeras»). En castellano sólo se conservan sus *Proverbios Morales.*

Los *Proverbios Morales* están dedicados a Pedro I de Castilla, aunque no cabe duda de que fueron compuestos bajo el reinado de Alfonso XI, entre 1355 y 1360. Tienen una clara raíz judía, tanto por la forma métrica utilizada como por las enseñanzas que presenta la obra. En efecto, el metro empleado puede ser el cuarteto heptasilábico o el dístico alejandrino con rima interna, forma que se encuentra en otras composiciones didáctico-moralizantes de los judíos escritas en lengua romance, igual que algunos de los recursos empleados por Sem Tob: juegos de palabras, homonimias, paradojas, homoioteleuton (rimas de la última sílaba átona), etc. Por otra parte, el contenido se nutre del pensamiento judío, cargado de relativismo moral y de un innegable pesimismo apoyado en la observación de la vida cotidiana.

El *Libro de buen amor*

El *Libro del cavallero Zifar* y los romances más antiguos son casi contemporáneos del *Libro de buen amor*; pocos datos hay acerca del autor de esta obra, y en su mayoría proceden del texto mismo. Se llamaba Juan Ruiz y era Arcipreste de Hita; no hay certidumbre de que se encontrara preso del cardenal Gil de Albornoz (fue arzobispo de Toledo desde 1337 a 1350) cuando compuso la obra, pues la alusión al respecto se encuentra en la *Cántica de los clérigos de Talavera,* que pudo tener vida independiente del *Libro.* Y en otras ocasiones vuelve a aludir a su dignidad eclesiástica, a la vez que muestra un buen conocimiento de la zona de Toledo, Alcalá de Henares, Segovia y Burgos. El protagonista de esta autobiografía ficticia se considera a sí mismo escolar, aunque de escasa preparación y tiene por mensajero a Ferrán García, otro escolar, compañero de juergas, que acaba arrebatándole a Cruz, la panadera. De la lectura de la obra se desprende que el autor debió ser hombre de cultura indudable, resultado de la actividad intelectual desempeñada durante muchos años, aspecto que coincide con los datos del episodio de doña Endrina, en el que el protagonista se considera maduro, casi viejo. Sin embargo, el complicado juego del yo narrativo no siempre nos permite estar seguros de que las informaciones referidas a la primera persona del relato coincidan con la realidad histórica de Juan Ruiz.

La única información sobre Juan Ruiz, ajena al *Libro de buen amor,* se desprende de una sentencia dictada en Alcalá de Henares por el «maestro Lorenzo», canónigo de Segovia, resolviendo un largo pleito que habían mantenido los distintos arzobispos de Toledo y la cofradía de curas párrocos del concejo de Madrid. Entre los testigos que figuran en dicho documento, el primero –y, por tanto, el de mayor relevancia– es «venerabilibus Johanne Roderici archipresbitero de Fita...». Este documento, de cuya importancia no se puede dudar, es copia del siglo XV, sobre un original de hacia 1330.

El contenido presenta una gran riqueza de asuntos, de tal modo que en muchas ocasiones resulta difícil seguir el hilo narrativo debido a los excursos, digresiones, ejemplos, comparaciones... que rompen el ritmo o enredan la lógica del relato. A grandes rasgos, se puede decir que la obra se estructura en torno a las vicisitudes que sufre el protagonista en sus pretensiones amorosas, todo ello relatado unas veces en tono jocoso, o mediante alegorías en otras ocasiones.

Comienza la obra con una introducción en la que se mezclan el verso y la prosa: se trata de un par de oraciones (del Ritual de Agonizantes y de alabanza a la Virgen) y un sermón escolástico, de clara raigambre universitaria, que prepara la ambigüedad del texto, en la línea ovidiana de remedios contra el amor y arte de amar. Tras unos gozos de la Virgen en estrofa zejelesca con coplas de seis versos en las que se combinan el octosílabo y el pie quebrado, se inserta el primer ejemplo, el de la disputa de los griegos y romanos, que es una parodia del lenguaje de los signos de los monasterios, aunque también podría tratarse de una burla de la ambigüedad del signo (discusión en boga entre los gramáticos de la época), en la que el autor adopta una actitud antinominalista. A continuación, Juan Ruiz defiende el naturalismo amoroso tomando como punto de partida una adaptación libre del *De anima* aristotélico: el asunto había sido objeto de los pensadores universitarios que, frecuentemente, recurrían a los comentarios de Averroes; la conclusión a la que llega el autor es la necesidad que tiene el hombre de amar, y el ejemplo concreto es el primer fracaso amoroso del protagonista, que a su vez da paso a un par de ejemplos de tradición esópica (fábulas) y bíblica. La segunda aventura –narrada como «trova cazurra» en coplas octosilábicas– pone en movimiento a Ferrán García, el mensajero del Arcipreste, construido sobre el pseudo-ovidiano *De nuncio sagaci*, y que termina, como éste, con el éxito amoroso del mensajero, que se queda con la dama de su señor. A continuación se presenta un importante excurso (sobre el futuro del hijo del rey de Alcarez) que permite al autor entrar en cuestiones astrológicas y considerar la predestinación –asunto debatido también ampliamente en los círculos universitarios, como consecuencia de los comentarios de Averroes sobre Aristóteles– y el determinismo amoroso (costumbre, hado y suerte): la ejemplificación de estas enseñanzas se realiza a través de una nueva aventura amorosa, que termina también en fracaso.

El episodio siguiente –apenas hilvanado con el anterior– es la larga disputa que mantiene en sueños el protagonista con don Amor: en el episodio, basado en la tradición alegórica del *somnium* y construido con el esquema de las *disputationes,* se suceden numerosos *exempla* de origen esópico (en general a través de Bartolomé Anglicus) y enseñanzas sobre los pecados capitales, todo ello, naturalmente, en clave paródica apoyada en abundantes elementos jurídicos. La respuesta de don Amor es una clara muestra de arte de amar, basado en la obra de Ovidio y en otros textos atribuidos al autor latino durante la Edad Media, como la *pseudo-Ars amatoria,* que fue compuesta en realidad en el siglo XIII. Y como el protagonista antes, también ahora don Amor recurre a fábulas y *exempla* (entre ellos el de Pitas Payas, próximo a los *fabliaux*) para reforzar la capacidad persuasoria de su discurso. Terminada la alocución de don Amor, toma la palabra doña Venus, para seguir adoctrinando al protagonista: en realidad se trata de una versión del pseudo-ovidiano *Pamphilus de amore,* que suministra, además, el personaje de la alcahueta, medianera en las relaciones de don Melón (nuevo protagonista) y doña Endrina, que acaban casándose.

El Arcipreste (cambio de protagonista) se dirige después a la sierra, donde encuentra a distintas mujeres que lo hacen víctima de sus violentos deseos sexuales: estamos, de nuevo, ante una parodia literaria, esta vez del género de las pastorelas, que narraban el delicado encuentro entre un caballero y una pastora. La cuaderna vía deja paso tras cada episodio a otras formas métricas que reproducen las cánticas de serrana.

La llegada de la Cuaresma lleva a la meditación, a la reflexión piadosa sobre los dolores de la Virgen y la pasión de Cristo: el autor recurre ahora a formas zejelescas, como corresponde al tono ajuglarado que quiere mostrar. Pero este excurso queda interrumpido por la narración épico-alegórica de la batalla de don Carnal y doña Cuaresma, en la que se parodian los debates sobre el mismo tema y los cantares de gesta. El final de la Cuaresma significa también el regreso victorioso de Amor y Carnal; la llegada del cortejo es aclamada por los súbditos jubilosos (monjes, frailes y clero regular y seglar, dueñas y juglares) con una fiesta en la que no falta ni música, ni manjares, ni los más suntuosos adornos, con un claro recuerdo de las narraciones caballerescas en las que se celebra de modo similar el triunfo de algún héroe o la presencia de la corte.

El domingo después de Pascua, fiesta de Quasimodo, movido por las celebraciones, decide llamar de nuevo a Trotaconventos, la vieja alcahueta, que le busca una viuda, que se casará con otro; la vieja le aconseja que ame a una monja, doña Garoza, que se defiende de los intentos de aproximación de la alcahueta y del protagonista mediante *exempla* (casi todos esópicos), con los que responde a los utilizados por sus atacantes para convencerla: la muerte de doña Garoza a los dos meses pone fin a las oraciones de la monja y a los pesares del arcipreste: los episodios relacionados con Endrina y Garoza suponen un tercio de la obra, mientras que la discusión con Amor y el combate de Carnal y Cuaresma ocupan algo más, de tal foma que estos cuatro episodios abarcan dos terceras partes del conjunto.

Para sobrellevar su tristeza, el protagonista encarga a Trotaconventos que le busque una mora, pero la alcahueta falla en el que será su último servicio, pues inmediatamente después muere, dando lugar a un planto paródico en el que denosta y maldice a la Muerte, que culmina en el epitafio dedicado a la vieja (llamada Urraca), que es parodia a su vez del epitafio de Aquiles en el *Libro de Alexandre*.

A partir de este episodio y hasta el final de la obra se acumulan una serie de estrofas con escasa relación temática entre ellas, lo que da la sensación de que se trata de un conjunto de piezas unidas accidentalmente: una alegoría sobre los pecados y las virtudes, con el frecuente tema de las armas que debe vestir el buen cristiano; un elogio de las mujeres pequeñas; la presentación de un nuevo mozo, Hurón, en quien se asientan todo tipo de vicios y defectos; a continuación se introducen unas palabras del Arcipreste en las que dice cómo se ha de entender su libro y fecha la obra, en un aparente colofón de la misma.

Sin embargo, se incorporan luego unos «Gozos de Santa María» (en combinación de versos octosílabos, heptasílabos y de pie quebrado) y dos oraciones de escolares (en metro zejelesco) de clara raigambre goliárdica, con una glosa del «Ave María» y nuevas cantigas de loor a la Virgen junto a un «Cantar a la Ventura», todas ellas en metros cortos, de entre 5 y 8 sílabas. Reaparece a continuación la cuaderna vía en la «Cántica de los clérigos de Talavera», composición burlesca que reelabora la *Consultatio sacerdotum* atribuida a Walter Map (se trata de tres poemas goliárdicos de comienzos del siglo XIII): es posible que el punto de partida de los versos contra los clérigos de Talavera (localidad próxima a Toledo) haya que buscarlo en el sínodo de Toledo convocado por el arzobispo don Gil de Albornoz en 1342, lo que plantea nuevos problemas cronológicos. Y termina el *Libro* con dos cantares de ciegos en versos octosílabos.

El contenido del *Libro de buen amor* se presenta en un primer análisis como un conjunto caótico, por no decir amorfo; la acumulación de episodios y, sobre todo, el desequilibrio en la extensión de los mismos contribuyen a dar esa sensación, a la vez que marcan una clara distancia con respecto a la estética actual. Sin embargo, es obvio que existe un criterio, una poética respetada y seguida por el autor: la utilización de la cuaderna vía, por ejemplo, indica una determinada posición ante las corrientes literarias del momento, además de suponer un compromiso con las rígidas normas del mester de clerecía.

Así, la obra se puede dividir en seis núcleos perfectamente diferenciados: un prólogo en prosa que sigue las técnicas del sermón; diversos *exempla* utilizados en las argumentaciones; un conjunto de composiciones líricas, con distintas formas métricas (tal vez compuestas, en parte, antes que el *Libro*); algunas digresiones didácticas o burlescas; una paráfrasis libre del *Pamphilus*; una versión de la *Batalla de Carnal y Cuaresma*; y una composición que sigue el tema de la *Consultatio sacerdotum* (la «Cántica de los clérigos de Talavera»).

La estructura del *Libro de buen amor* no se corresponde con la de ninguna obra conocida del occidente medieval; al contrario, más parece el resultado de la acumulación de distintas tendencias: de hecho, casi todos los episodios tienen una tradición literaria bien conocida y claramente arraigada en la cultura occidental. El influjo del mundo semítico en la obra del Arcipreste no pasa de ser meramente ocasional y las analogías con textos como *El collar de la paloma*, de Ibn Hazm, o el *Libro de las delicias* de Yosef ben Meir ibn Sabarra y de las *maqamat* hispano-hebreas, en general son tan escasas que no parece pertinente anteponer una tradición semítica a la rica corriente latina clásica y medieval que configura el *Libro de buen amor.*

El *Libro de buen amor* recibe su unidad estructural de la presencia del *yo* protagonista de las catorce experiencias amorosas que se relatan a lo largo de la obra sin que existan más relaciones entre unas y otras que la presencia de ese *yo* que da al conjunto el aspecto de una autobiografía (pero no siempre el pronombre personal tiene por referente al Arcipreste, ni a un protagonista único). Frecuentemente, entre unos episodios amorosos y otros se da entrada a digresiones de carácter serio, didácticas o moralizantes, por lo general apoyándose en divisiones binarias y ternarias, que constituyen casi una norma en la obra. Además, no es raro que los personajes que aparecen en los relatos utilicen *exempla* para convencer a sus interlocutores. Por último, en varios episodios se anuncian poemas líricos que no aparecen en el texto, ya sea porque no se han conservado, ya sea porque nunca fueron escritos.

Como ya se ha dicho, la unidad viene dada por la presencia del *yo*, que encubre a distintos personajes: el histórico Juan Ruiz; el Arcipreste de Hita literario que cuenta su vida; don Melón de la Huerta, protagonista del episodio de doña Endrina; el libro, objeto material, que toma la palabra en la estrofa 70; y los personajes que hablan en primera persona a lo largo de la obra en los diálogos. No todos intervienen en la misma proporción, como es obvio: el *yo* del Arcipreste de Hita, personaje literario, es el que se presenta con mayor asiduidad como protagonista de gran parte de las aventuras amorosas que se narran.

En el prólogo expone Juan Ruiz los dos propósitos que le han movido: enseñar y recoger sus composiciones poéticas; o dicho de otro modo, el didactismo de un tratado amoroso y la formación de un cancionero enmarcado en una estructura narrativa de carácter biográfico.

Comencemos con la idea de formar una antología poética en un marco narrativo. Las analogías parciales en unos casos, y más estrechas en otras ocasiones con obras italianas o francesas con similares planteamientos (*Vita Nuova* de Dante, *Voir-Dit* de Machaut, *Dit de la Panthère* de Nicole de Margival, etc.) no sirven para atestiguar la dependencia literaria de Juan Ruiz con respecto de sus precursores, sino como muestra de una clara tendencia de la literatura románica de fines del siglo XIII y principios del siglo XIV; una tendencia que buscaba la fusión de la obra poética de un determinado autor en un marco autobiográfico de carácter más o menos ficticio. Son muy abundantes los ejemplos que se han aducido al respecto, y son muchos más los que todavía se pueden añadir a la larga lista, pero bastará recordar que la estructura del *Cancionero* de Petrarca responde en gran medida a una simplificación del esquema. La abundancia de textos, en latín y en lenguas romances, que narran vicisitudes amorosas en forma autobiográfica, atribuidos a Ovidio o a otros tantos, son una clara muestra de las aficiones literarias de clérigos y universitarios.

Por lo que respecta al didactismo, es un hecho bien conocido esta tendencia de casi toda la literatura medieval, y no merecería mayores comentarios, aunque en el caso del Arcipreste la insistencia en esa finalidad es considerable, ya desde las primeras palabras del prólogo; por eso no extraña cuando asegura a su público sobre la utilidad de la obra y en la despedida, al recapitular lo que ha sido su obra, vuelve a insistir en ello. El didactismo en el Arcipreste de Hita va inseparablemente asociado al humor, como el propio Juan Ruiz reconoce en varias ocasiones a lo largo del texto, y desde los primeros versos. Los ejemplos que se pueden aducir son muy numerosos, con explícitas manifestaciones del autor, y el mismo planteamiento se deduce de las enseñanzas de la obra, perseguidas siempre a través de la amenidad y, sobre todo, del humor en sus múltiples facetas (ironía, parodia, burla, etc.).

Pero no todo son bromas. Juan Ruiz se hace eco, desde el prólogo en prosa, de algunas cuestiones muy debatidas en los ámbitos universitarios (jurídicos y filosófico-teológicos) de su época, como la necesidad de la reproducción para la conservación de la especie y, por tanto, la sinrazón de considerar pecado la relación sexual de hombre y mujer, lo que necesariamente lleva a proclamar el «amor libre» en beneficio de la especie. Tales ideas se encuentran desde antiguo, pero fueron revitalizadas en el siglo XII por autores como Bernardo Silvestre (*De universitate mundi*, h. 1150) y Alain de Lille (h. 1128-1202; *De planctu Naturae* y *Anticlaudianus*); ambos están formados en el espíritu platónico y sus ideas quedan resumidas con claridad en algunos de sus opositores intelectuales, como Ernaldo de Bonneval (muerto post. 1156).

El hecho realmente significativo es que en el *Libro de buen amor* surgen estas cuestiones (ya en el prólogo en prosa se intenta averiguar qué es el alma y cuáles son sus potencias, y el mismo pensamiento reaparece luego con nuevos materiales), que constituirán la base intelectual sobre la que está construida la obra; no quiere eso decir que la respuesta que se da sea siempre unívoca y que esté encuadrada en los planteamientos de una sola tendencia filosófico-teológica: la diversidad de protagonistas sirve también para manifestar distintas posturas que oscilan entre el platonismo y el aristotelismo heterodoxo, entre el influjo de Averroes y el de san Agustín; el resultado era previsible: las ideas, el protagonista, la obra misma y sus niveles de lectura se presentan como un conjunto de gran ambigüedad.

La ambigüedad -señalada por todos los estudiosos del *Libro de buen amor*- es una de las constantes de la obra, y se aprecia tanto en su vertiente didáctica o «seria», como en la jocosa. En el primer caso, resulta muy difícil descifrar el pensamiento del autor, siempre oculto tras una pantalla en la que se mezclan bromas y veras, heterodoxia y ortodoxia, como hemos visto en las páginas precedentes. Por lo que respecta a la ambigüedad en la vertiente jocosa, se encuentra ya en el prólogo en prosa y adquiere su mayor carga satírica en episodios como el de la disputa de griegos y romanos. Así, el Arcipreste de Hita cultivará la ambigüedad como medio para conseguir una mayor amplitud de significados, frecuentemente connotativos y, por tanto, no siempre fáciles de aprehender.

El *Libro de buen amor* se nos presenta como una obra de inmensa riqueza de significados, con una gran variedad de niveles de lectura y con amplias posibilidades de interpretación. El hecho de que pertenezca -al parecer- a ambientes universitarios y la indudable cultura de Juan Ruiz contribuyen a incrementar el juego intelectual que se establece entre autor, protagonista y lectores. No extraña, pues, que tuviera algún éxito en los medios en los que había nacido, como prueba el número de copias, adaptaciones y fragmentos conservados; sin embargo, paradoja de las obras de gran originalidad, el *Libro de buen amor* no creó un género nuevo, ni tuvo imitadores...

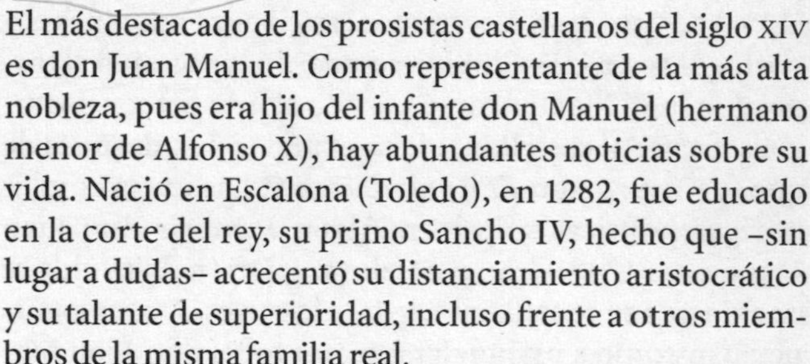

La prosa: don Juan Manuel

El más destacado de los prosistas castellanos del siglo XIV es don Juan Manuel. Como representante de la más alta nobleza, pues era hijo del infante don Manuel (hermano menor de Alfonso X), hay abundantes noticias sobre su vida. Nació en Escalona (Toledo), en 1282, fue educado en la corte del rey, su primo Sancho IV, hecho que –sin lugar a dudas– acrecentó su distanciamiento aristocrático y su talante de superioridad, incluso frente a otros miembros de la misma familia real.

Don Juan Manuel participó activamente en la política castellana desde el momento de la muerte de Sancho IV (1295), buscando mantener incólume su patrimonio; muerto Fernando IV (1312), la ambición de don Juan Manuel se centra en la posibilidad de ser regente, cargo que iba a ser muy duradero, pues el infante don Alfonso (futuro Alfonso XI) nació apenas un mes antes de que muriera su padre. Nueve años tardó nuestro escritor en lograr sus propósitos: la derrota del ejército castellano en 1319 al regreso de unas correrías por el reino de Granada, y la muerte de los dos regentes en el campo de batalla, dejaron el camino libre a los sueños de don Juan Manuel que, a pesar de todo, tuvo que compartir la tutela del joven rey con María de Molina y el infante don Felipe.

No todos los nobles aceptaron con tranquilidad el nuevo paso de don Juan Manuel: se suceden muertes y asesinatos, enemistades y batallas en campo abierto, hasta que en 1325 Alfonso XI se declara mayor de edad y pide a los regentes que abandonen sus cargos.

Los enfrentamientos armados con el rey recomenzaron y duraron cinco años, a lo largo de los cuales fueron confiscadas y devueltas a don Juan Manuel las posesiones en Murcia, y logró el título de príncipe de Villena. Pero las paces duraron poco; a la muerte de Alfonso IV de Aragón (1336) se volvieron a enfrentar castellanos, aragoneses y portugueses, todos ellos interesados en la sucesión al trono; don Juan Manuel tomó partido al lado del rey portugués, frente al castellano. Esto ocurría poco después de que fuera acabado *El conde Lucanor.* Las guerras y las intrigas políticas sólo terminaron al morir don Juan Manuel, en 1348. Gran parte de la agitación de su vida se debió a que se consideraba igual a los reyes, y éstos lo respetaban como a un igual; pero ante todo, don Juan Manuel fue un noble perfectamente conocedor y defensor de sus propios intereses, con una clara idea política, de la que no sólo queda testimonio en las obras del propio autor, sino también en las crónicas del siglo XIV y en el *Poema de Alfonso XI.*

La obra de don Juan Manuel es fundamentalmente de carácter didáctico. Entre sus escritos, junto al *Conde Lucanor,* a la *Crónica abreviada,* o al perdido *Libro de las Cantigas* (anterior a 1335) se encuentran un *Libro de la caça* (entre 1325 y 1326), el *Libro del cavallero et del escudero* (1326-1328), *Libro de los estados* (1330), *Libro de las armas o de las tres razones* (posterior a 1335), el *Libro enfenido* (1336-1337) y el *Tratado de la Asunción de la Virgen María* (posterior a 1335); a esta lista habría que añadir las obras perdidas, como el *Libro de la cavallería* (de hacia 1326), el *Libro de los engennos,* el *Libro de los sabios* y las *Reglas de trovar* (todos ellos anteriores a 1335).

El mismo *Conde Lucanor* participa de esa base didáctica, con la mezcla de un «Libro de los exemplos», un «Libro de los proverbios» y un «Tratado de doctrina», que constituirían en cierta medida un itinerario hacia la perfección moral.

Don Juan Manuel se muestra dispuesto en todo momento a expresar su escasez de cultura y a reiterar el destino que espera para sus libros; así, en la epístola, más que prefacio, que encabeza el *Libro del cavallero et del escudero* no sólo confiesa su poca sabiduría, sino que además manifiesta sus dudas sobre la calidad de la obra que le envía a don Juan, arzobispo de Toledo y cuñado suyo: es un librito escrito en las noches de insomnio y se lo manda al prelado, que es «muy mal dormidor», para que lo lea cuando no pueda conciliar el sueño. Tal postura es una constante en la obra de don Juan Manuel y reaparece con una insistencia que en modo alguno puede considerarse casual. Independientemente de lo que puede haber de tópico en estas expresiones de humildad, parece clara la idea que tiene el autor: escribir libros didácticos para quienes no saben latín, es decir, para la mayor parte de los nobles que frecuentan la corte. Para llevar a cabo su labor, don Juan Manuel utiliza los mismos recursos que los dominicos, que consideraban rasgo distintivo de la Orden la predicación en lengua vulgar para instruir a un público que no ha tenido la posibilidad de aprender el latín.

Contrasta esta actitud de modestia con la clara conciencia de autor que tiene don Juan Manuel, y que constituye un caso único en la literatura castellana medieval, más cercano a Petrarca y a los humanistas que a sus contemporáneos. Esa actitud se descubre no sólo en las continuas alusiones al proceso creador o en las referencias internas a sus propias obras, sino también en su voluntad de transmitir a la posteridad unos textos fidedignos, según deja de manifiesto en el Prólogo General a sus obras, que debía encabezar el conjunto de los libros que había escrito.

El conde Lucanor, la obra más conocida de don Juan Manuel, fue concluida el 12 de junio de 1335. Como en otras ocasiones, también es éste un libro con clara finalidad didáctica, que se inserta en la tradición de las colecciones de *exempla*, aunque los relatos breves tienen ahora unas pretensiones literarias más profundas que cuando son utilizados en los sermones.

En las colecciones de ejemplos tanto en latín como en lengua romance, los apólogos constituyen unidades autónomas, con valor propio, y son independientes unos de otros, ya que su función depende de la doctrina a la que dan apoyo sirviendo de prueba objetiva. Sin embargo, a partir del momento en que en el cuento aparecen otros valores y que, por tanto, puede funcionar fuera del sermón, se comienza a sentir la necesidad de «enmarcar» esas narraciones breves; o, dicho de otra forma, se siente la necesidad de sustituir el marco que constituía el sermón por un marco distinto, más literario pero igualmente moralizante o didáctico. La materia argumental es la misma que había sido recogida en las colecciones de ejemplos, sólo había que cambiar la estructura del conjunto, que se reelaboró en muchos casos a partir de la técnica narrativa del *Sendebar*, del *Calila e Dimna*, del *Barlaam y Josafat*, y de otras obras de origen oriental. Al lado de esta tradición corre otra de tendencia más acusadamente didáctica y de hondas raíces latinas y occidentales: es la representada por el *Lucidario*, obra traducida en tiempo de Sancho IV con el patrocinio del primo de don Juan Manuel.

El conde Lucanor se divide en un prólogo y cinco partes de desigual extensión y contenido; la unión de las partes queda encomendada al diálogo de «un grand señor» y su consejero, es decir, del conde Lucanor y de Patronio. Por lo que se refiere al texto, se puede hablar de tres libros: «Libro de los exemplos» (parte I, «Libro de los proverbios» (partes II-IV) y «Tratado de doctrina» (parte V).

El «Libro de los exemplos», que en alguna ocasión se ha publicado exento, probablemente estaba formado en principio por cincuenta cuentos: cada uno de ellos constituye una unidad cerrada y se encuentra yuxtapuesto a los demás de la colección; no se puede hablar, pues, de un «marco» de toda la obra, sino de marcos independientes, construidos a partir de un modelo (en esto se diferencia nuestro texto del *Sendebar*, del *Barlaam* o del *Calila*, de *Las mil y una noches* o del *Decamerón*). No hay sustancia narrativa en el marco, pues la situación es siempre la misma: pregunta del conde, respuesta del consejero con argumentación basada en el apólogo y aceptación de la enseñanza por parte del noble; como broche, don Juan Manuel hace que lo transcriban y añade un par de versos en los que condensa la moralización. En cualquier caso, el marco de los cuentos de *El conde Lucanor* resulta de una extraordinaria complejidad: Patronio hace de bisagra entre la realidad del conde y la del ejemplo, y la misma función tiene la figura de don Juan Manuel al final del cuento, haciendo de mediador entre la realidad ficticia del conde y la auténtica de los lectores. Este doble movimiento se establece no en el plano narrativo, sino en el didáctico. Lucanor y Patronio no tienen otra función, pues, que la de generalizar la moral del relato y por lo tanto el marco de los cuentos no puede ni debe estar demasiado elaborado estilísticamente, porque distanciaría a los lectores evitando una inmediata asimilación de las enseñanzas. Don Juan Manuel logra así su propósito didáctico, pero, no contento con ello, lo corrobora a través de su experiencia personal, como ya había hecho con las doctrinas del *Libro enfenido.*

Carácter totalmente distinto tiene el «Libro de los proverbios» (partes II-IV), reunido a instancias de don Jaime de Xérica, como indica don Juan Manuel en el prefacio de la parte II y al comienzo de la V. Este «Libro» entra de lleno en la tradición gnómica medieval, en la que confluyen proverbios, refranes, sentencias y máximas del más variado origen y que tenía un egregio precedente en algunos libros del Antiguo Testamento (*Proverbios, Eclesiastés, Eclesiástico*) y en obras más tardías como los *Disticha Catonis,* de extraordinaria difusión en la Edad Media. Este tipo de literatura ya había dado algunos frutos en la Península Ibérica, como los *Proverbis* de Cerverí de Girona o los *Proverbios morales* del rabi Sem Tob de Carrión, emparentados por las fuentes y las formas métricas utilizadas.

Las órdenes de predicadores también tuvieron un papel importante en la difusión de los proverbios: en los *Specula* de Vicente de Beauvais, por ejemplo, abundan los refranes, los proverbios y los dichos agudos, reunidos por temas para un manejo más fácil; así se llegará a las posteriores «flores y vidas» de filósofos. Pero, además, en la Península Ibérica esta corriente confluyó con otra del mismo tipo de tradición semítica: el resultado fueron obras como los *Bocados de oro,* las *Flores de filosofía* –recopiladas durante el reinado de Alfonso X–, el *Libro de los buenos proverbios,* el *Libro de los doce sabios* o el *Poridat de poridades,* que fueron traducidos al castellano en tiempos de Fernando III y de su hijo, a partir de colecciones árabes. Don Juan Manuel conoció, al menos, los *Bocados de oro*, pues en su «Libro de los proverbios» los utiliza con bastante asiduidad.

Las partes II-IV son un trabajo literario perfectamente válido, que desde un punto de vista estilístico resulta muy interesante, pues muestra la alternancia de un estilo llano (o fácil) y un estilo difícil en un mismo autor. No es esto una excentricidad de don Juan Manuel, o al menos no es una aberración en la historia de la literatura: dos siglos antes de que nuestro escritor compusiera su «Libro de los proverbios», trovadores como Raimbaut d'Aurenga y Giraut de Bornelh discutieron si era mejor escribir con estilo claro u oscuro (esto ocurría a fines de 1170), y el mismo Giraut de Bornelh se aplica a componer poesías con distinto grado de dificultad, utilizando argumentos similares a los esgrimidos por don Juan Manuel en los prefacios de las partes que componen este «Libro de proverbios». Y no hay que olvidar que un trovador más cercano al autor de *El conde Lucanor*, Cerverí de Girona, gustaba de este tipo de juegos estilísticos.

El «Libro de los proverbios» está compuesto de ciento ochenta máximas, distribuidas por el mismo don Juan Manuel de la siguiente forma: cien en la II parte, cincuenta en la III y treinta en la IV, con una gradación en la dificultad –u oscuridad de estilo– que va de los proverbios más fáciles de entender hacia los más oscuros.

Como cada uno de los «libros» anteriores, también el «Tratado de doctrina» tiene su propia entidad y se puede considerar independiente de las otras cuatro partes de *El conde Lucanor*, aunque se integra en el resto de la obra mediante un marco similar al que ya hemos visto en las ocasiones anteriores y que se caracteriza por la presencia de Patronio y Lucanor; sin embargo, en contra de lo que ocurre en otros casos, el consejero toma la palabra desde el principio, sin dar ocasión a que el conde le pregunte nada.

Don Juan Manuel organiza la materia de este «libro» en tres partes: la primera se ocupa de la fe; la segunda explica qué es el hombre; la tercera trata del mundo y de la relación que tiene el hombre con él. El autor desarrolla cada una de estas partes de forma independiente, haciendo nuevas subdivisiones, de acuerdo con el gusto de la escolástica.

Don Juan Manuel no era un innovador: estructuras y ejemplos proceden de obras conocidas; sin embargo, extrañaría que un escritor con la conciencia del noble castellano se hubiera limitado a la tarea de reunir materiales dispersos, organizándolos de modo bastante laxo, por no decir inconexo.

Se ha señalado que frente al saber pragmático manifestado constantemente por su tío don Alfonso, don Juan Manuel intentó en todo momento llevar a cabo obras más literarias y, sobre todo, más didácticas. Para realizar tal labor, se impone una búsqueda de la forma, alejándose así del valor meramente utilitario que tenía la lengua alfonsí; para don Juan Manuel forma y contenido son inseparables y deben ir juntos si se quiere alcanzar los fines didácticos; por tanto, tan importantes son los temas como las palabras. Así, llegamos a una de las características esenciales del estilo de nuestro escritor: no hay palabra que no haya sido sopesada, aquilatada con el contraste de la Retórica; en este aspecto, es uno más de los escritores europeos del siglo XIV, pues en su obra la reflexión estilística ocupa un lugar fundamental, lejos de lo que ocurre en otros autores peninsulares como el Arcipreste de Hita. Pero lo realmente importante es que don Juan Manuel está adoptando la palabra que habían tomado ya otros aristócratas laicos en el occidente europeo, intentando recuperar un puesto en la cultura, casi exclusivamente ocupada por el clero, para contrarrestar la pérdida de poder político: Brunetto Latini, embajador ante Alfonso X, y cuyo *Livres dou Tresor* había sido traducido a instancias de Sancho IV, asociaba la «ciencia del bien hablar» y la «ciencia de gobernar a la gente».

La gran originalidad de don Juan Manuel ha sido la de tejer unos materiales tradicionales con un estilo nuevo, personalísimo, perfectamente equilibrado y meditado, en cuyo fondo se ve el alma del escritor luchando contra un orden de cosas que no le gustaba y contra el que luchó también en la vida real: el camino estilístico que emprendió (tan diferente del de su tío y del ajuglarado del Arcipreste de Hita) era el adecuado, pero le faltó deshacerse del peso del didactismo para poder convertirse en un escritor moderno: es el abismo que le separa de Boccaccio.

El conde Lucanor constituye un testimonio aislado en la cuentística castellana por la estructura misma de la obra, y quizá por eso mismo quedó sin descendencia literaria (al contrario de lo que le ocurrió a Boccaccio), a pesar del éxito que tuvo. Sin embargo, no faltaron colecciones de exempla posteriores: en la segunda mitad del siglo XIV y durante el siglo XV aparecen recopilaciones de apólogos, generalmente traducidos o adaptados del latín; es el caso del *Libro de los gatos* (entre 1350 y 1400), del *Libro de los exenplos por a.b.c.*, de Clemente Sánchez del Vercial (ant. a 1434), y del *Espéculo de los legos* (h. 1450).

Ninguno de estos tres ejemplarios adorna las narraciones con un marco, a la vez que parecen seguir vinculados a la predicación en lengua vulgar, y, en todo caso, se mantienen ajenos a las innovaciones de don Juan Manuel.

4. Hacia un mundo nuevo

El siglo XV

El siglo XIV castellano estuvo marcado por las luchas internas y por la debilidad de los reyes, que frecuentemente tuvieron que someterse a las pretensiones de la nobleza para mantener el poder. La situación no mejoró a la muerte de Enrique III (1406), pues tanto Juan II (1406-1454) como Enrique IV (1454-1474) se vieron envueltos en las contiendas, en las que se tuvieron que enfrentar con Fernando I de Aragón (1412-1416) y Juan II de Aragón y Navarra (1458-1479) que participaban en las guerras civiles castellanas como nobles de este reino, no como reyes; con los continuos enfrentamientos, el poder de la nobleza iba en aumento, a la vez que decaía el prestigio de la monarquía: en 1480 bastante más de la mitad de las rentas del Estado pertenecían a la nobleza, grupo que apenas constituía una décima parte de la población. Los Reyes Católicos tuvieron que poner fin a estos abusos, que habían provocado numerosas rebeliones de los campesinos, oprimidos por los continuos excesos de los señores.

La minoría de edad de Juan II –que apenas contaba dos años a la muerte de su padre–, no se vio envuelta en graves tensiones gracias a la actitud de los regentes, Catalina de Lancáster y Fernando, hermano de Enrique III y duque de Peñafiel, que pronto conseguiría un enorme prestigio militar por la conquista de Antequera (1410). Pero la elección de los compromisarios de Caspe (1412) produciría un importante cambio, al convertir en rey de Aragón al que hasta entonces había sido regente de Castilla.

La influencia de don Álvaro de Luna sobre el joven rey castellano desde 1419 y los esfuerzos que realizó para alejar al monarca de las presiones de la más alta nobleza, constituyen una de las causas esgrimidas por los nobles para mantener un continuo enfrentamiento con el rey durante casi veinte años. Los vaivenes políticos hicieron caer en desgracia al privado en un par de ocasiones, pero siempre salió victorioso de las insidias, hasta que en 1453 fue víctima de la unión de la alta nobleza –encabezada por el Marqués de Santillana– con Isabel de Portugal, segunda mujer de Juan II, que consiguieron apresarlo y lo hicieron decapitar públicamente en Valladolid: don Álvaro se convirtió en el símbolo de la volubilidad de la Fortuna para los escritores del siglo XV. El rey sólo sobrevivió un año a la muerte del «más grande hombre sin corona». La alta nobleza volvía a imponerse a los intereses del rey y de las ciudades.

El poder alcanzado por la nobleza en sus guerras contra el rey queda más de manifiesto aún bajo el reinado de Enrique IV (1454-1474), que se convierte en víctima de las maniobras de su corte, hasta el punto de verse obligado a reconocer como heredero a su hermano Alfonso, frente a los legítimos derechos de su hija Juana, a la que apartan del trono aduciendo que no era hija del rey sino de su privado Beltrán de la Cueva (1464); y cuando el rey intentó anular esta decisión, los nobles lo destituyeron (1465), nueva prueba de la falta de escrúpulos de la nobleza y de la debilidad moral y política del rey. La muerte de Alfonso (1467) llevó a los nobles a nombrar heredera a Isabel, hermanastra de Enrique IV, y el rey –otra vez más– aceptó la imposición (1468).

En contra de lo que ocurre en otros reinos peninsulares, en la corona de Castilla las rebeliones campesinas sólo adquieren importancia en Galicia (1467-1469); en Castilla, esas revueltas llevarán a Enrique IV a combatir contra los nobles y vencerlos en la batalla de Olmedo (1445, en la que Íñigo López de Mendoza combatió al lado del rey, lo que le valió el título de marqués; el mismo acontecimiento dará lugar a las burlescas coplas de *Ay, panadera*), pero la situación variará poco, y, al fin, los nobles mantendrán su actitud, llevando el campo a una duradera situación de dependencia feudal con la nobleza.

El matrimonio de la nueva heredera (Isabel) con el infante don Fernando, heredero de Aragón (1469), impulsó a Enrique IV a modificar sus anteriores decisiones, nombrando sucesora a su hija Juana, con lo que estalló una nueva guerra civil (1470), que sólo terminaría con la muerte del débil monarca (1474) y la proclamación de Isabel I como reina de Castilla, con el apoyo de las más importantes ciudades del reino, especialmente la poderosa Segovia, y de una parte de la nobleza, encabezada por su propio marido.

El reinado de los Reyes Católicos (1479-1516), Isabel I de Castilla y Fernando II de Aragón, cambia por completo el panorama, dando fin a la crisis política e imponiendo la autoridad real sobre los intereses nobiliarios. Las

cortes de Toledo (1480) obligaron a la nobleza a devolver a la corona todas las tierras de las que se habían adueñado desde 1464, aunque se les permitía que conservaran las anteriores a esa fecha: el paso fue tímido y supuso, de hecho, la legalización de muchas arbitrariedades cometidas desde cien años antes, pero indicaba explícitamente la situación de superioridad que adoptaba el poder real. A pesar de todo, las grandes familias (Mendoza, Enríquez, etc.) mantienen enormes territorios y unas rentas considerables, que les permiten no sólo construir edificios según modelos italianizantes, sino también dedicarse a la protección de las artes y de los artistas, y al cultivo del espíritu.

La unión de Castilla y Aragón, el final de los desórdenes promovidos por los nobles y la labor de organización interna llevada a cabo por los Reyes Católicos, junto con la unidad territorial –a la que se incorpora Navarra–, hicieron de España un Estado moderno, con una monarquía fuerte, comparable en muchos aspectos a la de Francia o Inglaterra.

Como consecuencia de las epidemias del siglo XIV, Castilla había conseguido imponerse económicamente al resto de los reinos peninsulares, pues la ganadería se había concentrado en manos de unos cuantos, mientras que toda industria o artesanía habían desaparecido casi por completo, a la vez que habían aumentado las tierras que no se cultivaban por falta de mano de obra o por la carestía de ésta cuando se encontraba. La lana de Castilla se había convertido en una fuente de riqueza, apoyada para su exportación en el poder de la marina castellana; sin embargo, los propietarios de los ganados –generalmente la nobleza y la Iglesia– destinaron los beneficios de este comercio a objetos suntuarios (tejidos, pintura, orfe-

brería, etc.), sin que la población rural llegara a percibir una mejora en su calidad de vida.

Pero a mediados de siglo se produce un cambio importante: el reino de Granada se resiente por la escasez de oro de África, pues los portugueses habían abierto nuevos centros en la costa africana, acaparando gran parte del comercio; el establecimiento de nuevas rutas para el transporte de las mercancías y, sobre todo, la búsqueda de los centros productores de especias y de otros bienes de lujo impulsa a portugueses y a castellano-aragoneses a una carrera marítima, que dará lugar a numerosas conquistas y al descubrimiento de nuevas tierras, entre las que se encontrará el continente americano (1492).

Mientras tanto, no faltan las escaramuzas frente al reino de Granada, que culminan con la toma de Antequera (1410) por el infante don Fernando, el futuro rey de Aragón, y de otras localidades a lo largo de la segunda mitad del siglo, cuando empezaba ya a notarse la escasez de oro; pero será bajo los Reyes Católicos cuando el proceso llegue a su fin, tras diez años de guerras, con la conquista de Ronda (1485), Málaga (1487), Almería (1489) y Granada (1492).

Los judíos y los mudéjares, último eslabón en la cadena social, sufrieron los ataques de todos, acusados de ser culpables de los problemas: en las cortes de Valladolid (1405) se les impuso un distintivo en el vestuario; poco más tarde se dictaría un Ordenamiento (1412) mediante el que se incrementaba el rigor en el trato a los musulmanes y judíos de los territorios castellanos. La tensión fue aumentando, debido por una parte a la actitud de los conversos con sus antiguos correligionarios y, por otra, a la pervivencia de prácticas ocultas; todo ello, sumado a la intransigencia, llevó a la puesta en marcha del tribunal de la

Inquisición (1480) bajo el reinado de los Reyes Católicos, y a la posterior expulsión de los judíos (1492) y de los mudéjares granadinos (1502), a la conversión forzosa del resto de los mudéjares (1510) y a las represiones contra los moriscos («mudéjares convertidos al Cristianismo», 1512).

Las luchas internas en el reino de Granada desde la subida al trono de Muhammad VIII (1419), sucesor de Yusuf III (1408-1419), poeta y protector de las artes, llevan a una profunda crisis cultural y literaria, de la que no se recuperará. Aún quedan algunos poetas, como al-Qaysî de Baza, o al'Ugaylî, pero son poco relevantes.

Por el contrario, los judíos continúan teniendo una actividad cultural importante, a pesar de las persecuciones a las que se ven sometidos cada vez con mayor frecuencia e intensidad. Puede servir de testimonio la compilación de los *Dichos de sabios* que lleva a cabo Ya'aqob Zadique de Uclés para Lorenzo Suárez de Figueroa, maestre de la orden de Santiago (1378-1410) y suegro del Marqués de Santillana; y también serán buena prueba de la actividad de los judíos y del escrúpulo con el que llevan a cabo su trabajo las reticencias con que Mosheh Arragel, rabino de Maqueda (Guadalajara), recibe la petición de don Luis de Guzmán, gran maestre de la orden de Calatrava, de que le tradujera la Biblia, labor que realizará sólo tras la insistencia del franciscano Arias de Encinas; es cierto que se trataba de verter al castellano el texto en el que se reúnen todas las diferencias entre judíos y cristianos, y quizá por eso el rabino es más cauto y entrega su trabajo primero a Juan de Zamora, dominico de la Universidad de Salamanca, y después a los maestros y doctores del convento de San Francisco de Toledo, quienes durante ocho meses examinaron la corrección de la labor realizada por Mosheh Arragel. Esta versión de la Biblia, conocida como *Biblia de Alba,* fue terminada en 1430, aunque hasta 1433 duraron los trabajos del calígrafo y el miniaturista. La figura de Mosheh Arragel sirve de testimonio no sólo de la relación existente entre los judíos y cristianos en el siglo XV, sino también para comprobar cómo en el entorno de los Mendoza de Guadalajara había florecientes comunidades judías.

Al mismo círculo judío de los Mendoza de Guadalajara pertenecía Yishaq Abravanel (1437-1508), filósofo y teólogo de origen portugués, que acabó sus días en Venecia, tras haber vivido algún tiempo en Nápoles; hijo suyo fue Yehudah Abravanel, León Hebreo (1460-1535), autor de los *Diálogos de Amor,* plenamente renacentistas y neoplatónicos.

Vinculado a los judíos de Zamora, de quienes fue discípulo, Abraham Zacut (1452-h. 1515) es uno de los más representativos cultivadores de la tradición astronómica judía, que se mantuvo ininterrumpida desde la época alfonsí; y como sus predecesores, también Zacut escribe todas sus obras en hebreo, aunque alguna de ellas, como el *Almanach perpetuum,* fue vertida inmediatamente al latín, para su presentación al obispo Gonzalo de Vivero, protector de Zacut (1478); esta misma obra circulaba traducida al castellano a fines del siglo XV. La versión extensa del *Almanach,* «Tratado de las influencias del cielo», fue traducida del hebreo al castellano en 1481 por Juan de Selaya, que fue uno de los primeros catedráticos de Astronomía de Salamanca. En 1492, Zacut entró al servicio de los reyes de Portugal, Juan II y Manuel I, como astrónomo y cronista; en 1497 fue a vivir a Túnez y de allí a Italia, a Turquía y, finalmente, a Damasco, donde murió.

Al lado de las destacadas figuras que acabamos de citar, se podría hacer mención de los Ibn Verga sevillanos, que compusieron una crónica sobre las persecuciones de los judíos.

Las letras catalanas del siglo XV están marcadas en gran medida por la poesía del valenciano Ausias March (h. 1397-1459) y de sus imitadores; sin embargo, los últimos años del guía de la escuela coinciden con las relaciones más estrechas de la corte de Alfonso V con Nápoles, y de allí empezarán a llegar nuevos aires poéticos a los que no es ajena la lírica de Petrarca; por otra parte, el reino de Valencia goza mientras tanto de una gran prosperidad, y la capital misma se ha convertido en el centro económico del comercio marítimo, y allí florecen abundantes poetas, como Joan Roís de Corella, Bernat Fenollar o Joan Escrivà, que escriben indistintamente en catalán o en castellano, pues no en vano la reina María de Castilla, mujer de Alfonso V, había establecido en la ciudad levantina su corte; el abundante grupo de poetas valencianos constituye uno de los pilares sobre los que Hernando del Castillo edificará su extenso *Cancionero General* (Valencia, 1511).

Más aún destaca la narrativa catalana de este siglo, con excelentes novelas caballerescas como la anónima *Curial e Güelfa* (entre 1435 y 1462), ambientada en Italia y que presenta ya un claro influjo de las técnicas de Boccaccio; o como el *Tirant lo Blanc*, obra comenzada por Joanot Martorell (h. 1414-1468) en 1460 y concluida por Martí Joan de Galba, que la imprimió en Valencia (1490); esta novela representa un notable avance técnico en la forma de narrar y es eslabón imprescindible en la cadena que lleva desde los primeros libros de caballerías hasta el *Quijote*.

Ya desde comienzos del siglo XV se aprecia el esfuerzo de algunos intelectuales castellanos por dominar el latín y el conjunto de los *studia humanitatis* (gramática, retórica, poética, historia y filosofía moral); se trata, fundamentalmente, de estudiosos que se han formado fuera del reino castellano, en Barcelona, como don Enrique de Villena, o que han frecuentado las aulas universitarias de Salamanca: tal es el caso de Alfonso García de Santa María (o Alfonso de Cartagena, h. 1386-1456), Alfonso Fernández de Madrigal (El Tostado, h. 1410-1455) y Juan de Mena (1411-1456); a pesar de su dominio del latín y de los esfuerzos que realizan, no se puede decir de ellos que fueran humanistas, pero van preparando el terreno; por otra parte, lo que en éstos no pasan de ser esporádicos viajes a Italia y contactos aislados con los humanistas de aquel país, en la generación siguiente se convierte en hábito normal, con prolongadas estancias en Roma, Florencia o, más aún, Bolonia, lo que permite a los más jóvenes una formación más profunda; a este momento pertenece Alfonso de Palencia (1423-1492), discípulo de Cartagena, sucesor de Mena, y uno de los primeros humanistas castellanos.

Habrá que esperar aún algunos años hasta que Elio Antonio de Nebrija (1444-1522) instaure definitivamente los estudios de latinidad, con el propósito de alejar toda la barbarie existente en el reino: también en la formación de Nebrija Italia ocupa un lugar de primera magnitud, pues allí permanecerá diez años (1463-1473); pero serán las aulas universitarias de Salamanca (1476-1488 y 1504-1511) y de Alcalá (1511-1522) la base de su magisterio y el foco desde el que se difundirá el Humanismo por toda Castilla.

Sin lugar a dudas, el hecho cultural más significativo del siglo XV castellano es el acceso de los laicos a las letras: ya el Arcipreste de Talavera, Alfonso Martínez de Toledo, señalaba en su *Corbacho* (1438) que las mujeres eran dadas a leer obras poco edificantes; y al igual que las mujeres criticadas por el Arcipreste de Talavera, también los nobles empezaron a deleitarse con la lectura, lo que les llevó a formar sus propias bibliotecas. Uno de los primeros ejemplos es don Pero López de Ayala, gran canciller de Castilla, que se hizo traducir del francés textos latinos, como las *Décadas* de Tito Livio (a través de la versión de Pierre Bersuire) o el *De casibus virorum illustrium* de Boccaccio (según Laurent de Premierfait): resulta claro el influjo que ejercieron sobre el Canciller Ayala sus reiteradas estancias en la corte de los reyes de Francia, donde florecían en medio de la Guerra de los Cien Años los reyes y nobles bibliófilos.

Ayala sería uno de los muchos nobles deseosos de nuevas lecturas; pero se pueden documentar algunos más, como Ruy López Dávalos (fin. s. XIV-princ. s. XV), que pide una versión de la *Consolatio Philosophiae* de Boecio aligerada de las notas, o el mismo don Enrique de Villena, que dedica su traducción de la *Eneida* (1427) a Juan I de Navarra. Y será necesario incluir en la lista al Marqués de Santillana, a los condes de Haro (Pedro Fernández de Velasco) y de Benavente (Rodrigo Pimentel), a su consuegro el duque de Plasencia y señor de Béjar (Álvaro de Zúñiga o de Estúñiga), y a los Ribera sevillanos, adelantados mayores de Andalucía: todos ellos más aficionados a las lecturas de entretenimiento que a los libros jurídicos.

Habrá que añadir a la lista a algunos personajes de familias menos importantes, pues la afición alcanza poco a poco los estratos inferiores; tal es el caso del hijo del Maestre de Calatrava, don Nuño de Guzmán, amigo de humanistas florentinos como Giannozzo Manetti, Leonardo Bruni, Pier Candido Decembri y el librero Vespasiano de' Bisticci (que indica que estaba en Florencia en 1439); Nuño de Guzmán fue uno de los agentes del Marqués de Santillana, para el que mandó copiar, traducir, o comprar numerosos libros, además de haberse formado su propia biblioteca. Eran los tímidos pasos del Humanismo que llegaba a Castilla.

El siglo XV se caracteriza por el florecimiento de la poesía cancioneril, por el desarrollo de los libros de caballerías y por el nacimiento de otras formas narrativas, como las ficciones sentimentales: en definitiva, se trata de tres expresiones de un mismo hecho, la respuesta de la aristocracia a la crisis de los valores que le habían dado sustento los siglos anteriores: los caballeros apenas pueden ocuparse de la guerra, pues ha cambiado totalmente la forma de combatir; ha surgido la burocracia, en la que tampoco tienen gran cabida los nobles; y económicamente, la burguesía y los comerciantes han logrado ascender por encima de las posibilidades de muchos de estos caballeros. Un gran número de nobles, herederos del mayorazgo, no tienen responsabilidades políticas o militares; es entonces cuando recuerdan con añoranza la edad de oro de la caballería, y surge así la imitación de la poesía feudal –a través de los gallego-portugueses– y la admiración hacia los caballeros andantes. De nuevo, el influjo aragonés y, especialmente, de la corte de Barcelona resulta fundamental para comprender la evolución de la literatura en Castilla: desde fines del siglo XIV se habían establecido las justas poéticas en Barcelona, a imitación de los consistorios de Tolosa, herederos de la lírica trovadoresca; don Enrique de Villena se sentía orgulloso de haber ocupado un lugar de honor en uno de esos certámenes.

Las relaciones que se establecieron entre Aragón y Castilla desde el Compromiso de Caspe facilitaron la llegada de nobles castellanos a la corte real aragonesa en Barcelona y, después, a la corte de Alfonso V en Nápoles: el influjo del oriente peninsular se encuentra así con las novedades de Italia; los nuevos modelos literarios confluirán con el profundo cambio que se produjo con la llegada al trono de los Reyes Católicos, la conquista de Granada y el descubrimiento de América; a partir de ese momento se inicia la decadencia –larga decadencia– de la poesía cancioneril y la transformación de los libros de caballerías y de las ficciones sentimentales.

Pero no todos los nobles coincidían en esa pasión por las letras. Son muchos los que desprecian el estudio incluso de las materias provechosas, con gran escándalo de los humanistas italianos, que consideran que toda España –y Castilla en particular– es un país de bárbaros: los amigos de Pedro Mártir de Anglería intentan disuadirlo ante su inminente venida (1487), y Antonio Panormita elogia a Alfonso V de Aragón como ejemplo único en medio de una situación desoladora. La animadversión de una gran parte de la nobleza lleva a los defensores de los libros y del estudio a justificar su actitud, pues «la ciencia no embota el hierro de la lanza, ni hace floja la espada en la mano del caballero» (dirá el Marqués de Santillana): el tópico de «las armas y las letras» será defendido por don Enrique de Villena, Alonso de Cartagena, Juan de Lucena, Fernán Pérez de Guzmán, por el mismo Íñigo López de Mendoza, y por otros nobles de las cortes de Juan II y de los Reyes Católicos, y adquirirá una clara representación escultórica en el Doncel (Martín Vázquez de Arce) de la catedral de Sigüenza, muerto en las guerras de Granada (1486) y recordado con un libro abierto en las manos.

La poesía

Pero López de Ayala

Pertenecía don Pero López de Ayala a una de las familias nobles que obtuvieron grandes beneficios con las guerras fratricidas entre Pedro I y Enrique II; desempeñó cargos diplomáticos en varias embajadas, en la curia pontificia de Aviñón y en la corte del rey de Francia –adonde acudió siete veces–, lo que le permitió entrar en contacto con los escritores más relevantes de su momento; fue hecho prisionero en la batalla de Aljubarrota (1385) y llevado a la fortaleza de Obidos, donde permanecerá alrededor de dos años y medio, período en el que redacta una buena parte del *Rimado de Palacio*. En 1398 fue nombrado Canciller mayor de Castilla por Enrique III.

En la corte de los reyes Carlos V y Carlos VI, don Pero López debió conocer a los autores franceses más destacados de la época, como Christine de Pisan o Jean Gerson, y en alguno de los siete viajes que realizó a Francia debió entrar en relación con Juan de Berry, el gran duque bibliófilo. Por otra parte, en la curia pontificia de Aviñón, en la que estuvo como cardenal don Pero Gómez Barroso, tío del noble, y a la que el mismo Canciller acudió en reiteradas ocasiones, se encontró con el gran maestre Juan Fernández de Heredia, el impulsor del humanismo aragonés, traductor de numerosas obras. A partir del año 1400, don Pero López de Ayala se convirtió en preceptor de los hijos del almirante don Diego Hurtado de Mendoza, sobrino suyo: entre los pupilos se hallaba don Íñigo, el futuro Marqués de Santillana.

No se puede pensar que el Canciller Ayala fuera un humanista; al contrario, sus obras están ancladas en la tradición medieval más pura; pero sin duda fue el punto de apoyo para los que habían de llegar, pues aportó libros que antes no eran conocidos en Castilla, como indicaba su sobrino Fernán Pérez de Guzmán, y formó un ambiente de respeto hacia la cultura entre la nobleza de su familia y de los demás linajes importantes de Castilla.

Si don Juan Manuel es el último representante de la alta nobleza letrada, heredero aún de los modelos impuestos a lo largo del siglo XIII, con don Pero López de Ayala (1332-1407) asistimos ya a una paulatina renovación; es cierto que el Canciller Ayala continúa cultivando la cuaderna vía, como tantos otros autores desde principios del siglo XIII, pero no es menos cierto que se esfuerza en traducir al castellano las *Morales* de san Gregorio, el *De casibus virorum illustrium* de Boccaccio y las *Décadas* de Tito Livio, y que demuestra conocer a otros autores clásicos.

La obra más importante del Canciller Ayala es, sin duda, el *Rimado de Palacio,* redactado durante una buena parte de su vida y que es posible que retocara aún poco antes de morir: en él critica la sociedad de su tiempo, sin evitar las censuras a la Iglesia o a los distintos estamentos civiles. A continuación, Ayala muestra el Cisma de Occidente como la más clara manifestación de la crisis espiritual del mundo, para concluir parafraseando libremente las *Morales* de san Gregorio y la historia del paciente Job: con una extraordinaria sobriedad de medios expresivos reclama la vuelta al orden perdido, pues es la única forma de recuperar el equilibrio. En el trasfondo se ven los problemas de todo tipo por los que atravesó Castilla en la segunda mitad del siglo XIV y que aún durarán hasta bien entrado el siglo XV.

La utilización de la cuaderna vía y el carácter didáctico-moralizante de la obra dejan de manifiesto la tendencia arcaizante de los planteamientos estéticos del autor, que reúne –igual que el Arcipreste de Hita– sus poesías en esta especie de cancionero personal al que le da como hilo conductor la utilización de la primera persona del singular; pero a diferencia del *Libro de buen amor*, en el *Rimado* no hay sitio para la burla; al contrario, todo es serio y solemne, y su espíritu, pesimista.

La poesía de Cancionero

Mientras el Canciller Ayala redactaba el *Rimado de Palacio*, la poesía lírica había iniciado una nueva ruta. La escuela poética gallego-portuguesa había dado sus últimos frutos en la primera mitad del siglo XIV, y los autores posteriores a 1350 habían abandonado poco a poco su lengua para recurrir al castellano, al mismo tiempo que cada vez son menos los poetas del centro de la Península que emplean el gallego-portugués. El proceso de abandono de esta lengua y de adopción del castellano tiene como punto de partida el año 1350, en que don Pedro, conde de Barcelos, lega a Alfonso XI un «libro de canciones»: todos los poetas incluidos en los *cancioneiros* existentes escriben en gallego-portugués, aunque sean de origen castellano o aragonés; el punto de llegada de ese proceso es el *Cancionero de Baena* (h. 1430), donde la tónica general es el empleo del castellano, aunque pervivan algunos testimonios de la moda anterior.

Son apenas setenta años, de los que no sabemos casi nada: los autores más antiguos incluidos en el *Cancionero de Baena* (como Alfonso Álvarez de Villasandino, h. 1345-1425) comenzaron su labor hacia 1370, por lo que la laguna podría reducirse a unos veinte años, fundamentales para conocer con detalle la evolución del proceso.

Parece obvio que el cansancio por las formas y los temas o la falta de renovación de los mismos pudo llevar a una «plebeyización» de la lírica cortés; los cambios sociales con el consiguiente distanciamiento del rigor feudal y establecimiento de una nueva escala de valores no fueron ajenos a esa pérdida de prestigio. Y si el rey (o la reina, Felipa de Lancáster, educada en otra estética y extremadamente severa) ya no apreciaba los antiguos modos, la corte seguiría el ejemplo real.

También se pueden argüir diversas razones que explicarían el abandono del gallego-portugués en Castilla: en primer lugar, el distanciamiento y las tensiones cada vez mayores con el reino de Portugal, que acabarían con la derrota castellana en Aljubarrota (1385), en la que murieron o fueron apresados numerosos nobles (entre otros Pero López de Ayala, como acabamos de ver): cualquier concesión –aunque fuera lingüística– a los vencedores sería considerada una afrenta en la corte.

Y si a esos factores se añade que la llegada al trono aragonés de la casa de Trastámara (1412) –reinante en Castilla desde 1369– produce un acercamiento entre la nobleza de Aragón y la castellana con el consiguiente influjo cultural y desplazamiento del eje de gravitación, se comprende con facilidad la ruptura poética con Portugal. La corte barcelonesa se había incorporado al Humanismo en la segunda mitad del siglo XIV (con figuras de la talla de Bernat Metge); a la vez, los reyes Joan I y Martí I institucionalizaban la imitación trovadoresca a través del Consistori de Barcelona (20 de febrero de 1393) y de la creación de una facultad de lemosín en la Universidad de Huesca (1396). A esta época pertenecen la traducción al catalán y las copias castellanas y catalanas de textos como el *Livres del Tresor* de Brunetto Latini y el *Breviari d'Amor* de Matfre Ermengau: el primero era de gran utilidad por contener la retórica ciceroniana completa; el otro, por ser una auténtica antología de la poesía de los trovadores.

La coexistencia en la corte de Barcelona de los epígonos trovadorescos, que no tardarán en apagarse a pesar de los esfuerzos realizados, y los nuevos modos humanistas que ganan terreno día a día, es un claro testimonio de que se está produciendo un cambio de estética en los últimos años del siglo XIV.

El primer paso hacia unas formas nuevas fue la separación de música y letra, que hasta mediados del siglo XIV habían ido unidas: esa disociación permitió que hubiera composiciones poéticas destinadas a la lectura y no al canto (*dezires*), por lo que podían enriquecer su contenido, alargar su extensión y, sobre todo, buscar distintos niveles de significación a través del empleo de la alegoría; el éxito de la *Commedia* dantesca y de los *Trionfi* de Petrarca no fue ajeno a estas innovaciones.

Por otra parte, la separación de música y letra facilitó la llegada de géneros de forma fija, prácticamente inexistentes con anterioridad: el fenómeno es común a todo el occidente europeo y da lugar al desarrollo de *canciones* y *villancicos,* en Castilla, *canzone, ballate* y *sonetti* en Italia o *virelais, rondeaux* y *ballades* en Francia.

Pero no todo fueron innovaciones: las *Cantigas de Santa María,* de Alfonso X, debieron servir de modelo métrico, a juzgar por la frecuencia con que se repiten en la segunda mitad del siglo XIV los esquemas zejelescos utilizados por el rey castellano; incluso es posible que la cantiga de amor atribuida a Alfonso XI (*Em huum tiempo cogi flores,* h. 1329) –raro caso de poesía lírica en castellano anterior a *Baena*– participara de esa misma afición a las estructuras zejelescas. De modo semejante, Villasandino recurre al verso de arte mayor –ya utilizado con anterioridad por el Arcipreste de Hita, el Canciller Ayala o la *Dança de la muerte*– y le da nueva fuerza, preparando el camino del *Laberinto de Fortuna*, de Juan de Mena.

El caso de Alfonso Álvarez de Villasandino se puede considerar paradigmático, pues en él confluyen las viejas tendencias –incluso la utilización del gallego-portugués– y los nuevos modelos, de tal forma que llega a ser uno de los poetas más apreciados de la corte y, finalmente, cae en olvido, incapaz de seguir la senda que estaba marcando ya el genovés-sevillano Francisco Imperial (h. 1350- 1409).

Por su parte, Imperial sería el ejemplo más claro de las nuevas tendencias poéticas: se deja arrastrar por el alegorismo –de procedencia francesa, primero, italiana después–, reemplaza los versos de arte mayor, generalmente de diez o de doce sílabas, por endecasílabos (aunque no logra que sean perfectamente italianizantes, pues se le escapa la acentuación) y ensaya cuantas innovaciones puede a imitación de los *stilnovisti* y de Dante. Y a pesar de los malos resultados de sus experimentos literarios, se convierte en el precursor de la nueva estética en Castilla, quizá por la admiración que le tenía el Marqués de Santillana, árbitro de la moda literaria a partir de 1430.

Juan Alfonso de Baena (h. 1375-h. 1434) reúne en su *Cancionero* a los autores más destacados de una moda que ya consideraba pasada y gracias a su trabajo se puede vislumbrar –aunque sea entre tinieblas– la producción poética en Castilla durante la segunda mitad del siglo XIV, representada por autores como Macías (...1350-1370...), Alfonso Álvarez de Villasandino (h. 1345-1425), Pedro

González de Mendoza (¿1340?-1385), Gonzalo Rodríguez, arcediano de Toro (h. 1350-h. 1390), García Fernández de Gerena (1365-¿1410?) y Ruy González de Clavijo (h. 1360-1412). Todos ellos aún mantienen vivos los modelos trovadorescos y son capaces de escribir en gallegoportugués –de escasa calidad, generalmente–, pero sus esfuerzos son ya los de los epígonos.

Después de Baena son muchos los autores que reúnen colecciones poéticas, hasta sumar un total de alrededor de doscientos cancioneros manuscritos diferentes, con un conjunto de algo más de ochocientos autores y siete mil obras, que se situarían entre 1360, fecha en que comienza la producción de los poetas más viejos del *Cancionero de Baena*, y 1564, en que se publica el primer cancionero compuesto sólo por obras del siglo XVI.

Según el contenido y los criterios de selección, se han señalado cuatro pilares de características muy diferentes, que constituyen la base de otros tantos grupos: *Baena, Palacio, Estúñiga* y *Herberay*.

El *Cancionero de Baena* fue reunido al menos en dos etapas distintas, en torno a 1430 y hacia 1445, aunque se añadieron algunos poemas más tarde, ya que la última poesía que se puede fechar es de 1449; sin embargo, no da cabida a ninguno de los grandes poetas de la primera mitad del siglo, como Santillana o Antón de Montoro, y tampoco encuentran sitio en él los miembros de la nobleza, sin que se conozcan las razones que llevaron al compilador a actuar de este modo. La colección fue presentada al rey Juan II y a la reina María en el mes de febrero de 1445. La selección realizada por Juan Alfonso de Baena parece basarse en criterios ya pasados de moda a mediados del siglo XV y, por eso, es muy posible que el esfuerzo del compilador fuera inútil y estéril: el resultado es que la semilla no llegó a germinar, y ningún cancionero posterior muestra su influjo, salvo el de *San Román,* concebido como una puesta al día de la colección de Baena y reunido por el mismo compilador entre 1449 y 1454. Así, las razones de la marginación de los poetas nobles quedan oscuras; se podría pensar que el círculo cultural y social del antólogo no coincidía con el ámbito de los nobles de la corte; en un intento de acercarse a la aristocracia, Baena imita y recoge un tipo de poesía ya obsoleta, quizá la única que conocía y a la que podía acceder, que no era cultivada por los nobles, pero sí por los funcionarios reales, anclados en un pasado que se escapaba irremediablemente.

La primera versión del *Cancionero de Baena* se sitúa hacia 1430 y siete años más tarde, entre 1437 y 1443, nace el *Cancionero de Palacio,* más comprometido con la poesía innovadora y que refleja mejor que su precursor la actividad literaria de los nobles de la corte. En todo caso, son dos concepciones distintas, que se aprecian no sólo por el contenido, sino también en el tamaño mismo del libro: frente a las grandes dimensiones de la colección reunida por Baena (40,6 cm × 27 cm), el *Cancionero de Palacio* apenas mide la mitad (26,6 cm × 19 cm), y está acompañado por dibujos escabrosos, obscenos a veces, que sirven para interpretar el doble sentido de algunas canciones teóricamente pertenecientes a la tradición más casta del amor cortés. En definitiva, se trata de un mundo con pocos vínculos con el de Baena: la poesía de la corte había entrado en caminos más sutiles.

La descendencia del *Cancionero de Palacio* no se hace esperar: tres cancioneros, al menos, reunidos entre 1442 y 1445, conservan el mismo núcleo de poetas de la corte seleccionados por su predecesor, y cuando Baena quiso llevar a cabo una nueva versión de su cancionero, también recurrió con gusto a aquella compilación.

De este modo nació el *Cancionero de San Román*, aún inédito, cuya pulcritud y cuidado dejan de manifiesto un destinatario poco corriente, que sería, tal vez, el mismo Juan II; la muerte del rey en 1454 dejó inacabada la colección.

Hay que suponer la existencia de un cancionero reunido entre 1450 y 1460, del que derivarían un grupo de antologías formadas en la corte aragonesa de Nápoles, y el *Cancionero de Estúñiga* (h. 1463), además del *Cancionero de Híjar*, bastante más tardío. Dado el origen italiano de este grupo, no sorprende que sea más sensible a las innovaciones que se estaban produciendo en aquellas tierras, aunque no le faltan influencias de otros cancioneros. Por la misma época se reunía en la corte navarra el *Cancionero de Herberay* (1462-1463).

El 15 de enero de 1511 vio la luz en Valencia el *Cancionero General*, compilado por Hernando del Castillo, servidor del conde de Oliva, aunque de origen castellano. En el prólogo el compilador explica que su interés por la poesía le había llevado a reunir y a conservar cuantos textos poéticos cayeron en sus manos o de los que tuvo noticias desde 1490, que serán agrupados en nueve secciones diferentes, según el contenido: todo parece indicar que no ha habido un plan claro de recolección de los materiales, pues faltan textos de los que ya circulaban impresos a fines del siglo XV, hecho que sorprende, y que hace pensar que la colección ya estaba completa poco después de 1490, o que la red de información bibliográfica de Hernando del Castillo no estaba enteramente al día. Por otra parte, un gran número de poetas del *Cancionero General* son del reino de Valencia, amigos personales –al parecer–

del compilador, lo que justificaría un aspecto de la selección. Otro grupo de poetas –por lo menos una treintena– se encuentra ya en el *Cancionero Rennert,* de la misma época; esta doble vertiente, de colección de obras de poetas vivos y herencia de una tradición anterior, da al *Cancionero General* una importancia fundamental en la encrucijada de la Edad Media y el Renacimiento: las reediciones, reelaboraciones y versiones posteriores se suceden a lo largo del siglo XVI (1514, 1517, 1520...), sustituyendo doscientas composiciones procedentes de la tradición medieval por otras más modernas, surgidas siempre del círculo valenciano del compilador.

La inercia durará hasta 1564, fecha en la que se publica el primer cancionero compuesto exclusivamente por obras del siglo XVI. El camino recorrido desde los tiempos del *Cancionero de Baena* ha sido largo y tortuoso.

El Marqués de Santillana

Miembro también de la alta nobleza que había ascendido con los Trastámara era don Íñigo López de Mendoza, Marqués de Santillana (1398-1458), que desempeñó un papel político de primer orden en el reinado de Juan II, combatiendo contra los moros (Huelma, 1438), apoyando al rey en algunas ocasiones (Olmedo, 1445), o aliándose con los infantes de Aragón en otras y enfrentándose a don Álvaro de Luna, de quien era enemigo irreconciliable. También destacó como hombre de letras, herencia de su familia, pues su abuelo (Pedro González de Mendoza), su padre (Diego Hurtado de Mendoza), su tío (Pero López de Ayala) y su primo (Fernán Pérez de Guzmán) se dedicaron al cultivo de la poesía y a escribir crónicas: la sensibilidad del Marqués de Santillana se había formado, además, en la corte de Barcelona, a la que había llegado cuando apenas contaba catorce años, en el séquito de don Fernando de Antequera (1412); allí conocería a don Enrique de Villena y, sobre todo, a los numerosos poetas catalanes que estaban dando un giro a la lírica. El Marqués de Santillana siguió vinculado a la nobleza de la Corona de Aragón y a los acontecimientos italianos, por lo que no debe extrañar que imite el soneto, o que mande traducir los principales comentarios de la *Divina Comedia,* o que alguna de sus obras (como la *Comedieta de Ponza*) se inspire en una batalla librada entre aragoneses y genoveses (1435). El Marqués de Santillana reunió, además, una rica biblioteca en su palacio de Guadalajara: en ella se encontraban los libros más leídos por la nobleza de su momento, y también otros que llegaban por primera vez a Castilla desde Francia y, sobre todo, desde Italia, y que el mismo Marqués ordenó comprar, copiar o traducir; la biblioteca de Guadalajara se convirtió en un lugar de encuentro de intelectuales, cristianos y judíos, a mediados del siglo XV.

De pocos autores medievales hay una información tan rica para juzgar sus planteamientos estéticos como del Marqués de Santillana, que se preocupó en su *Prohemio e carta al condestable don Pedro de Portugal* (h. 1445) de explicar sus ideas sobre la poesía y de hacer, además, un breve bosquejo de la historia literaria de Castilla; para él es tan importante en poesía el contenido, que debe ser útil, como la forma, que será hermosa y exacta en el cómputo silábico; sin embargo, muchas veces da la impresión de que el Marqués de Santillana se deja arrastrar por los aspectos formales, sin llegar a elaborar suficientemente el contenido. Así ocurre, sobre todo, en sus composiciones de juventud, de carácter cancioneril, en las que la variedad métrica revela una inquietud artística, una búsqueda de cauces expresivos, que no llega a lograr plenamente; en este conjunto de poesía «ligera», poco comprometida, en la que amor, alabanza y separación de la dama son temas habituales, se pueden incluir las ocho *serranillas* (1429-1440), que constituyen, sin duda, el núcleo más logrado dentro del conjunto: como es habitual en el género, el poeta presenta un encuentro suyo con una serrana, siempre en parajes perfectamente identificados, para que cualquier oyente sea capaz de situar la acción (que no necesariamente tiene que ser verídica); y aunque la estructura es siempre la misma –definida en la tradición románica desde el primer tercio del siglo XII–, el desarrollo muestra una gran variedad de matices, pues la serrana puede ser una delicada joven o una agreste mujer semisalvaje y, en consecuencia, el diálogo que entablan los dos protagonistas deriva por caminos muy diferentes, que llevan a desenlaces distintos también.

Pero no se debe olvidar que en cierta manera se trata de composiciones intrascendentes. El Marqués de Santillana puso su esfuerzo en otro tipo de poemas, los *decires narrativos* (anteriores a 1437), de contenido más serio, que se vinculan con la técnica utilizada por autores como Dante o Petrarca y, sobre todo, como Guillaume de Machaut y Alain Chartier, todos ellos conocidos y alabados por el propio Santillana; en estos decires cada personaje, cada objeto representa o simboliza a otro (alegoría), concreto o abstracto (la Fortuna, por ejemplo), entre los que no pueden faltar los dioses y héroes de la Antigüedad, gracias –en general– al artificio de exponerlo como si se tratara de un sueño. La temática es muy variada: reaparece el amor (*Querella de amor, Triunfete de amor, Sueño,*

Infierno de los enamorados), pero hay también otros temas (*Planto de la reina doña Margarida,* 1430; *Defunción de don Enrique de Villena,* 1434; *Coronación de mosén Jordi de Sant Jordi,* 1430; *Comedieta de Ponza,* 1435-1436).

A pesar de la seriedad de algunos de estos decires narrativos, ninguno de ellos llega a ocuparse de asuntos morales o políticos, a los que se dedicará el Marqués de Santillana especialmente a partir de los cuarenta años, cuando escriba los *Proverbios* o *Centiloquio* (1437) como método para educar al hijo de Juan II, el infante don Enrique (IV), de acuerdo con una tradición que ya encontramos en *El conde Lucanor,* de don Juan Manuel y en otros escritores, aunque Santillana acompaña sus proverbios con unas glosas en prosa, que sirven de aclaración al contenido, que no siempre es tan obvio como cabría esperar de su fin didáctico.

En este grupo se pueden incluir las obras compuestas en relación con don Álvaro de Luna, desde el diálogo de *Bías contra Fortuna* (1448) escrito para consolar al conde de Alba, primo suyo, que había sido encarcelado por el privado de Juan II según se nos indica en el prólogo en prosa que antecede a la obra, hasta las *Coplas contra don Álvaro* o el *Doctrinal de privados* (1453).

Pero los intentos del Marqués de Santillana de renovar el panorama literario no se limitaron sólo a impulsar las traducciones, a utilizar la forma alegórica en numerosos poemas, o a recurrir a nombres de personajes de la Antigüedad clásica –aunque a veces los tome de Walter Burley y de otras fuentes como Petrarca o Dante– sino que también se esforzó en los veinte últimos años de su vida en aclimatar el soneto italiano en una serie de cuarenta y dos testimonios de esta estructura métrica, que no llegaron a dar los frutos deseados por falta de tradición y por las interferencias acentuales que produjeron los versos de arte mayor, a los que tenía más acostumbrado el oído. En todo caso, el Marqués de Santillana fue un precursor de Garcilaso y de los grandes poetas del siglo XVI.

Juan de Mena

López de Ayala y el Marqués de Santillana son genuinos representantes de la aristocracia culta, dedicada al gobierno y a las letras, como otros muchos nobles del siglo XV. El cordobés Juan de Mena (1411-1456), por su parte, constituye un claro ejemplo de una nueva clase emergente: el intelectual puro, que carece de rentas o prebendas y que ejerce alguna actividad en la corte (notario, secretario, etc.). Es posible que Juan de Mena fuera judío converso, pues sus orígenes se pierden en una sospechosa oscuridad; estudió en la Universidad de Salamanca (1434-1440), donde fue compañero de Alfonso Fernández de Madrigal, el Tostado: a esta época juvenil pertenecería –si es suyo– el *Tratado de amor.* Ya licenciado, como maestro en Artes, fue a Italia, donde estuvo no más de dos años, pues pronto alcanzó un cargo en la corte de Juan II, que se convirtió en su protector: Mena dedica al rey castellano su *Laberinto de Fortuna* (1444) y no tarda en ser nombrado cronista real y secretario de cartas latinas. Eran los turbulentos años del valido don Álvaro de Luna y de los enfrentamientos con la alta nobleza; sin embargo, Mena consiguió mantener sus buenas relaciones con unos y otros, con el Condestable y con el Marqués de Santillana, y a pesar de los avatares políticos permaneció en el cargo casi hasta su muerte.

Como miembro de la corte participó en los mismos juegos literarios que sus contemporáneos, compuso canciones amorosas y decires que obtuvieron una importante difusión, de forma que aparecen en un gran número de Cancioneros, lo que indica el prestigio del que gozó Mena en su misma época. Sin embargo, mayor aún fue la fama del poeta por sus composiciones más largas, como la *Coronación del Marqués de Santillana* (1438), en la que celebra el éxito de éste en su campaña de Huelma contra los moros: no se trata de un poema épico, sino de una obra alegórica, que va de la miseria del mundo a la exaltación de don Íñigo López de Mendoza, por encima de todo lo demás, en un planteamiento que podría tener un remoto punto de partida en la *Divina Comedia* de Dante.

Juan de Mena vuelve a utilizar el mismo esquema narrativo en su obra principal, *Laberinto de Fortuna* (o *Trescientas,* hacia 1444), dedicada al rey, y en la que el poeta narra los vicios y las virtudes de los poderosos de todos los tiempos, con el enfrentamiento continuo de Fortuna y Providencia como marco general, y la descripción de la casa de Fortuna que se extiende por los siete círculos (Diana, Mercurio, Venus, Febo, Marte, Júpiter y Saturno), donde se encuentran los distintos personajes (castos, consejeros, amadores, sabios, héroes, reyes y caballeros, y, finalmente, don Álvaro de Luna). Por encima de todo estaría la figura del rey. Todos los círculos tienen la misma estructura, que permite contemplar de forma simultánea la rueda del pasado y la del presente (la del futuro queda oculta), aunque el número de coplas dedicado a cada círculo varía mucho.

No es sólo una narración de tono grave, es un poema moral y político –como la *Divina Comedia* y como la *Eneida*–, en el que el verso, la lengua y el estilo buscan su más elevada expresión, acorde con el contenido: en el empleo de la forma estrófica conocida como arte mayor con su marcada distribución de acentos (cada uno de los hemistiquios tiene dos acentos separados por dos sílabas átonas), impone una nueva estética en la que el ritmo está por encima de cualquier otra consideración prosódica, léxica o sintáctica, lo que lleva a frecuentes desplazamientos acentuales, a la creación de numerosos neologismos o al empleo de arcaísmos, y a la presencia abundante de hipérbatos que rompen el orden habitual o previsible de las frases. Todo ello hace que el *Laberinto* presente un aspecto artificioso, de ruptura con una realidad caótica a la que se impone una regla, un principio ordenador, el ritmo: es posible que Mena pensara no sólo en una creación poética, sino también musical, en un momento en que ambas artes empezaban a separarse, y, de hecho, el músico Francisco de Salinas, a mediados del siglo XVI, aún recordaba haber oído cantar el *Laberinto de Fortuna*.

En todo caso, el *Laberinto de Fortuna* fue muy pronto considerado un modelo digno de comentar, y así lo hicieron algunos humanistas, como Nebrija (que toma de él numerosos ejemplos), o como Hernán Núñez y Francisco Sánchez de las Brozas («El Brocense»), que lo consideraron el primer clásico de la literatura española.

Jorge Manrique

El tercer gran poeta del siglo XV, Jorge Manrique (h. 1440-1479), también pertenecía a una gran familia, emparentada con los Lara, y entre cuyos miembros se encontraban un obispo de Santiago, un Adelantado de Castilla y otro Adelantado de León, sin contar a su padre, don Rodrigo

Manrique, que fue Maestre de la orden militar de Santiago, de la que el mismo Jorge fue miembro. Y como era previsible, tomó parte activa en las guerras civiles del momento, de tal forma que entre 1465 y 1476 interviene en numerosas campañas militares, en apoyo del infante Alfonso y, luego, de la reina Isabel; pero también participó en diversos enfrentamientos que afectaban a los intereses familiares, lo que le llevó a la cárcel (en 1477) poco después de la muerte de su padre (1476). En una de esas campañas militares, capitaneando la Hermandad contra el marqués de Villena, fue herido en el asalto al castillo de Garcimuñoz, muriendo poco tiempo después (1479).

Así, como tantos otros nobles del siglo XV, centra su vida en la guerra y en los conocimientos emparejados con su estamento, las armas y el derecho. Y como otros muchos nobles de su época -empezando por su mismo padre o por su tío Gómez Manrique- cultiva la poesía amorosa con discreción recurriendo frecuentemente al vocabulario militar y jurídico que le resultaba tan familiar, con un tono acorde con el utilizado por los poetas de Cancionero.

Sin duda, Jorge Manrique habría sido uno más entre el millar, casi, de poetas que siguen las técnicas cancioneriles, de no haber escrito las *Coplas a la muerte de su padre,* que le dieron una fama inmediata y duradera. No se sabe exactamente cuándo empezó a escribirlas, aunque es muy probable que sean el resultado de una elaboración lenta, llevada a cabo en distintos momentos: el comienzo podría haber sido redactado con un propósito diferente y sería anterior a la muerte de don Rodrigo; el núcleo central debe ser poco posterior a la desaparición de su padre, y aún debió dar algunos retoques cuando estaba encarcelado y tal vez después: se cuenta que llevaba dos coplas entre la ropa cuando cayó herido de muerte. Ese mismo proceso accidentado, discontinuo, hace que el texto presente algunos cambios de perspectiva y que no resulte clara a primera vista la estructura del conjunto; no obstante, se suelen señalar tres partes: una dedicada a la muerte en abstracto, otra a la muerte histórica y la tercera, a la muerte de su padre; o, visto de otra forma, se trataría de un proceso que va de lo general a lo particular.

En ese proceso, la estrofa XXV representa el paso de la experiencia común a la excepción que marca la figura singular del maestre don Rodrigo: Jorge Manrique ha sabido introducir al público –lector, oyente– en la obra mediante unos recursos elementales, pero de gran efectividad. En primer lugar, utiliza en todo momento (hasta la estrofa XXV) un plural inclusivo, en el que la forma *nosotros* se convierte en la clave de la construcción: las ideas expuestas son comunes a todos, y todos las conocen, las identifican y, por tanto, coinciden en atribuirles plena credibilidad, sin necesidad de mayores explicaciones; el público se identifica de inmediato con el poeta y acepta sus sentimientos como propios. Por otra parte, el autor refuerza esa relación mediante un continuo empleo de verbos que apelan a la experiencia del público, y así se repiten las exhortaciones y, sobre todo, las llamadas a lo que todos han visto o conocido, ya sean aspectos de la vida cotidiana o recuerdos vinculados a los conocimientos librescos. La experiencia general, la que une al público y al poeta, llega hasta la estrofa XXV; luego comienza lo excepcional, lo que constituye el núcleo central de la composición, la vivencia que quiere transmitir Jorge Manrique a su público: la armoniosa vida, de sencilla perfección del maestre don Rodrigo; a partir de ese momento no vuelven a aparecer los plurales inclusivos, ni se repiten los verbos relacionados con las percepciones sensoriales. Don Rodrigo avanza solo hacia el encuentro con la Muerte; de escenario le sirve la corte, con todo su lujo. Es un contraste violento el que se produce entre la serenidad de la figura del Maestre y la turbulenta vida que hay a su alrededor, y el protagonista avanza dejando atrás a los que han muerto antes que él, héroes, personajes famosos y, también –victoria suprema–, los propios enemigos.

Las *Coplas* dan una impresión inmediata de tranquilidad, de armonía, no sólo por las ideas que en ellas se exponen, sino por la fluidez con que se desarrolla el pensamiento, a pesar de que el poema ha sido escrito a lo largo de un período de tiempo dilatado. El dominio de una técnica –o tal vez la inseguridad ante la propia capacidad lírica– llevan a Manrique a utilizar abundantes recursos que le sirven, por una parte, para reforzar la unión interna de su poema y, por otra, para intensificar el sentimiento lírico; surgen así las reiteraciones con todas sus variedades de matices, geminaciones y anáforas, paralelismos, contrastes, gradaciones... Un rico repertorio de recursos para expresar lo que todos saben, «cómo se pasa la vida/ cómo se viene la muerte», «cómo a nuestro parecer/ cualquiera tiempo pasado/ fue mejor».

Jorge Manrique es heredero de una tradición literaria, encabezada por las *Coplas para el señor Diego Arias de Ávila,* de su propio tío Gómez Manrique (h. 1412-1490), y siguiendo por la *Pregunta de nobles* del Marqués de Santillana o las *Danzas de la muerte,* que tuvieron una gran difusión desde que llegaron a Castilla a principios del siglo XV procedentes de Aragón o Cataluña; tampoco las estrofas de pie quebrado que caracterizan a estas *Coplas* eran nuevas, pero Jorge Manrique sabe darle al conjunto fuerza expresiva, originalidad, vida. Y así lo apreciaron los contemporáneos copiando una y otra vez el texto, imprimiéndolo desde fecha tan temprana como 1483, y a lo largo de todo el siglo XVI, formando parte de otros cancioneros o como pliego suelto en reiteradas ocasiones, con glosas de hasta nueve autores diferentes, como si se tratara de un clásico, desde que Alonso de Cervantes publicó el primer comentario a las *Coplas* en Lisboa (1501). Se puede afirmar que la obra de Jorge Manrique ya participaba plenamente de ciertos ideales renacentistas.

La prosa

Durante mucho tiempo la prosa se había restringido a los géneros de carácter didáctico o moralizante; sin embargo, a principios del siglo XIV aparece ya una primera obra de ficción, el *Libro del cavallero Zifar*, escrito en prosa, buscando una credibilidad prestada, seguramente, de la historiografía: si la prosa se utilizaba para narrar los acontecimientos que habían existido realmente (crónicas e historia), la narración de cualquier hecho en prosa (novelas, por ejemplo) llevaría necesariamente a una asociación inmediata con sucesos verídicos y, por tanto, ganaría la batalla de la credibilidad apenas planteada. Así, a lo largo del siglo XIV y más aún en el siglo XV, la prosa será cultivada cada vez con más empeño por los historiadores y por los novelistas, que de esta forma quieren asegurarse la credibilidad que había merecido la historiografía. Es obvio que, además de ellos, continuarán empleando la prosa los autores de textos científicos (o pseudocientíficos), los creadores o recreadores de cuentos, los moralistas y exegetas de obras serias, los traductores –cada vez más abundantes– y muchas veces también los poetas en los prólogos o comentarios con que acompañan sus obras... La prosa gana terreno con respecto al verso, especialmente gracias a la incorporación de un género nuevo, la novela.

El cuento

El conde Lucanor, de don Juan Manuel, constituye en cierto modo un hito de la narrativa breve: la existencia de una estructura bien definida marcada por el diálogo entre Lucanor y Patronio, y la finalidad práctica que tiene cada uno de los cuentos recogidos en el libro dejan de manifiesto que el autor tenía una concepción unitaria de la obra y una preocupación estilística muy superior a la habitual en su época. Es cierto que don Juan Manuel no supo deshacerse de la carga moralizante que le había llegado a través de la tradición que había hecho del cuento una pieza imprescindible en los sermones, y ahí radica una de las mayores diferencias entre el noble castellano y su contemporáneo Boccaccio: don Juan Manuel continúa una tradición; Boccaccio abre nuevas perspectivas. Y así, en Castilla, el cuento seguirá vinculado durante mucho tiempo a la predicación: desaparecerá el marco dialogado que encuadra los cuentos, pero éstos se agruparán siguiendo un orden (temático, alfabético) para facilitar la utilización en los sermones.

En esa tradición se inserta el anónimo *Libro de los gatos*, de difícil datación (¿1350-1450?) y con un título enigmático, pues no se sabe a qué puede hacer referencia el término «gatos»; por lo demás, es obra de escasa originalidad, que sigue de cerca las *Narrationes* (o *Parabolae*, entre 1219 y 1225) de Odón de Cheriton (h. 1180-h. 1246), con una explicación alegórica de cada cuento, igual que hacían algunos *Bestiarios* y el *Fisiólogo*.

También el *Libro de los exenplos por a. b. c.* de Clemente Sánchez de Vercial (¿1370?-a. 1434) tiene la misma finalidad, aunque el autor no rechaza que pueda ser empleado como entretenimiento provechoso; en él se reúnen 547 cuentos por orden alfabético. Es posible que el planteamiento último del recopilador fuera formar una *summa* de ejemplarios, es decir, reunir en un solo libro todas las colecciones de cuentos que tenía a su alcance.

Todavía a mediados del siglo XV se formará otra colección, agrupada por orden temático, el *Espéculo de los legos* (entre 1447-1455), también versión anónima de un ejemplario de origen inglés escrito en latín.

La relación entre los sermones y los cuentos no deja lugar a dudas, y resulta manifiesta en obras como el *Viridario* de fray Jacobo de Benavente (fin. s. XIV) y más aún en el *Corbacho* (o *Arcipreste de Talavera*), de Alfonso Martínez de Toledo (1398-1468), estructurado como un sermón contra la lujuria, que se divide en cuatro partes: problemas que acarrea el amor carnal, vicios de las mujeres, actitudes de las personas en general ante el amor y relación existente entre los astros y la disposición amorosa (y la lujuria, naturalmente). Para llevar a cabo su propósito didáctico el Arcipreste de Talavera utiliza abundantes proverbios y cuentos, tomados de la tradición o procedentes de la observación de la realidad que le rodea, lo que hace que la obra sea del mayor interés.

La historiografía

Alfonso X había marcado la pauta para la historiografía en castellano; el modelo alfonsí será seguido, imitado o reelaborado (y refundido) por numerosos autores a lo largo de los siglos XIV y XV, para quienes la historia continuará centrándose en las figuras de los reyes, representantes de su pueblo, en torno a las cuales se fijan los hechos dignos de ser recordados. Sin embargo, la principal diferencia con respecto a Alfonso X se establece en el hecho de que el rey Sabio había querido dar una clara estructura e interpretación al conjunto de los acontecimientos, pues todos tenían un significado en los designios divinos; ahora se olvida esta perspectiva, y los historiadores y cronistas apenas van más alla de la simple narración de los hechos más relevantes, sin mayores preocupaciones. En este conjunto destaca la anónima *Gran Crónica de Alfonso XI,* en la que se mezclan materiales procedentes del *Poema* de Rodrigo Yáñez dedicado al mismo rey (1348) con las informaciones tomadas de otras crónicas, siempre con la intención de justificar los hechos (políticos o personales) del rey, como su amancebamiento con Leonor de Guzmán, con la que tendrá -como ya se ha indicado- a don Enrique (II), origen de la casa de Trastámara en el trono de Castilla.

Algo semejante ocurre con las crónicas de don Pero López de Ayala, aunque con la diferencia de que el autor es, también, testigo y hasta protagonista de los hechos que narra, que son elaborados (manipulados) en función de los intereses propios y de la alta nobleza partidaria de los Trastámara, que no tienen por qué coincidir con una visión nacional, de conjunto, clara. Es posible que con el paso del tiempo -redacta la historia hasta el reinado de Enrique III (1390-1406)- no sólo retocara y maquillara la historia que había ido escribiendo, sino que también debió reducir el propio protagonismo, transformándose en un testigo mudo e, incluso, invisible, lo que le permitiría una aparente mayor objetividad, apoyada en la utilización de los más variados materiales, que lo mismo podían proceder de la tradición oral, como de los archivos reales o de la experiencia personal.

Continuador de la obra emprendida por don Pero López de Ayala fue el converso Álvar García de Santa María, hermano de Pablo y tío, por tanto, de Alonso de Cartagena; el cronista intenta narrar todo aquello de lo que ha sido testigo (hasta 1434), por encargo del regente don Fernando de Antequera, a quien dedica notable espacio, al igual que a don Álvaro de Luna, dejando casi en un segundo plano al rey. Sin embargo, el mismo Juan II fue objeto del interés de Pedro Carrillo de Albornoz (o de Huete), halconero mayor del monarca, que redactó una crónica sobre su señor (de 1420 a 1450), cuando éste ya había fallecido, en la que ocupan un lugar destacado las fiestas y los detalles que pasan inadvertidos en la documentación oficial, de ahí su mayor interés. Y aún el obispo de Cuenca, don Lope de Barrientos (1382-1469), utilizará esta crónica para añadir algunos detalles e intentar adaptarla a las corrientes latinizantes del momento, refundiéndola, aunque sin aportar mayores novedades.

Al igual que ocurrió con la llegada de los Trastámara al trono de Castilla, que supuso la «adaptación» de la historiografía al punto de vista de los vencedores, así ocurre también bajo el reinado de Enrique IV (1454-1474), que como ya vimos se caracterizó por las continuas vacilaciones del monarca, preso de los intereses de la nobleza, y por la imposición final de Isabel como heredera de la corona, frente a Juana «La Beltraneja». En efecto, serán pocos los autores que, como el cronista real Diego Enríquez del Castillo (1443-1503), se mantendrán fieles a Enrique IV.

Más abundantes son, por el contrario, quienes se alinean en el bando de doña Isabel, como Alfonso de Palencia (1423- 1492), vinculado desde joven a Alonso de Cartagena (o García de Santa María), formado en Florencia, sucesor de Juan de Mena en el cargo de secretario de cartas latinas de Enrique IV, y finalmente cronista de la reina Isabel. Por su propia formación se distancia de otros historiógrafos regios y, siguiendo el modelo de Tácito y de Tito Livio, además del ejemplo de algunos humanistas italianos, redacta en latín su *Gesta Hispaniensis ex Annalibus Suorum Dierum* (o *Décadas*). El mismo Alfonso de Palencia escribirá una *Batalla campal de los lobos y los perros*, en castellano, inspirada en la *Batracomiomaquia*, que será una versión alegórica de las luchas nobiliarias de este período.

Imitador de Alfonso de Palencia y partidario también de la reina Isabel fue Diego de Valera (1413-¿1488?), hijo del converso Alfonso Chirino, que fue médico de Juan II, estuvo siempre vinculado a la vida de la corte, como caballero y como diplomático, siendo consejero de los Reyes Católicos al final de su vida. Toda la obra de Diego de Valera tiene un público bien definido, los miembros de la corte, capaces de apreciar su habilidad versificatoria o las enseñanzas militares contenidas en el *Libro de batallas* de Honoré Bouvet, que él tradujo para don Álvaro de Luna; esos nobles cortesanos eran lectores, sobre todo, de tratados teóricos, y para ellos escribe el *Espejo de verdadera nobleza* (1441) o el *Tratado de las armas*, junto con el *Ceremonial de príncipes* (entre 1458 y 1467) y otras obras de carácter más moralizante. Pero será como historiógrafo donde destacará especialmente: no debe olvidarse que entre las lecturas preferidas de la nobleza -junto con los tratados de caballería- se encontraban las crónicas. Su *Memorial de diversas hazañas* se preocupa menos de narrar todos los hechos del reinado de Enrique IV y de los primeros años del de Isabel I, que de recoger los acontecimientos más relevantes desde su punto de vista, para lo que no tiene ningún empacho en admitir materias variadas de orígenes diversos, no siempre verdaderos: la presencia de elementos fantásticos o maravillosos no resulta extraña en el *Memorial.* Pero no será ésta la única obra histórica de Diego de Valera; con planteamientos similares ya antes había escrito una *Crónica abreviada* (o *Valeriana,* 1479-1481) -que pronto llegaría a la imprenta, primera obra del género merecedora de tales honores (1482)- y aún escribirá una *Crónica de los Reyes Católicos,* directamente influida por Alfonso de Palencia en su forma de presentar los acontecimientos.

La llegada al trono de los Reyes Católicos dio inicio a la superación de las crisis que se habían ido produciendo casi desde comienzos del siglo XIV y que habían adquirido sus rasgos más alarmantes bajo el reinado de Enrique IV. La historiografía adquirirá ahora más el aspecto de panegírico, dejando atrás las tensiones dinásticas que habían caracterizado épocas anteriores, y permitiendo, además, la inclusión cada vez más definida de las opiniones del autor, con lo que se venía a completar un proceso de filiación humanista iniciado por Alfonso de Palencia algunos años antes. El más genuino representante de los nuevos tiempos será Hernando del Pulgar (¿1425?-1493), persona de confianza de los Reyes Católicos, a pesar de su origen no noble (o quizá por eso); su *Crónica* muestra el triunfo de los modelos humanistas, de la imitación de Tito Livio, con la inclusión de abundantes reflexiones, y del estilo ciceroniano. El signo de los tiempos ha cambiado, y se abre una época de innovaciones, como se verá en las *Memorias del reinado de los Reyes Católicos* de Andrés Bernáldez, el Cura de los Palacios (1415-1513), imitador y seguidor de Pulgar; que intenta dar vida a su obra y facilitar la lectura mediante la mayor sencillez estilística.

El auge adquirido por la historiografía en la segunda mitad del siglo XV llevó a la imitación de este tipo de obras por parte de otros géneros (la ficticia *Crónica Sarracina,* h. 1430, del desconocido Pedro del Corral), a la vez que aparecen subgéneros de carácter pseudo-histórico (como las *Crónicas del Cid, de Fernán González con los Infantes de Lara,* y *de Bernardo del Carpio*) o de carácter propiamente histórico, como son las biografías de personajes célebres, claramente relacionadas con el espíritu humanístico.

Además, en la renovación que se produce en los distintos géneros historiográficos desde comienzos del siglo XV, el influjo de los humanistas fue decisivo, especialmente por el interés que mostraron hacia las técnicas de Tito Livio y de Salustio; don Pero López de Ayala tradujo las *Décadas* de Tito Livio (a través del francés Pierre de Bersuire) y llevó a cabo una gran parte de la versión al castellano del *De casibus virorum illustrium* de Boccaccio, que se inspiraba en Salustio: habrá que considerar al Canciller Ayala como el intermediario necesario para la llegada de las nuevas formas.

Un sobrino del Canciller, Fernán Pérez de Guzmán, impulsará la aclimatación del modelo mediante 34 retratos de personajes relevantes de su época (*Generaciones y semblanzas,* entre 1450 y 1455), y su ejemplo será seguido después por Hernando del Pulgar (*Claros varones de Castilla,* h. 1485) que traza de este modo la biografía de veinticuatro personajes.

No muy distantes de las biografías se encuentran las crónicas particulares, en las que la figura central no es el rey, sino algún personaje importante: ya algunos héroes

(El Cid, Fernán González, Bernardo del Carpio) habían sido objeto de sus propias crónicas, de manera que no sorprende que otros nobles pretendan el mismo honor. Entre todos destaca, por la calidad del autor y por la variedad de aventuras reales que narra, *El Victorial,* obra en la que Gutierre Díez de Games (h. ¿1378?-post. 1443) cuenta los hechos «de armas y de amores» realizados por su señor Pero Niño, conde de Buelna, entre 1404 y 1410, aunque la crónica es posterior (h. 1435), con adiciones más tardías aún. Otros personajes no tuvieron tanta suerte con su escritor, y sus crónicas no alcanzan la altura que el personaje hubiera merecido, ni el brillo que Díez de Games supo conseguir para su señor: es el caso de don Álvaro de Luna (biografiado por ¿Gonzalo Chacón?, ¿1429?-1507) o del condestable Miguel Lucas de Iranzo (obra de ¿Pedro de Escavias?, h. 1472).

Esa afición a las crónicas que comienza a desarrollarse primero entre la nobleza y llega después al resto de la sociedad explicará el auge de cronistas que surgen a raíz del descubrimiento de América (narrado por primera vez por Bernáldez) y que se esforzarán en escribir sobre el Nuevo Mundo.

A estas transformaciones de la historiografía habrá que añadir la presencia de textos en verso a fines del siglo, en donde destacará el entusiasmo por los avances de la Reconquista y el orgullo de sentirse miembros de una sociedad heroica, algo similar a lo ocurrido con los caballeros que participaron en la conquista de Jerusalén durante las Cruzadas; Ruy Páez de Ribera será el primer representante de esta tendencia, con su *decir* a la conquista de Antequera o a la batalla de la Torre de la Matanza (1424); luego vendrán Juan del Encina, Pedro Marcuello, y con mayores pretensiones Pedro Gracia Dei (*Exce-*

lencias de la reina doña Isabel) y Diego Guillén de Ávila (*Panegírico*) y, sobre todo, Juan Barba (*Consolatoria de Castilla*).

Libros de viajes

Otro de los géneros, teóricamente inspirado en la realidad y vinculado a la historiografía es el de las narraciones de viajes, casi siempre más fantásticas que auténticas; a mediados del siglo XIV un anónimo franciscano español escribió el *Libro del conocimiento de todos los reinos*, tal vez redactado tomando como base un mapa, lo que no fue obstáculo para que lo utilizara Juan de Bethencourt en 1404 para su exploración del cabo Bojador desde las Islas Canarias. Pero en realidad se trata de una obra aislada de la tradición. Pronto se tradujeron al aragonés, y más tarde al castellano, los dos principales libros de viajes de la Edad Media: *Libro de las maravillas* de Marco Polo, puesto en aragonés por orden de Juan Fernández de Heredia, publicado en latín en 1485 (versión utilizada por Cristóbal Colón) y vertido al castellano por Rodrigo Fernández de Santaella (1503); y la obra de Juan de Mandeville (*Libro de las maravillas del mundo*, h. 1356), que circulaba ya en aragonés antes de finalizado el siglo XIV.

Además de estas versiones, hubo algunos libros autóctonos, fruto de los viajes de sus autores: Ruy González de Clavijo (m. 1412) presentó a Enrique III la relación de su *Embajada a Tamorlán* (1406); como se trataba de una misión diplomática con pretensiones militares, ésos son los aspectos que destaca de su viaje de tres años desde el Puerto de Santa María hasta Samarcanda y regreso. No llegó tan lejos Pero Tafur (h. 1405-1480), que invirtió tres años también (1436-1439) en recorrer distintas tierras de Europa y de Oriente medio (*Andanzas y viajes,* 1454).

La difusión de la imprenta dio un enorme prestigio a los textos historiográficos –verdaderos o falsos–, que no sólo fueron leídos con fruición a lo largo del siglo XVI, a juzgar por las numerosas ediciones y reediciones que se hicieron de muchos de ellos, sino que además sirvieron de fuente para abundantes romances y obras teatrales de nuestro Siglo de Oro: de esta forma pervivirá la Edad Media en el Renacimiento y en el Barroco.

La novela

A partir de Alfonso X la historiografía en lengua romance adquiere un desarrollo extraordinario, entre otras razones porque constituye uno de los pilares de la formación de los nobles, que buscan en las crónicas ejemplos del pasado, justificaciones del presente y, en algunos casos, entretenimientos dignos; luego vendrá, también, la búsqueda de las hazañas del propio linaje. Pero para el caso que ahora nos interesa, es más importante considerar que fueron muchos los que aprendieron a escribir, a narrar, según lo hacían los cronistas Así, la novela –con sus características medievales, como personajes estereotipados que deben cumplir su propio destino– es una transformación de la historiografía, que comienza con la libre adaptación de temas procedentes de la Antigüedad (la distancia cronológica permite ciertas libertades), considerados históricos; a continuación, la prosa abrirá amplias posibilidades narrativas, a la vez que los contenidos llegarán a épocas más modernas, pero el interés seguirá centrándose siempre en acontecimientos que ocurrieron realmente, o que el público aceptaba como auténticos. Y del mismo modo que el objeto central de la historiografía fueron los reyes, así el centro de la novela estará ocupado por personajes con esa misma dignidad o por héroes, herederos de la épica, que además o eran reyes o habían sido origen de estirpes regias; sólo con el desarrollo de la novela se ampliará el horizonte social, admitiéndose primero a los caballeros (que llegarán a ser reyes, también) y, en definitiva, a cuantos personajes pudieran ofrecer rasgos atractivos: también la historiografía había abierto sus páginas a las crónicas particulares, en las que el papel primordial había sido encomendado a miembros de la nobleza, al margen de sus señores. No extraña, pues, que la novela caballeresca se convierta en el género narrativo más abundante de la Edad Media.

Con esta perspectiva, la novela medieval es, toda ella, de tema histórico (o pseudo-histórico), pues todas las narraciones son acogidas como relatos de hechos realmente ocurridos. Sin embargo, para delimitar diferentes grupos en el mismo género se suele hacer una clasificación temática con criterios en cierta medida anacrónicos, pues se establecen a partir de puntos de vista modernos; así, se hablará de novelas de tema historiográfico, caballeresco, literario y sentimental: no siempre los límites entre unos grupos y otros están claros y, frecuentemente, se pueden encontrar novelas que participen de varios temas.

En el grupo de novelas de tema historiográfico se incluyen las narraciones sobre la leyenda de Troya y las Cruzadas (*Gran Conquista de Ultramar*), que en sus versiones originales se presentaban como crónicas o historias y que con el paso del tiempo se vieron enriquecidas con abundantes materiales ajenos a la realidad, e incluso a la verosimilitud. Por la misma razón se podrían incluir aquí también algunas crónicas poco respetuosas con la veracidad de los sucesos (la *Crónica Sarracina* de Pedro del Corral serviría de ejemplo).

Las novelas de tema caballeresco constituyen el grupo más abundante: el éxito de la figura del rey Arturo y de los caballeros de la Mesa Redonda, empezando por Lanzarote del Lago, considerados personajes históricos en sus inicios (Geoffrey de Monmouth, *Historia Regum Britanniae,* 1138), impuso en gran medida las características esenciales de este grupo. Ya desde el siglo XIII debieron difundirse por la Península la obra de Monmouth (conocida desde el *Cronicón* agregado al *Fuero General de Navarra,* 1196, y los *Annales Toledanos I,* del año 1217) y breves narraciones vinculadas a la «Materia de Bretaña» (*lais*), que irían dando forma al imaginario colectivo, a la vez que permitían las primeras alusiones a hazañas de alguno de los caballeros de la Mesa Redonda. Sin embargo, habrá que esperar hasta comienzos del siglo XIV para encontrar la versión portuguesa del *Libro de Josep Abarimatea* (1313), que no aparecerá en castellano hasta la segunda mitad del siglo XV, junto con otros textos (*Merlín,* h. 1469); y en el mismo siglo XIV se traducirá un *Tristán de Leonís*; luego llegaría la *Demanda do Santo Graal* portuguesa (copiada entre 1400 y 1438) y otras versiones castellanas (desde 1469-1470); o la historia de Lanzarote, cuya adaptación se situaría en el año 1414. Hay, pues, un flujo continuo de textos artúricos entre Portugal y Castilla, con frecuentes cruces cronológicos, lo que prueba una efervescencia de la Materia de Bretaña debida a la aceptación por parte de los lectores; a la vez que se atestigua un posible origen portugués de la llegada de estos textos al occidente peninsular, gracias a la labor realizada por Juan Vivas, quizá en la segunda mitad del siglo XIII.

Sea como fuere, los textos artúricos tuvieron una gran difusión en Castilla desde comienzos del siglo XIV, primero con alusiones escuetas; después, mediante versiones y traducciones, que pervivirán en copias del siglo XV y en adaptaciones o reelaboraciones que llegarán a la imprenta en forma de incunables o a lo largo del siglo XVI: *Baladro del sabio Merlín* (Burgos, 1498 y Sevilla, 1535), *Demanda del sancto Grial* (Toledo, 1515); hay un fragmento de *Tristán de Leonís* que se fecha en el siglo XIV, texto que se conoce mejor gracias al éxito que obtuvo después, ya que fue impreso en reiteradas ocasiones (Valladolid, 1501; Sevilla, 1528 y 1534); en los textos impresos, y sobre todo en el de 1501, son abundantes los materiales procedentes de la novela sentimental, de acuerdo con una tendencia que se había hecho habitual algunos años antes, a fines del siglo XV. Y a los textos impresos remiten también los romances que presentan a los mismos héroes.

Entretanto, había nacido el *Amadís:* se discute si la versión original fue escrita en portugués o en castellano, se especula acerca de la fecha de esa primera redacción (¿principios del siglo XIV?) y se intuye que la estructura y desenlace de la novela eran diferentes a los que se imprimieron en el siglo XVI. Más seguros parecen otros aspectos como las dos redacciones que se hicieron del libro a lo largo del siglo XIV (una de ellas promovida por el infante don Pedro de Portugal). En la primera redacción, el protagonista era modelo de caballeros por su valentía y de enamorados por la firmeza de sus sentimientos (igual que Lanzarote del Lago); es posible que el contenido de esta redacción se modificara a lo largo del siglo XIV, en una segunda versión del texto, para incluir el enfrentamiento entre Amadís, caballero noble, y el padre de su amada Oriana, el rey Lisuarte, en una especie de trasunto de la realidad social del momento (que habría que situar bajo el reinado de Pedro I), aunque la redacción sería algo posterior al fratricidio de Montiel (1369), posiblemente del último cuarto del siglo. No extraña que, en medio del oscuro panorama político, el nuevo reelaborador del *Amadís* hiciera que el protagonista muriera a manos de su propio hijo, Esplandián, y que Oriana se suicidara.

Un siglo más tarde, Garci Rodríguez de Montalvo (m. antes de 1505), regidor de Medina del Campo, volvió a alterar el libro: no sólo habían transcurrido cien años, sino que, además, las crisis habían sido superadas gracias a la firmeza de los Reyes Católicos, y la sociedad estaba viviendo algunos cambios (auge de los letrados en detrimento de los caballeros) y la recuperación de algunos valores espirituales. Es ahora cuando Esplandián, el hijo de Amadís, se convierte en el protagonista de la novela, perfecto caballero por sus creencias religiosas, en claro paralelismo con la figura de Galaz, hijo de Lanzarote: naturalmente, Esplandián no mata a su padre en esta nueva versión. Éste sería el texto de los cuatro libros del *Amadís* publicados en Zaragoza (1508), al que el mismo Montalvo añadiría un quinto libro, *Las sergas de Esplandián* (1510).

Las abundantes glosas y comentarios moralizantes del *Amadís* dejan de manifiesto que su autor no sólo pretendía entretener al público: es claro el propósito de que el libro sirva de manual de comportamiento de quienes se consideran caballeros, y en él encontrarán modelos dignos de imitar para las relaciones con el rey, con los nobles y con las damas; del mismo modo, los reyes y príncipes tienen en el libro el mejor testimonio de buen gobierno. No extraña, pues, el éxito que obtuvo el *Amadís*; leído por todos, abrirá el cauce de los libros de caballerías y será un punto de referencia obligado para las buenas costumbres del Occidente durante décadas.

La única diferencia existente entre las novelas de tema literario y las demás se debe al origen: las transformaciones sociales, nuevas corrientes estéticas o el aumento del público culto, capaz de leer, hace que algunos géneros que habían tenido notable desarrollo durante los siglos precedentes se transformen en novelas. Tal es el caso de la épica, que abandona los cauces habituales para convertirse en narraciones caballerescas; pero no sólo ocurre con este género: las vidas de santos, algunos cuentos y otros textos de los más variados orígenes suministran argumentos y temática al nuevo género.

De la literatura francesa llega *El noble cuento del enperador Carlos Maynes et de la buena enperatrís Sevilla,* cuyo origen habría que buscarlo en los poemas épicos sobre la juventud de Carlomagno y de su mujer (*Mainet* y la *Chanson de la Reine Sebile*). Pero no es un caso aislado; la figura del emperador se convierte en modelo de caballeros, y algunos de los cantares de gesta del ciclo de Carlomagno son acogidos en los moldes de la novela: la *Historia de Enrique fi de Oliva* (Sevilla, 1498), *La historia del emperador Carlomagno y los doce pares de Francia e de la cruda batalla que hubo Oliveros con Fierabrás* (Sevilla, 1525) o la *Historia de los nobles caballeros Oliveros de Castilla y Artús d'Algarbe* (Burgos, 1499) son claro testimonio del éxito de la Materia de Francia, por no citar otros textos que se incluyen como partes de obras más extensas (la narración de *Berta de los grandes pies* en la *Gran Conquista de Ultramar* sería un ejemplo).

En la *Historia de los nobles caballeros Oliveros de Castilla y Artús d'Algarbe,* que acabamos de citar, los protagonistas son idénticos físicamente, y Oliveros sacrifica a sus propios hijos para curar a Artús con la sangre de los pequeños: ambos temas aparecen ya en la *Vita sanctorum Amici et Amelii carissimorum* (siglo XII), que se convertirá en el cantar de gesta francés de *Amis et Amiles*. El itinerario recorrido por la leyenda es elocuente -aunque extremo-, pues pone de manifiesto cómo una narración hagiográfica, la vida de dos santos en este caso, puede llegar a convertirse en un episodio novelesco con escasa relación o sin relación alguna con su origen, pasando por un cantar de gesta intermedio. No se trata de un ejemplo único, aunque los testimonios más frecuentes mantienen el carácter moralizador del original, y se limitan a dar forma novelesca a textos más o menos cultos; así ocurre con la vida de san Plácidas o de san Eustacio, ya adaptada libremente en el *Libro del cavallero Zifar*, y también en una novelita, *De un caballero Plácidas que fue después cristiano y se llamó Eustacio*, y en la *Historia del rey Guillelme*; el relato aún llegará a la imprenta en el siglo XVI, pero con nuevas elaboraciones y con el título de *Crónica del rey Guillermo* (Toledo, 1526).

Las vidas de santos y los poemas épicos son, frecuentemente, un paso intermedio en la metamorfosis que lleva de un género a otro, pero a la novela llegan materiales literarios de los más variados orígenes, que a veces han conseguido soslayar esos pasos: la *Historia de los dos enamorados Flores y Blancaflor*, de complicada tradición literaria, pues parece de origen oriental en sus rasgos esenciales, llega a Occidente cuando empieza a desarrollarse la narrativa de tema basado en la Antigüedad clásica, y aparece en Castilla en el siglo XIV (el Arcipreste de Hita la cita), procedente de Francia, y en la adaptación castellana se añaden algunos rasgos nuevos; pero, lo que es más importante, asistimos al incremento de los episodios amorosos sobre los bélicos (al igual que en el *Libro del esforza-*

do caballero Conde Partinuples, o en la *Historia del muy valiente Clamades y de la linda Clarmonda*), lo que muestra uno de los posibles caminos para la ficción de la segunda mitad del siglo XV.

Otro tanto se puede decir de la *Historia de la linda Melusina* (impresa en 1489, 1512 y 1526) que vierte al castellano la obra de Jean d'Arras (h. 1387), a partir de una edición de Ginebra (1478): a pesar de las diferencias existentes entre el incunable y el impreso de 1526 (que probablemente reproduce el perdido de 1512), hay que considerar que se trata de dos estadios de una misma traducción, en la que se han suprimido abundantes descripciones y se ha dado más fuerza al diálogo.

El influjo francés en gran parte de las narraciones caballerescas resulta evidente; pero la presencia cada vez mayor de episodios amorosos -tal como acabamos de señalar- indica la existencia de un público que no se conforma con el relato de las proezas de los más esforzados caballeros. Es cierto que ya algunos personajes del mundo artúrico -especialmente Galván- repartían su actividad desde épocas tan tempranas como el siglo XII, entre los torneos y batallas y la alcoba; por otra parte, es bien sabido que sólo los caballeros enamorados son capaces de llevar a cabo esfuerzos que los demás no conseguirían realizar, y también es verdad que cuanto más perfecta sea la dama (y la condición social es uno de los más importantes rasgos en este sentido), más alto podrá ascender el caballero en su personal camino de perfección (es el caso de Lanzarote y la reina Ginebra, por ejemplo); pero desde mediados del siglo XV, y hasta 1548, aparecen una serie de novelas en las que los episodios armados, los combates y las proezas ocupan un lugar de segunda fila, o desaparecen por completo.

La base de estas «ficciones sentimentales» no está en Francia, sino en Italia, aunque las narraciones caballerescas sigan sirviendo de telón de fondo, y los máximos responsables son la *Elegia di madonna Fiammetta* de Boccaccio y la *Historia de duobus amantibus,* de Eneas Silvio Piccolomini; pero no se debe olvidar el ambiente del que participan –y en el que algunos autores de estas novelas tienen merecido prestigio–, que no es otro que el de la misma corte en la que la poesía cancioneril es adorno obligado de todo caballero que se precie; así, la fusión de esos tres factores (narrativa amorosa italiana, narraciones caballerescas y poesía de cancioneros) configurará el subgénero «sentimental», representado por una veintena de textos entre 1450, en que aparece el *Siervo libre de amor* de Juan Rodríguez del Padrón (h. 1390-1450), y el *Proceso de cartas de amores* de Juan de Segura (1548).

A lo largo de los cien años que dura la especie, hay una serie de rasgos que tienden a mantenerse inalterados: son frecuentes los planteamientos autobiográficos –aunque no siempre aparezcan–, procedentes de la lírica y, sobre todo, de las *Heroidas* de Ovidio y de la *Fiammetta,* pero al contrario de lo que ocurre en estas obras, la primera persona en los textos castellanos es, siempre, un hombre; a imitación de las *Heroidas* y de la *Historia de duobus amantibus,* las cartas ocupan un lugar importante en el desarrollo de la acción, pues es la forma no sólo de expresar los sentimientos más profundos, sino también de lograr el amor y la muerte. Generalmente, la trama es el resultado de dos historias amorosas paralelas, que suelen separar ineludiblemente al desdichado protagonista de la dama a la que ama (y que no le corresponde en sus sentimientos), lo que da lugar a abundantes debates sobre el amor y sus múltiples características y consecuencias. La inclusión de los textos contenidos en las epístolas, de los discursos y parlamentos, y de otros testimonios transmitidos en estilo directo, reflejan las mismas preocupaciones que habían tenido algunos historiógrafos y cronistas, y que luego heredan los autores de novelas de caballerías: en definitiva, se trata de un rasgo estilístico tomado de los autores latinos y atestigua la llegada del Humanismo a la narrativa de ficción.

Gran parte de los rasgos esenciales del género quedan marcados por el *Siervo libre de amor*, de Juan Rodríguez del Padrón, que se presenta como una epístola dirigida a un amigo, en la que se mezclan el relato autobiográfico y el tratado amoroso, dividido en tres «tiempos»: en el que amó y fue amado, en el que amó y fue desamado y en el que ni amó ni fue amado; en el tratado se incluye, a su vez, la desgraciada historia de dos enamorados; finalmente, el protagonista recobra la paz y la libertad.

Con las ideas de libertad y amor juega también Diego de San Pedro en su *Cárcel de amor* (h. 1488, publicada en 1492), que no tarda en convertirse en la obra maestra del género: es la historia de unos amores imposibles, que llevan al suicidio del protagonista, Leriano; éste, sabedor ya de que no conseguirá a su amada, Laureola, se deja morir de hambre y pone fin a su vida bebiéndose las cartas que había recibido de ella. El éxito del tratado no se hizo esperar, y muy pronto Nicolás Núñez publicó una continuación como apéndice de la *Cárcel de amor* en la edición de 1496: el autor, amigo, confidente y testigo de las desgracias de Leriano recibe la visita del alma de éste y consigue la declaración amorosa de Laureola, con lo que se modifica el desdichado final con el amor más allá de la muerte.

La continuación de Nicolás Núnez muestra un cierto optimismo por el desenlace que da a la relación sentimental de Leriano y Laureola, pero la muerte sigue presente; otros autores del género no se conforman con el final desdichado o violento del protagonista, sino que llevan a morir a la pareja, o a otros personajes; tales son los casos de *Grisel y Mirabella* y de *Grimalte y Gradissa,* ambas de Juan de Flores (¿1470?-h. 1525). En la primera, la pareja mantiene unas relaciones felices hasta que es descubierta, lo que supone la muerte para uno de ellos y el destierro para el otro: Mirabella es condenada a la hoguera, tras un largo juicio, pero Grisel se arroja al fuego y muere; la dama, libre, se arroja a los leones; por su parte, las mujeres, descontentas con el resultado del juicio, le dan una cruel muerte al abogado defensor de Grisel (y de los hombres), que no era otro que el poeta misógino Pere Torrellas. Con menos muertes, no es más afortunado el final de *Grimalte y Gradissa,* obra en la que se mezclan como personajes la Fiammetta de Boccaccio y su enamorado Pánfilo (también con orígenes literarios): Grimalte, para conseguir el amor de Gradissa, tiene que superar la prueba que supone reconciliar a Fiammetta y Pánfilo; el fracaso lleva al suicidio de éste y al final del amor de Grimalte.

La novela, de tema caballeresco o sentimental, llega a fines del siglo XV con una gran fuerza; la imprenta dará difusión a estas narraciones y asegurará su pervivencia en el siglo XVI: no en vano, muchas de las preocupaciones expresadas en estas obras y algunos de los recursos utilizados se han ido formando en el espíritu del Humanismo.

El teatro

El teatro primitivo

El paso de la Antigüedad a la Edad Media vio desaparecer las formas teatrales del mundo clásico. Las escasas muestras de imitaciones de Terencio (como las de Hroswitha de Gandersheim en el siglo X, que intenta cargar de moralidad al autor latino) atestiguan aún más esa desaparición, pues no sólo son casos aislados y muy poco abundantes, sino que además parecen haberse perdido en las bibliotecas de los monasterios, sin llegar a tener una descendencia literaria y, desde luego, sin que en ningún momento se pensara en su posible representación escénica.

La desaparición del teatro clásico no significa que muriera toda forma de espectáculo público: los juglares recogerán de los *mimi* e *histriones* el testigo del entretenimiento y se aplicarán a distraer a la gente con los medios más diversos, como atestiguan en época tardía los conocidos textos de Guiraut Riquier y Alfonso X (*Suplicatio* y *Declaratio*, 1274 y 1275), o el menos conocido *Libro de las confesiones* (1316) de Martín Pérez, todos ellos vinculados al mundo castellano. Salvo contadas excepciones, todos los tipos de juglares son objeto de censura eclesiástica y víctimas de cuantos castigos espirituales –y también físicos– se puedan imaginar.

Pero la actividad juglaresca, aunque pudo influir en el desarrollo de la dramaturgia, no está en el origen del teatro medieval: habrá que esperar hasta el siglo XI para empezar a encontrar auténticas representaciones teatrales vinculadas con la liturgia y centradas en la vida y pasión de Cristo. Los estudiosos consideran que, en efecto, es como adorno de la liturgia como empieza a gestarse el género dramático, fundamentalmente a través de los tropos, que no son más que textos interpolados en las lecturas litúrgicas, como aclaración o como embellecimiento.

Son varios los tipos de tropos (*sequentia, prosa, prosula, farsa, tropus*) y no todos deben ser considerados aptos para la dramatización, pero es indudable la importancia que tuvieron estos textos y su música para el nacimiento y desarrollo de distintos géneros literarios en lengua romance: con los tropos se asocia la francesa *Secuencia de Santa Eulalia,* la lírica de los trovadores o el origen del teatro.

Fue a partir del siglo IX cuando empezó a adornarse el *Alleluia,* luego, se introdujo el diálogo. Los testimonios más antiguos se refieren al tema de la pasión y resurrección de Jesús, con tropos dedicados a la *Visitatio sepulchri* (así el *Quem quaeritis,* en el que el ángel anuncia la resurrección de Cristo a las tres Marías). No tardaron mucho en aparecer otros temas, relacionados con la Navidad, como la adoración de los pastores (*Officium pastorum*) y la procesión de los profetas que habían anunciado la llegada del Salvador (*Processus Prophetarum,* que incluía, también, la profecía de la Sibila), la Epifanía de los Reyes Magos (*Officium stellae*) o la persecución de los Inocentes (*Ordo Rachelis*).

La Península Ibérica, y más concretamente Castilla, no fue ajena a estas innovaciones, según prueban distintos manuscritos escritos en el monasterio de Silos (siglo XI), que recogen dos tropos del ciclo de la Resurrección. En otras regiones (Huesca, Vich, Ripoll) también hay muestras de la difusión de los tropos, y del éxito de estas formas paralitúrgicas.

A lo largo del siglo XII se amplía la temática, incluyendo nuevos episodios de la vida de Jesús y dando cabida a distintas escenas y figuras del Antiguo Testamento; sin embargo, en Castilla son tan escasos los testimonios (apenas los recordados tropos silenses), que son muchos los investigadores que dudan de que el género llegara a aclimatarse, quizá por las características de la liturgia mozárabe que se utilizaba en gran parte de la Península, o quizá –según señalan otros– porque la Iglesia hispana, reformada bajo el reinado de Alfonso VI se encomendó a la orden de Cluny, que combatió con firmeza la presencia de los tropos en las celebraciones litúrgicas.

La *Representación de los Reyes Magos* es un testimonio temprano –único por ahora– de ese teatro de los orígenes en lengua vulgar. Su conservación ha sido accidental, pues se copió a fines del siglo XII o comienzos del siglo XIII en los folios en blanco de un códice de la catedral de Toledo. El poco cuidado que puso el copista, o el desinterés por el texto que copiaba, se aprecia no sólo en el aprovechamiento de los folios en blanco, sino también en el hecho de que no se respetaran los versos y que no se indicara cuándo empezaba a hablar cada uno de los personajes. Nada hay que permita pensar en su destino para ser representado; al contrario, es probable que se buscara la lectura individual de la obrita.

A juzgar por la lengua, el original debería situarse a mediados del siglo XII, aunque el tema coincide con la renovada devoción –impulsada por pseudo-Beda y por Pedro Coméstor– hacia las figuras de los tres Reyes a partir de 1158, fecha en que se descubrieron los supuestos restos de los Magos en Milán (serán enterrados en Colonia, en 1164), en todo caso, la *Representación* sería uno de los testimonios más antiguos de la literatura castellana y la primera muestra de teatro medieval escrito totalmente en lengua vernácula.

Nada se sabe del autor; la deturpación del texto y la presencia de rimas incorrectas y de un lenguaje híbrido, heterogéneo, ha planteado dudas difíciles de resolver a los historiadores de la lengua, que con las mismas razones han sugerido que podría ser gascón, mozárabe, riojano o catalán, a la vez que sostienen que la copia se realizó en Toledo. Si en otras ocasiones resulta grave la ignorancia del origen de un autor, en ésta es especialmente lamentable pues impide saber si la *Representación* debe ser considerada como una pieza autóctona castellana, o si es la adaptación de algún modelo extranjero: en gran medida las teorías sobre la existencia del teatro en Castilla se sustentan sobre esta pieza única, de origen desconocido.

El contenido de la *Representación* se divide en cinco escenas: la primera reúne los soliloquios de los tres Reyes, la segunda se dedica al encuentro de los Magos y a la decisión de probar la condición del recién nacido mediante la ofrenda de oro, incienso y mirra; la tercera escena pone en acción la entrevista con Herodes; la cuarta se llena con el monólogo de Herodes; por último, en la quinta escena Herodes y sus sabios judíos intentan averiguar la verdad.

Los rasgos innovadores de la *Representación* con respecto a la tradición de las «Adoraciones de los Reyes» son muchos y afectan al orden de algunos detalles, al significado de la ofrenda que llevan al Niño o a la escena final, que si realmente era con la que concluía la obra, debe ser interpretada como un cierre burlesco contra los judíos, puesto en boca de los propios rabinos

Aunque el teatro castellano tenga algún fruto tan temprano como la *Representación de los Reyes Magos,* en realidad hay una laguna que va desde el siglo XII hasta el siglo XV: los testimonios de *Las Partidas* y otras referencias indirectas no prueban la existencia de una actividad teatral claramente definida durante los tres siglos que separan unos textos de otros. Es obvio que ha habido espectáculos interpretados por distintos tipos de juglares, y que incluso algunos de esos espectáculos tenían forma dialogada, pero nada indica que en esos casos nos encontremos ante formas propiamente dramáticas.

Si se establece una analogía con el occidente europeo es muy problable que en Castilla y León hubiera teatro litúrgico, en latín, vinculado fundamentalmente a representaciones referidas a la muerte y Resurrección de Jesús: las alusiones contenidas en un documento de 1279, en el que se habla de «la representación de Nuestro Señor en el día de Ramos», y en el *Catecismo de Pedro de Cuéllar* (1325) en el que se hace referencia a «juegos de las fiestas así como de las Marías y del monumento», parecen indicar que en Castilla existía la tradición de teatro litúrgico, centrado en la Pasión de Cristo y la visita al sepulcro. Desgraciadamente, no se conservan esos textos, aunque un testimonio tardío, el *Auto de la Pasión,* de la catedral de Toledo, parece contener, fosilizado en su interior; un texto del siglo XIII o XIV: el capellán de coro de la catedral, Alonso del Campo, debió adaptar una obra precedente entre 1486 y 1499.

Hay que esperar, sin embargo, a Gómez Manrique (h. 1412-1490), para encontrar plenamente configurados algunos testimonios teatrales: entre 1458 y 1468 escribió la *Representación del nacimiento de Nuestro Señor* para su hermana doña María Manrique, vicaria clarisa de un monasterio de Palencia: esta primera obra dramática castellana permanece vinculada todavía a la tradición del teatro litúrgico, y más concretamente al espíritu franciscano; pero a partir de mediados del siglo XV los testimonios serán cada vez más abundantes, llegando a esas 33 obras que se representaron durante el Corpus entre 1493 y 1510.

También fuera de las iglesias y monasterios se acostumbraba a representar piezas cercanas al teatro, ya desde mediados del siglo XV: era frecuente que los comensales se entretuvieran con espectáculos como los *momos* (sencillos juegos con máscaras, carentes de diálogo) y los *entremeses*, que también tenían carácter sacro en general. Las fiestas callejeras adquirían su máximo esplendor en los recibimientos de los reyes o de grandes personajes, para las que se preparaban procesiones y espectáculos varios (en los que no faltaban los entremeses); la escasez de noticias al respecto no impide vislumbrar la generalidad de este tipo de recibimientos en toda Castilla, al igual que ocurría en el resto de la Península, o en Francia e Italia.

Y en las cortes de los nobles también se atestiguan representaciones desde mediados de siglo: en la *Crónica del Condestable D. Miguel Lucas de Iranzo* se cuenta cómo en su palacio de Jaén se escenificó la adoración de los Reyes Magos en 1461. Pero en todos los casos las noticias que nos llegan hablan de obras basadas en la liturgia o en los episodios más destacados de la vida de Jesús, su nacimiento y la Pasión.

Esos mismos planteamientos presenta el teatro de Juan de Fermoselle, conocido como Juan del Encina (¿1468-1530?). Bachiller en leyes por la Universidad de Salamanca, vinculado a la corte de los duques de Alba (1492-1498) y a la curia papal (1503-1521), viajero por Italia (h. 1499) y por Tierra Santa (h. 1421), Juan del Encina acabó sus días como prior de la catedral de León. Poeta cortés y músico de gran prestigio, sin embargo, será su actividad como autor teatral la que le dé mayor fama: su propio *Cancionero* (Salamanca, 1496) incluye ocho obras teatrales, que en ediciones posteriores aumentaron con cuatro más, a las que se añadirán dos églogas que fueron impresas en pliegos sueltos. En ese conjunto, el peso de la tradición del drama litúrgico se deja sentir en las *Representaciones de la Pascua* y *de la Resurrección,* pero se aprecia un claro esfuerzo por superar los esquemas heredados en las obras dedicadas al ciclo de la Navidad (son las dos *Églogas de Navidad* y la *Égloga sobre los infortunios de las grandes lluvias*). Además del peso de la tradición, Juan del Encina se deja llevar por un indudable deseo de imitar la Antigüedad, y de ahí que denomine «églogas» a sus obras teatrales, arrastrado por la poesía de Virgilio, que él mismo había vertido con gran libertad al castellano; así, Encina creía seguir los modelos de la comedia latina, a la vez que de este modo se justifica la constante presencia en sus obras de pastores que mantienen diálogos líricos. Poco a poco, Juan del Encina va enriqueciendo sus piezas con la incorporación de personajes-tipo y elementos de la vida cotidiana (algo similar había hecho el padre del teatro profano francés, Adam de la Halle, en la segunda mitad del siglo XIII). El proceso es rápido: los pastores de Belén permiten la introducción de otros pastores; el año litúrgico deja paso al Carnaval (al que dedica un par de églogas, representadas en 1494), a la vez que la oposición entre la vida de la corte y la pastoril le inspira otro par de églogas (*En recuesta de unos amores* y *de Mingo, Gil y Pascuala*), que apenas son algo más que la escenificación del diálogo de sendas pastorelas, a las que se ha dotado de indudable complejidad dramática. Parece claro que es al público de la corte al que dirige sus obras: se trata de un público acostumbrado a los sutiles juegos de la poesía cancioneril, que llegan también a las narraciones caballerescas y a las ficciones sentimentales; esas mismas sutilezas y, sobre todo, el gran poder que se atribuye al amor no pueden quedar fuera de los planteamientos del teatro de Juan del Encina: se encuentran en las dos últimas églogas citadas, y también en la *Representación ante el príncipe don Juan* (1497).

Sin embargo, habrá que esperar a su viaje por Italia para encontrar profundas innovaciones: es cierto que las tres últimas piezas de Juan del Encina todavía tienen como tema central las relaciones amorosas, pero el tratamiento trasluce claramente el influjo renacentista, que afecta al diálogo, a los personajes y a la acción de las obras; así ocurre en la *Égloga de Cristino y Febea,* en la que el amor carnal triunfa sobre el ascetismo y en la *Égloga de Fileno, Zambardo y Cardonio,* de análogos planteamientos, que llevan a la muerte por suicidio al pastor Fileno. Por último, en la *Égloga de Plácida y Vitoriano* (representada en Italia, 1513), Juan del Encina logra cerrar el proceso evolutivo con una pieza compleja en la que los pastores –rústicos o cortesanos– se mezclan con el ambiente urbano y el mundo mitológico, que aparecía ya en alguna de sus églogas anteriores; a la vez, se introducen villancicos entre las dos partes en que se divide la pieza y se incorporan escenas cómicas, que evolucionarán hacia los *pasos* del Renacimiento. En Juan del Encina se aprecia sin dificultad la evolución que lleva del teatro medieval al del Siglo de Oro.

Mientras tanto, Lucas Fernández (1474-1541), también bachiller en artes por la Universidad salmantina, cantor de la catedral de su ciudad y músico de la misma, desarrolla la comicidad y fija modelos para sus personajes más representativos: en las *Farsas y Églogas al modo y estilo pastoril y castellano* (Salamanca, 1514, pero escritas entre 1495 y 1505), reúne tres piezas profanas, en las que es evidente el influjo de Juan del Encina, y otras tres de tema religioso, entre las que destaca el *Auto de la Pasión* por la hábil utilización de algunos recursos dramáticos como son la caracterización de los personajes (Pedro, narrador subjetivo; Mateo, narrador objetivo; Dionisio, pagano que se convierte), la escenografía (escenario múltiple, que permite la presencia simultánea de todos los personajes) o la música (lamento de las tres Marías, el órgano que subraya los episodios principales, el villancico de cierre): la unión de todos esos elementos buscaba emocionar al espectador, y sin duda lo consiguió.

La Celestina

Si Juan del Encina y Lucas Fernández participan todavía de la tradición medieval, al menos en una gran parte de su producción, con *La Celestina* entramos en un ambiente completamente distinto, lleno de enigmas y problemas. En primer lugar, habría que dilucidar si se trata de una novela en prosa o si realmente nos encontramos ante una pieza teatral: es cierto que en algunos momentos se puede pensar que el autor está parodiando la ficción sentimental –y especialmente la *Cárcel de amor,* de Diego de San Pedro, obra de la que había un ejemplar en la biblioteca de Fernando de Rojas–, para lo que recurriría a un registro del mayor realismo, frente al idealismo de las narraciones sentimentales; sin embargo, el hecho de que toda la obra esté construida sobre el diálogo de los personajes, que el tema se centre en unas relaciones amorosas ilícitas (pues no llevan al matrimonio) y que la acción se limite a un período muy breve de tiempo, sitúan a la obra en el marco de la comedia humanística (que frecuentemente se leía en voz alta y no se representaba), heredera de Plauto y Terencio en los ámbitos universitarios, lo que justifica plenamente su presencia entre las piezas teatrales más que entre la narrativa.

La Celestina nos ha llegado en dos versiones muy diferentes, atribuidas al abogado converso y bachiller por la Universidad de Salamanca, Fernando de Rojas (h. 1470-1541): la primera de ellas, llamada *Comedia de Calisto y Melibea* (Burgos, 1499) tiene dieciséis actos y carece de nombre de autor, pues faltan las páginas iniciales del ejemplar único que la conserva; debió tener un éxito inmediato, ya que no tardaron en aparecer las reediciones (Toledo, 1500; Sevilla, 1501), al frente de las cuales figura una carta del autor a un amigo suyo y el nombre del propio autor, Fernando de Rojas, enmascarado tras unos versos acrósticos; en el prólogo, el autor dice que se ha limitado a continuar una historia que había encontrado comenzada (atribuida a Juan de Mena o a Rodrigo de Cota).

En 1502 aparecieron nuevas ediciones de la obra (Salamanca, Sevilla y Toledo), que la titulaban *Tragicomedia de Calisto y Melibea* o *Libro de Calixto y Melibea y de la puta vieja Celestina*: en el prólogo, el autor, sensible a las opiniones de su público, cuenta que se vio obligado a hacer algunas modificaciones, como la de alargar los amores de la pareja protagonista durante un mes, lo que supuso introducir cinco actos nuevos (conocidos como «Tratado de Centurio»); además, el autor retocó algunos pasajes de los dieciséis actos anteriores, y dio al conjunto un acusado tono didáctico-moralizante.

Así, el resultado es que las relaciones amorosas de Calisto y Melibea, facilitadas por la intervención de la vieja Celestina, sirven de eje central sobre el que se articulan los amores de Sempronio con Elicia y de Pármeno con Areúsa, criados de Calisto ellos y protegidas de Celestina las dos mujeres; la lujuria se entrelaza con la codicia, llevando a la muerte a la vieja alcahueta y a los dos criados, lo que provoca la venganza de sus dos amadas: la muerte accidental de Calisto impulsa al suicidio a Melibea y a la desolación total al padre de ésta, Pleberio.

La Celestina es, en gran medida, una historia de mujeres, que ocurre fundamentalmente en los interiores de las casas o de las tapias del jardín, en un espacio que es el de las mujeres, con preocupaciones femeninas y con las principales protagonistas del mismo sexo: por una parte, la vieja alcahueta, activo motor de toda la obra, encarnación del diablo, representante de un mundo obligado a desaparecer por las leyes del momento, el de los lupanares, y hábil maestra en otros menesteres no menos prohibidos, y rechazados por los demás personajes: la magia y la brujería, inquietantes para todos por sus desconocidas posibilidades; por otra parte, el deseo de venganza de Elicia y Areúsa, que provocarán la muerte de Calisto; por último, la gran perdedora, Melibea, víctima de todos, que al suicidarse aleja la posibilidad de salvación eterna...

El planteamiento general se apoya en varios pilares: en primer lugar, en Terencio y en las comedias que seguían el modelo del autor latino, que habían adquirido un especial desarrollo a fines de la Edad Media, especialmente en ámbitos universitarios, y en las que no faltaban las viejas celestinas. También las ideas del amor cortés han suministrado a la obra de Fernando de Rojas algunos de sus elementos: la figura misma de Calisto responde a las características del enamorado según la tradición cortés, en la que la figura de la dama es objeto de la mayor veneración, hasta el punto de que resulta difícil distinguir entre pasión de amor y fe religiosa; pero lo que había comenzado siendo una auténtica confesión de las creencias («En esto veo, Melibea, la grandeza de Dios»), acaba convirtiéndose en el más claro testimonio de entrega a la lujuria, gracias al trabajo realizado por Celestina, o quizá por inclinación natural de los protagonistas: el amor cortés, con todo su mundo de perfeccionamiento moral y su cuidada gradación, ha quedado lejos.

Los poetas de Cancionero han conformado un aspecto de la visión del mundo que tiene Calisto, y, lo que es más importante, su modo de entender el amor, al menos en un primer momento. Junto a ellos, también tratadistas más serios y coherentes, como Alfonso Fernández de Madrigal (el Tostado, 1436), Juan de Mena (después de 1434) o Luis de Lucena (1497) habían escrito sendas obras destinadas a mostrar la necesidad que tiene el hombre de amar; y aunque estos breves textos son de épocas muy distantes, todos ellos reflejan las preocupaciones de los filósofos de la Universidad de Salamanca, en la que también se había formado Fernando de Rojas en época muy cercana, por cierto, a la composición de la *Repetición de amores* de Luis de Lucena (1497).

Poetas de Cancionero, filósofos morales de mayor o menor alcance, autores latinos cómicos y eróticos (Ovidio)... La nómina de los escritores que han servido a Fernando de Rojas como modelo ideológico o literario es muy amplia y revela, en definitiva, la formación intelectual del escritor; en ese panorama, la presencia de los grandes maestros del siglo XV (Santillana, Mena, Manrique) no sólo no resulta extraña, sino que es casi obligada:

La Celestina se perfila cada vez más como una obra maestra de extraordinaria erudición. En ese conjunto de materiales tan heterogéneo tampoco podía faltar la huella de Petrarca, que se hace evidente a cada paso, en los momentos que menos se espera, de tal forma que cualquier personaje hace suyas palabras del poeta italiano, lo que produce una extraña sensación, debido a la anulación de la distancia que separa la extracción social de algunos de ellos y los profundos conocimientos literarios que manifiestan; más aún, se puede afirmar que en gran medida el hilo conductor de toda la obra surge de una máxima de Heráclito, recogida por el propio Petrarca (*De Remediis utriusque fortunae*), con la que se abre el prólogo de *La Celestina* (a partir de la edición de 1502), deudor en todo del texto del poeta italiano: «Todas las cosas ser criadas a manera de contienda o batalla dize aquel gran sabio Eráclito en este modo: *Omnia secundum litem fiunt,* sentencia, a mi ver, digna de perpetua y recordable memoria... Hallé esta sentencia corroborada por aquel gran orador e poeta laureado Francisco Petrarcha...»; y en cierto modo así ocurre en nuestra obra, en la que toda la acción se plantea como un continuo enfrentamiento de unos y otros, con el telón de fondo de la adversa fortuna. Sin embargo, más que una profunda lectura del humanista italiano, da la sensación de que Rojas utilizó el Índice de Sentencias de sus obras latinas (Basilea, 1496), aunque hay otras reminiscencias directas (procedentes del *De Remediis utriusque fortunae,* ya citado, del *De Rebus familiaribus* y del *Bucolicum Carmen*).

Fernando de Rojas es un buen lector de la literatura de su tiempo: ficción sentimental, poetas cancioneriles, escritores graves, y los grandes éxitos, aún vivos, del siglo anterior (*Libro de buen amor, Tristán de Leonís*)... Es un rico bagaje, del que ha sabido extraer lo esencial; pero no todo el arte de *La Celestina* se encuentra en las lecturas que pudo hacer su autor: la clave del éxito de la obra está en su acertada construcción de un mundo propio, en el que todo funciona como si fuera real.

Un acercamiento a ese mundo ficticio pone de manifiesto la distancia existente entre la vida real y la realidad del relato: el espacio es inidentificable, el tiempo fluye de forma completamente ajena al curso normal, los personajes hablan una lengua llena de elementos literarios que difícilmente van acordes con su extracción social; el análisis de cada uno de los detalles resulta elocuente, el mundo de *La Celestina* apenas guarda una semejanza con la realidad en la que se movía su autor. En este sentido, en vano se buscaría la concreción que sitúa cada uno de los cuentos de Boccaccio, pero los personajes tampoco se mueven en paisajes tan abstractos como son los de los libros de caballerías; al contrario, sabemos que la ciudad en la que ocurren los hechos es como tantas otras, y por tanto se puede identificar con cualquier población castellana; el texto nos lo dice todo, pero nada es concreto, y tampoco es necesaria mayor precisión. Al autor le interesa, por encima de lo demás, el desarrollo de la acción: da igual que el fatídico final de Pármeno y Sempronio se produzca en cuatro horas, suficientes para que discutan y den muerte a Celestina y sean juzgados y ejecutados; obviamente poco importa que sean cuatro horas, según afirma Calisto, pues con la misma gratuidad podría haber dicho «doce horas» o «dos días»; el detalle no resulta del interés del autor: es mucho más significativo el ritmo que adquieren los acontecimientos y el desenlace de los mismos, cúmulo de casualidades o habilidad del escritor que fuerza el destino de sus criaturas. Y en cuanto a la lengua, ya hemos visto que los personajes recurren frecuentemente a expresiones tomadas de la literatura más en boga, lo que les aleja de la forma de hablar que se les supondría: que Pleberio, Calisto o Melibea se muestren cultos no sorprende, aunque llama la atención que Melibea antes de suicidarse tenga un recuerdo hacia los muchos personajes de la Antigüedad que habían provocado la muerte de sus padres, hijos o hermanos; y del mismo modo, tampoco parece fruto de la mayor naturalidad que Pleberio se lamente por la muerte de su hija recordando a los muchos héroes del mundo antiguo que fueron víctimas del amor; pero más aún llama la atención que Celestina argumente ante Melibea con ideas tomadas de Petrarca, por ejemplo. Y es obvio que el público reconocía, al menos en parte, las palabras de los autores más famosos, y lógicamente, aceptaba esa manera de expresarse: ninguno de los autores que aluden a *La Celestina* durante el siglo XVI o el XVII se sienten sorprendidos por la extraña forma de hablar que tienen los personajes de la obra, pues, en definitiva, es un convencionalismo como otros tantos, aceptado y asumido desde el principio.

Así, ni el espacio, ni el tiempo, ni la lengua responden de forma absoluta a un prurito de verosimilitud y, sin embargo, la obra resulta convincente y la tragedia, inevitable, gracias a la magistral habilidad de Fernando de Rojas en el desarrollo de los diálogos, que se convierten en el elemento clave para la construcción de la obra: las intervenciones de los personajes se suceden con total naturalidad y llevan a un proceso de causalidad, en el que la lógica de causa-efecto se impone sin ninguna dificultad.

Ahí es donde el autor se ha esforzado, procurando en todo momento que los personajes intervengan haciendo uso de los turnos de palabra como si se tratara de conversaciones transcritas directamente de la calle. Es significativo que entre las correcciones introducidas en la edición de 1502 fueran muchas las que afectaban a la estructura de los diálogos, añadiéndoles apelativos, formas coloquiales, interjecciones; en definitiva, elementos que acercaban el diálogo a sus rasgos esenciales, con independencia del registro lingüístico empleado.

No debe perderse de vista, a pesar de todo, que *La Celestina* es fruto de fines del siglo XV, y, como tal, conserva aún numerosos aspectos medievales (el didactismo de la obra o la abundancia de soliloquios como forma de caracterizar a los personajes, por ejemplo), pero sobre esos aspectos se impone en todo momento la habilidad del diálogo, que adquirirá diferentes registros según quiénes sean los interlocutores, abandonando de este modo las rígidas normas retóricas, que obligaban a cada personaje a hablar según su situación social: más allá de los modelos literarios de los que proceden, han alcanzado la propia individualidad, o lo que es igual, cada uno de ellos se encuentra con su destino, en el que se mezclan el amor, la fortuna y la muerte. Bien se puede decir que con *La Celestina* se termina la Edad Media y se abre una época nueva.

La Edad de Oro

El nuevo hombre

El hombre renacentista se convierte a sí mismo en el centro de su pensamiento, de su mundo. Cambian sus relaciones con Dios, con la naturaleza, con el otro. Su vivencia del amor lo arrastra a su total entrega literaria a ese deseo de hermosura sin solución.

Conocerse a sí mismo será el primer paso para poder conversar con Dios. Francisco de Aldana confiesa a su amigo el gran humanista Arias Montano, en una bellísima epístola, su voluntad de «entrarme en el secreto de mi pecho/ y platicar en él mi interior hombre,/ dó va, dó está, si vive o qué se ha hecho». Años más tarde, en el Barroco, el hombre verá su interior –su pensar– como un inmenso espacio laberíntico, en el que se perderá, abrumado por las asechanzas del mundo o por su sufrimiento amoroso; llegará a ser «un inútil anhelar perdido», en verso de Villamediana.

En la estela de Giannozzo Manetti, que escribe *De dignitate et excellentia hominis*, Giovanni Pico de la Mirandola compone su *Oratio,* que se conoce como *Discurso sobre la dignidad del hombre*, y es la pieza oratoria que debía abrir un debate conciliador de los distintos enfoques del pensar filosófico y teológico. La disputa de las 900 tesis, resumen de ese pensamiento que Pico había elaborado, debía tener lugar en Roma en 1487, pero fue prohibida por el papa Inocencio VIII. La pasión intelectual de ese joven humanista de veinticuatro años y la amplitud de sus conocimientos son un paradigma de la nueva actitud ante el saber. Sus palabras dibujan un ser humano libre y con una capacidad ilimitada de conocimiento. Dios le coloca en el centro del mundo y le dice: «No te hemos dado una ubicación fija, ni un aspecto propio, ni peculio alguno, ¡oh Adán!, para que así puedas tener y poseer el lugar, el aspecto y los bienes que, según tu voluntad y pensamiento, tú mismo elijas. La naturaleza asignada a los demás seres se encuentra ceñida por las leyes que nosotros hemos dictado. Tú, al no estar constreñido a un reducido espacio, definirás los límites de tu naturaleza, según tu propio albedrío, en cuyas manos te he colocado. Te he situado en la parte media del mundo para que desde ahí puedas ver más cómodamente lo que hay en él. Y no te hemos concebido como criatura celeste ni terrena, ni mortal ni inmortal, para que, como arbitrario y honorario escultor y modelador de ti mismo, te esculpas de la forma que prefieras. Podrás degenerar en los seres inferiores, que son los animales irracionales, o podrás regenerarte en los seres superiores que son los divinos, según la voluntad de tu espíritu.»

El hombre puede hacerse a sí mismo, elevarse o destruirse. Es el primer momento de su soledad. Todavía se sabe hecho por Dios, pero con la libertad para alcanzar con sus propias fuerzas un lugar en el mundo. Como dice

Fernán Pérez de Oliva, «tiene libertad de ser lo que quisiere». Cuatro siglos más tarde, se quedará radicalmente solo –en una forma de su pensamiento–, sin Dios, ante el absurdo de su existencia.

Él mismo se modela y se convierte a sí mismo en objeto de admiración: «¿Quién no va a admirar a este hombre que, no sin razón, en los libros sagrados mosaicos y cristianos es designado ora con la denominación de *toda carne*, ora con la de *toda criatura*, cuando él mismo se modela, crea y transforma a sí mismo según el aspecto de toda carne y el ingenio de toda criatura?» (son palabras de la *Oratio* de Pico de la Mirandola).

La relación con Dios se iniciará en el conocimiento de sí mismo. La vuelta hacia su interior, la introspección le llevará a la divinidad o a la expresión de sus sentimientos en una nueva forma lírica que se impondrá como modélica en el futuro.

El hombre se perfecciona gracias al conocimiento; y en el saber ocupan un lugar preferente las artes liberales. El hombre, que Dios hace a su imagen y semejanza, tiene alma parecida a Dios y cuerpo semejante al mundo. En palabras de Fernán Pérez de Oliva, «es el hombre menor mundo cumplido de la perfición de todas las cosas», es decir, un *microcosmos*. El humanista cordobés en su *Diálogo de la dignidad del hombre* (publicado en 1546; su autor había muerto en 1531) recoge en inteligente síntesis el pensamiento medieval, pero también el humanista, en una forma literaria, el diálogo, que se impondría como forma de expresión artística en este período. Y lo hace en lengua romance, frente a los dos antecedentes citados, escritos en latín. La defensa que hace Antonio de la dignidad del hombre se apoya en la estructura del discurso previo de su interlocutor Aurelio, que intenta en vano demostrar la miseria y el trabajo de su vida. Sólo les une la alabanza de las letras. Para Aurelio no perduran ni los grandes hombres, sólo «otros hombres fingidos, que han hecho en su lugar con fábulas los poetas». Antonio, en la loa del entendimiento del hombre, dice cómo «halló el gran milagro de las letras, que nos dan facultad de hablar con los ausentes y de escuchar agora a los sabios antepasados las cosas que dijeron».

El saber se convierte en requisito indispensable del hombre renacentista, del cortesano, prototipo al que Baltasar Castiglione dio perfil literario. Pero antes se transformaría la enseñanza, base de toda cultura. Lorenzo Valla iniciaría en Italia una lucha en defensa del latín y contra los «bárbaros», los escolásticos medievales, que continuaría en España Antonio de Nebrija. Propugnaban hacer de la *eloquentia* (gramática, retórica, filología) el núcleo de toda cultura. La Edad Media había prescindido de la lectura de los poetas clásicos; el humanismo, en cambio, consideró que el estudio de la literatura era la base de toda educación. Los *studia humanitatis* llevarían al hombre a conseguir su dignidad, a conquistar el lugar al que su entendimiento, su razón le permitían aspirar.

La educación

La reina Isabel mandó a Nebrija que tradujera al castellano sus *Introductiones latinae* (1481), manual para el aprendizaje del latín, para que las monjas, que no sabían tal lengua, pudieran aprenderla. Las *Introducciones latinas* se convirtieron en el núcleo de la nueva educación, que se apoyaba en el conocimiento del latín clásico, único camino para la lectura de los grandes escritores latinos. El latín y la *eloquentia* constituían la senda que llevaba a cualquier otra disciplina: al derecho, a la medicina, a la religión. Como dice Nebrija a la reina católica en su dedicatoria de la traducción, «todos los libros en que están escritas las artes dignas de todo hombre libre yacen en tinieblas sepultados». Sólo el conocimiento del latín clásico permite leer las obras de los grandes maestros de todas las disciplinas de las letras antiguas y así llegar al «conocimiento de todas las artes que dicen *de humanidad* porque son proprias del hombre en cuanto hombre». Quedaban relegadas las discusiones aparatosas de las escuelas de la baja Edad Media en torno a asuntos mínimos como exhibición de los métodos dialécticos: eran los *bárbaros* que disputaban sobre cuestiones ridículas (desde la óptica de los humanistas encabezados por Nebrija). Las *Introducciones*, desde su sencillez de método para aprender latín, se convirtieron en el inicio de una nueva era en la educación y, por tanto, en la cultura en España.

Saber latín permitía el acceso a los clásicos, la *lectio poetarum*, la lectura de los poetas, que era la base de los *studia humanitatis*. Y leerlos era el paso previo para *imitarlos*. Como decía El Brocense en su breve introducción a la edición y anotaciones de las obras de Garcilaso (1574): «no tengo por buen poeta al que no imita los excelentes antiguos». Se defendía de las acusaciones de haber afrentado al poeta al señalar sus fuentes, «sus hurtos». Y estaba señalando el procedimiento obligado de la creación literaria, que iba unido a la nueva enseñanza y a la transformación del concepto de cultura. Sólo se puede dar el nombre de poeta a aquel escritor que tiene «las ciencias, lenguas y dotrina para saber imitar».

El escritor debe ser como la abeja –en imagen tomada de Aristófanes–, que, libando en muchas flores, elabora su propia miel. Debe saber de memoria versos y prosas que le hayan impresionado por su belleza, por sus ideas; y los debe recrear en sus palabras. El descubrimiento de las fuentes por el lector abre la comunicación plena con la obra, con su autor. Cuando Góngora dice, en su soneto «La dulce boca que a gustar convida», que Amor está armado de su veneno en la boca de la dama, «entre un labio y otro colorado», «cual entre flor y flor sierpe escondida», está imitando a Virgilio, a su *latet anguis in herba*, «está oculta la serpiente en la hierba» (égloga II). Y los labios son flores, porque son claveles: «Las hojas del clavel, que había juntado/ el silencio en un labio y otro bello» (el mismo Góngora en «Al tronco Filis de un laurel sagrado»), en metáfora fosilizada de un lenguaje literario que exige también el dominio de la retórica.

La imitación debe ser compuesta; es decir, se debe «libar» en muchas flores, no sólo en una, que llevaría a un burdo remedo. A los mejores escritores antiguos hay que unir los italianos. Garcilaso, desde las tempranas anotaciones del Brocense (1574) y de Herrera (1580), va a ser la autoridad, el clásico de nuestra lengua a quien imitar. Por ello Herrera, consciente de pertenecer a una generación que poseía una lengua literaria más rica, que había avanzado en el conocimiento del arte de la elocuencia, se atreve a señalar errores en Garcilaso, para que sus imitadores no caigan en ellos.

En el Romanticismo se impondrá la originalidad como meta a la que aspirar. En la Edad de Oro, el escritor no pretende ser original, como el gusano de seda, que elabora sus hilos sacándolos de sí, sino imitadora abeja, que supone haber leído los clásicos y, por tanto, saber latín, ser docto. Como remedio a esta exigencia surgirán las compilaciones de citas, de referencias, como la muy popular de Ravisio

Textor. La diferencia entre un buen escritor o uno mediocre estará en revestir su sentimiento de ese material ajeno, en saberlo convertir en miel, en belleza, en novedad.

El cortesano

Tener conocimientos y saber mostrarlos es uno de los rasgos que perfilan el retrato del *cortesano*, el prototipo del hombre renacentista al que Baltasar Castiglione dio forma en su diálogo (1528). Boscán lo tradujo en 1534 en una prosa impecable, modelo de expresividad y contención. Junto a él, aparece su amigo Garcilaso, animándole a acabar la traducción («él me hizo estar presente a la postrera lima»), queriéndose «meter allá entre los renglones», como dice en la dedicatoria del libro a doña Jerónima Palova de Almogávar. Garcilaso alaba su «limpieza de estilo» porque huye de la «afectación sin dar consigo en ninguna sequedad». Se debía huir de la afectación «como de pestilencia» en la vida y en el arte, como dirá Castiglione.

El cortesano, de buen linaje, «de claro ingenio» y «gentil hombre de rostro y de buena disposición de cuerpo», ha de ser diestro en el uso y ejercicio de armas, pero también en el de las letras, como lo era Garcilaso de la Vega, muerto al intentar escalar la torre de Muy, cerca de Frejus, en la invasión de Francia de las tropas del Emperador como réplica a la de los franceses en Italia: tenía treinta y cinco años (¿1501?-1536).

Al escribir, el cortesano debe alcanzar «una poca de dificultad, o por mejor decir, una cierta agudeza sustancial y secreta», para que el lector tenga que esforzarse, trabajar «con su buen juicio», y luego consiga «aquel deleite que hay en entender las cosas difíciles». Si no lo entiende, será culpa de su ignorancia, no del escritor. El arte de la dificultad será la base de la gran revolución poética que inicia Garcilaso al escribir al itálico modo. Garcilaso, que encarna él mismo el prototipo del cortesano, hombre de armas y de letras, al servicio del Emperador en sus empresas europeas.

Conseguida la unidad nacional por los Reyes Católicos, Carlos –que es también el heredero del imperio de los Habsburgo– lleva a cabo una política europea. La presencia de las tropas españolas en Italia conllevará el conocimiento de la poesía italiana por parte de los jóvenes poetas.

Francia reconoció el señorío de España en Nápoles (tras las victorias del Gran Capitán) en el tratado de Blois (1505). Fernando el Católico consolidó, pues, el poderío español –herencia aragonesa– en el sur de Italia. La batalla de Pavía daría la hegemonía en este país a Carlos I frente a Francia.

La dama

Los ilustres contertulios que, en la corte de Urbino, van trazando el diálogo de *El cortesano* alrededor de Isabel Gonzaga, la duquesa, esbozarán también el retrato de la *dama*. En ella, la hermosura es cualidad mucho más importante que en el hombre, como debe serlo también el cuidado de su honra. Debe caracterizarla «cierta afabilidad graciosa» en el arte de la conversación; no ser desenvuelta ni retraída, el difícil justo medio. Tiene que cuidar su vestido para que la favorezca, pero ocultar tal cuidado. Su educación consiste en tener «noticia de letras, de música, de pinturas», y danzar bien. Se esbozará en torno a ella la discusión sobre su imperfección con respecto al hombre, y su defensor –Julián de Médicis– pondrá de relieve su entendimiento sutil y su ingenio, el mismo que le llevará a ser la principal autora de *trazas* en las comedias.

La última ánima que interrogan Mercurio y Carón en el *Diálogo* de Alfonso de Valdés es una mujer que va camino del cielo. Ella les resume su vida. Su educación: «el mayor bien que mis padres me dejaron fue vezarme a leer y un poco de latín». Es discreta, prudente y recatada: «y porque el callar en las mujeres, especialmente doncellas, es tan conveniente y honesto como malo y deshonesto el demasiado hablar, siempre procuraba yo que mis obras predicasen antes que mis palabras». Consigue con paciencia y habilidad amansar al marido que le dan sus padres, y viven ambos en «paz, amor y concordia». Tiene hijas obedientes y virtuosas, a quienes casan fácilmente a gusto de todos.

La dama debe tener una mediana cultura y no mostrarla. En la deliciosa comedia *La dama boba* de Lope de Vega, el prudente Octavio censura el comportamiento de Nise, su hija inteligente y culta, y le culpa del conflicto que surge en su casa: «¿Quién le mete a una mujer/ con Petrarca y Garcilaso,/ siendo su Virgilio y Taso/ hilar, labrar y coser?». Confiesa incluso cómo tuvo intención de quemarle su biblioteca. Sentenciará al final (y los sucesos teatrales le darán la razón): «Siempre alabé la opinión/ de que la mujer prudente,/ con saber medianamente,/ le sobra la discreción.»

El amor

En *El cortesano* hablarán del amor. Pietro Bembo, como personaje, por mandato de la duquesa, mostrará cómo el cortesano viejo puede ser enamorado y trata «esta materia del amar sutilmente». El amor es deseo de «gozar lo que es hermoso», como decía Platón. Los tratados de filografía –los *Diálogos de amor* de León Hebreo, *Los Asolanos* de P. Bembo– desarrollarán esa nueva forma de relación amorosa que se convierte en la base del «argumento de amor» –en palabras de Herrera–, asunto central de la nueva poesía y de alguna forma narrativa recién estrenada como la de los libros de pastores.

El gozo platónico de la belleza femenina será además un primer paso en el camino de la comunicación con la divinidad. La hermosura es «un bien que mana de la bondad divina» y que «se derrama sobre todas las cosas criadas como la luz del sol». Pero se muestra especialmente en un rostro armonioso, proporcionado, bien compuesto. Éste atrae los ojos que le ven, se imprime en el alma del que lo mira, y así nace en ella el deseo de gozar de tal hermosura: es el amor.

La presencia de la amada provoca el proceso que Garcilaso convierte en verso en su soneto VIII: «De aquella vista pura y excelente /salen espirtus vivos y encendidos, /y siendo por mis ojos recebidos, /me pasan hasta donde el mal se siente; /éntranse en el camino fácilmente /por do los mios, de tal calor movidos, /salen fuera de mí como perdidos, /llamados d'aquel bien que está presente».

Castiglione define esos espíritus como «unos delgadísimos vapores hechos de la misma pura y clara parte de la sangre que se halla en nuestro cuerpo, los cuales reciben en sí luego la imagen de la hermosura y la forman con mil ornamentos y primores de diversas maneras». Cuando la dama se ausenta, surge el dolor insoportable, el vivir muriendo, que es la causa del lamento constante del yo poético. Garcilaso, en los tercetos, convierte en endecasílabos y en sentimiento la prosa teórica de Castiglione: «Ausente, en la memoria la imagino; /mis espirtus, pensando que la vían, /se mueven y se encienden sin medida;/ mas no hallando fácil el camino,/ que los suyos entrando derretían,/ revientan por salir do no hay salida».

Para evitar el tormento de esta ausencia, el cortesano debe seguir el proceso que conduce al gozo puro de la hermosura, que está en la propia divinidad. Contemplará primero la hermosura sola para formarla en la imaginación; allí llegará al concepto universal de la hermosura, a la idea. Iniciará entonces el proceso de vuelta a sí mismo –siempre un proceso de interiorización– para contemplar la hermosura que se ve con los ojos del alma, rayo de la verdadera imagen de la hermosura angélica, hacia la que irá la mirada del alma, «ciega con la escura noche de las cosas terrenales». La verá alzándose a su más noble parte, que es el entendimiento. Y la gozará cuando consiga ir del entendimiento particular al universal, donde el alma se unirá con la naturaleza angélica: es la *unio* del proceso místico.

La teoría amorosa se noveliza en los libros de pastores. Los personajes encarnan o hablan de la casuística del amor. En el libro IV de la *Diana* de Jorge de Montemayor, los pastores reproducen en su conversación fragmentos de los *Diálogos de amor* de León Hebreo, y Gil Polo en su *Diana enamorada* tomará de *Los Asolanos* algunas de sus palabras.

La naturaleza

Esas pláticas de los pastores se llevan a cabo en un lugar ameno: «sentados en un pradecillo, cercado de verdes sauces», los de la *Diana* de Montemayor. El hombre descubre un lugar para la naturaleza en sus creaciones. Pero esa naturaleza aparecerá siempre con las mismas características: verdes prados con flores y pájaros, arroyos y árboles que dan sombra. Los nombres geográficos cambiarán, pero los elementos que los pueblan serán siempre los mismos, en el universo pastoril y en la lírica. Las hermosas ninfas que abren el libro tercero de la *Diana* caminan por un espeso bosque hasta que salen «a un muy hermoso valle, por medio del cual iba un impetuoso arroyo, de una parte y otra adornado de muy espesos salces y alisos».

Y Salicio, en la égloga I de Garcilaso, se queja «recostado/ al pie d'una alta haya, en la verdura/ por donde una agua clara con sonido/ atravesaba el fresco y verde prado». O el propio Garcilaso en su canción III describe con los mismos rasgos el lugar del Danubio, cerca de Ratisbona, en donde estuvo confinado por el Emperador: «do siempre primavera/ parece en la verdura/ sembrada de las flores;/ hacen los ruiseñores/ renovar el placer o la tristura/ con sus blandas querellas...».

Una naturaleza estilizada como marco de cuitas y lamentos amorosos hechos versos o encarnados en personajes novelescos. El hombre, en un paisaje apacible, se transforma en un yo poético que lamenta su dolorido sentir. El deseo de la inalcanzable hermosura de la dama configura su introspección. El paisaje será testigo del dolor del yo poético y se convertirá en mudo interlocutor de sus quejas.

La relación con Dios

En este comienzo de siglo, junto al nuevo hombre aparece una forma distinta de comunicarse con Dios, una nueva *pietas*. Erasmo de Rotterdam será el principal artífice de una nueva religiosidad que impregnará la cultura española. Su *Enquiridion* o *Manual del caballero cristiano* (1503) lo traduce al español en 1526 Alonso Fernández de Madrid, el arcediano del Alcor, y supondrá la intensificación de un entusiasmo erasmista en los años veinte. En 1527 una junta de teólogos en Valladolid debía analizar la ortodoxia de sus doctrinas, pero una epidemia de peste deja en suspenso cualquier posible condena de la jerarquía eclesiástica. Erasmo tuvo un excelente valedor en España: Alfonso de Valdés, secretario del emperador. Hasta su muerte, en Viena, en 1532, Erasmo gozó de la protección de las autoridades civiles y eclesiásticas: el Inquisidor general Manrique dio licencia para que se imprimiese el *Enquiridion* y aceptó la dedicatoria de la segunda impresión. En diciembre de 1527, Valdés redactó como secretario una carta a Erasmo firmada por el emperador en la que se decía que «en su presencia no se podía determinar cosa alguna contra Erasmo, de cuya cristiana intención estaba muy cierto». Se reprodujo en todas las ediciones españolas del *Enquiridion* como garantía de su licitud. La reacción antierasmista cobraría fuerza a partir de la muerte de Alfonso de Valdés: casi toda la obra de Erasmo figura en el índice de libros prohibidos del inquisidor Valdés de 1559.

El éxito que tuvo el erasmismo en España debe unirse a un antecedente: el movimiento de vuelta a las fuentes del primitivo cristianismo propugnado por el cardenal Cisneros. La Universidad de Alcalá llevaría a cabo la ingente tarea de la Biblia Políglota. El *Enquiridion* se imprimió precisamente en la Universidad de Alcalá, en las prensas de Miguel de Eguía. Paralelamente iba a nacer además en monasterios franciscanos el movimiento religioso de los alumbrados, con sus dos corrientes, la de los *recogidos* –ortodoxos como Francisco de Osuna– y *dejados* –condenados por herejes como Isabel de la Cruz y Pedro Ruiz de Alcaraz.

Erasmo hablaba en el *Enquiridion* –que quiere decir arma manual– de las armas necesarias para la guerra espiritual que debe llevar a cabo el cristiano: la oración y la palabra de Dios. El erasmismo es a la vez una vuelta al conocimiento de las Sagradas Escrituras y de los escritos de los Santos Padres (san Pablo, san Ambrosio, san Jerónimo, san Agustín) y a un cristianismo interior. El hombre debe conocerse a sí mismo y dialogar íntimamente con Dios. La comunicación con Dios se establece no a través de ceremonias externas, vacías si no son fruto de una reflexión, sino a través de la interiorización. El hombre se ensimisma para hablar auténticamente con Dios. Una máxima de san Pablo preside la doctrina erasmista: todos somos miembros del cuerpo místico cuya cabeza es Cristo. Cristo va a ser el centro de la forma erasmista de vivir la religión, pero no la figura torturada del Cristo de la Pasión. La relación con Dios debe vivirse con gozo. Alfonso de Valdés en el apunte de autorretrato que hace en la única ánima que salva de la primera parte de su *Diálogo de Mercurio y Carón*, habla de cómo, después de cumplir con lo que le exigía su oficio (era cortesano), leía y escribía «y no por eso dejaba de ser conversable a mis amigos, porque ni me toviesen por hipócrita ni pensasen que para ser los hombres buenos cristianos habían de ser melancónicos.»

Erasmo inicia una discreta crítica de las prácticas externas de los cristianos: ni las misas ni los ayunos ni el culto a imágenes o reliquias valen nada si no van acompañados de una actitud, de un propósito adecuado. No rechaza tales prácticas, no quiere enfrentarse con la jerarquía eclesiástica, pero advierte de su vaciedad en sí; sólo la vivencia plena del individuo les da sentido. Antepone los mandamientos de Dios a los de la Iglesia. Su *monachatus non est pietas*, que su traductor español suaviza en «pues sabes que el hábito, como dicen, no hace al monje», provocaría la ira de las órdenes religiosas.

El rechazo de Lutero a la jerarquía eclesiástica llevaría al cisma de la Iglesia. La religión se convierte así en un argumento para la guerra en el seno de los mismos cristianos.

Alfonso de Valdés (Cuenca, ¿1490?-Viena, 1532) haría suya la doctrina de Erasmo y la expondría en sus dos diálogos: *Diálogo de las cosas acaecidas en Roma* (escrito en 1527) y *Diálogo de Mercurio y Carón* (escrito en 1528-29), que son también apología de la política del emperador Carlos V. Valdés, que escribe su primer *Diálogo* para defender al Emperador de las acusaciones que provoca el saco de Roma, lo convierte también en un ataque a la corrupción eclesiástica y en un alegato en favor del erasmismo a través de las figuras de sus dos personajes esquemáticos, Lactancio, joven cortesano al servicio del Emperador, su *alter ego*, y el arcediano del Viso, testigo ocular del saqueo de Roma y ejemplo irredento de la corrupción religiosa. En su mucho más rico *Diálogo de Mercurio y Carón*, elige dos personajes literarios que hablan con doce ánimas que se dirigen a la barca de Carón, condenadas (salvo una) en la primera parte, y con seis que se salvan en la segunda. Paralelamente al relato que Mercurio hace de la política del Emperador frente a las asechanzas del rey de Francia, el diálogo con las ánimas va perfilando una vivencia del cristianismo erasmista; primero con su negación: el caso de las almas que se condenan, que no cumplen con su oficio, político o religioso, y que creen vanamente que con el cumplimiento de unas prácticas externas vacías pueden salvarse. Después, con los ejemplos vivos de las ánimas que se salvan –contrapunto de las que se condenan–, que encarnan con su comportamiento la teoría erasmista.

Alfonso de Valdés une la divulgación de la doctrina erasmista a la apología de la figura del Emperador (no hay que olvidar que la monarquía se apoya en la religión para la unión política). Tiene que acudir a la misma providencia divina para justificar el saqueo de Roma y prisión del Papa en su primer diálogo. El comportamiento del rey de Francia después de la derrota de Pavía le facilita la alabanza de Carlos V en el *Mercurio y Carón.*

Sus obras se publicarían póstumamente, porque las buenas relaciones de Clemente VII con el Emperador impidieron que salieran a la luz posiblemente hasta 1535. La coronación imperial de Bolonia (1530) significó el final de la utopía de la república cristiana de los humanistas, mientras resurgía la idea medieval del Sacro Imperio Romano.

Su hermano Juan de Valdés (Cuenca, h. 1509-Nápoles, 1542) con su *Diálogo de doctrina cristiana* (1529) escribe una de las primeras obras de catequesis (se anticipa en unos meses a Lutero). Aunque se apoya en Erasmo, late en ella la heterodoxia que llevó a su condena inmediata y a su autor a marcharse a Italia. La doctrina de Pedro Ruiz de Alcaraz, alumbrado *dejado*, que convivió con Juan de Valdés en Escalona, en la corte del marqués de Villena (a quien le dedica el *Diálogo*), resuena en boca de los contertulios: el hombre no puede salvarse con sus propias obras. Dios es quien derrama su gracia cuando y como le parece, y el hombre sólo puede esperar en Él, *dejarse* a su amor. Después de enumerar los mandamientos de Dios –los de la Iglesia sólo deben guardarse externamente y no importa que sea de mala gana–, Juan de Valdés dirá: «Para alcanzar todo esto, sin lo cual no se puede cumplir la ley de Dios, es menester especial gracia de Dios, porque, sin su favor, ninguna cosa podemos hacer que sea verdaderamente buena».

La espiritualidad antropocéntrica del erasmismo se sustituye en Juan de Valdés por la teocéntrica. Sus maestros fueron procesados; él se marchó a Italia al iniciarse en 1529 un primer proceso contra él. Dedicará a Julia, la sobrina del cardenal Gonzaga, su *Alfabeto cristiano* (1546), publicado cinco años después de su muerte. En Nápoles y seguramente un año antes de esta obra, compuso su *Diálogo de la lengua* sobre el origen, uso, estilo del castellano y libros escritos en esta lengua, esbozo de crítica literaria.

El franciscano Francisco de Osuna, *recogido*, también dedicará al marqués de Villena su *Tercer abecedario espiritual* (1527), libro que influiría mucho en santa Teresa. Para Osuna, las buenas obras nos preparan para recibir la gracia con que Dios nos obsequia para que podamos salvarnos. El conocimiento de Dios se obtiene por medio de la introspección personal; la concentración de los sentidos, el recogimiento, nos lleva a la iluminación y a la unión con Dios.

Esa atmósfera de espiritualidad desembocará en las grandes creaciones de la mística. Pero, por otra parte, la reforma luterana, que ha de leerse en ese clima de protesta por la corrupción eclesiástica, creará el gran cisma de la Iglesia. El concilio de Trento sancionará una forma de actuación: la contrarreforma afianzará los elementos atacados por los reformistas. La Inquisición en España reafirmará su poder.

El tribunal de la Inquisición fue creado en 1468 para perseguir en principio a los hebreos convertidos al cristianismo que conservaban en secreto sus tradiciones. La expulsión de los judíos en 1492 y la de los moriscos en 1609 –duro golpe a la economía por la despoblación del campo– marcaría la definitiva ruptura de la convivencia de las tres religiones. Los inquisidores perseguirían a los hombres y a muchas de sus creaciones literarias, que figurarían en el Índice de libros prohibidos del inquisidor Valdés. La propia santa Teresa se lamentará de la prohibición: «Cuando se quitaron muchos libros de romance que no se leyesen, yo sentí mucho, porque algunos me daba recreación leerlos, y yo no podía ya por dejarlos en latín» (*Libro de la vida*).

Un encuentro fructífero. La gran revolución poética al itálico modo

En 1526, en las tornabodas del emperador Carlos V celebradas en Granada, Juan Boscán habló de poesía con el embajador Andrea Navagero. Lo cuenta en la dedicatoria a la duquesa de Soma del segundo libro de sus obras, publicadas juntamente con las de Garcilaso en 1543, un año después de su muerte. Es una pequeña obra maestra de la prosa cuidada, precisa, llena de matices y sumamente expresiva del escritor catalán. Es un breve relato apasionante de las circunstancias que llevaron a la más grande revolución poética de nuestras letras, que vino, como dice él, «sobre habla». Como fondo tiene de nuevo un acontecimiento político.

El Navagero planteó a Boscán «por qué no probaba en lengua castellana sonetos y otras artes de trovas usadas por los buenos autores de Italia». El poeta plasma cómo le da vueltas a estas palabras, cómo empieza a «tentar este género de verso», sus dudas y cómo le anima Garcilaso: «y así alabándome muchas veces este mi propósito y acabándomele de aprobar con su ejemplo, porque quiso él también llevar este camino, al cabo me hizo ocupar mis ratos ociosos en esto más fundadamente». Garcilaso, con su extraordinaria sensibilidad lírica, será quien haga triunfar esa nueva forma de hacer poesía.

Boscán recoge las críticas que surgen ante tal novedad. Nos imaginamos la lectura de sus novedosos poemas a un círculo de amigos cultos. Algunos de sus juicios son adversos: «los unos se quejaban que en las trovas desta arte los consonantes no andaban tan descubiertos ni sonaban tanto como en las castellanas. Otros decían que este verso no sabían si era verso o si era prosa. Otros argüían diciendo que esto principalmente había de ser para mujeres y que ellas no curaban de cosas de sustancia, sino del son de las palabras y de la dulzura del consonante». Una de las réplicas de Boscán a sus detractores menciona la poesía cancioneril, todavía muy en boga: «Si a éstos mis obras les parecieren duras y tuvieren soledad de la multitud de los consonantes, ahí tienen un cancionero, que acordó de llamarse *general*, para que todos ellos vivan y descansen con él generalmente».

Es evidente que la nueva forma de hacer poesía que significó la adaptación al español del endecasílabo y de las estrofas italianas aportaba una musicalidad distinta. La rima consonante permanece (riman así los sonetos, tercetos encadenados, liras, canciones, silvas...), pero no la esticomitia. El encabalgamiento funde el verso con el que le sigue; así la rima no se destaca por la coincidencia del final de la unidad sintáctica, y no «suenan tanto» los consonantes. Se rechaza además el verso agudo. Garcilaso todavía los usa, y Herrera se lo reprocha porque su generación los ha desterrado totalmente de la poesía seria. Es otro de los rasgos caracterizadores de la poesía cancioneril, de fácil musicalidad, muy alejada de la suave armonía que iban a desgranar maravillosamente los versos revolucionarios de Garcilaso. La dulzura del nuevo endecasílabo al modo italiano (sólo con tres acentos rítmicos) llevaba a sus críticos a considerarla «para mujeres», con juicio misógino que el tiempo trocaría en halagador.

Tanto la lírica cancioneril como la italianizante tenían un mismo origen: la lírica provenzal. El *Cancionero general* que compila Hernando del Castillo (Valencia, 1511), y adonde remite Boscán a los aficionados a los consonantes, tuvo un éxito extraordinario; se sucedieron sus ediciones. Era una amplia muestra de la poesía del siglo XV, de esa lírica cancioneril que conviviría con la novedosa italianizante. Hay poemas de Garci Sánchez de Badajoz, el comendador Escrivá, el Marqués de Astorga o Rodrigo Cota, entre otros. Era en esencia una poesía de entretenimiento, compuesta para ser cantada o recitada en la corte. Se apoya en un lenguaje que juega con sus palabras, lleno de recursos que recogerá más adelante el conceptismo; el sentimiento del yo poético se enreda en derivaciones, poliptotos, paronomasias, equívocos. El amor como destino al que se somete el enamorado y sus contradicciones internas se convierten en el asunto central de este tipo de poesía, que insiste en el silencio cortés y calla el retrato físico de la dama. Desde el propio Garcilaso a Herrera seguirán escribiendo poemas en octosílabos al modo cancioneril, donde el juego verbal predomina sobre el sentimiento. Así se ve en este comienzo de la copla II de Garcilaso, cuyo epígrafe reza «canción, habiéndose casado su dama»: «Culpa debe ser quereros,/ según lo que en mí hacéis,/ más allá lo pagaréis/ do no sabrán conoceros,/ por mal que me conocéis».

La poesía italianizante, en cambio, subordina una lengua poética –cuya artificiosidad irá, sin embargo, en aumento– a la expresión de un sentimiento intenso, fruto de la introspección del yo poético que vive apasionadamente una historia amorosa, en esencia literaria, en un paisaje estilizado, al que a menudo convierte en su confidente. Los protagonistas del *argumento de amor* son la dama, siempre bella y cruel, y el yo poético, ser sintiente, sin perfil físico. El recuerdo de unos momentos gozosos perdidos lleva al lamento desesperado y a la vez dulce de ese yo poético, que se expresa en sonetos y en canciones –herencia del petrarquismo–, en madrigales, o en géneros heredados de la poesía grecolatina: epístolas, elegías, odas, églogas.

La imitación compuesta y el ornato de la elocución serán los dos pilares de la nueva poesía, que fue fruto de un encuentro, el de Boscán y Navagero en Granada.

Juan Boscán (Barcelona, 1487/1492-1542), de sólida formación humanística, fue discípulo de Lucio Marineo Sículo. Casó con Ana Girón de Rebolledo, noble valenciana, que sería quien pidiera la aprobación de *Las obras de Boscán con algunas de Garcilaso de la Vega* (Barcelona, Amorós, 1543). El primer libro de sus *Obras* contiene excelentes poemas cancioneriles, de arte menor; el segundo, sonetos y canciones al modo italiano; y el tercero, poemas en endecasílabos y otros metros; *Leandro*, adaptación de la obra de Museo; *Octava rima*, poema laudatorio; epístolas.

El éxito fulminante en España de la poesía italianizante se debió a la obra de un extraordinario poeta, amigo de

Boscán: Garcilaso de la Vega. Noble y soldado al servicio del Emperador, combate contra los comuneros, los turcos, los franceses; está presente en la coronación del Emperador en Bolonia. Testigo en el matrimonio de su sobrino contraviniendo la orden del soberano, éste lo destierra a una isla del Danubio. Gracias a la intervención del duque de Alba, cumplirá parte de su destierro en Nápoles (1532-34), en donde conocerá a poetas y humanistas italianos. En 1525 casa con Elena de Zúñiga. Su supuesto amor por doña Isabel Freyre, dama portuguesa de la reina que se casará y morirá de parto, se apoya en el epígrafe de una de sus coplas, «a doña Isabel Freyre, porque se casó con un hombre fuera de su condición» (¿sería la Elisa de sus versos?).

Juan Boscán publicaría las obras de Garcilaso como apéndice a las suyas. Garcilaso escribió treinta y ocho sonetos y cuatro canciones, al estilo petrarquista, una oda (mal llamada canción V), dos elegías, una epístola y tres églogas, al modo clásico, y ocho coplas octosilábicas. Su poesía nos ofrece intensidad emotiva, belleza rítmica y musical, dominio del endecasílabo; como dice Herrera, «se embebece todo en los gozos o en las tristezas del ánimo». Los asuntos de sus sonetos dejaron larga estela, desde su evocación de algunos mitos al lamento por la felicidad perdida en apóstrofes a las «prendas», los regalos que le dio la dama, o la descripción del tormento de los celos. La bellísima canción III («Con un manso rüido») nos ofrece el lugar ameno, el paisaje bucólico que será el escenario de las églogas. En la primera, entre la salida y la puesta del sol, el pastor Salicio lamenta el desdén de Galatea y Nemoroso llora la muerte de su amada Elisa. La égloga II, la más ambiciosa, acumula motivos medievales y renacentistas, desde la locura de amor a la historia épica del duque de Alba. En la III, cuatro ninfas del Tajo bordan tapices que representan tres mitos clásicos junto a la historia de Elisa y Nemoroso; se cierra con el canto amebeo de dos pastores, Alcino y Tirreno.

Garcilaso es un poeta sumamente elegante que consigue, bajo una aparente sencillez, cimas de perfección formal y armonía. La gran revolución lírica italianizante tuvo la suerte de encontrar como introductor a ese espléndido poeta.

Las corrientes poéticas

Junto a la convivencia de la poesía italianizante y la cancioneril, otras dos corrientes poéticas se entrecruzan en el siglo XVI: la poesía tradicional y los romances. Aunque la nueva educación y la actitud del docto implicaban un total desprecio hacia el vulgo, «ignorante», paradójicamente sus creaciones se admiran, se imprimen en antologías, se imitan. Juan de Valdés en su *Diálogo de la lengua* mencionaba los anónimos refranes como única autoridad para el correcto uso de la lengua. Las facecias y cuentos folclóricos se incorporarán a la poesía, a la novela, al teatro; y el *Lazarillo* es un ejemplo perfecto de articulación en una trama de anécdotas preexistentes en la tradición oral. Los romances viejos se imprimen en pliegos sueltos, se recopilan en cancioneros de romances, se glosan (en el *Cancionero general* aparecen ya glosas) y se imitan: serán los romances artísticos, que escribirán todos los grandes poetas de la generación de 1580, desde Lope a Góngora. Y lo mismo ocurre con los villancicos, con la deliciosa poesía tradicional, que se recopila (por ejemplo, en el *Cancionero musical de palacio*, que recoge las tendencias musicales de la corte castellana de 1460 a 1504, aproximadamente), se glosa y se incorpora a las obras de teatro.

José Manuel Blecua puso de relieve la sencilla lección que nos da sobre la poesía de la Edad de Oro el libro del vihuelista Alonso Mudarra *Tres libros de música en cifra para vihuela* (Sevilla, 1546). Gracias a él vemos cómo se cantaba la nueva poesía italianizante (tres sonetos, uno de ellos de Garcilaso). Y enlazada con ella –a través de la imitación– la de los clásicos latinos: Virgilio, Horacio y Ovidio; la de los italianos: Petrarca y Sannazaro, y la *Biblia*. Pero en la antología figuran también dos composiciones de lírica cancioneril y la primera estrofa de las hondas *Coplas* de Jorge Manrique –que fueron glosadas profusamente–, representantes, pues, de la poesía culta del siglo XV, que pervive en sus metros de arte menor. Las corrientes populares están también presentes: en la obra de Mudarra hay tres romances de tema bíblico y cinco villancicos.

Esa sería, pues, una síntesis de los tipos de poemas que se cantaban, se recitaban, se imitaban o se creaban en el siglo XVI. Se asimila una herencia clásica y bíblica recién descubierta; se conserva una tradición literaria, en su forma culta, la poesía cancioneril; y se recupera en su forma popular: los villancicos y romances, que pasan de imprimirse en pliegos sueltos a libros, a cancioneros y romanceros. No hay que olvidar la fecha de la compilación de Mudarra: 1546, sólo tres años después de la publicación de las obras de Boscán y de Garcilaso, hecho que nos indica la previa divulgación oral de este tipo de poesía y el éxito fulgurante que tuvo.

No cabe hablar, pues, de reacción tradicionalista frente a la poesía italianizante; ésta se impuso de una forma avasalladora; su suerte iba unida a la empresa de la dignificación de la lengua. Fue la «Reprensión contra los poetas españoles que escriben en verso italiano» de Cristóbal de Castillejo (Ciudad Rodrigo, ¿1490?-1550) –sus *Obras* se publican en 1573, sólo un año antes de que se impriman los comentarios de El Brocense a Garcilaso, ya como poeta *clásico*– la que dejó una estela en la historia de la literatura que no es fácil de borrar. La sátira de Castillejo contra la nueva «secta» de los «petrarquistas» que «han renegado la fe/ de las trovas castellanas,/ y tras las italianas/ se pierden, diciendo que/ son más ricas y lozanas», tiene que leerse junto a otra que escribe «contra los encarecimientos de las coplas españolas que tratan de amores», en donde se le viene «un antojo loco/ de burlar con causa un poco/ de las trovas españolas/ al presente». Boscán, como autor de uno y otro tipo de poemas, aparece nombrado en ambas sátiras. Con indudable gracia, Castillejo se burla del asunto de la poesía cancioneril (la misma que él cultiva).

Contra la poesía al modo italiano, levanta los versos de Juan de Mena, Jorge Manrique, Garci Sánchez de Badajoz, Cartagena y Torres Naharro; y compone él mismo sus tres únicos sonetos y una octava. Garcilaso y Boscán hablan «nuevo lenguaje», cantan «trovas forasteras» y dan a entender «qu'el metro castellano/ no tenía autoridad/ de decir con majestad/ lo que se dice en toscano/ con mayor felicidad». Aunque Castillejo componga casi toda su obra en octosílabos y versos de pie quebrado, metros que domina y a los que se amolda perfectamente su vena satírica y jocosa, es cierto lo que censura: el endecasílabo permitiría expresar con una intensidad incomparable el tormento amoroso. El octosílabo se dedicaría a otros asuntos o a otros registros.

Cristóbal de Castillejo –monje cisterciense que vivía en la corte de Viena al servicio del rey Fernando, hermano del Emperador, y tenía muy relegada su condición religiosa– escribiría largos poemas satíricos como el *Sermón de amores* y el *Diálogo de mujeres*, de raigambre medieval por las dos posiciones enfrentadas que los crean, pero con frescura vital renacentista; otros diálogos como el *Aula de cortesanos* y el *Diálogo entre el autor y su pluma*, y coplas de amores, de conversación y pasatiempo, morales y de devoción, ágiles y desenfadadas. Castillejo, que defendió el uso de las trovas castellanas que él tan bien manejaba, es un poeta plenamente renacentista que traduce a Ovidio y a Catulo; moraliza la fábula de Acteón –como propugnaban los erasmistas se debía hacer con los relatos mitológicos– o traduce en octosílabos la fábula de Píramo y Tisbe.

Los romances y la lírica tradicional

Martín Nucio recoge e imprime en Amberes entre 1547 y 1548 la primera colección de romances viejos en el *Cancionero de romances*, un pequeño volumen de los llamados de «faldriquera» (de bolsillo). Los 156 romances van precedidos de un brevísimo prólogo del impresor. En él apunta los motivos de la compilación: para «recreación y pasatiempo» de los lectores; las posibles ausencias y las faltas que pudieran tener los transcritos por causa de las dos fuentes a las que acude: la transmisión oral (habla de «la flaqueza de la memoria de algunos que me los dictaron») y los pliegos sueltos («los ejemplares de adonde los saqué que estaban muy corruptos»). Él mismo, como solían los editores de la poesía áurea, enmendó los imperfectos. Y hace un primer intento de clasificación: «puse primero los que hablan de las cosas de Francia y de los doce Pares, después los que cuentan historias castellanas y después los de Troya, y últimamente los que tratan cosas de amores; pero esto no se pudo hacer tanto a punto –por ser la primera vez– que al fin no quedase alguna mezcla de unos con otros». Antes sólo el *Cancionero musical de Palacio* había recogido 34 romances, y el *Cancionero general* de Hernando del Castillo cincuenta. Como muestra de la creación del romance a raíz del hecho histórico, aparece en la recopilación «Triste estaba el padre santo», sobre el saco de Roma (1527), con la condena del pontífice: «La gran soberbia de Roma/ agora España la refrena./ Por la culpa del pastor,/ el ganado se condena».

Casi al mismo tiempo que Martín Nucio, pero partiendo ya de su compilación, publica Esteban G. de Nájera su *Primera parte de la silva de varios romances* (1550; aparecerán una *Segunda* y una *Tercera parte*). En este enorme corpus hay romances religiosos, pero también el desenfadado *Diálogo entre el autor y su pluma* de Cristóbal de Castillejo.

Los romances nuevos recrearán personajes de los viejos tomando temas de la *Crónica general*, como hace Lorenzo de Sepúlveda (*Romances nuevamente sacados* [...] *en metro castellano y en tono de romances viejos que es lo que agora se usa*, 1551), que a modo del anterior comenzará su «Romance del rey don Rodrigo»: «Triste estaba don Rodrigo,/ desdichado se llamaba,/ gimiendo estaba y llorando/ la gran pérdida de España».

Cervantes, Lope, Liñán de Riaza, Quevedo, Góngora... escribieron numerosos romances, sobre todo amorosos. La moda pastoril y la morisca también invadió el género; Lope fue el pastor Belardo y el moro Zaide, y del éxito de sus romances son testigo otras obras literarias. El esclavo negro, guardián de la casapuerta de la novela cervantina *El celoso extremeño*, que es seducido por la música del embaucador Loaysa, sabe «La estrella de Venus», romance famosísimo atribuido a Lope. Estos romances nuevos se imprimen en pequeños romanceros que pasarán a formar el *Romancero general* (1600).

Los romances artísticos de fines del XVI abandonan la consonancia que los caracterizaba desde final del XV y recuperan la asonancia de los viejos. No sólo se vinculan más a sus orígenes, sino que responden a la estética general que huye de una rima marcada. Se componen en unidades de cuatro versos, en cuartetas de versos isosilábicos, y la carga lírica que se combina con su carácter narrativo se subraya a veces con estribillos a modo de paréntesis en intervalos no siempre regulares.

El romance se degradaría en plumas de malos poetas que seguirían llenando pliegos sueltos, o alcanzaría cimas de dificultad en las de los grandes poetas cultos. Carrillo y Sotomayor escribiría en esta estrofa su dificilísima «Elegía al *Remedio del amor*», en donde utiliza un lenguaje artificioso cuya oscuridad roza la ambigüedad. Y Góngora mostraría su total dominio del lenguaje en su «Fábula de Píramo y Tisbe», romance burlesco en el que multiplica las figuras retóricas junto a términos germanescos en brillantísimo estilo jocoserio. Describe en estilo sublime –el propio de los poemas heroicos o mitológicos– la frente de Tisbe: «Terso marfil su esplendor/ no sin modestia interpuso/ entre las ondas de un sol/ y la luz de dos carbunclos». Pero abunda en la destrucción burlesca del mito que recrea, como en este cierre del retrato de Píramo: «Este, pues, era el vecino,/ el amante y aun el cuyo/ de la tórtola doncella,/ gemidora a lo viudo».

Junto a los romances, que van de la creación anónima a ser un instrumento más de lucimiento del ingenio y dominio lingüístico, está la anónima lírica tradicional, los villancicos, que también se divulgaron al principio en pliegos sueltos. Los poetas cultos se sintieron asimismo atraídos por esa creación popular recopilada por primera vez en la corte de los Reyes Católicos. Glosan esas cancioncillas, las crean, las incluyen en las obras teatrales. *El caballero de Olmedo* se construye a partir de una canción, que enfrenta al caballero con su futuro, por otra parte, inevitable: «Que de noche le mataron/ al caballero,/ la gala de Medina,/ la flor de Olmedo». Cervantes, en *El celoso extremeño,* hace que, mientras Loaysa toca la guitarra, la dueña, rodeada de su señora y demás criadas, cante las muy populares coplas: «Madre, la mi madre,/ guardas me ponéis,/ que si yo no me guardo,/ no me guardaréis.», precisamente cuando, desmantelada la protección y vigilancia del celoso, Leonora tiene que «guardarse».

El villancico suele ir acompañado de una glosa, de carácter culto o popular, desde su presencia en antologías. Lo caracterizan la brevedad y la intensidad expresiva. Junto a la sobriedad en la expresión del sentimiento, el dramatismo de su contenido. Las situaciones que se plantean son muy dispares, los asuntos muy diversos. Pueden estar en boca de un hombre o de una mujer: la voz de la niña en cabello (la doncella), la casada o la muchacha que no quiere ser monja, ausente de casi toda la poesía culta. La mujer se queja de la cobardía de su amigo («–Cobarde caballero,/ ¿de quién habedes miedo,/ durmiendo conmigo?»), o de su espera vana; la muchacha cita al conde en el río, adonde va a lavar, para escapar de la vigilancia de su madre; la casada se lamenta de que su marido, un caballero, le recuerde siempre («a cada palabra») su origen, y lo niega: «Llamáisme villana,/ yo no lo soy». Aparecen en estos versos desde la caza de altanería, como metáfora amorosa, a los baños de amor; desde el tema de Fedra (la madre enamorada de su hijo), al insomnio amoroso. La belleza del villancico es a veces intensísima: «Si los delfines mueren de amores,/ ¡triste de mí!, ¿qué harán los hombres/ que tienen tiernos los corazones?/ ¡Triste de mí! ¿Qué harán los hombres?».

Hay lugar en ellos también para el dolor del exiliado («Soledad tengo de ti,/ tierra mía do nací»), aunque el de amores aparezca en la mayoría de esas cancioncillas. Dos versos bastan para evocar una situación; como éstos del *Cancionero* de Álvarez Gato: «Solíades venir, amor;/ agora non venides, non». O esta queja de la malmaridada del *Cancionero musical de Palacio:* «Madre mía, muriera yo,/ y no me casara, no». El dolor de amores silenciado aparece así en el *Tesoro* de Pedro de Padilla: «Todos piensan que no quiero/ y yo me muero».

Los poetas cultos componen también villancicos, y no se puede muchas veces precisar el origen popular o culto de una canción. ¿La compuso el poeta culto o sólo la glosó? Si no hay otros testimonios, nada puede decirse. Se vuelven a lo divino porque así las composiciones religiosas «al tono de...» son más fáciles de divulgar; se aprovechan de la popularidad de determinadas cancioncillas.

A fines del siglo XVI, las seguidillas –combinación de heptasílabos y pentasílabos con fluctuaciones– aparecen documentadas y a menudo se funden con los romances como estribillos o como cierre y les dan una nueva musicalidad. La seguidilla apoyada por la guitarra sonó y se bailó en plazas y palacios.

Esas dos formas de poesía popular fueron corrientes poéticas de gran vitalidad en la Edad de Oro. Los poetas cultos las componen; sus personajes literarios las conocen y las cantan.

La dignificación de la lengua romance
El arte de la dificultad

Al mismo tiempo que el castellano se convertía de forma definitiva en vehículo de expresión de cualquier tipo de contenido –el latín era privilegio sólo de los doctos, porque, como hemos visto, ni las monjas lo sabían ya–, aparece reiteradamente expresada, en textos de teóricos y creadores, la idea de la situación precaria de nuestras letras, frente al brillo de las armas gracias a las victorias militares. Este discurso, que se convierte en tópico, puede hacerse desde el cenit del imperio. Cuando la monarquía de los Austrias esté en total decadencia con el patético Carlos II, una creación literaria espléndida –que justifica plenamente el término Edad de Oro– habrá enriquecido nuestra lengua.

A mediados del siglo XVI, España dominaba la mayor parte del Nuevo Mundo, y Carlos I (1517-1556) unía las herencias española, borgoñona y habsburguesa, fruto de la política matrimonial de los Reyes Católicos. En 1580 –al haber muerto en 1578 el rey don Sebastián de Portugal en la batalla de Alcazarquivir–, Portugal se incorpora a la corona de Felipe II. Es la culminación de la hegemonía española en el mundo, pero en seguida se resquebrajará.

En la alabanza de la lengua, se pondera la belleza, la suavidad, su abundancia léxica, pero se insiste en su estado descuidado por la falta de escritores que le den lustre, que pongan de manifiesto esas cualidades que posee. La toscana es la lengua con la que se la compara, y la diferencia entre ambas reside en la existencia de escritores como Dante, Boccaccio, Petrarca, que la dignifican. Hay, pues, una conciencia generalizada de la necesidad de alzar a la lengua a ese lugar que le pertenece. Así adquieren sentido las teorías sobre el origen de la lengua. Una forma de dignificarla es hacerlo desde sus principios.

Juan de Valdés, en su *Diálogo de la lengua*, aceptará que la mayoría de sus términos procedan del latín corrupto, pero apuntará también que la primera lengua que se habló en la península fue el griego, con mayor antigüedad, por tanto, que el propio latín. López Madera inventará la peregrina teoría (que aceptarán, entre otros, Correas y Pellicer) de que el castellano era una de las setenta y dos lenguas primitivas después de la confusión lingüística de Babel. Sus lejanos orígenes le daban esa deseada dignidad.

El otro camino para remediar esta situación era que escritores cultos, conocedores del arte de la elocuencia, se convirtieran en «caudillos» que los guiaran «por medio del aspereza de aquesta barbaria», como dice Francisco de Medina a los lectores, refiriéndose al «vulgo», en los preliminares de las *Anotaciones* de Fernando de Herrera a Garcilaso. Sólo convirtiendo en autoridades a buenos escritores, imitándolos, se podrá sacar a la lengua del descuido en que se halla, por el error en que se cae de creer que la naturaleza con el uso la enseña. «¿Cómo sin buenos ejemplos de hombres que hablen propiamente y sin mucha advertencia de imitarlos se puede aprender esta propiedad [de los vocablos]?» se pregunta Ambrosio de Morales en su «Discurso sobre la lengua castellana» que aparece como prólogo al lector al publicarse en 1546 el *Diálogo de la dignidad del hombre* de su tío, Fernán Pérez de Oliva; después de afirmar también: «faltan en nuestra lengua buenos ejemplos del bien hablar en los libros, que es la mayor ayuda que puede haber para perfecionarse un lenguaje». Cuando Juan de Valdés busque autoridades en su *Diálogo de la lengua*, sólo encontrará el *Amadís*, que acaba desechando por afectado, y los refranes.

En ese marco adquiere sentido la tarea de El Brocense y de Fernando de Herrera comentando a Garcilaso: lo están convirtiendo en un modelo a seguir. Señalan cómo él imita y consigue dar ese esplendor a la lengua. Herrera hará una breve crítica de los poetas al itálico modo desde el antecedente creado por los sonetos del marqués de Santillana. Defiende, frente a sus censores, a Boscán, que «imitó la llaneza de estilo y las mismas sentencias de Ausias y se atrevió traer las joyas de Petrarca en su no bien compuesto vestido.» Cita a Diego Hurtado de Mendoza, que «halló maravillosamente y trató sus conceptos, que llaman del ánimo», le falta –dice– la suavidad que tiene Gutierre de Cetina, cuya poesía, en cambio, según Herrera, carece de fuerza. La cumbre la consiguió Garcilaso, «dulce y grave». Es a él a quien va a comentar Herrera, que se sabe dentro del proceso enriquecedor de una lengua. Y éste se forjaba a través de la nueva poesía, la que había revolucionado la lengua literaria imitando la italiana. Llega a su cénit en Góngora, y él sería consciente. Puede envanecerse y lo hace de «que nuestra lengua a costa de mi trabajo [sus *Soledades*] haya llegado a la perfección y alteza de la latina». Fray Jerónimo de San José, en 1651 (en *Genio de la Historia*), considera ya emparejadas las letras con las armas. Se ha cerrado el proceso de dignificación y, en efecto, se ha culminado una evolución de la lengua poética que comienza en Garcilaso y acaba en Góngora y Quevedo. Cualquier nueva forma de hacer poesía tendrá que apoyarse en otros supuestos a partir de entonces; el camino abierto por la imitación compuesta y el ornato de la elocución se había cerrado.

Al ser el «argumento de amor» siempre el mismo, e inmutables sus protagonistas, el poeta puede crear un código literario superponiendo metáforas, enlazando figuras retóricas, acumulando alusiones mitológicas que sólo los doctos pueden descifrar. Y lo pueden hacer por compartir los conocimientos con el poeta y por partir de una anécdota constante. Si la dama es siempre cruel y desdeñosa, es fría como el hielo. Y si lo es, puede entenderse perfectamente la hipérbole de Quevedo en el apóstrofe que le dirige a la dama, «hermosísimo invierno de mi vida». Es el arte de la dificultad, que da placer al que sabe desentrañarla; la oscuridad –que no la ambigüedad– puede transformarse en suma claridad, suma belleza, al descubrir el proceso creador que ha seguido el poeta. La lengua poética, en efecto, había llegado a la cumbre de su perfección a partir de la utilización de un código exacto llevado a sus más atrevidas posibilidades.

Sólo un poeta genial se atrevió a ir más allá, escudándose en su experiencia mística: san Juan de la Cruz, que se anticipa cuatro siglos a la irrupción de la imagen irracional en la poesía.

La poesía de san Juan de la Cruz

Juan de Yepes y Álvarez (Fontiveros, Ávila, 1542-1591) será el carmelita fray Juan de la Cruz al fundar el primer monasterio de carmelitas descalzos en Duruelo (1568). Iniciaba la reforma de su orden impulsado por Teresa de Jesús, la gran fundadora, a quien conoció en 1567. En 1577, sus compañeros de orden lo encerraron en la prisión de un convento en Toledo; a los nueve meses consiguió escapar y refugiarse en el convento de San José de las descalzas. Al reconocerse como orden a los descalzos, cesó su persecución. Prosiguió su tarea fundadora; fue prior de varios monasterios, aunque poco antes de su muerte lo cesaron de todos sus cargos.

San Juan consigue las más altas cimas de la belleza en sus tres poemas extensos: *Noche oscura, Cántico espiritual* y *Llama de amor viva.* Sus poemas breves (coplas, canciones y glosas a lo divino, romances...) presentan los juegos de voces propios de las composiciones octosilábicas cancioneriles, como la glosa de «Vivo sin vivir en mí»: «En mí yo no vivo ya,/ y sin Dios vivir no puedo;/ pues sin él y sin mí quedo,/ este vivir ¿qué será?/ Mil muertes se me hará/ pues mi misma vida espero,/ *muriendo porque no muero*». Están dentro de lo esperado por el género.

Su experiencia mística, inefable, la expresará de forma inclasificable. Busca una forma para poder traducir su vivencia y lo hace en un «lirismo integrador» de varias tradiciones literarias (la greco-latina, la italianizante, la bíblica: la huella del *Cantar de los Cantares*, la lírica tradicional) y llega a unas estrofas bellísimas, insólitas, que llevan de nuevo a lo incomprensible, pero encerrando un sentimiento intensísimo.

Las monjas –sus primeras lectoras– no entienden esas *canciones* (porque en seguida se cantan *las canciones de la Esposa*), y san Juan las comentará (dedica a la *Noche oscura* dos comentarios: la *Subida del monte Carmelo* y la *Noche oscura del alma*). Pero sabe muy bien que sólo va a dar «alguna luz general» a sus versos, que no se pueden «bien explicar», y abre las puertas a una nueva forma de recepción de la poesía: «los dichos de amor es mejor declararlos en su anchura, para que cada uno de ellos se aproveche según su modo y caudal de espíritu, que abreviarlos a un sentido a que no se acomode todo paladar». En este prólogo a sus *Comentarios en prosa* al *Cántico*, deja en libertad al lector para que «interprete» sus versos; la poesía contemporánea se decodificaba, no se interpretaba.

Tanto en la *Noche* como en el *Cántico*, es la voz de la mujer enamorada la que se expresa en liras y canta el amor gozoso: mezcla inesperada. Las liras son estrofas de la poesía italianizante, y la queja de la muchacha es un tema de la poesía tradicional. El amor gozoso se canta en el *Cantar de los Cantares.*

El yo poético –la mujer– no utiliza la forma esperada, y el lenguaje no puede descodificarse porque no tiene las fosilizaciones que nos orientan en el campo de la vivencia amorosa. El *Cántico,* sumamente atractivo para sus contemporáneos –aunque no lo entiendan– y para nosotros, ofrece una novedad absoluta en lo que dice. Pero se puede reconocer la estrofa, el artificio de la lengua y algunos elementos, que pertenecen a varias tradiciones literarias. La capacidad de sugestión de la palabra es intensísima; Jorge Guillén hablará de «ondas de sugestiones», porque los términos tienen connotaciones literarias de varias corrientes poéticas, pero su uso es nuevo. Leemos liras, pero parece que estamos ante una poesía tradicional, y aparece la naturaleza de égloga y los recuerdos garcilasistas, pero en seguida irrumpen los «fuertes y fronteras» –con un referente guerrero– y el *Cantar de los Cantares.*

Casi nada es definitivo en el *Cántico*, porque san Juan no acaba el sentido, deja que lo complete como quiera el lector, que no entiende plenamente, pero sí recibe la belleza total. La fuerza de la estrofa en el poema es indudable. San Juan consigue dar suma intensidad a los cinco versos.

El poema tiene en sí puntos de referencia que reaparecen, pero tampoco actúan de apoyos estables.

Ella –el alma– es una pastora, y el paisaje es de égloga, pero no responde sólo al *locus amoenus*: se mezcla «el canto de la dulce filomena», las flores, el ciervo, a las raposas bíblicas, a los leones o a las abstracciones, a los «miedos de las noches veladores». Del amor parte y a él regresa.

Cuando la madre Magdalena del Espíritu Santo pregunta a san Juan «si le daba Dios aquellas palabras que tanto comprendían y adornaban», él le responde: «Hija, unas veces me las daba Dios, y otras las buscaba yo». San Juan recoge todas las posibilidades que le dan las distintas tradiciones poéticas, y con la libertad que le da la experiencia inefable que quiere plasmar, las despoja de su contexto, les quita su contenido; sólo les deja sus connotaciones. En un momento en que se está asentando la lengua poética, y se construye sobre un código preciso y exacto que permite la superposición de cifrados sin que el sentido se pierda para el culto conocedor de los códigos, san Juan rompe las normas. Su creación es una isla, no tiene antecedentes ni sucesores. Su transgresión de la norma poética que le lleva al sinsentido sólo es pensable desde su relación con Dios, desde su fe. Dios es la autoridad que le permite escribir poemas incomprensibles, sin un único código, pero con retazos de varios. No tenía por qué entenderse la expresión que era sólo balbuceo de una vivencia inefable.

Rompió el código literario siglos antes de que pudiera pensarse en ello. La palabra, sin otro límite que el dibujo de las liras, es puro sentimiento; así en el cierre de la *Noche oscura*: «Quedéme y olvidéme,/ el rostro recliné sobre el Amado;/ cesó todo y dejéme,/ dejando mi cuidado/ entre las azucenas olvidado».

Nuevas formas, nuevos contenidos en la poesía lírica

La extraordinaria sensibilidad lírica de Garcilaso de la Vega hizo triunfar las nuevas estrofas, los nuevos asuntos. Las referencias mitológicas de sus sonetos serán las que adquieran mayor funcionalidad literaria: el yo poético se identificará desde sus versos con Orfeo, Ícaro, Faetón («Si para refrenar este deseo», «Si quejas y lamentos pueden tanto»). Las historias de Apolo y Dafne, y de Hero y Leandro, asunto de otros dos sonetos suyos serán también recreadas con frecuencia. Seguir la estela que deja «En tanto que de rosa y d'azucena» glosando el *Collige, virgo, rosas* de Ausonio, la incitación al gozo dirigido a la joven, llevaría a «Mientras por competir con tu cabello» de Góngora o a la constatación de la fugacidad de la belleza de «La mocedad del año, la ambiciosa» de Quevedo.

A los nombres que citaba Herrera como poetas de la nueva corriente italianizante (Diego Hurtado de Mendoza, Gutierre de Cetina), deben añadirse los de Hernando de Acuña, Gregorio Silvestre, Francisco de Figueroa, Francisco de la Torre, Francisco de Aldana... Todos escribirán sonetos. Alguno de Aldana (¿Nápoles?, 1537), también soldado, muerto en 1578 en la batalla de Alcazarquivir, en la expedición del rey Sebastián de Portugal al norte de África, inicia el camino de la reflexión existencial –al margen del asunto amoroso– con una intensidad extraordinaria, que nos hace oír la voz del yo poético como auténtica. Utiliza los recursos de la poesía cancioneril, pero los convierte en instrumentos de la honda introspección y la llenan de sentimiento: «En fin, en fin, tras tanto andar muriendo,/ tras tanto varïar vida y destino,/ tras tanto, de uno en otro desatino,/ pensar todo apretar, nada cogiendo...». Quevedo («Después de tantos ratos mal gastados») y Villamediana («Un mal me sigue y otro no me deja») culminarán ese aparente desprenderse de la literariedad creada por el tema amoroso y nos mostrarán su angustia existencial, su pérdida en el laberinto que es su propio interior, su desengaño.

Francisco de Aldana escribe además una serie de sonetos con una sorprendente atmósfera sensual, de gozo amoroso compartido; el más bello es «¿Cuál es la causa, mi Damón, que estando», con la presencia de la relación física amorosa descrita en bellísimos versos, deudores de los tratados de amor italianos.

Divino como el capitán Aldana fue llamado Francisco de Figueroa (h. 1536-h. 1589), discípulo de Ambrosio de Morales, que vivió en Italia como soldado y hombre de letras. (En Siena cuando gobierna Diego Hurtado de Mendoza; allí conocerá a su amada Fili, él es Tirsi en sus poemas.) Ya en España, estuvo al servicio del rey como contino hasta 1578, cuando el monarca le manda a Flandes y Colonia; será testigo del fracaso de la política pacificadora de los Países Bajos. Su poesía tiene como modelos a Petrarca y a Garcilaso y a los stilnovistas; sus asuntos son el amor y la ausencia de la amada (sonetos como «Gasto mis pasos y mis tristes días», «Paso en fiero dolor llorando el día»; canciones como «La clara aurora ya el obscuro manto»). Su obra la editó en 1625 Luis Tribaldos de Toledo.

Gregorio Silvestre (Lisboa, 1520-Granada, 1569), famoso organista, en su obra poética (publicada en 1582) recoge las dos corrientes líricas cultas, la cancioneril y la italianizante. Escribe en arte menor *Lamentaciones* siguiendo a Garci Sánchez de Badajoz, glosas a villancicos y sátiras, fábulas mitológicas, poesía de devoción; y en endecasílabos, sonetos –amorosos y religiosos–, canciones, elegías, epístolas e, imitando a Ovidio y Alamanni, una *Fábula de Narciso.*

Sería, en cambio, el sevillano Gutierre de Cetina (entre 1514 y 1517-antes de 1557), de gran facilidad versificatoria, quien introduciría los madrigales, forma italiana de origen popular, pero que Petrarca dignificaría. Se musicó y se hizo famosísimo «Ojos claros, serenos,/ si de un dulce mirar sois alabados,/ ¿por qué, si me miráis, miráis airados?...». En breve espacio se expone un pensamiento galante, un asunto amoroso en tono ligero. Quevedo le añadiría ingenio y agudeza («Si fueras tú mi Eurídice...»). Como Garcilaso, Cetina escribiría también sonetos, canciones, epístolas, e imitaría a Ausias March junto a poetas italianos (Petrarca, Tansillo...).

Los suaves versos de las canciones de Garcilaso harían también escuela. Y sus dos elegías; sólo la primera dirigida «al duque de Alba en la muerte de don Bernaldino de Toledo» es consolatoria; la segunda, que dirige a Boscán, es una queja amorosa; ambas están escritas en tercetos encadenados. Y sobre todo serían modélicas sus tres églogas. Los dos lamentos paralelos de Salicio y Nemoroso componen una obra espléndida: la égloga I. La naturaleza estilizada del lugar ameno aparece pintada en versos extraordinariamente armoniosos. El desdén de Galatea que provoca la queja de Salicio crea la situación tantas veces cantada en este tipo de poesía: el dolor al recordar los momentos felices perdidos para siempre por el olvido de la amada. La renuncia incluso al lugar en donde fueron felices pone fin magistralmente al lamento de Salicio.

Cuando calla, la voz de Nemoroso crea otros versos de belleza inmarcesible por la muerte de su amada Elisa. Suenan con intensidad suma y armoniosa suavidad sus versos: el apóstrofe a los elementos del lugar ameno,

«Corrientes aguas puras, cristalinas,/ árboles que os estáis mirando en ellas,/ verde prado de fresca sombra lleno...»; el *ubi sunt* desesperado, «¿Dó están agora aquellos claros ojos/ que llevaban tras sí, como colgada,/ mi alma, doquier que ellos se volvían?», su apóstrofe a la amada muerta, «¿Quién me dijera, Elisa, vida mía,/ cuando en aqueste valle al fresco viento/ andábamos cogiendo tiernas flores...», la descripción de su soledad en la tierra, «y lo que siento más es verme atado/ a la pesada vida y enojosa,/ solo, desamparado,/ ciego, sin lumbre, en cárcel tenebrosa», y esa cumbre final en la que imagina el futuro en el cielo con ella: «y en la tercera rueda,/ contigo mano a mano,/ busquemos otro llano,/ busquemos otros montes y otros ríos,/ otros valles floridos y sombríos/ donde descanse y siempre pueda verte/ ante los ojos míos,/ sin miedo y sobresalto de perderte?».

Su égloga tercera se apoya en su primera parte en la ékfrasis, la descripción. Como dice don Quijote a Sancho: «...aquellos versos de nuestro poeta donde nos pinta las labores que hacían allá en sus moradas de cristal aquellas cuatro ninfas que del Tajo amado sacaron las cabezas y se sentaron a labrar en el prado verde aquellas ricas telas que allí el ingenioso poeta nos describe» (II, 8). Serán las historias de Orfeo y Eurídice, Apolo y Dafne, Venus y Adonis y la de Elisa equiparada a los mitos, las descritas brevemente en octavas reales, que será el metro utilizado en los poemas épicos, sean de asunto histórico –la épica culta–, sean de asunto mitológico –las fábulas mitológicas–. Boscán había compuesto su historia de «Hero y Leandro» en verso libre, y también elegirá este metro Francisco de Aldana para su «Fábula de Faetonte», que imita la de Alamanni. Pero las grandes creaciones barrocas están escritas en octavas reales: la cumbre conseguida por Góngora en su «Fábula de Polifemo y Galatea», o las Fábulas de Faetón, y de Apolo y Dafne, del conde de Villamediana. En esta estrofa escribe Diego Hurtado de Mendoza (1503/1504-1575), embajador de Carlos V en Venecia, su «Fábula de Adonis, Hipómenes y Atalanta»; y Hernando de Acuña, la «Fábula de Narciso», adaptación libre de la de Alamanni. El género se impone al permitir al poeta llevar el arte de la dificultad a sus máximos retos; el asunto heroico de las fábulas –los mitos son historia, y la *Eneida* de Virgilio puede actuar como modelo– exige el estilo sublime, y con él el escritor muestra su dominio de la elocuencia y embellece la lengua. La imitación de Ovidio y de poetas italianos es otro estímulo y reto.

La segunda parte de la égloga III de Garcilaso está formada –como se dijo– por el canto amebeo de Tirreno y Alcino, hito decisivo en una creación literaria que arrancaba de Teócrito, Virgilio y Ovidio y que dejaría una larga estela en la poesía áurea.

Francisco de la Torre (?-h. 1570) escribiría, a distancia en cuanto a belleza, ocho églogas (la «Bucólica del Tajo») junto a sonetos, canciones de corte petrarquista y odas de tono horaciano, pero además compondría endechas, un ejemplo más de la convivencia en un mismo autor de corrientes poéticas distintas. Noche y estrellas son sus interlocutores, su compañía, sus confidentes; «¡Cuántas veces te me has engalanado,/ clara y amiga Noche...» comienza uno de sus más conocidos sonetos. Sus églogas están muy alejadas de la perfección de las de Garcilaso, en ellas expresa con largos monólogos su lamento vital con elementos de las *Metamorfosis* ovidianas. Quevedo edita en 1631 sus obras.

Hernando de Acuña (Valladolid, 1518-¿1580?), en la «Égloga y contienda entre dos pastores enamorados», se desdobla en Silvano y Damón, que hablan sobre las ventajas de decir o callar la pasión por sus pastoras. Compone también otra égloga en que varios pastores comentan el amor desesperado de Damón por Galatea, mientras éste lo canta. Ninguna de ellas consigue acercarse a la maestría garcilasista. Traduce además poemas caballerescos y escribe sonetos, canciones al modo italiano y poesía cancioneril. En sus *Varias poesías* (1591), se unen el lirismo expresado con ropaje petrarquista, la abstracción del Amor y la reflexión sobre la vanidad terrena y la muerte.

En *Las obras de Boscán y algunas de Garcilaso*, aparecían tres epístolas: la que escribe Garcilaso a Boscán en octubre de 1534 en endecasílabos sueltos, la «Epístola de don Diego Hurtado de Mendoza a Boscán» y la «Respuesta» de éste, en tercetos encadenados, que fue el modelo que se impuso. Imitan a Horacio, y los tres poemas combinan los elementos personales con los doctrinales. Se rechaza lo público frente a lo íntimo, en donde el hombre se encuentra a sí mismo. Se refugia éste en la vida retirada alabando la *aurea mediocritas*; en versos de Hurtado de Mendoza: «Yo, Boscán, no procuro otro tesoro/ sino poder vivir medianamente,/ ni escondo otra riqueza ni otra adoro». El grave Hurtado de Mendoza, que tiene una casi tan numerosa producción en octosílabos como en endecasílabos, compuso otras cinco epístolas cultas, unidas por una misma actitud moral, entre estoica y epicúrea. La confesión de su amor en versos que siguen las convenciones del estilo ialianizante (el llamado *Cancionero a Marfira*) convive en su producción con los poemas de burlas y procacidades desmitificadoras.

La más bella creación del género epistolar es sin duda la extraordinaria «Carta para Arias Montano sobre la contemplación de Dios y los requisitos della» de Francisco de Aldana, fechada el 7 de setiembre de 1577. Desde su autorretrato: «yo soy un hombre desvalido y solo,/ expuesto al duro hado cual marchita/ hoja al rigor del descortés Eolo [...] Los huesos y la sangre que natura/ me dio para vivir, no poca parte/ dellos y della he dado a la locura...», el poema se alza hasta las más bellas cimas de serenidad, armonía y belleza. Después de llegar a lo más hondo de su alma fundida con Dios («Mas ¡ay de mí!, que voy hacia el profundo/ do no se entiende suelo ni ribera,/ y si no vuelvo atrás, me anego y hundo.»), volverá a su diálogo con su amigo Arias Montano para imaginar un lugar ideal –tal vez el monte Urgull, en San Sebastián–, desde el que puedan contemplar el mar (¡Qué maravillosa mirada a sus conchas, sus peces, sus movimientos nos transmiten sus versos!) y vivir sosegadamente «lejos de error, de engaño y sobresalto,/ como si el mundo en sí no me incluyese».

Garcilaso creó una adaptación de la oda horaciana en su *Ode ad florem Gnidi*, mal llamada canción V («Si de mi baja lira»), siguiendo el modelo de Bernardo Tasso en su *O pastori felici*. Imitando a Propercio, a Horacio, a Ovidio, consiguió una genial composición de tono juguetón, en la que se dirige a Violante Sanseverino para que haga caso a su amigo Mario Galeota. Las referencias mitológicas, la imitación quedan perfectamente asimiladas en el discurso, que fluye unitario englobando las estrofas, las liras.

Fray Luis de León

La combinación de heptasílabos y endecasílabos que se popularizaba con el nombre de liras alcanzaría su perfección del verso de otro gran poeta: fray Luis de León. Nace en Cuenca (1527) y profesa en la orden de san Agustín. Catedrático de la Universidad de Salamanca, en 1572 fue víctima de un proceso inquisitorial que le llevaría a la cárcel de Valladolid cinco años. Se le acusaba de haber traducido al castellano el *Cantar de los cantares* y de defender el texto hebreo del Antiguo Testamento frente a las versiones latinas (latía detrás la rivalidad entre agustinos y dominicos). Volvería a la cátedra salmantina. Muere en 1591 tras haber sido elegido provincial de su orden en Castilla.

Su poesía hay que leerla, sin embargo, en contraste con la de Garcilaso. Su punto de partida no es el poeta toledano, sino Horacio y Virgilio, por una parte, y los *Salmos*, la poesía bíblica, por otra. Quiere imitarlos directamente y escribir poesía como humanista: la lira es el esquema flexible que le permite llevar al castellano el pensamiento clásico con una elaboración humanística. Su horacianismo se verterá en los moldes de la poesía neolatina. Su filosofía moral habla de lo que debe hacer el hombre para conseguir la *aurea mediocritas*, el justo medio, y con ella la serenidad; temas divulgados por la poesía humanística y que nutrirán la poesía moral barroca, sobre todo a Quevedo, gran admirador del agustino.

La belleza de las odas de Fray Luis no está en el artificio del lenguaje, sino –como en Horacio– en la construcción exacta de la estrofa y la utilización de un lenguaje preciso, pulido, sumamente eficaz en belleza y armonía, y que posee además hondas resonancias clásicas que sólo un lector muy culto puede percibir.

Su trabajo de lima, de cuidado de la palabra, del *número* o cadencia de la frase, se pone de manifiesto en su prólogo al libro III de *Los nombres de Cristo* (1583), en donde hace una defensa de la lengua vulgar contra las críticas recibidas por sus dos primeros libros –sobre todo por no estar escritos en latín–. Irá desgranando argumentos: «Y destos son los que dicen que no hablo en romance porque no hablo desatadamente y sin orden, y porque pongo en las palabras concierto, y las escojo y les doy su lugar, porque piensan que hablar romance es hablar como se habla en el vulgo, y no conoscen que el bien hablar no es común, sino negocio de particular juicio, ansí en lo que se dice como en la manera como se dice».

En su oda inicial «¡Qué descansada vida!» aparecen en síntesis los temas que desarrolla en sus otros poemas. Imitación de Horacio, habla en ella de la búsqueda de la virtud, alejado del mundo, del deseo de riquezas, de la ambición, en un lugar ameno, en un «huerto», posiblemente «La Flecha», cerca de Salamanca, recuerdo además del huerto horaciano. Su deseo de apartamiento, de adentrarse en sí mismo es un ejemplo de la contención asombrosa de la creación de fray Luis. La lira parece hecha a la medida de su pensar: «Vivir quiero conmigo;/ gozar quiero del bien que debo al cielo,/ a solas, sin testigo,/ libre de amor, de celo,/ de odio, de esperanzas, de recelo».

La sensualidad de la palabra crea unas armoniosas aliteraciones que en seguida desembocan en el tema moral: «El aire el huerto orea/ y ofrece mil olores al sentido;/ los árboles menea/ con un manso ruido,/ que del oro y del cetro pone olvido». Elogiará en su oda a don Pedro Portocarrero («Virtud, hija del cielo») al noble amigo al modo estoico.

Las liras de la oda al ciego Francisco Salinas, catedrático de música de la Universidad de Salamanca, nos descubren cómo la armonía de la música hace recordar al alma su primitivo origen, y a la vez crean una belleza armoniosa extraordinaria a través de las aliteraciones y de ese fluir del verso acordado a sus límites: «El aire se serena/ y viste de hermosura y luz no usada,/ Salinas, cuando suena/ la música estremada,/ por vuestra sabia mano gobernada».

Creaciones magistrales como su oda «De la Magdalena» («Elisa, ya el preciado»), en donde describe la destrucción de la belleza de la dama en su vejez y su soledad, y glosa, como ejemplo a seguir, la figura de la Magdalena y su arrepentimiento. Su «Noche serena» («Cuando contemplo el cielo»), en donde la contemplación de la noche estrellada eleva el alma a Dios oponiendo la belleza y grandiosidad celestial de la noche estrellada a la bajeza y pequeñez del suelo y de la vida terrena. Su oda «¿Cuándo será que pueda...», a Felipe Ruiz, en la que el desprecio de las cosas de la tierra, en donde está su alma prisionera del cuerpo, se subordina a la contemplación de las maravillas del universo, de la creación divina. Le dedica otra, «En vano el mar fatiga», recreación del asunto horaciano de la inutilidad de las riquezas para conseguir la tranquilidad del alma. O su poema «Al licenciado Juan de Grial», en que describe la llegada del otoño y la invitación al estudio dentro de la tradición humanística («Recoge ya en el seno»); fray Luis anima al amigo a escribir sin que él pueda acompañarle: «y, caro, amigo,/ no esperes que podré atener contigo,/ que yo, de un torbellino/ traidor acometido y derrocado/ del medio del camino/ al hondo, el plectro amado/ y del vuelo las alas he quebrado».

Y no parece aludir a la cárcel (en la que la Inquisición le encierra desde 1572 hasta 1576), la composición sería anterior. El motivo de su encarcelamiento y proceso fue una maravillosa obra literaria, su traducción y comentario del *Cantar de los Cantares,* en donde hace, con el ropaje de una égloga pastoril, una gozosa exaltación del cuerpo y del sentimiento amoroso. Sí que señalaría su prisión o proceso la oda «Al apartamiento»: «Oh ya seguro puerto», el dulce reposo de los estoicos, que refleja la actitud ética del poeta.

Escribiría también en prosa *La perfecta casada* (1583), donde expone el ideal de esposa cristiana; la *Exposición del libro de Job*, traducción, comentario y paráfrasis en tercetos del texto bíblico, y su obra maestra en prosa: *De los nombres de Cristo*, diálogo de tres frailes agustinos sobre los nombres que se dan a Cristo en las Sagradas Escrituras. Su profundo saber humanístico se une a la belleza extraordinaria de su prosa.

Escritura y predicación

La atmósfera de espiritualidad creada por el replanteamiento de la relación del hombre con Dios no sólo creó conflictos, cismas y corrientes renovadoras, contribuiría también a la floración de una abundantísima literatura ascética y mística, enriquecida por la convivencia en España, durante siglos, de las tres religiones.

El camino hacia Dios recorre las vías purgativa, iluminativa y unitiva, a través de las que el alma se libera de sus pasiones terrenas y consigue llegar a la unión con la divinidad, materia exclusiva de la mística, frente a la ascética, que abarcaría los pasos previos. El dominico fray Luis de Granada (1504-1588) es el que inicia ese período fecundo en este tipo de obras, con creadores como el franciscano fray Juan de los Ángeles (1536-1609; *Lucha espiritual y amorosa entre Dios y el alma, Diálogos de la conquista del espiritual y secreto reino de Dios*), gran prosista, ahonda con dulzura y sabiduría en el conocimiento de la vida interior; el agustino Malón de Chaide (¿1530?-1589), autor del *Libro de la conversión de la Magdalena,* con coloristas y vigorosas descripciones en una prosa enormemente plástica, o los carmelitas santa Teresa de Jesús y san Juan de la Cruz, extraordinarios escritores.

Francisco de Medina nombró, en su citada carta a los lectores en las *Anotaciones* de Herrera a Garcilaso, como excepción de la falta de elocuencia de los escritores, a fray Luis de Granada, de quien subraya la intensidad afectiva que quiere plasmar en sus palabras y el artificio de sus sentencias, aunque señala su imperfecto dominio «de las disciplinas humanas». El granadino Luis de Sarriá llegará a ser provincial de los dominicos en Portugal tras ocupar importantes cargos en su orden; fue uno de los grandes predicadores de su tiempo.

En su *Introducción del símbolo de la fe* se manifiesta su capacidad observadora y pictórica de la naturaleza que, por otra parte, caracteriza toda su obra. Comentará primero la belleza de la creación para elevarnos a través de ella al amor de Dios; después cantará la fe, los mártires y, por último, la Redención. Se esforzará en ser pintor con palabras de lo inefable y recurrirá muchas veces a la realidad cotidiana para que la comunicación con sus lectores sea más fácil. Ilustra su prosa doctrinal, sus continuos avisos –en su *Guía de pecadores*– con escenas cotidianas introducidas casi siempre por medio de la comparación. Como dice en su *Retórica eclesiástica* (obra escrita en latín), en la que define el prototipo de orador cristiano: «¿Qué hay que dé mayor luz a las cosas obscuras que los símiles? ¿qué dejamos de amplificar con ellos o de ponerlo delante de los ojos? A más de esto, ¿cuán gran deleite no causa un símil traído a sazón?» (V, XV). Con ellos enseña y deleita, aclara la materia y la acerca a su público, a sus lectores. Fray Luis de Granada quiere persuadir y por ello pone toda su fuerza en su exposición, se acerca al lector, aconseja, se apoya en las palabras repitiéndolas; no le interesa tanto cuidar de la perfección de la lengua como usarla para inclinar el ánimo de los lectores. Pero en sus ilustraciones nos muestra su arte de maestro miniaturista. «¿Qué son los estanques y lagunas de aguas claras, sino unos como ojos de la tierra, o como espejos del cielo?»: así describe, en su *Guía de pecadores*, la belleza de esta «tierra de muertos» para encarecer la de los que viven para siempre.

La escritura en libertad de santa Teresa de Jesús

Sería una monja carmelita, emprendedora y fuerte, quien daría anchura a la lengua: santa Teresa de Jesús, una escritora nata. Nace en 1515 en Ávila y muere en 1582 en Alba de Tormes. Profesa como carmelita en el convento de la Encarnación en 1536; iniciará la reforma de su orden en 1560 (fecha aproximada de su primera *Cuenta de conciencia*) y en seguida su tarea fundacional, que narrará en su *Libro de las fundaciones*. En 1562 concluye la primera relación de su *Vida* y comienza la redacción de *Camino de perfección*, obra ascética en la que quiere mostrar a las monjas la perfección de la vida monástica luchando contra la Reforma; fundará su primer convento (de carmelitas descalzas), el de san José de Ávila. En 1574 envía al obispo de Ávila el *Libro de la vida* y escribe la segunda redacción de *Meditaciones sobre el Cantar de los cantares*. En 1577 el padre Gracián ordena a Teresa que escriba *Las Moradas*, que acaba este mismo año. Los descalzos viven duras circunstancias desde el mismo 1577 (en que encarcelan a san Juan de la Cruz) a 1579. Sus últimos años están llenos de fundaciones y viajes, a pesar de su precaria salud. Escribe numerosas cartas –algunas recogidas en el *Libro de las relaciones*–, en su estilo vigoroso, espontáneo; son testimonio de su época, de su vida y personalidad. En 1588 se publica la edición de sus *Obras* preparada por fray Luis de León.

Crea sus obras por mandato de sus confesores, pero nada le es tan natural como escribir. Y lo hace «con libertad», como dice en su *Libro de la vida*, X, 8. Teresa quita las barreras que podían establecerse en el texto entre escritor y lector. Éste vive el mismo instante de la creación literaria, la ve a ella escribiendo y asombrándose de su propio trabajo: «que ahora, que lo voy escribiendo, me estoy espantando y deseando que Nuestro Señor dé a entender a todos cómo en estas fundaciones no es casi nada lo que hemos hecho las criaturas» confiesa en su *Libro de las fundaciones*, XII, 7, en donde da cuenta de las dificultades y logros de su obra fundacional, insistiendo siempre en la presencia de Dios en todos sus logros.

O se enfrenta con la inefabilidad de su experiencia mística, que nos transmite en *Las Moradas*, original exposición del proceso de acercamiento y unión con Dios a través del conocimiento propio. Se apoya en la alegoría del alma como castillo con siete moradas. En el centro, la principal, donde «pasan las cosas de mucho secreto entre Dios y el alma». Teresa y su experiencia nos guían a través de las primeras moradas de modo manifiesto, luego se oculta tras una tercera persona en que se desdobla. A medida que se adentra en lo sobrenatural, en lo inefable, la Santa insiste cada vez más en su incapacidad y redobla sus peticiones a Dios para que la ilumine. La belleza de sus símiles, el poder sugeridor de su palabra, la plasticidad de su prosa se intensifican también. Al llegar a las «Sextas

Moradas», se abandona ya en brazos de la divinidad porque, como dice Teresa, «si Su Majestad y el Espíritu Santo no menea la pluma, bien sé que será imposible [declarar algo de cosas tan dificultosas]». En ellas el alma «ya queda herida del amor del Esposo», y los trabajos que tiene que sufrir son extraordinarios. Junto a ellos, la «operación de amor» que siente el alma, y Teresa «deshaciéndose» por dar a entender a sus lectoras en qué consiste.

En la última etapa de ese «camino espiritual», la santa subraya su desazón, su temblor ante la revelación de la gracia suprema. Ruega de nuevo a Dios que guíe su pluma y le ilumine para que pueda hablar del matrimonio espiritual cuando la vida del alma es ya Cristo: «Plega a Su Majestad –si es servido– menee la pluma y me dé a entender cómo yo os diga algo de lo mucho que hay que decir y da Dios a entender a quien mete en esta Morada» («*Moradas* séptimas», I). Pero la santa había dado voz al propio Dios en su *Libro de la vida,* y en un tono muy expeditivo la primera vez que lo hace: «Sírveme tú a Mí y no te metas en eso» (*Vida*, XIX). Dios le anima, así en la fundación de un convento en Burgos: «Ahora, Teresa, ten fuerte» (*Fundaciones*, XXXI) o incluso le alaba una de las «comparaciones» que utiliza.

Teresa rechaza límites, elimina barreras entre Dios y ella, entre su inspirador y sus lectoras. Su capacidad expresiva la secunda. Ahonda en el conocimiento del alma y nos da páginas bellísimas en donde intenta desnudarla: «¡Qué gran cosa es entender un alma!» dirá (*Vida*, XXIII). Su autobiografía, el *Libro de la vida*, es sobre todo un análisis de su vida espiritual. Asoma en ella la lectura de las *Confesiones* de san Agustín. Inserta en el relato una exposición sobre los cuatro grados de oración mental (XI-XXII), que la propia escritora justifica. Los primeros capítulos de su *Vida* vendrán determinados por sus entregas y despegos de la oración, y ésta va a ser el camino que le lleva a conseguir las mercedes divinas de las que va a dar cuenta. Abrirá un nuevo paréntesis al hablar de la fundación del monasterio de san José, conseguida por la voluntad de Dios (XXXII-XXXVI), quien otorga su gracia a Teresa, que lucha por seguir el camino para servirle con mayor perfección, como contará en los últimos capítulos.

El *Libro de la vida* es un prodigio de autoanálisis y de traducción a palabras de complejos estados anímicos. Ella siempre se presenta como flaca, ignorante, ruin, mujer en suma: «como no tenemos letras las mujeres ni somos de ingenios delicados» (*Camino de perfección*, 48). Lo dice de forma tan convincente que creó la imagen de la escritora espontánea, sin formación, que han desmentido los críticos. Pesaba sobre ella el peligro de que le acusaran de presumir de sabia o de hacerse la santa (*Vida*, XXVIII; *Moradas* sextas, I). Para conjurarlo, se minimiza continuamente y asume las limitaciones que les atribuían a las mujeres. «Basta ser mujer para caérseme las alas, cuantimás mujer y ruin» (*Vida*, XI). La santa tiene que disimular su osadía de ser mujer escritora de tales experiencias, y la obediencia y la humildad le señalan el modo de hacerlo. El ser consciente de nuestra «miseria y ser nada», como dice en las *Moradas* sextas, X, es saber la única verdad. No sólo obedece además a aquellos que le piden que escriba, sino que cuanto crea lo somete a la lectura de expertos: la Inquisición acechaba a Teresa tras sus obras y sus palabras. Su ignorancia será, pues, la única causa de sus posibles errores. Sus aciertos los habrá conseguido gracias a Dios. Si narra sus actos, éstos «son nada», «unas arenitas», no son cosas «de tomo» (*Vida*, XXXI). La capacidad para hacerlo se la da Dios.

San Juan de la Cruz, colaborador de santa Teresa en la reforma de los carmelitas, no sigue en sus poemas mayores un único código literario, los mezcla con absoluta originalidad y alcanza cimas de belleza poética. Dios es la autoridad que le permite escribir poemas incomprensibles. Santa Teresa, que conoce por sus lecturas el lenguaje utilizado para la materia de que trata, lo rechaza porque ella quiere ante todo que la entiendan.

Si, llamándose mujer flaca y ruin, ha emprendido una tarea titánica de fundaciones, llena de dificultades por todas partes, ella, que se presenta como no letrada, confía plenamente en la eficacia de su lenguaje en libertad. Lo paradójico es que consigue deslumbrarnos con su escritura insólita, sin límites, porque es mujer y puede, por tanto, no ser docta, puede apartarse del modelo literario de su época. Ella escribe al hilo de su pensar porque no tiene que ser culta, sino todo lo contrario. No escribía para dignificar la lengua, sólo para que la riqueza espiritual que atesoraba pudiese ser patrimonio común. «Mujercilla ruin y flaca», escribirá como le corresponde, con llaneza y descuido. En nombre de la verdad escribe unas páginas bellísimas, y sin buscar procedimientos retóricos, los encuentra. Dios es el escudo de la escritura cuando hace tímidas incursiones en el territorio de los doctos. Teresa no quiere entrar en este coto vedado, su lenguaje no tiene límites.

La palabra literaria al servicio de la idea, de la información

Al no tener el género historiográfico lugar propio todavía, se convierten sus obras en materia literaria, y a veces su valor estético se subordina al testimonial.

En el siglo XVI, la monarquía goza de su máximo prestigio. La figura de Carlos V encarna el monarca universal defensor de la cristiandad. Así expresan ese mesianismo político los versos de Hernando de Acuña: «Ya se acerca, señor, o ya es llegada/ la edad gloriosa en que promete el cielo/ una grey y un pastor solo en el suelo,/ por suerte a vuestros tiempos reservada;/ [...] y anuncia al mundo, para más consuelo,/ un monarca, un imperio y una espada».

Cuando se produce un hecho político que destroza esa imagen, el saco de Roma por las tropas del Emperador y la prisión del papa Clemente VII, el 6 de mayo de 1527, Alfonso de Valdés, secretario de Carlos V, decide escribir su *Diálogo de las cosas acaecidas en Roma* en defensa del Emperador y descubrirá así su vocación literaria: «en la primera parte muestra Latancio al Arcidiano cómo el Emperador ninguna culpa en ello tiene, y en la segunda, cómo todo lo ha permitido Dios por el bien de la cristiandad». Su *Diálogo de Mercurio y Carón* nace también en su defensa: «La causa principal que me movió a escribir este diálogo fue deseo de manifestar la justicia del Emperador y la iniquidad de aquellos que lo desafiaron». Pero, al escribirlo, le interesa ya el lector, que se divierta: «Por ser la materia en sí desabrida, mientras le cuenta Mercurio las diferencias destos príncipes, vienen a pasar ciertas ánimas, que con algunas gracias y buena doctrina interrumpen la historia». El diálogo que los dos personajes entablan con estas ánimas le da un peso literario extraordinario al texto; sus «gracias» –de raíz lucianesca– se unen a la sátira eclesiástica desde la perspectiva erasmista.

Otro personaje de la corte del Emperador, uno de sus bufones, con la excusa de pergeñar una crónica, crea una obra curiosa.

Francesillo de Zúñiga (Béjar, ?-Salamanca, 1532) escribió una *Crónica burlesca del emperador Carlos V*, obra deslavazada, pero con caricaturas sorprendentes, muestra de su lengua afilada y burlesca que –ya sin protección real– le llevaría a la muerte. Al bufón no le interesa tanto la historia como la burla ingeniosa y tremendamente mordaz. Acaba su obra con fingidas cartas a personajes de la época, del mismo modo que el *Marco Aurelio* de fray Antonio de Guevara, cuya primera versión pretende parodiar.

Las comparaciones que hace son enormemente grotescas y anticipan el descaro verbal de Quevedo o incluso el esperpento de Valle-Inclán. Pero se apoya casi siempre en la misma fórmula para crearlas: «parece...». Su ingenio es instantáneo, no sabe trabarlo. Las asociaciones son insólitas y mordaces: «Este don Francés parecía pastelajo de banquete enharinado o buey blanco en tierra de Campos»; «El dicho marqués parecía pato cocido o liebre empanada». Cosifica, animaliza a los cortesanos en sus caricaturas.

Pedro Mexía (Sevilla, 1497-1551), cosmógrafo de la Casa de Contratación de Sevilla y cronista oficial del Emperador, escribiría la *Historia imperial y cesárea*, recopilación de biografías de los emperadores desde Julio César a Maximiliano I de Austria, abuelo de Carlos V, preparación de la *Historia del emperador Carlos V*, que no terminó, en donde justifica el absolutismo monárquico apoyándose en una concepción providencialista de la historia. Pero sus dos grandes éxitos en toda Europa fueron dos obras misceláneas: sus seis *Coloquios* o *Diálogos*, y sobre todo la *Silva de varia lección*. (El género dialogístico tuvo un extraordinario éxito en este siglo, con obras tan interesantes como las citadas de Alfonso Valdés y de su hermano Juan, *El Crotalón*, el *Diálogo de las Transformaciones de Pitágoras* o el *Viaje de Turquía*.) Mexía escribe sus *Coloquios* con pretensión divulgadora, lo mismo que su *Silva de varia lección* –de la que se hicieron más de cien ediciones en toda Europa–. En ella recopila los temas más diversos sin un engarce claro, a modo de enciclopedia de saberes universales; habla de las ciencias de la naturaleza, desde la complexión del hombre y su psicología (en este campo destaca *El examen de ingenios* (1575) del médico Juan Huarte de San Juan (h. 1529-h. 1588), de enorme éxito también, que interrelaciona la salud individual y la constitución política) a la vida de los animales o la astronomía. Trata temas de historia religiosa universal, biografías de personajes famosos mezclados con relatos maravillosos, leyendas y mitos. Fue una fuente de información e inspiración para numerosos autores, desde Mateo Alemán o Lope de Vega a Sebastián de Covarrubias. Desde la concepción de la necesidad del saber universal que debía tener el escritor, obligatoriamente docto, era una obra indispensable.

Un hecho histórico trascendental dejó también su huella en la literatura: el descubrimiento y colonización de América. Desde el *Diario* y las *Cartas* de Cristóbal Colón, las *Cartas de relación* de Hernán Cortés, a la extensa *Historia general y natural de las Indias* de Gonzalo Fernández de Oviedo o la expresiva *Verdadera historia de los sucesos de la conquista de la Nueva España* de Bernal Díaz del Castillo. Su enorme originalidad tiene un doble origen: el mundo nuevo observado y la capacidad descriptiva de sus autores, a los que no les guía un propósito literario, sino informativo.

Personaje de su propia crónica, Bernal Díaz del Castillo (1492-1581) escribe desde el recuerdo, en su vejez

–con una memoria prodigiosa– y recurre a la literatura –al romancero, a la *Celestina*, al *Amadís*–, a los refranes, para acercar al lector al espectáculo fascinante que ha visto: «Y Cortés respondió, medio enojado, que valía más morir por buenos, como dicen los cantares, que vivir deshonrados».

Al comienzo dice avergonzarse de su obra «grosera» al leer la obra de Francisco López de Gómara (1511-1566?) sobre las conquistas de México y Nueva España (*Historia general de las Indias* [...] *Con la conquista de México y Nueva España*) y advertir «su gran retórica»; pero luego desmiente la información del culto historiador «de oídas», él ha sido, en cambio, testigo de vista. «Era cosa de notar –dice de su entrada en México– que agora que lo estoy escribiendo, se me representa todo delante de mis ojos como si ayer fuera cuando esto pasó». Al final de su obra, se excusa de haber recurrido sólo a su testimonio; los dos licenciados a los que dice haber dado a leer su relación le acusan de decir «secamente, esto hice y tal me acaeció, porque yo no soy testigo de mí mismo». Replicará que cómo puede relatarlo quien no estuvo en la guerra: «¿Habíanlo de parlar los pájaros en el tiempo que estábamos en las batallas, que iban volando, o las nubes que pasaban por alto, sino solamente los capitanes y soldados que en ello nos hallamos?». Es una nueva forma de concebir la historiografía; la relación es a la vez testimonio. Su riqueza lingüística –se nombra un mundo nuevo– se une a la descriptiva y novelesca de su contenido.

El padre Bartolomé de las Casas (Sevilla, 1474-1566) escribe desde su defensa de los indios su apasionada y partidista *Brevísima relación de la destrucción de las Indias* contra los abusos de los conquistadores españoles. Un capitán de los españoles cantando el romance «Mira

Nero de Tarpeya» mientras sus hombres llevan a cabo una espantosa matanza esboza una imagen de la crueldad que denuncia y ataca. Escribe en defensa de una tesis, manifestada ya en el título de la obra. Su palabra pretende la eficacia.

Lectores y libros

Garcilaso, en la carta a doña Jerónima Palova de Almogávar en los preliminares de la traducción de su amigo Boscán de *El cortesano*, al lamentarse de la falta de buenas obras escritas en castellano, apunta con desdén al género de libros que se leía entonces con pasión, «estos libros que matan hombres». En efecto, el éxito de los libros de caballerías nos lo prueban los datos y los testimonios de lectores. Juan de Valdés se «comía las manos» tras las «mentiras» de los libros de caballerías. La madre de santa Teresa era también muy aficionada a leerlos y lo hacía a escondidas de su marido; Teresa seguiría sus pasos: «era tan extremo lo que en esto me embebía que, si no tenía libro nuevo, no me parecía tenía contento» (*Vida*, II).

El Pinciano cuenta el desmayo de su amigo Valerio al leer el *Amadís*, «estaba leyendo –cuenta éste– en *Amadís* la nueva que de su muerte trujo Archelausa y diome tanta pena que se me salieron las lágrimas; no sé lo que más pasó, que yo no le he sentido» (epístola 2.ª de su *Filosofía Antigua Poética*, 1596). Lo cuenta como ejemplo del daño que pueden causar «esas ficciones».

El éxito del género alcanza su cenit a mediados del siglo XVI y se mantiene hasta finales. Se imprimen 267 ediciones entre 1501 y 1650. En ese contexto, la figura de don Quijote se yergue plenamente coherente en su locura.

Como ya dice Juan de Valdés en su *Diálogo de la lengua* y lo reafirma el escrutinio de la biblioteca de don Quijote, la calidad de la mayoría de esos populares libros de caballerías era muy poca. Tiene también razón el barbero al decir del *Amadís de Gaula* (1508) «que es el mejor de todos los libros que de este género se han compuesto»; lo salva del fuego (*Quijote*, I, 6). A mitad de siglo, la novela pastoril y la morisca, y más tarde la cortesana, sustituirán a los libros de caballerías en el favor del público que las leía: caballeros, damas, clérigos, hombres cultos.

Cuenta Francesillo de Zúñiga en su *Crónica burlesca* que el Emperador para celebrar el nacimiento de su hijo, el futuro Felipe II, «tenía concertados torneos y aventuras de la manera que *Amadís* lo cuenta»; pero los suspende al saber lo ocurrido en el saqueo de Roma.

Si no sorprende demasiado el atractivo que podían ejercer esas historias fabulosas, sí lo hace el éxito de la épica culta a partir de la segunda mitad de siglo: entre 1550 y 1650 se imprimen en España unos setenta poemas épicos (*La Araucana* tuvo 23 ediciones entre 1569, fecha en que se publica la *Primera parte* –la *Segunda* es de 1578– y 1632). Su éxito iba unido a la afición que los caballeros debieron tener por su materia, el canto de hazañas de conquistadores, y por el reto que significaba para los escritores: su materia heroica les permitía el uso del estilo sublime y dar así el mayor ornato posible a la lengua.

El soldado Alonso de Ercilla (1533-1599) historia poéticamente hechos que vio –fue testigo y actor en la guerra de las tierras araucanas, chilenas– para glorificar «...el valor, los hechos, las proezas/ de aquellos españoles esforzados/ que a la cerviz de Arauco no domada/ pusieron duro yugo por la espada.» y al mismo tiempo el heroísmo con que los araucanos defendieron su tierra chilena. La obra es un poema heroico-histórico. Ercilla habla de «la historia verdadera», pero tiene licencia para inventar episodios fantásticos, intercalar historias amorosas o presentar a los indios como personajes poéticos, capaces de las mayores heroicidades o fechorías. La rotunda musicalidad de algunas octavas, la fuerza de sus comparaciones hace que su lengua poética alcance a menudo la intensidad que correspondía al estilo sublime. Cuando Valdivia –destrozado su ejército– huye y los indios lo persiguen, Ercilla evoca una cacería con una comparación que se apodera de la estrofa: «Cual suelen escapar de los monteros/ dos grandes jabalís fieros, cerdosos,/ seguidos de solícitos rastreros/ de la campestre sangre cudiciosos,/ [...] con no menor cudicia y pies livianos,/ arrancan tras los míseros cristianos».

Describirá con enorme intensidad dramática la muerte de Caupolicán, y con fuerza épica las batallas. Otros escritores siguieron su estela, pero no consiguieron igualarle (por ejemplo, Pedro de Oña con *El Arauco domado*, 1596). Sí hay que destacar otras epopeyas cultas: *El Bernardo o Victoria de Roncesvalles* (1624) de Bernardo de Balbuena, de materia caballeresca; y *El Monserrate* (1587) de Cristóbal de Virués y *La Cristíada* (1611) de fray Diego de Hojeda, de materia religiosa.

Tan leídos como el *Amadís* fueron el *Relox de príncipes y Libro de Marco Aurelio* y *Las epístolas familiares* del predicador y cronista real fray Antonio de Guevara (¿1481?-1545), obispo de Mondoñedo. Prosista de gran fuerza y eficacia, con amplios periodos retóricos, mezclaba citas auténticas a falsas, inventaba con total naturalidad. Transgredía, en suma, una de las normas de la creación literaria; en vez de imitar, inventaba los modelos. La historia imaginaria del emperador Marco Aurelio junto con unas supuestas cartas suyas le permiten trazar el perfil del príncipe cristiano, moralizar o burlarse, predicar y, sobre todo, entretener.

Es un «incansable cultivador de la literatura apócrifa», como dice Menéndez Pelayo. Intercala interesantes episodios, de gran fortuna literaria –sus obras se leyeron en toda Europa–, como el del villano del Danubio. Este personaje, un germano, dirige a los romanos un apasionante discurso contra la injusticia y la esclavitud: «¿Sabéis que habéis hecho, oh romanos? Que nos hemos juramentado todos los de aquel mísero reino de no llegar más a nuestras mujeres y de matar a nuestros proprios hijos, y esto por no los dejar en manos de tan crudos tiranos como sois vosotros; porque más queremos que mueran con libertad que no vivan con servidumbre.» La alabanza del villano que hace el emperador es una perfecta muestra de la rebosante prosa oratoria del franciscano: «¿Qué os parece, amigos? ¡Qué núcleo de nuez, qué oro de escoria, qué grano de paja, qué rosa de espina, qué cañada de hueso y qué hombre tan heroico allí se descubrió!»

En su *Menosprecio de corte y alabanza de aldea*, defiende la vida retirada frente a la cortesana, el conocimiento y dominio de uno mismo y la renuncia a los bienes y vanidades mundanos. Expone esas ideas senequistas unidas a la exaltación de lo natural, tan renacentista, desde su perspectiva de cortesano experimentado, que da viveza a la exposición.

Fray Antonio de Guevara apasionaba y entretenía. Sus *Epístolas familiares* son auténticos ensayos, con algún episodio tan divulgado como el de Andrónico y el león. Para divertir, deformaba incluso la materia religiosa con ocurrencias, con salidas de tono; su *Oratorio de religiosos* (santa Teresa lo recomendaba) es un libro más de entretenimiento que de reflexión religiosa. Hizo de la historia novela; de la cita, invención.

La Celestina fue también una obra muy leída en la Edad de Oro, y su protagonista, personaje popular. Una imitadora suya, la Lozana andaluza, tiene el libro en su casa y, como no sabe leer, le pide a Silvano, un amigo del autor, que se la lea, y sabe apreciar muy bien la forma de hacerlo: «Señor –le dice ella– velda aquí, mas no me la leen a mi modo, como haréis vos».

Se sucedieron las ediciones, se continuó la obra (la *Segunda Celestina* de Feliciano de Silva, la *Tercera Celestina* de Gaspar Gómez de Toledo), se imitó y su huella puede verse en numerosas obras, desde la anónima *Comedia llamada Thebayda* (Valencia, 1521), la comedia *Himenea* de Torres Naharro a *La Dorotea* de Lope de Vega.

Un autor y su personaje: el *Retrato de la Lozana andaluza*

Francisco Delicado (¿1480?-¿1534?) escribe en Italia, a la sombra de *La Celestina,* su *Retrato de la Lozana andaluza* (Venecia, 1528); dice lo que vio y oyó y lo presenta como traslación de la realidad. Para probarlo se incluye como un personaje más en ese relato dialogado. (Escribiría también *El modo de adoperare el legno de India,*1529, que le ayudó a curarse de la sífilis; y editaría el *Amadís,* el *Primaleón* y la *Celestina* en Italia.) Lozana, puta, alcahueta, medio bruja, curandera, comparte habilidades con su antecesora, pero sabe trocar vida y nombre a tiempo y se salva del saco de Roma, donde vive y cuyas calles recorre. Su criado Rampín –que, como pícaro, ha tenido varios amos– será su compañero, amante e interlocutor. La riqueza lingüística del habla coloquial en donde se entreveran varias lenguas se une a la recreación del espacio, movimiento y gestos a través del diálogo. El autor, al escribir un capítulo -el mamotreto XVI-, se ve sorprendido por Rampín, su personaje, que ve el texto («¿Qué testamento es éste?») y le invita a ir a casa de la Lozana. Al principio se excusa porque dicen que no hace «sino mirar y notar lo que pasa, para escrebir después». El libro se está gestando dentro de la propia obra. En presencia de la Lozana, pedirá a Rampín papel y tinta para «notar aquí una cosa que se me recordó agora». Ella es consciente de la labor del autor, y a Silvano, que le dará noticias de la patria del autor, le confiesa cómo le quiere mucho porque «me contrahace tan natural mis meneos y autos».

El autor constata con su presencia la realidad de lo que narra. Francisco Delicado, con sus profecías sobre el saco de Roma añadidas después de los hechos, lo afinca en un tiempo histórico. Pero salva a su desgarrado personaje, «la cual se apartó con tiempo y se fue a vivir en la ínsula de Lípari y allí se mudó el nombre y se llamó la Vellida». Queda atrás su vivísimo diálogo lleno de erotismo, al que se incorporan anécdotas folclóricas y donde no falta un impresionante retrato de las putas viejas y la defensa apasionada de una jubilación para ellas. Se ha creado con él un retrato literario de un personaje lleno de fuerza, de sensualidad, de desvergüenza, en un ambiente rufianesco de una Roma real de principios del siglo XVI, ciudad que conocían muy bien los soldados españoles. La comedia *Soldadesca* de Torres Naharro nos ofrecerá una pintura real de los soldados mercenarios, muertos de hambre, que están dispuestos a enrolarse en el ejército que sea: viven de la muerte. El plurilingüismo de *La Lozana* refleja el mosaico cultural que componía la sociedad romana.

La autobiografía de un pícaro: *La vida de Lazarillo de Tormes*

Y reales son los espacios por donde transcurre la vida de Lazarillo de Tormes, un pregonero de Toledo, que él mismo nos cuenta. En 1554 se publican las tres primeras ediciones conservadas de este relato revolucionario, *La vida de Lazarillo de Tormes, y de sus fortunas y adversidades* (en Burgos, Amberes y Alcalá de Henares, ésta con adiciones). Fue incluido en el *Índice* de libros prohibidos del inquisidor Valdés en 1559, y en 1573 apareció su edición expurgada. En forma de carta en respuesta a otra de un corresponsal anónimo («vuestra merced»), Lázaro cuenta en primera persona dónde y cómo nació, quiénes fueron sus padres y a qué amos sirvió hasta llegar a ser pregonero de Toledo y casarse con una criada del arcipreste de San Salvador, «servidor y amigo de vuestra merced». El anónimo autor de esta narración delegó en su personaje, un pobre muchacho que tiene que usar su ingenio para sobrevivir, toda la responsabilidad del relato. Lo hace «pues Vuestra Merced escribe se le escriba y relate el *caso* muy por extenso, parescióme no tomalle por el medio, sino del principio». Concluye cuando jura a su mujer no volverle a hablar de los rumores que circulan sobre su deshonra –es amante del arcipreste– y sentencia: «Hasta el día de hoy nunca nadie nos oyó sobre el *caso*». ¿El término *caso* en dos lugares tan estratégicos se refiere al mismo hecho? Se justificaría así el relato; éste sería el asunto que tendría que contarle a su corresponsal Lázaro. Daría así unidad al texto, su cierre vendría anunciado desde el comienzo. Por esta lectura se inclina buena parte de la crítica. ¿Sobrepasará el ingenio del erudito al del propio autor o sólo lo pone de manifiesto? ¿Podía leer el relato con esa mirada abarcadora el lector contemporáneo? Sea o no *el caso* «la cumbre de toda buena fortuna» (ser pregonero cornudo) que irónicamente alcanza Lázaro y que le lleva a escribir esa insólita carta de relación, su relato partía de un género para crear otro. Sus continuadores hicieron posible que hoy leamos esa carta como una novela picaresca. El nuevo tipo de narración abriría el camino a la novela moderna: su tiempo y espacio reales; su protagonista, un mozo de ciego que consigue llegar a pregonero; el relato de su vida vulgar llena de penalidades, de hambre. Sin caballeros, sin hazañas, sin hechos ni escenarios maravillosos, sin amores. Sea o no circular (con el *caso* como enlace o no), el relato nos ofrece una estructura en sarta con el paso de Lázaro de amo en amo (la huella de *El asno de oro* de Apuleyo aparece en muchos lugares). Cuenta por extenso su vida con los tres primeros: el ciego, su maestro; el clérigo de Maqueda y el pobre escudero. Forman una gradación ascendente en su pasar hambre. «Escapé del trueno y di en el relámpago» dirá al comienzo del tratado segundo cuando empieza a servir al clérigo. Y al ver que el transcurso de las horas con su tercer amo no desemboca en la comida ansiada, sabe que ha topado con otro peor, al que llegará a dar parte de lo que él consiga pidiendo.

Después de los tres primeros tratados en los que se detiene ampliamente en su servicio a los tres amos, se suceden éstos con mayor rapidez: el fraile de la Merced, el buldero, el sólo nombrado maestro de pintar panderos, el capellán y el alguacil. El relato está en su mayor parte protagonizado por Lázaro niño, entre los doce y catorce años. Su ascenso al «oficio real» de pregonero le conseguirá esa cumbre de toda buena fortuna infamante que coronan los cuernos que su mujer le pone con los beneficios que le aportan. El hijo del molinero ladrón y de la mujer que se amanceba con un negro también ladrón no puede conseguir un ascenso más honroso. Su llegada «a buen puerto» remando con fuerza y maña –como se ofrece como ejemplo en el prólogo– le lleva a tal prosperidad: come y tiene paz en su casa. Él, como su madre, determina «arrimarse a los buenos»; y la indignidad los cubre a ambos. El ejemplo no es tal.

El anónimo autor incorpora materiales folclóricos a su relato ensamblándolos perfectamente en la estructura, a veces marcada, del texto. La calabazada que el ciego le da a Lázaro en el toro del puente de la entrada a Salamanca tiene una correspondencia inversa con el golpe que su amo se da contra el poste, siguiendo sus indicaciones, al final del tratado.

Histórico es el tiempo del relato, real la geografía, conocidos los tipos que desfilan, pertenecientes ya a la tradición: el ciego astuto y avaricioso, el clérigo mezquino, el escudero presuntuoso y arruinado, el buldero estafador... La inteligente ironía destruye al propio protagonista, que cuenta su aprendizaje como fruto del esfuerzo y que consigue como premio la deshonra. Y también a los miembros de la Iglesia que desfilan: el clérigo de Maqueda, el fraile de la Merced, el buldero, el capellán y el arcipreste. El anticlericalismo del autor es innegable, pero la obra fue sobre todo leída por sus contemporáneos como de burlas, esencialmente divertida. Figuraría en el *Índice de libros prohibidos* de 1559, y así se interrumpió su difusión hasta 1573, en que se reimprime expurgada, pero sus supresiones no afectan a la esencia de la obra, son cosas corticales.

La lengua de Lázaro guarda el decoro del personaje, es de uso habitual, con expresiones coloquiales, refranes y frases hechas, sumamente expresiva. El relato fluye con fuerza; es ágil, preciso. Los adjetivos que aplica a los personajes anticipan su actuación inmediata. Dice «el negro de mi padrastro» cuando cuenta la anécdota de su hijo negrito huyendo de él. En cambio, habla del «triste de mi padrastro» al decir que lo «azotaron y pringaron». Frente a ese mínimo anticipo, nunca el narrador, Lázaro pregonero, nos adelanta el desenlace de la sucesión de anécdotas hechas peripecias que vive. El comienzo del tratado tercero plasma magistralmente la lentitud del paso del tiempo («Era de mañana... dio las once... dio la una... y yo luego vi mala señal por ser casi las dos») para el pobre Lázaro que espera en vano la llegada de la comida con su nuevo amo, el escudero. Y extraordinaria es también la descripción de su casa, «lóbrega, triste, oscura», en silencio, sin nada, que parecía «casa encantada». El anónimo autor la utilizará más adelante para incluir no muy hábilmente la anécdota folclórica, de origen árabe, del llanto de la viuda.

El *Lazarillo* tuvo un éxito editorial limitado, pero una trascendencia decisiva. Mateo Alemán siguió su camino, y de esta forma, ese relato autobiográfico de un pícaro que sirve a distintos amos inició un género, la novela picaresca. Con sus personajes reales, de baja estofa, en un marco histórico, contemporáneo al autor, que lo pinta con verismo social, iniciaba además el camino de la novela moderna; las andanzas de don Quijote lo ampliaría.

Ya en 1555 se publicó en Amberes una lucianesca continuación, *La segunda parte del Lazarillo*, que no tuvo éxito; y mucho más tarde, en 1620, en París, la *Segunda parte del Lazarillo de Tormes*, de Juan de Luna, que subraya la crueldad del mundo que rodea al pobre pícaro –su Lázaro irá de paliza en paliza entre las burlas de los demás– y contiene logradas escenas cómicas.

Los libros de pastores

Figuraban con razón en la biblioteca de don Quijote porque desde la publicación de *Los siete libros de la Diana* de Jorge de Montemayor (Valencia, 1558 o 1559), el éxito del género fue extraordinario (en treinta años aparecieron más de veinte ediciones). El cura, recogiendo el sentir erasmista, los quiere salvar por ser «libros de entendimiento, sin perjuicio de tercero», frente a los perniciosos libros de caballerías. Pero la sobrina ve también el peligro de su imitación, y sólo se salvarán de la hoguera la citada *Diana*, la *Diana enamorada* (1564) de Gil Polo, que la continúa, y *El pastor de Fílida* (1582) de Luis Gálvez de Montalvo (se le suma una obra de Lofraso, que elogia con ironía el cura).

Los libros de pastores son la novelización de la casuística amorosa que plantean teóricamente los tratados de amor. Los personajes encarnan casos amorosos (el que ama sin esperanza de ser correspondido, el que fue amado y luego despreciado, el que amó y ha olvidado...) que cuentan –es más lo narrado que lo vivido– y hablan de otros. Es muy frecuente la escena de un pastor escondido escuchando el relato que cuentan otros; en la *Diana*, Sireno oirá su propio caso amoroso hecho canto en boca de la ninfa Dorida. Lo compuso el pastor Celio que, escondido, oyó y vio su despedida de su amada Diana.

Incluso actúan a veces como si vivieran en aquel momento una situación amorosa distinta que protagonizaron en su pasado y que ya no se corresponde con la actual. Sireno y Silvano cantan como si estuvieran todavía enamorados de Diana, «hagamos cuenta que estamos los dos de la manera que esta pastora nos traía al tiempo que por este prado esparcíamos nuestras quejas».

En *Los trabajos de Persiles y Sigismunda* de Cervantes, aparece de pronto una pastora que pregunta «¿Señores, pedirlos he o darlos he?». El protagonista, Periandro, contesta sin vacilación: «Hermosa zagala, si son celos, ni los pidas ni los des...». Ella, tras oír el consejo, se marcha. Es realmente un personaje de libro de pastores; el de la novela bizantina lo reconoce y le responde como a tal.

La estructura abierta de las obras permite añadir nuevos casos o continuarlos, como hizo el valenciano Gaspar Gil Polo con los que dejó sin resolver Jorge de Montemayor. Admiten estas obras que se inserten en ellas otro tipo de material. La edición de Valladolid de 1562 de la *Diana* incluyó en boca de Felismena, una de sus protagonistas, *El Abencerraje y la hermosa Jarifa*, novela morisca. Al final de la *Diana enamorada* se describen diversos juegos cortesanos, incluida una naumaquia, fiestas de las bodas resultantes de la trama, y la *Arcadia* (1598) de Lope de Vega ofrecía una descripción del funcionamiento de un *Libro de suertes*, juego cortesano de adivinación que tuvo un gran éxito en toda Europa y que, al ser incluido en el *Índice* de 1559, no pudo circular más que de forma manuscrita. Incluía también una lección de quiromancia, pero ambos pasajes se suprimieron en la edición de Valencia de 1602.

En una naturaleza estilizada, cortesanos disfrazados de pastores se lamentan de sus cuitas amorosas. La mujer es el centro de este universo pastoril, presidido por la diosa Diana.

Jorge de Montemayor, de origen portugués, nace hacia 1520 y muere en Piamonte en 1561, en un lance de amor («por ciertos celos o amores»). Poeta amoroso y religioso, su cancionero se divide en dos partes (*Las obras de George de Montemayor repartidas en dos libros*, Amberes,

1554), y en él predominan las formas tradicionales para los poemas religiosos mientras el asunto amoroso lo exponía en sonetos, canciones y églogas. Se incluyó en el *Índice* de 1559 su poesía religiosa. Animador de fiestas palaciegas (escribe *autos* navideños) y músico, traduce a Ausias March al castellano. Inaugura con *Los siete libros de la Diana* una nueva forma literaria del bucolismo que triunfó en la vida cortesana de la segunda mitad de siglo y lo hizo en su perfección.

En esta nueva forma narrativa, sus protagonistas, los pastores, llevan a cabo una peregrinación que acaba en el palacio de la sabia Felicia, poseedora de un agua maravillosa que resuelve mágicamente los casos amorosos que no lo han sido por el desarrollo de la trama a lo largo del relato. Con acierto decía el cura del *Quijote* que tenía que quitarse de la obra «todo aquello que trata de la sabia Felicia y de la agua encantada» (I, 6), herencia de los libros de caballerías. Pero la estructura de peregrinación se incorporaría a la novela bizantina, reforzada por la sucesión de peripecias y por el objetivo religioso.

El personaje principal del relato no es la propia Diana sino Felismena, que a su vez es la protagonista de la primera novela cortesana de nuestra literatura. Montemayor tomó de Bandello su historia amorosa con Félix y la incorporó a su obra con escenas de una gran finura psicológica, con cartas, con la figura de la mujer disfrazada de hombre y dolorosos equívocos. El género pastoril, que en parte estaba unido a soluciones inverosímiles propias de los libros de caballerías con los que competía, acogía ya la gran novedad en el género narrativo: la novela cortesana. Unía además prosa y verso, porque los lamentos de los pastores se vertían siempre en metro (el valenciano Gil Polo, ¿1540?-?1585?, introduce novedades versificatorias en su *Diana enamorada*). Si se le hubiera quitado «casi todos los versos mayores» a la *Diana,* como quería el cura, se hubiera destrozado la obra, que ofrecía desde su modelo inmediato, la *Arcadia* de Sannazaro, ya determinadas estrofas como obligadas. El canto en alabanza de damas en octavas en boca de un personaje mitológico lo encontramos como rasgo del género que une la *Diana* con la *Diana enamorada.* Gaspar Gil Polo introduce variedad en la estructura y refuerza la unidad de la composición.

Berganza, el perro cervantino, habla con Cipión de «que no debía de ser verdad lo que había oído contar de la vida de los pastores; a lo menos, de aquellos que la dama de mi amo leía en unos libros cuando yo iba a su casa, que todos trataban de pastores y pastoras, diciendo que se les pasaba toda la vida cantando y tañendo con gaitas, zampoñas, rabeles y chirumbelas». Nada tienen que ver estos pastores literarios con aquellos a los que él sirve (*Coloquio de los perros*). Don Quijote, vencido como caballero, imagina hacerse pastor Quijotiz «y entretenerse en la soledad de los campos, donde a rienda suelta podía dar vado a sus amorosos pensamientos», pero la cordura y la muerte acaban con su proyecto. Cervantes no sólo escribe *La Galatea* (1585), que comienza *in media res* como las novelas bizantinas e introduce un asesinato (el pastor Carino) en el mundo idílico pastoril, sino que incluye el relato pastoril (la historia de Marcela y Grisóstomo) en la primera parte del *Quijote* y hace reaparecer a muchachas disfrazadas de pastoras en la segunda.

Lope de Vega escribió la *Arcadia* (1598) –él aparece en el relato como el pastor Belardo– y un libro de pastores a lo divino: *Los pastores de Belén* (1612), en torno al nacimiento de Cristo.

La moda pastoril se mantendría hasta el primer cuarto del siglo XVII. Los pastores con sus lamentos amorosos no tuvieron más entidad que la de sus casos amorosos.

Moros y cristianos, leales caballeros: la novela morisca

Más breve fue la irrupción de la maurofilia en romances y novelas. Pero la figura del moro fue paralela a la del pastor en los romances; sólo les distinguen los vestidos y los nombres. Ambos son fieles amadores. La *Diana* de Montemayor, en su edición de Valladolid (1562) fue el vehículo de difusión de la más famosa novela morisca, *El Abencerraje*, que también se imprimió en *El inventario* (1565), miscelánea de Antonio de Villegas. Don Quijote, molido y quebrantado, se acuerda del moro Abindarráez «cuando el alcaide de Antequera, Rodrigo de Narváez, le prendió y llevó cautivo a su alcaidía» y le contestará a Pedro Alonso, un labrador vecino suyo, «las mesmas palabras y razones que el cautivo abencerraje respondía a Rodrigo de Narváez, del mesmo modo que él había leído la historia en la *Diana* de Jorge de Montemayor, donde se escribe» (I, 5).

Si don Quijote puede identificarse con el joven Abencerraje es porque éste es un caballero de linaje, enamorado, que cumple su palabra y se equipara en nobleza y caballerosidad a su antagonista, el experimentado Rodrigo de Narváez. El breve relato se centra en una lección de generosidad: el noble cristiano dejará libre al moro para que se reúna con su amada Jarifa que le está esperando, y éste regresará a su prisión como había prometido. Una escaramuza de frontera sirve como fondo histórico al relato que apunta hacia la generosidad entre enemigos. Abindarráez protagoniza una historia amorosa que cuenta al alcaide de Antequera y que desemboca en el matrimonio secreto (que tanta materia dio a novelas y comedias). Tiene algún momento de gran belleza, como cuando ve la imagen de su amada Jarifa reflejada en las aguas de la fuente y en todas partes adonde mira.

El género morisco culminaría en las *Guerras civiles de Granada* (1595) de Ginés Pérez de Hita, que luchó contra los moriscos de las Alpujarras. Narra los últimos años del reino de Granada hasta su conquista por los Reyes Católicos (1492), mezcla historia y ficción; los romances moriscos son su fuente; su descendencia, la novela histórica. Espléndida descripción de la corte granadina y sus fiestas, cuyos protagonistas, los árabes, aparecen como idealizados caballeros valientes y nobles. Su segunda parte (1619) describe la rebelión de los moriscos de la que el autor fue testigo.

En la primera parte del *Guzmán de Alfarache* (1599), Mateo Alemán narra la *Historia de los dos enamorados Ozmín y Daraja* (lib. I, cap. VIII), con las peripecias que alejan a los protagonistas antes del final feliz de su historia. Cervantes contará en la primera parte del *Quijote* la historia del cautivo, y en la segunda, la del morisco Ricote.

Miguel de Cervantes: «Yo soy el primero que he novelado en lengua castellana»

Cervantes así lo afirma en su prólogo a las *Novelas ejemplares* y es verdad. La historia de Félix y Felismena formaba parte de la materia novelesca de la *Diana* y procedía de Bandello. *El patrañuelo* (1567) de Juan Timoneda es la primera colección de novelas escritas a imitación de las italianas.

El valenciano Juan Timoneda (¿1518?-1583) es colector y editor de romances (*Rosa de amores, Rosa española, Rosa gentil* y *Rosa real*, con romances viejos y nuevos) y de las obras de Lope de Rueda. Poeta y autor de teatro (autos recogidos en un *Ternario espiritual* y dos *sacramentales; La Turiana*, colección de farsas, comedias, autos y entremeses, obras adaptadas o creadas por él), escribe *Sobremesa y alivio de caminantes* (1563 y 1569), *Buen aviso y portacuentos* (1564), colección de breves cuentos, sucesos, anécdotas y dichos agudos.

En *El patrañuelo,* Timoneda resume en una prosa llana, sin artificio alguno, argumentos que toma de diversas fuentes. Encabeza el valenciano sus veintidós *patrañas* (que él enlaza con las *novelas* toscanas) con una redondilla, esbozo del argumento, y que recuerda los pareados finales de los cuentos del *Conde Lucanor*. Y, en efecto, algunas de sus patrañas son cuentos, más que novelas, así la «catorcena», con más gracia y precisión constructiva que las otras, que recrea el relato folclórico *El rey Juan y el abad de Cantorbery*.

Miguel de Cervantes es, pues, el indiscutible creador y maestro del género. Sus doce *Novelas ejemplares* (1613) lo introducen definitivamente en España, le dan distintas formas y lo hacen con genialidad magistral. La *novela* no tenía autoridad que la dignificase. Los rasgos aristotélicos de la épica, la narración, se aplicarían a otro género que también cultivaría Cervantes, el relato bizantino, que sí tenía antecedentes: Heliodoro y Aquiles Tacio.

Miguel de Cervantes Saavedra (Alcalá de Henares, 1547-Madrid, 1616) fue discípulo de Juan López de Hoyos, quien le publica sus cuatro primeras poesías conocidas, en

1569. Tras huir de Madrid por un conflicto con la justicia, irá a Roma, donde le protegerá Giulio Acquaviva, futuro cardenal. Como soldado interviene en la batalla de Lepanto (1571), en donde le hieren en pecho y mano izquierda, que le queda anquilosada. También participó en la conquista de Túnez (1573), y con su guarnición estuvo en Mesina, Palermo y Nápoles. En septiembre de 1575, al regresar de Nápoles a España, lo apresan los turcos frente a la Costa Brava junto a su hermano Rodrigo. En Argel será esclavo del renegado griego Dali Mamí y permanecerá cautivo cinco años, durante los que intentó fugarse cuatro veces. Los frailes trinitarios lo rescatan en 1580. Ya en Madrid, entre 1583 y 1585, escribe teatro, que se representa. En 1584 tiene una hija, Isabel de Saavedra, de Ana Franca, o Vilafranca, de Rojas, y se casa con la joven Catalina de Palacios y Salazar, de Esquivias, en donde va a residir.

En 1585 publica su novela pastoril *La Galatea*. De 1587 a 1600 vive en Sevilla como comisario de abastos requisando cereales y aceite para la expedición de Felipe II contra Inglaterra (deshecha la armada invencible en 1588). Lo encarcelan en Castro del Río en 1592 por supuestas irregularidades, lo liberan; pero volverá a ser encarcelado unos meses en Sevilla en 1597 por la quiebra del banquero al que había depositado el cobro de impuestos.

Desde 1603 reside en Valladolid, lugar de la corte, con su familia. No consigue para su *Quijote* –cuya redacción estaba ya muy adelantada– sonetos introductorios laudatorios; lo publicará Juan de la Cuesta a principios de 1605 (el privilegio es de 26 de septiembre de 1604), y a mediados de año se imprimiría ya una segunda edición.

El 27 de junio de 1605 matan a la puerta de su casa al caballero Gaspar de Ezpeleta, y detienen injustamente a Cervantes y a su familia, a los que procesan.

En 1607 están de nuevo en Madrid (la corte se había trasladado en 1606). En 1613 publica sus *Novelas ejemplares*, y en 1614 su largo poema *Viaje del Parnaso*, con alusiones a amigos y enemigos literarios, inspirado en el *Viaggio in Parnaso* (1582) y en su apéndice *Avvisi di Parnaso* de Cesare Caporali. En verano de este año se imprime en Tarragona una apócrifa segunda parte del *Quijote* firmada por Alonso Fernández de Avellaneda, quien insulta a Cervantes en su prólogo. Este acabará con presteza, y publicará al año siguiente, la segunda parte de *El ingenioso caballero don Quijote de la Mancha*; y en ese mismo 1615 publicará también sus *Ocho comedias y ocho entremeses nuevos, nunca representados*. Muere el 22 de abril de 1616 en Madrid. En 1617 su viuda manda imprimir su novela bizantina *Los trabajos de Persiles y Sigismunda*, que Cervantes dedica al conde de Lemos tres días antes de morir.

Miguel de Cervantes nos ofrece con sus doce novelas «horas de recreación» y lo logra con distintos procedimientos. *Rinconete y Cortadillo, El licenciado Vidriera*, en parte *El casamiento engañoso* y el *Coloquio de los perros* convierten a la palabra ingeniosa o a la mirada sobre una realidad ya captada por el autor del *Lazarillo* en el centro del relato. *La gitanilla, La española inglesa, La fuerza de la sangre* y *La ilustre fregona* se asientan sobre la agnición, el reconocimiento (*La gitanilla* nos ofrece un ejemplo perfecto que se apoya en objetos, en marcas corporales, en sentimientos). *El amante liberal* acumula peripecias que dan rasgos al relato de novela bizantina, y al mismo tiempo la narración del cautivo nos lleva a la experiencia vivida de Cervantes. *Las dos doncellas* nos presenta a dos mujeres disfrazadas de hombres –elemento narrativo que unirá la novela a la comedia de enredo– y el planteamiento de un caso amoroso con dos variantes encarnadas por las dos protagonistas: Marco Antonio ha dado doble palabra de matrimonio, pero en un caso se ha limitado a sancionarla con un escrito, en el otro lo ha consumado.

En *El celoso extremeño*, ridiculiza al viejo celoso –como en su entremés–, pero lo hace creando un espacio fortaleza, fruto de la obsesión de su personaje, y narrando paso a paso su conquista. Hará que Leonora, su protagonista, enmudezca y se desmaye y no pueda decir a su viejo marido que no ha caído en adulterio, sólo para que éste muera convencido de su condición de cornudo, y su mujer salve la honra. Es una obra maestra, como lo es *La señora Cornelia*, en donde Cervantes deja a veces que los propios personajes alarguen la trama; como la duquesa inventa aventuras a don Quijote, el duque de Ferrara miente a los otros personajes y los desconcierta, sólo para preparar una escena absolutamente teatral que los sorprenda.

Rinconete y Cortadillo son testigos de la vida y actividades del hampa sevillana y aprendices de rufianes. Sevilla, que centraliza el comercio con las Indias a través de la Casa de Contratación (1503), se convertirá en la mayor ciudad de España (más de 100.000 habitantes) y en el centro de confluencia de aventureros y marginados.

El noble Diego de Carriazo está absolutamente fascinado por la vida picaresca y la vivirá en *La ilustre fregona*, hasta que el final feliz de la peripecia amorosa de su amigo Tomás de Avendaño gracias a la agnición (Costanza no es una fregona) le llevará a renunciar a su azaroso papel y a recuperar su lugar social. El alférez Campuzano y doña Estefanía son tal para cual, expertos en el arte del embuste; el mal francés –la sífilis– que ella le deja como recuerdo le llevará al Hospital de la Resurrección, en donde oirá

–o soñará– y escribirá el coloquio de los perros Cipión y Berganza. Tanto el licenciado Peralta, cuya lectura se reinicia con la del lector, como los propios perros dudan de la realidad de su facultad de habla, porque no son los personajes de una fábula, sino de un relato picaresco, pues el ir de amo en amo que cuenta Berganza nos lleva a la estructura en sarta del relato de Apuleyo o a la vida itinerante de los pícaros. Pero su interlocutor, Cipión, tiene ese papel, constante en la obra cervantina, del que enjuicia el proceso de creación.

Cervantes como autor o narrador participa en ocasiones en la acción, así juzgará la actitud de Preciosa ante su enamorado Andrés cuando alaba a su competidor. Se convierte en su interlocutor: «Mirad lo que habéis dicho, Preciosa, y lo que vais a decir; que ésas no son alabanzas del paje, sino lanzas que traspasan el corazón de Andrés, que las escucha». Junto a su reproche, le hace ver una realidad («Volved los ojos y veréisle desmayado...») que luego niega cuando recupera su papel de narrador («no se desmayó, pero perdió la color...»).

Cervantes sabe que tiene en su mano crear las variantes que quiera de la materia narrativa que maneja. Puede no querer saber por qué hace algo de su personaje («sólo no sé qué fue la causa que Leonora no puso más ahínco en desculparse y dar a entender a su celoso marido cuán limpia y sin ofensa había quedado en aquel suceso; pero la turbación le ató la lengua, y la priesa que se dio a morir su marido no dio lugar a su disculpa», *El celoso extremeño*) o puede reproducir palabras que dijo un personaje advirtiendo que «fueron éstas o otras semejantes» (*La fuerza de la sangre*). El juego narrativo es infinito en la pluma de Cervantes. Se coloca dentro, fuera de la materia novelesca, la presenta como real, como aproximada, la niega, dice desconocer parte de ella, hace que nunca se desmientan mentiras de sus personajes y, por tanto, queden como verdades (¿o no?) para los demás (*El amante liberal*). Sólo cuenta parte de lo que podría contar y crea así la profundidad de la zona en sombra en la materia novelesca. O se erige en director teatral y escenógrafo convirtiendo la acción en espectáculo teatral. Hay procesiones observadas con arrobo por otros personajes: así la aparición de Leocadia con su hijo de la mano precedida de dos doncellas, en *La fuerza de la sangre*, o la de Cornelia en medio del cura y del duque, seguidos por la doncella y las dos amas en *La señora Cornelia*. El lector ve cómo se asombran y se admiran los personajes que contemplan la escena.

En *Las dos doncellas* creará una compleja escenografía. En un ancho valle, las dos protagonistas observarán un desafío; luego se acercarán y reconocerán a los personajes. Y esta nueva escena, que culmina con la fusión en abrazo de todos, será contemplada ahora por una multitud que se aproxima. En *Rinconete y Cortadillo*, incluirá un entremés, protagonizado por Juliana la Cariharta y su rufián Repolido, que observan los personajes que están en el patio de Monipodio; culmina con música de escoba, chapín y un plato roto.

Hace ver a sus lectores escenas que crean unos personajes y a otros que las observan admirados. A veces el lector sabe más que los otros personajes y goza con su mirada. En *Las dos doncellas*, ven abrazarse a un paje y a Marco Antonio sin saber que el paje es Teodosia disfrazada de hombre. Cervantes novelando nos enseñó a ver hasta «un mudo y sosegado silencio» a través de Ricardo en *El amante liberal*.

Transformaba en materia novelesca historias amorosas con peripecias y agniciones o la organización del hampa sevillana o sentencias ingeniosas de un loco visionario que satiriza la realidad cotidiana. La novela nacía espléndida. Cuando Lope, por la insistencia de Marta de Nevares, se anima a novelar, tiene que reconocer «que no le faltó gracia y estilo a Miguel Cervantes», y no puede superarle en este campo. Sólo su presencia hablando con Marcia Leonarda dentro de sus *Novelas* (impresas en *La Filomena*, 1621, y *La Circe*, 1624) para comentarle la trama o darle licencia para que prescinda de poemas o cartas les da la fuerza y la originalidad de las que carecen estos relatos. Crea dentro de ellos un espacio para el escritor y la destinataria de su obra, y el lector interrumpe hasta escenas casi privadas: «Caerá vuestra merced fácilmente en este traje, que, si no me engaño, la vi en él tan descuidada como Laura, pero no menos hermosa» (*La prudente venganza*). Sólo su vida irrumpiendo en la literatura que creaba encontró un espacio narrativo en el relato que no hubiera ofrecido ya antes Cervantes.

La gran obra en prosa de Lope es *La Dorotea* (1632), «acción en prosa» dividida en cinco actos, deudora de *La Celestina*, mezcla de géneros. Une en ella su experiencia vivida –los amores con Elena Osorio, Dorotea; él es Fernando–, su maestría lírica y su dominio de la técnica dramática. Sublimación literaria de un episodio de su juventud, su tema persiste a lo largo de toda la obra de Lope. En el acto I incluirá su más famoso romance «A mis soledades voy», y en el III las emocionadas «barquillas», «idilios piscatorios» escritos a la muerte de Marta de Nevares, cuando ya tenía acabada la obra: «Para que no te vayas,/ pobre barquilla, a pique,/ lastremos de desdichas/ tu fundamento triste.» En toda la obra se funden vida, en su totalidad (es un Lope cercano ya a su fin quien la escribe y hace de sus recuerdos literatura), y creación artística, en su plenitud.

Don Quijote de la Mancha

La culminación del arte narrativo nos la ofrece Miguel de Cervantes en *El ingenioso hidalgo don Quijote de la Mancha* (1605; segunda parte, 1615). En su prólogo expresa su deseo de «que este libro, como hijo del entendimiento, fuera el más hermoso, el más gallardo y más discreto que pudiera imaginarse», y el tópico se hizo real. Su propósito aparece muy claro: «esta vuestra escritura [dice un supuesto amigo] no mira a más que a deshacer la autoridad y cabida que en el mundo y en el vulgo tienen los libros de caballerías». Y cierra su obra con su reafirmación de tal objetivo: «pues no ha sido otro mi deseo que poner en aborrecimiento de los hombres las fingidas y disparatadas historias de los libros de caballerías» (II, 74). Pero en su parodia –en la línea de los ataques de erasmistas y moralistas–, consiguió tal hondura que se llega a olvidar su propósito. En lugar de la geografía fabulosa de los libros de caballerías, don Quijote vive y pretende llevar a cabo hazañas en la Mancha; y el espacio real que parodia el fantástico es a la vez la confirmación de su condición de *espacio* novelesco (como había ocurrido en *La Lozana andaluza* o en *El Lazarillo*) unido al *tiempo* contemporáneo al autor. El mundo fabuloso de los libros de caballerías está en la cabeza de don Quijote, y él lo vive como real. Cuando pretende actuar como si en él estuviera, la realidad quiere imponérsele con burlas y golpes, que él justificará con la figura de los encantadores. El resultado es la risa incontenible del lector: es un libro enormemente divertido.

La locura literaria de don Quijote lo retrata: «él se enfrascó tanto en su letura, que se le pasaban las noches leyendo de claro en claro, y los días de turbio en turbio; y así, del poco dormir y del mucho leer se le secó el celebro, de manera que vino a perder el juicio» (I, 1). Su resolución crea la obra: «rematado ya su juicio, vino a dar en el más extraño pensamiento que jamás dio loco en el mundo, y fue que le pareció convenible y necesario, así para el aumento de su honra como para el servicio de su república, hacerse caballero andante, y irse por todo el mundo con sus armas y caballo a buscar las aventuras y a ejercitarse en todo aquello que él había leído que los caballeros andantes se ejercitaban». Buscó laboriosamente nombre para su rocín, y después de bautizar a Rocinante, trocó el suyo por el de don Quijote de la Mancha. Le faltaba la dama, «porque el caballero sin amores era árbol sin hojas y sin fruto y cuerpo sin alma», y sobre el recuerdo de la labradora Aldonza Lorenzo, dio en llamarla Dulcinea del Toboso. Así configurado su mundo, un día del mes de julio salió, armado de todas sus armas, al campo «con grandísimo contento y alborozo de ver con cuánta facilidad había dado principio a su buen deseo» (I, 2). Así empiezan sus andanzas. Le falta armarse caballero, y ése será su primer propósito. Pero no duda, desde su primera salida, de que se escribirán sus hazañas e incluso se imagina cómo sería el comienzo de su historia; la inicia con el tópico amanecer mitológico, que queda así parodiado: «Apenas había el rubicundo Apolo tendido por la faz de la ancha y espaciosa tierra las doradas hebras de sus hermosos cabellos [...] cuando el famoso caballero don Quijote de la Mancha, dejando las ociosas plumas, subió sobre su famoso caballo Rocinante y comenzó a caminar por el antiguo y conocido campo de Montiel».

En una venta, que él cree castillo, el ventero, que él trata como el señor de la fortaleza, le armará caballero, ayudado por la Tolosa y la Molinera, damas para don Quijote.

En esta parodia de la ceremonia, vemos frente a frente los dos mundos: el imaginario de don Quijote, que responde al de los libros de caballerías que había leído, y el real (aunque sea también novelesco).

Su primera salida en solitario acabará con don Quijote en el suelo, al caer con Rocinante, y molido a palos por un mozo de mulas. Al no poder moverse, se refugia de nuevo en la literatura y se cree el Valdovinos de los romances y luego el moro Abindarráez. Acabará –ante el intento de su interlocutor, el labrador Pedro Alonso, su vecino, de devolverle a la realidad y hacer que asuma su condición del señor «Quijana»– con la más intensa afirmación de identidad cambiante: «Yo sé quién soy –respondió don Quijote–, y sé que puedo ser no sólo los que he dicho, sino todos los doce Pares de Francia, y aun todos los nueve de la Fama, pues a todas las hazañas que ellos todos juntos y cada uno por sí hicieron, se aventajarán las mías» (I, 5).

A don Quijote le falta interlocutor, y Cervantes le dará un compañero, Sancho Panza, antítesis suya, cuya personalidad irá creciendo a medida que avancen por los caminos de la Mancha, sobre todo en la maravillosa segunda parte. La figura de los dos amigos, tan grata a Cervantes, se encarnará en estos personajes tan distintos, pero que son eternamente inseparables. La «poca sal» de «la mollera» de Sancho crecerá con el anzuelo de la ínsula que le promete su señor, con su magisterio y con el afecto que acaba profesándole. Si al comienzo de su peregrinar es Sancho quien va dando razón de la realidad que don Quijote transforma en coherencia con el mundo literario en el que vive, en la segunda parte le ofrecerá a veces él mismo ese mundo al modificar a su antojo la realidad (encanto de Dulcinea).

Tras la aventura de los molinos de viento y la batalla con los frailes, vendrá el combate con el vizcaíno. Pero con las espadas en alto ambos contendientes, «deja pendiente el autor desta historia esta batalla disculpándose que no halló más escrito destas hazañas de don Quijote de las que deja referidas» (I, 8). Pero «el segundo autor» de la obra no se resigna y encontrará en efecto la continuación. Su yo aparece ahora (I, 9) para lamentarse de tal pérdida y contar cómo le compra a un muchacho unos cartapacios en árabe, que le traduce un morisco aljamiado, en donde se halla la *Historia de don Quijote de la Mancha, escrita por Cide Hamete Benengeli, historiador arábigo*. Este «autor» describirá la pintura de la batalla de don Quijote con el vizcaíno y transcribirá la traducción que el morisco hizo de la *Historia* en árabe. Parodia así otro rasgo de los libros de caballerías, en los que a menudo los autores fingen que los traducen de otra lengua.

En el entramado de las aventuras de don Quijote, Cervantes insertará un relato pastoril, la historia de Marcela y Grisóstomo (I, 12-14), género que él había cultivado en su primera obra, *La Galatea* (1585), que figura en la biblioteca de don Quijote. El barbero dirá del genial creador: «Muchos años ha que es grande amigo mío este Cervantes y sé que es más versado en desdichas que en versos. Su libro tiene algo de buena invención; propone algo y no concluye nada: es menester esperar la segunda parte que promete» (I, 6). Aunque Cervantes repita el anuncio de esa continuación, la estructura abierta era característica del género pastoril.

Sancho bautizará a don Quijote con el apelativo de «El Caballero de la Triste Figura» (Cervantes lo toma de un libro de caballerías), que aceptará de buen grado el caballero, convencido de que el sabio que escribe la historia de sus hazañas le habrá puesto «en la lengua y en el pensamiento» que le llame así (I, 19). Lo cambiará por el de «El Caballero de los Leones» tras su «hazaña» con el león (II, 17).

Se encontrarán con una cadena de galeotes y entre ellos a Ginés de Pasamonte, que ha escrito *La vida de Ginés de Pasamonte*, es decir, una novela picaresca, que él pondera afirmando que «mal año para *Lazarillo de Tormes* y para todos cuantos de aquel género se han escrito o escribieren» (I, 22).

Al internarse don Quijote y Sancho en Sierra Morena, encontrarán un «librillo de memoria», un cuaderno para apuntes con versos y cartas. Será el inicio de la historia de los amores de Cardenio y Luscinda, enlazados con los de Fernando y Dorotea, novelas cortesanas que transcurrirán paralelas a la acción principal (desde I, 23 a 36) y cuyos personajes intervendrán también en la trama de las aventuras de don Quijote.

En la venta, el cura leerá la *Novela del curioso impertinente* manuscrita, que tiene el ventero junto a libros de caballerías en una maleta que alguien dejó olvidada (I, 33). Es una novela cortesana totalmente independiente de la trama de la obra (la acción se sitúa en Florencia un siglo antes de las aventuras de don Quijote), que se intercala y rompe el curso de la acción principal (I, 33-35).

A la misma venta llegará el cautivo con Zoraida y contará también su historia (I, 39-41), llena de «accidentes que maravillan y suspenden a quien los oye», como dirá Fernando (I, 42), es decir, de peripecias; su historia se cerrará con la presencia de su hermano el oidor en el capítulo 43. Pero junto al oidor llega Clara de Viedma, su hija, y en el capítulo siguiente da comienzo su historia amorosa.

Todos –los personajes de las distintas historias amorosas– participarán en la farsa del encantamiento de don Quijote a quien encerrarán en una jaula –como Lanzarote en *El caballero de la carreta*– y llevarán a su aldea. Al despedirse, el ventero le dará al cura la *Novela de Rinconete y Cortadillo* manuscrita, que estaba junto a la del *Curioso impertinente* (y que Cervantes publicó como una de las *Novelas ejemplares*). Antes de llegar a la aldea de don Quijote, todavía se intercalará la historia de Leandra y Vicente de la Rosa que cuenta un cabrero al cortejo que acompaña al prisionero (I, 51).

El final del *Quijote* quedó abierto. Se hablaba de una tercera salida y que don Quijote «fue a Zaragoza, donde se halló en unas famosas justas que en aquella ciudad hicieron» (I, 52). Otro autor, que se escondió tras el nombre de Alonso Fernández de Avellaneda, continuaría las aventuras de don Quijote (1614) y llevaría a esa ciudad a sus protagonistas. Cervantes en su *Segunda parte* (1615) evitará su presencia en Zaragoza para desmentir a su imitador. En su prólogo anuncia al lector cómo mata al final a su héroe «porque ninguno se atreva a levantarle nuevos testimonios».

Sancho, en su primera conversación con su señor –tras el paréntesis de casi un mes que pasó en cama–, le anunciará que el bachiller Sansón Carrasco le ha contado cómo «andaba ya en libros la historia de vuestra merced» y que su autor se llama «Cide Hamete Berenjena». El propio bachiller hablará con don Quijote de la primera parte de sus aventuras como libro ya impreso, comentándolas. Cervantes, genialmente, hará que resuma la crítica que su libro ha recibido, así la inserción del *Curioso impertinente* «por no ser de aquel lugar» o el olvido del robo del asno o del uso de los cien escudos de Sancho.

Será Sancho quien se muestre más entusiasta en dar al autor que promete una segunda parte «materia de aventuras y de sucesos diferentes». Cuidará muy bien Cervantes en no añadir a la trama principal historias añadidas, las tramas secundarias se fundirán en la peregrinación de los dos personajes. La historia de Quiteria, Basilio y Camacho la vivirán en su desenlace, y Sancho dará buena cuenta de las ollas del banquete de las anunciadas bodas en el tiempo que le dejan (II, 19-21). La historia de Ricote, su hija Ana Félix y Pedro Gregorio se inserta en la visita de don Quijote y Sancho con don Antonio Moreno a las galeras en la playa de Barcelona; y el escudero da fe de la identidad de Ricote a quien conoció al salir de su gobierno (II, 54 y II, 63).

La realidad que se le imponga a don Quijote quedará transformada por otros personajes, inclusive por Sancho, en aquella que cuadre a su vivir literario. Desde el encantamiento de Dulcinea –así resuelve Sancho su misión imposible– a las aventuras que los duques le inventan. Éstos crean todo tipo de farsas para reírse de don Quijote («confirmándose en la intención que tenían de hacerles algunas burlas que llevasen vislumbres y apariencias de aventuras», II, 34). Gracias a ellos, don Quijote verá a Dulcinea encantada en el carro de Merlín, quien exigirá a Sancho azotarse para que acabe su encantamiento. Se le acercará la dueña Dolorida y le pedirá ayuda para desencantar a los reyes Antonomasia y Clavijo, fechoría del gigante Malambruno; tendrán que subir para ello en el fabuloso Clavileño el alígero, caballo volador de leño. Sancho podrá por fin gobernar una «ínsula», Barataria. Incluso don Quijote «enamorará» locamente a Altisidora. Y la inocente doña Rodríguez, dueña de la duquesa, creyendo en la figura y el poder del caballero, contribuirá a sus aventuras, iniciando su petición al margen de toda la maquinaria urdida por los duques.

También don Antonio Moreno en Barcelona le preparará el prodigio de la cabeza encantada, para «sacar a plaza su locura» (II, 62). Sansón Carrasco se disfrazará primero del caballero del Bosque y al final del de la Blanca Luna para acabar con la vida aventurera del hidalgo: va a su terreno para vencerle como caballero andante y hacerle renunciar a su empresa.

Sancho hablará «con otro estilo del que se podía prometer de su corto ingenio» en el capítulo V, como nos advertirá «el traductor desta historia» apuntando su posible carácter de apócrifo. Pero es el comienzo del nuevo discurso de Sancho, más profundo, más jugoso; hecho el escudero perfecto antagonista de su señor.

El juego entre lo real, lo soñado por don Quijote o lo inventado por su autor es un juego narrativo que muestra de nuevo el dominio del arte de contar que tiene Cervantes. Será el propio Hamete, el primer «autor», el que dudará de la realidad de la aventura de la cueva de Montesinos y apuntará el rumor de que el caballero se retractaría de ella «al tiempo de su fin y muerte» (II, 24).

Don Quijote sabe que sus hazañas están ya impresas y es un profeta de su éxito: «treinta mil volúmenes se han impreso de mi historia y lleva camino de imprimirse treinta mil veces de millares, si el cielo no lo remedia», como le dice al caballero del Verde Gabán (II, 16), quien no lo conoce, porque no la ha leído («no había aún llegado a su noticia la primera parte de su historia», II, 17). Los pastores de una fingida Arcadia –otra vez se asoma el mundo pastoril a la obra– sí la han leído (II, 58).

Y en el curso de sus aventuras, se va a enterar de que se ha publicado una segunda parte apócrifa. En una venta, oirá cómo dos huéspedes la están leyendo, y ya uno de ellos la reprueba: «el que hubiere leído la primera parte de la historia de don Quijote de la Mancha no es posible que pueda tener gusto en leer esta segunda» (II, 59). Serán los propios don Quijote y Sancho quienes desmientan con sus palabras, con su forma de ser, la veracidad de esta segunda parte: «Créanme vuesas mercedes –dijo Sancho– que el Sancho y el don Quijote desa historia deben de ser otros de los que andan en aquella que compuso Cide Hamete Benengeli, que somos nosotros: mi amo, valiente, discreto y enamorado; y yo, simple gracioso, y no comedor ni borracho» (II, 59).

La escena en que don Quijote tiene en sus manos el falso libro que cuenta lo que en realidad todavía está por hacer es antológica. El hidalgo, al saber que en la apócrifa se contaba su presencia en las justas de Zaragoza –como se anunciaba al final de la primera parte–, se desvía para desmentirla. Yendo a Barcelona, se encontrará con un auténtico bandolero, el histórico Roque Guinart, quien había oído nombrar a don Quijote, aunque no creía en la verdad de sus hechos (II, 60). Él avisará a un amigo suyo de Barcelona, y los dos personajes tendrán un recibimiento digno de sus imaginaciones; les darán la bienvenida como auténticos frente a los apócrifos. Don Quijote comentará a Sancho: «Estos bien nos han conocido: yo apostaré que han leído nuestra historia y aun la del aragonés recién impresa» (II, 62). Ante su disgusto, verá también en una imprenta de Barcelona corregir la falsa *Segunda parte* (II, 62).

Cervantes, en su genial batalla literaria contra la obra de Avellaneda, hará que sus personajes, de regreso a su aldea, encuentren en un mesón a Álvaro Tarfe, que aparece en el *Quijote* apócrifo. Don Quijote recuerda el nombre al haber hojeado la obra. Lo abordará, y él no los reconocerá. Al identificarse, admitirá su error y aceptará testificar ante el alcalde del pueblo que don Quijote de la Mancha allí presente «no era aquel que andaba impreso en una historia titulada: *Segunda parte de don Quijote de la Mancha*, compuesta por un tal de Avellaneda, natural de Tordesillas» (II, 72). Don Quijote no se olvidará de este autor ni en su testamento, por la ocasión que le dio «de haber escrito tantos y tan grandes disparates» (II, 74).

Vencido según las leyes de la caballería, don Quijote deja de ser caballero andante y es «Alonso Quijano el Bueno» para morirse, a pesar de los ruegos de Sancho, que no sabía los designios de su autor de hacerle morir para que nadie más pudiera apoderarse de su personaje.

Cervantes creó dos entes de ficción extraordinarios, los moldeó en la primera parte, hizo que sus hazañas circularan impresas entre sus contemporáneos al comienzo de la segunda parte y que ellos fueran conscientes de su condición de protagonistas de un libro famoso. Otros personajes los reconocen e inventan aventuras para ellos: la literatura acabó creando vida para sus propias criaturas. Cervantes movía los hilos de este complicado y genial retablo, y los lectores siguen sus juegos con regocijo y admiración.

En 1614 con pie de imprenta de Felipe Roberto en Tarragona aparece el *Segundo tomo del Ingenioso Hidalgo don Quijote de la Mancha... compuesto por el licenciado Alonso Fernández de Avellaneda, natural de la villa de Tordesillas* (¿se imprimiría en realidad en Barcelona?). Avellaneda continúa la obra de Cervantes, a distancia infinita de su genialidad, aunque con algunos episodios con cierta gracia (era habitual, como vimos con la *Diana enamorada* de Gil Polo, continuar obras de otros autores); pero

Avellaneda -además de robarle su personaje- insulta gravemente a Cervantes en el prólogo («tiene más lengua que manos; todo y todos le enfadan, y por ello está tan falto de amigos...»), habla de su primera parte como «quejosa, mormuradora, impaciente y colérica». El novelista le replicará con agudeza y elegancia en su obra y en su propio prólogo. Se desconoce la identidad de Avellaneda, aunque se cree fuera un aragonés. ¿Sería el soldado aragonés Jerónimo de Pasamonte ridiculizado por Cervantes en la figura del galeote Ginés de Pasamonte en la primera parte del *Quijote*?

El peregrino de amor cristiano: la novela bizantina

«Si como los nombras -respondió el que escuchaba a Seráfido- Persiles y Sigismunda, los nombraras Periandro y Auristela, pudiera darte nueva certísima dellos, porque ha muchos días que los conozco, en cuya compañía he pasado muchos trabajos.» Rutilio, en esta respuesta, nos ofrece los dos elementos que definen *Los trabajos de Persiles y Sigismunda*, que se publica después de la muerte de Cervantes (1617), «libro que se atreve a competir con Heliodoro», como él mismo dice en su prólogo a las *Novelas ejemplares*. La peregrinación de los dos protagonistas, que pasan por numerosos «trabajos» tiene como meta Roma, sólo allí podrán recuperar sus nombres y su identidad.

Cervantes escribió una novela bizantina, heredera de una tradición literaria (Heliodoro, Aquiles Tacio), que la dignificaba y la convertía en épica en prosa. El peregrino de amor que la protagoniza es un caballero cristiano, paradigma del hombre de la contrarreforma, del Barroco.

Vive multitud de aventuras, sufre estoicamente numerosas penalidades, pasa por muchas pruebas, vaga errante de país en país hasta alcanzar su meta. En su trasfondo está la idea de que la vida en este mundo no es más que una peregrinación que acaba con la vida eterna. Las aventuras que viven los protagonistas de *El peregrino en su patria* (1604) de Lope de Vega y los de *El Persiles* son fuente de experiencia, de aprendizaje, y en tal idea está la base del *Criticón* de Baltasar Gracián, la gran novela filosófica del Barroco español. «Los trabajos que has visto que hemos pasado han sido nuestros maestros en muchas cosas» le dirá Antonio a Auristela.

La *Historia de los amores de Clareo y Florisea* de Alonso Núñez de Reinoso (1552) es la primera novela española de aventuras, muy alejada aún de la perfección cervantina, y ofrece ya la figura de los protagonistas como peregrinos de amor; como hará Cervantes en el *Persiles,* vagarán por el mundo y vivirán aventuras como hermanos. Serán rasgos del género la purificación de los personajes por el sufrimiento y la exaltación de la castidad amorosa en esa búsqueda de la felicidad. La *Selva de aventuras* (1565) de Jerónimo de Contreras tiene como protagonista al peregrino Luzmán, amante desesperado de Arbolea, que ha hecho voto de ser monja. Emprende una peregrinación, que durará diez años, en busca de aventuras, como aprendizaje vital, sufriendo resignadamente los avatares de la fortuna. El regreso le lleva a constatar la pérdida definitiva de su amada, consagrada a Dios, y renuncia al mundo escogiendo la vida eremítica: el peregrino vital, desengañado, alcanza su consuelo en la divinidad, su auténtica meta.

En *El peregrino en su patria* de Lope, se suceden también los naufragios y cautiverios, confusiones, fugas y disfraces en un obscuro laberinto que crea el escritor con su dominio de la técnica escénica, y todo ello sucede en la geografía española. Su héroe, Pánfilo de Luján, se fuga con su amada Nise de Toledo, pero ambos juran guardar la castidad amorosa hasta su matrimonio. El final feliz será recompensa a su firmeza en la sucesión de desdichas que jalonan su peregrinaje, escuela de sabiduría y virtud.

Persiles es el peregrino andante que vive la sucesión de trabajos y aventuras como camino para llegar a Roma, cabeza de la cristiandad. Es un reflejo de la idea de origen platónico-agustiniano que se repite en la obra y que Auristela expresará, ya en Roma, a Periandro: «Nuestras almas [...] siempre están en continuo movimiento y no pueden parar sino en Dios, como en su centro». El final de los trabajos de Persiles y Sigismunda llega así: «Y habiendo besado los pies al Pontífice, sosegó su espíritu y cumplió su voto, y vivió en compañía de su esposo Persiles hasta que biznietos le alargaron los días, pues los vio en su larga y feliz posteridad.»

Cervantes pondrá en boca de su héroe Periandro el relato de una serie de sus aventuras (desde el capítulo X al XX del libro II), y su arte narrativo introduce distintas reacciones de los que le escuchan: es la presencia de la crítica a la forma y contenido de lo narrado en el mismo texto. Los hombres le juzgan mucho más severamente que las mujeres. Transila sentencia, frente a los reparos de su padre: «ora se dilate o se sucinte en lo que dice, todo es bueno y todo da gusto». La propia Auristela, tal vez por miedo a la extensión del relato, no quiere comenzar luego la historia de sus sucesos; pero con la genialidad cervantina, dice el narrador «ni aunque quisiera, tuviera lugar para hacerlo...» y empieza una nueva aventura. Cervantes se ciñe a las convenciones del género, pero asoma con la ambigüedad que da esa riqueza inimitable a su narrativa.

La comedia, artificio ingenioso. Dos de sus creadores: Bartolomé de Torres Naharro y Gil Vicente

Sancho en la ronda que hace durante su gobierno de la ínsula Barataria oye la confesión de una muchacha vestida de varón que se ha escapado de su casa con su hermano para ver mundo, o al menos, el pueblo en donde vive, porque «oía decir que corrían toros y jugaban cañas y se representaban comedias» (II, 49). El teatro, en efecto, se convirtió en el gran espectáculo popular. Los corrales donde se representaba se llenaban de gente entusiasta. Lope de Vega consiguió modelar la comedia al gusto de su público. Hemos visto cómo en el siglo XVI se produce la gran revolución poética y se crea en ella una lengua literaria, cómo surgen nuevas formas narrativas que configurarán el género de la novela; es también el momento de la gestación y triunfo del género dramático.

Bartolomé de Torres Naharro, en su *Prohemio* a la *Propalladia* (Nápoles, 1517), expone su preocupación teórica por el teatro: es un breve ensayo de preceptiva dramática.

Extremeño, hombre de amplia cultura; a principios del siglo XVI, tras residir en Valencia, se marcha a Roma (sufre un naufragio y un corto cautiverio por los piratas agarenos), en donde dará a conocer sus obras durante el pontificado de León X (1513-21) en palacios cardenalicios (de Julio de Médicis, Bernardino de Carvajal), pero malvive sin oficio. Irá a Nápoles, en donde sirve a Fabrizio Colonna, a cuyo yerno, el marqués de Pescara dedicará su

Propalladia. Vuelve a España, reside algún tiempo en Sevilla; se desconocen más datos de su vida.

Torres Naharro define la comedia como «un artificio ingenioso de notables y finalmente alegres acontecimientos, por personas disputado», y subraya así la trama, la *inventio*, el estilo medio, el final feliz y la representación. Acepta la división de los antiguos en cinco actos –«jornadas»– y considera que de seis a doce es el número adecuado de personajes. Destaca el concepto del *decoro*, «dando a cada uno lo suyo, evitar las cosas impropias, usar de todas las legítimas, de manera qu'el siervo no diga ni haga actos del señor, *et e converso*». Es, en efecto, el decoro el concepto esencial del teatro, que volverá a destacar Lope en su *Arte nuevo de hacer comedias en este tiempo*: «Si hablare el rey, imite cuanto pueda/ la gravedad real; si el viejo hablare,/ procure una modestia sentenciosa [...] Las damas no desdigan de su nombre [...] El lacayo no trate cosas altas». Si el personaje no habla o actúa como le corresponde a su condición, no se le reconoce como tal. No olvidemos que el espectador lo identifica por su vestido y por su palabra.

Torres Naharro divide las comedias «a noticia» y «a fantasía», obras realistas y obras de invención ingeniosa: «A noticia s'entiende de cosa nota y vista en realidad de verdad, como son *Soldadesca* y *Tinellaria*; a fantasía, de cosa fantástiga o fingida, que tenga color de verdad, aunque no lo sea, como son *Seraphina*, *Ymenea*, etc.». Cita cuatro de las seis comedias de la *Propalladia* (está formada por *Serafina, Trofea, Soldadesca, Tinellaria, Himenea, Jacinta,* y el *Diálogo del Nacimiento*, acomodación al auditorio selecto italiano de una representación navideña hispánica). Se incluiría en 1520 la *Calamita*, y en 1524 *Aquilana*. Figuró la obra en el índice inquisitorial de 1559, y en 1573 aparecería una última edición expurgada. Esa prohibición impediría la divulgación de su teatro, que no parece que se representara en España, aunque lo elogian Juan de Valdés, Cristóbal de Villalón y Juan Timoneda; es lógico suponer que Lope conociera sus obras.

Torres Naharro señala dos partes en la comedia: «introito y argumento». El *introito* está casi siempre en boca de un rústico que, después de saludar, describe, en un artificioso lenguaje pastoril (no sayagués), sus aventuras eróticas u opone su vida villana, feliz, a la del auditorio de nobles y altos cargos eclesiásticos, llenos de preocupaciones. «Vos, señores,/ vivís en muchos dolores/ y sois ricos de más penas,/ y coméis de los sudores/ de pobres manos ajenas» dirá en la *Soldadesca*, con una crítica social posible porque está en boca de un personaje cómico. Termina el monólogo con un resumen del argumento de la comedia que presenta.

En las jornadas de la *Comedia Soldadesca*, se desarrolla una mínima trama, el reclutamiento de soldados en las calles de Roma para el ejército papal, como excusa para un desfile de varios tipos de soldados: el presuntuoso Guzmán, de origen humilde, los dos soldados bisoños que han abandonado Jerez para ganar más y malviven en Italia, el fraile que cuelga sus hábitos y se hace soldado... El retablo es real, nos muestra la penosa vida de los soldados mercenarios españoles en Italia, a los que sólo la guerra –la muerte– les permite sobrevivir. Las confusiones que les crea a los bisoños el desconocimiento del italiano provocaría la risa del público, conocedor de ambas lenguas. La comicidad se consigue con las peleas entre los soldados –lo gestual es importantísimo porque la palabra no abarca todo lo que sucede en escena–, con la burla de los ingenuos bisoños, con el contraste entre lo que piensan y lo que dicen.

La *Comedia Tinellaria,* que se representó ante el papa León X, tiene veintiún personajes y sucede en el tinelo o comedor de los criados del palacio de un cardenal en Roma. La trama se sacrifica a la pintura de los criados.

Juan de Valdés, en el *Diálogo de la lengua*, dirá de Torres Naharro que «así como escribía bien aquellas cosas bajas y plebeyas que pasaban entre gentes con quien él más ordinariamente trataba, así se pierde cuando quiere escribir lo que pasa entre gente noble y principal». Esta crítica –injusta– derivaría de la falta de decoro de algún personaje, según su punto de vista.

Himenea ofrece un esbozo de comedia de honor. Ronda la casa de Febea Himeneo, caballero, flanqueado por sus dos criados, el experto y lisonjero Boreas, y el joven y leal Eliso –herencia celestinesca–. El Marqués, hermano de Febea, vigila su honra. La casa de Febea se convierte en el centro de la acción. Cuando la dama abre la puerta a su galán, el Marqués los sorprende y está dispuesto a matar a su hermana; Himeneo huye. La jornada quinta ofrece un apasionado discurso –y una confesión– de Febea que maldice su suerte por no haber gozado lo que tanto deseaba. Su hermano intentará convencerla con argumentos estoicos de que acepte la muerte. Ante tal sorprendente dialéctica y antes de que se ejecute la sentencia de la salvación de la honra, reaparece Himeneo, quien asume su responsabilidad y presume de no haber recurrido a tercerías –la ausencia de Celestina–. El final feliz resolverá también los amores paralelos de los criados: Doresta, criada de Febea, se casará con Boreas, criado de Himeneo y no con el del Marqués, que también la pretende. El esquema de la comedia de honor está perfectamente esbozado. No faltan ni las escenas nocturnas ni la cobardía de los criados.

Carece la obra de profundidad, de complicación de la intriga; todo es esquemático.

La complejidad, en cambio, caracteriza a algunas de las obras más notables del portugués Gil Vicente. Intentará unir tantos elementos de las fuentes de donde proceden sus tramas, que son imprescindibles en algunas obras las acotaciones –en *Don Duardos* no se sabe si son obra suya o de su hijo Luis Vicente– para comprender todo lo que sucede; muchas veces se omite información esencial en el diálogo.

Gil Vicente, que organiza las funciones teatrales para la corte portuguesa (escribe más obras en portugués que en castellano), conoce muy bien los momos palaciegos, las pantomimas con argumentos caballerescos que protagonizan los miembros de la corte. Los lujosos vestidos y los inventivos montajes caracterizaban esas representaciones con música y danza que se solían celebrar en el gran salón del palacio o que se prolongaban en espectaculares procesiones callejeras. Apenas se sabe nada de la vida del gran dramaturgo portugués del siglo XVI y autor de algunas de las mejores obras teatrales castellanas de este siglo. Gil Vicente publica una sola de sus obras, el *Auto da barca do inferno* como pliego suelto en ¿1518? Su hijo Luis Vicente cuidó –y descuidó– la impresión de sus obras en 1562: *Copilaçam de todas las obras de Gil Vicente*.

Gil Vicente dramatiza materiales muy diversos, desde los diálogos de Luciano de Samosata (*Auto da barca do Inferno*), el oficio de Nuestra Señora que se reza en Adviento (*Auto de los cuatro tiempos*), el oficio de los Difuntos (*Auto da barca da Glória*), la *Danza de la muerte* a los libros de caballerías (*Don Duardos, Amadís de Gaula*). Combina, repite, mezcla. Su capacidad de adaptación teatral le permite aprovechar sus lecturas –se ignora lo profundo de sus saberes– para dramatizarlas. Él mismo utiliza a veces repetidos recursos: Rosvel en la *Comedia del viudo* oculta su personalidad como también hace el protagonista de *Don Duardos.* En 1502 se representa su primera obra, el *Monólogo do Vaqueiro* o *Auto da Visitaçao* para celebrar el nacimiento del príncipe, el futuro Juan III de Portugal. En 1536, la última, *Floresta de Enganos*, comedia bilingüe, también ante la corte portuguesa.

El dramaturgo incluye con maestría cancioncillas en la obra teatral. O ambientan la acción o caracterizan a un personaje o duplican la acción subrayándola. Están perfectamente integradas y son, muchas de ellas, bellísimas (¿serían algunas de origen tradicional o son todas obras suyas?).

El *Auto de la sibila Casandra* toma su argumento de un libro de caballerías del florentino Andrea da Barberino (traducido como *Guarino mezquino*, Sevilla 1512). La sibila Casandra no quiere casarse con el rey Salomón –sincretismo total que mezcla personajes bíblicos con griegos y los disfraza de pastores–, porque cree que es la virgen escogida por Dios para madre de su hijo. Esta razón la confesará casi al final de la breve obra; primero enhebrará argumentos para rechazar el matrimonio. La pintura de algunos maridos, «notorio purgatorio», tiene una gran expresividad: «otros llenos de mil celos/ y recelos,/ siempre aguzando cuchillos,/ sospechosos, amarillos,/ y malditos de los cielos./ Otros a garçonear/ por el lugar/ pavonando tras garcetas...». Cantará Casandra la canción «Dicen que me case yo:/ no quiero marido, no», que resume su rechazo y a la vez la caracteriza. El auto desembocará en la adoración de todos los personajes al niño Jesús, porque estaba creado para celebrar la Navidad.

La *Tragicomedia de don Duardos*, que presenta numerosas variantes entre los textos de la *Copilaçam* de 1562 y la de 1586, es una de sus mejores obras. El protagonista, el príncipe don Duardos, ocultará su identidad y cambiará sus vestidos para conquistar por sí mismo el amor de la princesa Flérida, será el hortelano Julián que cuida el jardín de palacio. Pero no habla como le corresponde: «debes hablar como vistes/ o vestir como respondes» le exigirá en vano Flérida, quien se enamorará de él a pesar de su condición (gracias también al agua de una copa maravillosa). Tendrá que acudir a la cita que él le da sin conseguir averiguar quién es en realidad; sólo el «decoro» la orienta. Cuando él le obligue a decidirse («¡Por mí, por mí/ que yo por vos,/ y no por serdes tan alta,/ soy cativo,/ dadme la vida, mi Dios!»), va ya vestido de príncipe aunque no le haya confesado todavía su identidad; lo hará en el romance final, «En el mes era de abril», que recogió Martín Nucio en el *Cancionero de romances.* Paralelamente a la acción principal transcurre la historia de Camilote, «caballero salvaje», y su amada Maimonda, «cumbre de toda fealdad», que él proclamará como la más bella matando a varios caballeros –según dicen las acotaciones–. Don Duardos dará muerte a esa caricatura de caballero (en él está la sombra del momo). La belleza de los villancicos puestos en boca de los personajes es equiparable a la de algunos parlamentos de éstos: Flérida opone la alegría que ella ve en los árboles de la huerta al llanto de «las figuras de los paños» de su aposento: «Y mis jardines, tejidos/ con seda de oro tirado,/ se amustiaron...».

A pesar de la imperfecta adaptación del material novelesco que rebosa los límites del diálogo, la obra presenta el conflicto amoroso con finura psicológica, y los versos adquieren a veces una gran belleza y armonía.

Un manuscrito con obras religiosas: el *Códice de autos viejos*. La *Danza de la muerte*

El *Códice de autos viejos* es el único repertorio de obras religiosas que se nos ha conservado. Se formaría como colección entre 1570 y 1578, pero muchas obras podían ser refundición de otras anteriores. En las grandes ciudades (Sevilla, Toledo, Madrid, Valladolid), el municipio o el cabildo contrataba a compañías teatrales para que se festejara la fiesta del Corpus con representaciones. El núcleo del *Códice de autos viejos* pudo ser un repertorio de una compañía teatral, y a él se añadirían obras de otros repertorios hasta las 96 que lo forman. Se mezclan «autos» y «farsas» junto a «loas» y «coplas» sueltas.

Son piezas breves, en un acto, la mayoría en quintillas (hay cuatro en prosa), que se representarían en Corpus. Su contenido va desde la creación del hombre hasta su redención por la encarnación de Cristo y la Eucaristía, que es el núcleo temático que las une, siempre dentro de la más estricta ortodoxia. La figura de Adán es el vínculo entre el Antiguo y el Nuevo Testamento, y sobre ella versan varias obras. En el argumento en prosa que antecede al *Aucto de la prevaricación de Nuestro Padre Adán* –suele preceder a las obras una loa o el mismo argumento en verso–, se nos visualiza la escena: «Verlos heis [a Adán y Eva] comer aquel pero tan acedo que, a buen librar, quedaremos con la dentera y pagaremos parte del escote». Las quintillas de mediocre factura nos narran el pecado y el arrepentimiento. Adán anunciará la redención como un sueño que tuvo en el momento de la creación de Eva: «Cuando deste mi costado/ Dios Padre a ti te formaba,/ en aquel sueño pesado/ allí me fue revelado/ un secreto que ordenaba:/ y es que había de encarnar/ su hijo en nuestra nación»; el llanto se une así a la esperanza. Queda un coro final y una canción. Las obritas suelen acabar con un himno litúrgico, un villancico o una canción (el *Aucto de la degollación de Sant Juan Baptista* acaba con un salmo; la *Farsa del sacramento de Adán* con un villancico).

Las figuras alegóricas serán protagonistas de otras obras (la gracia, el alma, la necesidad, la penitencia... en la *Farsa del sacramento llamada la Esposa de los cantares;* la voluntad, el deseo, cuidado, amor junto a Abraham, Ismael, Agar... en el *Aucto del destierro de Agar.*). Si la calidad de las piezas –anónimas– no es extraordinaria, sí lo es el testimonio formado por esa colección, que nos permite conocer el teatro religioso que se representaría en la primera mitad de siglo.

El tema de la *danza de la muerte* (en donde se mezcla la crítica social con el contenido ascético) se escenificaría en obras del XVI, así la *Farsa llamada Danza de la muerte* (1551) de Juan de Pedraza en estrofas de arte mayor o la *Farsa de la muerte* de Diego Sánchez de Badajoz, cuya obra (38 piezas, con farsas como la *de Tamar, del colmenero, de Salomón, del matrimonio, de la hechicera*) se publicó póstumamente en la *Recopilación en metro* (1554); y el auto o farsa de *Las cortes de la Muerte* (1570) del extremeño Micael de Carvajal (¿1501?–¿1576?), que acaba Luis Hurtado de Mendoza (a la que parece aludir Cervantes en el *Quijote* en el episodio de la carreta de las cortes de la Muerte, II, 11), con un desfile abigarrado de personajes que da lugar a una aguda sátira (que afecta también a los clérigos y tiene raíz erasmista), unida a la reflexión moral; escribió además la *Tragedia llamada Josephina* (1535), en donde une rasgos del teatro religioso medieval con el humanista, prohibida en el *Índice* de 1559.

Los pasos o entremeses: breves obras cómicas. El teatro de Lope de Rueda y de Miguel de Cervantes

Cervantes, en el prólogo a sus *Ocho comedias y ocho entremeses* (1615), dice que se «acordaba de haber visto representar al gran Lope de Rueda, varón insigne en la representación y en el entendimiento [...] En el tiempo deste célebre español, todos los aparatos de un autor de comedias se encerraban en un costal y se cifraban en cuatro pellicos blancos y guarnecidos de guadamecí dorado y en cuatro barbas y cabelleras y cuatro cayados, poco más o menos. Las comedias eran unos coloquios, como églogas, entre dos o tres pastores y alguna pastora; aderezábanlas y dilatábanlas con dos o tres entremeses, ya de negra, ya de rufián, ya de bobo y ya de vizcaíno: que todas estas cuatro figuras y otras muchas hacía el tal Lope con la mayor excelencia y propiedad que pudiera imaginarse.»

Lope de Rueda (¿1505?-1565), batihoja sevillano, fue después actor, dramaturgo y director de una compañía con la que recorrió España representando con gran éxito en palacio y en espacios públicos (y autos sacramentales por encargo del municipio).

Juan Timoneda editaría, tras la muerte del popular representante, tres volúmenes con su obra: *Las cuatro comedias y dos coloquios pastoriles* y *El Deleitoso* [...] *en el cual se contienen muchos pasos graciosos*, en 1567; y en 1570, el *Registro de Representantes*, que contenía tres pasos más de Lope de Rueda. Sus comedias están en deuda con las italianas: *Los engañados* (de la anónima *Gl'ingannati*), *Eufemia* (del *Decamerón*), *Medora* (*La Cingana* de Giancarli), *Armelina* (*Il servigiali* de Cecchi y *Attilia* de Raineri).

Sus *pasos* o *entremeses* definen el género; son episodios cómicos que se independizarían de la acción principal y podrían intercalarse primero en cualquier momento de la representación, hasta encontrar su lugar definitivo en los entreactos de las comedias. El auge de las representaciones va unido a la creación de las compañías profesionales; éstas necesitarían un amplio repertorio: así adquieren forma propia los entremeses.

Lope de Rueda, que escribe en prosa comedias a imitación de las italianas, no es sólo un hábil y famoso representante; si Timoneda le llama «poeta y orador», Cervantes alaba su poesía pastoril; sus obras no son sólo fruto de intuición y tablas escénicas. Conoce muy bien los recursos cómicos y sabe cómo utilizarlos. La serie de tipos de sus pasos, más que tomados de la realidad, responden también a una eficacia escénica. Lope de Rueda crearía una serie de diálogos cómicos y, según el tipo de público, los incluiría en una obra u otra. El personaje del bobo, anclado en una tradición, reconocible, por tanto, cuadraba con todo tipo de obra. Los pasos suelen escenificar una anécdota o relatos folclóricos protagonizados por personajes burlescos: bobos, rufianes, estudiantes.

Al ser breves, la situación cómica tiene que plantearse y resolverse rápidamente. El gesto subraya con intensidad el diálogo coloquial, lleno de recursos expresivos a su vez. Los golpes se unen a los insultos, las pendencias a las persecuciones. El bobo cae en continuas prevaricaciones o cambios en los vocablos, que provocan la risa. El licenciado Jáquima de *El convidado* se envuelve con la repetición de palabras para pedir dinero: «querría suplicar a vuesa merced que vuesa merced me hiciese merced de me hacer merced, pues estas mercedes se juntan con esotras mercedes que vuesa merced suele hacer, me hiciese merced de prestarme dos reales.» Es un recurso de segura eficacia para hacer reír al espectador.

En *La tierra de Jauja*, dos ladrones le irán comiendo el contenido de una cazuela al simple Mendrugo mientras le pintan las maravillas gastronómicas de la tierra de Jauja. La acción se ve, no se describe; sólo las palabras finales desvelan el gesto continuo, paralelo al diálogo. En *Pagar y no pagar*, el ladrón transformará su figura para acomodarse a la del casero (lleva un parche y arrastra una pierna) y así quitarle el dinero al simple Cevadón, pero lo hará burda y momentáneamente para que se destaque más la simpleza del bobo, que acaba, en cambio, interpretando a su modo el lenguaje críptico que se inventa el estafador para engañarlo en vano de nuevo. Los palos de amo y criado al ladrón que huye cierran la hilarante escena.

La credulidad y el miedo del simple Alameda permitirá a su amo Salcedo urdir la trama de *La carátula*: le hará creer que una careta que aquél encuentra es la cara desollada de un ermitaño atacado por unos ladrones; él se cubrirá con una sábana y se hará pasar por el alma del muerto. En *Las aceitunas*, tan simple es el viejo como su mujer; ambos se ponen a discutir y pegan a su hija por el precio de la venta de unas aceitunas cuyo árbol acaban de plantar. El cuento folclórico, que don Juan Manuel recrea en la historia de doña Truhana en *El conde Lucanor* y que llega hasta la fábula de *La lechera*, se transforma en un diálogo de gran fuerza cómica. *Los criados, Cornudo y contento, El rufián cobarde, La generosa paliza* y *Los lacayos ladrones* son sus otros pasos.

Así heredaría Cervantes el género y le daría mayor entidad, ahondaría en sus rasgos. Dobló el número de personajes y dio a algunos un argumento (*La cueva de Salamanca, El viejo celoso, El vizcaíno fingido*); a otros, un desfile de personajes (*La elección de los alcaldes de Daganzo, El juez de los divorcios*); en otros unió el retrato de tipos con un leve argumento: *El rufián viudo, La guarda cuidadosa* y *El retablo de las maravillas.* Utiliza el verso en dos de sus piezas: *El rufián viudo* y *La elección de los alcaldes de Daganzo*; es la forma que se impondría en seguida en el entremés: Quiñones de Benavente sería su gran creador.

En *El rufián viudo,* Trampagos aparece en escena preguntando a su criado por las espadas de esgrima y mandándole que saque asientos de su casa. Puede parecer un caballero, pero se llama Trampagos y no tiene asientos, como le recordará Vademecum. La palabra crea una situación que resulta ser falsa, y la propia palabra lo pondrá de manifiesto. La ironía se apodera del escenario, y el juego verbal nos lleva a la risa. Trampagos va a iniciar un planto por la muerte de Pericona, y sus lamentos vuelven a engañarnos. Evoca con belleza sus últimos momentos: «*¡Que no me hallara yo a tu cabecera/ cuando diste el espíritu a los aires,/ para que le acogiera entre mis labios...*». Pero la respuesta a Chiquiznaque, su interlocutor –en palabra y en esgrima–, «Voacé ha garlado como un tólogo», nos desengaña bruscamente. No es un caballero, es un rufián, un chulo. Y su alabada Pericona, una prostituta. Pone fin a las tretas de esgrima y a la evocación de la daifa la presencia de tres prostitutas y otro rufián. Éste decidirá que «ponga silencio a su continuo llanto» y que elija entre las tres a la que sustituya a la Pericona. La elección no va a ser entre tres diosas como en el juicio de Paris, sino entre tres prostitutas que presumen de sus ganancias y acaban insultándose unas a otras. Trampagos elegirá a la Repulida, la que ganaba más. El rufián «viudo» cambiará su capuz de luto por vino, y la música sustituirá al llanto.

Pero antes de que ésta comience, aparece un nuevo y sorprendente personaje: el rufián Escarramán; y lo es porque todos lo conocen, es «columna del hampa» gracias a otro escritor, Francisco de Quevedo, quien lo inmortalizó en una jácara. Cervantes rinde homenaje a ese ser literario y lo hace centro de admiración de los rufianes y prostitutas de su entremés. Queda la apoteosis final, los músicos tocan y cantan el romance de la liberación de Escarramán. Convierten en canto lo narrado, y él acepta el envite y empieza a bailar jaleado por todos, que van incorporándose también al romance y al baile –el baile unido ya al espectáculo teatral.

En *La elección de los alcaldes de Daganzo,* Humillos –uno de los candidatos– declarará cuando le pregunte el bachiller si sabe leer: «No, por cierto,/ ni tal se probará que en mi linaje/ haya persona tan de poco asiento,/ que se ponga a aprender esas quimeras/ que llevan a los hombres al brasero,/ y a las mujeres a la casa llana.» Y la ironía cervantina apunta a una realidad, el miedo a la acusación de ser converso, que reaparece en *El retablo de las maravillas*. No podrá ver las maravillas el «que tenga alguna raza de confeso o no sea habido y procreado de sus padres de legítimo matrimonio». Su raíz folclórica lo une al ejemplo 32, «de lo contesció a un rey con los burladores que ficieron un paño», del *Conde Lucanor*; Cervantes lo actualiza con la referencia a los conversos. Chanfalla dirigirá con la sugestión de la palabra y la amenaza de la deshonra las reacciones del pueblo que participa apasionadamente en el espectáculo invisible.

El viejo celoso es la ridiculización del personaje que le da nombre, el de *El celoso extremeño*. Pero Lorenza puede hablar con su vecina Ortigosa, y ese lazo exterior basta para que el galán entre en la fortaleza del viejo. Cristinica, la sobrina, hace decidir con su «¿Y si no se sabe?» a la protagonista. Tras el guadamecí con figuras de hombres que quiere venderle la vecina al viejo, se colará el galán en la casa. La escena en que Lorenza, encerrada en la habitación, alaba a su galán y goza mientras el viejo celoso la oye es un prodigio cómico. Luego la astuta mujer le echará agua a los ojos mientras el galán se escapa y le hará creer que eran burlas. El viejo cornudo queda burlado y contento; Lorenza le ha engañado con la verdad. El humor y desenfado de la obra culminan en el canto y baile final. El viejo rechaza la música, pero también es en vano. ¡Gran lección cómica! El entremés no es ya una escena, ha adquirido su entidad.

Culminará también como género en el siglo XVII. Incluso Quevedo, Moreto y Calderón escribirán estas breves obras, pero su indudable maestro será Luis Quiñones de Benavente.

Cervantes escribió también comedias. A finales de 1615, publicará sus *Ocho comedias y ocho entremeses nuevos nunca representados* y asume en su prólogo con amargura su condición de «nunca representados»; antes (entre 1580 y 1587) sí consiguió ver representadas obras suyas: «Compuse en este tiempo hasta veinte comedias o treinta, que todas ellas se recitaron sin que se les ofreciese ofrenda de pepinos ni de cosa arrojadiza», como dice en el citado prólogo. Sólo se conservan de estas obras *Los tratos de Argel* y *La Numancia*. Sus ocho comedias son: *El gallardo español, La casa de los celos, Los baños de Argel, El rufián dichoso, La gran sultana, El laberinto de amor, La entretenida* y *Pedro de Urdemalas*. Son cuatro tragicomedias de cautiverio, dos comedias caballerescas, una comedia de santos, una paródica de capa y espada, una tragedia épica de honor (*La Numancia*) y la singular obra *Pedro de*

Urdemalas, construida en torno al personaje folclórico, de raíz picaresca, que va cambiando de oficio y que acabará siendo consumado actor, así podrá ser «patriarca/ pontífice y estudiante,/ emperador y monarca». Invitará a los espectadores a contemplar en escena la obra: otra vez la genialidad de Cervantes en la fusión de planos. En *La entretenida*, imita y parodia la comedia de Lope. Pero, como él dice en el citado prólogo a sus ocho comedias y ocho entremeses, «entró luego el monstruo de naturaleza, el gran Lope de Vega, y alzóse con la monarquía cómica. Avasalló y puso debajo de su juridición a todos los farsantes; llenó el mundo de comedias proprias, felices y bien razonadas, y tantas que pasan de diez mil pliegos los que tiene escritos, y todas, que es una de las mayores cosas que puede decirse, las ha visto representar o oído decir por lo menos que se han representado». El ya no encontró autor –director– que representase las suyas. La obra de Lope de Vega lleva a hablar de teatro *pre-lopista* y del de sus *seguidores*. En el teatro, como en la poesía o en la novela, se crean estructuras, lenguajes, formas, que se irán consolidando y enriqueciendo a lo largo de la Edad de Oro.

El arte del «cómico teatro»: Juan de la Cueva y su *Ejemplar poético*

Juan de la Cueva (Sevilla, 1543–Granada, 1612) compondría hacia 1605 su *Ejemplar poético*, preceptiva poética formada por tres epístolas; al final de la tercera hablará de la comedia. Hacía años que había dejado de escribir obras teatrales, obras en las que había convertido en materia dramática asuntos épicos, de las crónicas, de la historia reciente y donde había glosado romances; iniciaba un camino que Lope de Vega sabría aprovechar con mucha mayor maestría.

Juan de la Cueva fue un prolífico autor de variadas obras, desde colecciones de romances (*Coro febeo de romances historiales*, 1587), sonetos, canciones, elegías, églogas, poemas épicos graves y burlescos (*Batalla de las ranas y ratones*, *La conquista de la Bética*...), una alegoría satírica humanista (*Viaje de Sannio*). En su *Primera parte de las comedias y tragedias* (la *Segunda* no se conserva), 1583, publica catorce obras de asunto nacional, grecolatino, contemporáneo y fantástico: *La muerte del rey don Sancho*, *Los siete infantes de Lara*, *La muerte de Ayax Telamón*, *El infamador* (la más famosa por considerarse su protagonista Leucino antecedente del don Juan), *La constancia de Arcelina*, etc.

Juan de la Cueva recuerda, en el *Ejemplar poético*, la sencillez de las antiguas representaciones: «un gabán, un pellico y un cayado,/ un padre, una pastora, un mozo bobo,/ un siervo astuto y un leal crïado/ era lo que se usaba», y la contrapone al ingenio de las invenciones de las obras que estaban ya en escena: «En sucesos de historia son famosas,/ en monásticas vidas ecelentes,/ en afectos de amor maravillosas».

Define la comedia como «un poema activo,/ risueño y hecho para dar contento» y enumerará personajes que la pueblan: el viejo avaro y desventurado, el mancebo celoso, el siervo desleal, la dama «amorosa o desabrida», la tercera astuta, el lisonjero, el rufián. Sus comedias novelescas, mediocres, no responden a su concepción del espectáculo teatral. Sabe muy bien que ya no se observan las leyes «ni en persona, ni en tiempo ni en oficio», y que reina la invención, la traza.

Las tragedias de Séneca le sirvieron, en cambio, de modelo, y también a autores como fray Jerónimo Bermúdez (*Nise lastimosa* y *Nise laureada*), el capitán Cristóbal de Virués (*La gran Semíramis, La cruel Casandra, Atila furioso, Elisa Dido* y *La infelice Marcela*), Lupercio Leonardo de Argensola (*Filis, Alejandra, Isabela*)... Multiplicaron muertes y escenas truculentas; pero la calidad sólo moderada de sus obras –frente a la fuerza del teatro de Lope– los relegan a un lugar secundario.

El ornato de la elocución. El poeta que profesa su oficio: Fernando de Herrera

«Es clarísima cosa que toda la excelencia de la poesía consista en el ornato de la elocución» afirma Fernando de Herrera en las *Anotaciones* a las obras de Garcilaso de la Vega (Sevilla, 1580). Y la poesía italianizante ahondará en el camino iniciado por Garcilaso y nos ofrecerá una lengua poética magistral gracias a los extraordinarios creadores que consiguen darle ese ornato. La poesía de la Edad de Oro refleja la historia de una evolución, conscientes además los escritores de que era así. El propio Herrera dirá en la misma obra: «Ya osamos navegar el anchísimo océano y descubrir los tesoros de que estuvieron ajenos nuestros padres y sin conocimiento alguno de ellos». Así puede corregir a Garcilaso para que sea una autoridad absoluta para sus imitadores. Lo comenta verso a verso y a partir del texto hace todo tipo de digresiones, en donde muestra sus conocimientos como docto y en donde apunta ideas de un *Arte poética* (que, como dice Francisco de Medina a los lectores en los preliminares de la obra, estaba redactando). Son numerosas las fuentes que sigue e imita, desde Quintiliano a Escalígero y Lorenzo de Médicis. Un «Prete Jacopín» –que parece que ocultaba al condestable de Castilla Juan Fernández de Velasco– le atacó con sus *Observaciones*, y después apareció contra éstas una débil *Respuesta* atribuida a Herrera.

Fernando de Herrera (Sevilla, 1534-1597) recibe órdenes menores en la carrera eclesiástica y obtiene así un puesto de beneficiado en la iglesia de San Andrés, que le permitió sobrevivir. Formó parte del grupo de poetas y artistas sevillanos que se reunía en el palacio del conde de Gelves, don Álvaro Colón y Portugal, y su esposa, doña Leonor de Milán, a quien le dedica sus versos al modo de un trovador enamorado, con el consentimiento del conde.

Fernando de Herrera es un escritor con plena dedicación a su obra. Culto, obsesionado por el rigor. Hace imprimir las íes sin punto arriba (en las *Anotaciones*) para poder marcar la dialefa con un punto encima de las vocales. Así escribe «Dividenme de vos, o alma mia», rompiendo la sinalefa entre *oh* y *alma*, «para mostrar lo que se siente y duele la división y apartamiento». Utiliza un recurso fónico con una finalidad semántica. Está dándonos una lección de rigor poético y de dominio del ornato de la lengua. Pero paradójicamente buena parte de su obra poética nos ha llegado con un problema de edición hasta hoy irresoluble. En 1982 publica *Algunas obras*, y el resto de su creación poética, *Versos*, lo edita Francisco Pacheco en 1619 (Herrera muere en 1597). Algunos poemas aparecen en ambas obras con muchas variantes, y casi siempre en *Versos* se empeora la versión primero publicada. En esta obra se cambia sistemáticamente *os* por *vos*, rasgo arcaico; hay palabras no logradas fónicamente, extrañas en un poeta obsesionado por los sonidos, que rechaza, por ejemplo, las palabras *tamaño* y *alimaña* usadas por Garcilaso. O Herrera sufrió un profundo cambio estético –hecho poco probable– o Pacheco modificó su obra, como solían hacer los editores. Ahí está la paradoja: Herrera se preocupa incluso de subrayar fónicamente el contenido, y es muy probable que muchos de sus poemas fuesen modificados según el gusto de Francisco Pacheco.

El sevillano escribió poesía heroica, moral y laudatoria además de amorosa. Alcanza una intensidad extraordinaria en sus canciones heroicas, sobre todo en la «canción en alabanza de la Divina Majestad por la victoria del Señor D. Juan», que figura en su *Relación de la guerra de Chipre*, en donde exalta la justicia divina por la humillación de los soberbios impíos en la batalla de Lepanto (1571). La grandeza del Dios bíblico resuena en sus versos sonoros, la acción del «Dios de las batallas» se hace grandiosa gracias a la musicalidad que su poema crea, a los recursos retóricos que utiliza: «Cual fuego abrasa selvas y cual llama/ que en las espesas cumbres se derrama,/ tal en tu ira y tempestad seguiste,/ y su faz de inominia confundiste». La poesía honra las hazañas militares.

Y junto a esa espléndida composición gloriosa, la dolorida canción a la derrota del rey don Sebastián de Portugal en Alcazarquivir, en donde Dios vuelve a humillar a los arrogantes que de él se olvidan, dando poder a los bárbaros para derrotarles. Las resonancias bíblicas («Y el santo de Israel abrió su mano/ y los dejó; y cayó en despeñadero/ el carro y el caballo y caballero») se unen de nuevo a la musicalidad rotunda que resuena en el verso magnífico: «¿Son éstos por ventura los famosos,/ los fuertes y belígeros varones,/ que conturbaron con furor la tierra,/

que sacudieron reinos poderosos,/ que domaron las hórridas naciones...?» El *ubi sunt,* «¿do la valentía?», constata la brevedad de tanta fortaleza.

Herrera es un gran poeta amoroso. Escribe sonetos, canciones, elegías, églogas. Como si se tratara de un trovador, crea su historia amorosa literaria para consagrarle un cancionero. Rinde vasallaje amoroso a doña Leonor de Milán, condesa de Gelves, y a ella, Luz, Lumbre, Estrella, Aglaya, Leucotea..., le dedica sus doloridos poemas amorosos. Sobre el «argumento de amor» establecido –el tiempo pasado feliz en que la dama le concedió al enamorado algún favor actúa como acicate del amor desgarrado del enamorado no correspondido–, el yo poético desgrana su dolor; es inútil su intento de liberarse de tan fuertes cadenas: «Osé y temí, mas pudo la osadía/ tanto que desprecié el temor cobarde./ Subí a do el fuego más m'enciende y arde/ cuanto más la esperanza se desvía».

Los paisajes alegóricos, reflejo de su atormentada alma, rodean al enamorado, que lo es por destino: «Voy siguiendo la fueza de mi hado/ por este campo estéril y ascondido». Las tinieblas rodean su soledad; su llanto infinito es la expresión del dolor que resuena en sus versos. Como un nuevo Prometeo, son su cuidado y su deseo –no el águila– quienes le comen su corazón –no su hígado–: «En otro nuevo Cáucaso enclavado,/ mi cuidado mortal y mi deseo/ el corazón me comen renovado».

La poesía de Herrera nos muestra a un profundo conocedor del oficio de poeta, al que consagra su vida; al final lo abandonará por el de historiador. Había publicado en 1572 una *Relación de la guerra de Chipre*; en 1592 se imprime su *Tomás Moro,* especie de guía de príncipes, y hay referencias a una *Istoria general* o *Grande y universal historia*, perdida.

Y en Sevilla, junto a él, otros poetas de distintos registros: Baltasar del Alcázar, Cristóbal Mosquera de Figueroa, Barahona de Soto.

Baltasar del Alcázar (Sevilla, 1530-1606) tradujo e imitó los epigramas de Marcial en sátiras personales, compuestas sobre todo en redondillas, de tono juguetón y burlesco, como su «Cena jocosa» («en Jaén donde resido»), su más famosa composición, o el *Diálogo entre dos perrillos*. Escribe también poemas religiosos y sonetos amorosos.

Cristóbal Mosquera de Figueroa (Sevilla, 1547-1610), corregidor de Utrera, del Puerto de Santa María y de Écija, autor de un *Comentario en breve compendio de Disciplina militar* (1583), sobre la jornada de Azores, y de poemas religiosos, odas, elegías, sonetos y villancicos octosilábicos. Muy amigo de Herrera, escribió el prefacio a su *Relación de la guerra de Chipre*.

Luis Barahona de Soto (Lucena, 1547 o 48–1595), médico amante de la poesía, fue gran amigo de Gregorio Silvestre en Antequera y de Herrera en Sevilla. Escribe *Las lágrimas de Angélica* (1586), poema épico a imitación de Ariosto; unos pocos sonetos amorosos, sátiras horacianas en tercetos, una elegía, dos fábulas octosilábicas, canciones y cinco églogas: una obra breve no publicada hasta este siglo.

«Amar y hacer versos todo es uno»: la poesía de Lope de Vega

Herrera fingió un yo poético enamorado para escribir un cancionero, al modo de Petrarca, a una amada, suma belleza, suma Luz, inalcanzable. Lope de Vega amó, vivió, escribió tanto que funde en su obra su vida, y se asoman sus avatares sentimentales por detrás de la convención del lenguaje amoroso. Le dice a Lupercio Leonardo de Argensola: «¿Que no escriba decís o que no viva?/ Haced vos con mi amor que yo no sienta,/ que yo haré con mi pluma que no escriba».

Félix Lope de Vega Carpio (Madrid, 1562-1635) estudia en los jesuitas; en 1583 participa en la conquista de la isla Tercera formando parte de la escuadra de don Álvaro de Bazán. Se enamora de Elena Osorio, hija del director de una compañía teatral, Jerónimo Velázquez (la Filis de sus versos); pero, al ser desplazado por el rico Francisco Perrenot Granvela, escribirá unos poemas insultantes contra Elena y su familia que le costarán el destierro de Madrid. En 1588 se casa por poderes con Isabel de Urbina (*Belisa*), se alista en la Armada Invencible. Se instala primero en Valencia (1589-90), luego en Alba de Tormes al servicio del duque de Alba (escribe allí su novela pastoril *La Arcadia*). Muere su mujer. En 1595 puede ya volver a Madrid. Aparece en su vida y en su obra Micaela Luján (a ella le escribe la bella *Epístola a Lucinda* publicada en *El peregrino en su patria*, 1604) y se queda hasta 1608, será la madre de cinco de sus hijos. Mientras tanto, en 1598 se había casado con Juana de Guardo, hija del rico abastecedor de carne del mercado de Madrid. En 1605 entra al servicio del duque de Sessa. En 1612 muere su hijo Carlos Félix; en 1613, su mujer. En 1614 se ordena sacerdote. En 1616 se enamora de la última gran dama de sus versos, Amarilis, o Marcia Leonarda en las novelas que le dedica, la bella y joven Marta de Nevares, que se volverá ciega, enloquecerá y morirá en 1632. Su hija Marcela ingresará en las trinitarias; su hijo Félix (ambos de Micaela Luján) morirá como soldado en las costas de Venezuela en 1634, y su hija Antonia Clara (hija de Marta de Nevares) se fugará con Cristóbal Tenorio. El 24 de mayo de 1634 termina *Las bizarrías de Belisa*, su última comedia. El 27 de agosto de 1635 muere. El éxito de su teatro fue extraordinario, como lo fue la popularidad de sus versos.

Lope dignifica en sus idealizados versos las vicisitudes de su existencia. Escribirá romances, villancicos, sonetos, epístolas, églogas, poemas extensos..., cultiva todo tipo de metros, porque escribe además –no lo olvidemos– cientos de obras teatrales en verso, en donde a veces aparecen sonetos que luego publica en sus *Rimas*. Era el poeta popular por excelencia, al igual que su ingenio dominaba totalmente la escena. En sus *Rimas* (1602, 1604), trata muy diversos temas en distintos tonos y estilos. Junto a doscientos sonetos, el poema extenso *La hermosura de Angélica* (en su primera edición, de 1602) y su preceptiva dramática, su *Arte nuevo de hacer comedias en este tiempo*, en la de 1609. Su poesía fluctúa entre la expresión amorosa platónica y la presencia del deseo de un cuerpo transformado por la metáfora, pero presente en sus versos: «Yo vi, sobre dos piedras plateadas,/ dos colunas gentiles sustenidas/ de vidro azul cubiertas, y cogidas/ en un cendal pajizo y dos lazadas», y se perfilan perfectamente las piernas de la dama con calzas azules y ligas y sus chapines –sus zapatos– plateados. Lope será Zaide en sus romances moriscos; Belardo, en su disfraz pastoril o el Fernando de *La Dorotea*. Hombre lleno de contradicciones, parece plegarse a la convención literaria, y de pronto hace que asome su auténtico yo en algún verso que rompe con ella. El amor llenó su vida y sus versos.

Su honda crisis religiosa que le llevaría a hacerse sacerdote también se transforma en versos: sus *Rimas sacras* (1614), con sonetos muy bellos junto a textos sólo de discreto valor, frutos de un frío conceptismo sacro. Consigue plasmar una introspección atormentada con ecos de la mejor poesía existencial: «Entro en mí mismo para verme, y dentro/ hallo, ¡ay de mí!, con la razón postrada/ una loca república alterada...». Su autoanálisis «¿Qué ceguedad me trujo a tantos daños?» desembocará en el ruego desgarrado a Cristo para que tenga piedad de él: «Pastor que con tus silbos amorosos/ me despertaste del profundo sueño,/ [...] vuelve los ojos a mi fe piadosa».

En el volumen de *La Filomena* (1621), junto a la fabulación del mito, hay bellas epístolas, género que permite aflorar lo real, lo autobiográfico, y en el que se siente muy a gusto Lope. En la epístola a Amarilis indiana, que contesta otra de la desconocida dama, el verso fluye ligero, sugerente, expresivo, «muy de Lope» (con tautología), intensamente sincero... en ese momento. Comienza con juego ingenioso: «Agora creo, y en razón lo fundo,/ Amarilis indiana, que estoy muerto,/ pues que vos me escribís del otro mundo». Poetiza su vida, que le cuenta a su interlocutora: su nacimiento hecho literatura, sus bodas, sus hijos, «Un hijo tuve, en quien mi alma estaba» -Carlos, que muere-, Marcela, Feliciana..., su sacerdocio: «Dejé las galas que seglar vestía;/ ordenéme, Amarilis; que importaba/ el ordenarme a la desorden mía». Un Lope, que nos ofrece su imagen en el espejo de sus versos acomodada a su versión: «Mi vida son mis libros, mis acciones,/ una humildad contenta, que no envidia/ las riquezas de ajenas posesiones».

Lope hablará de la belleza, la ceguera, locura y muerte de su último gran amor, Marta de Nevares, en intensísimos versos de su égloga «Amarilis» (1633). Los bellos ojos verdes de su amada se apagan: «Cuando yo vi mis luces eclipsarse,/ cuando yo vi mi sol escurecerse/ mis verdes esmeraldas enlutarse,/ [...] no puede mi desdicha ponderarse». Su desespero se expresa en los versos de las octavas con intensa fuerza: «Ojos, si vi por vos la luz del cielo,/ ¿qué cosa veré ya sin vuestra vista?». Luego vendrá la locura: «los vestidos deshacía,/ y otras veces, estúpida, imitaba,/ el cuerpo en hielo, en éxtasis la mente,/ un bello mármol de escultor valiente». Y la muerte: «Lloró cuanto es amor, hasta el olvido/ a amar volvió porque llorar pudiera;/ y es la locura de mi amor tan fuerte,/ que pienso que lloró también la muerte». El ropaje pastoril de la égloga le da palabras para expresar su auténtico sentimiento.

Queda aún en versos el Lope burlesco. A un paso de su propia muerte (1635), publica las *Rimas humanas y divinas del licenciado Tomé de Burguillos* (1634), su *alter ego* que dedica sus versos amorosos a Juana, lavandera de Manzanares, en un cancionero burlesco que subraya los tópicos de la poesía italianizante (Lope escribiría también una deliciosa *Gatomaquia*, poema épico burlesco). «Yo cantaré con lira destemplada,/ ¡oh sirena bellísima de Europa!,/ tu enfaldo ilustre, tu jabón, tu ropa,/ del patrio río en su cristal bañada» le dice Tomé a Juana en «Versos de almíbar y de miel rosada», porque ella no es la dama divina, inalcanzable, sino una lavandera.

No se olvida ese otro yo burlón del propio Lope y recuerda la metamorfosis tópica de la realidad que hace en sus versos: «Bien puedo yo pintar una hermosura/ y de otras cinco retratar a Elena,/ pues a Filis también, siendo morena,/ ángel Lope llamó de nieve pura».

La facilidad versificatoria de Lope de Vega fue extraordinaria. Siguiendo a Ariosto y a Tasso, escribe poemas épicos: *La Dragontea* (1598), sobre el pirata Drake, *El Isidro* (1599) en octosílabos, sobre la vida del santo madrileño; *La hermosura de Angélica* (1602), *Jerusalén con-*

quistada (1609), *La corona trágica* (1627), sobre María Estuardo; fábulas mitológicas: *La Filomena* (1621), *La Andrómeda* (1621), *La Circe* (1624) y *La rosa blanca* (1624).

Consiguió todos los registros, escribió desde el hondo poema amoroso a la burla de la misma lengua poética que le permitía escribirlo. Vivió intensamente y creó a menudo, a partir de ese cañamazo existencial, versos inmortales.

Lo asombroso y lo efímero en la lírica

En la búsqueda del ornato de la elocución, la lengua poética ahonda en el arte de la dificultad. Las metáforas se superponen, las figuras se enlazan; la descodificación es posible porque se parte de una misma historia amorosa con variantes, y porque los tropos se asientan en correspondencias lógicas y constantes. Con la dificultad, el poeta muestra sus conocimientos e ingenio, y obliga al lector a compartirlos: el asombro y el gozo de desvelar alusiones, de advertir el artificio retórico forma la experiencia lectora. La estética literaria barroca se asienta en la agudeza conceptuosa. Como dice Gracián en su *Agudeza y Arte de ingenio*, «lo que es para los ojos la hermosura y para los oídos la consonancia, ése es para el entendimiento el concepto», y el concepto «es un acto del entendimiento que exprime la correspondencia que se halla entre los objetos». El camino para la agudeza podrá ser sintético, elíptico, haciendo que las palabras sean hidras bocales, donde la brevedad se alía con la intensidad para sorprender al lector, o podrá ser un alarde de artificio, en el que la realidad quede oculta tras la acumulación de tropos y figuras, pero presente, desvelable, por las exactas correspondencias.

Luis Carrillo y Sotomayor, en su *Libro de la erudición poética*, hace una encendida defensa de la necesidad del conocimiento para el poeta, que es además imitador de los clásicos: «la Poesía usada de algunos modernos deste tiempo, siendo imitadora de los antiguos, será la buena; y imitándoles, se ha de tratar con su agudeza, elocuciones y imitaciones, y no ignorar de todas las ciencias los puntos que se le ofrecieren». El «vívese con el entendimiento, y tanto se vive cuanto se sabe» gracianesco es el norte de una creación poética riquísima que culmina el proceso de dignificación de la lengua. El juego, la intensificación del pensamiento y palabra convertirán la poesía en un reto para el lector, en un ejercicio de ingenio, en una insólita creación que descubre asociaciones totalmente innovadoras. Todo el arte barroco parece querer ocultar con su complicación, con su ornato, la realidad que se cuartea en la crisis política y económica que destroza el país. Brilla espléndido en una riqueza que abarca todas las artes.

Nuevos asuntos se imponen como centro de esa lírica que alcanza las máximas cimas de artificio y belleza agostándose al mismo tiempo. La gran revolución poética del siglo XX introducirá lo irracional como elemento lírico y romperá la lógica estricta que permite decodificar esa máquina artificiosa perfecta asentada en el ornato de la elocución.

El argumento de amor sigue siendo el asunto central de esa poesía. Pero la reflexión sobre la fugacidad de todo lo terreno, sobre el paso inexorable del tiempo resuena en multitud de poemas bajo diversas formas. Las efímeras flores, las ruinas que llevan a pensar sobre un pasado esplendor, la muerte que nace con la propia existencia, el reloj de arena que visualiza ese inexorable avance de las horas...

Paralelamente se iniciaba la decadencia de ese impresionante imperio que convirtió a España en la nación más poderosa de la tierra. El derrumbe se manifiesta claramente en los reinados de Felipe IV (1621-1665) y Carlos II (1665-1700) dentro de una crisis general europea (depresión económica, crisis del Estado, guerra de Treinta Años). Los levantamientos de Cataluña y Portugal (1640), la derrota de Rocroi (1643), la paz de Westfalia (1648), quiebra de la política de los Austrias, inician el derrumbamiento militar. La Paz de los Pirineos con Francia (1659) y el tratado de Lisboa, que reconocía la independencia de Portugal (1668), sellan la catástrofe política. El pensamiento sobre lo efímero de toda gloria tenía, pues, su correlato real.

Rodrigo Caro (Utrera 1573-1647), sacerdote y abogado de gran cultura, consultor del Santo Oficio, es autor de los *Días geniales o lúdicros* (1626) y de *Antigüedades y Principado de la ilustrísima ciudad de Sevilla* (1626) –era aficionado a la arqueología–. Escribirá la muy bella «Canción a las ruinas de Itálica», auténtica «fábula del tiempo» que representa, a través de las ruinas de la ciudad, «cuánta fue su grandeza y es su estrago». El esplendor pasado se evoca con un *ubi sunt* que hace exclamar la contemplación de sus restos: «Estos, Fabio, ¡ay dolor!, que ves ahora/ campos de soledad, mustio collado,/ fueron un tiempo Itálica famosa».

Una de las grandes cumbres poéticas de reflexión sobre la brevedad de la vida será la «Epístola moral a Fabio» del capitán sevillano Andrés Fernández de Andrada (muerto hacia 1648 en México, en donde se documenta su presencia en 1623), que dirige a su amigo don Alonso

Tello de Guzmán, cuando pretendía en la corte ser corregidor de México (1611), exhortación a la renuncia de ambiciones en ese vivir tan efímero: «¿Qué es nuestra vida más que un breve día,/ do apenas sale el sol, cuando se pierde/ en las tinieblas de la noche fría?».

La templanza, la virtud, la serenidad son refugios para el hombre prudente, que renuncia a gloria, fama, riquezas para alcanzar esa *aurea mediocritas* («una mediana vida yo posea»), que encierra la sabiduría, el ir paso a paso serenamente al inexorable fin: «Un ángulo me basta entre mis lares,/ un libro y un amigo, un sueño breve,/ que no perturben deudas ni pesares». Los tercetos encadenados fluyen con templada maestría, acordes a su contenido. La confesión epistolar al amigo («Ya, dulce amigo, huyo y me retiro/ de cuanto simple amé»), como la de Aldana a Arias Montano, es una magistral lección desde la serenidad de esa conciencia de nuestros límites existenciales.

Las ruinas de Itálica y las de Sagunto serían cantadas por muchos poetas que las convirtieron en testimonio de desengaño, de la *vanitas*: Medrano, Arguijo, Rioja... (en la estela de Castiglione y de Cetina). Se llegará a fosilizar el deíctico del comienzo –*éste, ésta* – con fórmula que lleva a la reflexión sobre el paso destructor del tiempo. «Estas ya de la edad canas rüinas» de Francisco de Rioja (1583-1659) es uno de los mejores sonetos dedicados a este asunto. Su segundo cuarteto es una formulación perfecta de la reflexión sobre la brevedad de la vida a partir de las ruinas de magníficos edificios: «¡Oh, a cuán mísero fin, tiempo, destinas/ obras que nos parecen inmortales!/ ¿Y temo? ¿Y no presumo que mis males/ así a igual fenecer los encaminas?»

Francisco de Medrano (Sevilla, 1569 o 70-1606 o 07), de rica familia sevillana, ingresó en la compañía de Jesús en 1586, pero la abandonó en 1602 por simpatizar con los jesuitas rebeldes; sería desde entonces hasta su repentina muerte presbítero en Sevilla. Escribió cincuenta y ocho sonetos, treinta y cuatro odas, tres romances y dos décimas. Imita y traduce a Horacio (en la línea de fray Luis de León) en sus odas dedicadas a sus amigos; sus sonetos amorosos son petrarquistas y neoplatónicos; y sus romances sacros, conceptistas. Escribe también un soneto «A las ruinas de Itálica», «Estos de rubia mies campos agora/ ciudad fue un tiempo: Itálica», que culmina con la reflexión sobre la fugacidad: «¡Cómo se murió todo!». La belleza de la dama será asimismo efímera; lo dirá Medrano en sonetos: «Esta que te consagro fresca rosa», y «Veré al tiempo tomar de ti, señora,/ por mí venganza, hurtando tu hermosura...». Sus versos son elegantes, serenos, graves.

El tiempo se escapa veloz. Carrillo y Sotomayor captó magníficamente esa imagen –¡él que vivió tan poco: Baena, ¿1585?-1610!– en el soneto «¡Con qué ligeros pasos vas corriendo!». Su segundo cuarteto expresa el vano esfuerzo humano en detener su avance inexorable: «Detenerte pensé, pasaste huyendo;/ seguíte, y ausentáste liviano;/ gastéte a ti en buscarte, ¡oh inhumano!:/ mientras más te busqué, te fui perdiendo».

Seguirá resonando el *carpe diem* horaciano, con la variante de Ausonio *collige, virgo, rosas*, aunque la exhortación al gozo quede acallada por tantas voces que proclaman una actitud vital preparatoria ante el inminente fin. «Flor eres, mientras flor, de tu hermosura/ coge la flor, que es flor y ha de perderse» le dirá a Celia el yo poético de un soneto de Carrillo en un ejemplo de ingeniosa concisión en el uso del término *flor* con distintos significados: aúna en él la belleza, la juventud, el gozo, la fugacidad.

Luis Carrillo y Sotomayor, cuatralbo de las galeras, caballero de la orden de Santiago, que intervino en la lucha contra los moriscos valencianos, escribió cincuenta sonetos, la *Fábula de Acis y Galatea*, dos églogas, quince canciones, romances, letras y redondillas; tradujo *De brevitate vitae* de Séneca y el comienzo de los *Remedia amoris* de Ovidio. Escribió en prosa el *Libro de la erudición poética, o lanzas de las Musas contra los indoctos*, defensa del arte de la dificultad para el estilo sublime (el de su *Fábula de Acis y Galatea*).

El sevillano Francisco de Rioja, clérigo, consejero del conde-duque de Olivares, bibliotecario real, escribe sesenta sonetos, dos sextinas, tres poemas en décimas y once silvas; compone poemas amorosos, en la estela de Herrera, y morales, horacianos, en los que reflexiona sobre el paso del tiempo, la fugacidad de la vida, el desengaño y la futilidad de las ambiciones humanas. Su vida transcurre entre Sevilla con sus amigos, humanistas y poetas, y la corte, en donde desempeña una serie de sucesivos cargos.

Francisco de Rioja fue el gran poeta de las flores, las cantó en su belleza y en su fugacidad, como también vimos que cantó las ruinas. Escribe silvas a la arrebolera, el clavel, la rosa amarilla, la rosa y el jazmín, con sensuales descripciones y un meditar sobre su vida efímera: «¡Tan poco se desvía/ de tu nacer la muerte arrebatada» le dice a la arrebolera, o a la rosa: «Tan cerca, tan unida/ está al morir tu vida,/ que dudo si en sus lágrimas la aurora/ mustia tu nacimiento o muerte llora».

Las flores serán un elemento esencial de los jardines. Se convertirán éstos en asunto de la poesía descriptiva barroca, que culmina en el *Paraíso cerrado para muchos, jardines abiertos para pocos* de Pedro Soto de Rojas (1584-

1658). Canónigo granadino, admirador de Góngora, que vivió entre la corte y su ciudad. Se refugiará en los últimos años de su vida en un carmen alejándose del clima de discusión que vivía con el cabildo (y que le llevó a la cárcel). Autor del *Desengaño de amor en rimas* (1623), cancionero al modo petrarquista a su amada Fénix, que desemboca en la búsqueda de Dios, *Los rayos de Faetón* (1639), la silva *Fragmentos de Adonis* (1652) y su *Paraíso cerrado...* (1619). Jardín-libro, especie de peregrinación por el paraíso terreno hacia el celestial; más de un millar de versos que describen la belleza del jardín con un extraordinario preciosismo y abundancia de figuras retóricas. Como dice Francisco de Trillo y Figueroa (1618-1678), autor de poesía burlesca al modo de Góngora y de un poema épico sobre el Gran Capitán, la *Neapolisea*, en la introducción: «artificiosísimo poema, compuesto de varios semblantes, fábulas, imitaciones y pensamientos, conceptos, figuras, exornación y adorno». Así se describe el poema barroco, artificio lírico lleno de sensualidad: «Aquí el Favonio manso,/ si fragancia olorosa/ derrama entre la hierba, entre la rosa,/ toca tanto instrumento,/ que apenas comprehenderlo puede el viento,/ y, entre mil ruiseñores,/ citarista de pájaros cantores,/ los brazos tiende este jardín hermoso». Y junto a esa espléndida belleza, poema en sí, resuena continuamente el desengaño.

Francisco López de Zárate (Logroño, 1580-1658) estuvo al servicio de Rodrigo Calderón y del duque de Lerma; escribe poemas de asunto amoroso, pero también autobiográfico con referencias a sus achaques («A un ruido que en su vejez padeció en los oídos el autor») o en torno al desengaño. Sus *Obras varias* son de 1651. Con el epígrafe «Desengaño en lo frágil de la hermosura», enhebra, en un soneto, versos glosando ese morir naciendo que habrá sonado magistralmente en la poesía de Quevedo: «Pues que se muere con haber nacido,/ siendo el ser tan a riesgo de la vida,/ que el minuto menor es homicida...»

Gabriel Bocángel y Unzueta (Madrid, 1603-1658), poeta gongorino, gran amigo de Jáuregui y de Lope, fue bibliotecario del infante cardenal Fernando de Austria y cronista real. En *La lira de las Musas* une sonetos amorosos, romances pastoriles a poemas morales estoicos y algunos religiosos, la *Fábula de Leandro y Hero* y un poema funerario panegírico de Carlos de Austria. Bocángel, que verá el mundo como «república de viento», expresa esa fusión de vida y muerte en este ser de tiempo que todos somos –hijos de Cronos, que nos devora– en un espléndido soneto de *La lira de las Musas* (1637): «Huye del sol el sol, y se deshace/ la vida a manos de la propia vida;/ del tiempo que, a sus partos homicida,/ en mies de siglos las edades pace...»

Sólo el amor vence al tiempo e incluso a la propia muerte: las médulas de los huesos «polvo serán, mas polvo enamorado» dice Quevedo recogiendo en verso espléndido un tema de Propercio en el soneto «Cerrar podrá mis ojos la postrera».

La llama amorosa consume al enamorado, lo convierte en cenizas, y éstas, puestas en un reloj de arena, son el motivo de un soneto, barroco por excelencia, de Luis de Ulloa y Pereira (Toro, 1584-1674), corregidor de León: «Esta que te señala de los años/ las horas de que gozas en empeño,/ muda ceniza [...] un tiempo fue Lisardo». En sus *Obras* (1674) reúne un centenar de sonetos, *Raquel*, poema heroico sobre la judía de Toledo y sus amores con Alfonso VIII, elegías, epístolas, églogas, romances, glosas de los salmos y una defensa de la literatura.

Los mitos, que perfilaban la etopeya -el retrato anímico- del yo poético en el Renacimiento, intensifican su presencia y se convierten en recurso para el arte de la dificultad con sus alusiones veladas o en asunto central del poema. El sevillano Juan de Arguijo (1567-1622) dedica sonetos a Baco, Faetón, Icaro, Sísifo, Tántalo, Dafne, Narciso, Ganimedes... Fue uno de los hombres más ricos de Sevilla, pero dilapidará su fortuna y tendrá que acogerse a la casa profesa de los jesuitas, donde estudió y a quienes favoreció con sus bienes, para huir de la justicia. Escribe sonetos de estética clasicista sobre mitos y personajes grecolatinos y algunos morales («A la fortuna», «Al desengaño»), silvas y canciones en alabanza de santos. Reunió una colección de *cuentos* con anédotas y chistes suyos y ajenos.

Faetón en su verso aparece glorioso, su fama supera su castigo: «Pudo quitarte el nuevo atrevimiento,/ bello hijo del Sol, la dulce vida;/ la memoria no pudo». O Sísifo, sobrepasado en su tormento por el pensamiento del yo poético, porque «la importuna memoria de mis males» no le deja y no le llega el alivio que aquél siente al bajar el monte.

Las fábulas mitológicas son además, como se vio, los asuntos de largos poemas casi siempre en octavas, en donde los poetas utilizan la licencia que el estilo sublime que les corresponde les da para llegar a las cimas del ornato. Góngora con su *Polifemo* y Villamediana con sus fábulas de *Faetón* y *Apolo y Dafne*, escritas en octavas, llevarán a sus extremos el arte de la dificultad. El conde escribió también una *Fábula de la Fénix* en silvas, al igual que Góngora utilizaría esa estrofa para sus *Soledades*. Pero el asunto del poema extenso del cordobés no era ya la materia heroica -el mito era historia- y no merecía el estilo sublime de que hacía gala su exuberante artificio retórico. Las críticas arreciaron contra el poema gongorino, muestra de su dominio de la lengua poética y cumbre del poema barroco.

«Era del año la estación florida...»: la cima del arte de la dificultad, la poesía de Góngora

Luis de Góngora y Argote (Córdoba, 1561-1627), racionero de la catedral de Córdoba, amigo de fiestas y juegos, es sobre todo poeta (sus primeros poemas están fechados en 1580). Ya famoso, en 1617 se instala en Madrid y se ordena sacerdote. En 1617 le nombran capellán del rey. Las deudas le acosan por la vida que lleva en la corte, le amenazan los embargos. Regresará a Córdoba en 1626. Es autor de dos obras teatrales: *Las firmezas de Isabela* (1610) y *El doctor Carlino* (1613), inacabada.

Luis de Góngora dominaba todos los registros poéticos. Su precioso y juvenil romancillo «Hermana Marica» le daría muy pronto gran popularidad; sus letrillas son un prodigio de gracia, de ironía («La más bella niña/ de nuestro lugar»); como son bellísimas sus letrillas sacras («Caído se le ha un clavel»). Sus romances fueron glosados, imitados, como el del cautivo «Amarrado al duro banco» o «Entre los sueltos caballos», que fue incluso divinizado. La agudeza de su humor se ve en sus décimas, letrillas y romances («Ándeme yo caliente/ y ríase la gente»). En el marco del soneto consigue versos impresionantes, como ese final del temprano «Mientras por competir con tu cabello» (glosa del *carpe diem*): «en tierra, en humo, en polvo, en sombra, en nada». Crea sintagmas que han cautivado a otros poetas (a Blas de Otero con su «ángel fieramente humano»), hipérboles originalísimas como la que encarece el triste canto de un ruiseñor: «Con diferencia tal, con gracia tanta/ aquel ruiseñor llora, que sospecho/ que tiene otros cien mil dentro del pecho/ que alternan su dolor por su garganta».

Construye rigurosamente con estructuras correlativas sonetos como «Ni este monte, este aire, ni este río» o «No destrozada nave en roca dura»; enlaza alusiones mitológicas a construcciones elípticas en difíciles sonetos de circunstancias como el que escribe a una dama vestida de «leonado»: «Del color noble que a la piel vellosa»; o el que dedica a una sangría de un pie, «Herido el blanco pie del hierro breve». Incluso acumula y subraya íes con diéresis en aliteración evocadora en «Prisión del nácar era articulado», acentuando lo agudo del alfiler con el que una dama se pincha al quitarse una sortija. El cromatismo del terceto final es intensísimo para pintar la sangre sobre la blancura de la mano: «púrpura ilustró menos indïano/ marfil; invidïosa, sobre nieve/ claveles deshojó la Aurora en vano.» Además de los sonetos amorosos, escribirá funerarios, laudatorios, religiosos, burlescos.

Como su extraordinario rival, Quevedo, con el que intercambia poemas insultantes («Anacreonte español, no hay quien os tope» le dirá, o más tarde «Cierto poeta, en forma peregrina/ cuanto devota...»), puede alzarse hasta las más altas cimas de belleza en sus versos o descender hasta lo más grosero. La toma de Larache, empresa poco gloriosa del reinado de Felipe III, le lleva –en uno de los fracasos de la conquista– a escribir un soneto burlesco, «–¿De dónde bueno, Juan, con pedorreras?/ –Señora tía, de Cagalarache»; pero también a componer una canción heroica (además de un soneto heroico y unas décimas burlescas), que da un tono épico al hecho militar menor intensificando la alambicada sintaxis, las alusiones mitológicas, los cultismos léxicos. Comienza con la descripción geográfica: «En roscas de cristal serpiente breve,/ por la arena desnuda el Luco yerra,/ el Luco, que, con lengua al fin vibrante,/ si no niega el tributo, intima guerra/ al mar: que el nombre con razón le bebe/ y las faldas besar le hace Atlante».

Larache está cerca del monte Atlas, y el río Luco se transforma en serpiente por sus meandros y porque la tradición lo veía como el dragón que guardaba el jardín de las Hespérides. La lexicalización del tributo que los ríos dan al mar se une a una imagen tomada de Torcuato Tasso; así el Luco le declara guerra al que le bebe el nombre, pero lo hace «con lengua al fin vibrante», como le corresponde al ser serpiente. El poder creador de la lengua de Góngora es extraordinario.

En su tardía *Fábula de Píramo y Tisbe* (1618), Góngora desmitifica la historia mitológica de los dos enamorados, los convierte en asunto de un romance burlesco, pero sigue utilizando la dificultad como instrumento y une al léxico germanesco las citas clásicas.

Su propia voz resuena sincera en la epístola moral «Mal haya el que en señores idolatra», en donde glosa el tema del menosprecio de corte y alabanza de aldea y su desengaño (Góngora intenta vanamente obtener justicia en el largo proceso a raíz del asesinato de su sobrino en 1605): «gastar quiero, de hoy más, plumas con ojos/ y mirar lo que escribo. El desengaño/ preste clavo y pared a mis despojos». El desengaño le prestará clavo y pared para colgar sus despojos, arrepentido y agradecido, como si de un templo se tratara.

Su *Fábula de Polifemo y Galatea* –como el inconcluso *Panegírico al duque de Lerma*,1617, también en octavas–

es un alarde de dominio de la lengua poética embellecido por el más complejo ornato. «Estas que me dictó rimas sonoras/ culta sí, aunque bucólica Talía» las dedica al conde de Niebla («ahora que de luz tu Niebla doras, escucha»). Carrillo y Sotomayor había poco antes recreado la fábula, y algunas de sus octavas estaban ya llenas de la oscura complejidad retórica que sus ideas sobre la erudición poética defendían para el poema heroico. Pero Góngora le supera con creces: la armonía del verso del cordobés se aúna a su dominio de la distorsión de la frase, de las perífrasis alusivas, de la superposición de tropos. El cromatismo que vimos en versos de sus sonetos se intensifica, así en el retrato de Galatea: «Purpúreas rosas sobre Galatea/ la alba entre lilios cándidos deshoja:/ duda el amor cuál más su color sea,/ o púrpura nevada, o nieve roja».

Las descripciones son sensuales, bellísimas. Sus metáforas, sorprendentes, novedosas (pero asentadas en el código conocido; si no, no podrían descifrarse), sin que nunca el ingenio de la creación merme la suave armonía del ritmo del endecasílabo. Acis bebe y mira a Galatea: «su boca dio, y sus ojos cuanto pudo,/ al sonoro cristal, al cristal mudo». El río es «sonoro cristal»; el bello y blanco cuerpo de la ninfa, «cristal mudo». Galatea se levanta cuando oye el murmullo de las aguas: «La ninfa, pues, la sonorosa plata/ bullir sintió del arroyuelo apenas,/ cuando, a los verdes márgenes ingrata,/ segur se hizo de sus azucenas». Se hace hoz (*segur*) de sus azucenas porque su cuerpo –tal es su blancura– parecía azucenas sobre la hierba. Acis, aplastado por el peñasco que le lanza Polifemo, se transformará en río y llegará al mar: «Corriente plata al fin sus blancos huesos,/ lamiendo flores y argentando arenas,/ a Doris llega...». Como soporte de esa cumbre de artificio y belleza está la historia mitológica reconocible.

En sus *Soledades* da un paso más: en silvas –no en octavas– escribe, en lengua más compleja todavía, en agudeza combinada con un esplendor verbal envuelto en armoniosos ritmos, de la peregrinación de un hermoso joven noble y desgraciado en amor. Encontrará a pastores, montañeses, un anciano mercader; llegará a una aldea en donde se celebra una boda y asiste al banquete rústico y a los festejos. En la segunda *Soledad*, el peregrino subirá a una pequeña barca con dos pescadores, conocerá a su familia y su casa en una isla, que recorrerá en compañía de su anfitrión, un viejo pescador. Quedan escenas de caza protagonizadas por unos cazadores, que permiten a Góngora recrear el espectáculo con su arte magistral. El contenido novelesco inacabado (quería escribir cuatro *Soledades* y se detuvo en la segunda, que dejó sin terminar) permite al escritor recrearse en minuciosas descripciones. Paisajes, animales, objetos, gestos se convierten en materia para una esplendorosa metamorfosis literaria. Al peregrino le dan leche espesa, ordeñada al amanecer, en una escudilla de boj; y así lo dicen los versos: «... y en boj, aunque rebelde, a quien el torno/ forma elegante dio sin culto adorno,/ leche que exprimir vio la alba aquel día,/ mientras perdían con ella/ los blancos lilios de su frente bella,/ gruesa le dan y fría,/ impenetrable casi a la cuchara,/ del viejo Alcimedón invención rara».

La divulgación manuscrita de las *Soledades* en 1613 provocaría una enorme polémica entre detractores y defensores. La influencia de las *Soledades* –y del *Polifemo*– fue inmensa. Góngora fue consciente de su empresa.

«Era del año la estación florida/ en que el mentido robador de Europa...» es el comienzo, pues, de la cima insuperable del arte de la dificultad, las *Soledades*. Crean con sus versos un ejercicio sumamente placentero, porque, como dice Gracián, en su *Agudeza y arte de ingenio*, «la verdad, cuanto más dificultosa, es más agradable, y el conocimiento que cuesta, es más estimado». Su ya citado «vívese con el entendimiento, y tanto se vive cuanto se sabe» es premisa indispensable para la comprensión y el goce de ese complejísimo artificio poético creado con maravillosa maestría.

Su obra circuló manuscrita; la editaron Juan López de Vicuña (*Obras en verso del Homero español*, 1627) y Gonzalo de Hoces (*Todas las obras de don Luis de Góngora en varios poemas*, 1633). La comentaron Pedro Díaz de Rivas (*Anotaciones)*, García de Salcedo Coronel, José Pellicer (*Lecciones solemnes*, 1630) y Cristóbal de Salazar Mardones (*Ilustración y defensa de la Fábula de Píramo y Tisbe*, 1636). Juan de Jáuregui (1583-1641), preceptista (*Discurso poético*, 1623), poeta de línea clásica (*Rimas*,1618; *Orfeo*, 1624), traductor (*Aminta* de Torquato Tasso, *Farsalia* de Lucano) y pintor, atacó el estilo de Góngora en su *Antídoto contra la pestilente poesía de las «Soledades»* (h. 1616); le contestó Francisco Fernández de Córdoba, abad de Rute (*Examen del «Antídoto»*).

Dos poetas aragoneses: los Argensola

Junto a esa extraordinaria cumbre lírica, poemas magníficos inmortalizan otras voces, como las de los hermanos Argensola.

Lupercio Leonardo de Argensola (Barbastro, 1559-Nápoles, 1613) fue secretario del duque de Villahermosa y de la emperatriz María y cronista de Aragón. En 1608, como secretario del conde de Lemos, irá a Nápoles, en donde funda la Academia de los Ociosos y en donde morirá. Su hijo Gabriel publicará las *Rimas* (1634), su creación poética, de severo clasicismo, y la de su hermano Bartolomé. Escribe fríos y limados sonetos amorosos, bellos y profundos sonetos morales –en la estela de Horacio, Séneca y fray Luis–, canciones («A la esperanza»), logradas sátiras en tercetos, poemas religiosos.

Bartolomé Leonardo de Argensola (Barbastro, 1562–Zaragoza, 1631) estudió Derecho en Salamanca y se ordenó sacerdote. Rector de Villahermosa, estuvo al servicio de la emperatriz María y del conde de Lemos en Nápoles. Cronista de Aragón y canónigo de la catedral de Zaragoza. Imita a Horacio, Juvenal, Persio y Marcial en sus sátiras y epístolas. En sus *Rimas* (1634), hay además de poemas religiosos y amorosos (algunos sonetos muy bellos y sensuales), morales como el espléndido «Firmio, en tu edad ningún peligro es leve», obras para justas poéticas y fiestas. Expone sus ideas literarias en las epístolas que dirige a Fernando de Soria Galvarro y «A un joven estudiante de Derecho». Su elegancia poética, su serenidad, su eficacia estética se nutre en los escritores greco-latinos. Pulió y limó sus versos guiado por un gran afán de perfección. Como historiador, continuó los *Anales* de Jerónimo de Zurita y escribió la *Conquista de las islas Malucas* (1609).

El conde de Villamediana: el vuelo de Ícaro

En la estela de Góngora, un poeta alcanzó con su vuelo lírico altas cumbres, pero la vida lo despeñó prematuramente: el conde de Villamediana.

Juan de Tassis y Peralta, conde de Villamediana (Lisboa, 1582-Madrid, 1622), correo mayor del reino, cortesano y poeta de vida turbulenta (es desterrado de la corte por tahúr en 1608, y en 1618 se le procesa y destierra de nuevo por sus sátiras), vivirá varios años en Italia. Cuando sube al trono Felipe IV, le nombra gentilhombre de la reina. Para celebrar el cumpleaños del rey, escribirá *La gloria de Niquea*, obra teatral gongorina. En su representación, se produjo un incendio que inició además la leyenda de los supuestos amores del poeta con la reina, Isabel de Borbón. Lo asesinan el 21 de agosto de 1622 en la calle Mayor de Madrid por sus sátiras, sus dudosos amores reales o su homosexualidad. Sus *Obras*, póstumas (1629), se componen de sonetos, fábulas mitológicas (*Faetón*, *Apolo y Dafne*, en octavas, *La Europa* y *La Fénix*, en silvas), versos de arte menor. Góngora y Marino dejan honda huella en sus versos.

Ícaro alza su vuelo, en uno de los sonetos del conde, ante la envidia del yo poético porque muere en su vuelo hacia la luz y el fuego («¡Oh volador dichoso que volaste...»). El cabello de la dama que se peina se transforma -en un bello soneto de circunstancias- en «trémulas ondas, navegados cielos». Pero donde su voz se hace más desgarrada es en sus poemas morales. El yo poético nos conmueve profundamente con su desengaño: «Callaré quejas, beberé pasiones,/ para que vez segunda mi deseo/ no pise en el umbral del desengaño»; con la atormentada inquietud que le desazona («Un mal me sigue y otro no me deja»); con su voluntad de silencio ante las asechanzas que le rodeaban: «silencio, en tu sepulcro deposito/ ronca voz, pluma ciega y triste mano». Fueron vanos sus deseos: «Limitaré deseos y esperanzas,/ y en el orbe de un claro desengaño/ márgenes pondré breves a mi vida».

El dominio de la lengua poética de Francisco de Quevedo

Francisco de Quevedo y Villegas (Madrid, 1580-Villanueva de los Infantes, 1645), cursó teología en la cortesana Valladolid (1601-06) y con la corte regresó a Madrid. Amigo del duque de Osuna, don Pedro Téllez de Girón. Reivindicó el señorío de La Torre de Juan Abad, en donde pasó largas temporadas. El duque le confía importantes misiones en Sicilia, en Venecia -escapa de la ciudad cuando la «Conjuración»-, en Madrid y le consigue el hábito de Santiago. Cuando cae el duque (1620), lo destierran a La Torre y lo encarcelan (1621, 1622). Intentará con éxito al principio conseguir la protección del conde-duque de Olivares. En 1634 se casa con Esperanza de Mendoza y se separa legalmente dos años después. En 1641 el maestro de armas Pacheco de Narváez, el padre Niseno y Pérez de Montalbán publican el *Tribunal de la justa venganza, erigido contra los escritos de don Francisco de Quevedo, maestro de errores...*, feroz libelo y exponente del clima de hostilidad que se había creado contra el escritor. Lo encarcelan en el convento de San Marcos de León en diciembre de 1639 por su participación en un asunto de política con Francia (lo liberan en 1643, caído ya Olivares). Madrid, La Torre y Villanueva de los Infantes serán sus últimas residencias.

Francisco de Quevedo, de vastísima cultura, modeló la lengua a su antojo. La riqueza del contenido de su poesía y los distintos registros que en ella aparecen lo demuestran. Desde la angustia existencial a la más grosera burla; desde los más bellos e intensos poemas amorosos a las jácaras con lenguaje de germanía. La intensidad, la fuerza expresiva que alcanza es extraordinaria.

Sobre el conocido argumento, sus versos nos ofrecen una nueva y profunda vivencia del dolor de amor. Se desdobla como yo sintiente, «Hay en mi corazón furias y penas;/ en él es el Amor fuego y tirano,/ y yo padezco en mí la culpa mía»; antes ha dicho «dentro en mí proprio pruebo a ser Orfeo». Su sentir se alberga en un espacio interior que puede ser el mismo Hades,»mi corazón es reino del espanto», y él «al son del hierro» de su prisión intenta, como si fuera Orfeo, liberarse de sus propios tormentos. Sus entrañas, «bosque son de flechas y guadañas», único lugar en donde no hay primavera. Su cuerpo se deshace consumido por el amor: «Alma a quien todo un dios prisión ha sido,/ venas que humor a tanto fuego han dado,/ medulas que han gloriosamente ardido...». Su fuego se une al agua de su llanto:»Del volcán que en mis venas se derrama,/ diga su ardor el llanto que fulmino». El dolor se hace existencial y cristaliza en ese impresionante «cargado voy de mí». El amor en sus versos es sentimiento absoluto sin necesidad –ni posibilidad– de esperanza: «Amo y no espero, porque adoro amando». Le domina, le consume: «Amor me ocupa el seso y los sentidos/ [...] todo soy ruinas, todo soy destrozos». Se dirigirá a él con tono coloquial increpándole: «¿por qué bebes mis venas, fiebre ardiente,/ y habitas las médulas de mis huesos?/ Ser dios y enfermedad ¿cómo es decente?» Y el último verso es un hallazgo prodigioso.

La dama que causa ese sentimiento devastador es «una risa, unos ojos, unas manos» que saquean «todo mi corazón y mis sentidos». Su hermosura aparece con una intensidad asombrosa: se ríe «con relámpagos», su cabello es «fugitiva fuente de oro». Su frialdad la convierte en «hermosísimo invierno de mi vida«y en»una piedra endurecida» que sepulta el «entendimiento fulminado» del yo poético. La superposición de metáforas la transforma en el ser espléndido que ilumina los versos, así el cabello de Lisi se convierte en «golfos de luz ardiente y pura». La agudeza se une al dominio del artificio de la lengua, pero el resultado es un verso profundamente conmovedor. Y así lo son sus sonetos metafísicos. Como en algunos poemas de Villamediana –y antes de Aldana–, la historia amorosa desaparece, y la voz del yo poético resuena desnuda, a solas con su existencia: «¡Fue sueño ayer; mañana será tierra!/ ¡Poco antes, nada; y poco después, humo!/ ¡Y destino ambiciones, y presumo/ apenas punto al cerco que me cierra!»

La ataraxia se expresa con verso justo, con endecasílabo ceñido a la idea: «sólo ya el no querer es lo que quiero/ [...] A las promesas miro como espías;/ morir al paso de la edad espero». En el camino del verso de fray Luis de León, Francisco de Medrano y Lupercio y Bartolomé Leonardo de Argensola, Quevedo escribe magníficos poemas morales –la preocupación moral y ética recorre toda su obra–; los temas, horacianos, se transforman a menudo por la creación sorprendente:«Retirado en la paz de estos desiertos,/ con pocos, pero doctos libros juntos,/ vivo en conversación con los difuntos/ y escucho con mis ojos a los muertos».

En sus poemas amorosos, las referencias mitológicas llegan a ingeniosas y oscuras perífrasis alusivas: los abuelos del Amor son «herida deshonesta y la blancura/ de la espuma del mar», porque Venus nació de ésta fecundada por los órganos genitales que Cronos cortó a Urano. Pero su verso satírico con un poder desmitificador total acaba con el mismo Apolo, que se transforma en «bermejazo platero de las cumbres,/ a cuya luz se espulga la canalla». Al metamorfosearse en laurel Dafne, «en escabeche, el Sol se quedó a escuras», y el mítico árbol se convierte en ingrediente de adobo que conserva manjares.

Las viejas de sus sonetos satíricos son impresionantes esperpentos (Valle-Inclán aprendió en Quevedo): «Tú juntas, en tu frente y tu cogote,/ moño y mortaja sobre seso orate». Un hombre narigudo quedará inmortalizado con su soneto «Érase un hombre a una nariz pegado», y una mujer puntiaguda con enaguas en «Si eres campana, ¿dónde está el badajo?», extraordinarias caricaturas verbales. Derrocha ingenio, originalidad. Retratará genialmente una «pecosa y hoyosa y rubia»: «Pecosa en las costumbres y en la cara,/ podéis entre los jaspes ser hermosa,/ si es que sois salpicada y no pecosa,/ y todo un sarampión, si se repara».

Su palabra consiguió transformar en arte hasta la poesía tabernaria y prostibularia en sus *jácaras* –con su popular Escarramán– o dar sutileza y gracia a bailes. Escribiría letrillas, romances burlescos, agrias sátiras personales, y siempre jugó con la lengua con un virtuosismo sorprendente. Su verso va desde la desolación vital a la destrucción demoledora; desde la más intensa vivencia del tormento amoroso a la alegre burla «de las alabanzas de los poetas»: «¡Qué preciosos son los dientes,/ y qué cuitadas las muelas,/ que nunca en ellas gastaron/ los amantes una perla!».

No tuvo la pretensión creadora de Góngora, le atraía más la destrucción verbal que el artificio suntuoso de la poesía seria, su *Poema heroico de las necedades y locuras de Orlando el enamorado* en octavas es una muestra más. Y sin embargo, ningún poeta dominó tanto y tan profundamente todos los registros de la lengua. Su prosa también da destimonio de tal maestría, como veremos.

Cuando la generación del 27 vuelva los ojos y los versos hacia esos extraordinarios poetas, se oirán otra vez una serie de voces sorprendentes que dan nuevas claridades a sentimientos y seres. Si esa maravillosa poesía se había asentado en la imitación, asumiéndola se encontrará el camino hacia una nueva originalidad.

Ya en este siglo se oye una voz distinta que preludia la mediocridad lírica de la época inmediata, sigue imitando a los clásicos, pero no hay arte de la dificultad, código cifrado que aúna belleza y ornato: es la de Esteban Manuel de Villegas (1589-1669). Buen traductor y adaptador: Tibulo, Propercio, Ausonio, Catulo y sobre todo Teócrito y Anacreonte; imita a este poeta griego en poemas en heptasílabos sobre los placeres del campo, del vino o de la mesa o en una poesía amorosa ligera (*Eróticas*, 1618). Adaptó al castellano con acierto la estrofa sáfico-adónica («Al céfiro»). Es un humanista que se aleja del camino poético trazado por sus contemporáneos y anuncia el que se siguió en el siglo XVIII.

La reflexión sobre la lengua

El proceso hacia la dignificación de la lengua romance había culminado en esas obras espléndidas, en ese dominio absoluto del idioma. Sorprendían, asombraban, hacían de las palabras «hidras bocales», como dice Gracián en su *Agudeza y arte de ingenio,* «pues a más de su propia y directa significación, si la cortan o la trastruecan, de cada sílaba renace una sutileza ingeniosa y de cada acento un concepto». Gracián tomó en esa obra «todo lo más bien dicho, así sacro como humano» como ejemplo de «todos los modos y diferencias de conceptos» y le añadió «un tratado de los estilos, su propiedad, ideas del bien hablar, con el arte de erudición y modo de aplicarla». Para él, «si el percibir la agudeza acredita de águila, el producirla empeñará en ángel»: el hombre, que puede definir los límites de su naturaleza y modelarse a sí mismo –según decía Pico de la Mirandola–, según la voluntad de su espíritu, puede alzarse con la lengua hasta la condición angélica, al menos en el espacio literario.

Anticipándose a la labor recopiladora, historicista del siglo siguiente, se ampliarán la reflexión y el estudio sobre la lengua, herencia también del humanismo. Sebastián de Covarrubias (1539-1613) con su *Tesoro de la lengua castellana o española* (1611) nos legará un diccionario y con él una información valiosísima sobre creencias, opiniones y conocimientos de la época. Centón pintoresco, lleno de voces y dichos populares, es también fundamental para el conocimiento del idioma. Gonzalo Correas (1571-1631), profesor de griego y hebreo en la Universidad de Salamanca, recopilará, en su *Vocabulario de refranes y frases proverbiales*, esas expresiones donde ya Juan de Valdés consideraba que se veía muy bien «la puridad de la lengua castellana», como dicen los contertulios del *Diálogo de la lengua*. Propugna además una revolución gráfica apoyada en la fonética en su *Ortografía castellana, nueva y perfecta* (1630) y cree todavía que el castellano es una de las lenguas primitivas. Bernardo José de Aldrete (1560-1641) habla, en cambio, con mesura y acierto *Del origen y principio de la lengua castellana* (1606). La erudición bibliográfica de Nicolás Antonio (1617-1684) en sus dos obras, *Bibliotheca Hispana Vetus* y *Nova*, nos ha legado otro valiosísimo instrumento para el estudio de nuestra historia literaria.

Como dijimos, fray Jerónimo de San José, en su *Genio de la Historia* (1651) manifestaba la conciencia de la perfección del uso de la lengua: «Han levantado nuestros españoles tanto el estilo que casi han igualado con el valor la elocuencia». Lejos quedaba, pues, la queja de su inferioridad frente a las victorias militares (como decía Ambrosio de Morales en su *Discurso sobre la lengua castellana* o Francisco de Medina en los preliminares a las *Anotaciones* de Herrera a Garcilaso). Cuando el poderío político se estaba esfumando, la fuerza de la lengua literaria aparecía con todo su esplendor. Decía bien el carmelita: «Ha subido su hablar tan de punto el artificio, que no le alcanzan ya las comunes leyes del bien decir, y cada día se las inventa nuevas el arte».

Poéticas historias, novelas picarescas. El *Guzmán de Alfarache*. El *Buscón*

Algunas de las nuevas formas narrativas se agostaron. Los libros de pastores, que tuvieron tanto éxito en la segunda mitad del siglo XVI, no permitían cambios sustanciales que les llevaran a su perduración. La *Cintia de Aranjuez* de Gabriel del Corral (1629) cierra un género estático, que novelizaba una teoría amorosa y que no tenía fuerza generadora de variantes fructíferas. La moda morisca fue todavía más breve.

En cambio, el relato picaresco se configura como tal gracias a una genial creación, el *Guzmán de Alfarache*, «atalaya de la vida humana», de Mateo Alemán (1.ª parte, 1599; 2.ª parte, 1604).

Mateo Alemán (Sevilla, 1547-¿México?, d.1615), hijo del médico de la cárcel de Sevilla, fluctúa entre el estudio y el comercio; a fines de 1580 fue encarcelado por deudas. En 1583 es contador de resultas (inspector de recaudadores); lo procesan y encarcelan en Madrid. Seguirá en el oficio real, pero volverá a la cárcel de Sevilla en 1602 de nuevo por deudas. En 1607 marchará a las Indias; fue contador de la Universidad en México.

La autobiografía del pícaro –su autor la llama «poética historia» o ficción literaria verosímil– se interrumpe con frecuentes meditaciones y moralidades; pero Alemán sabe que el lector prefiere el relato de las aventuras del pícaro, que a su vez pretenden servir de ejemplo a no seguir. Lo justifica así en la «Declaración» de la primera parte de su obra: «...Guzmán de Alfarache, nuestro pícaro, habiendo sido muy buen estudiante, latino, retórico y griego, como diremos en esta primera parte, después dando la vuelta de Italia en España, pasó adelante con sus estudios, con ánimo de profesar el estado de la religión; mas, por volverse a los vicios, los dejó, habiendo cursado algunos años en ellos. El mismo escribe su vida desde las galeras, donde queda forzado al remo, por delitos que cometió, habiendo sido ladrón famosísimo, como largamente lo verás en la segunda parte. Y no es impropiedad ni fuera de propósito si en esta primera escribiere alguna dotrina, que antes parece muy llegado a razón darla un hombre de claro entendimiento, ayudado de letras y castigado del tiempo, aprovechándose del ocioso de la galera». En la autobiografía del pícaro, Alemán fundía la ficción con la enseñanza. Tomaba el esquema del *Lazarillo*, profundizaba en él –ya no tenía que ser deudor de otro género, la carta– y le daba una dimensión didáctica.

Guzmán, al narrar su vida, nos contará cómo sirve a un cocinero (1.ª, II); hurtará con astucia, pero su gusto por el juego acabará con sus ganancias. El regalo con el que vive y la pasión por el juego es juzgado por el propio Guzmán como su condena: «De tal manera puedo decir que el bien me hizo mal. Que cuanto a los buenos les es de augmento, porque lo saben aprovechar, a los malos es dañoso, porque dejándolo perder se pierden más con él. [...] Yo quedé doctor consumado en el oficio y en breves días me refiné de jugador y aun de manos, que fue lo peor. Terrible vicio es el juego.» Sus hurtos, sus vicios, vienen ya calificados en el relato por el propio protagonista.

Guzmán cuenta su vida al «curioso lector» y comienza por «cuáles fueron» sus «padres y confuso nacimiento». Se marchará de casa al quedarse huérfano «a ver mundo, peregrinando por él». Se sucederán en su trayecto, en España, en Italia, amos, engaños y desgracias. Su aprendizaje le llevará a ser condenado a galeras. Ya en ellas, por ser «entretenedor y gracioso», además de por «la satisfacción» de su «entendimiento, buen servicio y estar bien tratado y limpio», se le encomendará el cuidado de los vestidos y joyas de un pariente del capitán. El hurto de un trencellín le llevará a sufrir los mayores tormentos y vejaciones. Pero, como dice Guzmán, «yo siempre confié en levantarme, porque bajar a más no era posible»; no es, pues, la llegada a la irónica «cumbre de toda buena fortuna» de Lázaro, sino a un infierno. Descubrirá una conjuración en el barco, se encontrará el trencellín y así conseguirá la libertad. Final que no concuerda exactamente con lo que dice Alemán en la «Declaración para el entendimiento deste libro»: «Él mismo escribe su vida desde las galeras, donde queda forzado al remo, por delitos que cometió». Sí, en cambio, tiene buen cuidado de justificar lo que no estaba en el *Lazarillo*, el porqué de que un delincuente como Guzmán puede escribir esta autobiografía.

La primera imagen del muchacho en su azaroso caminar es conmovedora: sin cenar se queda dormido sobre un poyo del portal de una iglesia que cierran. Después de andar sus dos primeras leguas, llegará a una venta cansado y hambriento. Allí una ventera le dará de comer media hogaza negra y una tortilla de huevos empollados, que acabará vomitando. El muchacho, antes «cebado a torrezno, molletes y mantequillas...», descubre ya la malicia y la burla. Aprenderá. Al servicio del cocinero, dirá: «Andaba entre lobos: enseñéme a dar aullidos. [...] Todos jugaban y juraban, todos robaban y sisaban: hice lo que los otros. De pequeños principios resultan grandes fines».

En Milán iniciará con fortuna su carrera de ladrón de altos vuelos. Se casará dos veces. Su segunda boda, por amor, le llevará al colmo de la bajeza: compartirá su mujer con los que pagan por ella. Estaba a punto de ordenarse, después de estudiar siete años en Alcalá, «acreditado de rico». Un domingo por la tarde, en la Iglesia –como si fuera caballero que cuenta el comienzo de su pasión amorosa–, verá a Gracia. Se enamorará. Llora, no tiene hambre, «habíame ya matriculado amor en sus escuelas. Gracia era mi retor, su gracia era mi maestro y su voluntad mi curso» (2.ª, III). Todo ese proceso de amor desembocará en el matrimonio y después en la citada vileza. Gracia se irá al final con un capitán a Italia, y él, de nuevo ladrón, acabará en las galeras.

El relato de Guzmán es una densa novela, con episodios injeridos, como el relato morisco de Ozmín y Daraja que cuenta un clérigo para»entretener el camino con algún alivio»(1.ª, I); o «Bonifacio y Dorotea», que leerá un «curioso» forzado también para divertirle (2.ª, II) en la nave en que regresa Guzmán a España.

La voz del pícaro, sus reflexiones, su relato aglutinan diversos materiales en una unidad de profunda dimensión novelística. Ha ahondado y enriquecido el camino que había abierto el *Lazarillo*.

El éxito de la *Primera parte del Guzmán* fue extraordinario, hasta tal punto que en 1602 aparece una *Segunda parte*, apócrifa, a nombre de Mateo Luján de Sayavedra, seudónimo de Juan Martí, abogado valenciano.

Francisco de Quevedo en su *Buscón* (publicado en 1626, pero redactado mucho antes, tal vez hacia 1605) nos dará una lección más de su dominio de la lengua. No le interesa tanto el personaje, como lo que dice. No enriquece, por tanto, el género; se apoya en él para enlazar prodigiosos juegos de artificio verbales.

Un Pablos maduro narra parte de su autobiografía aunque no sabemos su situación en el momento de hacerlo. Un «determiné, consultándolo primero con la Grajal, de pasarme a Indias con ella, a ver si, mudando mundo y tierra, mejoraría mi suerte. Y fueme peor, como vuestra merced verá en la segunda parte...» deja sin precisar la circunstancia del Pablos narrador. Quevedo no se preocupa por cuidar los detalles que darían una total coherencia narrativa y verosimilitud a su relato. Por otra parte, Pablos es excesivamente Quevedo, capaz siempre del juego verbal ingenioso o de llevar consigo una premática contra los poetas «güeros, chirles y hebenes». Pablos escribe su relato a un «vuestra merced», pero no se sabe quién es; además en ocasiones se dirigirá al lector o a «los que leyeren mi libro». *El Buscón* no es una gran creación novelesca, es un extraordinario ejercicio de ingenio apoyado sobre las palabras. La autobiografía del pícaro es una excusa, pero está trabada y organizada según el género.

Comienza por su origen: «Yo, señor, soy de Segovia»; el carácter de conversos de los padres es una indignidad esencial que se suma a la de sus «oficios» y que configura el patrón de antihéroe característico de la picaresca. La escuela subtituye como ámbito a la casa y acaba con su participación en la batalla «nabal» (de nabos) como rey de gallos y su caída en los excrementos –lo escatológico es una constante en la obra–. Don Diego, compañero de escuela, al que servirá, une esta etapa a la siguiente, también de aprendizaje; pero en ella ya practicará la bellaquería aprendida. El episodio del dómine Cabra nos ofrece el impresionante retrato del personaje, en donde se hace patente la genialidad de Quevedo –como también en la descripción del caballo de Pablos–. En Alcalá sufrirá las crueles novatadas: la lluvia de gargajos, las feroces burlas escatológicas y los palos. La toma de conciencia del pícaro culmina con su propio «Avisón, Pablos, alerta», después del «Pablo, abre el ojo, que asan carne. Mira por ti, que aquí no tienes otro padre ni madre» de su amo. Comienzan sus hurtos habilidosos que le llevan a «cobrar fama de travieso y agudo entre todos». Ha aprendido a ser bellaco. Una carta de su tío el verdugo que le comunica –cumbre de ironía– la «dignidad» con que muere su padre ajusticiado cerrará esa etapa.

Se iniciará la vida itinerante de Pablos sin servicio a amo alguno. Hasta cobrar la herencia, se encontrará con varios personajes, que Quevedo retrata como si de figuras de entremés se tratara. Uno de ellos, el clérigo, le hará leer la premática contra los poetas. Quevedo la inserta sin intentar justificar su presencia.

Cobrará su hacienda y, camino de la corte, se encontrará con don Toribio, «un hidalgo» que le engaña con su apariencia hasta que se le caen las calzas y descubre su miseria. Él será su guía, y Pablos pasará a integrarse en el colectivo buscón que acabará en la cárcel. El dinero le abrirá al pícaro sus puertas, e iniciará entonces un doble intento de conquista: primero a una moza rubia y blanca de una posada, luego a doña Ana, prima de don Diego

Coronel, mudando traza y nombre. El círculo se cierra. Ya no sólo le robarán y apalearán, le marcarán con «un trasquilón de oreja a oreja» por orden de su antiguo amo. La cuchillada le abre en la cara «una zanja de un palmo» y le impide cualquier posterior disfraz, sólo podrá adoptar el de pobre o representar como farsante; le llaman «El cruel» por un personaje que hizo con gran éxito. Es ya un rufián como indicará la cicatriz, la marca. Galán de monjas, fullero, se introduce en el hampa sevillana y alcanzará la cumbre de su oficio: rabí de los rufianes. Sólo le quedan las Indias para escapar de la justicia.

El «fueme peor, como vuestra merced verá en la segunda parte» es un final abierto del género con una anticipación negativa acorde a la trayectoria del buscón; es como una promesa al lector de que los palos contra tamaño pícaro seguirán menudeando, como debe ser para que el orden y la diversión continúen. La risa de Pablos o la que causa a otros personajes resuena en toda la obra. Quevedo no pretende conmover con su pícaro, ni moralizar. La risa subraya la comicidad de tipos y situaciones y resuena igual cuando él es víctima. La ironía traspasa la obra. Las agudezas se van a encadenar, su objetivo será la burla, esa burla coreada por los mismos personajes, pero tiene que apoyarse Quevedo en una estructura y escoge la de la novela picaresca: de un antihéroe y de su mundo puede burlarse. El carácter itinerante de sus andanzas, características del género, le permite hacer desfilar caricaturas de tipos humanos.

La novela es, pues, una continua lección de ingenio conseguido gracias al lenguaje. Pero, aunque éste sea el valor supremo que la convierte en una obra de arte, por debajo queda la estructura novelesca donde se entretejen los diversos episodios contados por un personaje que ni conmueve ni convence, pero que aplica en nombre de Quevedo un distanciamiento irónico a todo lo que ve y lo convierte en grotesco e irreal gracias a una continua hipérbole. El ingenio y su risa consiguen la del lector.

Otros personajes picarescos enriquecen esa forma narrativa: *La pícara Justina* (1605) de Francisco López de Úbeda, *La hija de Celestina* (1612) de Alonso Jerónimo de Salas Barbadillo, *La vida del escudero Marcos de Obregón* de Vicente Espinel (1618), la *Segunda parte de la vida de Lazarillo de Tormes* de Juan de Luna (1620), *La vida y hechos de Estebanillo González,* compuesto por él mismo (1646). Deben su existencia a la genialidad del anónimo creador del *Lazarillo* y a la maestría de Mateo Alemán.

Estebanillo, último eslabón de la novela picaresca (que enlaza además con la picaresca europea por el escenario elegido), se imprimió cuatro veces en su siglo y tuvo muy buena acogida entre los lectores. El verdadero autor de la biografía de Esteban González, personaje real, bufón del cardenal Ottavio Piccolomini, sería un escritor «por oficio», Gabriel de la Vega. Su escenario es también real: Europa durante la Guerra de los Treinta Años. Acababa el género fundiéndose con la realidad.

Maravillas, novelas. María de Zayas

La novela cortesana que había nacido con la originalidad y el ingenio de la creación cervantina será un género con vitalidad a lo largo del siglo XVII. Una escritora, María de Zayas (Madrid, 1590-¿1661?), autora de una comedia (*La traición en la amistad*) y poeta, dará a sus *Novelas amorosas y ejemplares* (1637) y a sus *Desengaños amorosos*

(1647) la fuerza de un discurso femenino, el atractivo de unos ingredientes -la brujería, la magia, lo diabólico- y una forma de narrar expresiva y sugerente.

Sus dos colecciones de novelas -compuestas cada una por diez relatos- lo son enmarcadas, como en el *Decamerón* de Boccaccio. En las *Novelas*, un grupo de amigos y amigas se reúnen en casa de Lisis para acompañarla en su convalecencia de unas fiebres cuartanas y se entretienen durante cinco noches narrando novelas -*maravillas*-. En este espacio exterior novelesco se desarrollan los amores no correspondidos de Lisis (a la que luego pretende don Diego) y don Juan, que prefiere a Lisarda. En los *Desengaños*, la excusa para el «recreo» son las proyectadas bodas de Lisis y don Diego. Pero son las damas las que novelan («y en esto acertó con la opinión de los hombres, pues siempre tienen a las mujeres por noveleras») y tienen que contar ya no «maravillas», sino «casos verdaderos y que tuviesen nombre de desengaños». Lisis, ante estos *desengaños* oídos, renuncia a su matrimonio con don Diego y se decide a entrar en un convento. El final feliz es rarísimo en estas novelas: sólo dos de las veinte terminan con un matrimonio feliz (*El imposible vencido*, *El juez de su causa*). La mayoría de las protagonistas acaban yendo a un convento.

El discurso de María de Zayas, que llega a ser combativo, se apoya en la tesis de que hombres y mujeres tienen la misma alma, potencias y sentidos, pero las mujeres no reciben educación: «si en nuestra crianza, como nos ponen el cambray en las almohadillas y los dibujos en el bastidor, nos dieran libros y preceptores, fuéramos tan aptas para los puestos y para las cátedras como los hombres, y quizá más agudas por ser de natural más frío». Los hombres de sus novelas insistirán en que «si ha de ser discreta una mujer, no ha menester saber más que amar a su marido, guardarle su honor y criarle sus hijos, sin meterse en más bachillerías», como dice don Fadrique, protagonista de *El prevenido engañado*. Pero él no olvidará nunca la inteligencia y agudeza de una dama que le supo colocar en una situación poco airosa.

María de Zayas pone de manifiesto con sus ficciones la falsa palabra de los hombres, cómo actúan con engañosas caricias al comienzo para rendir a las mujeres, de lo que les advierte continuamente. Y aunque llegará a admitir que también hay mujeres malas y que pueden justificar a veces la desestimación de los hombres, y que no todos los hombres lo son, la mayoría –afirma– se dejan llevar por el juicio negativo de los que las critican. Pero María de Zayas nos convence no con sus discursos apasionados, sino con su arte. Nos da una lección del talento, de la sensibilidad que tiene como escritora. Pinta los detalles, los gestos. Recrea ambientes con precisión.

Tiene una capacidad extraordinaria para despertar el interés del lector. A veces ni aprovecha las mismas expectativas que crea. En *Estragos que causa el vicio*, el protagonista, don Gaspar, oye unos ayes en una especie de sótano de la casa en la que habita una dama lusitana, tira de un garabato que hay en el techo, araña un poco la tierra y descubre la cara de un hombre muerto. El cadáver será de un mozo «que no llegaba a veinticuatro años». Sabemos cómo va vestido, qué lleva en las faltriqueras; hay en una de ellas papeles con finezas amorosas con letra de mujer. No tenía herida, parecía llevar muerto doce o quince días. Lo entierran secretamente. Y todo este apasionante suceso sólo sirve para que don Gaspar deje de ver a la dama lusitana y pueda ser el protagonista de otro suceso mucho más escalofriante. Nunca nos dirá quién es ese joven. Se abren unas expectativas que no colma, pero a la vez son una demostración de cómo nos envuelve en seguida con su arte, nos introduce en un ambiente que recrea con mimo, con cuidado.

En su obra el lector se encuentra con un jardín maravilloso creado en una noche por el diablo a cambio del alma del caballero (*El jardín engañoso*); una imagen de una dama coronada por una vela de cera verde que al encenderse da a su poseedor poder sobre su voluntad (*La inocencia castigada*); el valor premonitorio de los sueños (*Aventurarse perdiendo, La fuerza del amor*), etc. Describe escenas tan crueles como la que protagoniza don Diego arrastrando por los cabellos a su mujer (*La fuerza del amor*). O a la pobre doña Inés, emparedada por su marido, hermano y cuñada durante seis años, en el momento de su liberación (*La inocencia castigada*); la descripción roza el tremendismo.

El mundo literario que crea su capacidad fabuladora y la precisión de su palabra enriquecen, pues, esta modalidad narrativa. Alonso de Castillo Solórzano, Gonzalo de Céspedes y Meneses, José Camerino (con sus doce *Novelas amorosas*, 1624), Juan Pérez de Montalbán, Mariana de Carvajal (con sus ocho novelas de *Navidades de Madrid y noches entretenidas*, 1663)... crearían también interesantes ficciones que respondían por excelencia al término *novela.*

Alonso de Castillo Solórzano (1584-h.1648) tiene una vasta producción narrativa; es autor de una novela picaresca (*La niña de los embustes, Teresa de Manzanares*, 1632) y de numerosos relatos cortesanos, en colecciones (*Tardes entretenidas*, 1625; *Las harpías en Madrid y coche de las estafas*, 1631; *Noches de placer*, 1631, *La Quinta de Laura*, 1649) o novelas largas (*Lisardo enamorado*, 1629;

Los amantes andaluces, 1633). Fue además dramaturgo y poeta (*Donaires del Parnaso*).

Gonzalo de Céspedes y Meneses (h. 1585-1638) escribe tres novelas: la bizantina *Poema trágico del español Gerardo* 1615, *Varia fortuna del soldado Píndaro*, 1626, con abundante peripecia y fondo histórico, y los seis relatos cortesanos de *Historias peregrinas y ejemplares*, 1623.

Juan Pérez de Montalbán (Madrid, 1602-1638), gran amigo de Lope, a cuya muerte escribe la *Fama póstuma*, 1636, es autor también de comedias; obtuvo enorme éxito con las ocho novelas de *Sucesos y prodigios de amor*, 1624.

Pero bajo el nombre de *novela* empiezan ya a aparecer obras de propósito y contenido muy distinto. Luis Vélez de Guevara cierra *El Diablo Cojuelo* (1641) diciendo que «da fin esta novela» y califica así a la visión satírica de la vida española observada desde los aires por el diablo Cojuelo y el estudiante Cleofás. Empezará la descripción cuando el diablo «levantando los techos de los edificios, por arte diabólica, lo hojaldrado, se descubrió la carne del pastelón de Madrid», y le enseñará a Cleofás ese teatro en donde «tantas figuras representan», en donde todos mienten. Le llevará «pajareando» por España y en el último «tranco» satirizará a los poetas en una premática, con ataques a los gongorinos: «Iten, que los poetas más antiguos se repartan por turnos [...] a recoger los que hallaren enfermos comentando o perdidos en las *Soledades* de don Luis de Góngora». Las sátiras de Luciano y los *Sueños* de Quevedo están en la base de ese relato alegórico satírico caracterizado por la continua agudeza verbal.

Y en esa frontera de géneros, podríamos citar dos obras que aparecen bajo forma de viaje, herederas de los diálogos renacentistas, pero avanzada del ensayo: el *Viaje entretenido* (1603) de Agustín de Rojas Villandrando

(1572- h.1635), con datos esenciales sobre el teatro de su tiempo (lo forman además loas intercaladas), y *El pasajero* (1617) extenso diálogo de Cristóbal Suárez de Figueroa (h.1571-d.1644), donde también se habla de teatro, de literatura y de otras muchas cosas. Su carácter literario se funde con el testimonial de su época.

Fantasías morales, los *Sueños* de Francisco de Quevedo: el reino de la palabra ingeniosa

La maestría de Francisco de Quevedo en el uso de la lengua se aguza para fustigar con la sátira. Sus *Sueños* son cinco breves obras en donde desfilan condenados de todos los oficios y estados, servidores de la vanidad, la hipocresía y la locura. En el primero, el *Sueño del juicio final*, que comienza hacia 1605, el autor observa la resurrección de los muertos y el juicio de los hombres. Se inicia en él el desfile abigarrado de personajes; y el ingenio de Quevedo flagela a unos y otros. Vemos a filósofos que ocupan «sus entendimientos en hacer silogismos contra su salvación» o a poetas «que de puro locos querían hacer creer a Dios que era Júpiter y que por él decían ellos todas las cosas». El autor observador se ríe tanto con lo que ve que le despiertan las carcajadas.

El demonio que posee a *El alguacil endemoniado* es el que dice las verdades que escuchan el autor y un clérigo, licenciado calabrés. De lo último que habla es de las mujeres –la misoginia quevedesca aparece–, y entre ellas destaca a una vieja que «se quejaba de dolor de muelas porque pensasen que las tenía; y con tener ya amortajadas las sienes con la sábana blanca de sus canas y arada la frente, huía de los ratones y traía galas, pensando agradarnos a nosotros». El ingenio está totalmente al servicio de la sátira; la lengua es su instrumento.

En 1608 acaba *El sueño del infierno*, en donde contemplamos a grupos de pecadores: sastres, zapateros, cocheros, pasteleros, escribanos, poetas..., y sabemos de su pasada conducta. Como un diablo dice de los poetas: «¡Pues qué es verlos cargados de pradicos de esmeraldas, de cabellos de oro, de perlas de la mañana, de fuentes de cristal, sin hallar sobre todo esto dinero para una camisa ni sobre su ingenio!». Los tópicos de su lengua, que el propio Quevedo utiliza en su poesía amorosa, los caracterizan junto a su pobreza real.

La caricatura, la sátira se unen a la reflexión moral. Los juegos de voces, el labrado de la lengua para perfilar los tipos deja paso a veces al senequismo quevedesco. Así un diablo desmiente a los que dicen haber muerto de repente: «¿Cómo puede morir de repente quien dende que nace ve que va corriendo por la vida y lleva consigo la muerte?».

A *El mundo por de dentro*, cuya calle mayor -por donde el autor camina- es la hipocresía, le seguirá *El sueño de la muerte*, de 1622. El autor, vencido del desengaño, queda dormido, como en el primer discurso; y verá el habitual desfile, que forma aquí la comitiva de la muerte. Oirá a los muertos, y entre ellos a figuras literarias y folclóricas, como el Rey que rabió, Mateo Pico o Pero Grullo. Veremos geniales retratos, nos asombraremos con los fuegos de artificio brillantísimos de la lengua, con lo afilado de la sátira. Basta ver a los distintos tipos de habladores: «Parecían azudas en conversación, cuya música era peor que la de órganos destemplados. Unos hablaban de *hilván*, otros a borbotones, otros a chorretadas; otros, habladorísimos, hablan a cántaros. [...] Estos me dijeron que eran habladores *diluvios*, sin escampar de día ni de noche». Quevedo publica los *Sueños* en 1631 con el título de *Juguetes de la niñez y travesuras del ingenio.*

Y a menudo, junto a esa exhibición verbal, la hondura de la moralidad. La muerte, «figura donosa», replica al autor que se asombra de no ver sus señas («unos huesos descarnados con su guadaña»): «Eso no es la muerte, sino los muertos, o lo que queda de los vivos. [...] La muerte no la conocéis, y sois vosotros mismos vuestra muerte. Tiene la cara de cada uno de vosotros, y todos sois muertes de vosotros mismos. La calavera es el muerto, y la cara es la muerte. Y lo que llamáis morir es acabar de morir, y lo que llamáis vivir es morir viviendo».

Esos procedimientos culminan en la genial *La hora de todos y la fortuna con seso* (1650), «fantasía moral» (como el *Discurso de todos los diablos o infierno emendado*, de 1628), en donde Júpiter decreta que en una hora «se hallen de repente todos los hombres con lo que cada uno merece». Los diversos personajes de la *Hora* van de rufianes a reyes; letrados y alquimistas se unen a taberneros y pretendientes, a dueñas y alcahuetas. Quevedo será el gran creador de las *figuras*, tipos que pinta con pinceladas expresionistas. Vemos «un enjambre de treinta y dos pretendientes de un oficio, aguardando a hablarle al señor que había de proveerle. Cada uno hallaba en sí tantos méritos como faltas en los demás». La descripción alterna con el diálogo frente al señor, hasta que «los cogió la Hora», y el señor «haciendo a uno la merced, empezó a ensartarlos a todos en futuras sucesiones de futuras sucesiones perdurables que nunca se acaban».

El fluir de los *Sueños* queda estructurado en la *Hora* en una construcción del mundo al revés. Los cuadros con las figuras quedan enmarcados por dos escenas en el Olimpo: una asamblea inicial y un banquete final de dioses insubordinados. La imagen última del baile de Marte y Venus da fe de la genialidad de Quevedo en el arte de la caricatura, de la que no se libran ni los olímpicos: «Enfadados Venus y Marte de la gravedad del tono y de las veras de la letra, él con dos tejuelas arrojó fuera de la nuez una jácara aburdelada de quejidos; y Venus, aullando de dedos con castañetones de chasquido, se desgobernó en un rastreado, salpicando de cosquillas con sus bullicios los corazones de los dioses.»

La erudición de Francisco de Quevedo, su dominio extraordinario de la lengua, su talante moral senequista unirán obras políticas en donde exaltará la historia y la lengua nacionales como *España defendida y los tiempos de ahora* (1609), filosóficas como la *Vida de Marco Bruto* (1644), glosa del texto de Plutarco (glosó también el tratado de Séneca *De los remedios de cualquier fortuna,* 1638); ascéticas como *La cuna y la sepultura* (1634), tratado del desengaño; en sus *Lágrimas de Jeremías castellanas* traduce, comenta y parafrasea el primer capítulo de los *Trenos*; o doctrinales como *Política de Dios, gobierno de Cristo, tiranía de Satanas* (1626; la 2.ª parte en 1655), en donde traza el ideal de príncipe cristiano.

La sátira se precisará en distintos asuntos en sus *Premáticas* (*Premática del Tiempo, Premáticas contra las cotorreras...*), o en la censura a la propia lengua: la poblada de frases hechas en *Cuento de cuentos* o el culteranismo en *La aguja de navegar cultos* y *La culta latiniparla*, en donde se convierte además en ataque a las mujeres sabiondas, como indica su subtítulo: *Catecisma de vocablos para instruir a las mujeres cultas y hembrilatinas.*

Quevedo creó con sus *Sueños*, con sus *fantasías morales* un reino para el lucimiento de la palabra: la figura que en él entra queda convertida en caricatura, en objeto de risa, de asombro. El enlace que las une es mínimo; no hay acción, sólo sátira genial.

La alegoría del peregrino vital: *El Criticón* de Baltasar Gracián

El peregrino, «caballero andante de la Contrarreforma» –como dice Antonio Vilanova–, entrará en un mundo cultural, en un laberinto de cuidadas palabras, de la pluma de Gracián en *El Criticón* (1651-57).

Baltasar Gracián (Belmonte, 1601–Tarazona 1658), a los dieciocho años ingresó como novicio en la Compañía de Jesús, en Tarragona. Estudiará Teología y se ordenará presbítero. Enseñará teología y filosofía en Valencia, Lérida, Gandía. En Huesca conocerá al humanista y mecenas Juan de Lastanosa, quien costeará la edición de *El Héroe* (1637); lo firmará como Lorenzo Gracián. En Zaragoza, en 1639, será confesor del duque de Nocera, a quien dedicará *El Político* (1640), que seguirá firmando como Lorenzo Gracián. En 1646 lo nombrarán capellán del ejército que luchaba contra la ocupación de Lérida por los franceses. En 1651 publica la primera parte de *El Criticón*, que firma como García de Marlones. Sus superiores le prohibirán publicar sin licencia sobre asuntos no religiosos. En 1653 como Lorenzo Gracián de nuevo publica la segunda parte de *El Criticón*, y en 1655 *El Comulgatorio*, su único escrito religioso, que sí firma con su nombre y somete a censura eclesiástica. Seguirá publicando *El Criticón*, la tercera parte (1657). Le secuestrarán los papeles y se le prohibirá escribir. Pide pasar a otra Orden, pero se le confían nuevos cargos. Morirá en 1658.

El peregrinar de Critilo y Andrenio en *El Criticón* será aprendizaje vital, búsqueda de la felicidad: Andrenio, el hombre natural, nada sabe, pero siente un «extraordinario ímpetu de conocimiento». Critilo será su padre y su maestro. Desde el principio le advierte, con la sentencia de Job, que «la vida del hombre no es otra cosa que una milicia sobre la haz de la tierra». En *El Criticón*, Gracián recogió ideas de sus otras obras, de *El Discreto*, del *Oráculo manual*, de *El Héroe*. Entre sus fuentes están John Barclay (con el *Euphormionis Lusini Satyricon* y la *Argenis*), el *Guzmán de Alfarache*, el *Cuento del ídolo y del rey y su hija* de Abentofáil.

Comienza su andadura con un naufragio, Critilo es salvado por Andrenio, joven salvaje criado en la Isla de Santa Elena entre fieras, a quien enseñará a hablar. Él se ha educado entre los hombres, y contra ellos le previene porque son más fieros que las fieras: «tienen una lengua más afilada que las navajas de los leones [...], tienen una mala intención más torcida que los cuernos de un toro». Todo el pesimismo gracianesco, barroco, perfila desde el comienzo ese hombre del que debe guardarse el ingenuo Andrenio.

Se embarcarán en una nave que llega a la isla a cargar agua y leña para ir a la búsqueda de Felisinda, a la vez la dama de Critilo (será la madre de Andrenio) y la felicidad. Todo es alegórico en la novela de Gracián. Critilo, solo y sin fortuna, cuenta cómo dio en leer, «comencé a saber y a ser persona», consiguió la sabiduría y «con ella el bien obrar». Bajo una apariencia de relato de aventuras, de novela bizantina, Gracián creará una completa alegoría del vivir, desde «la primavera de la niñez» y «el estío de la juventud» –la primera parte–, al «otoño de la varonil edad» –segunda– y «el invierno de la vejez» –tercera–.

Cuando saltan ambos personajes a tierra dirá «el sagaz Critilo al incauto Andrenio» –sus nombres y sus símbolos, complementarios ambos–: «Ya estamos en el mundo». Y lo que primero presenciará Andrenio será una escena terrible de madre desnaturalizada; Critilo le enseñará que «es nuestra mala inclinación, la propensión al mal». Nada es lo que parece, como el propio Gracián dice. Y todo lo que se ofrece como aventura incomprensible a los ojos de Andrenio será «interpretado» por Critilo y traducido a comportamiento, actitud, abstracción.

El centauro Quirón les guiará en su primera entrada al mundo, él conoce muy bien la naturaleza del hombre, cómo «no se da en el mundo a quien no tiene, sino a quien más tiene». En el desfile de personajes con que se encuentran no ven hombres de bien porque hay pocos y están retirados. Andrenio, espantado, querrá volver a su cueva, pero Critilo le señala la imposibilidad. Filosofan los dos protagonistas y los interrumpen los monstruos que hay en el mundo –personajes alegóricos–. Llegarán a la fuente de los engaños; todos los hombres al beber en ella «murmuraban, fingían, malsinaban, mentían, engañaban, chismeaban, injuriaban, blasfemaban y ofendían».

El dominio que tiene Gracián de la lengua es extraordinario; su objetivo no es la burla ingeniosa (como Quevedo), sino desvelar la doblez humana, su malicia; ofrecer una apariencia de ficción reconocible que luego reconstruye con abstracciones. Su discurso es siempre el mismo: la destrucción de la figura del hombre, verdugo y víctima de sí mismo: «Sabe, pues –le dirá Critilo a Andrenio– que aquel desdichado extranjero es el hombre: todos somos él. Entra en este teatro de graderías llorando, comienza a cantar y encantar con falsedades, desnudo llega y desnudo sale, que nada saca después de haber servido a tan ruines amos». El hombre es el único que equivoca su fin, que desatina, que no se conoce, y a la vez es la más noble creación de Dios: la sabia Artemia hará su «moral anatomía».

Su peregrinación les llevará a Madrid, a la corte, a Aragón, Francia y Roma hasta llegar a la Isla de la Inmortalidad. Al entrar en la corte, verán los «encantos de Falsirena». Falsirena será quién le dirá a Andrenio que su madre es Felisinda. Ella es quien convierte a los hombres en bestias –como nueva Circe– y cautiva con su poder a Andrenio. Critilo le rescatará ayudado por Egerio, quien les conducirá a la gran Feria del mundo. Al salir, Critilo y Andrenio se encaminarán «a pasar los puertos de la edad varonil en Aragón» y acabará así la primera parte. Cuando Andrenio llegue a la cumbre de esa edad, verán «la jaula de todos», siempre llena, «que de loco o simple raro es el que se escapa; los unos porque no llegan, los otros porque se pasan». Siempre están rodeados de «monstruos y fieras» porque «toda la vida es alarma».

Cuando se liberen de los locos que les rodean por todas partes, se encaminarán a los canos Alpes, «la temida Vejecia» y así empezará la tercera parte para esos dos peregrinos del mundo, «pasajeros de la vida». Ya en Roma, el cortesano les abrirá los ojos, es vana su pretensión: Felisinda, esposa y madre, a la que buscan desde la cuna a la tumba, «murió ya para el mundo y vive para el cielo». La verdadera felicidad «no consiste en tenerlo todo, sino en desear nada». Se acaba su peregrinación porque «muere el hombre cuando había de comenzar a vivir, cuando más persona, cuando ya sabio y prudente», aunque vivir es «un ir cada día muriendo». La suegra de la vida es la muerte, que es mujer como todos los mayores males –afirmación misógina que resuena en toda la obra–. Sólo la fama salvará a los hombres de la muerte: a esa Isla de la Inmortalidad se encaminan como fin de su peregrinar. Llegarán a un mar de aguas negras y oscuras, el de la Memoria, que tiene ese color por la tinta de los famosos escritores. La última lección que aprenden Critilo y Andrenio es que «los insignes hombres nunca mueren». Para entrar en el reino de la Inmortalidad, el Mérito les pide a los dos personajes y a su guía, el Peregrino, la patente para entrar, y al verla calificada con las rúbricas de las filosofías de cada una de las etapas vividas, tras enumerar las «crisis» –capítulos– de la obra, les dejará entrar en la mansión de la eternidad, habrá acabado su epopeya.

Baltasar Gracián ha convertido la peripecia en moralidad, la anagnórisis o reconocimiento en conocimiento. Ha hecho del novelar alegoría; de los personajes, símbolos. La estructura es novelesca; el contenido, filosófico. No hay aventura, es vida, teñida de un pesimismo radical. La peregrinación del relato bizantino se ha convertido en sí en lo que era su final, su meta. Pero la gran aventura para el lector es el paseo por el espectáculo espléndido de creación verbal. La teoría que expuso Gracián en su *Agudeza y arte de ingenio* se afianza con esa práctica extraordinaria en que la cultura se convierte en forma de vida: «Hay mucho que saber, y es poco el vivir, y no se vive si no se sabe» (*Oráculo manual*, 15).

Para Gracián, el saber es, en efecto, paradigma del vivir. *El Héroe* (1637), *El Discreto* (1646) y *Oráculo manual y arte de prudencia* (1647) muestran el proceso de enriquecimiento del escritor; este último está formado por máximas, colección de pensamientos del jesuita. Entre estas obras, escribe *El Político don Fernando el Católico* (1640), apología del rey, que se convierte en tratado de filosofía política.

El Héroe no debe darse a conocer del todo para no ser destruido, tiene que tener el entendimiento como prenda máxima, protegerlo con la prudencia del juicio y la agudeza del ingenio. Gracián expone los «veinte primores» que debe reunir el caudillo militar. En *El Discreto*, a estas prendas se le sumará la discreción; el hombre tendrá que alcanzar primero el conocimiento esencial, el de sí mismo, y desde él llevar a cabo múltiples astucias para seguir siendo persona. Cerrará el libro, con veinticinco «realces», el que titula «Culta repartición de la vida de un discreto», donde está ya el núcleo de *El Criticón*: «La misma naturaleza, atenta, proporcionó el vivir del hombre con el caminar del sol, las estaciones del año con las de la vida, y los cuatro tiempos de aquél con las cuatro edades de ésta». Hablará de «la Primavera en la niñez», «el Estío caluroso y destemplado de la mocedad», «el deseado Otoño de la varonil edad» y del «Invierno helado de la vejez». Y sentenciará al final: «Hácese noticioso el ver, pero el contemplar hace sabios».

La *Agudeza y Arte de ingenio* (1648) es un arte poética centrada en la sutileza del decir, en la agudeza del pensar. Gracián dirá de ésta que es «pasto del alma» y subrayará cómo en la mente «reina el concepto, triunfa la agudeza». Citará y alabará a Carrillo, Góngora, Paravicino (el gran orador sacro, «ingenioso y cultamente elocuente», como él le llama); pero también a Hurtado de Mendoza, Lope y los Argensola. Recordará continuamente las agudezas de *Las seiscientas apotegmas* de Juan Rufo. En la *Agudeza* culmina teóricamente el proceso que se inició con la introducción de la poesía al itálico modo: el arte de la dificultad.

Las obras del jesuita nos ofrecen un mundo creado por la inteligencia y la cultura. Mundo barroco por excelencia, como el de la prosa político-moral de Francisco de Quevedo, de Diego Saavedra Fajardo.

El milanés Andrea Alciato había conseguido un éxito rotundo con sus *Emblemas* (1522; 1.ª edic. en castellano, 1548), asociación de imagen y palabra. Ésta «da a ver» la imagen, mientras los signos visuales están cargados de valor simbólico. Un mote o lema lleva al dibujo, que se glosa: así se declara, pero se esconde a la vez parte del pensamiento. Siguiendo ese camino, Saavedra Fajardo funde erudición y moral cristiana en su tratado político-moral *Idea de un príncipe político cristiano representada en cien empresas*. El pensamiento barroco culmina así ese proceso de abstracción, de fusión de mirada y lectura. Como dice Gracián: «Hombre sin noticias, mundo a oscuras» (*Oráculo manual*, 4).

Diego Saavedra Fajardo (1584-1648) fue doctor por Salamanca en Derecho civil y canónico, caballero de Santiago, con órdenes menores. Felipe III y Felipe IV le confiaron altos cargos en política exterior: secretario de la Embajada en Roma, consejero de Indias, ministro en Baviera, Ratisbona, Milán, Borgoña y Viena, plenipotenciario en el congreso de Münster, etc.

Escritor político, se le atribuye el diálogo lucianesco *Locuras de Europa* –siguiendo el camino de Alfonso de Valdés–, en el que Luciano y Mercurio examinan la penosa situación política europea. En sus *Introducciones a la política y razón de estado del Rey Católico don Fernando*, presenta la figura del rey como modelo de virtudes y prototipo de prudencia y, al extraer del ejemplo concreto una doctrina con valor universal, anticipa la materia que luego desarrollará en sus *Empresas*. Su obra fundamental es la *Idea de un príncipe político cristiano representada en cien empresas* (1640, ampliada en 1643), conocida como

Empresas políticas, colección de discursos que dirige al príncipe Baltasar Carlos, en los que pinta el ideal de príncipe que une la ética cristiana a la praxis política; pretende que sea una guía para el hombre político, y lo hace desde su experiencia y desde una estética literaria y saber político.

Para demostrar los derechos del imperio sobre los territorios que pretendía conservar, escribe la *Corona gótica, castellana y austriaca* (1646), utilizando numerosas fuentes históricas.

La *República literaria* se atribuyó a Saavedra a partir de la edición de 1670; había aparecido como *Juicio de artes y sciencias* (Madrid, 1655) a nombre de Claudio Antonio de Cabrera. Es una sátira literaria contra el exceso de libros y el poco criterio y las discordias de los hombres de letras, presentada a modo de sueño o ficción alegórica en que el autor es conducido a la república de las letras.

Saavedra escribió una obra política sumamente interesante en una prosa sentenciosa, intensa, cuidada, bella. Mientras, la situación desastrosa de la economía del país –se hablará de catástrofe monetaria entre 1656 y 1680– se une a la crisis monárquica que culminará en el reinado de Carlos II (1665-1700) y a las derrotas militares. El pesimismo existencial tiene abundantes argumentos en el contexto histórico.

El gran espectáculo: la comedia nueva. El teatro de Lope de Vega

La revolución poética iniciada por Garcilaso había profundizado en los presupuestos de los que partía –imitación y ornato de la elocución– y se había convertido en un complejo arte para una minoría culta. El deslumbramiento que las posibilidades del lenguaje ofrecían tentaba al escritor a hacer continua exhibición, y ésta llegaba a cualquier género literario: es igualmente sorprendente el Quevedo de los *Sueños* como el del *Buscón* o el de los poemas. La novela deja relegada la sucesión de peripecias a una excusa para moralizar y a la vez para desarrollar el juego artificioso y espléndido de la lengua. Arte, pues, también para minorías.

Quedaba, en cambio, un lugar para que el arte literario fuera gustado por la gente no culta: el espectáculo teatral. Y fue primero la palabra desnuda –sin escenografía– la que lo consiguió. Después la voluntad de asombrar, de maravillar recurriría a complejas escenografías barrocas. Lope de Vega dominó la escena con su ingenio, con su concepción de la obra teatral como espectáculo, con su dominio absoluto de la creación de una estructura dramática que él mismo había concebido como forma de comunicación eficaz con el público. En el *Arte nuevo de hacer comedias en este tiempo*, expone claramente su punto de partida: «encierro los preceptos con seis llaves [...] y escribo por el arte que inventaron/ los que el vulgar aplauso pretendieron;/ porque, como las paga el vulgo, es justo/ hablarle en necio para darle gusto». Como al docto se le da placer con el arte de la dificultad, al que no lo es, se le debe cautivar con otro tipo de recursos. Lope advierte que es eficaz la ruptura de las normas teatrales: «lo trágico y lo cómico mezclado [...] harán grave una parte, otra ridícula». Al situarse fuera del arte –que quiere mostrar que conoce muy bien– y pretender el éxito popular, que el público acuda al teatro, se da licencia para concebir la obra dramática como una creación eficaz, como espectáculo atractivo. El «gusto» del español sentado es el objetivo primordial, no el arte. Podrá así romper con la unidad de tiempo y espacio, aunque sabe muy bien que la unidad de la acción es básica para que la obra funcione: «Adviértase que sólo este sujeto/ tenga una acción». Lope concibe la comedia como estructura y así podrá repetir el esquema –o parte– con variantes en multitud de obras. Aceptará la división de la materia en tres actos «procurando, si puede, en cada uno/ no interrumpir el término del día»; el conflicto sólo se solucionará en la última escena, aunque toda la obra debe estar orientada a ese final. Así planteará «el caso» en el primer acto, complicará los sucesos en el segundo y resolverá al final. El lenguaje no era en principio un desafío al dominio de la retórica del dramaturgo, sino un vehículo de comunicación, y como tal deben utilizarse los recursos retóricos, como medio para configurar a los personajes: «el lenguaje [...]ha de imitar a los que hablan», un elemento esencial del decoro. Los personajes son según hablan y visten. Así «si el viejo hablare,/ procure una modestia sentenciosa» o «las damas no desdigan de su nombre», aunque admite el disfraz varonil, porque «suele [...] agradar mucho». Lope sabe muy bien el placer que proporciona la ambigüedad del personaje y los equívocos amorosos a que conduce tal disfraz advertidos por el público gozoso y no por sus protagonistas. Como también sabe la eficacia de «los casos de la honra», asunto que se impondrá con tal fuerza que no admitirá más desenlace que el trágico.

Lope, que tiene una facilidad versificatoria pasmosa, podrá pensar incluso en la fusión de contenido y forma: «Acomode los versos con prudencia/ a los sujetos de que va tratando».

Luego él prescindirá a menudo de sus propias recomendaciones. Lope se dejó «llevar de la vulgar corriente» y así dominó totalmente la escena, convirtió el teatro en espectáculo popular, escribió cientos de obras: «tengo escritas,/ con una que ha acabado esta semana,/ cuatrocientas y ochenta y tres comedias» confesaba en el *Arte*, publicado en la nueva edición de las *Rimas* de 1609. En el prólogo de *El peregrino en su patria* (1604), Lope, ante la impresión de comedias que le atribuyen falsamente, da una lista, que aumentará en 1618 hasta 462, y él mismo hablará de las «veintitrés mil cien hojas de versos» que suponen, a las que añade las «muchas de que no me acuerdo» y los autos sacramentales. Le quedaban todavía por componer muchas más obras (dijo haber escrito 1.500; se publicaron XXV *Partes*). Tal producción teatral nos ofrece los más diversos asuntos y está en relación con la vida efímera de las representaciones: sólo tres o cuatro días en cartel. Pero la perfección y el azar aliados han inmortalizado sólo a unas cuantas obras que siguen hoy representándose.

Menéndez Pelayo clasificó su inmensa obra en piezas cortas: autos sacramentales y del Nacimiento (*La maya, La siega, La adúltera perdonada, El heredero del cielo*), coloquios, loas y entremeses; y en comedias: a) religiosas: con asuntos del Antiguo y Nuevo Testamento (*La creación del mundo y primera culpa del hombre, El robo de Dina, La hermosa Esther*); vidas de santos, leyendas y tradiciones devotas (*El rústico del cielo*, la trilogía sobre san Isidro labrador, *La buena guarda*, *La fianza satisfecha)*; b) comedias mitológicas (*Adonis y Venus*, *Las mujeres sin hombres*); c) comedias sobre historia clásica (*Contra valor no hay desdicha, El esclavo de Roma*), sobre historia extranjera (*La imperial de Otón, El gran duque de Moscovia y Emperador perseguido)*; d) comedias de crónicas y leyendas dramáticas de España (*El mejor alcalde, el rey,*

Peribáñez y el comendador de Ocaña, Fuente Ovejuna, El caballero de Olmedo, El bastardo Mudarra, El vaquero de Moraña, El infanzón de Illescas, La desdichada Estefanía, Porfiar hasta morir); e) comedias pastoriles (*El verdadero amante, Belardo el furioso*); f) comedias caballerescas (*El marqués de Mantua, Los palacios de Galiana*); g) comedias de argumento extraído de novelas (*El halcón de Federico, El castigo sin venganza*); h) comedias de enredo y de costumbres (de «malas costumbres», costumbres urbanas o palatinas, costumbres rurales): *Santiago el Verde, La dama boba, El acero de Madrid, El perro del hortelano, El villano en su rincón, Las bizarras de Belisa.*

Entre 1605 y 1608 seguramente escribió Lope *Peribáñez*, protagonizada por un labrador –un villano– que mata al comendador –un noble– para salvar su honor. Fadrique, el comendador, abre los ojos tras un desmayo provocado por una caída del caballo, ve a Casilda, la mujer de Peribáñez, y se enamora apasionadamente: ya sólo piensa en gozarla. El amor casi siempre es el generador del conflicto dramático. Fadrique mandará a la guerra a Peribáñez para poder gozar a su mujer (la acción semejante del rey David como modelo). Se ve arrastrado por la fuerza del deseo, «en peligro está mi vida/ por un pensamiento loco» dirá ya tras ver a Casilda. Cuando Peribáñez lo mate y huya con Casilda, que se ha enfrentado con la palabra al comendador, éste acepta la sentencia definitiva: «me han muerto con razón» y recuerda cómo él mismo ciñó la espada al labrador, «no es villano, es caballero». El parlamento final de Peribáñez ante los reyes resume su historia («Yo soy un hombre,/ aunque de villana casta,/ limpio de sangre...») y consigue la ratificación de su acción: aunque humilde labrador, la defensa de su fama justifica haber matado al comendador que, enloquecido por el amor, ha olvidado su condición. La obra está perfectamente estructurada; un primer acoso a Casilda queda burlado por la protección de las puertas y anuncia el definitivo: la prima traidora, vencida también por el amor, las abrirá. El retrato de Casilda que un pintor ha hecho por orden del comendador avisa a Peribáñez de lo que sucede, y así podrá luego estar al acecho cuando Fadrique consiga llegar hasta Casilda. Hasta el propio Lope como Belardo asoma en el ejército de labradores reclutado por el comendador.

La canción lírica tiene su lugar en la obra: ambienta la acción (hay cantos de boda, de siega), la subraya. Un segador canta la canción de Peribáñez; el comendador ronda a Casilda con un villancico que alude a la circunstancia que le llevó a enamorarse: el arte de Lope en el uso de la lírica como recurso teatral es manifiesto. El labrador alaba a su amada con términos propios de su condición («El olivar más cargado/ de aceitunas me parece/ menos hermoso...»), y Casilda le replica con mayor originalidad aún: «pareces camisa nueva/ que entre jazmines se lleva / en azafate dorado». Ambos personajes consiguen una gran intensidad, con sus palabras, con sus actos.

Y la consigue también el pueblo de *Fuente Ovejuna* ante los desmanes de otro comendador. Lope logra con ambas obras dar categoría poética a lo cotidiano, a lo vulgar. El comendador Fernán Gómez se cree con derecho a hacer lo que quiera con sus vasallos; es el tirano que acaba provocando la rebelión popular, que los reyes al final sancionan. Queda atrás el tormento de los aldeanos y su respuesta común: «en pidiendo quién lo ha hecho,/ responden: Fuente Ovejuna». La figura de la labradora Laurencia con su encendido y dramático discurso contra los hombres del pueblo tiene una fuerza teatral impresionante: «Ovejas sois, bien lo dice / de Fuente Ovejuna el nombre./ ¡Dadme unas armas a mí, / pues sois piedras, pues sois bronces...» El verso fluye perfecto, y la tensión del momento crece con furia hasta desbordarse en la rebelión del pueblo: «¡Rompe, derriba, hunde, quema, abrasa!».

El caballero de Olmedo –probablemente escrita entre 1620 y 1625– sigue el género tragicómico del modelo que sus propios personajes evocan: *La Celestina*. Fabia es la alcahueta –la llaman «madre» como a ella–, pero acabará fingiendo otro papel, el de madre espiritual de doña Inés en su supuesta vocación religiosa. Tello, el escudero de don Alonso, otorga otros dos papeles al preguntar a la criada de doña Inés: «¿Está en casa Melibea?/ Que viene Calisto aquí.» Él acabará desempeñando el de preceptor latinista. Don Pedro, el padre de la dama, acepta las dos «actuaciones», la presencia de los dos fingidores en su casa.

Frente al firme amor de los enamorados («Inés me quiere, yo adoro/ a Inés»), que parece va a desembocar en la esperada boda –no se presenta como gran obstáculo el distinto compromiso que el padre le prepara a doña Inés–, surgen los presagios de muerte con que se inicia ya el acto II. Se acabará esta segunda jornada con la coincidencia de amo y criado en lo efímero de todo: «*Tello*: Todo en el mundo se acaba./ *Alonso*: Poco dura el bien». Y con un sueño del caballero que confirma los anuncios funestos.

No queda comedia ya, pero sí aún un último acto: el de la tragedia («lo trágico y lo cómico mezclado»). El lenguaje poético cancioneril de la despedida amorosa de don Alonso se hará premonitorio: «Parto a morir, y te escribo/ mi muerte, si ausente vivo,/ porque tengo, Inés, por cierto/ que si vuelvo será muerto,/ *pues partir no puedo vivo*».

Y la canción tradicional «Que de noche le mataron/ al caballero» -embrión de la comedia- anunciará en pasado lo que va a ocurrir, el asesinato de don Alonso, en medio de un ambiente tensísimo, lleno de misterio. La magia de la alcahueta aparece como fondo de ese misterioso y vano aviso al caballero, que va en busca de su destino trágico. Se oirá luego su impresionante grito de soledad, herido ya de muerte: «¡Ay de mí! ¿Qué haré en un campo/ tan solo?», antes de que llegue Tello, el escudero, que será quien pida al final justicia ante el rey.

Doña Inés, que fingió vocación de monja ante su padre, muerto su amado, la asume: «lo que de burlas te dije,/ señor, de veras te ruego». La comedia y la vida se funden, del mismo modo que el fingido lenguaje poético se hace verdadero.

Lope, que sabe tensar al máximo el instante dramático, maneja también con maestría el enredo, la traza. *La dama boba* -de 1613- nos lo demuestra. Dos hermanas, Nise y Finea, una lista y una tonta, exhiben su sabiduría y su estupidez. El espectador se asombra de los conocimientos de Nise y sobre todo se ríe por la desastrosa lección de Finea, que no puede aprender letra alguna, o por su inutilidad para la danza. Las dotes de su docta hermana acentúan el contraste. Pero el amor interviene, ¡gran maestro! Finea aprenderá, tanto que acabará fingiéndose boba para conseguir a su amado, un Laurencio sin escrúpulos, muy lopesco, que deja a Nise por Finea porque ésta tiene una gran dote; «el sol del dinero/ va del ingenio adelante» le dirá a su criado. El otro galán, rico y noble, Liseo, está destinado a la boba, pero se enamora de Nise. Sólo cuando ésta renuncia a su amor por Laurencio, podrá resolverse el conflicto. Damas y señores tienen todos sus réplicas en los criados que se casarán según la elección de sus amos. El personaje teatral del criado es pieza indispensable, es el reflejo cómico de la historia amorosa de su señor y es su interlocutor, es la figura del donaire, el gracioso, cobarde y chistoso.

En *La dama boba*, el criado sólo es comparsa. Es el Amor y su poder el que transforma a Finea, el que atormenta a Nise y a Liseo e incluso al final a Laurencio. Su gran discípula, Finea, será quien entregue al padre la batuta de la decisión obligada. Delicioso enredo en que la boba no entiende las finezas de amor, ni sabe comportarse socialmente y toma las palabras al pie de la letra hasta que, ya lista, maneja a su gusto e interés los mismos vocablos que antes no entendía.

En esta obra vemos la doblez de la comedia: como texto literario, como lugar en donde se asoma la realidad contemporánea. Las discusiones en la academia de Nise nos llevan al terreno docto de la poesía; el aprendizaje de Finea nos dibuja una escena cotidiana: el maestro, la palmeta; y otra, el recibimiento del recién llegado esposo con el agua, los dulces. Lope acerca las obras al público llevando al escenario su realidad; pero con la lengua sigue creando, asombrando, cautivando. Mueve con precisión a los personajes; le interesa que el enredo se resuelva en el momento justo. No importa que la lista Finea tome una decisión inesperada al final –ha rechazado siempre a Liseo– para que todo encaje; el último paso es la burla que con gracia pone Lope en boca de uno de los dos galanes sin pareja como broche de la obra: «vos y yo sólo faltamos./ Dad acá esa mano hermosa». Cada cual con su pareja; atrás quedan el conflicto y los personajes.

En *El perro del hortelano* –que Lope compuso también en 1613–, la lucha de la noble Diana con el amor que siente por su secretario Teodoro domina toda la obra; pero el conflicto no dignifica a los personajes: Teodoro deja a su novia Marcela por la ambición del lugar social que supone el amor de la condesa Diana; ésta envidia (su amor se manifiesta por deseo del de Marcela y Teodoro), miente, insulta, incluso propone asesinar al criado Tristán, que ha dado una solución a su conflicto amoroso al conseguir un padre noble para Teodoro, para así asegurar su silencio. La anagnórisis final es falsa, pero conviene; todos la aceptan. Diana, que confiesa a Teodoro «que el gusto no está en grandezas,/ sino en ajustarse al alma/ aquello que se desea», defenderá el engaño porque socialmente le conviene, y Teodoro lo aceptará. Tristán es el tracista, el gracioso, el criado ingenioso que sabe fingir, disfrazarse, urdir trazas, decir chistes o esconderse en el lugar oportuno.

Tracista será también Fenisa, la protagonista de *La discreta enamorada* (de hacia 1606), y gracias a sus enredos conseguirá el amor de Lucindo. Con tono de farsa, el capitán Bernardo querrá casarse con la joven Fenisa, enamorada de su hijo, mientras la madre de ésta, Belisa, acepta con entusiasmo la posibilidad –inventada por la joven– de que Lucindo, el hijo del capitán, quiera casarse con ella. Otra dama, Gerarda, es el personaje que falta en la sucesión de enredos que, de pronto, con el verso de Lope se disuelven; y se llega al final feliz de la comedia con las bodas previstas.

Lope sabe también conseguir el tono trágico sin fisuras, así en *El castigo sin venganza*, hermoso drama de 1631. El amor de Federico y su madrastra Casandra conmueve y arrastra al espectador, que sabe que están condenados por su infamia. Antes de censurar su amor, las tiradas de versos surgen apasionadas; la retórica está al servicio de la eficacia dramática: «tú me engañas, yo me abraso;/ tú me incitas, yo me pierdo;/ tú me animas, yo me espanto;/ tú me esfuerzas, yo me turbo;/ tú me libras, yo me enlazo...» le dirá a su amada Federico o glosará el antiguo mote «sin mí, sin vos y sin Dios» apasionadamente («Culpa tenemos los dos/ del no ser que soy agora»). Queda sólo el engaño del duque, enterado de su deshonor, que lleva al desenlace sangriento: Federico matará a su amada creyendo que es un traidor, y el duque hará que lo maten acusándole del crimen; así el motivo de su castigo queda encubierto, y su honra a salvo.

Lope de Vega enhebró intrigas, dibujó personajes, imaginó trazas, consumó tragedias, en un espectáculo que cautivó y entretuvo. Construyó a partir de unos esquemas dramáticos eficaces; su técnica le permitía escribir comedia tras comedia. Su genialidad se plasmó en muchas de ellas; en conflictos, en palabras del gracioso, en la fuerza de la dama o en actuaciones del galán, en bellas tiradas de versos o en la eficacia del enredo. Quería agradar al público y lo consiguió.

Otros dramaturgos

A Lope de Vega siguieron otros grandes artífices de intrigas dramáticas. Es el momento del auge del espectáculo teatral en toda Europa. Guillén de Castro, Mira de Amescua, Vélez de Guevara... apasionaron y divirtieron al público que llenaba los corrales.

Guillén de Castro (Valencia, 1569-1631), miembro de la Academia de los Nocturnos de Valencia, en cuyo *Cancionero* figuran poemas suyos (era *Secreto*). Capitán del Grao de Valencia, gobernador de la fortaleza de Scigliano en Italia. En 1618, año en que se establece en Madrid, imprime doce de sus comedias, la *Primera parte* de sus obras (entre ellas *Los malcasados de Valencia*, complicada comedia de enredo, y *Las mocedades del Cid*), y en 1625 otras tantas (y en ellas *El Narciso en su opinión*, comedia de enredo que es sátira de los petimetres, y *La fuerza de la sangre*). Dramatiza siempre obras o materias conocidas para los espectadores, desde su mejor obra, *Las mocedades del Cid*, que parte de los romances cidianos o *El conde Alarcos*, cuya fuente son también los romances, hasta las cervantinas *Don Quijote de la Mancha*, *El curioso impertinente* o *La fuerza de la sangre*.

Antonio Mira de Amescua (Guadix, ¿1574?-1644), sacerdote, acompañó a Nápoles al conde de Lemos hasta 1616. Capellán del cardenal-infante don Fernando, participaba en las fiestas cortesanas y justas poéticas. Escribió casi sesenta obras de diversos asuntos (bíblico, sacramental, histórico, hagiográfico, de enredo). Su mejor obra es *El esclavo del demonio* (1612), sobre fray Gil de Santarén, un Fausto «a lo divino», que se enfrenta con el conflicto de la predestinación y el libre albedrío. Son también notables *Pedro Telonario*, auto sacramental; *La mesonera del cielo*, comedia de santos, *La desdichada Raquel*, de historia nacional, sobre la judía de Toledo, o *No hay burlas con las mujeres, o casarse y vengarse*, comedia de enredo con la figura de la mujer vengadora de su honor.

Luis Vélez de Guevara (Écija, 1579-1644) estuvo al servicio primero de don Rodrigo de Castro, cardenal de Sevilla y después, en Madrid, del conde de Saldaña. El marqués de Peñafiel consiguió que le nombraran ujier de cámara del rey; pasó graves apuros económicos. Era famoso por su lengua mordaz. Escribió, según Pérez de Montalbán, cuatrocientas obras (piezas bíblicas, autos, entremeses, obras inspiradas en el romancero y la historia nacional). Las más famosas son *Reinar después de morir*, sobre los amores del rey don Pedro de Portugal con doña Inés de Castro, de gran lirismo, y *La serrana de la Vera*, cuya protagonista, la villana Gila, mujer vestida de hombre, vengará su deshonra dando muerte a su seductor; la escribió para que la interpretara la famosa actriz Jusepa Vaca. Otras fueron también populares: *La niña de Gómez Arias*, que parte de un viejo cantar y narra la historia del caballero que seduce a una doncella y luego la vende a un moro; *La luna de la sierra*, en donde se subraya el derecho al honor del villano; *El diablo está en Cantillana*, sobre la pasión del rey don Pedro por la prometida de un vasallo; *Los encantos de Merlín*, juego escénico inverosímil dominado totalmente por el gracioso, Merlín.

Juan Pérez de Montalbán escribió comedias de capa y espada (*La doncella de labor*), históricas (*La monja alférez, La comedia famosa del gran Séneca de España, Felipe II*), novelescas (*La gitanilla*), hagiográficas (*San Antonio de Padua, Santa María Egipciaca*) y autos sacramentales.

Se podrían añadir otros dramaturgos cuya obra tiene un interés menor, como Jiménez de Enciso, autor de *La mayor hazaña de Carlos V* y *El príncipe don Carlos*; Felipe Godínez, que escribió *La mejor espigadera* sobre Ruth y Luis Belmonte Bermúdez, autor de *El diablo predicador.* Pero la figura que indudablemente destaca por la calidad y la novedad de su producción dramática es Juan Ruiz de Alarcón (¿Taxco, 1581?- Madrid, 1639). Criollo, noble, estudiará en México y España. Abogado, será relator en el Consejo de Indias. Su aspecto físico -era jorobado- será objeto de las burlas de famosos contemporáneos suyos como Quevedo, Lope, Góngora, Tirso... Es autor de veinticuatro comedias, algunas históricas o heroicas (*El tejedor de Segovia, Los pechos privilegiados, Ganar amigos*) y otras esencialmente de «carácter» como *La verdad sospechosa* o *Las paredes oyen*, en torno al maldiciente don Mendo, que perderá por su vicio a la mujer que ama, quien acabará queriendo al pobre y feo don Juan, hombre íntegro. Domina la intriga, el enredo en *Mudarse por mejorarse, El examen de maridos, La industria y la suerte.*

Juan Ruiz de Alarcón -aunque mexicano, creó y representó en Madrid sus obras- convierte en protagonista a un embustero, el ingenioso don García, que se enreda en sus propias mentiras en una obra perfectamente construida, *La verdad sospechosa.* Él, que miente sin recato -no tiene palabra, no es caballero-, caerá en la confusión que fragua su castigo: cambia la identidad de la dama de la que se enamora. El equívoco, recurso tan teatral, se va a apoderar de la escena y del personaje. Su única verdad -el amor por una dama- resulta ser también mentira, porque se ha equivocado de nombre, y le ha atribuido una identidad que no le corresponde. Jura que quiere a Lucrecia (en realidad es Jacinta), y su corazón tendrá que acomodarse a su palabra, que surgía verdadera siendo falsa; pero se casará a la postre con la más hermosa, más discreta y más rica: es el «castigo» teatral al sagaz embustero.

Hábil creador de enredos, Ruiz de Alarcón convierte el conflicto dramático en un juego de equívocos, en un continuo cambio de identidades, en una comedia dentro de la comedia. *La industria y la suerte* da fe de ello: el ingenio del hombre -de los personajes teatrales- enfrentado al veleidoso azar, resultado del ingenio del autor. Don Juan de Luna conseguirá a doña Blanca después de varias trazas urdidas por damas, criados y galanes, con papeles -billetes- que el azar lleva a manos a las que no estaban destinados. El espectador casi queda aturdido por tanto enredo que, sin embargo, funciona perfectamente; el comediógrafo transmite su gusto por el teatro a sus personajes, y éstos fingen continuamente, representan otros papeles. Incluso los comportamientos habituales de los personajes teatrales pueden variar: nada es estable. En *La prueba de las promesas*, los criados se casan y sus amos no, y el personaje –consciente de su transgresión teatral– la pone de manifiesto: «seré el lacayo primero/ que se casa en la comedia / no casándose su dueño».

El juego escénico, al que Lope había dado forma, se ha complicado: los personajes están al servicio de la intriga, de la traza, del enredo. Tirso de Molina consiguió ahondar en unos y otros.

Tirso de Molina

Tirso de Molina, Gabriel Téllez (Madrid, 1579-1648), ingresa en 1600 en el convento de la Merced de Madrid y profesa en la orden al año siguiente; en ella adquirirá una sólida formación humanística. En 1610 ya tiene fama como dramaturgo. Participará en una expedición a la isla de Santo Domingo (desde 1616 a 1618). A la vuelta se establecerá en Madrid hasta el dictamen de la Junta de Reformación que censura sus comedias «profanas y de malos incentivos y ejemplos» (1625). Se traslada a Sevilla, donde se publicará la *Primera parte* de sus comedias (1627); él es comendador del convento de Trujillo; será nombrado cronista general de la orden y, al final de su vida, comendador del convento de Soria. Se publicarán la *Tercera parte* de sus comedias en 1634, la *Segunda* y *Cuarta* partes y *Deleitar aprovechando* en 1635; la *Quinta parte* en 1636.

En *Los cigarrales de Toledo*, Tirso afirma que había escrito más de trescientas comedias. Sus piezas religiosas se inspiran en la Biblia (*La mejor espigadera, La venganza de Tamar*), en vidas de santos (la trilogía *La Santa Juana, La Ninfa del cielo, La Dama del olivar*). Escribió también dramas históricos (*La prudencia en la mujer* sobre doña María de Molina; una trilogía sobre los Pizarro: *Todo es dar en una cosa, Amazonas en las Indias, La lealtad contra la envidia*). Sus comedias de enredo o de carácter trazan unas figuras femeninas logradísimas: *El vergonzoso en palacio* con su protagonista, doña Magdalena; *Marta la piadosa, Don Gil de las calzas verdes, Por el sótano y el torno, La villana de Vallecas.*

Don Gil de las calzas verdes (1615) sumará traza sobre traza. La protagonista, doña Juana, se vestirá de hombre para seguir a su amado don Martín, que le ha dado palabra de ser su esposo. Pero su talle –va vestida de verde– enamorará a dos damas. Juana es hombre o mujer según le conviene; es decir, se viste de una u otra forma. En el teatro, el vestido y las palabras dan la identidad. El gracioso, Caramanchel, es un ingenioso lacayo que busca amo, tras haber servido a muchos, y lo encontrará en don Gil-Juana. Asistirá asombrado a la multiplicación de don Giles, fruto de la complicadísima trama urdida en esencia por su protagonista y acabará creyéndole alma en pena y rezará por ella. Cuando doña Juana le confiese su condición de mujer, el gracioso sentencia: «Esto bastaba / para enredar treinta mundos». Comedia urbana, sus escenarios y sus personajes son cotidianos. La confusión creada por la acumulación de enredos lo invade todo: nada es lo que aparenta ni nada permanece siendo lo que es. Los personajes cambian su apariencia, su voz, su condición. Pero al final todo se resuelve felizmente, como debe ser. El teatro, la farsa es lo que importa; la diversión, en suma.

Las líneas trazadas por el teatro de Lope están ahí, el

conflicto del honor que Juana intenta resolver vistiéndose de hombre es asunto esperable, pero Tirso deja que sus personajes mientan, enreden, sean unos y otros. El espectador queda envuelto sin respiro por la magia de la farsa. La fuerza de Juana, su ingenio, su astucia le conquistan. La habilidad de Tirso es suma: resuelve admirablemente lo que enreda con igual genio.

Engastó tres de sus comedias (*El vergonzoso en palacio*, *Cómo han de ser los amigos* y *El celoso prudente*) en los *Cigarrales de Toledo* (1624), miscelánea formada también con novelas cortesanas y poemas. Relatos piadosos y autos sacramentales compondrán otra obra miscelánea del fraile mercedario: *Deleitar aprovechando* (1635).

Aunque de atribución discutida, dos grandes dramas se unen a su nombre: *El burlador de Sevilla y convidado de piedra*, publicada en 1627, en la que crea el mito del don Juan, y *El condenado por desconfiado* (en 1635).

En *El condenado por desconfiado* se plantea ya el problema del libre albedrío del hombre y el papel de Dios en su salvación o condena. El ermitaño Paulo pide a Dios una revelación sobre su fin («¿Qué fin he de tener? Pues camino/ sigo tan bueno, no queráis tenerme/ en esta confusión, Señor eterno.»). Y al saber –a través del demonio que se le aparece en forma de ángel– que será el mismo que el del bandolero Enrico, se entrega al pecado, se hace él mismo forajido y se condena. Tremendamente soberbio, no confía en la misericordia divina. El bandolero, en cambio, arrepintiéndose en última instancia se salvará gracias al amor a su padre.

En *El burlador de Sevilla*, la presencia del poder divino se hace palabra: «Esta es justicia de Dios, / quien tal hace, que tal pague» sentencia don Gonzalo, el comendador muerto que sale de la tumba primero aceptando la invitación –el desafío– de don Juan Tenorio y que luego le invitará a su vez. El desmesurado don Juan engaña y deshonra a cualquier mujer, sin que le importe estado o condición. Es consciente de su papel, de su forma de actuar: «Sevilla a voces me llama/ el burlador». Pero no se detiene ahí, ni frena sus palabras ni sus actos. Ante la advertencia de su padre, don Diego, anunciándole su castigo («que es juez fuerte/ Dios en la muerte»), don Juan desafía tal plazo: «¿En la muerte?/ ¿Tan largo me lo fiáis?», y surge su frase como leit-motiv de la obra, pues ya dijo a su criado Catalinón y a la pescadora Tisbea «¡Qué largo me lo fiáis!».

Matará al comendador don Gonzalo, que sale en defensa del honor de su hija. Y ya traspasado el último límite, no respetará tampoco el sepulcro de su víctima. El coro sanciona el error y el castigo del burlador: «Mientras en el mundo viva,/ no es justo que diga nadie/ qué largo me lo fiáis/ siendo tan breve el cobrarse». Su estela de burlas, de deshonras se acaba: no hay salvación para el ser desmesurado, que engaña sin remordimientos; sólo le esperan la muerte y la condena. El rey no puede hacer justicia a las mujeres ultrajadas; Dios se le ha adelantado. La intervención del comendador muerto, convidado de piedra, da una dimensión sobrenatural a la aplicación de la justicia; su mano fulmina con el fuego purificador a ese ser desmesurado. La teatralidad ha derribado otra barrera. Un personaje se ha apoderado de la escena.

Complejidad y hondura de la obra teatral. Calderón de la Barca y otros dramaturgos

El espectáculo teatral está adquiriendo densidad. El enredo se multiplica. Los personajes no son meras excusas para el trazado de la trama, van tomando entidad. La escenografía, la tramoya cada vez más compleja realza la representación. El verso recoge el ornato que la lengua poética ya tenía. El gran maestro Calderón de la Barca culminará este proceso. Otros autores crean obras singulares, como Francisco de Rojas Zorrilla y Agustín Moreto.

Francisco de Rojas Zorrilla (Toledo, 1607-1648), también poeta cortesano, representa con frecuencia en palacio y obtiene además gran éxito en los corrales. Su producción abarca un amplio campo, desde autos sacramentales (*El gran patio de palacio, El caballero de Febo*), dramas históricos (*El Caín de Cataluña*) y hagiográficos (*Santa Isabel, reina de Portugal*), tragedias que acumulan recursos melodramáticos efectistas y destacan el papel de la mujer (*Progne y Filomena, Lucrecia y Tarquino*, con asuntos de historia clásica o mitológica, *Los áspides de Cleopatra*, tragedia de amor), comedias de costumbres, dramas de honra como *Del rey abajo, ninguno* o *El labrador más honrado, García del Castañar*, sobre la defensa que un rico labrador hace de su honra y el respeto absoluto al rey, o *Cada cual lo que le toca*, con la figura de la mujer vengadora de su deshonra. Su más famosa comedia de enredo es *Entre bobos anda el juego*, cuyo protagonista, don Lucas del Cigarral, se convierte en el *figurón* más famoso; y sobre las sutilezas del amor, *Abre el ojo*, comedia llena de humor y de buen diálogo, y *Lo que son las mujeres.*

Agustín Moreto (Madrid, 1618–1669), poeta cortesano y clérigo de órdenes menores, estuvo al final de su vida al servicio del arzobispo de Toledo don Baltasar Moscoso. Escribe dramas históricos (*Cómo se vengan los nobles* y *Los jueces de Castilla*), hagiográficos (*La vida de San Alejo, Santa Rosa de Perú, San Franco de Sena*), entremeses (*El cortacaras, Doña Esquina*) y comedias de enredo con estupendos graciosos como *El lindo don Diego,* con un ridículo petimetre, otro gran figurón, y *El desdén, con el desdén.*

En esta última, se lidia un combate entre el ingenio de sus protagonistas: la culta Diana y el inteligente Carlos. Las lecturas de fábulas antiguas y el estudio de la Filosofía han confundido a la dama –nunca se vio con buenos ojos a la mujer culta–, y Diana va contra razón y naturaleza al querer reencarnar la esquivez y el desprecio a los hombres que caracterizaban a la diosa de los bosques. Esa princesa esquiva se convierte en un reto para Carlos, el conde de Urgel. Es un imposible a vencer. Para lograrlo aplicará su misma técnica, será su espejo. Y ella, que desprecia a los otros pretendientes, picará el anzuelo. Tiene que dedicar su ingenio a un arte que despreciaba, la seducción. Diana querría hacer lo que dice Polilla, el gracioso: «Meterle en la danza/ de amor, y a puro desdén quemarle», pero es ella la que empieza a interpretar el papel que la sociedad le asigna. Aceptará al final su derrota, su castigo, y lo verá de la mano del dios Amor: «El Amor, como deidad,/ mi altivez ha castigado».

Hay que citar además a otros dramaturgos y a un gran entremesista: Luis Quiñones de Benavente (Toledo, h. 1590/93-1651). Era ya famoso como autor dramático en 1623; en 1645 se publica la *Jocoseria*, con doce entremeses representados, veinticuatro cantados, seis loas –dialogadas– y seis jácaras. Quiñones creó el entremés cantado con baile final y la figura de Juan Rana, de la que hizo una creación personal el cómico Cosme Pérez. Entre sus entremeses –costumbristas– más celebrados están *Las civilidades, El talego-niño, El guardainfante, El soldado Juan Rana, Los coches, Los habladores, La puente segoviana.*

Álvaro Cubillo de Aragón (Granada, h. 1596-1661), autor de comedias históricas y legendarias, como *El rayo de Andalucía y genízaro de España* sobre Mudarra o *El conde de Saldaña* sobre Bernardo del Carpio; de enredo como la divertida *Las muñecas de Marcela, El señor de Noches Buenas, La perfecta casada* y *Perderse por no perderse.*

Jerónimo de Cáncer y Velasco (Barbastro ¿1599?-1655), poeta y dramaturgo. Parodió *Las mocedades del Cid* de Guillén de Castro; escribió comedias en colaboración con otros dramaturgos como Agustín Moreto; fue un notable entremesista (*Los ciegos, Los gitanos, El sí*).

Antonio de Solís y Rivadeneyra (Alcalá de Henares, 1610-1686), cronista de Indias, poeta, historiador y comediógrafo. Sobresale por sus comedias de enredo: *El doctor Carlino, La gitanilla de Madrid* y sobre todo la divertida *El amor al uso.*

Antonio Coello y Ochoa (Madrid, 1611-1652) colaboró con otros dramaturgos (Rojas Zorrilla, Calderón). Entre sus mejores obras están *El celoso extremeño* y *Peor es hurgallo* (sobre *El curioso impertinente*) de temas cervantinos, y *El conde de Sex.*

Juan Bautista Diamante (Madrid, 1625-1687) es autor de comedias de asunto histórico o religioso, en las que aprovechaba asuntos de obras de otros autores. Su mejor comedia es *El honrador de su padre* sobre las mocedades del Cid.

Francisco Antonio de Bances Candamo (Avilés, 1662-1704) hace un esbozo de historia del teatro al que defiende de los moralistas en *Teatro de los teatros de los pasados y presentes siglos*, escribió autos sacramentales (*El gran químico del mundo*), comedias históricas (*Quien es quien premia el amor*, sobre Cristina de Suecia), de enredo (*El duelo contra su dama*), religiosas (*La Virgen de Guadalupe*).

Será, sin embargo, Calderón quien aúne fuerza dramática, intensa belleza lírica en el verso y hondos personajes.

Pedro Calderón de la Barca (Madrid, 1600-1681) estudió en el Colegio Imperial de los jesuitas y en las Universidades de Alcalá y Salamanca. En 1623 estrena en el Palacio Real su primera comedia, *Amor, honor y poder.* En 1621 Pedro y sus hermanos Diego y José son acusados y procesados por la muerte de Nicolás Velasco en una riña. En 1629, el mismo año en que se representó la deliciosa *La dama duende*, Calderón con otros hombres asaltan el convento de las Trinitarias en persecución del cómico Pedro de Villegas, allí refugiado tras haber herido a Diego, hermano de Calderón. En 1635 estrena *El mayor encanto, amor* en el recién inaugurado teatro del Coliseo (Cosme Lotti es el escenógrafo), y se le nombra director de las representaciones en palacio. En esos años escribiría sus grandes obras: *La devoción de la Cruz, El gran teatro del mundo, El médico de su honra, La vida es sueño*... En 1636 se publica la *Primera parte* de sus *Comedias*, en 1637 la *Segunda*, la *Tercera* en 1664, la *Cuarta* en 1672 y la *Quinta* en 1677, pero el escritor no controla tales ediciones. En 1640 interviene en la guerra de Cataluña, en donde es herido. En 1642 se le licencia y se le concede una pensión. Sirve al duque de Alba y compone obras religiosas, que son las únicas que se representan entre 1644-45 y 1646-49 por los cierres de los teatros (por la muerte de la reina Isabel de Borbón y del príncipe Baltasar Carlos, aunque fue decisiva la presión de los moralistas). En 1650 ingresa en la Orden Tercera de san Francisco y se ordena sacerdote al año siguiente. En 1663 es nombrado capellán de honor del rey y se instala en la corte. Escribirá y representará hasta su muerte. Su producción es numerosa: unas ciento veinte comedias y casi un centenar de autos.

Menéndez Pelayo dividió los dramas de Calderón en dramas religiosos: *El purgatorio de San Patricio, El príncipe constante, La devoción de la Cruz, El mágico prodigioso, El José de las mujeres, Los cabellos de Absalón, La aurora en Copacabana*...; dramas filosóficos, con su extraordinaria *La vida es sueño*, y dramas trágicos: *El alcalde de Zalamea, La niña de Gómez Arias* y los cuatro dramas de honor: *El pintor de su deshonra, El médico de su honra, A secreto agravio, secreta venganza* y *El mayor monstruo del mundo*. Escribió comedias mitológicas que se representaron en palacio o en los «reales sitios» con gran aparato escénico: *Eco y Narciso, La fiera, el rayo y la piedra* (sobre Pigmalión, Cupido y Anajarte), *Fieras afemina amor* (sobre Hércules), *La estatua de Prometeo*, y estupendas comedias de enredo como *La dama duende* y *Casa con dos puertas mala es de guardar, Hombre pobre todo es trazas, El escondido y la tapada, No hay cosa como callar, Guárdate del agua mansa*.

Sus numerosos autos sacramentales se suelen dividir por sus temas: autos filosóficos y teológicos (*El gran teatro del mundo, El gran mercado del mundo*); autos mitológicos (*El divino Jasón, Los encantos de la culpa)*; con temas del Antiguo Testamento (*Sueños hay que verdad son, La cena del rey Baltasar*); de tema mariano (*La hidalga del valle*); autos basados en relatos evangélicos (*El diablo mudo*); autos de circunstancias (*Nuevo palacio del Retiro*, que inaugura el teatro del Coliseo, *El valle de la zarzuela*); autos históricos y legendarios (*La devoción de la misa, El santo rey don Fernando*).

Maestro en el arte del enredo, en *La dama duende* nos envuelve con la gracia del personaje femenino. La oscuridad será cómplice de las trazas de una viuda ingeniosa que se aburre en el encierro en que le tienen sus hermanos. Un galán, que se hospeda en la casa, una alacena que esconde una puerta secreta, un criado cobarde y gracioso –como debe ser– se combinarán con el atrevimiento de la dama, «duende», ayudada por su criada y por su prima y amiga. Los equívocos se sucederán: la risa y la diversión están aseguradas. La desenvoltura de doña Ángela obtendrá sus frutos. Durante el tiempo de la comedia, domina el escenario, representa en su propia escenificación, es un ente totalmente barroco. Dirá de ella don Manuel, el galán que va de asombro en asombro: «Como sombra se mostró,/ fantástica su luz fue; / pero como cosa humana,/ se dejó tocar y ver./ Como mortal se temió,/ receló como mujer;/ como ilusión se deshizo,/ como fantasma se fue». A pesar de su valor y de su sentido común, acabará también desorientado («¿Qué haré en tan ciego abismo,/ humano laberinto de mí mismo»). Su condición de noble caballero le hará tomar la decisión adecuada, y la hermosa dama enamorada tendrá el marido que quiere.

En el drama *El alcalde de Zalamea,* Calderón desarrolla con hondura el tema del honor. La figura de Pedro Crespo se recorta con su autenticidad humana: es el campesino deshonrado por el noble, que defiende la igualdad de los hombres ante ese valor, esencial para su condición humana («el honor/ es patrimonio del alma,/ y el alma sólo es de Dios»).

El contraste entre el bello discurso del labrador que le pide humildemente al capitán que repare el honor que le ha quitado («un honor os pido,/ que me quitasteis vos mesmo») y el desdén del frívolo capitán (le llama «viejo cansado y prolijo») destaca más la figura del alcalde, que a partir de entonces se crece con la fuerza de la convicción.

Frente al «yo os apercibo/ que soy un capitán vivo» de don Álvaro de Ataide, su «¿Soy yo acaso alcalde muerto?». Ante don Lope de Figueroa y ante el propio rey mantendrá con firmeza su sentencia del delito probado. El rey la ratificará: «Bien dada la muerte está». El villano no sólo ha defendido su honra, ha afirmado con la palabra su razón.

Pero la gran creación de Calderón –del teatro barroco– es *La vida es sueño;* perfecto ensamblaje de una gran complejidad dramática, enlaza asuntos amorosos, políticos, existenciales. Clarín, el gracioso, tendrá un destino trágico; desmesurado, cree poder burlar la propia muerte («pues ya/ la muerte no me hallará,/ dos higas para la muerte») y en seguida morirá. Antes pronunciará un último parlamento con una advertencia («mirad que vais a morir,/ si está de Dios que muráis») que recoge el propio rey Basilio al empezar con ella el suyo: ¡el gracioso dando palabras al rey!

Rosaura será la mujer vestida de hombre que va en busca del caballero que le ha dado palabra de esposo para que la cumpla: Astolfo, sobrino del rey, aspirante al trono. Pero a la vez Rosaura no conoce a su padre, y éste será Clotaldo, el hombre de confianza del rey, que la reconoce por la espada que lleva, pero guarda silencio hasta el final. Estará siempre luchando entre su deber como vasallo del rey, del príncipe –que además le salva la vida– y como padre.

Rosaura se disfraza de hombre, aparece con galas de mujer y como tal empuña además armas de varón: es la metamorfosis barroca. Como le dice a Segismundo: «Tres veces son las que ya/ me admiras, tres las que ignoras/ quién soy, pues las tres me has visto/ en diverso traje y forma». Y, en efecto, seduce a Segismundo siempre, como hombre y como mujer. Cuando el príncipe, encerrado en la torre, la ve por primera vez en su disfraz varonil, da rienda suelta a su admiración con una lengua trabada por los juegos de voces y libre por la fuerza que tiene: «Con cada vez que te veo,/ nueva admiración me das,/ y cuando te miro más,/ aún más mirarte deseo». El espectador vive la seducción que ese personaje ambiguo, la mujer disfrazada de hombre, provoca en el prisionero, que sólo ha visto hasta entonces a su ayo Clotaldo.

Pero el asunto central crea ese ser que va de la cárcel sin sentido a la gloria inesperada, que va de la vida al sueño, que, desmesurado, cree que lo puede todo -echar un hombre por la ventana, intentar deshonrar a Rosaura, y querer matar a Clotaldo- y se descubre otra vez encadenado. Segismundo, víctima del hado, advertirá la imposibilidad de distinguir entre vida y sueño, y ante lo efímero de todo, tomará la decisión de obrar bien: «Mas, sea verdad o sueño,/ obrar bien es lo que importa./ Si fuera verdad, por serlo;/ si no, por ganar amigos/ para cuando despertemos».

El hombre, que podría ser fiera -él lo fue y daba la razón al hado-, por su voluntad se alza hasta el lugar que él quiere. Los pronósticos se cumplirán, pero hay un después, que él, un Segismundo justo, forja. Él pondrá fin a la obra y ordenará las parejas; se vencerá a sí mismo y renunciará a Rosaura -no puede hacer otra cosa; las leyes del honor y de la obra lo exigen- y castigará al que le sacó de la torre como traidor al rey. Todo, cualquier dicha humana, pasa como sueño. Quedan sus densos parlamentos con bellas series de versos, inmortalizados ya: «Apurar, cielos, pretendo,/ ya que me tratáis así,/ qué delito cometí/ contra vosotros naciendo»... «Es verdad; pues reprimamos/ esta fiera condición,/ esta furia, esta ambición,/ por si alguna vez soñamos». Todos sueñan -soñamos– lo que son en el gran teatro del mundo («sueña el rey que es rey [...] todos sueñan lo que son,/ aunque ninguno lo entiende»). Y Segismundo, el hombre barroco, renunciará a hacerlo, a entenderlo; obrará bien por si acaso... Las correlaciones, los paralelismos subrayarán la complejidad del discurso, los pasos del razonamiento. La belleza de la palabra poética se intensifica con la dificultad del arte también en el escenario, pero lo hace al servicio de la hondura de dos personajes espléndidos, Segismundo y Rosaura, y de una complejidad dramática resuelta con una perfección absoluta.

El hombre se encuentra ante enigmas que no entiende, en confusos laberintos. Los resolverá, se orientará para descubrir al fin que todo es sueño; que la verdad «es otra confusión y no menor». Clarín, al que al final incluso «segismundean», había sentenciado cuando devuelven al sueño y a la torre a Segismundo: «No acabes de despertar,/ Segismundo, para verte/ perder, trocada la suerte,/ siendo tu gloria fingida/ una sombra de la vida/ y una llama de la muerte».

Ese hombre que el Renacimiento desvela con libertad para alzarse hasta donde quiera, descubre a la postre que todo es efímero, que no hay más gloria que la conseguida con la palabra. Supieron engalanarla, dominar con ella el mundo novelesco, la escena.

En *El gran teatro del mundo,* auto sacramental, la vida será no sueño sino comedia. Las representaciones alegóricas que celebraban la fiesta del Corpus eran un género que también enriquecieron los grandes autores (Lope escribió bellas obras, como *La siega*). La complejidad escenográfica los convertiría en grandes espectáculos públicos. Habían nacido ya con la alegoría como uno de sus rasgos, y cuando esa construcción metafórica invade otros géneros –la novela, por ejemplo–, esas obras en un acto alcanzan su mayor esplendor, en la cumbre intensificadora barroca.

El «Autor» del mundo inicia el auto calderoniano dirigiéndose a él con un alambicado y bello discurso sustentado en metáforas y correlaciones: «Campaña de elementos,/ con montes, rayos, piélagos y vientos:/ con vientos, donde graves/ te surcan los bajeles de las aves;/ con piélagos y mares donde a veces/ te vuelan las escuadras de los peces...»

Le anunciará su deseo de celebrar una representación en el mundo, hecho teatro porque «es representación la humana vida». La vida es teatro y viceversa. La lección va a ser la advertencia sabida: la entrada a la escena es la cuna, la salida es la sepultura; la representación es brevísima. Como el hombre en sus creaciones, el Autor quiere que el mundo fabrique «apariencias», será el teatro, y el hombre, «el recitante». Tres actos llenos de prodigios tendrá esa representación ficticia, contenidos en solo uno en la literaria. Todos tendrán su papel, desde el rey al labrador, desde el rico al pobre, y a ellos se suman la hermosura, la discreción. Y el Autor advierte cómo «toda la vida humana/ representación es», y al acabar el papel, todos son iguales. Si Segismundo decidía obrar bien aun en sueños, la advertencia divina es la misma en el teatro vital: «obrar bien, que Dios es Dios». El Autor verá la representación de su «compañía», y así se lo dice: «Hombres que salís al suelo/ por una cuna de hielo/ y por un sepulcro entráis,/ ved cómo representáis,/ que os ve el Autor desde el cielo».

Les dejará en libertad –otra vez el problema del libre albedrío como en *La vida es sueño*– para que puedan merecer o no con sus obras: su culpa será su error. Saldrán del mundo como polvo, «pues polvo entraron». La riqueza, el poder, la majestad, la hermosura se esfumarán. El «pequeño cielo» que es la mujer –si el hombre «pequeño mundo»–, hermosura por excelencia, quedará consumido: «Allí dejé matices y colores;/ allí perdí jazmines y corales».

La obra ya no es sólo religiosa, la representación es existencial. Todo se metamorfosea, el principio es el fin: «puesta la cuna boca arriba/ recibe al hombre, y esta misma cuna,/ vuelta al revés, la tumba suya ha sido».

El hombre es un peregrino en su existencia, sueña lo que es, representa un papel en el gran teatro del mundo bajo la vigilante mirada de su Autor. Pero es, a pesar de las apariencias, dueño de su destino.

En la comedia de santos *El mágico prodigioso* –como en *El esclavo del demonio* de Mira de Amescua–, su protagonista, Cipriano, vende su alma al diablo para conseguir el amor de Justina. Cuando cree que la tiene entre los brazos, descubre «un yerto cadáver mudo», que, sin embargo, le advierte: «Así, Ciprïano, son/ todas las glorias del mundo». El martirio lo salvará y borrará el pacto firmado con su sangre. El demonio reconocerá públicamente su fracaso. No había conseguido vencer a Justina ni con las sombras de deshonra que le había fingido («no está en mi mano el pensar,/ y está el obrar en mi mano» le dirá ella); y se le escapa al fin el propio Cipriano: «Cipriano [...] fue mi esclavo; mas, borrando/ con la sangre de su cuello/ la cédula que me hizo,/ ha dejado en blanco el lienzo». ¡Subraya además la verdad de sus palabras!: «Ésta es la verdad, y yo/ la digo, porque Dios mesmo/ me fuerza a que yo la diga,/ tan poco enseñado a hacerlo».

Es el prodigio, el portento, la confusión barroca que asombran a los propios personajes del drama, de la vida.

Su herencia

En estos dos siglos, geniales escritores crearon nuevos géneros, ahondaron en los existentes, llevaron la lengua a un esplendor retórico y expresivo extraordinario, se convirtieron en esos modelos que ellos mismos echaban en falta al principio. Son nuestras autoridades, nuestros clásicos.

Convencidos de que nuestra lengua era «grave, religiosa, honesta, alta, magnífica, suave, tierna, afectuosísima y llena de sentimientos» –en palabras de Fernando de Herrera–, emprendieron la tarea de poner de manifiesto estas cualidades usándola con arte. Lo consiguieron. Heredaban además un instrumento revolucionario para divulgar su obra: el libro impreso. Sus entes de ficción son los primeros que lo gozan y lo viven apasionadamente... o lo censuran por ese poder que en él descubren.

El buen obispo del *Diálogo de Mercurio y Carón* de Alfonso de Valdés, para evitar la difusión de errores y males, prohibió que «se vendiesen libros de cosas profanas e historias fingidas» porque «se inficionaban los ánimos de los que leían y de los que oían».

Don Quijote le daría la razón, porque su locura –y su existencia– se debe al hecho de ser un apasionado lector de libros de caballerías. El ama, la sobrina, el cura y el barbero harían una hoguera con las obras que le hicieron convertirse en ente de ficción universal y tapiarían su biblioteca vanamente. Él era ya literatura. Y cobraría conciencia de ello en la segunda parte de la obra; se sabía ya personaje de un libro que se estaba escribiendo, del que se había impreso ya la primera parte –mucha gente que encuentra lo había leído ya– e incluso una segunda parte espuria, con mentiras y falsedades, que don Quijote llega a tener en sus manos. Gracias además a la existencia de esta obra falsa, el hidalgo y su escudero verán el mar.

Critilo, el personaje del *Criticón*, afirmará que «no hay gusto como el leer ni centro como una selecta librería». Y en su peregrinación novelesca y vital, acompañado de Andrenio, verá cómo sólo los escritos de los sabios alcanzan la inmortalidad.

Santa Teresa nos dice cómo era una entusiasta lectora, y María de Zayas cuenta cómo «en viendo cualquiera [libro] nuevo o antiguo», deja «la almohadilla y no sosiego hasta que le paso». Escribieron con la misma pasión.

Vieron con otras palabras una misma realidad cambiante, proteica. La sonrisa de la dama surge como «relámpagos de risas carmesíes» en verso de Quevedo. Y Lope fija el momento en que doña Inés mira a su hermana –la está siguiendo don Alonso, *El caballero de Olmedo*– y cómo «entrambas/ se encontraron en la risa». Hasta se puede *ver*, a través del cervantino Ricardo, «un mudo y sosegado silencio».

Quisieron ser «abejas» asimilando a los clásicos, pretendieron dar el máximo ornato a la lengua, dignificándola; crearon espectáculos que entretenían y complacían a un amplio público; obraron hazañosamente, como diría Gracián. Es su legado.

La Edad Contemporánea
1. El siglo XVIII

La continuidad del humanismo: Los *novatores* y Mayans

Hasta fechas bastante recientes, el siglo XVIII era el pariente pobre de todas las historias de la literatura española. Unos lo veían oscurecido por el brillo creador de la centuria inmediatamente anterior, como si la creatividad artística de ésta no fuera cosa más que discutible después de 1650, y lo compadecían por ser víctima voluntaria del mimetismo de lo francés, como si el galicismo no hubiera sido algo de mucho más peso en las culturas de Europa oriental que entre nosotros. Fue la Academia de Ciencias de Berlín la que convocó en 1784 el concurso para premiar la mejor monografía sobre la superioridad de la lengua francesa que ganó Antoine Rivarol y antes fue Leibniz quien escribió alguna de sus obras en francés, como lo hizo el polaco Potocki; no mucho más tarde, los aristócratas de 1805-1815 en la novela *Guerra y paz* de Tolstoi hablan entre sí en lengua francesa, como hicieron sus padres, súbditos de Catalina la Grande, y todo ello a pesar de estar combatiendo ardorosamente contra Napoleón. Los «petimetres» (un término precisamente dieciochesco que deriva de «petit maître» o «señorito») galicistas que satirizaron Cadalso e Iriarte en sus obras no pasaban de remedar la sintaxis francesa y nombrar en ese idioma los productos de lujo. No muchos años después el propio Larra –tan fuertemente afrancesado de ideas y de atuendo– reprocharía a la Ilustración española –con buena parte de razón– un exceso de casticismo y de recelo por lo foráneo que le había impedido llevar la reforma de la vida intelectual y moral del país a sus últimas consecuencias.

Pero incluso los estudiosos que, libres de trasnochados prejuicios nacionalistas, aprecian esta centuria española no dejan de cotejar la modestia de nuestras realidades culturales si se comparan con la deslumbrante creación de la «República de las Letras» en la Ilustración francesa o con la libertad creadora del siglo británico que empezó con Locke y Fielding y acabó con Gibbon y Hume, por no hablar del vigoroso despertar intelectual del país que empezaba a entenderse a sí mismo como Alemania e incluso la vitalidad de la desmenuzada Italia que dio nombres como los de Giambattista Vico, Cesare Beccaria y Carlo Goldoni. Pero lo cierto es que nuestro Francisco de Goya no fue –como veremos– una planta aislada de su nutricia tierra española, que las comedias de Moratín están entre lo mejor del teatro universal de su tiempo, y que el padre Antonio Soler no fue un músico menor en su generación europea, ni dejaron de ser muy admirados en el siglo XVIII estudiosos españoles de las ciencias naturales o de la erudición literaria, ni la España que dio la figura del conde de Aranda –tan querido por los enciclopedistas– fue una potencia marginal en el concierto político del siglo. Siguió siendo, antes al contrario, un país de peso en el que los demógrafos advierten un sostenido y alentador incremento de la población (por eso la reforma agraria se discute con tanta urgencia) y los economistas un sólido crecimiento de la riqueza, a la vez que se homogeneiza y se define un Estado políticamente unitario y socialmente más coherente. Y veremos, en tal sentido, que no es casual que abunden –entre escritores y políticos– los nombres propios que proceden de la franja septentrional del país que fue una región casi inexistente en los siglos XVI y XVII pero donde el comercio con América, la industria y la mejora de la alimentación promueven ahora un notable desarrollo. Y advertiremos que también los súbditos valencianos, aragoneses y catalanes de los Borbones –tan escasamente influyentes en el llamado «siglo de Oro»– menudean en tareas intelectuales y administrativas porque las regiones que fueron «vencidas» en la Guerra de Sucesión supieron incorporarse muy activamente a la nueva dimensión de la política –centralista y eficaz– y se beneficiaron también del progreso material (que fue casi exponencial) de sus regiones de origen.

Esa notable renovación que supuso el siglo XVIII no empezó abruptamente en 1701, por mucho que se identifique a menudo con la nueva dinastía borbónica. El movimiento de renovación intelectual (y seguramente algo de las mejoras económicas) se inició en pleno reinado de Carlos II «el Hechizado»: en algunas de sus vetustas universidades y hospitales trabajaron quienes como el matemático y astrónomo Juan Caramuel (que mantuvo correspondencia con Descartes), el físico y astrónomo Juan Bautista Corachán (que describió el cometa Halley), el matemático José de Zaragoza (autor de la primera trigonometría española), los médicos José Lucas Casalete (impugnador del galenismo) y Juan de Cabriada (cuya

Carta filosófica médico-chymica de 1687 inicia la terapia yatroquímica entre nosotros) y el matemático y físico Tomás Vicente Tosca (quizá el primero en emancipar las ciencias de la filosofía) serían llamados *novatores* (innovadores) por el reaccionario obispo de Jaén, Francisco Palanco, en su *Dialogus physico-theologicus contra philosophiae novatores* de 1714.

El nombre, aunque malintencionado en su origen, es certero y ha hecho fortuna. No solamente concierne a científicos sino a quienes, sobre los pasos del grupo de jesuitas *bolandistas* o los benedictinos de Saint-Maur (*maurinos*), renovaron la historiografía desechando leyendas y supercherías y apoyando sus afirmaciones en documentos fiables, monedas, inscripciones y pesquisas bibliográficas. También esta tarea se inició en los amenes del siglo XVII con el bibliógrafo Nicolás Antonio (cuyas magnas *Bibliotheca Hispana Vetus* y *Nova* apreciaron tanto los eruditos dieciochescos) y con las feroces discusiones en torno a falsificaciones históricas de pretextos más o menos piadosos. Su éxito no fue, empero, inmediato: pese a la *Censura de historias fabulosas* del propio Nicolás Antonio (editada póstumamente en 1742), todavía la *Sinopsis histórica-cronológica de España* que Juan de Ferreras publicó el mismo año de 1700 daba crédito a la leyenda de Gerión y recogía como verdad de fe el reinado de Gárgoris y Habides. ¡Y era uno de los textos «modernos» y su autor habría de ser primer director de la Academia de la Historia!

La pasión de los *novatores* por la autonomía de la ciencia y por la precisión de la historia no debe ser confundida con la Ilustración por más que sea uno de sus fermentos, junto a otra actitud -la de los *libertinos*, mucho más laicos y críticos- que apenas tiene representación entre nosotros. Buena parte de los humanistas *novatores* se sintieron, en rigor, continuadores del humanismo renacentista, de los maestros del siglo XVI, frente a las desmesuras y los vicios de la edad barroca. Quizá el ejemplo más notable de esa actitud es el de Gregorio Mayans y Siscar, un valenciano procedente de la pequeña nobleza que estudió en la decepcionante universidad de Salamanca pero que debió casi toda su formación a los consejos de su maestro Manuel Martí, deán alicantino, notable latinista y corresponsal de los primeros ingenios europeos. Sus primeros trabajos significativos fueron, precisamente, una *Oración en defensa de las eloqüentísimas obras de don Diego Saavedra Fajardo* (1725), en la que alabó la dimensión crítica y antibarroca de la *República literaria,* y una *Oración que exhorta a seguir la verdadera idea de la eloqüencia española* (1727) que es la más completa alabanza de los humanistas del XVI frente a la turbamulta de escolásticos ridículos y fatuos que deturparon la más genuina tradición intelectual del país. No es casual que, entre los muchos trabajos de Mayans, ocupen lugar de honor las cuidadas ediciones que hizo de las obras del filósofo Juan Luis Vives, del filólogo Francisco Sánchez de las Brozas «El Brocense», del cardenal y anticuario Antonio Agustín, del poeta Fray Luis de León y del bibliógrafo Nicolás Antonio, por más que sea más citado por mor de haber escrito la primera *Vida de Miguel de Cervantes Saavedra* y los cuatro tomos de sus *Orígenes de la lengua española* (donde editó por vez primera el *Diálogo de la Lengua* de Juan de Valdés), obras ambas publicadas en 1737. Pero no se crea que esta tenaz y aparentemente imparcial labor filológica estaba al margen de una actitud política muy clara: como valenciano, Mayans mantuvo un tono matizadamente foralista frente a la centralización, lo que le enfrentó con las academias reales y le hizo perder alguna prebenda;

como regalista declarado, no se llevó muy bien ni con las autoridades eclesiales ni con los jesuitas; como hombre muy crítico y reformista, se las tuvo con los cortesanos del *Diario de los Literatos* y no apreció mucho al más moderado Feijoo ni al obsequioso Luzán; como partidario de una religiosidad más rigurosa, su obra *El orador cristiano ideado en tres diálogos* (1733) fue una de las más significativas muestras de una retórica moderna y un serio ataque a la oratoria religiosa convencional que no gustó nada a los clérigos conservadores. En tal sentido, Mayans –que se sentía tan deudor de su coterráneo Luis Vives y que acabó intercambiando correspondencia con Voltaire– fue un ejemplo meridiano de la continuidad cultural entre la reforma humanística y las posteriores ideas ilustradas, así como de los dos principales esfuerzos del siglo: conciliar las innovaciones internacionales con el talante y la tradición españoles y propiciar los términos de una reforma controlada antes que una revolución impredecible.

Sociabilidad y literatura dieciochescas

No resulta fácil considerar de modo unitario y homogéneo un siglo del que siempre ha interesado más la segunda mitad –bajo el signo de las Luces– que la primera. Hay elementos de continuidad pero también momentos de renovación y cambios de actitud, aunque no supongan rupturas sino una suerte de conciencia acumulativa de reformas. Cuando se habla del «siglo ilustrado» o de «siglo de la Enciclopedia» se mezclan en ello cosas muy distintas y, a menudo, poco parecidas a las que ocurrían en Francia. El *regalismo* (o predominio de la autoridad del rey sobre la de la iglesia) fue, entre nosotros, muy temprano porque estaba vinculado a la misma tradición gobernante de los Borbones y ya le costó algún disgusto a Melchor de Macanaz, ministro de Felipe V, con la Inquisición. Pero no fue lo mismo ese primer *regalismo* jurídico (concluido en 1753 con la firma de un Concordato con Roma) que los argumentos que inspiraron la expulsión de los jesuitas en 1767, acusados de que su cuarto voto (de obediencia al Papa) los vinculaba a una potencia extranjera y, en ese mismo marco, la posterior expansión del *jansenismo* que unió al deseo de controlar los asuntos eclesiásticos por el Estado un vigoroso anhelo de reforma de la religiosidad y una violenta crítica contra la incultura clerical: Jovellanos fue, en este sentido, un claro ejemplo de jansenista. Pero eso no quiso decir que fuera un revolucionario y tuvo ocasión de probar su horror ante una verdadera revolución pues sobrevivió largamente a la francesa de 1789: se soliviantaba contra los obispos que le negaban subsidios para el Instituto Asturiano («un obispo –escribía al de Lugo en 1799– debe instruir al clero en su ministerio pastoral, pero debe también promover la instrucción del pueblo, para quien fue instituido el clero y el episcopado») pero creía necesaria alguna forma de censura, con tal que fuera laica y gubernativa; defendía una reforma agraria mucho más profunda y radical que la simple desamortización y venta de bienes eclesiásticos pero, a la hora de 1808, pretendía mantener la existencia de la Junta Central –último residuo de la legitimidad borbónica– frente a un abierto proceso de reforma mediante cortes constituyentes.

Se ha dicho a menudo que la existencia de la prensa (los «papeles periódicos») refleja de forma unitaria y reveladora la voluntad reformista y divulgadora de todo el siglo. Pero también hay notables diferencias entre ellos. No son lo mismo los siete tomitos que llegó a tener el *Diario de los Literatos de España* (1737), que fue una suerte de oficialización de la función crítica de unos honestos y poco imaginativos funcionarios de Felipe V, dirigidos por Juan Martínez de Salafranca, que los siete volúmenes mucho más críticos de *El Pensador*, redactados en su mayor parte por el canario José Clavijo y Fajardo desde 1762, y que, ya al final de la época, los volúmenes de *El Censor* (1781) de Luis Cañuelo que, muy a menudo, encierran un talante crítico radical que va mucho más allá de los propósitos reformistas de los ministros de Carlos III. Ni se pueden confundir los mil y un intentos misceláneos del laborioso y a veces botarate Francisco Mariano de Nifo (como *El novelero de los estrados y tertulias y diario universal de las bagatelas,* de 1764) con los diarios de noticias, ensayos y erudición que se afianzan en los primeros años del siglo XIX. Fue una centuria de sociabilidad más abierta que no en vano expendió el uso del café –tan eminentemente social– como estimulante privado y pretexto de conversación pública y que dio carta de naturaleza al término «tertulia»: Ramón de la Cruz dedicó un divertido sainete de 1770 –*Las tertulias de Madrid o el porqué de las tertulias*– a las que se formaban en los domicilios privados y algún tiempo antes el serio y estirado Clavijo observó en el Pensamiento XIX de su periódico *El Pensador* que «si estas asambleas habían sido de provecho en algún tiempo, yo había tenido la desgracia de conocerlas demasiado tarde y que sólo podía andar detrás de ellas algún ocioso, que pensase en recoger materiales para pintar al natural el abuso de las letras, o escribir el elogio fúnebre de la urbanidad».

Cuando se dice que el siglo XVIII fue el siglo de las academias también se formula una verdad que debe ser aceptada con reservas. Efectivamente, su existencia refleja lo que hay de deseo de normas y organización, de asociación de individuos y trabajo colectivo, de control de ideas y abordaje de grandes empeños, pero no debe olvidarse que academias las hubo también –aunque de naturaleza privada– en el siglo XVII como formas de sociabilidad literaria y que no todas las academias dieciochescas tuvieron la misma fortuna. Las de fundación real son las más conocidas: la de la Lengua fue aprobada en noviembre de 1713 y ya en 1726 iniciaba la publicación de su benemérito *Diccionario de la lengua castellana* (o *Diccionario de autoridades*) que concluyó en 1739 y donde cada palabra va ilustrada con usos de escritores clásicos. En 1742 publicó un memorable *Tratado de ortografía* que consagró para nuestro idioma una de las ortografías fonéticas más razonables y sensatas entre las europeas y en 1771 y 1780, respectivamente, dio a la luz las dos obras por las que todavía hoy es conocida la institución: la *Gramática* y el *Diccionario* manual. La Real Academia de la Historia empezó sus actividades en 1736 «para purificar y limpiar la historia de nuestra España de las fábulas que la deslucen», propósito que no siempre cumplió, como tampoco el de confeccionar un *Diccionario histórico-crítico universal de España.* Varias veces se intentó refundir las academias existentes (Ignacio de Luzán hizo un proyecto en 1750-1751 que comportaba la continuidad de la publicación del *Diario de los Literatos* a cargo de la nueva institución) y se pensó añadir alguna otra, como la de Ciencias para la que hizo un esbozo el ilustre Jorge Juan. Pero no fue éste el único caso en que el proyecto de una academia fracasó por recelos políticos: estos hundieron la Academia Valenciana de nuestro conocido Mayans que sólo sobrevivió hasta 1743. A cambio prosperó la Academia de

Buenas Letras de Barcelona (1751), cuyo primer objetivo fue el de redactar una historia de Cataluña, y la del mismo título de Sevilla, que surgió en 1752, el mismo año en que se formó en Madrid la Real de Bellas Artes de San Fernando y la Histórico-Geográfica de Valladolid.

Y ya que de instituciones se habla, conviene citar aquí las Sociedades Económicas que quizá fueron el fruto más original de este espíritu asociativo que buscaba -como escribió Juan Sempere y Guarinos- «tener ocupados honestamente a los nobles y hacendados de los pueblos, naturalmente inclinados a la ociosidad y holgazanería», «infundir el gusto a la lectura de obras útiles», «multiplicar las ideas económico-políticas» y «mejorar el estilo, multiplicando las ocasiones de hablar». Como se verá, no es fácil discernir en este programa lo práctico de lo moralizante y de lo literario o artístico. Todo ello estuvo presente en las reuniones que el guipuzcoano conde de Peñaflorida convocaba desde finales de los años cuarenta en su villa de Azcoitia y donde los lunes se hablaba de matemáticas, los martes de física, los miércoles de historia, los jueves de música, los viernes de geografía, los sábados de «asuntos del tiempo» y los domingos, otra vez de música. De esas gratas charlas surgió en 1765 la Sociedad Vascongada de Amigos del País, modelo de otras muchas, y de un designio que, desde 1774, promovieron los treinta mil ejemplares ampliamente distribuidos del *Discurso sobre el fomento de la industria popular* de Pedro Rodríguez Campomanes. Porque no debe olvidarse que el objetivo principal de las Sociedades Económicas (alguna, como la de Sevilla, se llamó «patriótica») era el de promover las reformas tecnológicas en la agricultura y la buena disposición de propietarios y campesinos en unos años que, como se indicaba más arriba, fueron de incremento demográfico y de crecimiento productivo. Quienes protagonizaban ese esfuerzo no eran, sin embargo, «burgueses» en el sentido moderno de la palabra (sentido que casi no existe en nuestro siglo XVIII) sino clérigos seculares de ideas avanzadas, militares profesionales funcionarios reales, nobles e hidalgos progresistas. Por esa y por otras razones acabaron por ser un fracaso, tras un período de esplendor entre 1775 y 1785. En 1789 y en Ávila el secretario levantó acta de una sesión a la que ha sido único asistente, cosa que se reiteró en Oviedo hasta en seis juntas de 1802. Pero había cosas peores: ya en 1784 los socios de la zaragozana vieron cómo era denunciado ante la Inquisición el joven Lorenzo Normante, reo de haber impartido unas clases sobre economía pública que parecieron cosa blasfema al capuchino Diego José de Cádiz (que alcanzaría luego la dignidad de «beato»). La excusa fue que las afirmaciones de Normante sobre la necesidad de aumentar la población parecieron al suspicaz beato un avieso ataque al celibato eclesiástico.

Con esto queda dicho que las instituciones ya existentes pusieron muchas trabas a las reformas y fueron bastión de un *tradicionalismo* que, como luego veremos, el siglo XVIII inventó y patentó como fórmula intelectual. A menudo, fueron las escuelas de pilotos, las Juntas de Comercio, las academias militares o algunos colegios privados centros mucho más abiertos a la experimentación y a las novedades que las venerables y arcaicas universidades. El gran enemigo y, a veces, la obsesión de los renovadores era la filosofía aristotélica que, como una red tupida, encarcelaba la autonomía de las ciencias y la solidez de la argumentación en la espesa práctica de la deducción y en la ridícula lógica del silogismo. La rebelión contra el aristotelismo empezó pronto y ya la *Física moderna, racional y experimental* (1745) del médico Andrés Piquer postuló el abandono de unas teorías de las que Feijoo también se había burlado. Pero todavía en 1771, cuando el Consejo de Castilla instaba a la reforma de los estudios salmantinos, aquel claustro argüía «que no se podían apartar del sistema del Peripato, porque los de Neuton, Gasendo y Cartesio no simbolizan tanto con las verdades reveladas como los de Aristóteles». Ese mismo año, Francisco Pérez Bayer, un discípulo de Mayans, entregaba a Aranda y Roda su impresionante *Memorial por la libertad de la literatura española* que, en rigor, es una requisitoria por la reforma de los estudios de la universidad. Poco después, Manuel Lanz de Casafonda escribía sus *Diálogos de Chindulza,* fundamentalmente enderezados en este caso contra las perversas prácticas de los Colegios Mayores, dominados por la nobleza y sedes de toda clase de novatadas crueles, escarnios de la ciencia e incalificables arbitrariedades en la provisión de becas.

Este fue el problema fundamental que alentó contra ellos la inquina de los reformadores *manteístas* (antiguos estudiantes pobres que, por no alcanzar para comprar capas, llevaban manteos) entre los que destacó el aragonés Manuel de Roda. En 1772 el gobierno conseguía una inspección de colegios, en 1777 logró los primeros decretos de su reforma y en 1789, cuando en la universidad salmantina dominaban ya los profesores ilustrados, la supresión de aquellas arcaicas instituciones que fueron los Colegios. La mejora académica, sin embargo, no fue fácil: hubo planes de estudio renovados desde 1772 (el de Santiago) hasta 1807 cuando se promulgó un modesto plan general de reforma (que, entre otras cosas, suprimió viejos centros clericales como los de Oñate, Osma, Osuna, Irache, Gandía...), pero no se consiguió que la veterana institución universitaria significara en los comienzos del siglo siguiente el fermento intelectual que supusieron las nuevas universidades alemanas y británicas o, en un marco muy distinto, la solidez intelectual que trajo a Francia la llamada universidad napoleónica.

Y es que conviene recordar que todos estos movimientos de reforma –tímidos y vacilantes– sobrenadaron en un océano de prejuicios que descorazonaba a menudo a los innovadores. El siglo XVIII español fue también el siglo que vio nacer el toreo a pie como espectáculo popular, el que aplaudió «polos» y «tiranas», se disfrazó de manola y de chispero, inventó el señoritismo populachero (el primer señorito andaluz aparece retratado por Cadalso en sus *Cartas marruecas*) y la mayoría de las devociones populares, alentadas sobre todo por aquellas órdenes religiosas –franciscanos, capuchinos, agustinos, etc.– que los ilustrados *libertinos* satirizaron con crueldad pero cuyos miembros, a su vez, persiguieron a sangre y fuego, cuando les fue posible, todo signo de heterodoxia de sus enemigos. No cabe olvidar que la polémica prohibición de los «autos sacramentales» en 1765 (y después las de las llamadas «comedias de santos») no obedeció a criterios puramente literarios ni mucho menos a aversión alguna por la religión sino a razonamientos de índole moral, inspirados frecuentemente por la piedad: a los legisladores ilustrados les ofendían los conceptos y simbolismos ridículos de muchos autos, las licencias históricas pintorescas que se tomaban las comedias hagiográficas y, sobre todo, la incalificable desidia de su representación (Jovellanos recordaba haber visto a la Virgen representada por una actriz de notoria vida irregular entre las soeces bromas del público; Samaniego contó con gracejo en su cuento en verso «La fuerza del viento» los apuros de un Cristo en la cruz que sintió crecer lo más secreto de su anatomía a la vista del escote tentador de la penitente Magdalena).

La prohibición de los «autos sacramentales» por el gobierno es uno de los episodios más significativos de la vinculación de la literatura dieciochesca al poder político. Lo que no debe entenderse, sin embargo, como una debilidad de lo artístico ni como una desmesura de lo político sino como una coincidencia parcial en los intereses pedagógicos. La obra de Feijoo recibió el apoyo de Fernando VI en forma de una disposición de 1750 que prohibía los ataques impresos al *Teatro crítico* que habían sido tan numerosos, pero ya en 1737 el *Diario de los Literatos* –como se ha indicado– intentó ser un fiel y ponderado contraste de las novedades literarias, vinculado a los funcionarios de la Corte, y en 1752 se dictaría un decreto trascendental (el «auto de Curiel») por el que se prohibía la importación de libros escritos en español y publicados en el extranjero. La aclimatación de la tragedia clasicista fue, como veremos, un empeño político-artístico del conde de Aranda, como antes lo fue del intendente Pablo de Olavide en su fecunda estancia sevillana. Y también la poesía recibió notable impulso de los concursos académicos de finales de los años setenta, igual que poco después el lamentable asunto de las apologías de lo español frente a las tesis del abate Masson de Morvilliers movilizó dineros e intereses gubernamentales. Años después, ya en el inicio mismo del XIX, Leandro Fernández de Moratín intentaría conseguir para el teatro un estatuto de bien público protegido y su enfrentamiento literario con Quintana y sus amigos transparentó, bien a las claras, las líneas de una incompatibilidad política entre ambos. Pero no todo fue protección oficial. Torres Villarroel (que fue el primero en 1752) e Iriarte publicaron sus obras completas por suscripción pública y desde 1726 Feijoo tuvo no pocos lectores interesados aunque quizá menos de los que se piensa. En los años ochenta ya nadie lo leía pero, a cambio, alcanzaban tiradas más que estimables los novelones pedagógicos de Pedro Montengón y un periódico como el *Memorial literario, instructivo y curioso de la Corte de Madrid* alcanzaba casi los mil doscientos suscriptores (diez años antes, el importantísimo *El Censor* apenas tiraba medio millar de ejemplares por número).

Lo cierto es que el elenco bibliográfico de lo más notable e innovador producido entre 1701 y 1800 es apenas una mancha náufraga entre las ringleras de obras piadosas (triduos, novenarios, ascética avulgarada), catecismos de baja estofa y hagiografías ridículas (como aquella del imaginario obispo de Michoacán, fray Serapión de San Juan Crisóstomo, de la que lleva nueve tomos escritos un personaje aludido en *El sí de las niñas* de Moratín). Y esto al lado de certámenes poéticos de títulos rimbombantes y ocasiones nimias de oraciones panegíricas de predicadores gerundianos (como los que satirizó el Padre Isla en una obra que fue pronto prohibida, como veremos), de montones de libros escolares sin originalidad alguna. La plebeyización de la vida no fue solamente una percepción aprensiva de los exquisitos ilustrados... No debe olvidarse que el llamado «motín de Esquilache» fue, de hecho, un típico motín de subsistencias pero que un sector de la nobleza, enemigo de los nuevos ministros, acertó a disfrazar de una protesta castiza contra la supresión del atuendo tradicional (capas y sombreros de ala ancha que, de noche, permitían embozarse peligrosamente) y otras medidas policiales en la Corte, como fue el incremento de la iluminación nocturna. Pero la irritación ilustrada contra esa zafiedad colectiva no impidió frecuentemente un curioso movimiento de interés y hasta de fascinación por lo populachero: Cadalso, que era un hombre muy refinado, dedicó irónicamente sus *Cartas marruecas* al aguador Domingo, pero Nicolás Fernández de Moratín gustó mucho de los toros y dedicó un poema de empaque pindárico «A Pedro Romero, torero insigne» poco después de que los refinados músicos de Fernando VI, Luigi Boccherini y Domenico Scarlatti, supieran llevar a sus notas toda la gracia del fandango a la inolvidable *La música notturna di Madrid* del primero o al «Fandango en fa mayor» del segundo.

La obra de Francisco de Goya -que inició la venta de su *Colección de estampas de asuntos caprichosos, inventadas y grabadas al aguafuerte* (los *Caprichos*) en 1799- es el mejor ejemplo de ese vaivén entre la atracción y la repulsión por lo vulgar: ya antes había pintado cartones para tapices con escenas populares e incluso tocadas de melodramatismo (*El albañil herido*) pero ahora los temas de sus *Caprichos* (la vanidad estúpida de los profesionales convertidos en burros, la miseria de la prostitución camuflada, la estupidez de los predicadores religiosos, las lacras de la vejez, la superchería de la brujería y las pesquisas de la Inquisición) son los mismos de la poesía satírica ilustrada y se plantean con el mismo tinte amargo y moralista. Sin embargo, quien repasa los ochenta aguafuertes se siente ganado por la violencia y la crueldad de la caricatura y la subterránea complacencia en la representación del vicio. No sabemos todavía a ciencia cierta qué significa esa misteriosa frase grabada en el Capricho 43 al lado del pintor que aparece dormido derribado sobre un fuste, mientras sobre él planean agoreros pájaros: «El sueño de la razón produce monstruos». ¿Quiso hablarnos de la vanidad de la razón ilustrada? ¿Quiso prevenirnos de la amenaza latente de los enemigos de toda racionalidad?

Los primeros reformadores: Feijoo, Torres, Isla

Suele señalarse como inicio del siglo XVIII literario el 3 de septiembre de 1726 en que, en la portería del monasterio madrileño de San Martín y por dos reales de a ocho, comenzó a venderse el primer tomo del *Teatro crítico universal* del Padre Benito Jerónimo Feijoo. Su autor era el mayorazgo de una familia hidalga orensana que, «por superior llamamiento», había profesado en la orden benedictina en 1690 y desde 1709 permanecía vinculado al monasterio de San Vicente de Oviedo, ciudad donde residió siempre compartiendo la docencia universitaria con responsabilidades conventuales. Aborreció a Aristóteles desde muy temprano (en su «discurso» «Escepticismo filosófico» afirma que «si algún desengaño o conocimiento científico he adquirido, no nació en el aula, vino de afuera, a beneficio de la experiencia») y su primer escrito público fue una *Apología del escepticismo médico* (1725) en favor de Martín Martínez que trajo alguna bulla aunque nada comparable con la que le aparejaron los ocho volúmenes del *Teatro crítico universal* que remató en 1739. Un tal Salvador José Mañer dedicó nada menos que tres tomos a escribir un *Anti-Teatro Crítico* (1729-1731) y un antiguo discípulo de Feijoo en el convento gallego de Lérez, fray Martín Sarmiento, consagró buena parte de su fecunda vida de escritor a ilustrar la razón de su maestro (hasta tal extremo que en el prólogo del tomo V del *Teatro,* Feijoo remite a su apologista para cualquier observación que se haga al texto).

Años después, confesó que en su juventud había tenido «el pensamiento de escribir la historia de la teología» pero que algunas personas le persuadieron de que «en España había mucha más necesidad de *literatura mixta*». Y este curioso concepto define muy bien lo que Feijoo pretendía: publicar unos trabajos misceláneos no muy extensos que divulgaran novedades científicas, reflexionaran sobre curiosidades de la vida natural o moral y, sobre todo, enmendaran los «errores comunes». Pero, a la vez, aquel tono personal y sencillo de la escritura, la ausencia de artificios lógicos grandilocuentes, la estrecha comunicación que se alcanza con el lector, estaban trazando las bases del «ensayo» moderno. Obsérvese que si el título elegido, «Teatro», y la designación de sus partes, «discursos», remite todavía a categorías barrocas, la obra siguiente de Feijoo -los cinco tomos de *Cartas eruditas y curiosas* (1742-1760)- apelaron más decididamente a un modo más directo de implicar autor, tema y lector. El lema de una de ellas reza que «la elocuencia es naturaleza, no arte» y en esa convicción reside lo más moderno de quien pensaba que «sin la naturalidad no hay estilo» y que «no hay geometría para medir si una metáfora salió ajustada o no a las reglas». Posiblemente, en esa invención de un nuevo estilo de comunicación reside el mayor mérito de Feijoo cuyos «discursos» estéticos como «El no sé qué» y «Razón del gusto» han sido tan alabados: del gusto tiene una idea puramente conductista pues lo cifra en el «temperamento» y en la «aprensión», mientras que considera que la razón última del placer estético -«el no sé qué»- es «primor misterioso que cuanto lisonjea al gusto, atormenta al entendimiento».

A cambio, su originalidad científica y su atrevimiento fueron limitados. Muchas de sus noticias provienen del

Journal des Savants y de las jesuitas *Mémoires de Trévoux*, aunque siempre hay algo de experiencia personal en quien, siendo muy niño, se empeñó en demostrarse que no era perjudicial comer tras haber ingerido chocolate y engulló «buena porción de torreznos y me hallé lindamente». Sus observaciones sobre los eclipses, sobre milagros tan populares como el de la campana de Velilla o las flores de San Luis, sobre los misterios de las cuevas de Salamanca y Toledo le granjearon notoriedad y, a la vez, nos reflejan la personal aventura de haber «lidiado con sombras la mayor parte de su vida». Aunque sus peleas no solían ir más allá de la aplicación del buen sentido: cuando le regalaron un microscopio se lo remitió al Padre Martín Sarmiento porque –dijo– «no tengo paciencia para escudriñar átomos». Otras opiniones –como las favorables al trabajo rural que sustenta «Honra y provecho de la agricultura» o los moderados prejuicios sobre la nobleza ociosa en «La ociosidad desterrada y la milicia socorrida» y «Valor de la naturaleza e influjo de la sangre» o los apuntes en «Defensa de las mujeres»– le aproximaron a las preocupaciones reformistas que tanta importancia cobraron en los años posteriores a su muerte.

Si Feijoo nació cinco años antes de la muerte de Calderón de la Barca, Diego de Torres Villarroel lo hizo en 1694, casi cincuenta años después del tránsito de Quevedo, que fue su admirado modelo literario. Aparentemente, nada puede haber más opuesto que el monje debelador de «errores comunes» y quien, como Torres, ganó su vida publicando desde 1718 hasta 1766 los *Almanaques del Gran Piscator de Salamanca* de pronósticos y defendió la misma astrología que condenaba su contemporáneo. Y, sin embargo, Torres es un hombre moderno en quien pudo convivir un cierto pesimismo barroco con el cinismo de un *libertino* intelectual y el cálculo propio de la conciencia burguesa. En el prólogo a *Correo del otro mundo* (1725) decía que «yo no escribo para que aprendas, ni te aproveches, ni te hagas docto, pues a mí a ¿qué se me da que tú seas estudiante o albañil? (...) Yo escribo porque no tengo dinero, ni dónde sacarlo». Y no debía irle mal porque en el almanaque de 1738 hacía constar que los otros escritores «han de morir de hambre y de envidia al saber que Torres supo juntar el año pasado 15.000 reales con sus majaderías, sin petardear con las dedicatorias, ni mendigar adelantos a los impresores».

Y es que no eran majaderías las que escribía este hijo de librero que llegó a catedrático de Matemáticas en Salamanca y que se ordenó como presbítero en 1754. En el almanaque de 1725 decía que conocía bien «a Cartesio y a Gassendi» y parece que no explicaba tan mal las matemáticas, pero, por supuesto, sus obras no fueron precisamente científicas sino parábolas satíricas de abolengo quevediano pero mucho menos torturadas estilísticamente que las de su maestro, más moralizantes y menos misantrópicas: las más conocidas son las *Visiones y visitas de Torres con don Francisco de Quevedo por la Corte* (1727-1728), *Los desahuciados del mundo y de la gloria* (1736-1737) –que elogiaron mucho los reseñistas del *Diario de los Literatos*– y la *Barca de Aqueronte* (1743). Su gran éxito y, al cabo, la obra que le ha garantizado la posteridad fue el relato de su *Vida* cuyos primeros cuatro «trozos» –de los seis que la componen– se publicaron en 1743: aunque el modelo formal es el del relato picaresco, el gran hallazgo de Torres es que no busca la generalización moral de su *caso* (como hizo Mateo Alemán) sino la pintura exacta y personal de una ejecutoria que contempla con una mezcla atractiva de desdén estoico, afectado cinismo e íntima y hasta candorosa autosatisfacción.

Mientras que Torres se apoyó en Quevedo como modelo de una literatura muy distinta de su predecesor (y así lo puntualizó en su respuesta a los «diaristas»), el jesuita José Francisco de Isla apeló al ejemplo del *Quijote* para escribir la sátira que destinaba a acabar con la inercia de la predicación barroca: la *Historia del famoso predicador Fray Gerundio de Campazas, alias Zotes* (1758) a la que de nada sirvió presentarse como «escrita» por Francisco Lobón de Salazar, un párroco amigo del autor. Ese mismo año (y quizá debido al éxito fulgurante que reflejaron sus mil quinientos ejemplares vendidos) la denunciaron sucesivamente a la Inquisición un carmelita, un mercedario, un agustino y un dominico a los que el autor contestó con una bien argumentada *Apología*: a fines de 1758 se prohibió reimprimirla y en 1760 la simple venta de un libro cuya segunda parte se imprimió clandestinamente en 1768. Una vez más, habían ganado las órdenes regulares...

Por descontado, Isla no era ningún peligroso revolucionario. Muy dotado para la sátira moral –citaba a menudo a Cervantes pero también a Molière– se había estrenado con dos notables bromas: una *Juventud triunfante* (1727), que se burla de los barrocos festejos que celebraron en Salamanca la canonización de los jesuitas Luis Gonzaga y Estanislao de Kostka, y un *Triunfo del amor y de la lealtad y día grande de Navarra* (1746), encargado por la Diputación de aquel reino y donde remedó con aparente seriedad todas las exageraciones de la oratoria del siglo anterior. Ese empeño antibarroco fue el que le dictó el *Fray Gerundio* a un hombre partidario de una oratoria sagrada al modo francés con comparaciones cla-

rigor teológico, que buscaba sus ejemplos en la historia, en la hagiografía respetable y contrastada (Isla fue traductor del *Año cristiano* de Croiset) y no en la poesía o en la mitología. Pero, a pesar de su aspecto monográfico, la novela de Isla no solamente sabe imitar muy bien las hipérboles y fantasías de los oradores *gerundianos* sino crear un pequeño mundo de referencias físicas y personajes que muestran una cara de la España del siglo XVIII. Puede que en esa capacidad afectiva de describir lo menudo resida lo mejor del autor, como se comprueba leyendo las *Cartas familiares* que entre 1786 y 1789 publicó su hermana.

La reforma clasicista: Luzán, Moratín, Iriarte

La rectificación de los desmanes artísticos del siglo XVII fue una obsesión dieciochesca. No era solamente la huella nefanda del aristotelismo o de la oratoria barroca, según ya hemos visto, sino los todavía fuertes ramalazos de la poesía gongorina, por más que a comienzos de la centuria hallemos algún acierto culterano en poetas como Gabriel Álvarez de Toledo (que murió en 1714) y el simpático Eugenio Gerardo Lobo. La imaginación barroca se agotaba ya en dos entonados poetas de la granadina Academia del Trípode (1738) y luego de la madrileña del Buen Gusto (1749), el conde de Torrepalma y José Antonio Porcel, cuyos poemas mitológicos *Deucalión* y *Adonis*, representan el final de la égloga barroca y el inicio de una poética que alguien ha llamado, con cierto abuso, rococó. La necesidad de determinar una norma poética general estaba latente y, al cabo, suscitó una obra –la *Poética. Reglas de la poesía en general y de sus principales especies* (1737) de Ignacio de Luzán– en la que se ha querido ver el código de un siglo neoclásico con notable exageración. El autor era un zaragozano de 1702 de muy noble familia (austracista por cierto), educado en Italia, políglota consumado, apreciado en la Corte (lo reseñaron favorablemente en el *Diario de los Literatos* y fue académico desde 1741) y, al cabo, diplomático. Entre 1747 y 1750 fue secretario de embajada en Francia y escribió unas jugosas *Memorias literarias de París* (1751) que reflejan su curiosidad y su talante moderno.

En su *Poética* Luzán no es, como se ha dicho, un galicista sino un restaurador de los viejos conceptos clásicos que vuelve a poner sobre el tapete (libro I) los criterios de la *imitatio* y la finalidad docente del arte, que deben llevar (libro II) a la verosimilitud de la representación literaria y a la «dulzura» armoniosa del conjunto. El más importante es el libro III, penúltimo del conjunto (el IV se dedica a la poesía épica) y que habla de la tragedia y la comedia: Luzán admira francamente la inventiva de los comediógrafos barrocos (en especial, Lope) pero les reprocha su venalidad estética (escandalizado, reproduce íntegro el *Arte Nuevo* lopesco), su falta de decoro moral y coherencia artística (con la mezcla de criados y señores, de seriedad y chocarrería) y, sobre todo, el aire de confusión que supone el olvido de las tres unidades de la preceptiva clásica. Y no le faltaba razón porque la unidad de tiempo (la cronología interna de la obra debe limitarse a un máximo de veinticuatro horas), la de espacio (debe evitarse la pluralidad de escenarios) y de acción (ha de atenderse a una trama única) no son un capricho preceptivo sino un mecanismo de intensificación de la emoción y de clarificación de psicologías y peripecias. En 1789 una nueva edición póstuma de la *Poética*, preparada por Eugenio

Llaguno, introdujo más críticas de la dramaturgia barroca y, en general, un mayor rigorismo preceptivo. Y no parece que esa radicalización fuera achacable en exclusiva al editor sino a las reflexiones del mismo Luzán que, por su parte, inició los caminos de un nuevo teatro de corte clásico con su obra sobre la juventud de Ciro, *La virtud coronada.*

La huella de Luzán no fue muy grande pero conviene recordar que lo citaron con elogio el Padre Isla en su «Prólogo con morrión» al *Fray Gerundio,* Moratín padre en el suyo a *La petimetra* y Agustín Montiano en sus discursos sobre la tragedia. No faltó, pues, su recuerdo en algunos de los empeños más significativos de aquel retorno de lo clásico que él había impulsado y al que quizá erramos al llamarlo –con cierta prevención indulgente– neoclasicismo. En la misma fecha de publicación de la *Poética* nació Nicolás Fernández de Moratín, guardajoyas de la reina Isabel de Farnesio y catedrático de Poética en los Reales Estudios de San Isidro (que fue el Colegio Imperial de Madrid, regentado por jesuitas antes de su expulsión). Entre 1760 y su muerte en 1780, Moratín el Viejo fue el autor de una reforma del gusto que tuvo su sede en la tertulia de la Fonda de San Sebastián donde acudieron numerosos ingenios (Ignacio López de Ayala, Gianbattista Conti, Pietro Napoli Signorelli, los muy jóvenes Cadalso e Iriarte) para hablar de toros, mujeres y versos. Toda esta gama temática está bien representada en la obra de nuestro autor: escribió unas cuarenta anacreónticas (género de poesía erótico-pastoril derivado de la lírica griega y ya anticipado en el siglo XVII), algunos entonados sonetos petrarquizantes (o garcilasianos), tres sátiras graciosas en tercetos (la mejor es la última que se burla de la pedantería literaria de su tiempo) y algunos poemas extensos muy correctos pero algo huecos: «La Diana o el arte de la caza», «Al descubrimiento del antiguo Herculano» (que escribió en latín y tradujo al español), «Al Conde de Aranda», «A las niñas premiadas por la Sociedad económica de Madrid en la distribución de 1779» y el ya citado «A Pedro Romero, torero insigne». Este poema o sus populares y graciosas quintillas «Fiesta de toros en Madrid» –que evocan una aventura cidiana en el Madrid musulmán– revelan su pasión por la tauromaquia, además de una despierta sensibilidad por los metros y formas populares (visible en algunos romances narrativos de evocación medieval como «Abdelcadir y Galiana» o «Empresa de Micer Jaques, borgoñón»), mientras que el largo y divertido poema «El arte de las putas» (o mejor «Arte de putear» como rezan dos de las copias que poseemos) es un completo censo de los burdeles de la Corte y un vademécum de consejos prácticos (donde no falta la primera descripción de un preservativo).

Tomás de Iriarte, nacido en 1750 en Tenerife, llegó a Madrid en 1764 de la mano de su tío Juan de Iriarte, académico y bibliotecario real, que fue su introductor en la tertulia moratiniana de la Fonda de San Sebastián. Muy precoz, se estrenó con una sátira –*Los literatos en Cuaresma* (1773)–, una traducción de la *Poética* de Horacio (1777) y un poema en cinco cantos, *La música* (1779), del que son mucho más estimables las ideas y los gustos (Iriarte era excelente violinista y entusiasta de Haydn) que los versos. Su prosaísmo fue objeto de la rechifla de todos sus contemporáneos y el brutal Forner se lo recordó cruelmente en el *Cotejo de las églogas que ha premiado la Real Academia de la Lengua* cuando su poema «La felicidad de la vida del campo» perdió merecidamente ante Meléndez Valdés el concurso de la Academia en 1779.

Hombre de temperamento vivo, muy pagado de una inteligencia nada vulgar y provisto de un ingenio venenoso, Iriarte fue un pésimo enemigo en una generación donde abundaron las polémicas. Por eso y por su incurable incapacidad para la emoción lírica, hay que buscar sus mejores momentos en algún fragmento de «El egoísmo. Fantasía poética», en el hilarante poema narrativo «El apretón» (donde subordina su gozo de la naturaleza... al alivio de su vientre) y, sobre todo, en sus nueve epístolas en verso, tres de las cuales se dirigieron a Cadalso: las mejores son la tercera, «A un amigo que le instaba a que publicara», por su brillante descripción del mundillo literario, y la séptima, que describe su vida «semifilosófica» y su propio gabinete de trabajo con valiosas pinturas, mientras que una de las más significativas es la quinta («A Cadalso, describiendo la Academia de Nobles Artes e Historia Natural») donde muestra su admiración por la ciencia y su deseo de que «no serán al oído castellano/ nombres desconocidos litología,/ metalurgia, halotecnia, ornitología». Ese simple par de versos indica a las claras las limitaciones poéticas del escritor... No en vano, la obra más conocida de Iriarte son sus *Fábulas literarias* (1782), una colección de setenta y siete piezas que escribió con una enorme variedad de metros (hasta cuarenta, según censó orgullosamente en el apéndice de la edición de 1787) y que tienen la originalidad de referirse a cuestiones literarias: no solamente la necesidad filosófica de las *reglas* sino los principios y vicios observables en la vida de los escritores. Por allí comparecen la entonces muy activa querella de antiguos y modernos («La contienda de los mosquitos») donde se muestra más proclive a los últimos, la necesidad de unir el deleite con la utilidad («El jardinero y su amo»), la conveniencia de apreciar la literatura española y no sólo la extranjera («El té y la salvia»), la defensa del buen castellano frente a la invasión de los galicismos («Los dos loros y la cotorra»), la obligación de escribir con método y reglas al margen de la improvisación («El burro flautista»).

Tanto Moratín como Iriarte se dedicaron al teatro con ánimo de llevar la buena nueva del orden moral y de las reglas poéticas a territorio tan agreste. El primero escribió la comedia *La petimetra* (1762), precedida de una «Disertación» de tan subido interés como sus casi coetáneos *Desengaños al teatro español* (en tres entregas, 1762-1763), y luego tragedias como *Hormesinda* (1770) y *Guzmán el Bueno* (1778). Iriarte destacó en la comedia satírica de costumbres -*El señorito mimado* (1787), *La señorita malcriada* (1788) y *El don de gentes o la habanera* (1790)- y, siguiendo la huella de los monólogos musicales de J. J. Rousseau, escribió un «melólogo», *Guzmán el Bueno* (1790), que fue objeto de la consabida rechifla de sus enemigos.

En 1745 y en Laguardia nació Félix María Samaniego, que publicó también unas *Fábulas* en dos volúmenes (1781 y 1784) y que, a pesar de dedicar el libro tercero de las suyas a Iriarte, acabó por llevarse muy mal con su rival. Hidalgo con medios de fortuna, se movió toda su vida en el país vasco y en el ámbito de la ilustrada Real Sociedad Económica de Amigos del País. En 1771 ésta se había hecho cargo del Seminario de Vergara, abandonado por jesuitas expulsos y lo transformó en un colegio ejemplar que Samaniego dirigió en dos ocasiones. En 1793 fue denunciado a la Inquisición por tener libros prohibidos y no lo pasó muy bien en los años amargos que siguieron. Fue un sincero y ardiente ilustrado que escribió las *Fábulas* -con una mayoría de temas traídos de Esopo, Fedro y

La Fontaine– para educar a los alumnos del Seminario vergarés. Aparece en ellas un cierto estoicismo de tono muy laico («El asno y las ranas» y «El ratón de monte y el ratón de campo») que mitiga de ironía comprensiva la crítica de los vicios habituales: la vanidad («La zorra y el busto»), el atolondramiento («Las moscas»), la imprevisión («La cigarra y la hormiga»), la prisa («La zorra y las uvas»). Pero no faltan las parábolas políticas sobre la necesidad del esfuerzo colectivo («El león y su ejército») o los elogios de la superioridad de la razón sobre lo libresco («El pastor y el filósofo») cuando se trata de apreciar «el libro interminable de la Naturaleza». Y es precisamente esa confianza racionalista en lo natural y el desdén por la hipocresía (a menudo disfrazada de religión) lo que hay detrás de su hilarante poesía erótica que solamente se editó a partir de 1898 y a la que el erotómano López Barbadillo dio el nombre de *El jardín de Venus*: en ella abundan los estúpidos maridos engañados, las beatas rijosas, las doncellas ignorantes pero insaciables, los incautos y bien provistos jovencitos y, sobre todo, los frailes arteros y poderosos (capaces de llegar a «la docena del fraile») y los legos entregados al más fervoroso onanismo. No fue el único escritor de su tiempo que disfrutó con estos desahogos: el mismo sesudo Jovellanos cuenta en una anotación de sus diarios haberse reído a mandíbula batiente con la jocosa descripción que Samaniego hizo del convento carmelita bilbaíno de Desierto.

La plenitud de la Ilustración: Cadalso y Jovellanos

José de Cadalso que, muy joven, visitó la Fonda de San Sebastián fue por su edad (había nacido en 1741) el enlace de los primeros pasos clasicistas con la madurez de la llamada «segunda escuela poética de Salamanca» que conformó su personal magisterio durante el destierro de 1768. Nacido en Cádiz, fue segundón de una familia vasca hidalga pero enriquecida con el comercio americano. Hizo estudios muy completos en Francia y en España e ingresó en el ejército donde alcanzó el rango de coronel. Y como militar murió combatiendo en el asedio de Gibraltar. No fue, sin embargo, el más disciplinado de los hombres. Tocado de cierta vanidad de petimetre, de carácter ciclotímico pero excepcionalmente comunicativo y simpático, tuvo muchos amigos: deslumbró al conde de Aranda y fascinó a sus colegas salmantinos con el ingenio que revelan sus sátiras, entre las que alcanzó rápida fama *Los eruditos a la violeta* (1772), luego continuada por *El buen militar a la violeta* (el aroma de esa flor era el perfume predilecto de entonces). En 1773 recogió sus poesías con el título de *Ocios de mi juventud*: no pocas se dedican, en rigor, a justificar su propósito de no escribir de asuntos serios («no pienses encontrar en su lectura/ la majestad, la fuerza y la dulzura/ que llevan los raudales del Parnaso», dice en el poema inicial, y en el segundo confiesa que «no canto de Numancia y Sagunto/ el alto nombre ni la envidiable gloria») porque «mi Numen estos versos me produjo,/ todos de risa son, gustos y amores». Pero esa renuncia llena de coquetería no es cosa vana puesto que pretende «darte/ con prendas de mi amor, reglas del arte»: y no solamente el doble empeño se cumple en poemas tan largos y triviales (pero melodiosos) como «Guerras civiles entre los ojos negros y los azules», la égloga «Los desdenes de Filis» o un buen montón de anacreónticas, sino que, a veces, acierta a darnos una composición psicológica tan conseguida como la «Carta de Florinda a su padre Don Julián», una reflexión sobre el hastío («esplín» hubiera dicho Iriarte) como la «Carta a Augusta, matrona que, inclinada a la filosofía, empieza a fastidiarse de la Corte» o una confesión de talante ilustrado tan impresionante como «Sobre no querer escribir sátiras». Más explícitamente comprometido con los ideales de reforma se mostró Cadalso en su teatro: contribuyó al proyecto arandiano de crear una tragedia nacional con *Don Sancho García* (1771) que no carece de vigor y fuerza moral en su presentación del conflicto entre el amor y la razón de Estado, y consta que escribió otras dos tragedias, *Solaya o los circasianos* y *La Numantina.* Desde 1982 conocemos la primera (prohibida en su día por la censura), que enfrenta también -como *Sancho García*- un amor culpable con el honor que, en este caso y al revés que en la obra de 1771, reviste la forma de deber patriótico más que dinástico.

En el propicio marco intelectual de la tertulia de la condesa-duquesa de Benavente (que también frecuentaron Iriarte y Ramón de la Cruz) debieron concebirse y leerse las *Cartas marruecas* que no autorizó editar el Consejo de Castilla y que solamente se imprimieron en 1789 en el *Correo de los Ciegos de Madrid,* aunque en versión expurgada. Algún tiempo antes, Cadalso había escrito un folletito contra la visión española de las *Lettres persannes* de Montesquieu, lo que quiere decir que no solamente conocía su modelo literario más obvio sino que albergaba ya la idea de elaborar una crítica constructiva de su país. Y lo consiguió espléndidamente en las *Marruecas* al crear el intercambio epistolar de tres temperamentos -el lúgubre y pesimista español Nuño y los moros Gazel, joven, curioso e impulsivo, y Ben Beley, anciano y ponderado- que comentan con el pesimismo del misántropo, la inocencia del viajero y la reflexión del experimentado el estado de su tierra. Nuño ha pensado escribir una *Historia heroica de España* y, en puridad, buena parte del volumen es una reflexión patriótica y pre-nacionalista sobre los motivos de gloria de la historia pasada (los Reyes Católicos, Hernán Cortés...) pero, a la par, es también una visión excesivamente negativa y casi apocalíptica de la historia presente de España y Europa. Cadalso pasa de la irritación activa contra la incultura, la perduración del escolasticismo, la ociosidad y la vanidad de la nobleza, el despilfarro de los ricos, la insensatez de los arbitristas o la estupidez de los petimetres a una suerte de desengaño estoico y pesimista que tiene su texto más revelador y atractivo en la «Protesta literaria del editor» que cierra el volumen de las *Marruecas*.

Precisamente en la carta LXVII, Cadalso habló de unas *Noches lúgubres*, diálogos en prosa que deberían ser impresos en papel negro con letras amarillas y que también hubieron de esperar a la muerte de su autor para ser editados. Conocieron entonces un largo éxito al que no fue ajena la leyenda de su motivo inspirador (Cadalso, se dice, quiso desenterrar el cadáver de su amante, la actriz María Ignacia Ibáñez, y se lo impidió el conde de Aranda) y, por supuesto, la novedad de su tono desesperado y su ambientación tétrica, que las hizo muy populares al comienzo del siglo siguiente. Pero tras esa propicia escenografía de tumbas nocturnas y sombría desesperación, en la que el mundo se concierta con el ánimo del sufriente, Cadalso trazó –en su protagonista, llamado significativamente Tediato– la pugna entre la misantropía y la razón, entre la apariencia confusa y la verdad moral, entre la complacencia masoquista y la dignidad estoica, al igual que supo pintar en el sepulturero Lorenzo la profunda miseria de la condición humana ignorante de sí misma: rasgos, en fin, marcadamente ilustrados.

Junto a Cadalso, la figura del asturiano Gaspar Melchor de Jovellanos parece resumir lo mejor del siglo ilustrado español. Tenían casi la misma edad (Jovellanos nació en 1744) y ambos se movieron en los círculos oficiales, pero mientras el uno fue un oficial de carrera más bien lenta, el otro cumplió una brillante ejecutoria administrativa pese a sus orígenes modestos aunque hidalgos. En 1767 tomó posesión de la Alcaldía del Crimen de Sevilla y en 1788 pasó a Madrid como Alcalde de Casa y Corte. Ese mismo año y poco antes del óbito del rey, pronunció en la Sociedad Económica un *Elogio de Carlos III* que vino a ser un manifiesto de la política de su grupo ilustrado, pero en 1790 fue desterrado por Godoy a su Asturias natal como consecuencia de su lealtad para con el conde de Cabarrús. En Gijón fundó su obra más querida, el Instituto Asturiano de Náutica y Mineralogía (1794), que fue un modélico centro de enseñanza y para el que escribió textos tan significados y renovadores como la *Oración sobre la necesidad de unir el estudio de la literatura al de las ciencias.* No tardó en regresar a Madrid donde dio a conocer otros dos sólidos trabajos encargados: el *Informe sobre la ley agraria* (1794) postula un proyecto de desamortización y de fomento de una clase de pequeños propietarios que está en la raíz del agrarismo progresista español posterior; la *Memoria para el arreglo de la policía de los espectáculos y diversiones públicas y sobre su origen en España* (1796) es un conspicuo estudio de lo último y un documento excepcional sobre la imagen ilustrada de lo popular y sobre las razones profundas del litigio del teatro en la segunda mitad del siglo. En 1800, la versatilidad de Godoy le llevó del ministerio de Gracia y Justicia al destierro en Mallorca donde dedicó buena parte de sus ocios forzosos a redactar unas *Memorias histórico-artísticas de arquitectura* cuya parte más conocida es la «Descripción del Castillo de Bellver», notable por la sensibilidad no sólo hacia el paisaje sino hacia la capacidad evocadora de un estilo –el gótico– y una época –la Edad Media– de las que nunca fueron devotos los ilustrados. Las consecuencias del motín de Aranjuez en 1808 le trajeron la libertad pero también un nuevo problema: la difícil elección entre trasladar la fidelidad al gobierno impuesto por Napoleón (lo que se llamó el *afrancesamiento*), sumarse al movimiento constitucionalista de Cádiz o apoyar una Junta Central de continuidad que fue, al cabo, su opción, tomada con decisión (como advertimos en una carta al afrancesado Cabarrús, fechada en Jadraque y en 1808) pero no sin congojas y temores que expresan muy bien sus impresionantes misivas a Lord Holland entre 1809 y 1811.

A su pesar a veces, Jovellanos fue una figura representativa pero no el moderado pazguato que alguna vez se presenta. Su regalismo jansenista se patentiza en sus *Diarios* (que llevó entre 1791 y 1804) cuando consigna que le fastidia el ver todos los pueblos presididos por la torre de la iglesia, «uso bárbaro (...) porque las creo derivadas de los bárbaros orientales y de las fortalezas», o cuando repudia ser enterrado en un templo «si durase la bárbara y nociva costumbre». No era un revolucionario pero su idea filosófica de la identidad del género humano le llevaba a apreciar el gesto de un campesino que se niega a arreglar el coche averiado de los «señores» porque «el Hombre, suspirando siempre por recobrar su natural igualdad, mira con gusto el sufrimiento de los que la alteran». Sus obras poéticas permiten un buen acercamiento a su condición personal emotiva y rigorista a la vez: en sus letrillas, romances, idilios u odas sáficas aparece la convención anacreóntica pero también el firme sentimiento de la amistad y la búsqueda del sosiego. Aunque no tuvo el genio cruel de muchos de sus contemporáneos, acertó en las dos «Sátiras a Arnesto», una –que inspiró a Goya parte de sus «Caprichos»– contra el *majismo* femenino y otra contra el aplebeyamiento masculino. Pero lo mejor son sus epístolas en verso: la escrita «A sus amigos de Salamanca» supone todo un programa de reforma ilustrada de la temática poética; las cinco escritas desde el destierro mallorquín (a Anfriso, a Bermudo, a Posidonio, a Inarco, a Poncio...) son espléndidas y melancólicas reflexiones sobre la vida, la naturaleza, la contemplación y el destino. Como Cadalso, participó en la creación de una tragedia nacional con su *Pelayo* (1769) –en 1792 estrenó una revisión, *La muerte de Munuza*– aunque su obra más original fue el drama moralizador en prosa *El delincuente honrado* (1773), cercano a la moda francesa de la *comédie larmoyante*.

Entre la Ilustración y la reacción

Bastante más joven que Cadalso y Jovellanos fue el extremeño –aunque de orígenes valencianos– Juan Pablo Forner, nacido en 1756. Fue godoyista y centro general de aborrecimiento por su carácter. El habitualmente moderado Jovellanos escribió a su muerte, ocurrida cuando era Fiscal del Consejo de Castilla, que «corre que le sucederá Meléndez, pero tan manchada dejó la silla que no se lo deseo». Nada dotado para la creación poética y teatral (aunque escribió versos y comedias), zahirió cruelmente a todos: a García de la Huerta, a Vargas Ponce, a Cándido María Trigueros y, sobre todo, a la familia Iriarte (contra la que escribió una larga sátira titulada *Los gramáticos*.

Historia chinesca, que tenía concluida en 1782). Era regalista e ilustrado, condición que resulta inequívoca para quien lea su *Discurso sobre el modo de escribir y mejorar la historia de España* o su *Discurso sobre la tortura,* pero que se mezcla a un nacionalismo defensivo y a una cierta tirantez de ortodoxia católica cuando se lee la *Oración apologética por la España y su mérito literario* (1786), obra que le valió una pensión de seis mil reales como respuesta que fue a la pregunta de Masson de Morvilliers, «¿qué se debe a España?». La actitud antiaristotélica y los elogios a Carlos III se mezclan allí con ataques a las «ficciones sistemáticas» del pensamiento extranjero y con una desmesurada defensa de la filosofía moral sobre la indagación científica: «Entre el *Quijote* de Cervantes y el *Mundo* de Descartes o el *Optimismo* de Leibniz, no hay más diferencia que la de reconocer en la novela del español infinitamente mayor mérito que en las fábulas filosóficas del francés y el alemán». Pero ese mismo patriotismo –y una buena medida de la feroz misantropía de quien firmó «Pablo Ignocausto»– se advierten mejor en las *Exequias de la lengua castellana,* «sátira menipea» (esto es, mezcla de prosa y verso) que elogia a Mayans frente a Feijoo, aprueba el empeño del Padre Isla, se burla de la «discreción» del XVII y traza un buen retablo de la literatura española del XVI.

Otra figura que fue prisionera de la pugna interior entre el reaccionarismo y la Ilustración fue el catalán Antonio de Capmany, nacido en 1742 y funcionario real, tras haber colaborado con el intendente Olavide en la repoblación de Sierra Morena. Sus *Memorias históricas sobre la marina, comercio y artes de la antigua ciudad de Barcelona* (1779-1792) es reputada como la primera historia económica que se escribe en Europa y su *Discurso económico-*

político de defensa del trabajo mecánico de los menestrales (1778) tuvo una importante parte en la constitución de la conciencia productiva ilustrada, pero no es tan fácil decir lo mismo de *Centinela contra franceses* (1808) libelo escrito cuando participaba en la preparación de las Cortes de Cádiz. Su principal legado literario es una moderna y útil retórica, *Filosofía de la elocuencia* (1777) y, sobre todo, una excelente antología crítica de la prosa española, *Teatro histórico-crítico de la elocuencia castellana* (1786-1794), con valiosísimo y certero prólogo histórico y que concibió como complemento y respuesta de los nueve volúmenes en que Juan José López de Sedano había recogido la poesía lírica bajo el nombre de *Parnaso Español* (1768-1778).

Por razón de su peculiar situación personal, el mismo dilema entre reaccionarismo e Ilustración afectó a los jesuitas expulsados en 1767, muchos de los cuales eran intelectuales notables y continuaron su labor en las tierras italianas que les dieron acogida. Fueron lógicamente antijansenistas y, en grado algo menor, antienciclopedistas, pero buscaron –en fuentes francesas e italianas– proporcionar a la tradición española un ropaje erudito y universal que, en manos de los frailes incultos y gerundianos, nunca había tenido. Entre ellos se contaba un musicólogo tan solvente como Esteban de Arteaga (autor de *Investigaciones filosóficas sobre la Belleza Ideal,* 1789), los estudiosos y apologetas de la cultura española Juan Francisco Masdeu y Francisco Javier Llampillas, el conspicuo Juan Andrés, autor de *Dell' origine, progressi e stato attuale d'ogni Letteratura*, y el enciclopédico Lorenzo de Hervás y Panduro que escribió sobre casi todo lo divino y humano (desde un método para enseñar a hablar a los sordomudos a un catálogo de las lenguas en seis volúmenes), además de un reaccionario y curioso escrito sobre las *Causas de la Revolución de Francia* (1807).

La lírica: entre el clasicismo y la sensibilidad

El cultivo de la poesía lírica fue una pasión de los escritores ilustrados del XVIII y más de un crítico se ha asombrado del contraste entre ese entusiasmo y la parvedad de los resultados estéticos. Hacerlo así significa comprender muy mal qué esperaban del quehacer poético y qué entendían por poesía los hombres de aquel siglo. Como hemos podido ver por muchas de sus biografías (tan comprometidas con las reformas, las resistencias o las polémicas), dedicarse a la ritualización de los ámbitos pastoriles de la anacreóntica, a la ficción de amores petrarquizantes, a la comunicación amistosa de sentimientos en la epístola o a la reflexión moral y filosófica de las odas supuso mucho más que ocios de juventud o descansos de la seriedad: en estas composiciones se plasmaba la dimensión emocional que se sentía como inseparable de la construcción de una personalidad valiosa. Pero hacer poesía era –a través de la cuidadosa *imitatio*– un reconocimiento de la belleza y la complejidad de un mundo que cada vez veían más estrechamente ligado a la «gran cadena del ser». Y, por otro lado, la más nimia composición se regía por el principio horaciano de mezclar lo útil a lo dulce, con lo que moral y placer estético se reunían en un mismo acto creativo. Pero en ese ámbito surgieron también sentimientos nuevos: el bucolismo se transformó en franca y moderna sensualidad, la contemplación del paisaje artificioso se trocó en percepción de la naturaleza como referente de la vida humana y la observación de los vicios y las virtudes se cambió en reflexión filosófica o política. A propósito de la poesía del siglo XVIII se ha hablado de «poesía burguesa», «poesía filosófica» o «poesía ilustrada», cosas que, en el fondo, están directamente emparentadas; otros han querido ver una primera etapa de decorativismo «rococó» (que representaría nuestro conocido Moratín) a la que siguió otra de restauración clasicista y, en medio de ella, una corriente que se ha llamado tradicionalmente «prerromántica» y ahora se quiere denominar «romántica», aunque conviene no confundir con el romanticismo de 1830 el descubrimiento de la melancolía o la desazón y la apreciación de elementos ambientales –lo nocturno, la aspereza del paisaje, lo sepulcral, lo exótico– que corresponden plenamente a los nuevos ámbitos de la sensibilidad ilustrada.

Por eso la figura más admirada en todo el siglo fue un poeta, Juan Meléndez Valdés, en quien muchos vieron un nuevo Garcilaso y que fue, sin duda, el mejor poeta de la época. Extremeño y nacido en 1754, ganó –como sabemos– el premio académico de 1780 a Iriarte con su égloga «Batilo», nombre que adoptaría como encarnación poética, igual que Cadalso adoptó el de Dalmiro y Jovellanos el de Jovino. Antes, en su etapa de estudiante de derecho en Salamanca, había recibido la influencia de uno y otro: Cadalso –que residió allí en 1771– fue el aglutinante de la poética de aquella generación y Jovellanos en su epístola de 1776 les exhortó a empeños más altos y comprometidos que el simple bucolismo. Profesó en la universidad desde 1781 pero en 1789 emprendió una brillante carrera forense muy vinculada a la de Jovellanos. Fue partidario de Godoy pero en 1800 sufrió, como su maestro, pena de destierro en Zamora y como él alcanzó la libertad en 1808. En la guerra fue patriota en sus primeros versos pero luego se afrancesó, como otros muy notables y bienintencionados escritores de su tiempo, y siguió el destino de la corte de José Bonaparte. Perdida la guerra, ya no volvió a España y murió, exiliado y añorante, en tierra francesa.

Meléndez publicó sus poemas en 1785, 1797 y 1815. Fue el mejor de los anacreontistas y el más atrevido en lo erótico, además de ser el más innovador en la forma como demuestra su regreso a la forma narrativa en romance. De sus epístolas son muy significativas «El filósofo en el campo», por sus ideas fisiocráticas («¿Y estos miramos con desdén? ¿La clase/ primera del estado, la más útil,/ la más honrada, el santuario augusto/ de la virtud y la inocencia hollamos?») y «La mendiguez» o «La beneficencia», por su tono de humanitarismo ferviente. De las odas filosóficas son muy hermosas las que reflejan su deísmo muy de época («Al ser incomprensible de Dios») o sus convicciones liberales («El fanatismo», donde habla de los sacrificios de los antiguos egipcios e hindúes, del islamismo... pero no llega a hacerlo de la Inquisición), además de la oda fúnebre «En la desgraciada muerte del coronel Cadalso» de rica escenografía lúgubre («Silencio augusto, bosques pavorosos,/ profundos valles, soledad sombría,/ altas desnudas rocas/ que sólo precipicios horrorosos/ mostráis a mi azorada fantasía»). En una de estas odas, «A Jovino el melancólico», habló Meléndez del «fastidio universal», términos en los que se ha visto una denominación española del «dolor romántico». Pero esa inquietud, sombra pertinaz del mundo de las Luces ilustradas, recorre toda su obra y se acusa en poemas del destierro tan sencillos y bellos como los romances «El náufrago» y «Los suspiros de un proscrito».

Al lado de Meléndez es obligado citar otros poetas de la llamada «escuela salmantina»: fray Diego Tadeo González (Delio en sus versos), más afortunado en lo anacreóntico que en el poema filosófico *Las edades*, y José Iglesias de la Casa. En cambio, Nicasio Álvarez Cienfuegos conoció a Meléndez cuando estudiaba en Salamanca pero, por su edad (nació en 1764), no puede ser considerado miembro de la escuela. Fue –con Meléndez– el mejor poeta del siglo aunque los puristas (como Moratín el Joven) lo despreciaron por sus neologismos y su tono alterado y dramático. Fue contrario a la invasión francesa e incluso ordenó suprimir de sus poemas uno muy bello a Napoleón «con motivo de haber respetado la patria de Virgilio» (sabido es que Beethoven retiró la dedicatoria de la «Heroica» a Napoleón cuando supo que se había proclamado emperador). Dos temas dominaron en su corta obra: la exaltación de la amistad («A un amigo que dudaba de mi amistad» y «El recuerdo de mi adolescencia») y una aguda sensibilidad para compenetrarse con el paisaje, que le inspira composiciones tan hermosas como «Mi paseo solitario de primavera» (un título que le robó Jaime Gil de Biedma siglo y medio después), «La primavera» y «El otoño», donde, por cierto, vuelve a aparecer la idea de melancolía cósmica que hemos atisbado en Meléndez («cubriendo el lecho de viudez sombrosa/ ¡Tristeza universal! »).

Manuel José Quintana (nacido en 1772) dedicó sus *Poesías* de 1813 a Cienfuegos, elogiando su valor cívico en 1808, pero también escribió una biografía del afrancesado Meléndez y una nota a la edición póstuma de sus versos en 1820 donde invocó con emoción su memoria y entendió con generosidad su decisión política de 1808: «Entonces, propiamente hablando, en España no había Patria». El patriotismo progresista fue precisamente el gran motor de la vida y de la lírica de Quintana cuyos poemas –de construcción nervuda y oratoria– cantaron acontecimientos como el combate de Trafalgar y «el armamento de las provincias españolas contra los franceses», a la vez que construían una interpretación ideológica progresista y popular del pasado histórico, como sucede en su oda «A Juan de Padilla» el comunero o, sobre todo, en el diálogo dramático «El Panteón del Escorial», durísima condena de la dinastía austriaca. Ese pugnaz liberalismo es todavía más patente en poemas como «A la invención de la imprenta» (que Friedrich Engels tradujo al alemán), «A la expedición española para propagar la vacuna en América» (feroz condena de la conquista española del continente) e incluso el romance «A una negrita protegida por la Duquesa de Alba», que se transforma en una requisitoria contra la esclavitud. Esa misma línea de pedagogía histórica popular se manifestó en sus nueve *Vidas de españoles célebres* (1807, 1830 y 1832), escritas en noble y algo inflada prosa, que versan sobre héroes levantiscos e incomprendidos por el poder como el Cid, Roger de Lauria, el Príncipe de Viana, Pizarro, Álvaro de Luna o Bartolomé de las Casas. El tono heroico está también presente en Juan Nicasio Gallego, otro poeta de vinculación salmantina y cantor del 2 de mayo y de la defensa de Buenos Aires contra los ingleses, e incluso en Juan Bautista de Arriaza, que acabó por ser el poeta cortesano de Fernando VII, pésima recomendación política pero que no debe hacer olvidar la dulzura de su poema «Terpsícore o las gracias del baile» y la fuerza de su sátira en «Función de vacas» y «Cartel de comedias».

Quintana fue –contra Moratín el Joven– uno de los dictadores del gusto poético español en la turbulenta época de Carlos IV. Y esa misma época vio el surgimiento de otro interesante grupo de poetas sevillanos, también todos nacidos entre 1765 y 1775, que habían leído con atención al grupo de Salamanca y se agruparon en torno a la Academia de Letras Humanas y la Academia Particular de Ciencias Humanas, fundada por Forner en 1793. Igual que los salmantinos profesaron una devoción local por fray Luis de León, éstos la sintieron por patrones andaluces como Fernando de Herrera y Francisco de Rioja. Entre ellos se contaron Manuel María de Arjona, Félix José Reinoso y dos interesantes personajes que se exclaustraron y tuvieron una agitada y notable vida: José Marchena se afrancesó y José María Blanco White se estableció en Inglaterra, escribió en inglés y se convirtió al protestantismo. El primero fue un buen traductor de Lucrecio y un excelente antólogo y estudioso de la literatura española en sus *Lecciones de filosofía moral y elocuencia* (1820). El segundo dejó en sus *Letters from Spain* (1822) el mejor retrato, junto con los *Caprichos* de Goya y el epistolario de Moratín, de la feroz España de la época de Carlos IV.

Pero tampoco anduvo muy ortodoxo el mejor poeta del grupo que fue Alberto Lista. Su trayectoria incluyó el sacerdocio, la masonería (tiene una preciosa «Pieza de arquitectura presentada a la Logia de la Unión Sincera al Oriente de Zaragoza» y un armonioso «Canto de conclusión» para las ceremonias masónicas), el afrancesamiento, la colaboración secreta con el absolutista Fernando VII a través de *La Gaceta de Bayona*, la formación clasicista de algún destacado romántico en su colegio privado de San Mateo y, por último, una influyente intervención mediadora en el pleito entre romanticismo y clasicismo. Todo presidido por la habilidad sensible y la tibieza ecléctica que fueron también los atributos de una poesía excelente en la cuerda piadosa, teñida de deísmo místico

(«La muerte de Jesús» o «El canto del Esposo») y no menos en el registro humanitario y filosófico: «Al sueño», «A la muerte de Juan Meléndez Valdés», «La bondad es natural al hombre», «La beneficencia», «El triunfo de la tolerancia» (que recuerda el exterminio de los albigenses y las víctimas de la Inquisición española) y «El emigrado de 1823», que con los poemas de Meléndez sobre el exilio de 1812 y la «Elegía a las Musas» de Moratín el Joven componen el cuadro de honor de esa temática.

La batalla teatral y los comienzos de la novela

El teatro del XVIII nació bajo el signo de Calderón que fue, hasta 1770, el autor más representado en aquellos coliseos madrileños que, con cierto retraso, habían dejado de ser los viejos «corrales de comedias» áureos para pasar a ser teatros a la italiana: el de la Cruz se inauguró en 1737 y el del Príncipe (que fue Corral de la Pacheca y luego sería Teatro Español), en 1745. Hasta 1720 todavía obtuvieron éxitos dramaturgos más o menos fieles a la preceptiva calderoniana como Antonio de Zamora y José Cañizares que escribían «comedias de figurón», de magia o de santos, como después las hicieron Antonio Valladares, Tomás de Añorbe y ya al final de siglo Luciano Comella. El favor del público –que tanto escandalizaba a los ilustrados– no se debía a oscuras complicidades con el pasado barroco sino a lo llamativo de las tramas, la espectacularidad de las representaciones, llenas de artificios, y a la afectación de los actores. El contexto de aquel teatro fueron también las exhibiciones de volatinería, prestidigitación, animales exóticos e incluso aerostación, a la vez que la presencia de la música en el teatro trajo sugestivas novedades: en los años sesenta la *tonadilla escénica* –breve pieza cantada– comenzó a desplazar al *entremés* (que se representaba entre el primer y el segundo acto de las comedias) y los *sainetes líricos* incluyeron cantables. Por otro lado, prohibidos los autos sacramentales en 1765 y extremadamente minoritaria la ópera italiana, la zarzuela (que ya había iniciado Calderón y continuaron Zamora y Cañizares) ganó espacio como el más atrayente de los espectáculos públicos, tanto en su versión mitológica como en la de costumbres.

No ha de extrañarnos que la intervención del Estado en el teatro tuviera tanta importancia en el XVIII ya que la había tenido también en el siglo anterior pero por motivos distintos. En nuestra centuria se trataría no solamente de una intervención preventiva sobre las diversiones públicas sino de un firme deseo de introducir en la escena los preceptos clásicos (entendidos como una pauta de razón y naturaleza y no sólo como una normativa aleatoria) y acomodar el género dramático al principio general de agradable mezcla de utilidad moral y placer estético. Ya señalamos las reservas de la *Poética* de Luzán respecto a la comedia barroca que un noble, el marqués de la Olmeda (bajo el seudónimo de Tomás de Erauso y Zabaleta), hizo todavía más tajantes en su *Discurso crítico sobre el origen, calidad y estado presente de las comedias de España* (1750). Poco más tarde, del círculo de la madrileña Academia del Buen Gusto surgió un primer intento de tragedia española con la *Virginia* y el *Ataúlfo* de Agustín Montiano y Luyando, que su autor ilustró con las dos partes de su *Discurso sobre las tragedias españolas.* En 1762 Moratín padre, que había tratado a Montiano, inició la comedia «regulada» con *La petimetra* y escribió los *Desengaños al teatro español,* mientras que el periódico de Clavijo, *El*

Pensador, prosiguió sus críticas a los autos y la comedia barroca. Con todo, el más decisivo apoyo a la hegemonía de las nuevas formas vino del grupo intelectual en torno al conde de Aranda y de la búsqueda de una tragedia de tema español ajustada a las reglas: observancia de las unidades, regularidad métrica frente a polimetría y eliminación de personajes graciosos y de otros contrastes que forzaran el decoro. Como ya hemos visto, Cadalso y Jovellanos anduvieron en ese empeño, al igual que Ignacio López de Ayala, autor en 1778 de una obra, *Numancia destruida,* que ya en 1775 había leído a los contertulios de la Fonda de San Sebastián. A fines de siglo, la tragedia incorporó elementos de corte más melodramáticos -venidos de la influencia de Metastasio- en las cuatro obras de Nicasio Álvarez Cienfuegos y en las dos de Manuel José Quintana.

Suerte desigual tuvo la paralela renovación de la comedia en la que ya hemos advertido la primacía de Moratín padre. Siguieron sus pasos Tomás de Iriarte y anduvieron por caminos más confusos pero también renovadores quienes se acercaron en los años setenta y ochenta a modos dramáticos de corte realista y pergeño sentimental, una forma de teatro de origen británico que pasó a Alemania con Lessing y a Francia con Diderot: la representan entre nosotros dos obras de 1773, *El delincuente honrado* de Jovellanos y *El precipitado* de Cándido María Trigueros, quien en 1784 dio también un curioso drama en defensa de la dignidad del trabajo mecánico, *Los menestrales,* premiado por el Ayuntamiento madrileño.

No siempre es fácil diferenciar donde acaban los gustos populares y comienza lo ajustado a la nueva preceptiva. Ese es caso que ya hemos visto en Moratín padre o en Meléndez y que también concierne a la obra teatral de

Vicente García de la Huerta, desastrado personaje que fue objeto de muchas burlas de los ilustrados. Su tragedia *Raquel* (1772) se basa en un episodio –los amores de Alfonso VI y una judía toledana– que había sido tema de varias comedias del XVII y, por otra parte, algo de su pergeño –dentro del molde de las reglas– recordaba la escena de entonces. Pero, sobre todo, la obra podía ser leída como una diatriba contra los renovadores extranjeros a favor de los aristócratas nacionales: una metáfora antiilustrada del reciente motín de Esquilache, al cabo. Tampoco es fácil trazar la frontera entre lo tradicional y lo nuevo en Ramón de la Cruz, que fue el gran sainetista dieciochesco. No fue un hombre cultivado y como administrativo de Gracia y Justicia hizo una carrera discreta: el mucho dinero que precisó para su larga familia lo obtuvo de los escenarios,y de la protección de los duques de Alba y de la condesa-duquesa de Benavente, así como de la publicación de sus obras por suscripción pública. Cultivó la zarzuela, tanto la mitológica como la de costumbres (su gran éxito fue *Las segadoras de Vallecas* con música de Antonio Rodríguez de Hita) pero su acierto estuvo en una pintura bienhumorada de las costumbres madrileñas que a veces coincide con las preocupaciones ilustradas (*La petimetra en el tocador, El petimetre, La oposición a cortejo*, sobre la extendida práctica de coqueteo de las casadas) o simplemente se complace en la descripción de un mundo de majos y castizos (*Las castañeras picadas*), a veces planteado como inofensiva parodia de géneros conocidos (*Manolo, tragedia para reír y sainete para llorar* y *Los bandos del Avapiés*).

El mayor creador del teatro español del XVIII y uno de sus primeros escritores fue Leandro Fernández de Moratín, nacido en 1760, hijo de Nicolás y, como él, funcionario de la Corte. En 1782 su *Lección poética. Sátira contra los vicios introducidos en la poesía española* obtuvo un accésit en el concurso de la Academia y en 1789 insistió en el mismo registro, ahora con una divertida sátira en prosa titulada *La derrota de los pedantes.* Para entonces había viajado ya por Francia acompañando al ministro Cabarrús por recomendación de Jovellanos y luego entre 1792 y 1796 lo hizo por Italia e Inglaterra: de esas experiencias dejó testimonio muy sugestivo en cartas y notas (*Viaje de Italia, Apuntaciones sueltas de Inglaterra*) contadas en una prosa de singular frescura y ácido sentido del humor. Su curiosidad y su cultura literaria eran enormes (en París saludó a Goldoni y en Londres se interesó por la vuelta a Shakespeare), tantas como su inteligencia crítica y un talante autoritario y orgulloso compatible, sin embargo, con la timidez y la irresolución personales. Eso explica que fuera protegido de Godoy y uno de los pontífices del gusto literario madrileño pero que, después de su colaboración con el gobierno de José Bonaparte, viviera la amargura del exilio. Como poeta no escribió mucho pero fue uno de los mayores de su tiempo: así se advierte en la epístola a Jovellanos sobre sus viajes o en la que escribió a Godoy satirizando a los pedantes y citando con encomio a Mozart, en sus armoniosas odas a la Virgen de Lendinara o «A Rosinda, histrionisa», y en poemas de fuerte impregnación autobiográfica como la oda «A los colegiales de San Clemente de Bolonia», «La despedida» y la bellísima «Elegía a las Musas» que es quizá el mejor poema de inspiración clásica escrito en España.

Sólo escribió cinco comedias originales pero todas espléndidas. La mayor parte de ellas giran en torno a un tema que interesaba particularmente a una sociedad preburguesa: la relación preconyugal, dominada por la hipocresía y los prejuicios, que luego daba paso a un matrimonio de moral más laxa. El casorio obligado en una pareja desigual fue el pretexto de *El viejo y la niña* (1790), comedia de final amargo, mientras que en *El barón* (1803) abordó las pretensiones nobiliarias de una lugareña que quiere casar a su hija con un aristócrata y a la que engaña un vividor, y en *La mojigata* (1804) pintó los enredos de una casadera hipócrita. En 1792, el mismo año en que Moratín dirigía a Godoy un memorial pidiendo la intervención estatal en la escena madrileña, estrenó *La comedia nueva o El café* que es una magistral lección de moral literaria y una demostración de que la observancia de las reglas no está reñida con la modernidad y la gracia. Precisamente el estricto cumplimiento de las unidades de tiempo y de acción (que concentran a los personajes en un café desde donde siguen el estreno y fracaso de *El gran cerco de Viena*) dan a la obra una vivacidad que permite el juego de un pequeño grupo de personajes espléndidamente dibujados: el atolondrado autor don Eleuterio Crispín de Andorra y su soñadora esposa Agustina; su sensata cuñada Mariquita; el pedantón don Hermógenes que presume de ser «graduado en Leyes, y soy opositor a cátedras, y soy académico, y no he querido ser dómine de Pioz»; el entrometido don Serapio que, según dice el camarero Pipí, «aquí se viene todas las mañanas a desayunar, y arma unas disputas con los peluqueros que es un gusto oírle», y, frente a ellos, el malhumorado pero generoso don Pedro y el burlón don Antonio. El problema no es solamente que la comedia «nueva» (esto es, no «antigua» o del siglo XVII) sea literariamente mala sino todo lo que moralmente comporta su maldad estética: las falsas esperanzas de vida desahogada que suscita en un matrimonio de poco caletre (el autor, Eleuterio, ha sido escribiente de lotería pero «como después se hizo paje, y el amo se le murió a lo mejor, y él se había casado de secreto con la doncella, y tenía ya dos criaturas (...) viéndose así, sin oficio ni beneficio, ni pariente ni habiente, ha cogido y se ha hecho poeta»); el mal gusto que difunde un texto que, antes de representarse, ya se anda vendiendo «en la tienda de vinos de la calle del Pez, en la del herbolario de la calle Ancha, en la jabonería de la calle del Lobo»; el descrédito de la escena ante los cultos pues, como cavila don Pedro, «¿qué pensarán de nuestra cultura los extranjeros que vean la comedia de esta tarde? ¿Qué dirán cuando lean las que se imprimen continuamente?».

La comedia nueva está escrita en una espléndida prosa como la última de su autor, *El sí de las niñas* (editada en 1805 y estrenada en 1806), que fue el éxito de público más claro de la comedia «regulada». También aquí la observación del ambiente –una fonda rural cerca de Alcalá de Henares en una noche de agobiante calor– llega a convertirse en un elemento tan explicativo como las entradas y salidas, escondites y mentiras de los personajes y la naturalidad con que se nos presentan los tres criados: el viejo y sesudo Simón, la traviesa Rita, el fiel Calamocha. Nuevamente el tema es el del matrimonio desigual pero, en este caso, Moratín ha preferido llegar a un final feliz: don Diego bendice el amor de su «novia» Paquita con su sobrino don Carlos, a pesar de las fantasías de doña Irene. En las palabras del desengañado pero lúcido pretendiente hay algo más que despecho. Hay quizá un oscuro resentimiento autobiográfico y, sobre todo, una feroz requisitoria contra el sistema educativo vigente y, más allá de éste, apunta la condena implícita de aquellas comedias áureas que ensalzaban el disimulo erótico: «Ve aquí los frutos de la educación. Esto es lo que se llama criar bien a una niña:

enseñarla a que desmienta y oculte las pasiones más inocentes con la pérfida disimulación. Las juzgan honestas porque las ven instruidas en el arte de callar y mentir. Se obstinan en que el temperamento, la edad ni el genio no han de tener influencia alguna en sus inclinaciones». Pero no hay que desdeñar en esta comedia de Moratín una secreta intención más subversiva: la decisión y el sacrificio de don Diego pueden significar la alianza de un lúcido burgués propietario con un joven y prometedor servidor del Estado (su sobrino don Carlos es un bravo militar con estudios que, como recuerda el criado Simón, tiene logrados en el campo de batalla el grado de teniente coronel y una cruz de Alcántara) por encima de los deseos de una hidalga sin fortuna pero llena de pretensiones. En cierto modo, se anticipa el meollo del siglo XIX más liberal: la alianza de la burguesía emprendora y los funcionarios de carrera contra la vacua e infecunda nobleza.

Si con Moratín la comedia alcanzó su momento más alto en los comienzos del siglo XIX, la novela estaba a la fecha muy lejos de alcanzarlo. Pero, por lo menos, a fin de siglo tenía un público que asociaba el placer de la lectura a la variedad de episodios y a una forma de ficción nueva (todavía Isla, como Cervantes, creía que su *Fray Gerundio* pertenecía al género épico). Pedro Montengón, novicio jesuita cuando la expulsión de 1767 (luego se secularizó), fue el narrador más activo: el *Eusebio* (1786-1788) es una novela de educación y viajes por Europa que tuvo algún problema con la Inquisición y *Eudoxia, hija de Belisario* (1793) es también un relato educativo aunque de exótica ambientación bizantina, mientras que el *Antenor* (1788) y el *Rodrigo* (1793) tratan temas históricos (la caída de Troya y la pérdida de España). Pero en aquellas fechas hubo también novelas de aventuras (*El Valdemaro* de Vicente Martínez Colomer, *Oderay* de Gaspar Zavala y Zamora), relatos epistolares de corte sentimental (*La Serafina,* 1798, de José Mor de Fuentes, quien estuvo más acertado en sus memorias, *Bosquejillo de su vida y escritos*), larguísimas autobiografías religiosas (*El Evangelio en triunfo* de Pablo de Olavide) y breves relatos antiinquisitoriales (*Cornelia Bororquia o La víctima de la Inquisición* de Luis Gutiérrez).

2. El siglo XIX

Las semillas románticas

No es cosa fácil determinar qué cosa sea el romanticismo español como tampoco lo es hacerlo en el resto de Europa. La misma cronología invita a la dispersión: ya hacia 1760 hay en Alemania un sólido movimiento de renovación de la conciencia literaria, que atiende a lo filosófico, busca la raíz étnica e incluso «nacional» de nuevas impresiones y se preocupa por la definición de la categoría estética de lo *sublime*, porque –como señalaba con admiración Madame de Staël en *De Alemania* (1810)– los germanos habían logrado que la crítica precediera a la creación. Algo más tarde, los británicos descubrieron la sensibilidad para el arte gótico y la repercusión anímica del paisaje de sus lagos escoceses. Todo hablaba hacia 1800 de unas emociones nuevas: desde 1750 Giambattista Piranesi había hecho populares sus inquietantes *Carceri d'invenzione*, construidas a partir de la deformación de elementos clasicistas, y desde 1770 Johann Heinrich Fuseli pintaba los héroes shakespearianos y las desoladas ruinas de Roma;

poco después del comienzo de siglo, Caspar David Friedrich, protegido de Goethe, componía sus cuadros de paisajes simbólicos, vagorosos e inquietantes. En los años sesenta, Johann Winckelmann había descubierto la escultura y la pintura de los griegos y pensaba que «la sola forma de llegar a ser grande» era imitarlos. Pero ese regreso a la antigüedad más auténtica (y en el fondo menos neoclásica) podía ser compatible con el hallazgo de «otra» antigüedad: la de los bardos gaélicos que se inventó James Macpherson al publicar las baladas de un pretendido y apócrifo Ossian con el que llegó a engañar al mismo Goethe. Podía sentirse una cosa y, a la par, su contraria: Mozart fue el autor de la luminosa alegoría masónica *La flauta mágica* y quien escribió las notas aterradoras que preludian la aparición de la estatua del Comendador en *Don Giovanni,* igual que podía divertirnos con *Così fan tutte* y conmovernos con un *Requiem* que haría inmortal la leyenda de su final.

En todo ese escaparate de novedades hay que ponderar mucho –como se ha indicado poco más arriba– lo que surge en el humus propicio del siglo XVIII y lo que propiamente es romántico, para no extraviarnos en el fácil e indefinido marbete de lo *prerromántico.* El deísmo fue un sentimiento propio de la racionalidad dieciochesca, pero fue muy significativo que su formulación más hermosa –la *Profesión de fe del vicario saboyano* en el volumen cuarto del *Emilio* de Rousseau– se asociara a la contemplación del paisaje de los Alpes, que fue, por cierto, un descubrimiento casi romántico, pronto pintado con maestría por Turner. El sensualismo filosófico –que lleva también la marca ilustrada– facilitó mucho un tacto nuevo de la realidad y la libertad de los sentimientos y las lágrimas en la poesía, el teatro y el relato. El aprecio de lo exótico, la relatividad de los prejuicios morales y la igualdad esencial de los hombres, surgidos en el ambiente enciclopedista conformaron el ideal democrático y liberal que se impuso en el siglo XIX.

Casi todo estaba ahí pero faltaba algo unificador que trajo el propio rumbo de la historia: el gigantesco acelerón del mundo entre 1780 y 1848. Repárese por un momento en que la experiencia de un solo hombre que hubiera nacido en el decenio de 1770 y hubiera muerto hacia 1850 pudo abarcar la independencia americana de 1776, la revolución industrial británica, la revolución francesa (con el ajusticiamiento de un rey, la toma de la Bastilla, el Terror...), el imperio napoleónico, el Congreso de Viena y la restauración del orden europeo, la revolución del 25 en Rusia y la del 30 en Europa, las tormentas continentales de 1848 y la publicación del manifiesto comunista. Sin contar que vio el despliegue del idealismo alemán, el rearme antirrevolucionario del catolicismo y el nacimiento de un catolicismo progresista, la renovación de la filología y el estudio de las civilizaciones orientales, la formulación de la química como ciencia hegemónica hasta casi los comienzos del siglo siguiente, los primeros conocimientos científicos acerca de la paleontología, la electricidad y el evolucionismo. Nuestro hipotético personaje nació en el Antiguo Régimen (Talleyrand dijo que quien no lo había conocido no sabía de la alegría de vivir) que se alumbraba con velas, vestía casacas y usaba pelucas y murió cuando se llevaban levitas, las casas y las calles se alumbraban con gas y habían retornado las barbas. Vino a un mundo de sociabilidad dispersa y minoritaria y acabó sus días en uno presidido por la búsqueda de las muchedumbres: las conquistas napoleónicas colectivizaron la guerra como las barricadas hicieron urbana y popular la política, como la ópera y la sinfonía para muchos instrumentos hicieron democrática la música y como los museos y las bibliotecas hicieron pública la vida del arte.

Conviene hacer constar ahora que *romanticismo* y *romántico* fueron, sobre todo, unas palabras que se podían esgrimir como descalificación o como fórmula de autorreconocimiento. Designaban una forma de vida y no la adhesión a un estilo artístico, cosa que sucedía así por vez primera. No nos ha de extrañar que como tales palabras signifiquen muy poca cosa: vienen del tronco común de *romance* (relato de peripecias asombrosas) y hacia 1650 *romantic* ya era usado en Inglaterra para designar algún efecto evocador y atractivo en la práctica literaria. En el siglo XVIII *romancesco* (que tiene el mismo origen) se usa en España para designar lo mismo por parte de nuestro conocido Feijoo en las *Cartas eruditas* y esa palabra llegó a convivir con la forma definitiva, *romántico*, en fecha tan avanzada como 1830.

Pero para entonces, lo romántico era ya una escuela opuesta a las formas artísticas convencionales que, por supuesto, eran –de modo destacado– las tendencias anacreónticas. Se piensa siempre, a este respecto, en el feroz artículo satírico de Espronceda «El pastor Clasiquino», pero conviene no olvidar que la lírica de Batilo siguió siendo admirada y que no pensaba en él su fogoso compatriota. Más certera resulta la caricatura del escritor anticuado que Larra trazó en «Don Timoteo o el literato», al que presenta como un hombre de ideas avanzadas, intolerante y arbitrario, que escribe nimiedades poéticas y fruslerías eruditas, mientras trabaja en una oficina del Estado. Importa poco que el modelo fuera Juan Nicasio Gallego o Bartolomé José Gallardo (un poeta mediocre y un insigne bibliógrafo y terrible satírico, respectivamente): los jóvenes pensaban que el escritor romántico tenía una sagrada misión, que era un sacerdote de la belleza y de la verdad condenado a oficiar ante una multitud hostil o despectiva. Busca la fama y el poder (como pintó Balzac en *La piel de zapa*) a través de una obra definitiva (*La obra maestra desconocida* fue otro título balzaquiano), y esa pasión y esos objetivos eran lo que había cambiado para siempre.

Romanticismo y románticos

El romanticismo español plantea varios problemas específicos. A veces sus estudiosos han pensado que fue una simple revitalización del pasado. ¿No era romántico a su modo Lope de Vega? ¿No lo eran los romances, ejemplo preclaro de creación poética colectiva? Lo cierto es que España –llena de ruinas encantadoras, de reminiscencias árabes, de paisanos vestidos de formas arcaicas– se transformó en una tierra adoptada por muchos románticos europeos y, en tal sentido, el pasado caballeresco y generoso (pero también lúgubre y feroz) y el presente heroico se mezclaban inextricablemente. Al prologar *El último abencerraje*, Chateaubriand explicaba que la censura de Napoleón lo prohibió al sospechar un elogio de «la resistencia de los españoles a Bonaparte, de un pueblo desarmado a este conquistador que había vencido a los mejores soldados de Europa». Y es que «las ruinas de Zaragoza humeaban todavía y la censura no hubiera permitido algo en que hubiera descubierto, con razón, un secreto interés por las víctimas». Al caracterizar Madame de Staël la literatura española le atribuía –en *De la literatura* (1800)– un tono eminentemente caballeresco y galante, oriental e imaginativo. A su vez, los hermanos Schlegel descubrieron los prodigios de teología barroca de Calderón, Hegel apreció en el romancero la creación de una épica nacional, Lord Byron se apasionó por Don Juan, Washington Irving por las leyendas de la Alhambra granadina, Beethoven por las mazmorras de Sevilla (*Fidelio*) y hasta Edgar Allan Poe fabuló sobre las torturas de la Inquisición toledana («El pozo y el péndulo»). La «España romántica» no es lo mismo que el romanticismo español, pero lo cierto es que esta visión caló también hondamente entre los escritores nacionales.

Se ha subrayado también la casi inexistencia de una preceptiva romántica propia. Pero no fue muy abundante ni temprana en parte alguna. La verdad es que los románticos españoles se formaron en una cultura clasicista que duró mucho por la endeblez de la vida académica y por la sólida autoridad de los preceptistas como el moratiniano José Gómez Hermosilla (que publica su *Arte de hablar* en 1826), Francisco Martínez de la Rosa y Francisco Sánchez Barbero. Pero decíamos que las novedades fueron más bien de actitud e importa poco que en el Ateneo madrileño se discutiera en 1836 sobre la viabilidad de la poesía épica, que se siguieran escribiendo tragedias en los años cuarenta e incluso que abundaran las sátiras de las modas románticas como las que escribieron Miguel Agustín Príncipe, Ramón de Mesonero Romanos y Manuel Bretón de los Herreros o las que pintó Leonardo Alenza. Estas burlas se hicieron sobre el supuesto tácito de que la sociedad que las aplaudía era ya romántica. Larra, de gustos muy clasicistas, advirtió muy bien el cambio al ver representar de nuevo *El sí de las niñas* de Moratín en 1834 y al preguntarse por qué la obra seguía haciendo verter lágrimas a los públicos: y es que Moratín «dio carácter sentimental a lo que antes se vio como ridículo solamente».

¿Era realmente romántica la nueva sociedad? No deja de ser llamativo que en su primer artículo de «El pobrecito hablador», en 1832, el propio Larra se hubiera preguntado «¿Quién es el público y dónde se encuentra?». Y lamentaba al respecto que el público parecía ser el que leía la *Galería fúnebre de espectros y sombras ensangrentadas* de Agustín Pérez Zaragoza y desdeñaba las *Vidas de españoles célebres* de Quintana, quien veía espectáculos teatrales infectos y no frecuentaba la ópera, etc. Alguna razón tenía el pesimista diagnóstico. El público era el nuevo dictador y ya no valían los mecenazgos o las capillas indulgentes (Beethoven lo supo muy bien cuando, acompañando a Goethe, se negó a inclinarse ante los duques de Weimar y permaneció ceñudo y de pie mientras el mayor escritor de Europa hacía una reverencia cortesana). El artista sabía que el precio de su independencia era la pobreza pero que el premio podía ser el poder. Su público era, en gran medida, nuevo. Incorporaba masivamente a las mujeres y admitía ya menestrales curiosos, estudiantes de origen modesto, funcionarios públicos..., la gente que se agruparía pronto en la Milicia Nacional progresista, la que llenó las nóminas de Liceos y Ateneos y la que se suscribió a periódicos y revistas. Unos y otras los había en Madrid y en provincias. De las últimas la mejor y más explícita es la madrileña *El Artista* (1835-1836) –donde adquirieron madurez las ilustraciones por el moderno procedimiento litográfico–, pero no será mucho menos importante y al cabo más duradero el *Semanario Pintoresco Español* (1836-1857) de Mesonero Romanos. Hubo revistas en Barcelona (como las muy progresistas y hasta socializantes *El Vapor* y *El Propagador de la Liber-*

tad), en Palma de Mallorca (*La Palma*), en Málaga (*El Guadalhorce*), en Sevilla (*El Cisne*), en Zaragoza (*La Aurora*), etc. Eran una sociedad y un público muy politizados por lo menos hasta el comienzo de lo que se llamó «década moderada» en 1843. Por eso se ha hablado de un *romanticismo liberal* opuesto a un *romanticismo conservador.* No fueron cosas contrapuestas sino una misma sensibilidad y hasta un mismo lenguaje que pudo expresar dos ideologías distintas. Para los emigrados franceses antirrevolucionarios y para los católicos alemanes, el romanticismo fue una forma de sentir lo cristiano, el acoso de la modernidad a las creencias tradicionales, la unción del mundo maravilloso de lo medieval, el temor al tiempo presente. Para otros fue la proclamación de la libertad política y la capacidad de entusiasmarse con otro tipo de heroísmos, así como también la forma de repudiar un presente que les pareció odioso después de Waterloo: el mito de Napoleón fue cantado por poetas de países que invadió como Lermontov en Rusia, Espronceda en España y Manzoni en Italia. Y el primer castigo familiar que recibió el poeta portugués Almeida Garrett fue por adquirir a un buhonero una estampa del gran corso. Pero la opción política no agotó las posibilidades del romanticismo: para algunos fue la rebeldía total contra lo estatuido (como para los que Marx llamó «socialistas utópicos» y, entre ellos, Charles Fourier, el más romántico); para otros, fue la fantasía infinita de la imaginación (Charles Nodier, Gérard de Nerval, E. T. A. Hoffmann), o una nueva visión de la trascendencia (William Blake), o las fronteras mismas de la locura (Friedrich Hölderlin).

Sobre esta base plural se entenderán algo mejor los pasos del romanticismo español. La primera polémica conocida enfrentó entre 1814 y 1819 al reaccionario cónsul hanseático de Cádiz, Juan Nicolás Böhl de Faber, con los jóvenes liberales Antonio Alcalá Galiano y José Joaquín de Mora en nombre de la interpretación schlegeliana de Calderón y de la mucha mercancía «servil» que evocaba su nombre y auspiciaban las ideas del germano. El segundo envite –en 1823, último año del «trienio constitucional»– fue la publicación barcelonesa de la revista *El Europeo* y significó un entendimiento de lo romántico asociado a temas medievales y cristianos: nuevamente alternaron los extranjeros –los italianos Fiorenzo Galli y Luigi Monteggia que habían frecuentado a Manzoni en Milán– con españoles (Ramón López Soler y Buenaventura Carlos Aribau). Después de 1823 y con el regreso de Fernando VII al poder absoluto, la emigración de los políticos liberales a Inglaterra precipitó los cambios. Nuestro conocido Blanco White publicó, en uno de los numerosos periódicos fundados por emigrantes, las *Variedades o Mensajero de Londres* (1823-1825), un «Ensayo sobre el placer de las imaginaciones inverosímiles» con elogios a Shakespeare y cuya lectura hizo mella en jóvenes como Mora y el Duque de Rivas.

Novelas y dramas románticos

Pero el clima romántico lo habían preparado ya otras lecturas menos rigurosas. Entre 1818 y 1856 el impresor valenciano Mariano Cabrerizo publicó hasta setenta y ocho títulos narrativos que en su mayoría son irrelevantes traducciones de relatos de aventuras o amor pero que, desde 1831, incluyen ya novelas de tema histórico. Y ese mismo año de 1831 el barcelonés Bergnes de las Casas inició los 43 volúmenes de la «Biblioteca Selecta, Portátil y Económica», mucho mejor seleccionada, a la que desde 1832 acompañó una «Biblioteca Selecta de las Damas». En Madrid Repullés tuvo su «Colección de Novelas Históricas Originales» desde 1832 y Oliva fundó otra en Barcelona en 1836. Pero queda dicho que casi todo son traducciones aunque, desde 1824, incluyen los libros de Walter Scott. La primera novela histórica española parece ser *Ramiro, Conde de Lucena* (1823) de Rafael Húmara, todavía muy dieciochesca de concepción, a la que pronto se sumaron las que escribió en inglés y en Londres el emigrado Telesforo de Trueba y Cossío. Pero ya en 1823, en *El Europeo,* Ramón López Soler señaló en su artículo «Cuestión agitada entre románticos y clasicistas» que el campo de lo romántico era la inspiración cristiana y el tema medieval, al modo de Scott. Y eso lo puso en práctica en su relato *Los bandos de Castilla o El caballero del Cisne* (1830) cuyo prólogo dice tener dos objetivos: «dar a conocer el estilo de Scott y manifestar que la historia de España ofrece pasajes tan bellos y propios para despertar la atención de los lectores como los de Escocia e Inglaterra». Pero tampoco olvida señalar que «la literatura romántica es el intérprete de aquellas pasiones vagas e indefinibles que dando al hombre un sombrío carácter lo impelen hacia la soledad donde busca en el bramido del mar y en el silbido de los vientos las imágenes de sus recónditos pesares». Ambas vocaciones -la arqueológica y la emocional- confluyeron con mayor o menor fortuna en sus seguidores: de 1830 es *Grecia o La doncella de Missolonghi* de Estanislao de Kostka Vayo, que en 1831 publica *La conquista de Valencia por el Cid* y en 1832, *Jaime el Barbudo.* El año de 1834 fue el del éxito total del modelo: Vayo publicó *La catedral de Sevilla*; Espronceda, *Sancho Saldaña o el castellano de Cuéllar*; Larra, *El doncel de don Enrique el Doliente*, y Patricio de la Escosura, *Ni rey ni Roque.*

Pero la mejor novela histórica romántica fue tardía: se trata de *El señor de Bembibre* (1844) de Enrique Gil y Carrasco, un protegido de Espronceda que escribió a la muerte del poeta una bella elegía (luego, algún tiempo después de su óbito, Eulogio Florentino Sanz consagró a Gil la más hermosa poesía funeral del romanticismo español: la «Epístola a Pedro» de 1855). El relato se inspira en *La novia de Lammermoor* de Walter Scott: el amor de Álvaro y Beatriz no solamente es estorbado aquí por un padre ambicioso sino por la condición de templario del novio, en el momento de la accidentada extinción y persecución de la orden. La capacidad de consustanciar la acción con un paisaje que el autor conocía bien proporciona a la novela el tono melancólico que la ha hecho sobrevivir. Pero no todas las obras históricas se remontan tan lejos en el tiempo: las hay que narran sucesos contemporáneos y ya de 1831 es una poco memorable *Las ruinas de Santa Engracia o el sitio de Zaragoza,* tres años después de *The incognito* de Trueba y Cossío, que se ambientó en las conspiraciones antifernandinas. Lo romántico traía, en fin, todas las posibilidades: sin el romanticismo liberal tampoco se entendería un relato tan inusual como la *Vida de Pedro Saputo* (1844), novela de base folclórica y regional aragonesa que muestra una visión del mundo risueña y racionalista, tan heredera del humanismo clásico como de la Ilustración y cuyo autor, Braulio Foz, fue un helenista mediano y un liberal probado.

La cronología del nuevo teatro comenzó con las refundiciones de las comedias del siglo XVII, que fueron popularísimas entre 1800 y 1830 y halagaron el gusto –nunca muerto del todo– por el drama brillante e hiperactivo.

Vino luego la reivindicación de un erudito, Agustín Durán, que en 1828 publicó un *Discurso sobre el influjo que ha tenido la crítica moderna en la decadencia del teatro antiguo español, y sobre el modo con que debe ser considerado para juzgar convenientemente de su mérito peculiar*, y luego ya una brillante secuencia de estrenos entre 1834 y 1845 que tuvieron el notable antecedente de la *première* parisina de *Aben Humeya* de Francisco Martínez de la Rosa. Pero Moratín, afanado hasta su muerte en la redacción de sus valiosos *Orígenes del teatro español*, seguía siendo un modelo seguro. Su continuador fue el riojano Manuel Bretón de los Herreros que en 1824 estrenó *A la vejez, viruelas*, muy moratiniana, y que en 1829 (un año después de haber escrito una divertida sátira contra «el furor filarmónico» de los amantes de la ópera italiana) confesaba tener manufacturadas más de cuarenta obras, bastantes de las cuales eran refundiciones de todo lo divino y humano: Lope de Vega, Ruiz de Alarcón, Racine, Marivaux y Scribe. Sus mejores obras originales reflejaron con gracejo y naturalidad el mundo en que se vivía: en *Marcela o ¿a cuál de los tres?* (1831), la protagonista –viuda joven– y su tío Timoteo hacen labores de petaca y cordón, mientras que el pretendiente Agapito ya no es «petimetre» sino «lechuguino»; en *Me voy de Madrid* (sátira de la vida de Larra estrenada en 1835), Manuela lee *El Vapor* y la *Revista Española*; en *Muérete ¡y verás!* (1837), la trama se engarza con los acontecimientos de la guerra carlista en el Maestrazgo; en *El pelo de la dehesa* (1840) se contrapone con eficacia la vida del campo y lo rural, pero en 1845 su continuación, *Don Frutos en Belchite*, nos muestra al protagonista hastiado de oír jotas, de comer a destiempo y mucho y de otras cosas que en la urbe se iban perdiendo; en *Frenología y magnetismo* (1845) se comenta la estancia del frenólogo Mariano Cubí en la capital de España... Siempre hay algo de parodia distante y burla benévola pero también de reflejo de una sentimentalidad que había cambiado: *Elena* (1834), por ejemplo, es un drama con un preceptor enamorado y malvado, una muchacha abandonada y un seductor huido y luego reencontrado, que no tiene nada que envidiar a los novelones románticos más cualificados.

El 4 de abril de 1835 se produjo el estreno de *Don Álvaro o la fuerza del sino* de Ángel de Saavedra, Duque de Rivas, que, pese a los notables antecedentes de *La conjuración de Venecia* de Francisco Martínez de la Rosa y del *Macías* de Larra (representadas ambas obras en 1834), fue el primer gran drama romántico. Unos meses antes, el autor había ingresado en la Academia con un discurso donde ensalzó a Hugo, Byron y Scott y brindó por la restauración de la comedia áurea con la que «renacerán aquellas frases discretas y corteses, aquella conversación amena y picante (...) quedando en el olvido los fríos y acompasados diálogos franceses». Y en el mismo 1834 había publicado *El moro expósito o Córdoba y Burgos en el siglo* x, poema en seis largos romances sobre la leyenda de los infantes de Lara, con mucho color local y eruditas notas explicativas. Nada tenían que ver el poema ni el drama con las convencionales poesías que había impreso en 1814 (con romancillos a Lesbia y hasta una égloga) e incluso con la edición de 1820 en la que se advierte ya la influencia de Cienfuegos y hay un poema narrativo de asunto medieval, sobre el «paso honroso» de Suero de Quiñones. Por ese nuevo camino poético, alcanzaría su más duradero triunfo con los *Romances históricos* de 1841 que siguen ocupando las páginas de las antologías. Lo principal de su crédito sigue unido, sin embargo, al *Don*

Álvaro, que es un drama espléndido: cinco actos, cincuenta y cinco personajes, escenarios diversos y propicios a la evocación, mezcla de la prosa y de un verso muy brioso y una escena final con suicidio, tormenta entre las peñas y canto del Miserere a cargo de unos frailes, fueron elementos que muchos dramas posteriores incorporaron. El argumento es una mezcla de fatalismo –la mala suerte pertinaz–, de cristianismo estético –los arrepentimientos furibundos– y hasta de folclore legendario, aunque quizá haya también algún componente de humor autoparódico y, por supuesto, las huellas de cierta crítica social: Don Álvaro es un mestizo en cuyo origen oscuro puede haber un secreto histórico y terrible que nunca se desvela. Pero su amor por Leonor, la hija de los marqueses de Calatrava, es puro, como lo es la amistad que llega a profesar con don Carlos, su futuro asesino, y esto contrasta todavía más con el espeso ambiente de fatalidad que recoge el título. Pero la obra no se ambienta, como quizá se esperaría, en la Edad Media o el siglo XVI sino en el todavía cercano XVIII (como en el caso del que fue su mejor romance histórico: «El cuento de un veterano») y Rivas disfrutó haciendo arrancar los actos I, II y V con sendas y garbosísimas escenas costumbristas que pueden parecer cuadritos de Lucas o de Alenza: en la venta de Tomares, al lado del puente de barcas de Triana; en el mesón de Hornachuelos al compás de seguidillas (y con un ventero que se llama Monipodio) y en el reparto de raciones de un convento a sus pobres. Elementos tan dispares y hasta antipódicos convergen, sin embargo, en una obra sumamente atractiva.

Si el *Don Álvaro* inspiró a Giuseppe Verdi *La forza del destino* (1862), el estreno del 1 de marzo de 1836, el «drama caballeresco» *El trovador*, de Antonio García Gutiérrez, le proporcionó *Il trovatore* (1853). Pero el pésimo libreto de Salvatore Cammarano hace poca justicia a la obra en la que Manrique es otro personaje de origen oscuro y destino aciago y donde también una mujer enamorada, Leonor, sufre sin cuento («yo para llorar nací/ mi negra estrella enemiga,/ mi suerte lo quiere así»). Un intercambio de niños recién nacidos y una cruel historia de venganza –la de la gitana Azucena, madre de Manrique– es el *quid pro quo* de la historia en la que el más malvado resulta ser Nuño, hermano (sin saberlo) del héroe. El ambiente es medieval como lo fue también el de *Los amantes de Teruel* (estrenada por Juan Eugenio Hartzenbusch el 19 de enero de 1837), inspirada en la leyenda turolense de los enamorados Diego Marsilla e Isabel Segura a quienes los prejuicios familiares y la mala fortuna les impidió consumar su amor. El último estreno significativo de la brillante galería dramática fue *El zapatero y el rey* (en dos partes, 1841 y 1842) de José Zorrilla.

Zorrilla se había revelado públicamente en circunstancias tremendas. Nadie lo conocía cuando en el acto del entierro del suicida Mariano José de Larra se adelantó a declamar el poema fúnebre que empieza «Ese vago clamor que rasga el viento / es la voz funeral de una campana...». Como Nicomedes-Pastor Díaz escribió en el prólogo a las *Poesías* (1837) que le publicaron pocos meses después, aquella intervención «era la primera corona que en nuestros días se consagra al talento; la primera vez que acaso se declaraba que el genio en la sociedad es una aristocracia, un poder» (y no se engañaba, como sabemos: un año antes y en circunstancias menos trágicas, el clamor del público que acudió al estreno de *El trovador* había hecho salir a escena a su desconocido autor, García Gutiérrez, que hubo de pedir prestada para la ocasión la flamante levita de Ventura de la Vega. Algo cambiaba, sin duda, en la consideración del escritor). Desde entonces, Zorrilla viviría en el candelero de la popularidad pero siempre en la precariedad económica y buscando el arrimo de protectores. Los tuvo directos, y los más exóticos fueron los desdichados emperadores de México, Carlota y Maximiliano (la experiencia se recogió en los versos de *El drama del alma*), pero buscó también la protección del público sentimental, moderado y católico como es palpable en los romances históricos de *Cantos del trovador* (1841), *María. Corona poética de la Virgen* (1849), *Granada. Poema oriental* (1852) y *Álbum de un loco* (1867). Se hizo popular por su capacidad versificadora y rimó incluso su discurso de ingreso en la Academia en 1884; cinco años después fue coronado como poeta en una ceremonia que tuvo el único antecedente de la coronación de Quintana. De sus dramas, el ya citado *El zapatero y el rey* es muy brioso y significativo por su abierta simpatía hacia el rey Pedro el Cruel, arbitrario y populista (como, sobre todo, aparece en la segunda parte, muy cercana al *Hernani* de Victor Hugo). Largamente famosas fueron obras como *El puñal del godo* (1843), sobre don Rodrigo, y *Traidor, inconfeso y mártir* (1849) sobre la leyenda del pastelero de Madrigal, Gabriel Espinosa, quizá su mejor héroe romántico de origen oscuro y destino fatal. Pero su aportación más famosa a la escena fue el «drama religioso-fantástico» *Don Juan Tenorio* (1844), verdadero almacén de sentencias brillantes y frases hechas que han durado más de cien años. Conviene tener presente aquel subtítulo para entender que el autor no solamente hereda el viejo tema de Tirso de Molina sino la dimensión romántica que le dieron Byron y Dumas. Así cobran toda su intensidad el reto profanador (que ya le había atraído en los romances de «Margarita la tornera» y «El capitán Montoya») y, a la vez, la conversión final del personaje, símbolo de una época donde ya asustaban los héroes impíos e impenitentes de Espronceda.

Espronceda y otros poetas: romanticismo y protesta

La poesía fue el género romántico que tardó más en consagrarse. En los años treinta apenas podemos apuntar los melancólicos y todavía clasiquizantes *Preludios de mi lira* (1832) de Manuel de Cabanyes y algunos atisbos de Martínez de la Rosa y Rivas que acertaron en sus poesías del destierro, dignas compañeras de las escritas por Moratín y Meléndez con ocasión del exilio afrancesado. Pero el año de 1840 registró ya una cosecha espléndida: fue el de las *Poesías líricas* de Espronceda, *Ensayos poéticos* de Salvador Bermúdez de Castro, *Poesías* de Antonio García Gutiérrez, *María* de Miguel de los Santos Álvarez, *Poesías* de Nicomedes-Pastor Díaz, *Poesías caballerescas y orientales* de Juan Arolas y *Ternezas y flores* de Ramón de Campoamor. No fue peor 1841, que contó con *El diablo mundo* de Espronceda, las *Poesías* de Gregorio Romero Larrañaga, los *Cantos del trovador* de Zorrilla, los *Romances históricos* del Duque de Rivas y sendos volúmenes de *Poesías* de Gertrudis Gómez de Avellaneda y Josepa Massanés. Y todavía en 1843 publicaban el escolapio Juan Arolas de nuevo (*Poesías*, en tres volúmenes), Carolina Coronado (*Poesías*) y otra vez Gregorio Romero Larrañaga (*Historias caballerescas españolas*). Muy pocos poetas de algún peso faltaron a la cita de estos apretados años: Gabriel García Tassara publicó en *El Pensamiento* pero no coleccionó sus versos hasta 1872 y el militar Antonio Ros de

Olano no lo hizo hasta 1886, tras haber dado a la imprenta su curiosa fantasía novelesca *El doctor Lañuela* en 1863.

El gran poeta de esta época (y algo más) fue, sin duda, José de Espronceda, cuya corta vida se confundió desde un principio con la leyenda romántica: conspirador adolescente con los Numantinos, huido muy joven de España, emigrado en Londres, seductor de Teresa Mancha y abandonado por ella, posible partícipe en los sucesos parisinos de 1830, defensor de Mendizábal, diputado de la izquierda liberal... Sus poemas políticos conocieron un enorme éxito y no carecen de la digna emoción de una nueva retórica, más radical que la de Gallego y Quintana: «A Torrijos», «En la muerte de Joaquín de Pablo, Chapalangarra»... Y es que su formación fue clásica y estudió en el colegio de San Mateo con nuestro conocido Alberto Lista, quien le ayudó en la composición de un precoz *Pelayo* inconcluso, escrito en rotundas octavas reales. Esa huella clásica y las lecturas de poetas áureos perseveraron incluso cuando sus viajes le trajeron nuevos temas y formas: «La entrada del invierno en Londres» (1827) es un bello poema meditativo de factura dieciochesca pero de temblor político moderno, poco anterior a sus poemas *ossiánicos* de hacia 1830 como «Óscar y Malvina» y el «Himno al Sol» (poema que no deja de ser una metáfora política de abolengo anarquizarte: el sol es símbolo de la autoridad civil y religiosa). De algo más adelante son las estupendas y rítmicas composiciones «La cautiva», «La canción del pirata», «El mendigo», «El reo de muerte» y «El canto del cosaco» en los que Enrique Gil y Carrasco vio el «primer intento de democratizar el arte, al modo de las canciones de Béranger» y que fascinaron al francés Edgar Quinet, que tradujo algún fragmento de «El mendigo» y del «Himno al Sol». Béranger fue, en efecto, el referente, pero los poemas tienen algo más: la lección de esa galería de héroes orgullosos y marginados se expresa en estribillos inolvidables («que es mi barco mi tesoro...», «Hurra, cosacos del desierto, hurra...», «Mío es el mundo, como el aire libre» o, en «El reo de muerte», la premonitoria melopea «Para hacer bien por el alma/ del que van a ajusticiar») y los efectos sonoros –la polimetría y las rimas agudas, particularmente– realzan un contenido donde dominan los adjetivos inquietantes (lúgubre, fantástico, furioso, confuso...), los ruidos (bramidos, truenos) e incluso términos un poco a ojo pero de indiscutible capacidad evocadora (aquilones, rielar, histérico, bacanal...).

De esa guisa de sujetos fue también el héroe, don Félix de Montemar, de *El estudiante de Salamanca,* cuya publicación se inició en *El Artista* (1835): es un burlador que asiste a su propio entierro y en el que debió pensar Zorrilla al componer su *Don Juan.* En otros lugares, la rebeldía esproncediana cobra vuelo político: la «Oda al 2 de mayo» (1840) es, más que un recuerdo histórico de 1808, un manifiesto del poder popular («Oh, es el pueblo, el pueblo...») enderezado al capitán general de Madrid que iba a revistar la Milicia Nacional; la oda «A la translación de las cenizas de Napoleón» (que Escosura llamó «A la degradación moral de Europa») es el grito de un liberal revolucionario frente a la Restauración que ha «en vil mercado convertido al mundo» y afrenta «las cenizas del héroe generosas». Pero su obra mayor fue, sin duda, *El diablo mundo*, que comenzó en 1839 y que consta en su estado actual –incompleto– de una introducción y seis cantos (de los que el segundo es el célebre «Canto a Teresa»), más fragmentos de un séptimo. El poema es muy byroniano, con su diseño largo y deliberadamente digresivo, la presencia de un humor agrio, las constantes irrupciones del narrador, su fragmentismo y hasta su condición de guiño de amistad (lema en exergo de Miguel de los Santos Álvarez) o enemistad (recuerdo envenenado al conde de Toreno). No es fácil delimitar su tema que tiene algo de racionalista y volteriano y mucho de romántico: habla de la juventud perdida («malditos treinta años,/ funesta edad de amargos desengaños»), de la búsqueda de la inocencia y de la fuerza primigenia, del cansancio de la inteligencia, de los abismos de diferencia social que se abrían en la nueva sociedad... Tiene que ver con el tema del *Fausto* de Goethe (sin que quepa probar ninguna relación) pero también se parece en su movimiento a la *Sinfonía fantástica Op. 14* de Hector Berlioz con su carrusel de imágenes y su arrebatado final «Songe d'une nuit du Sabbat». Este *Diablo Mundo* (tampoco sabemos cuál es el sustantivo y cuál el adjetivo, o si son dos sustantivos amalgamados) comienza en un caos alegórico donde Luzbel impreca a Dios y donde habla la voz del «espíritu humano», «voz admirable, y vaga, y misteriosa» que afirma, a pesar de la maldición de haber nacido, la dignidad de los hombres. El canto I nos obliga a aceptar un brutal anticlímax: «sobre una mesa de pintado pino» y a la «melancólica luz» de un quinqué, un hombre concreto, viejo y desesperado, medita sobre la condición humana y sobre la vida, inspirado por las visitas inmateriales de la muerte, «vaporosa sombra», y del amor, «llama creadora del mundo». En el canto III (ya queda dicho que el II se reserva al planto por la muerte de Teresa Mancha, la amiga de Espronceda) se produce el misterioso cambio: el viejo se ha transformado en el joven e inexperto Adán cuya desnudez provoca el susto del patrón de la fonda, del concejal, del médico, del folletinista... Hemos entrado en la parte «realista» del poema y seguramente en su zona más revolucionaria: en el canto IV nuestro Adán está en la cárcel, ligado a la atractiva y enamorada Salada y recibiendo los consejos en caló del padre de la bella, el tío Lucas. En el V, de ambiente tabernario, Adán torna a sus sueños de infinitud y libertad («¡Un caballo! ¡Un caballo! ¡Campo abierto! / Y déjame frenético correr»). Todo es ardientemente romántico pero la única mención de la palabra está aquí en boca de una manola que se burla de los enamorados Adán y Salada: «¡Qué par! ¡La romántica!». El canto VI, último de los completos, presenta el asalto del palacio de la condesa de Alcira y dos nuevos descubrimientos de Adán: otra mujer -la propia aristócrata dormida- y la muerte -en la figura de Lucía, velada por su madre-. No es fácil conjeturar cómo podría terminar el poema pero tampoco es descabellado pensar que su estado natural sea, como le sucedió en 1822 a la *Octava Sinfonía* de Franz Schubert, el de «inacabado».

Las formas del costumbrismo. Larra o el descontento

He hablado de realismo a propósito de Espronceda y puede parecer que esta palabra es incompatible con romanticismo (pese a que el primer uso del término «realismo» como nombre de una tendencia artística se registra en 1826, referido a la pintura). El realismo era necesario al alma romántica, amiga de los contrastes violentos, prisionera voluntaria del ritmo acelerado de la historia y descubridora de que lo natural y lo real encerraban las semillas del futuro. Por eso, el *costumbrismo* fue un fenómeno romántico aunque muy a menudo se burlara del romanticismo. Cumple reconocer que, en parte, estaba ya anticipado por las formas satíricas cultivadas en el periodo ilustrado pero no suele tener la pretensión reformadora que tenían aquéllas. El ilustrado fustigaba el vicio o la convención social desde los supuestos de una conciencia moral de valor universalista, mientras que el costumbrista del romanticismo se siente ganado en buena parte por la costumbre que describe, por la tipicidad y el pintoresquismo que advierte en ella y, al cabo, por la certeza de que esa práctica social está llamada a desaparecer: *tipo* y *costumbre* son precisamente dos concepciones románticas y *pintoresco* fue una apreciación estimativa que no quería decir ni bello ni feo, ni conveniente ni impropio, sino digno de ser perpetuado antes de que lo barriera un hábito distinto. Se entiende muy bien que los textos costumbristas utilicen tan a menudo la referencia de la pintura (de la que, al cabo, viene la voz *pintoresco*) y se titulen *esbozos, retratos, cuadros, bocetos* y se digan *pintados por*. De todos modos, entenderemos mejor la boga del costumbrismo si lo vemos en un contexto algo más amplio que el del fiel reflejo de los usos sociales contemporáneos. También fue costumbrismo, aunque en sentido muy amplio, la noticia y descripción de un monumento, las anotaciones de un viaje, las evocaciones de momentos históricos del pasado, los cuentos de leyendas o tradiciones. El país se iba conociendo a sí mismo por obra de una sociedad más permeable, de unas comunicaciones más eficaces y, si se me apura, porque la Desamortización dio a conocer conventos, castillos, monasterios y parajes que tenían el atractivo de lo medieval o lo misterioso: obras románticas y costumbristas fueron las memorables series de *Recuerdos y bellezas de España* (1839-1872), escritas por varios colaboradores e ilustradas por Parcerisa, y *España artística y monumental* (1842-1850), dirigida por Jenaro Pérez Villaamil.

Pero hay otra característica fundamental del costumbrismo que señaló agudamente Larra al reseñar el *Panorama matritense* de Mesonero: su asiento natural fue el periódico y esta condición de comunicación fija con su lector contribuyó a configurar una imagen del escritor de costumbres. Bienhumorado o ácido, misántropo o sociable, el costumbrista es un testigo de su relato, condición que refleja en la adopción de su nombre de guerra: «solitario», «curioso parlante», «pobrecito hablador», aunque a veces apele a los poderes mágicos de la ubicuidad («duende satírico»), derivados quizá de antecedentes tan populares y clásicos como *El diablo cojuelo.* La revista *Cartas Españolas* de Carnerero fue el primer ámbito de encuentro de los costumbristas españoles y allí se publicó la primera «escena» del *Panorama matritense* (1835-1838, 3 vols.) de Ramón de Mesonero Romanos. Fue hijo de la capital, miliciano liberal con veinte años, refundidor de comedias clásicas entre 1826 y 1828 y autor de un *Manual de la Villa de Madrid* en 1831. En 1836 fundó el ya citado *Semanario Pintoresco Español* y en 1842 inició en sus páginas la nueva serie de *Escenas matritenses.* Fue un buen burgués, comprador de bienes desamortizados y entusiasta de la piqueta urbana, pero cultivó la nostalgia del tiempo cercano: su época dorada fue el final del reinado de Fernando VII cuando triunfaba su predilecto Rossini y cuando Madrid empezaba a ser la capital de un país de provincias. Cosas todas que contó con gracejo en las *Memorias de un setentón* (1880). A cambio, Serafín Estébanez Calderón, «El Solitario», de hábitos muy parecidos (liberal moderado y comprador de los libros que provenían de las subastas de los conventos desamortizados), contribuyó a la fijación del estereotipo meridional -lingüístico y caracteriológico- con sus *Escenas andalu-*

zas (1846). Una de ellas se llama «Fisiología y chistes del cigarro» y ese curioso término científico de «fisiología» –usado ya por Balzac y por el gastrónomo Brillat-Savarin entre otros– acabó por ser la denominación preferida para los artículos que pretendían ser fidelísimo retrato crítico de un tipo humano o de una costumbre. La más típica colección de «fisiologías» –en la que intervinieron muchos escritores famosos– fue *Los españoles pintados por sí mismos,* editada por Boix en 1843-1844 y modelo de otras series parecidas en título e intención. Por esos años conocieron también sus éxitos Antonio María Segovia («El Estudiante»), Santos López Pelegrín («Abenámar»), Antonio Flores (autor del curioso *Ayer, hoy y mañana o la fe, el vapor y la electricidad,* 1863-1864, que incluye una anticipación del mundo de 1899 dominado por la industria mecánica) y el prolífico Modesto Lafuente que firmó como «Fray Gerundio» y escribió un divertido *Teatro social del siglo* XIX (1846). No es casual que Lafuente fuera a la vez el autor de una popular *Historia general de España* que se empezó a publicar en 1850 (la concluyó años después Juan Valera) y que desplazó la viejísima del padre Mariana. Como se ha indicado, costumbrismo, divulgación, crónica de viajes e incluso historia... se mueven en un ámbito parecido para una sociedad que inventó el salón de recibir y se retrató por vez primera ante el magnesio de los fotógrafos.

La modernización fue precisamente el tema profundo de Mariano José de Larra quien por esa razón y por la expresividad moderna de su prosa fue, mucho más que un costumbrista, uno de los mayores escritores de su siglo. Su vida tiene algo de romántica pero más al modo de Balzac que al de un héroe de Vigny como el poeta Chatterton. Desde que se emancipó en 1826, buscó gloria y dinero. Todavía en tiempos de la monarquía absoluta de Fernando VII, se afilió a los «Voluntarios Realistas» y escribió una «Oda a la primera exposición de las artes españolas»: tales decisiones responden al oportunismo, no al reaccionarismo, y han de entenderse como un voto de confianza al discutible reformismo fernandino y los progresos materiales del país (las artes de la oda son, en realidad, industrias). Ese poema tiene como modelos a Quintana y Lista y es que, en rigor, Larra no fue un romántico por su poética personal: su primer papel costumbrista en *El duende satírico del día* (1828) lleva un lema de Boileau y su trabajo «Corridas de toros» usa la erudición de Moratín el Joven y el modelo satírico de *Pan y toros*, un panfleto anónimo del XVIII. Más que costumbrista es, y será siempre, un satírico como revela, desde 1832 y con horizontes políticos algo más despejados, la serie «El pobrecito hablador», un personaje imaginario que desde las Batuecas suele contar sus cuitas al bachiller Andrés Niporesas. En 1833 es ya crítico de teatros en la *Revista Española* de Carnerero donde ya usa el seudónimo de «Fígaro», tomado de la obra de Beaumarchais que habla del barbero sevillano, astuto, dicharachero y defensor de su dignidad popular. 1834 y 1835 son sus años magníficos. Su visión política es perspicaz e insolente: «Cuasi» es un análisis panorámico de la decepción europea después de la revolución liberal de julio de 1830, mientras que «Los tres no son más que dos» es una condena del moderantismo político y, por contra, «*El Siglo* en blanco», un severo coscorrón a los radicales. Por su lado, «Los barateros» (sobre la vida en las cárceles) y «La pena de muerte» son alegatos comparables a los de Espronceda, aunque conviene no exagerar el radicalismo social de quien escribió (a propósito de los motines de Barcelona) que «crímenes por crímenes, puesto que los ha de haber, prefiero los del pueblo»: el mismo autor que firma eso escribe en su reseña de *El pilluelo de París* que «en la Europa moderna, el trabajo es una puerta abierta a la riqueza», y es el que en «Jardines públicos» exige que exista una clase media instruida y emprendedora, como primer peldaño de la modernización. Creyó tocarla cuando estuvo en París y Londres en 1835, lo que le confirmó en la necesidad de reformas... moderadas. En 1836 –tras haber acogido en excelentes reseñas los grandes éxitos del drama histórico español– rechazaba el romanticismo disolvente de *Antony* de Dumas y comparaba la minoría activa y progresista de nuestro país con un caballo que cree tirar de un tílburi y se encuentra arrastrando una carreta. La función de una «literatura nacional» habría de ser, precisamente, crear ese fermento social. Ese es el sentido de su artículo «Literatura» de enero de 1836: una «ojeada» pesimista sobre la historia de la española (que halla falta de un conflicto de ideas que hubiera debido ser consecuencia de las guerras de religión) y una «profesión de fe» donde proclama la fusión de lo clásico y lo romántico en una literatura de ideas y utilidades. Pero todo se estaba enturbiando ante sus ojos: su porvenir personal y profesional y las circunstancias del país. A finales de 1836 Larra está con el moderado Istúriz y aspira a ser diputado, pero la asonada liberal de 1837 lo impide. Artículos como «Horas de invierno» (al que pertenece la repetida frase «escribir en Madrid es llorar»), «Día de difuntos» (en el que se lee lo de «Aquí yace media España. Murió de la otra media») y «La nochebuena de 1836» no pueden repasarse sin un estremecimiento de horror: preceden a su suicidio y son, a despecho de sus fuentes literarias convencionales e incluso clásicas, la más poderosa expresión de la conciencia romántica española.

El romanticismo moderado

El relativo progresismo de Larra se convirtió en reaccionarismo católico en la obra de otra escritora, Cecilia Böhl de Faber, que firmó con el seudónimo de «Fernán Caballero» (nombre de un pueblo manchego), a la que corresponde la fundación de la novela moderna española. No por esto es aconsejable abrir con ella un apartado de «realismo», que ya sabemos que es una dimensión más de lo romántico, porque además en la obra de Fernán romanticismo y costumbrismo se combinaron armoniosamente. Empezó a escribir pronto pero solamente publicó desde 1849 (*La gaviota* estaba ya hecha en 1835 y el texto que conocemos es la traducción del original, hecha por José Joaquín de Mora). Tenía una educación excelente –como hija de Juan Nicolás Böhl y de Frasquita Larrea, una gaditana tan cultivada como reaccionaria– y tuvo muy mala suerte en sus dos matrimonios. Algo de esto refleja su visión siempre sombría de los destinos familiares y la mala suerte de sus heroínas. *La gaviota* es la historia de una muchacha, Marisalada, que defrauda a su marido, Stein, y ve morir a su amante, el torero Pepe Vera, para acabar perdiendo la voz de soprano que la ha hecho célebre. Pero también la Rita de *La familia de Alvareda* (1849) trae la desgracia a su esposo Perico y la protagonista de *Clemencia* (1852) ni acierta en su primer matrimonio con Fernando ni en su relación con Percy, mientras que *Elia o la España treinta años ha* (1849) concluye con la profesión religiosa de la heroína y la destrucción de la familia enfrentada entre sí en la guerra carlista. Fernán Caballero puso al frente de *La gaviota* una cita de Dumas («es innegable que las cosas sencillas son las que mueven los corazones profundos y las altas inteligencias») pero, en el fondo, su imaginación es –como ha podido verse– pesimista y casi apocalíptica. Se vio en un mundo dislocado por el afán de cambios y odió las Luces (en casa de Clara, en *Elia*, hay un retrato de Voltaire «con su cara de zorra hambrienta») y abominó de la Desamortización, como leemos en *La gaviota*. Consideraba que la vida auténtica residía en la provincia y que era sacrosanta misión de los escritores de bien mantener el fuego sagrado de aquel espíritu cristiano, hogareño y resignado. El Rafael de *La gaviota* afirma que sólo debe haber dos tipos de novelas, las «históricas que dejaremos a los escritores sabios y la novela de costumbres que es justamente la que nos peta a los medias cucharas como nosotros». Y añade que «si yo fuera la Reina, mandaría escribir una novela de costumbres en cada provincia». Y, de algún modo, esa tarea se la autoimpuso Fernán al coleccionar entre 1849 y 1853 sus *Cuentos y poesías populares andaluces*.

Fernán Caballero publicó sus obras en el período político que se llamó la «década moderada» (1844-1854). Esta etapa y la siguiente, hasta la revolución de 1868, tuvieron muy escaso interés literario como señalaron en su día Juan Valera en su *Florilegio de la poesía española del siglo XIX* y Pereda en su fiel y hostil crónica de 1854 *Pedro Sánchez*. El romanticismo se edulcoró y Espronceda empezó a parecer un peligroso sujeto en un tiempo que vio fundar la Guardia Civil y las Conferencias de San Vicente de Paúl. Cundió la vuelta a lo religioso más tradicional que refleja muy bien una novela de «conversión», tan romántica, como *De Villahermosa a la China* (1845) de Nicomedes-Pastor Díaz y unos poemas como los de Gertrudis Gómez de Avellaneda. Que no fue, por cierto, la única escritora de un momento que vio significativamente el florecimiento de otras muchas –María Josepa Massanés, Faustina Sáenz de Melgar, María del Pilar Sinués– habitualmente nada progresistas. Seguía por sus fueros la novela histórica que todavía hallará obras de alguna entidad en las de Francisco Navarro Villoslada (*Doña Blanca de Navarra,* 1847, y *Amaya o los vascos en siglo VIII,* 1879), pero que pronto se transforma en novela de aventuras con el prolífico Manuel Fernández y González, autor de *Men Rodríguez de Sanabria* (1853), *El cocinero de Su Majestad* (1857) y *El pastelero de Madrigal* (1862). En la escena el componente histórico sigue dominando también. Prosiguen los éxitos de Zorrilla, pero no fueron menores los de los más atrevidos y progresistas Eduardo y Eusebio Asquerino, Eulogio Florentino Sanz (*Francisco de Quevedo,* 1848) e incluso el veterano Antonio García Gutiérrez, que dio con *Juan Lorenzo* (1862) –sobre la revuelta de las Germanías– uno de sus mejores dramas. Hartzenbusch triunfó a cambio con sus comedias de magia –*La redoma encantada, Los polvos de la madre Celestina*– y un antiguo camarada de Espronceda, Ventura de la Vega, inició un drama de tema contemporáneo (*El hombre de mundo,* 1845) e intentó la restauración de la tragedia (*La muerte de César,* 1862), empeño que también ocupó antes a Gómez de Avellaneda entre otros (*Saúl,* 1849). Paulatinamente, llegó la «alta comedia» atildada y moralista que se identifica con el progresista Adelardo López de Ayala quien, no obstante, hizo también dramas históricos como *Un hombre de estado* (1851), sobre don Rodrigo Calderón, aunque tuvo sus mejores éxitos en la nueva modalidad: *El tanto por ciento* (1861), *Consuelo* (1878)... Un carlista discreto, Manuel Tamayo y Baus, fue quizá el mejor constructor teatral de esta época: *Virginia* (1853) es una excelente tragedia clasiquizante; *Locura de amor* (1855), un buen drama sobre Juana la Loca; *Un drama nuevo*

(1867), una excelente invención del «teatro en el teatro» desarrollada en la compañía que dirigía Shakespeare, y *Lo positivo* (1862) o *Lances de honor* (1867) son conspicuas y moralistas «altas comedias».

También surgió en estos años una literatura democrática, presente en sátiras políticas y periodismo de combate que todavía conocemos mal. La novela asustaba a aquella sociedad pacata y bienpensante. El Duque de Rivas, cuando contestó en 1860 al preceptivo discurso de ingreso en la Real Academia leído por Cándido Nocedal, afirmó que la novela era responsable moral de la revolución de 1848: «¿Qué costurera de París no odia a los jesuitas porque ha leído *El judío errante*?» ¡Y esto se escribía tres años después del proceso por escándalo público que se promovió contra Gustave Flaubert por la publicación de *Madame Bovary!* «La novela –había escrito en el prólogo que puso a *La familia de Alvareda*– tiene como maestros a Saint-Pierre, Wiseman, Scott, Manzoni y, entre nosotros, Fernán Caballero». No es sólo que el viejo poeta anduviera muy atrasado de noticias literarias. En rigor, sabía muy bien contra quién apuntaba porque aquellas novelas de Eugène Sue como *El judío errante* y *Los misterios de París,* o un título de Victor Hugo tan clásico como *Los miserables,* circulaban traducidas entre nosotros desde los años cuarenta: en esas versiones cimentó su fama Wenceslao Ayguals de Izco, creador de la industria de la literatura por entregas en España, fundador en 1843 de la Sociedad Literaria, y autor de *María o la hija de un jornalero* (1845-1846), *La Marquesa de Bella-Flor o el niño de la inclusa* (1846-1847), *El tigre del Maestrazgo o sea de grumete a general* (1846-1848) y *Pobres y ricos o la bruja de Madrid* (1849-1850). Esa novela social y crítica conoció otros títulos, alguno tan temprano como *El poeta y el banque-*

ro (1842) del catalán Pedro Mata, y otros en la línea del gran éxito de Sue como *Los misterios de Madrid* de Juan Martínez Villergas (secuaz de Ayguals que colaboró con él y con Ribot y Fontseré en *El cancionero del pueblo*) y *Barcelona y sus misterios* de Antonio Altadill, quien también escribió novelas ¡de tema bíblico! Y hubo incluso folletines de esa cuerda pero de cariz conservador como *El cura de aldea* (1861) que cimentó la popularidad de Enrique Pérez Escrich.

Años de cambio: el krausismo, Gustavo Adolfo Bécquer

El año de 1854 trajo las «tormentas de julio», como las llamó Galdós, y dos hechos de desigual pero significativa importancia para el futuro. Un profesor de filosofía de la Universidad de Madrid, Julián Sanz del Río, abandonó su retiro de diez años en Illescas y se reincorporó a su cátedra. Había dedicado aquel decenio a meditar sesudamente sobre lo que había aprendido de la filosofía de Karl Christian Friedrich Krause y a la traducción y glosa de su obra máxima, *Ideal de la humanidad para la vida,* que publicó en 1860, pero ya en 1857 el rector le confió el discurso inaugural del año académico. Y también en el otoño de 1854 llegó Gustavo Adolfo Bécquer a Madrid desde Sevilla llevando por todo viático un cuaderno de poesías que había escrito con sus amigos Julio Nombela y Narciso Campillo. Era un día claro y frío en el que la ciudad mostraba todavía los restos de las barricadas de aquel verano.

El krausismo significó muchas más cosas que la importación, aparentemente exótica y sin sentido, de una de las múltiples derivaciones germánicas del idealismo kantiano. Suministró, en primer lugar, un modo de autorreconocimiento intelectual a una minoría de profesionales del derecho y universitarios que precisaban de una identidad colectiva en una sociedad que iba elaborando su institucionalización moderna: no se olvide que, al lado de las leyes que regularon el notariado y el registro de la propiedad o del Código de Comercio, surgieron en 1857 las modestas disposiciones de la Ley Moyano que dieron forma al sistema educativo público en España. En segundo y muy importante lugar, el krausismo auspició un encuentro de sus adeptos con las dos formas más fecundas del pensamiento europeo: la epistemología idealista y la concepción historicista de la humanidad. Y en tercer término, su peculiar formulación española hizo hincapié en dos temas fundamentales: la reafirmación ideológica del liberalismo sobre sólidas bases jurídicas (el krausismo entró fundamentalmente a través de la filosofía del derecho) y su interés por un sincretismo religioso o, mejor aún, por una fe de corte rigorista y racional pero de profunda capacidad emotiva. Los entusiastas del «panenteísmo» («todo en Dios») postulado por los krausistas calmaron, de ese modo, una romántica sed de trascendencia que –a fuer de liberales– no podían remediar en las híspidas creencias escolásticas, ni conciliar con el dogma de la infalibidad pontificia o la condena del liberalismo que propició Pío IX, el papa-rey del *Syllabus* (1864) y del Concilio Vaticano. En torno a 1868 lo mejor de la universidad era krausista. En 1876 el reaccionarismo del ministro de fomento Marqués de Orovio, al exigir un juramento de fidelidad del profesorado al Trono y al Altar (como entonces se decía), provocó la expulsión de un importante núcleo de profesores que ese mismo año crearon la Institución Libre de Enseñanza. Con ella, más allá del krausismo (o «racionalismo armónico») originario, nació una elite de orientación intelectual y pedagógica que sería decisiva en los ochenta años siguientes de vida española.

Si el krausismo condicionó la historia intelectual, la llegada de Bécquer a Madrid tuvo efectos más modestos pero, al cabo, alumbró el mayor poeta español del siglo –junto a Espronceda– y determinó también el futuro de la lírica. Nada más arribar a la ciudad postrevolucionaria, el joven escritor y sus amigos se embarcaron en un proyecto relacionado con el revisterismo romántico y con la marea ascendente de tradicionalismo religioso: una *Historia de los templos de España* cuyas ilustraciones dibujaría Valeriano, el hermano pintor de Bécquer, pero de la que solamente salió el primer volumen (*Toledo,* 1857) escrito por Gustavo Adolfo. Ese año, el escritor pudo leer las traducciones de Heine hechas por Eulogio Florentino Sanz y descubrir en ellas una poética sencilla, nada retórica e incluso irónica, pero fuertemente evocadora. En 1858 acabó su primera leyenda, «El caudillo de las manos rojas», de tema hindú, y de 1859 es su primera «rima», «Tu pupila es azul». En 1860 empezaba a escribir las *Cartas literarias a una mujer* –que encierran buena parte de su poética– y en 1864, ya con cierto nombre en las redacciones periodísticas, envió desde el desamortizado monasterio de Veruela las *Cartas desde mi celda* que contienen la mejor y más moderna prosa de viaje pintoresco que se había hecho en España. Vinculado al poco recomendable político conservador González Brabo y nombrado «censor de novelas», se exilió precautoriamente con la revolución de septiembre de 1868 pero regresó pronto y volvió a escribir las rimas (que al parecer había extraviado) en un libro comercial, como si fuera cierto aquello que él mismo dijo («una oda sólo es buena/ de un billete del Banco al dorso escrita»), y tituló el conjunto *Libro de los gorrio-*

nes. En 1870 murió: su salud quebradiza no soportó un fuerte resfriado contraído al viajar en un día frío en la imperial de un ómnibus madrileño.

Fueron sus albaceas –Narciso Campillo, Augusto Ferrán, Ramón Rodríguez Correa– los que recogieron sus obras en prosa y verso en 1871 y llamaron *Rimas* a los versos, pensando sin duda en Petrarca. Acertaron en eso como en algunas enmiendas y en la feliz ordenación de los poemas que rompían muchos hilos líricos de su tiempo pero, a la vez, reanudaban otros. En Bécquer hay todavía algo de formación clasicista (Lista fue fugazmente su maestro y trató en Sevilla a Arjona) que se percibe en el uso del hipérbaton, en algún adjetivo, en el recuerdo que sus estrofas traen de las liras... Pero hubo también un clima prebecqueriano de vaguedad y evocación en alguna poesía romántica (en el mismo Espronceda, en Arolas, en Nicomedes-Pastor Díaz) y, por otro lado, en Bécquer hay recuerdos de las orgías y las insolencias esproncedianas y de la confusa aspiración al infinito del romanticismo de 1830. En su tiempo se produjo una vuelta a la copla popular como expresión concentrada de un lirismo más auténtico: Bécquer se interesó por ese retorno y en 1861 escribió sobre el libro *La soledad* de su amigo Augusto Ferrán. Y, por supuesto, Bécquer tuvo cosas indeleblemente propias: el gusto por la rima asonante en los versos pares, la métrica poco frecuente pero de rara musicalidad (dodecasílabos, combinaciones de decasílabos y hexasílabos), la llamativa combinación de rimas agudas y llanas... Y, sobre todo, fue personal su temática: una parte de su poesía habla del hecho mismo de la inspiración y la escritura que vio como la conciencia confusa de una masa –inminente y a la vez remota– de sensaciones previas que se resiste al lenguaje usual. El amor forma parte de esa sensación y, a la vez, es un mediador entre poeta y poesía («poesía eres tú» dirá este escritor, cuatro de cuyas rimas comienzan por «yo» y tres por varias declinaciones del pronombre de segunda persona). Pero en ese mundo becqueriano anida también la decepción romántica, el hastío vital resuelto en ironía, el materialismo más feroz («el corazón es una estúpida máquina»), la premonición de la muerte, la condena del olvido y, por el camino de la alucinación, incluso la metempsícosis visionaria de las últimas rimas.

La prosa de las *Leyendas* no fue menos revolucionaria que sus versos. En ellas está todo el acervo romántico europeo: la mujer transformada en animal –«La corza blanca»–, la peligrosa dama del lago –«Los ojos verdes»–, la estatua animada –«El beso», «La ajorca de oro»–, el cazador maldito –«El monte de las Ánimas»–. Dotado para el temor y lo inquietante (como otro escritor políticamente conservador que veremos: Alarcón), supo narrar con mucha eficacia el dramatismo del misterio: «Maese Pérez, el organista» y «El miserere» son un prodigio de gradación del interés en torno a un tema –el misterio de la música– que era muy popular en la época en la que se difundió la leyenda de Paganini y la de la composición del *Requiem* mozartiano.

Final del romanticismo: Rosalía, Campoamor, Núñez de Arce

Un año después que Bécquer, en 1837, nació Rosalía de Castro, que fue hija de un sacerdote y de una hidalga pobre y nunca una mujer feliz. En 1853 estaba ya vinculada a los primeros pasos del galleguismo cultural –tan ligado al progresismo– y en 1858 se casó con Manuel Murguía, uno de sus más destacados impulsores (un año antes había publicado *La flor*, libro bastante insípido). En 1863 salieron los poemas –«en dialecto»– de *Cantares gallegos* que fueron el mejor logro de aquel retorno –al que se aludía más arriba– hacia las formas de la poesía popular en el que se habían afanado Antonio de Trueba, baladistas como Vicente Barrantes y autores de *soleares* como Ferrán. Y esa difícil condición de populares la consiguieron al poco muchos de sus poemas –«Campanas de Bastabales», «Airiños, airiños aires»– inspirados por el dolor de la emigración, la nostalgia («morriña» en gallego) y un vago panteísmo naturalista. De 1880 fue el más ambicioso libro *Follas novas* (se había escrito diez años antes) donde domina el temblor por lo desconocido, cierta ironía resignada, la tristeza cósmica, recogidas en secciones cuyos títulos –«Vaguedás», «Do íntimo», «As viudas dos vivos e as viudas dos mortos»– dan idea de su clima emocional (a esta colección pertenece «Negra sombra», uno de los poemas más admirados y enigmáticos de la escritora).

En 1881 rompió con su lengua materna y publicó su último libro, *En las orillas del Sar* (1884), en español. Aunque solamente fuera por su acercamiento a las formas del verso libre (José Martí estaba haciendo lo mismo en Cuba), el volumen ya sería muy notable pero es que ese peculiar ritmo de los versos dilatados se corresponde maravillosamente a la plenitud de una poética del desasosiego y lo indefinible: «La palabra y la idea... Hay un abismo/ entre ambas cosas, orador sublime./ Si es que supiste amar, di, cuando amaste,/ ¿no es verdad, no es verdad que enmudeciste?». El poeta no sabe lo que busca pero «te adivinaba en todo». Y se ha convertido en «la loca» soñadora de la que se burlan las gentes: un miembro del cortejo de «los tristes» como antes fue una de las «almas orfas» (o huérfanas, como leímos en *Follas novas*).

Suele decirse que la profunda impresión de verdad poética y dolorosa que segregan Bécquer y Rosalía estuvo negada a los otros dos grandes poetas de su tiempo, Ramón de Campoamor (que había empezado su carrera en el lejano año romántico de 1840) y Gaspar Núñez de Arce que había nacido en 1832 y que se granjeó el remoquete de «poeta de la duda». Campoamor, nacido en 1817, era coetáneo de Zorrilla y García Tassara, pero su fama y reconocimiento vendrían tiempo después con la invención de las *humoradas, doloras* y *pequeños poemas,* cuya definición es bien conocida: la humorada es «un rasgo intencionado», la dolora «una humorada convertida en drama» y el pequeño poema «una dolora amplificada». Pero hay que advertir que primero compareció la *dolora* como poema narrativo de tema actual y luego las otras dos formas: la *humorada* (1886) al calor de los géneros abreviados y aforísticos y el *pequeño poema* (1864) como resultado de su reflexión personal sobre los límites y función de la poesía lírica. En su importante *Poética* de 1883, Campoamor postulaba el uso de una lengua accesible y reconocible, incluso deliberadamente apoética, y la obligación de sustentar el poema en una visión filosófica del mundo de cierta elaboración. Pero tan loables y significativos propósitos (que entrañaban una curiosa evolución en el final del romanticismo) se tradujo en una prosa rimada, a menudo chuscamente ripiosa, y la sedicente filosofía de Campoamor (que reflejó en libros teóricos como *El personalismo,* 1855, *Lo absoluto,* 1865 y *El ideísmo,* 1883, amén de la discusión con Valera sobre *La metafísica y la poesía,* 1889) fue un idealismo de tendero escamado con toques de humor escéptico. De todos modos, algunos de los pequeños poemas como «El tren expreso» mantienen un encanto ajado por su atractiva mezcla de ensueño romántico y realidad zapatera, al lado de algún hallazgo verbal en que brilla una ironía bonachona de la que aprendió Antonio Machado. No le faltaron ánimos para embarcarse en empeños lírico-épicos de vasta envergadura que fueron en su siglo algo tan característico (y tan desprestigiado hoy) como los cuadros de gran formato o los «poemas sinfónicos» de tema literario: en ese tono escribió *Colón* (1846), *El drama universal* (1869) y *El licenciado Torralba* (1888), de tema fáustico.

Núñez de Arce fue un poeta nervudo y retórico. Al cantar la muerte de Antonio Ríos Rosas, evocó el tiempo de «Larra, Pacheco, Rivas, Espronceda/ Olózaga, Donoso, Avellaneda/ y cien nombres, orgullo de la historia» porque siempre sintió un cierto complejo de inferioridad ante aquellos románticos de los años treinta, pero, a la vez, en «La última lamentación de Lord Byron» (1879) y en otros muchos poemas achacó a la revolución y a la pérdida de las creencias los males de su tiempo: a su entender, la república de 1873 «brotó de aquella tarde ignominiosa/ como brota la sangre de la herida» («A Emilio Castelar») y en «La duda» extendió su desazón a «nuestro siglo-coloso» que «con la luz que lo abrasa, resplandece», porque (como dice en «Tristezas») se perdió «aquella majestad solemne y grave;/ aquel pausado canto, parecido/ a un doliente gemido/ que retumbaba en la espaciosa nave». Ante tales contradicciones, no es fácil apartar la impresión de cierta hipocresía pero, en todo caso, hay algo de patético en este varón inquieto y verboso, aquejado de una deformidad, que publicó en 1875 la primera edición de sus *Gritos del combate* y en 1900 su último poema importante, «Sursum corda!», el monólogo dramático de un peregrino sobre las incertidumbres y la fe en el final de la centuria.

No fue gran cosa, al cabo, la poesía de la segunda mitad del siglo XIX. En frase famosa, Clarín dijo que en España había «dos poetas y medio»: Campoamor y Núñez de Arce eran los enteros, y el medio, el satírico Manuel del Palacio, pero esa plaza pudieron ocuparla otros muchos con iguales méritos. Tuvo un eco becqueriano el valenciano Vicente Wenceslao Querol, que alternaba los versos de tema familiar de sus *Rimas* (1877) con sus trabajos como directivo de empresas ferroviarias, y compartieron algo de esa progenie el aragonés Luis Ram de Víu en *Flores de muerto* (1887) y el murciano Antonio Arnao en *Trovas castellanas* (1878) y *Gotas de rocío* (1880). Hubo poetas heroicos como el jienense Bernardo López García (autor de la más popular de las odas al 2 de mayo y que murió muy joven en 1870) y triviales como el cordobés Antonio F. Grilo. Hubo prosaístas como Federico Balart, autor de la elegía («exudación de mi alma de angustia llena») a su esposa fallecida, *Dolores* (1894), y científicos como el catalán Melchor de Palau, que en sus curiosas *Verdades poéticas* (1881) cantó a la geología, el polo ártico y el carbón de piedra, pero de estos el más atractivo fue el también catalán Joaquín María Bartrina, que en *Algo* (1874) incluyó un «Madrigal (?) futuro» resuelto en fórmulas científicas que hubiera hecho las delicias de Julio Cortázar. El siglo lo cierran dos poetas (que han sido calificados como pre-modernistas) de obra breve y bastante mejores que la mayoría de los citados: el cordobés Manuel Reina (*La vida inquieta,* 1894) y el murciano Ricardo Gil (*La caja de música,* 1898).

La novela y «el germen fecundo de la vida contemporánea»

No todo tuvo en la época de la Restauración –los «años bobos» diría Galdós– un vuelo tan corraluno. Cuando Leopoldo Alas –que era un nuevo Larra mucho más culto y más dubitativo– analizó en 1881 las consecuencias intelectuales de la revolución de septiembre de 1868 dio por sentado que aquella conmoción tuvo consecuencias que no se habían producido ni en 1820 y 1834 con el regreso del liberalismo, ni en 1837 y 1854 con sendas experiencias de revolución radical. Y es que 1868 trajo lo que Alas llamaba el «libre examen» del presente y con ello un deseo de fundamentar filosóficamente y no sólo políticamente cualquier reflexión de futuro. Claro está que dentro y fuera de España todo invitaba al cambio. El romanticismo ya no sería un tafetán sentimental o los versos escritos en un abanico después de *Las flores del mal* y menos aún después de Rimbaud. Ni la pintura volvería a ser una disciplina académica después de la aparición del impresionismo. Ni la cuestión social sería una curiosidad tras los hechos de la Comuna de París y la comparecencia de las primeras organizaciones de la Internacional.

En su artículo de 1881 («El libre examen y la literatura presente» en *Solos de Clarín*) el crítico advertía que el escepticismo de Campoamor y los temas candentes del teatro de Echegaray encarnaban los compromisos y los cambios de mentalidad de la nueva época y advertía que la presencia activa de revistas de contenido intelectual –*Revista de España* (1868), *Revista Europea* (1874) y *Revista Contemporánea* (1875), entre otras– reflejaba el papel esencial de las ideologías (el krausismo pero también el positivismo, el hegelianismo, etc.) en la construcción de una sociedad distinta. Pero, sobre todo, escribía, era la novela «el vehículo que las letras escogen en nuestro tiempo para llevar al pensamiento general, a la cultura común, el germen fecundo de la vida contemporánea». En cierto modo, después de 1850, los novelistas habían ejercido una tarea europea de renovación ideológica muy similar a la de los Enciclopedistas del siglo anterior y, muy a menudo, habían sido, como ellos, amigos entre sí y siempre muy conscientes de su misión de hacer patentes hechos sociales –de la vida privada o de la tectónica de las clases sociales– que reclamaban discusión y no ocultamiento. Dickens, las hermanas Brontë y Balzac entre 1830 y 1850; Flaubert, Gogol y Turguenev en los cincuenta y sesenta; los Goncourt, Tolstoi, Dostoievski y Zola desde 1860 en adelante fueron –y siguen siendo– algo más que notarios de sus sociedades: las inventaron como problemas. Y algo parecido vio el joven Galdós cuando en 1870, al reseñar los *Proverbios* de Ventura Ruiz Aguilera en la *Revista de España,* reclamaba el final de la «novela de impresiones y movimiento, destinada a la distracción y deleite de cierta clase de personas» y proponía que la narrativa centrara su interés en la clase media porque «en ella está el hombre del siglo XIX con sus virtudes y sus vicios, su noble e insaciable aspiración, su afán de reformas, su actividad pasmosa».

La conquista y ocupación de la novela significaron un encuentro y una búsqueda trascendentales: el hallazgo de una temática y el intento de conseguir un arte de narrar. Por lo que hace a lo primero, el terreno social era más que propicio y Galdós lo había acotado bien al fijar su mirada en la anchas capas urbanas que se dilataban entre la aristocracia aburguesada y la clase media baja. Y, en su marco, advirtió –como hicieron todos– una fractura esencialmente novelable: la libertad de relaciones amorosas y la situación peculiar de la casada joven. La elección no se debió sólo al deseo de atraer lectores mediante el señuelo de tramas escabrosas: la libre elección de pareja y el impacto social del adulterio eran la clave de la vida familiar y ésta, a su vez, del orden social burgués basado en la herencia de los legítimos y en la fuerza del vínculo conyugal. Y paralelamente surgieron temas como el celibato eclesiástico roto, las consecuencias de seguir el instinto por encima de la norma, los resultados de la mezcla de clases... Pero, ¿cómo contar todo aquello a un público que era, a la vez, lector y modelo social? La base preceptiva de la novela moderna era muy vaga y elástica pero descansaba, sobre todo, en la presencia de un narrador omnisciente, dueño y señor del relato, que comentaba sus episodios. Pronto, sin embargo, pareció más eficaz cierta impersonalidad narrativa y dejar más espacio al pensamiento y la voz de los personajes. Y estas criaturas ya no fueron solamente un friso de tipos observados con benevolencia caricaturesca (el costumbrismo gravitó lógicamente sobre la novela) sino que se buscó su representatividad social y se indagó en sus motivos íntimos, en los que a la postre se vieron las consecuencias patológicas de su situación social o de su fisiología. Y, por último, los escenarios de la acción fueron cobrando una dimensión caracterizadora e incluso simbólica, más allá de la función de ser un mero decorado reconocible.

Así como Larra escribió, a propósito de Mesonero Romanos, que el costumbrismo respondía a «un movimiento real que se había acumulado en las capitales», también los novelistas creyeron que la novela era un asunto fundamentalmente urbano: de la capital o de las provincias, como Balzac señaló al dividir sus novelas. Pero el campo siguió atrayendo y el mismo Balzac hizo algunas «de la vida campesina». Entre nosotros, Pereda, en su discurso de ingreso en la Academia, vinculó la «novela regional» a «una comarca o lugar que tiene vida, caracteres y color propios y distintivos, los cuales están en la obra como parte principalísima de ella». Su amigo Galdós, encargado de la contestación, señaló que –desde ese punto de vista– todo era regionalismo. Pero no era cierto ni se entendieron en este punto. Pereda aludía a lo que había hecho el costumbrismo y exigido Fernán Caballero. Pero lo que hizo Pardo Bazán al inventar la ciudad provinciana de Marineda, Galdós al describir sus capitales imaginarias de Orbajosa y Socartes, Clarín al dibujar Oviedo como Vetusta, fue algo muy distinto. Los unos querían que Coteruco –el pueblo imaginario de Pereda– no cambiara y describían precisamente la epopeya de su resistencia a la modificación; los otros narraban la infatigable modificación de las estructuras de la vida social en un país que cambió todo entre 1870 y 1900.

Los modelos del nuevo relato fueron originariamente extranjeros. Galdós consignó que descubrió la novela leyendo a Balzac pero también tradujo, y no mal, a Charles Dickens. Pardo Bazán fue la primera en hablar largamente de los escritores rusos y Clarín fue el hombre que lo leyó todo. Pero siempre tuvieron el prurito nacional de recordar que eran hijos de Cervantes y de la novela picaresca: adoptaron giros de prosa cervantina y configuraron muchos personajes sobre el modelo ideal de Alonso Quijano. Como señalábamos arriba, en el plano internacional, la novela de la Restauración fue un designio colectivo trabajado por amigos: Clarín y Palacio Valdés fueron inseparables de jóvenes; Pereda y Galdós –y también Menéndez Pelayo– se apreciaron mucho pese a la diferencia de sus ideas y el segundo prologó *El sabor de la tierruca* del primero; Pardo y Galdós fueron amantes; Valera estimaba a Clarín como un gran crítico y éste a Galdós como el mejor novelista de España (reseñó todas sus novelas menos *La de Bringas*). El mejor momento colectivo lo tuvieron en los años ochenta y es significativo que Valera –el más independiente y personal– no publicara una sola novela en ese decenio. Fue también el tiempo de recepción y discusión del *naturalismo*: unos lo repudiaron por razones morales y presuntamente cristianas, otros por motivos patrióticos, algunos arguyeron que no era nada nuevo en el país que inventó la novela en el siglo XVII. Pero esa argumentación de Pardo Bazán en *La cuestión palpitante* (1882) no se sostenía en pie. Ella misma sabía –y lo demostró– que el determinismo social y fisiológico, la necesidad de documentar minuciosamente la ambientación, la dureza y el atrevimiento de las tramas elegidas, eran cosas sustancialmente nuevas. Y supo ver en *La desheredada* (1881) de Galdós el primer gran logro de un movimiento que se integró de pleno derecho en la historia de la novela española.

Los novelistas periféricos: Alarcón, Pereda, Valera

Clarín observó con su agudeza de siempre que el éxito de la novela como forma de expresión de los conflictos de la nueva sociedad había obligado a aceptar su utilidad incluso a quienes eran enemigos jurados de todo cambio. Ese fue, en parte, el caso de Pedro Antonio de Alarcón, guadijeño, que quiso hacer carrera en Madrid con otra continuación de *El Diablo Mundo* (hubo muchas) y que en 1859 obtuvo un éxito resonante con su *Diario de un testigo de la guerra de África*, libro clave en la oleada de patrioterismo que sacudió al país en ese momento. Se mantuvo en la órbita liberal hasta 1873 cuando su libro *La Alpujarra* dejó ver un neocatolicismo, del que, sin embargo, está libre la espléndida novela corta *El sombrero de tres picos,* que es de ese mismo año: es una historia narrada en tono familiar, ambientada «entre 1804 y 1808», que continúa la estilización folclórica que conocimos en el *Pedro Saputo* y el andalucismo literario que venía de Estébanez Calderón. *El escándalo,* novela extensa, surgió en el primer año de la Restauración (1875) y quizá había ido variando su final de acuerdo con el progresivo conservadurismo de su autor. La historia que el arrepentido Fabián Conde narra al jesuita padre Manrique ¡un lunes de carnaval! es una truculenta mezcla de engaños y falsedades presididos por la imagen católica de la «reparación condigna» que acaba bien, con el matrimonio de Fabián y Gabriela. Es un argumento digno de una Fernán Caballero, como en cierto modo lo fue la trama -el amor de Manuel le lleva a ahogar a su amada porque su padre, Caifás, no quiere entregársela- de la briosa novela de ambientación rural *El niño de la bola* (1880), donde no falta la mención despectiva de una tertulia «Jovellanos» y de una marquesa que lee a Larra y llama Pepe a Espronceda. El mérito auténtico de Alarcón está en un modo de narrar que halló mejor acomodo en el relato breve. Fue el primer escritor español que supo apreciar a E. A. Poe (lo leyó en las traducciones de Baudelaire) y había iniciado su carrera con una simpática novela, *El final de Norma* (1855), donde mezcló el misterio, los viajes y la ópera. Ese gusto de contar se aprecia bien en sus *Historietas nacionales* (como «La corneta de llaves» sobre la guerra carlista), en las *Novelas inverosímiles* (donde destaca «La mujer alta») y en los *Cuentos amatorios* (con el espléndido cuento de intriga criminal «El clavo»). Su capacidad evocadora brilla igual en las breves instantáneas de *Cosas que fueron* (1871), donde «La nochebuena del poeta» y «Lo que se ve con un anteojo» revelan la complejidad espiritual que no es tan fácil advertir en sus empeños mayores.

Si Alarcón fue un periodista y escritor apasionado y ambicioso (que no dudó en recurrir al duelo a pistola), José María de Pereda –que tenía su misma edad– dio siempre la plácida imagen de un rentista (poseía una fábrica de jabones) y un escritor aficionado, bien amparado en el entusiasta público de Santander, su ciudad natal, que le consagró un auténtico culto. No pudo ser militar por su endeblez física y siempre tuvo ideas muy conservadoras en el marco de un legitimismo carlista pero no belicoso, que no le impidió tener las mejores relaciones con el liberal Galdós y el católico moderado Menéndez Pelayo. Sus primeros trabajos fueron relatos de costumbres santanderinas en la línea de los de Trueba: *Escenas montañesas* (1864), *Tipos y paisajes* (1871), *Bocetos al temple* (1876) y *Tipos transhumantes* (1877). Pero el realismo algo crudo de las primeras ya escandalizó a Antonio de Trueba que fue su prologuista: la sordidez de un cuento como «El raquero», la agria crueldad del viaje de don Silvestre a Madrid en «Suum cuique», el determinismo que marca la muerte del tío Tremontorio en «El fin de una raza», denotaban la mano de un novelista y no la complacencia de un costumbrista, además de una habilidad infrecuente para los diálogos. Pero sus primeras novelas moralizantes valen poco, incluso *De tal palo, tal astilla* (1880) con la que quiso contestar la *Gloria* de su amigo Galdós. Éste prologó, como ya sabemos, *El sabor de la tierruca* (1882), que fue el primer gran logro de su aldeanismo (el malo de la novela es un emigrante «jándalo», andaluz, antiguo soldado liberal). Y como Pardo Bazán le reprochara su autolimitación temática, la novela siguiente –*Pedro Sánchez* (1883)– fue una incursión en la vida madrileña en los prolegómenos de la revolución de 1854. Pero volvió a lo suyo con *Sotileza* (1885), dedicada al pueblo de Santander, que es una evocación de la ciudad marinera y popular de algunos años antes y donde el personaje más atractivo –y el más naturalista, como observó Pardo Bazán– es el brutal Muergo, que muere trágicamente en la galerna mejor descrita de la literatura española del XIX. Tras *Nubes de estío* (1891) –que levantó ampollas por su visión ácida de la nueva burguesía de la capital montañesa–, *Peñas arriba* (1895) fue la última novela importante de Pereda: es un emotivo reencuentro con el paisaje y la vida arcádica pero también –a través de la figura de don Celso, señor de Tablanca– un canto y una elegía a la transmisión de la tutela patriarcal desempeñada por los hidalgos de aldea.

Juan Valera fue también un caso aparte pero por otras razones. Ya hemos recordado que fue un temprano crítico del romanticismo exaltado («Del romanticismo español y de Espronceda», 1854) y, en rigor, aquel hombre de refinada y extensísima cultura, profesó –como escribió a Menéndez Pelayo– de «clasicote hasta los tuétanos» (disfrutó traduciendo *Dafnis y Cloe* de Longo) y, en buena medida, fue un heredero del criticismo de la Ilustración. Nunca conoció grandes éxitos ni largas tiradas y anduvo siempre a la greña con sus parvos ingresos como diplomático de carrera (tuvo destinos en Rusia, Brasil, Estados Unidos y Austria). Sus cartas lo retratan y son uno de los mejores ejemplos de la prosa de su siglo, aunque en vida solamente se publicaron –por indiscreción de su destinatario– las que escribió desde Rusia. Ahora conocemos muchas más que reflejan la vida de un hombre de hogar infeliz, inagotable sentido del humor, amador de mujeres y de libros, muy crítico en lo privado pero muy indulgente en público, agnóstico convencido (es estremecedora una carta de Estados Unidos sobre la muerte de su hijo), escéptico en política y amigo de la tertulia inteligente.

Fue todo menos vulgar y, sin embargo, optó literariamente por un andalucismo estilizado que supo llevar a relatos tersos y amenos, algo bromistas y deliberadamente superficiales, pero que nunca dejan de delatar inquietudes más turbulentas. Ese es el caso de la novela epistolar *Pepita Jiménez* (1874) cuyo sutil juego de perspectivas en la primera parte narra la seducción de un joven seminarista, hijo natural de un cacique, por la novia de su propio padre quien, a su vez, es la viuda reciente de un octogenario. Valera nos hace asistir al triunfo del atractivo sexual, de la tentación epicúrea y de la hombría sobre un misticismo cristiano que también tuvo su parte en *Doña Luz* (1879), drama de un dominico enamorado de una mujer que, cuando él haya muerto, consagra su vida a su recuerdo. Casi siempre usó en sus novelas de una ambientación cordobesa, el imaginario pueblo de Villabermeja, y de un narrador interpuesto, don Juan Fresco: ése fue, por ejemplo, el artificio que nos presenta *Las ilusiones del doctor Faustino* (1875), donde un joven romántico, ambicioso y botarate fracasa por la endeblez de aquellos ideales que en 1840 se cifraban en un apellido ilustre, un título de abogado y una vocación política liberal; a cambio, en *El comendador Mendoza* (1877), ambientada en su predilecto siglo XVIII, Juan Fresco describe cómo la paz y el amor remedian lo que estropeaban los prejuicios y la violencia. Uno de esos finales felices pero con la aceptación previa de las limitaciones remata también *Juanita la larga* (1895), novela del amor de un viudo y una muchacha (hija natural de una mujer no muy bien reputada), que fue el último y morosamente descriptivo relato de Valera antes de su peculiar respuesta a la crisis de 1898: *Morsamor* (1899), una suerte de cuento fantástico ambientado con erudición y mucha gracia en los tiempos de la conquista de la India por los portugueses. Valera escribió también cuentos deliciosos, antologó la poesía del XIX y los chascarrillos andaluces y fue crítico. Disertó con garbo y digresivamente de todo lo divino y lo humano, desde Schopenhauer y el krausismo hasta Rubén Darío y Baroja, convencido en el fondo de que la literatura era el sucedáneo de la conversación inteligente.

Los grandes novelistas: Galdós, Pardo, «Clarín». El teatro

Benito Pérez Galdós fue, sin duda, el novelista de esta promoción que dio mejores frutos en los años ochenta. Canario de nacimiento, estudió derecho en Madrid sin mucho entusiasmo pero, a cambio, vivió con intensidad la vida callejera y de Ateneo –lleno de demócratas y de krausistas–, climas donde se gestó el éxito de la revolución de 1868. Quiso ser dramaturgo y tentó las dos vías del momento (el drama histórico con *La expulsión de los moriscos,* que no se conserva, y la alta comedia con *Un joven de provecho,* editada póstumamente), pero pronto dio en la novela y empezó con dos relatos de historia reciente que tienen algo de la intriga y el ritmo del folletín: *La Fontana de Oro* (1870), sobre las conspiraciones contra Fernando VII, y *El audaz* (1871), sobre los años finales de Carlos IV. *Doña Perfecta* (1876) fue la primera de sus «Novelas contemporáneas», pero tampoco falta en ella la dialéctica algo elemental de la historia ideológica del momento: los carlistas de Orbajosa (y a su frente, la cacica Perfecta) contra el ingeniero Pepe Rey al que asesinan al final del relato. Con ella se inicia un ciclo de relatos de tendencia en los que el matrimonio dificultado o amargo viene a ser una metáfora de las resistencias de la sociedad española a su modernización liberal: *Gloria* (1877) y *La familia de León Roch* (1878) son, con todo, algo más que los problemas conyugales de un judío y una comprensiva cristiana y de un krausista y una católica intransigente, al igual que en la conocida *Marianela* (1878) la ceguera del protagonista es mucho más que un simple defecto físico. De estos años laboriosos fue también la publicación de los *Episodios nacionales* (dos series de diez novelas cada una) con los que Galdós quiso explicar a sus coetáneos los orígenes de la España contemporánea, desde el heroísmo popular de *Trafalgar* (1873) al triunfo de *La batalla de los Arapiles* (1875) y desde las esperanzas liberales de 1814 (*El equipaje del rey José,* 1875) al conflicto carlista (*Un faccioso más y algunos frailes menos,* 1879).

En 1881, como ya se ha recordado, dio un notable giro a su producción como Clarín consignó: «Galdós se ha echado en la corriente; ha publicado un programa de literatura incendiaria, su programa de naturalista: ha escrito en 507 páginas la historia de una prostituta». *La desheredada* abrió una etapa relacionada con el naturalismo donde comparecieron ampliamente los elementos novelescos más caros a Galdós: la locura generosa y abnegada, la debilidad sentimental femenina, el egoísmo masculino, la exploración de la inquietud romántica y, a su lado, el análisis de la dureza pragmática. Los personajes ya no serán de una pieza y sus sueños o las contradicciones de su pensamiento ocuparán largo trecho, como sucede en *El ami-*

go Manso (1882), sorprendente novelización de una renuncia amorosa narrada por un personaje cuya crisis de existencia parece anticipar a los muy posteriores de Unamuno. Las novelas enlazan ahora los personajes de unas y otras, como ya había hecho Balzac, y de ese modo no solamente se enriquecen mutuamente y apelan de forma más convincente a su lector-cliente, sino que nos permiten advertir las tendencias y rumbos de la creatividad misma de Galdós y el atractivo que para él pueden tener sus personajes. Así, la muchacha pobre, Amparo, y el cura Pedro Polo que conocimos en el friso secundario del retablo dickensiano de *El doctor Centeno* (1883) se convierten en amantes en la intensa novela *Tormento* (1884), y Amparo –ya felizmente ligada a Agustín Caballero– aparece como objeto de la inquina de su pariente Rosalía Pipaón en *La de Bringas* (1884). A su vez, la obsesión por aparentar (el dramático «quiero y no puedo» de la clase media que la arroja en los infiernos estéticos de la «cursilería») que se pinta en aquel relato se prolonga en los personajes que pueblan *Lo prohibido* (1884-1885), otra novela de lo que ha llamado «la locura crematística».

El logro de más envergadura es *Fortunata y Jacinta* (1887), «dos historias de casadas» como reza el subtítulo: la una burguesa, estéril, abnegada; la otra popular, fecunda, generosa. La intención galdosiana de trazar una parábola social se impone desde un principio: pocas veces ha sido el autor tan detallado en la descripción de la vida madrileña y sus objetos y casi ninguna tan preciso en la asociación de fechas históricas a los acontecimientos de aquellas vidas privadas (las reconciliaciones de Juanito y Jacinta y de Maximiliano y Fortunata son denominadas con sorna «restauraciones», como la de Alfonso XII en el trono de su madre Isabel II). Y es que toda la novela transpira la lucha del instinto frente a la hipocresía, de la ley natural frente a la ley de los jueces, como si quisiera reflejar lo que se perdía definitivamente en aquella consolidación de la vida burguesa que tuvo lugar entre 1864 y 1875. Sin esa dialéctica, la novela misma no existiría: ¿por qué se empeña en contar el trivial Juanito Santa Cruz a la recién casada Jacinta el lío que tuvo con Fortunata? ¿Por qué Fortunata, deshonrada y ocho veces mantenida por otros hombres, sigue considerando que el «nene» Santa Cruz es suyo y que se irá con él cuando le diga? ¿Por qué Jacinta quiere adoptar tan pronto un falso hijo de su rival y, al cabo, aceptará la herencia de otro –este sí que verdadero– de la pobre Fortunata agonizante? ¿Por qué cierra la novela el sacrificio en su locura de Maximiliano Rubín, el marido de Fortunata, al que ésta reprocha que la quiso pero no tuvo dignidad? *Fortunata y Jacinta* trata del profundo misterio de las relaciones humanas de posesión y amor pero también del abismo abierto entre las clases sociales: la burguesía mercantil acomodada de los Santa Cruz, la averiada clase media de los Rubín, el mundo caótico y popular del que surgen Fortunata y sus parientes. Y, a su lado, hay un vitalísimo friso de personajes y niveles: la abnegada fundadora Guillermina Pacheco, la terrible y vengativa Mauricia la Dura, el atónito y medroso Moreno Isla, el expeditivo y realista Evaristo Feijoo, el fantástico Juan Pablo Rubín, etc. Precisamente uno de los atractivos de este relato es que cada personaje actúa de filtro presentativo de los otros: los conocemos por ellos mismos y por los demás y por eso los apodos familiares –a Guillermina la llaman «la rata eclesiástica»; a los amigos del farmacéutico Rubín y a él mismo, el autor les da nombres latinos de plantas; los amantes se dan pintorescos apelativos cariñosos– tienen tanta importancia en el curso de la acción.

Uno de estos personajes secundarios –allí asociado a doña Lupe la de los Pavos, tía y educadora de Maxi Rubín– es el usurero Francisco Torquemada, cuya vida, miserias, triunfos y ambiciones dio pie a cuatro relatos (*Torquemada en la hoguera*, 1889; *Torquemada en la cruz*, 1893; *Torquemada en el Purgatorio*, 1894, y *Torquemada y San Pedro*, 1895). Entonces empieza, sin duda, un tercer ciclo más abierto a lo utópico y social, a los pensamientos extraños y proféticos, a la idea de expiación y redención de oscuras culpas. *Miau* (1889), *Ángel Guerra* (1891) y *Tristana* (1892) son novelas de esa cuerda que prosigue en *Nazarín* (1895) –reflexión sobre un cristianismo evangélico donde un sacerdote despreciado compone una contrafigura de Jesús, sin duda inspirada por el reciente caso de Mosén Jacinto Verdaguer– y *Misericordia* (1897).

Como otros escritores de su tiempo (Zola, Daudet, Goncourt o Clarín), Galdós descubrió el teatro. Nunca tuvo mucho éxito y abominó con todas sus fuerzas de la rutina de empresarios, actores y espectadores que no aceptaban sus obras demasiado extensas y de numerosos personajes, sus tendencias al simbolismo, sus exigencias de decorados y elementos ambientales (el airado prólogo a la edición de *Los condenados*, 1894, dice mucho de esos desencuentros). Su primer intento fue muy revelador de lo que buscaba en la escena: convirtió una novela epistolar de adulterio –*La incógnita* (1888-1889)– en novela dialogada y luego en drama, con el titulo de *Realidad* (1892), queriendo que la voz y el diálogo expresaran directamente la confusión y el dolor de un *ménage à trois* donde todos sufren y conservan, de uno u otro modo, su dignidad. Sus otros dramas tienen reflexiones regeneracionistas sobre el valor redentor del trabajo y del dinero, sobre la necesidad de una aristocracia espiritual, sobre la grandeza del arrepentimiento y sobre la función estimulante y mediadora de la mujer en la vida social: *La loca de la casa* (1893), *La de San Quintín* (1894), *Mariucha* (1903), *El abuelo* (1904), *Amor y ciencia* (1905), *Alceste* (1914)... Consiguió dos notables éxitos: uno fue el escándalo anticlerical de *Electra* (1901), y otro, el político de *Casandra* (1910). Buena parte de sus utopías teatrales están presentes en sus últimas creaciones narrativas, centradas desde 1898 en la continuación de los *Episodios nacionales*: dos nuevas series (y seis novelas de la quinta) de muy elevado interés ideológico, desde *Zumalacárregui* (1898) hasta *Cánovas* (1912).

Emilia Pardo Bazán navegó en mayores contradicciones ideológicas que Galdós. En su juventud fue carlista y tuvo siempre a gala su condición de condesa (aunque fuera un reciente título pontificio obtenido, tras muchos litigios, en 1908). Católica fervorosa y naturalista, casada y separada tempranamente, tuvo una vida que, aunque discreta, no se compadeció para nada con la de su clase social. En los «Apuntes autobiográficos» que encabezan *Los pazos de Ulloa* habló de sus primeras lecturas de señorita (Fernán Caballero) y de cómo la de *Pepita Jiménez* le reveló las posibilidades de la novela. En 1879 publicó la primera de las suyas, *Pascual López. Novela de un estudiante de medicina*, y en 1881, *Un viaje de novios*, cuyo prólogo anuncia ya su voluntad naturalista. De 1882 son los artículos de *La cuestión palpitante*, matizada pero inequívoca defensa del naturalismo narrativo, y *La tribuna*, novela social sobre el mundo de las obreras de la fábrica de tabacos de La Coruña para la que se documentó meticulosamente.

En 1886 y 1887 publicó el ciclo constituido por *Los pazos de Ulloa* y *La madre naturaleza*, intensa descripción de la decadencia de la hidalguía gallega donde aparecen un tosco vástago feudal, una víctima femenina y un sacerdote enamorado y débil, grupo que, en la segunda parte, dio paso a una suerte de idilio incestuoso, paradójicamente opuesto a su título. *Insolación*, narración de un encuentro sexual en plena canícula madrileña, y *Morriña*, retrato de una criada gallega en la capital, son dos espléndidos relatos de 1889 que dan testimonio de su dominio de la técnica de la novela corta, que no fue menor que el que tuvo del cuento en las colecciones *Cuentos de Marineda* (1892), *Cuentos de amor* (1898) y *Un destripador de antaño y algunos cuentos más* (1900). Apasionada hasta la pedantería por lo moderno, en *La quimera* (1905) construyó una notable «novela de artistas», mucho más lograda que su remoto antecedente *El cisne de Vilamorta* (1884), y también más acertada que su novela psicológica sobre la obsesión de la muerte *La sirena negra* (1908). Procuró estar al tanto de todo y de casi todo escribió en sus numerosos artículos. En 1887 *La revolución y la novela en Rusia* siguió las noticias del vizconde de Vogüé pero añadió lecturas personales muy interesantes de Tolstoi y Dostoievski («el deseado bárbaro, el primitivo... El Dante ruso»); en *La nueva cuestión palpitante* polemizó sobre las teorías de Lombroso sobre el genio; entre 1910 y 1914 escribió sobre *La literatura francesa moderna* y en 1906 elogió a Juan Ramón Jiménez y a Ramón Pérez de Ayala como poetas. Y en mayo de 1921, poco antes de morir (tenía sobre su mesilla de noche un ejemplar *El criterio* de Jaime Balmes...), publicaba una semblanza de Rabindranath Tagore en su último artículo para *ABC*.

Pardo Bazán murió un año después que Galdós y con ellos se cerraba una página gloriosa en la historia de la novela. Pero todavía vivía (y murió en Madrid en plena

Guerra Civil) Armando Palacio Valdés, apenas dos años menor que doña Emilia. Su vida había cambiado en 1899 por su conversión religiosa: «Me he convertido –escribía a su amigo Alas, compañero de fervores republicanos en el Bilis Club de su juventud– sincera y absolutamente al cristianismo. Acaso sea yo aquella pobre sombra errante que ha acompañado a Zaratustra en todas sus aventuras intelectuales y al final he preferido caer en una prisión porque se duerme seguro». Al primer período corresponden novelas que plasman muy bien el ideal de impasibilidad narrativa aconsejado por Maupassant en el prólogo de *Pedro y Juan: El idilio de un enfermo* (1881), con notable prefacio teórico, *El señorito Octavio* (1881), *Marta y María* (1883), *El cuarto poder* (1889), *La hermana San Sulpicio* (1889) y el polémico ciclo «tendencioso» que nunca quiso reimprimir, compuesto por *La espuma* (1890), *La fe* (1891), *El maestrante* (1893) y *El origen del pensamiento* (1894). Al segundo período, que inicia *La alegría del capitán Ribot* (1899), pertenece *La aldea perdida* (1903), visión eglógica del final de la Asturias agraria en los comienzos de la explotación del carbón.

Su corresponsal de 1899 no fue un hombre tan feble, pese a la pertinaz mala salud que amargó y acortó su vida. Leopoldo Alas, Clarín, representó lo mejor del espíritu europeo entre 1870 y 1900: cierto radicalismo intelectual de corte jacobino (que, en su caso, pronto desbordó los márgenes del castelarismo juvenil), la despierta sensibilidad por lo trascendente y neocristiano sin ser jamás un creyente muy firme, el humanismo abierto a lo social (lo que en Alemania se llamó «socialismo de cátedra»), el pesimismo compensado por la ironía y un gusto artístico volcado en la novela y el drama naturalistas, aunque no dejó de apreciar –fue el primero en España– la poesía de

Baudelaire. Fue un escritor de provincias, fiel a su rutina diaria entre la cátedra de Derecho Romano y las tertulias y mesas de juego del Casino, pero es injusto identificarle (como hicieron algunos jóvenes de principios de siglo) con la crítica satírica y cicatera que ejerció en *Madrid Cómico.* Como crítico fue el mayor de su tiempo, muy por delante de Pardo Bazán, a veces poco original, y de Valera, más que a menudo trivial: en sus colecciones *Solos de Clarín* (1881), *Sermón perdido* (1885), *Nueva campaña* (1887), *Mezclilla* (1889), *Palique* (1893) y *Ensayos y revistas* (1894), más los «Folletos literarios» desde 1886 (entre los que destaca *Apolo en Pafos,* 1887), comentó casi todas las novelas significativas de su tiempo, el pésimo estado de la crítica cultural, la lucha de las ideas, la pobreza de la vida política.

Comentar los relatos de los demás le llevó a escribirlos. *La Regenta* (1884-1885) es la más grande novela española después del *Quijote* y, con diferencia, la mejor escrita y pensada de las muchas espléndidas que se publicaron en el decenio de los ochenta. Se la ha relacionado con *Madame Bovary* de Flaubert (de la que hereda su amarga reflexión sobre el talante romántico y la idea de situar una escena capital en un teatro: allí en la representación de la *Luzia* de Donizetti, aquí en la del *Tenorio* de Zorrilla); con *El pecado del abate Mouret* o *La conquista de Plassans* de Zola que seguramente algo le inspiraron a Clarín acerca de la sexualidad de los sacerdotes, y hasta con *El primo Basilio* de Eça de Queiroz donde hay una criada muy similar a la despierta y desaprensiva Petra, la doncella de Ana Ozores. Pero fue la experiencia personal de Alas lo que transfiguró todo y dio sentido a la compleja novela de un crítico avezado que con ella quería –se lo confesaba a Galdós en una carta– satisfacer su gana de escribir y hacer disfrutar a cinco o seis amigos, entre los que destacaba a Pereda y al mismo destinatario.

Esa escritura personal y, a la vez, dilatada (Alas fue entregando la novela por capítulos sueltos a su editor Cortezo) dan claves muy útiles para abordar el relato más calculado, consciente e intelectualmente refinado de su tiempo. En él, el escritor desmintió todo lo esperable en los personajes de un sólido drama de adulterio provinciano: Ana Ozores es la insatisfacción que no sabe su causa, pero también la ensoñación, la inteligencia natural y la rebeldía que siempre alguien ha reprimido en la huérfana de un descarriado liberal; Fermín de Pas no solamente es la ambición sin freno y el deseo sino aquel Fermo al que su madre, doña Paula, la antigua tabernera de mineros, ha convertido en herramienta de su resentimiento; don Víctor Quintanar no es sólo el patético y trivial engañado, o el ridículo pretendiente de Petrita, o el estúpido que es sorprendido por su mujer cuando ensaya versos de Calderón ante su espejo, sino el humanísimo anciano que ante su amigo Frígilis acepta su muerte y su error; la muerte y entierro del comerciante Santos Barinaga, arruinado por el magistral y su madre, proporcionan a su figura una dimensión que sobrepasa el humorismo anticlerical; Visita es más que una amiga desleal de Ana, pues goza del adulterio como por delegación, y Petra es mucho más que una criada con iniciativas. Solamente don Álvaro Mesía, el cacique liberal ya entrado en carnes, se limita a su vanidad de conquistador muy corrido y de jefe natural del casino vetustense. *La Regenta* retrata un ambiente moral pretencioso y espeso, seudorromántico todavía, donde el tiempo atmosférico, los objetos y la topografía casi parecen palparse, pero ese realismo descriptivo es solamente el contraste con un mundo todavía más denso donde se libra la batalla de lo espiritual contra lo carnal: la imposible «hermandad» que Ana Ozores sueña mantener con el Magistral y la feria de intrigas que invita a la alcoba, presididas ambas por una catedral desde cuya torre vigilante empieza la novela y en cuyas sombrías naves acaba con el desmayo de la protagonista y el beso a traición del monago.

La fama de *La Regenta* ha oscurecido injustamente a *Su único hijo* (1891) con la que Clarín quiso empezar el ciclo «Una medianía» (del que conservamos fragmentos significativos) y que, en el fondo, persevera en muchos temas de la novela de 1885. Ana se transforma en el ridículo Bonis, su don Álvaro es Serafina Gorgheggi y su némesis, la esposa dominante y enfermiza Emma (¡el mismo nombre de *Madame Bovary*!), todo ello en un ambiente de seudorromanticismo, insolvencia vital y flaqueza moral. Si el brutal final de *La Regenta* presenta a un monaguillo besando furtivamente los labios de Ana desmayada, aquí otra iglesia presencia cómo se bautiza al hijo que Bonis cree suyo y que lo es de su mujer y del cantante Minghetti. En el género del cuento y la novela corta Alas escribió las mejores muestras de su tiempo: quien desee seguir los pasos de esos héroes débiles hallará un retrato prodigioso en *Doña Berta* (publicada con *Cuervo* y *Superchería* en 1892), lo mismo que en «Zurita» y «El cura de Vericueto» de la serie encabezada por *Pipá* (1886), un cuento que conmoverá a quienes gusten de los personajes infortunados de nacimiento; quien se sienta atraído por el tema del fracaso del arte –otro gran tema de Clarín– leerá «Las dos cajas» (en la citada colección *Pipá*) o «La Reina Margarita» y «El dúo de la tos» en *Cuentos morales* (1896). Y quien desee apreciar las dimensiones espiritualistas del último Alas las hallará, en los cuentos de 1896, «El frío del Papa» y «La noche-mala del diablo» o «El Señor» (en *El Señor y lo demás son cuentos*, 1892).

El modelo novelesco naturalista triunfó enteramente en los años noventa, aunque –como ya se ha apuntado– matizado ahora por una inquietud por lo psicológico y las vagas aspiraciones espiritualistas que un crítico católico francés, Ferdinand Brunetière, había saludado con alborozo. A los años finales de esta década, pero no a estas inquietudes idealistas, pertenecen dos narradores como Felipe Trigo y Vicente Blasco Ibáñez cuyos éxitos corresponden ya al siglo siguiente y allí se estudiarán. Otros autores, sin embargo, se mueven en los parámetros de la centuria que acababa y, por lo menos, se debe citar a un escritor de ideas progresistas y afición a narrar enredos amorosos, Jacinto Octavio Picón, que tuvo su mejor título en *Dulce y sabrosa* (1891), y Luis Coloma, jesuita, que publicó ese mismo año *Pequeñeces*, una novela en la órbita alarconiana de moralismo hipócrita y superficial atrevimiento. El teatro no recogió grandes nombres, si se exceptúa el menguado éxito y las cóleras de Galdós y el caso, nada distinto, de *Teresa*, un drama que Clarín estrenó en 1895 y que no merecía tan impía suerte. El propio Alas reputó a José Echegaray como el gran dramaturgo y espejo de su tiempo. Y lo era pero de sus aspectos más retóricos, aunque su figura de ingeniero progresista y divulgador de las matemáticas tenga cierto interés. A sus dramas les perjudica la poca naturalidad inherente al verso, aunque era hábil rimador, y la grandilocuencia admonitoria de los planteamientos y las tramas. Los títulos lo dicen casi todo: *En el puño de la espada* (1875), *O locura o santidad* (1877), *El gran galeoto* (1881, donde la imagen dantesca apunta a la insidia y la murmuración que destrozan un matrimonio y la vida de un joven). En *El hijo de*

Don Juan (1892) hay algo de vagamente ibseniano en la trama, pero nada del naturalista noruego en el desarrollo. Enrique Gaspar fue un autor muy prolífico pero mucho más mediocre en aquella escena madrileña que se repartía entre el Teatro Español (donde los Calvo obtenían grandes éxitos con Calderón) y el Teatro de la Comedia (donde Emilio Mario, un incondicional de Moratín, se adaptó mejor a la expresividad naturalista). Allí se estrenó *Juan José* (1895), drama de Joaquín Dicenta, un autor que venía de los aledaños de Echegaray y que descubría allí un retablo popular y obrero en torno al crimen pasional de un albañil huérfano que mata a su amante y al capataz (la dama joven María Tubau lloraba porque no quería representar «un drama de gentuza y oliendo a vino»). La obra conoció largo éxito en las liturgias obreras del primero de Mayo, otra referencia trascendental de estos años noventa. Su autor buscó y logró repetir el triunfo con *El señor feudal* (1896), de tema rural, *Aurora* (1902), donde una criada salva del engaño a su señorito, y *Daniel* (1907), de asunto minero como la citada *Teresa* clariniana.

3. El siglo XX

Fin de siglo y nueva estética

En el umbral mismo del siglo XX aparece uno de los conflictos más enconados que plantea la periodización literaria española. Por largo tiempo, *modernismo* y *generación del 98* parecieron abarcar en régimen de condominio las dos facetas –la intelectual y la estética, la comprometida y la apolítica– que parecían advertirse en los escritores finiseculares. Resultó luego que no era tan fácil atribuir a campos diferentes cosas que en todos los escritores aparecen, como se verá, en amalgama más confusa pero también más incitante, lo que redundó en desprestigio del marbete generacional y en consolidación del término *modernismo.* Se buscó, al cabo, una solución onomástica de convergencia –*crisis de fin de siglo*– que, por otra parte, pudiera enlazar con una panorámica más universalista y, en ese mismo tenor, cabe que muy pronto una reconsideración del *modernismo* español en términos del más amplio *modernism* (a la usanza anglosajona) suponga una solución nueva e inédita de la anomalía española.

Al respecto de esa guerra de denominaciones conviene observar varias cosas. Hubo efectivamente una conciencia generacional entre los artistas más representativos: el uso y abuso que entonces se hizo de las palabras «jóvenes» y «juventud» delatan la constitución de un verdadero frente biológico que tenía delante a lo viejo y caduco, y tal cosa es el umbral necesario de la definición de una generación. Y además, por otra parte, el léxico de la biología positivista, tan propio de la época, aportó las ideas de *regeneración* y *regeneracionismo* que hicieron suyas partidos políticos y grupos de opinión. Pero lo cierto es que la asociación de una idea de generación y de la fecha de 1898 se produjo tarde: fue Azorín quien la formuló en sus artículos de febrero de 1913, con ánimo de retomar un protagonismo intelectual que sus veleidades conservadoras le habían quitado; recordando un pasado común de hermandad en la «preocupación por España» homogenizaba el pasado pero, a la vez, falsificaba el sentido de lo que fueron actitudes a menudo muy divergentes, como veremos.

«Generación» es un término sociológico de acusada vaguedad, mientras que *modernismo* tenía, de entrada, la ventaja de ser rigurosamente coetáneo de los hechos. Y otro mérito adicional: como sucede en los casos de *romanticismo* y *romántico* es un nombre suficientemente reducido de carga semántica y, sin embargo, muy activo como denominación de combate, pues los enemigos lo esgrimieron como descalificación y los partidarios se sintieron a gusto bajo su bandera. Cierto es, no obstante, que su uso literario resulta privativo de las literaturas española, catalana (donde lo sustenta además la vinculación política del catalanismo emergente) y de la hispanoamericana, mientras que el término *modernism*, al que arriba se aludía, define en el mundo anglosajón un movimiento de renovación artística cuyo centro son las llamadas vanguardias históricas. En el resto de Europa, *fin de siglo* suele ser una mención puramente adjetiva y prevalecen los términos de *decadentismo, simbolismo, segundo naturalismo,* mientras que denominaciones como *art nouveau, modern style, Sezession, jugend stil*... conciernen casi exclusivamente a las artes plásticas.

Pero con estos nombres apelamos a algo que es un importante punto de partida: el clima psicológico de una época de cambios que se extiende entre 1890 y 1910. A lo largo de ella se fundó la física moderna (que destronó como ciencia hegemónica a la química), la sociología desplazó a la historia como herramienta de análisis social, quebró la confianza en el positivismo y surgieron filosofías irracionalistas como las de Nietzsche y Bergson, nació la psiquiatría moderna y, en su marco, el psicoanálisis. Después de 1900 ni el ámbito del alma humana, ni la imagen del átomo, ni la dinámica de las multitudes, ni el contenido psíquico de la memoria, ni la percepción subjetiva del tiempo, ni la existencia de Dios tuvieron ya el mismo significado que antes. Un escritor francés J. K. Huysmans, dijo en su novela *Allá lejos* que todos los fines de siglo se parecen, pensando, sobre todo, en que el inmediato anterior había traído la Revolución Francesa. Años antes, en otra influyente novela suya, *Al revés*, su protagonista, el caballero Des Esseintes, había decidido enclaustrarse en una residencia donde coleccionaba todo cuanto le parecía revelador del talante refinado y frágil de aquel fin de los tiempos: leía literatura latina de la decadencia bárbara, encuadernaba en ricas pieles los versos de Baudelaire, decoraba una habitación con fantasías de exploraciones marítimas (Jules Verne fue también una lectura y un hombre de fin de siglo) y disponía en sus salones los cuadros del simbolista Gustave Moreau y, entre ellos, el que representa el final de la danza de Salomé, un tema que fue una constante finisecular.

Como se ha señalado, Nietzsche fue otro espejo de la crisis de la época. Su idea del *superhombre* –el héroe que desborda la moral convencional– entró en la cabeza de muchos periodistas desorientados y famélicos, de poetas y pintores fracasados, de anarquistas soñadores y de radicales furibundos que odiaban los regímenes imperantes (la Tercera República francesa, el Risorgimento italiano, la Restauración española, la época eduardiana británica, el largo imperio austrohúngaro del piadoso y estricto Francisco José), predicaban la «acción directa» y soñaban una alianza con los miserables. La imagen de lo que Nietzsche llamó «la muerte de Dios» (y, en otro sentido, la terrible fábula de Dostoievski sobre «El gran inquisidor», contenida en *Los hermanos Karamazov*) llevó a muchos al agnosticismo, pero también alumbró la búsqueda de nuevos modos de fe en la trascendencia. Unos descubrieron el satanismo, otros retornaron a la fe mediante el milagro de la conversión (fue famosa la de Paul Claudel), no pocos buscaron lo esotérico (la teosofía de Madame Blavatsky fue un fruto finisecular) y por doquier un misticismo vago y dolorido inspiró el arte: un programa musical representativo del momento podría incluir tres piezas tan fascinantes como la segunda sinfonía de Gustav Mahler (*Resurrección*), *Muerte y transfiguración* de Richard Strauss y el *Poema del éxtasis* de Alexander Scriabin, el más resueltamente gnóstico de los músicos de la época. Todos ellos sintieron la insatisfacción de su propia obra. Strauss heredó de Wagner la aspiración a la «melodía infinita» y tanto a Mahler como a Scriabin les fascinó la posibilidad de incrementar las dimensiones de la orquesta y de pedir a los coros la impresión de infinitud. Casi todos los artistas padecieron ese anhelo, pero quien mejor acertó a expresar la crisis de insuficiencia del lenguaje (y algo más dramático, la disolución de la conciencia personal ante la contemplación de lo existente) fue el austriaco Hugh von Hofmannsthal en su «Carta de Lord Chandos» (1902): este joven inglés del siglo XVI confiesa allí a su preceptor, el filósofo Francis Bacon, el naufragio irremediable de su yo y de su lenguaje ante la variedad multiplicada de la experiencia de vivir.

Y es que hubo también un deseo general de reencontrar la inocencia perdida, de volver a lo natural y espontáneo, por más que Oscar Wilde hubiera proclamado el placer sin igual de lo artificioso: Paul Gauguin quiso encontrar la naturalidad en Polinesia y su amigo Vincent van Gogh pensó que se hallaba entre los trigales enfurecidos y los cipreses como llamaradas de Provenza; la Hermandad Prerrafaelista británica proclamaba desde los años sesenta la vuelta del arte hacia los modelos anteriores a la pintura de Rafael, a la unción piadosa y al mundo sencillo de los pintores del XIV y del XV; Francis Jammes se ganó la atención del mundo poético con un volumen que se titulaba *Del Ángelus de la mañana al Ángelus de la tarde...* Y algún tiempo después, el edificio que la *Sezession* vienesa erigió como sede de sus actividades (y que coronaba una hermosa cúpula que imitaba la tupida vegetación) puso en su frontispicio dos inscripciones: la una –«a cada tiempo su arte, a cada arte su libertad»– recuerda el principio motor de la vanguardia; la otra –«ver sacrum», «primavera sagrada»– habla con elocuencia del tono de misticismo panteísta que el arte tuvo en el comienzo mismo del siglo XX.

El modernismo español

Todo esto tuvo su correspondiente traslación española. En Unamuno hallamos la búsqueda angustiada de la fe e incluso la conversión repentina al cristianismo. Y en pocos escritores hallamos tan íntima comunión con el paisaje. El retratado por Antonio Machado o por Juan Ramón Jiménez tiene, sin embargo, mucho más de paisaje interior, de decorado soñado en el que opera mucho más la memoria que la percepción directa. Azorín casi dejó disolverse la prosa en el ritmo de la evocación y, de hecho, tendió a ver al mundo como una sucesión de fragmentos estáticos, detenidos en el uso de los verbos en presente y sincopados por el abuso de las frases cortísimas. Baroja refirió siempre las cuestiones de estilo y composición a problemas de melodía y, pese a su aparente positivismo, se definió como kantiano absoluto en lo que tocaba a la epistemología: no había más realidad que la subjetivamente percibida por el observador. Ramiro de Maeztu, siempre al borde de la caricatura de sí mismo, se soñó un superhombre y, tras haber afirmado que los oficiales navales japoneses que derrotaron a los rusos en Port Arthur tenían a Nietzsche como lectura predilecta, se aplicó a reclamar para el país dosis masivas de pragmatismo pedagógico británico y luego de idealismo filosófico alemán.

En rigor, la tan traída y llevada crisis española de 1898 tuvo caracteres muy universales. La misma derrota colonial y su correspondiente digestión dolorosa fue parecida a la crisis portuguesa del «ultimátum» británico de 1890, a la italiana que sucedió a la derrota en la batalla abisinia de Adua (1894), a la francesa que siguió a la quiebra de la compañía constructora del canal de Panamá (1900) y a la citada revolución rusa de 1905 tras la guerra ruso-japonesa (1904). En todos los países se desprestigiaron los partidos, se agudizaron las luchas sociales, hubo bombas anarquistas y se radicalizaron las clases medias. Y en todos también la profesión artística vio dos nuevas formas de inserción en una vida social cada vez más compleja: la actitud bohemia y la presencia intelectual. La primera ya no era la imagen romántica, ociosa y juvenil consagrada por la novela de Henri Murger, *Escenas de la vida bohemia,* que por estas fechas inspiró una ópera de Puccini. Los bohemios de 1900 padecían en una suerte de noviciado estético en los gélidos estudios de Montmartre o en las buhardillas de los escritores en agraz o en los divanes pelados de cafés sombríos donde los sedicentes artistas acendraban la originalidad de su mensaje y se complacían en la heroicidad de su misión. Y despreciaban al público burgués de quien, por otro lado, esperaban el éxito y el dinero: el *filisteo* debe ser befado y confundido y aquella consigna de «épater le bourgeois» (que Unamuno traduce como «dejar turulato al hortera») se convierte en un lema de época.

Pero, a la vez, la bohemia se vivió como un momento de fraternidad entre los señalados por el arte y los estigmatizados por la dureza de la vida: las prostitutas, los obreros, los marginados. Y se formuló como un reto permanente a la convención hipócrita del burgués, ya que cuando éste duerme, el bohemio vela; cuando exige contrato matrimonial, el artista se amanceba; cuando el enemigo predica la contención, los bohemios blasonan del despilfarro. No conviene sin embargo, pensar que la alternativa bohemio-intelectual significa la entronización de la envejecida dicotomía modernismo-generación del 98. «Intelectual» fue una designación que comenzó a usarse en Francia en los años noventa y que enseguida vino como anillo al dedo para nombrar corporativamente a los escritores y artistas que, siguiendo el generoso llamamiento de Émile Zola, habían tomado en 1894 la defensa del capitán Alfred Dreyfus, procesado por un delito de alta traición pero, en realidad, por la desconfianza que suscitaba su origen hebreo. En esas batallas hubo bohemios iluminados, universitarios, artistas, periodistas y hasta algún científico. El equivalente español de aquel sonado acontecimiento francés fue seguramente la campaña de intelectuales contra las detenciones y torturas infligidas a los numerosos presos –anarquistas, republicanos y catalanistas de izquierda– detenidos en la Barcelona de 1897, acusados de complicidad con la colocación de una bomba al paso de la procesión de Corpus en la calle de Canvis Nous. En los años siguientes no faltaron motivos que inspiraron nuevas batallas y que fueron dando cuerpo a una opinión intelectual que nunca es fácil separar, como se ha dicho, de la actitud bohemia. Una y otra encarnan, de hecho, la misma distancia crítica respecto a una sociedad hipócrita y lo que importa es el motivo movilizador de los llamamientos a la acción, de los editoriales furibundos, de las campañas o de los manifiestos. Y esos acontecimientos podían ser la misma derrota militar de 1898 y el subsiguiente regeneracionismo político, la oleada anticlerical (que convirtió en escándalo el estreno de la *Electra* galdosiana, como ya sabemos), la acuñación del «caciquismo» y la «oligarquía» como los dos males de vida política española, tal como los esgrimió Joaquín Costa en la encuesta que promovió en el Ateneo de Madrid en 1901... Anticaciquismo, anticlericalismo y antimilitarismo fueron tres lemas de la conciencia popular rebelde (y casi milenarista) y su configuración como mitos debió mucho a la actitud y a la emoción de los intelectuales del momento.

El alcance de estas campañas lo debió todo a la prensa periódica que, desde comienzos de los años ochenta, había experimentado cambios muy notables: unos fueron financieros (surgió una prensa independiente considerada como negocio saneado por sus capitalistas); otros, técnicos (se introdujo la rotativa y modos más ágiles de distribución y venta callejera), y no pocos dependieron del crecimiento de las concentraciones urbanas y de los avances de la alfabetización. Los nuevos escritores creyeron haber roto el maleficio que, a lo largo de la Restauración, había atado al escritor a un público limitado pero fiel, hecho a las bromas de Valera, a la familiaridad de Galdós o a los trenos de Núñez de Arce. Azorín, en *La voluntad*, hacía decir a su personaje Yuste que «antes la *longitud* del público emparejaba, sin faltar ni sobrar apenas, con la longitud de la vida del escritor, hoy cuatro o seis longitudes de público son precisas para una de escritor». Era cierto que la moda variable regía la oferta y la demanda pero tampoco era muy exacto que los escritores veteranos, como el mismo Yuste inventado por Azorín, hubieran visto amortizado su prestigio. En la latente querella de viejos y jóvenes que presenció el período 1890-1910 se cometieron injusticias y se perpetraron significativos ataques iconoclastas (como la protesta por el homenaje nacional a Echegaray con motivo de haber obtenido el Premio Nobel de 1905), pero hubo también elementos de continuidad. Unamuno aprendió muchísimo del denostado Leopoldo Alas. Galdós fue excluido habitualmente de los ataques y Maeztu hizo de él el heraldo de la nueva vida regeneradora al apreciar su defensa de la iniciativa industrial en *Mariucha* o en *Casandra*. Y Valle-Inclán pudo ver en *Alma y vida* un esbozo de sus futuras *Comedias bárbaras*. Baroja apreció a Valera, achaque poco común, y Francisco Giner de los Ríos o Joaquín Costa fueron admirados como esforzados paladines de un nacionalismo crítico.

Escritores de un fin de siglo

Cambiaron muchas cosas pero también se reconocían raíces muy profundas. Muchos vieron en el fin de siglo y en el modernismo un reencuentro con lo romántico y puede sorprender al poco avisado que los críticos apelen tan a menudo a la sencillez y al sentimentalismo como formas del nuevo lenguaje, mientras los más reacios se afanan por caricaturizar como neuróticos y retorcidos a los jóvenes escritores. En no pocos de ellos aparece una queja contra la civilización industrial y uniformadora y quizá esta dimensión (mezclada a la suma de las dos anteriores) sea el lugar donde encaje un personaje tan llamativo y poco clasificable como el malogrado Ángel Ganivet. Fue un excéntrico que abominaba de lo moderno (lo cual se deja ver en la evocación idealizadora del pasado de su ciudad natal, *Granada la bella*, 1896) y que buscó articular de modo bastante arbitrario un nacionalismo entre espiritualista y pragmático (*Idearium español*, 1897), cuyas tesis neoestoicas hay que remontar a su curiosa tesis doctoral *España filosófica contemporánea* (1890), donde exigió la formulación de un pensamiento español independiente y castizo. Dejó dos novelas curiosas, *La conquista del reino de Maya por el último conquistador español Pío Cid* (1897) y *Los trabajos del infatigable creador Pío Cid* (1898), que son, respectivamente, una fábula sobre el imperialismo y un relato sobre pedagogía hogareña y donjuanismo intelectual. La trágica muerte del escritor –se suicidó en Riga, donde era cónsul, arrojándose por dos veces a las aguas heladas del Duina (ya estaba perturbado como consecuencia de un proceso sifilítico)– engrandeció su figura: póstumamente se conoció un drama simbólico de título revelador, *El escultor de su alma* (1904), y las cartas que entre 1893 y 1894 intercambió con Navarro Ledesma (que son la más patética huella de su personalidad dispersa, brillante y arbitraria) y las que en 1898 cruzó con Unamuno (*El porvenir de España*).

El azar de sus destinos como diplomático convirtió a Ganivet en cronista del mundo nórdico (en sus libros *Cartas finlandesas* y *Hombres del Norte*) sin alterar su fondo granadino, y es que, en rigor, el fin de siglo fue una etapa de recogimiento regionalista y de intimidad con lo local. No debe olvidarse que, por entonces y al calor de la crisis de legitimidad del Estado, fraguan el catalanismo, el vasquismo y el galleguismo como movimientos políticos: conservador y culturalista el primero, ultramontano y racista el segundo, progresista y vagamente internacionalista el último, aunque todos tres enemigos de los «españoles», ya fueron vistos como «maquetos» y «castelans» o amenazados con el «bon cop de falç» del himno *Els segadors.* Pero en un terreno más próximo a la experiencia estética, el localismo invadió desde la zarzuela hasta la novela, pasando por la poesía lírica. En ésta conocieron éxito los poemas dialectales del murciano Vicente Medina, que se limitan a los recogidos en *Aires murcianos* (1898), ya que *Alma del pueblo* (1900) –en el que una sección tiene el significativo nombre de «Sectarias»– y *La canción de la vida* (1902) son libros escritos en lengua española. Son mucho menos virulentos los poemas de

José María Gabriel y Galán, hombre conservador y de más cultivo que Medina, que alguna vez usó de un dialecto extremeño-salmantino y que fue autor de *Castellanas* (1902), *Extremeñas* (1902), *Campesinas* (1904) y *Nuevas castellanas* (1905).

Los modelos novelísticos tampoco cambiaron mucho en el molde común del naturalismo. A final de siglo parece afianzarse un paradigma narrativo bronco y directo, que no excluye el gusto por la violencia y que tiene también el consabido sello finisecular de lo terruñero. Lo representó a las mil maravillas la primera etapa de Vicente Blasco Ibáñez, quien constituyó en la Valencia del fin de siglo uno de los más atractivos mitos populares: el *blasquismo* fue una suerte de religión laica cuyo sacramento era la lectura del periódico *El pueblo* y cuyos rasgos eran el anticlericalismo, el republicanismo y cierta dosis de utopismo pequeñoburgués. En aquel periódico se publicaron las primeras novelas en que el autor retrató con auténtico genio la realidad social del momento levantino: *Arroz y tartana* (1894) es el relato de la ciudad; *La barraca* (1898) reflejó la lucha del minifundista con el usurero y de los pequeños propietarios entre sí; *Cañas y barro* (1902), la conquista de tierras en la albufera. Con ánimo zolesco –el autor admiraba a Zola hasta la idolatría–, Blasco amplió su campo de observación en *La catedral* (1903), sobre el clericalismo en la provinciana Toledo, *El intruso* (1904), sobre el mundo de los negocios bilbaínos, *La bodega* (1905), sobre la rebelión campesina en Jerez y *La horda* (1905), sobre el mundo del periodismo madrileño. Ya antes quiso remedar a Flaubert en *Sónnica la cortesana* (1901) y luego se asomó a la «novela de artistas» en *La maja desnuda* (1906) y al castizo tema taurino (*Sangre y arena*, 1908), pero al final su consagración internacional («me iba de Madrid a París como quien toma el tranvía») le llevó a publicar relatos ambiciosos pero de reducido interés como *Los cuatro jinetes del Apocalipsis* (1916) y *Mare Nostrum* (1918), ambientadas ambas en la guerra europea.

Felipe Trigo, médico militar, conoció un éxito tardío pero indiscutible y estuvo, como Blasco, orgulloso de su reconocimiento. Pero si el primero lo midió en traducciones, adaptaciones cinematográficas, viajes exóticos y, al cabo, una finca en la Costa Azul, la fama de Trigo fue más nacional y escandalosa y, al cabo, solamente le granjeó un hotelito en la Ciudad Lineal madrileña, donde se suicidó de un tiro en 1916. Fue el novelista erótico y protervo por antonomasia aunque, de hecho, no pasó de ser un reformista candoroso que profesaba de «socialismo individualista» (así tituló un libro en 1904) y evangélico, frente a la hipocresía ambiente, del regreso de «Venus con el resplandor de María Inmaculada». Pero su regeneracionismo progresista fue contumaz y una escena reveladora de *Jarrapellejos* nos mostró la lectura de los versos campesinos de Gabriel y Galán ante un auditorio que presiden los vigorosos regüeldos del cacique Pedro Luis. Quizá sea *La altísima* (1907) la novela más cercana al ideal de religión erótica, pero es una de las peores. Leemos con más gusto *Las ingenuas* (1901), *La sed de amar* (1903) –quizá la más explícitamente educativa y social– y las componentes del que cabría llamar su ciclo extremeño, vinculado a la imaginaria ciudad de Argelez, que son *En la carrera* (1909), *El médico rural* (1912) y *Jarrapellejos* (1914).

El remoquete de «noventayocho menor» (que no significa nada) ha recaído en estos y otros narradores del momento que se atuvieron a una línea de descripción y denuncia de la «España negra» (un concepto que nació del libro de Émile Verhaeren, ilustrado por Darío de Regoyos): todos fueron una suerte de proletariado de la pluma, no muy cultivado pero muy combativo, que bregó en redacciones de periódicos y en las colecciones de novelas cortas. El más tópico fue Eugenio Noel, tenaz debelador del flamenquismo y de la afición a los toros (*Las capeas*, 1915) que escribió tardíamente una novela estropeada por el rebuscamiento castizo, *Las siete Cucas (una mancebía en Castilla)* (1927). Más complejo fue Manuel Ciges Aparicio que, con la fuerza de un Máximo Gorki español, radiografió la crisis de desmoralización de un hombre de principios de siglo a lo largo de cuatro volúmenes de corte autobiográfico que son una de las obras maestras de su tiempo: *Del cautiverio* (1903) recogió su experiencia como soldado y condenado a muerte en Cuba; *Del hospital* (1906), el recuerdo del internamiento en un centro militar en Vich; *Del cuartel y de la guerra* (1906), la vida soldadesca en África cuando la primera crisis de Melilla; *Del periódico y de la política* (1907), la miseria de las redacciones republicanas en Madrid y Zaragoza. Siguieron novelas como *El vicario* (1905), sobre la crisis de fe de un sacerdote; *La romería* (1911), brutal panorama de una fiesta popular en Quesada; *Circe y el poeta* (1926), sobre la emigración de los bohemios antimauristas en el París anterior a la guerra del 14, y *Los caimanes* (1931), tardío alegato contra el caciquismo. A su lado, José López Pinillos –que firmó con el seudónimo celestinesco de «Parmeno»– fue un periodista de éxito y un dramaturgo que se especializó en los «dramas rurales» como *Esclavitud* (1918), el más aplaudido. Pero son mejores sus novelas: entre las cortas destaca *La sangre de Cristo* (1907), que describe con eficacia una orgía campesina, y *Cintas rojas* (1916), sobre el autor de un asesinato múltiple en un cortijo andaluz. De las tres largas, la mejor es *Doña Mesalina* (1910), ambiguo pero denso retrato de una maestra rural corrompida por sus «protectores».

Por muy representativos que sean estos escritores, los auténticamente importantes son otros que, en general, fueron reconocidos como tales muy precozmente. Sus temas no fueron, a menudo, muy dispares de los vistos pues también sintieron la repugnancia y el atractivo de la vida española, los deseos de ruptura moral y los pujos de radicalismo, pero elaboraron estas y otras instancias con una perspectiva más rica y con menos concesiones al efectismo inmediato. Ellos fueron Unamuno, Valle-Inclán, Baroja, Azorín y Antonio Machado, un elenco de escritores que es muy discutible que compongan una generación (entre los nacimientos de Unamuno y Machado median once años de diferencia) pero de quienes puede decirse que encarnaron la construcción de la modernidad literaria en España. Quizá en tal sentido podría acogerlos el rótulo de *modernistas* tanto en el sentido hispánico como en la acepción anglosajona del término: por su vivencia personal de la búsqueda de un lenguaje expresivo, por su conciencia clara de la crisis de los géneros literarios tradicionales, por su peculiar modulación del yo artístico, tres ingredientes capitales del arte de nuestro tiempo.

Si ha caracterizado a la modernidad una profunda reflexión sobre los alcances del lenguaje, resulta indudable que los nombres aducidos han modificado para siempre el idioma literario español: Unamuno fue un obseso de la etimología y de sus implicaciones semánticas pero también un defensor, todo lo contradictorio que se quiera, del neologismo y del arcaísmo, de la simplicidad y de la paradoja; Valle-Inclán elevó el idioma al rango de exorcismo expresivo y defendió la condición taumatúrgica del escritor; en la aparente grisura de Baroja es fácil reconocer la vocación musical de quien reconocía haber aprendido a escribir prosa en los versos de Verlaine; Azorín fue el inventor de la descripción impresionista y Antonio Machado supo dar increíble precisión a los adjetivos de color y aire de modernidad a los giros populares. En punto a los géneros literarios convencionales fueron todos resueltamente iconoclastas. Unamuno inventó la *nivola* como un intento de superar las pautas descriptivas del relato tradicional y, más allá de la desnudez retórica de sus tramas, afirmó que la invención narrativa y la ¿realidad? histórica no eran cosas distintas: cruce de sueños y voluntades que se dio también en su teatro. Valle-Inclán fusionó teatro y novela en una unidad inextricable de naturaleza escénica (Valle ve el mundo *sub specie theatri,* apuntó sagazmente Pérez de Ayala), mientras que Azorín cultivó todos los géneros, menos la poesía, sembrando en todos las mismas semillas de quietismo descriptivo y vaga sensación de inminencias. Y todos convirtieron el artículo de periódico en una manera de ensayo donde la opinión y la confesión, la apelación al lector y el reflejo del alma propia, se fusionan en una fórmula reveladora donde las haya. Y el ensayo fue, precisamente, un lugar privilegiado de lo que más arriba he llamado «modulación del yo». En el caso de Unamuno, este «yo» se expresó en la cercanía afectiva de los románticos: como ansia de perduración y de trascendencia, aunque también a veces en un afán de placentera aniquilación. Machado, a cambio, prefirió diluirlo en sus escritores apócrifos que recorrieron en su nombre etapas y perplejidades de su pensamiento filosófico. Valle-Inclán optó decididamente por la máscara de un creador que solamente tiene existencia real como alquimista del lenguaje. Baroja osciló siempre entre lo elusivo –gustaba hablar de sí mismo en tercera persona: «uno piensa...»– y lo confesional: sus relatos suelen presentar complejas estrategias narrativas donde unos narradores usan del testimonio de otros y estos de otros, en una atractiva peregrinación en torno a la verdad. Máscara también y atribulado ególatra fue el periodista Ramiro de Maeztu, que se mantuvo ajeno a la creación literaria pero que acertó a expresar, en su espléndido librito *Hacia otra España* (1898), el clima de inquietudes de un año capital. Después de haber sido a la par marxista y partidario del capitalismo, fue idealista y católico, europeísta y nacionalista, gremialista e individualista.

Unamuno y la pérdida de la fe

El primer esfuerzo de Miguel de Unamuno fue, como en buena parte el de su amigo Ángel Ganivet, situarse en una tradición intelectual española y en un entendimiento histórico de su propia existencia civil. Vasco y católico, fue inicialmente fuerista y bastante temprano abandonó sus creencias y militó en el partido socialista. Esa ampliación de sus puntos de vista dejó huella en sus primeras obras importantes, que vinieron a ser como mojones de aquel esfuerzo de autodefinición. *En torno al casticismo* (1895, edición completa en 1902) fue una reflexión sobre el porvenir del nacionalismo español entre la inercia casticista y la fe voluntarista de regeneración de la que surgió su idea de *intrahistoria* (populista y colectiva) frente a la de *historia* (oficial y retórica). Con su novela *Paz en la guerra* (1897), cuyo título denota la ambición tolstoyana, reelaboró sus recuerdos infantiles de la guerra carlista y quiso entender la contienda civil como la necesaria suma dialéctica de proyectos antagónicos. Y poco antes en la novela inconclusa *Nuevo Mundo* (1895, edición en 1994) plasmó en la trayectoria de un personaje algunos de los problemas personales que ya determinaban sus opciones personales: el peso de la orfandad, la decepción ante toda acción política, la angustiada búsqueda de una fe.

La crisis espiritual de 1897 modificó sus presupuestos. Abandonó el socialismo, aunque no el progresismo social, y regresó a una fe voluntarista, hija del esfuerzo de creer mucho más que de la certidumbre. Cristo, el hijo de Dios que clama en la cruz «Padre, ¿por qué me has abandonado?», y Don Quijote, el héroe ridículo que, contra toda befa y fracaso, afirma «yo sé quién soy», pasaron a ser sus modelos predilectos. Y quien había escrito en 1896 el famoso artículo «¡Muera Don Quijote!» publicó en 1905 una *Vida de Don Qijote y Sancho* que es como un devocionario –a veces, exagerado y casi caricaturesco– de su nueva religión y, en gran medida, anticipo de lo que fue su libro filosófico más significativo, *Del sentimiento trágico de la vida* (1913), aunque la dimensión religiosa de su búsqueda está más presente en el tardío librito *La agonía del cristianismo* (1926).

Para entonces ya había descubierto que la novela ofrecía el mismo juego de la vida y de la historia: la angustiosa apuesta por la construcción del individuo. En 1902 publicó *Amor y pedagogía,* fábula cómica sobre el fracaso de la educación positivista, que dio paso a *Niebla* (1914), desgarradora manifestación de su personaje autónomo, capaz de pedir gracia a su creador Unamuno para no morir, y a *Abel Sánchez* (1917), *Tres novelas ejemplares y un prólogo* (1920), *La tía Tula* (1921), *Cómo se hace una novela* (1926) y *San Manuel Bueno, mártir y tres historias más* (1933). Todos sus personajes viven hasta la náusea la necesidad de sobreponerse a sí mismos y también la fatiga y la conciencia de ficción que ese esfuerzo significa: Joaquín Monegro inmola su tranquilidad para disimular la envidia que siente por Abel, su mejor amigo; Tula se sacrifica por la familia de su hermana muerta para ocultarse su soberbia y su temor al matrimonio con su cuñado; el U. Jugo de la Raza de *Cómo se hace una novela* busca eludir la sentencia de muerte que creyó ver en un libro que leía; el cura Manuel Bueno logra ocultar su ausencia de fe a todo un pueblo que cree en su santidad. Unamuno fue partidario de eliminar de sus novelas toda ambientación que distrajera de la acción, pero la importancia del paisaje en su obra se advierte en momentos de rico simbolismo en cualquiera de sus novelas (la visión de la luna en *La tía Tula* o del lago en *San Manuel*). Y ese mismo paisajismo simbólico, convertido en «estado del alma» (como había dicho H. F. Amiel y repetía Unamuno), se explayó por entero en libros de artículos como *Por tierras de Portugal y Españal* (1911) y *Andanzas y visiones españolas* (1922).

Su teatro fue también intenso y desnudo: *La venda* (1913), *Sombras de sueño* (1931), *El otro* (1932) y *El hermano Juan* (1934) son sus obras más significativas. Y quizá, como se ha dicho a menudo, fuera antes que nada poeta lírico pese a su poco sentido musical y a cierta conceptuosidad que da aspereza a sus versos. Su primer libro *Poesías* (1907) contiene un «Credo poético» cuyo primer verso («Piensa el sentimiento, siente el pensamiento») es muy revelador del alcance de su lírica: reflexiones de la sensibilidad. En *El Cristo de Velázquez* (1920) ofreció otra imagen de su dilecta meditación sobre el Hijo de Dios, algo más esperanzada que la cruel visión del Cristo muerto de Santa Clara de Palencia y la del tosco Cristo de la Cabrera, en sendos poemas anteriores. Pero posiblemente sus mejores logros están en el «diario poético» que llevó desde 1928 y que solamente se publicó en 1953 con el título de *Cancionero*. Su último poema es un soneto de 28 de diciembre de 1936, escrito tres días antes de su óbito: vuelve a aparecer en sus versos el eterno dilema de si la vida es cierta o es sueño y, al final, otra vez, el poeta se ve «escudriñando el implacable ceño/ –cielo desierto– del eterno Dueño».

Valle-Inclán y el esperpento

Ramón del Valle-Inclán nació para la literatura de un modo bastante más convencional: sus primeros cuentos *Femeninas* (1896) –dedicados a Manuel Murguía, patriarca del galleguismo y viudo de Rosalía– reflejan el ascendiente de la literatura romántico-decadentista francesa que ha leído en Pontevedra. De ese clima deriva una obra ya más personal como fueron las *Sonatas* (de *Otoño*, de *Estío*, de *Primavera* y de *Invierno*, por orden de publicación entre 1902 y 1905), construidas al modo internacional de la «novela corta»: un melancólico pazo gallego y el reencuentro con una amante moribunda, la pasión por una criolla incestuosa en tierras de México, los discreteos galantes en la Corte del Papa-Rey y, por último, la guerra carlista, fueron los ámbitos de cada una de estas aventuras. En ellas se consolidó la firma de un creador (que había convertido su nombre civil de Ramón Valle Peña en el aristocrático Ramón María del Valle-Inclán, luego apocopado en Ramón del Valle-Inclán) y nació la concepción de un personaje decisivo cuya relación con su autor no es tanto la de una transfusión autobiográfica como la de una transferencia de máscaras: Xavier Bradomín, marqués de

Bradomín, era un «don Juan feo, católico y sentimental», carlista «por estética» (y por aborrecimiento de los «años babiones» de la Restauración) y testigo entre irónico y doliente del final de un mundo, el de los mayorazgos altivos, los campesinos devotos y humildes, los placeres refinados y pecaminosos. Pero todo era invención: Valle fue efectivamente carlista –un tanto heterodoxo– hasta la época de la guerra europea y en aquella visión de una Galicia feudal y medievalizante confluían su modernismo estético (impregnado de prerrafaelismo) y su personal concepción política populista y autoritaria que no abandonó nunca y que se encarnó sucesivamente en Lenin, Álvaro Obregón y Manuel Azaña e incluso en alguna veleidad mussoliniana.

Dos ciclos paralelos fueron la vía de salida del mundo decadentista de las *Sonatas.* Las dos primeras *Comedias bárbaras* (*Águila de blasón,* 1907, y *Romance de lobos,* 1908) inventaron una suerte de rey Lear gallego, don Juan Manuel de Montenegro, contra el que se alzan sus hijos. Y *La guerra carlista* fue una sucesión de novelas (*Los cruzados de la Causa,* 1908; *El resplandor de la hoguera,* 1909, y *Gerifaltes de antaño,* 1909, más un fragmento de *La corte de Estella,* 1910) que, además de dar acomodo narrativo a Bradomín y a Cara de Plata (el hijo menor y más querido de Montenegro), usó del modelo tolstoyano de *Guerra y paz,* para presentar la secreta dinámica de la historia en contraste con el sufrimiento de los hombres e impulsada por los deseos de expiación de los protagonistas. Los años que van de 1908 a 1920 fueron de evolución muy activa: un relato breve de 1908, «Una tertulia de antaño», que quizá pertenezca al material de *La guerra carlista,* anticipó la línea narrativa –caricaturización de personajes, diálogos exentos– que desarrolló años después, a la vez que una pieza teatral, *Voces de gesta* (1911) enterró el ciclo carlista y, a cambio, el texto de *La medianoche. Visión estelar de un momento de guerra* (1916), inspirado en su vista al frente francés de la guerra europea, consolidó su anhelo de visión simultaneísta de los hechos y su concepción humanitarista que ya eran visibles en la última entrega de *La guerra carlista.* Pero también de 1916 es su libro *La lámpara maravillosa. Ejercicios espirituales,* tratado poético de fuerte contenido esotérico y cierto aire de camelancia (Juan Ramón dijo que era lámpara de más humo que luz) pero cuyas reflexiones sobre el maniqueísmo espiritual, el poder evocador de la palabra y la suspensión del tiempo forman parte inexcusable de la nueva estética del autor.

Que el ocultismo de Valle-Inclán iba en serio lo demuestran dos libros poéticos de entonces –*La pipa de kif* (1919) y *El pasajero* (1920)– donde se mezclan el humor destructivo, el trascendentalismo gnóstico y la alianza de la inspiración con los «paraísos artificiales». Y la fecunda explosión de todo ello llegó en 1920 cuando publicó *Divinas palabras*, «tragicomedia de aldea» que cierra sarcásticamente el ciclo referido al campesinado devoto y feudal, *Farsa y licencia de la reina castiza* (donde comienza la sátira del reinado isabelino) y, sobre todo, *Luces de bohemia,* primera obra que tituló «esperpento» y que refleja con crueldad y piedad el mundo de los escritores, a través de la peripecia entre la vida y la muerte de Max Estrella, ciego y visionario. Es allí donde se define lo esperpéntico –entre la tragedia y la irrisión– de modo inolvidable: «los héroes clásicos han ido a pasearse por el callejón del Gato», popular lugar madrileño donde se había colocado una galería de espejos deformantes.

Un teatro de casi imposible plasmación escénica fue el gran hallazgo de Valle-Inclán: escenarios múltiples, juegos de luces y sombras, animales en escena, muñecos humanizados en vez de personajes, efectos de naturaleza casi cinematográfica como primeros planos..., es lo que las importantes acotaciones del autor demandaban a sus posibles directores en obras como *Cara de Plata* (1922), remate de la serie de *Comedias bárbaras*, y *Los cuernos de don Friolera* (1921), *Las galas del difunto* (1926) y *La hija del capitán* (1927), tres piezas que también llamó «esperpentos» y que, por su tema común de sátira de la vida militar, se agruparon en 1930 bajo el rótulo de *Martes de carnaval*. La creación novelesca de estos años no tuvo menor importancia: *Tirano Banderas* (1926) fue la visión novelesca del final de una imaginaria dictadura latinoamericana y, tanto como eso, la invención de un lenguaje elaborado con retazos de dialectos de todo el continente; *El ruedo ibérico* se iba a componer de nueve novelas de las que solamente tenemos tres –*La corte de los milagros* (1927), *Viva mi dueño* (1928) y buena parte de la tercera *Baza de espadas*, publicada póstumamente–, suficientes en todo caso para apreciar en ese retablo del final de la España de Isabel II y los inicios de la revolución de septiembre una de las obras mayores de su autor.

Baroja o el descontento

Pío Baroja se construyó a sí mismo y a su obra en torno a constantes menos versátiles y aparentemente más simples: evolucionó muy poco de convicciones y llamó «sinceridad» a la fidelidad a sí mismo, vio la novela como un ámbito de vagabundeo y de imaginación que lo mezclaba todo y tuvo una clara conciencia pesimista de quien se sabe testigo de un tiempo de mudanza y transición. Estuvo convencido (y mucho más después de 1914-1918) de que el mundo que le había tocado en suerte valía poco y tampoco fue muy optimista respecto al valor de su generación: en su conferencia «Tres generaciones» (1927) la veía con alguna mayor simpatía que a la promoción retórica y vana de los nacidos en 1840, pero le reprochaba excesivo intelectualismo y cierta tendencia al resentimiento. Se sintió un romántico rezagado y un solitario que había acumulado lo que él llamaba «fondo sentimental del escritor» en su infancia y adolescencia pero que, a sus cuarenta años, se agostaba inmisericordemente. Bastantes de sus numerosos títulos reflejan una visión del mundo como espectáculo absurdo y abigarrado que, en alguna ocasión, tradujo en fórmulas literarias que parecen confluir con las de Valle-Inclán (un escritor al que no apreciaba mucho, sin embargo): pensemos en rótulos como *El tablado de Arlequín*, *La feria de los discretos*, *Las mascaradas sangrientas*, *Las figuras de cera*, *La nave de los locos*, *Vitrina pintoresca*...

Pocos escritores conciliaron una vida tan rutinaria y familiar con tanta diversidad de escenarios imaginados. A él se deben algunos análisis de vidas intelectuales o artísticas más complejos, desde las dickensianas y simpáticas *Aventuras, inventos y mixtificaciones de Silvestre Paradox* (1901) a la intensa y amarga vida de un médico suicida que es *El árbol de la ciencia* (1912), pasando por su *Camino de perfección* (1902) que lo es en dirección al fracaso por exceso de sensibilidad. El tiempo que vivió en Madrid regentando la tahona de una tía suya le proporcionó el material narrativo de la espléndida trilogía «La lucha por la vida», que comprende *La busca*, *Mala hierba* y *Aurora roja* (1904): no son, como suele decirse, las primeras «novelas sociales» españolas sino, más bien, las primeras que revelaron el mundo suburbial de la gran ciudad donde mezclaban sus destinos el *lunpemproletariado* y la pequeña burguesía desclasada, donde naufragaban las esperanzas de éstos y donde predicaban los iluminados y los estafadores de toda laya. La vida política le atrajo y le repugnó con igual fuerza: en *La dama errante* (1906) y *La ciudad de la niebla* (1908) indagó sobre el mundo del terrorismo anarquista, en *César o nada* (1910) trazó un ácido espectro del mundo caciquil, y tiempo después, en la trilogía «La selva oscura» (1931-1932), se acercó sin demasiada simpatía a los orígenes de la segunda república española. Pero en lo histórico siempre se sintió más cercano al mundo del siglo XIX, ya fuera bajo las especies del Segundo Imperio francés, como en *Los últimos románticos* (1906) y *Las tragedias grotescas* (1907), ya fuera, sobre todo, en la serie «Memorias de un hombre de acción», que consta de veintidós novelas publicadas entre 1913 y 1935 en las que, siguiendo el hilo de la ejecutoria de un personaje real (el conspirador Eugenio de Aviraneta), divagó a sus anchas por entre perspectivas y confidencias que alumbraban un trazo de la vida española entre la guerra de la Independencia y la revolución de 1854.

En más de una ocasión, y no sólo en las «Memorias de un hombre de acción», Baroja huyó hacia la aventura. La trilogía «El mar» –compuesta por *Las inquietudes de Shanti Andía* (1911), *El laberinto de las sirenas* (1923) y la novela en dos partes tituladas *Los pilotos de altura* (1928) y *La estrella del capitán Chimista* (1929)– traza el recuerdo melancólico de capitanes negreros, amistades eternas y tripulaciones amotinadas en tiempos del «mar antiguo» que surcaban los veleros. Y a ese ámbito de refugio imaginativo respondieron también sus novelizaciones del País Vasco: se acercó a la guerra carlista con *Zalacaín el aventurero* (1909), que tiene el encanto y la inverosimilitud de un cuento de adolescentes; imaginó un arbitrario siglo VII en la divertida fantasía teatral *La leyenda de Jaun de Alzate* (1922), donde identifica el vasquismo con el epicureísmo y el repudio de la fe cristiana, y ya al final de su carrera literaria, evocó su predilecto mundo enciclopedista del siglo XVIII en *El caballero de Erláiz* (1943). Porque, pese a cuanto se ha dicho de un Baroja zafio y elemental, tuvo como ideales de vida la lectura y el liberalismo. Y tampoco fue, pese a su pertinaz soltería, un misógino: quien lea *El mundo es ansí* (1912) o *Laura o la soledad sin remedio* (1939) se sorprenderá de la delicadeza del análisis de dos mujeres sensibles y fracasadas y quien se acerque a *La sensualidad pervertida* (1920) advertirá, a través del protagonista Luis Murguía, algunas de las razones de la peculiar relación de Baroja con lo femenino.

Azorín y la autonomía de la literatura

De todos los escritores que hemos visto, José Martínez Ruiz fue el que tuvo un arranque menos interesado y más profesional. Él quería ser crítico, al modo que en la tercera república francesa lo habían sido Renan o Halévy y –de forma más modesta– Valera y Clarín en la España de la Restauración. Sus primeros folletos, firmados con su nombre civil, fueron por ese lado: desenvoltura de publicista que no rehúye el escándalo, cultura superficial de periodista y radicalismo de quien comenzó en el federalismo para acabar en las inmediaciones del anarquismo. En

1902 acertó a escribir una novela algo ingenua y pedantesca pero, desde su mismo y certero título, clave de todo un tiempo histórico: *La voluntad.* Tiene sensaciones de árido paisaje levantino muy logradas, describe la angustia de un fracaso vital, introduce sarcasmos regeneracionistas y antiintelectuales y, sobre todo, inventa un tipo humano y un nombre, Antonio Azorín, que muy pronto fagocitaría a su propio autor como seudónimo total. El tono de la novela arrancaba de una experiencia anterior, *Diario de un enfermo* (1901), pero tuvo una continuidad desconcertante: *Antonio Azorín* (1903), su segunda parte, supuso una reconciliación con el ritmo de la naturaleza con la resignación estoica y con la vida provinciana que parece deber no poco a la lectura de Montaigne. Ese ámbito es el que prevalece en *Los pueblos* (1905), donde la novela se disgrega en hilván de escenas sueltas, y en las *Confesiones de un pequeño filósofo* (1906), recuerdos de la niñez en un internado escolapio.

Pero la dedicatoria de esta última obra al político conservador Antonio Maura no engaña. Azorín ha dado la espalda al progresismo y se ha hecho «reaccionario por asco de la greña jacobina», como escribió zumbonamente Machado. Esta nueva etapa se resolvió estéticamente en un redescubrimiento del paisaje como emoción de la memoria y en la visión de la literatura española como una relectura caprichosa e impresionista (Azorín se sentía más cómodo entre los escritores del XIX que entre los clásicos: no le gustó nunca ni la comedia áurea ni la novela picaresca y, a despecho de su nacionalismo, fue un impenitente entusiasta de Francia y lo francés). Paisaje y literatura conformaron los dos cimientos de su estética nacional suavemente impregnada de regeneracionismo. El nuevo programa compareció con claridad en dos obras maestras de 1912: *Castilla,* por lo que hace a la evocación de ese territorio que enlaza milagrosamente pasado y presente, y *Lecturas españolas,* por lo que toca a su revisión de las letras nacionales, aunque son mejores las colecciones de ensayos que perseveraron en esta misma línea, como *Clásicos y modernos* (1913) –a la que pertenecen los ensayos sobre «La generación de 1898»–, *Los valores literarios* (1914), *Al margen de los clásicos* (1915), *Rivas y Larra* (1916), *Lope en silueta* (1935) y las dos tardías compilaciones *Con Cervantes* (1947) y *Con permiso de los cervantistas* (1949).

Las mismas novelas de Azorín estuvieron también sutilmente impregnadas de literatura. *Tomás Rueda* (1915), *Don Juan* (1922) y *Doña Inés* (1925) son sutiles divagaciones intertextuales sobre *El licenciado Vidriera* y los dos protagonistas del *Don Juan Tenorio,* como, mucho antes, *La ruta de don Quijote* (1905) fue una humorística excursión a La Mancha de entonces para recoger el recuerdo cervantino. Para Azorín no existe tiempo cronológico y le complace, sobre todo, lo estático (siempre usa el tiempo verbal de presente) y lo repetitivo, el eterno retorno de los hechos y las cosas. También jugó con esta negación del tiempo y con aquellas reminiscencias literarias en las que llamó «Nuevas Obras» y que fueron su fugaz aproximación a la vanguardia: novelas como *Félix Vargas* (luego llamada *El caballero inactual,* 1928), *Superrealismo* (*El libro de Levante,* 1929) y *Pueblo* (1930) y un «auto sacramental», *Angelita* (1930). Después de la Guerra Civil, siguió publicando infatigablemente artículos y en alguna novela reencontró aquella fantasía entre simbolista y vanguardista: *Capricho* (1943) y *La isla sin aurora* (1944). Y progresivamente se fue escondiendo detrás de su estilo como si su creación fuera un ser autónomo, al modo de

Jorge Luis Borges: en sus *Memorias inmemoriales* (1947) se llama a sí mismo X, renunciando incluso al seudónimo que en 1903 había eclipsado su nombre.

Antonio Machado o la poética de la memoria

Antonio Machado no se consideró nunca parte de la presunta «generación del 98», como confidenciaba a Ortega en 1914. Era cierto pero, en rigor, Machado no se sintió ligado a nada que tuviera excesiva trascendencia pública. Fue un hombre oculto y gris, de tardía revelación literaria (hasta 1903 solamente había publicado algún artículo humorístico) e incluso personal: se casó tarde, vivió siempre en provincias y nunca tuvo casa propia. Pero esa superficie opaca y hasta convencional (le gustaban los toros y frecuentaba tertulias muy poco intelectuales) contrastó poderosamente con una fuerte vida interior. Se inició con la publicación de un poemario modernista, *Soledades* (1903), cuyo simbolismo se reduce a una punzante gama de elementos intimistas tomados en buena parte de Albert Samain. Años después refundió aquel poemario inicial como *Soledades. Galerías. Otros poemas* (1907), donde ya aparece configurada la topografía de su mundo interior: el deterioro de las ilusiones, el poder de la memoria y el sueño, la infancia como tiempo milagroso... Y aquellas «galerías del alma» que, sin duda, se plasmaron sobre el recuerdo de los pasillos abiertos del palacio sevillano donde había nacido y en cuyo patio confundió –en un poema memorable– los dorados limones de una rama con los de su reflejo en el agua de un estanque. En 1912 *Campos de Castilla* fue un intento de poesía civil, derivada de Rubén Darío y en la línea de un regeneracionismo moral y bastante crítico que los años siguientes acendrarían.

Pero también en 1912 murió su joven esposa y decidió abandonar el instituto de Soria donde profesaba y aceptar el traslado a Baeza. El cambio de territorio y el dolor de la pérdida (pero también el reencuentro de una Andalucía caciquil e ignara y las noticias de la guerra europea) se reflejaron en una larga cola de poemas que añadió a *Campos de Castilla* en la edición de *Poesías completas* de 1917: hay entre ellos una hermosísima elegía continuada donde la imagen de su esposa muerta (o, mejor, su recuerdo de ella) se mezcla al recuerdo del paisaje castellano, poemas políticos de cierto empaque, notas personales de afectuosa ironía y algunos retratos de escritores, muy sutiles en la caracterización, que reflejan su interés por interpretar a su manera un momento capital del pensamiento español. Quizá eran, sin embargo, demasiados caminos para un hombre que tenía la duda como método y tras esa floración llegó un período de vacilaciones. Cabe rellenarlo, no obstante, con las anotaciones de los cuadernos que hemos llamado *Los complementarios* y que comenzó en 1915. Hay allí numerosas notas críticas sobre poesía, borradores de ensayos y poemas, esbozos de antologías de sus preferencias líricas y testimonios de una progresiva madurez de su pensamiento. Nacía un Machado filósofo y casi ex poeta que buscaba inútilmente una lírica que no fuera mero subjetivismo individual sino objetivación de sentimientos más o menos colectivos: ideal muy difícil y que comportaría algún fracaso notable como el regreso al romance narrativo («La tierra de Alvargonzález») y el descubrimiento del poema mítico-filosófico («Los olivos»). En 1923 un último libro de versos, *Nuevas canciones*, dio cuenta de algunos de los senderos explorados con mejor fruto: las coplas populares sentimentales o paisajísticas, los aforismos filosóficos (que son aquí mejores que los ensayados en la ampliación de *Campos de Castilla*), nuevos retratos de escritores y, sobre todo, regresos al intimismo anterior pero con una mayor tensión simbólica y al borde del nihilismo que planea sobre todo este libro («Galerías» y «Los sueños dialogados»). Pero los mejores poemas de este Machado casi póstumo los inspiró su último amor –una mujer casada y más que convencional– a la que supo transfigurar, bajo el nombre cervantino de Guiomar, en destinataria de una alta tensión erótica, entreverada de complejos de culpa, añoranzas de la juventud perdida y la aguda conciencia de la imposibilidad.

Tiempo antes, Machado había redescubierto el gusto de la prosa y a ella llevó las cogitaciones filosóficas de quienes llamó sus «apócrifos»: escritores decimonónicos inventados que, como su creador, eran provincianos, algo vagos y aficionados a la rutina. De Abel Martín nos explicó su pensamiento (que era, en realidad, una reflexión sobre la percepción y justificación del «otro» por parte de un idealista radical) y nos transcribió sus poemas cercanos a la desesperación nihilista que se percibe en *Nuevas canciones*. A Juan de Mairena le otorgó autonomía en 1928 y en 1936 publicó una especie de evangelio mairenesco donde el personaje –profesor de gimnasia y retórica en un instituto– diserta ante sus discípulos sobre el teatro, lo barroco o los usos del lenguaje. Durante la Guerra Civil, Machado, fiel al gobierno legítimo, escribió algún conmovedor poema y numerosas prosas donde razonó su adhesión a la causa de los perdedores desde un liberalismo laico y radical del que nunca abjuró.

La conquista del público: literatura en torno a 1910

Junto a Antonio Machado es inevitable mencionar a su hermano Manuel, algo mayor que él y durante mucho tiempo oscurecido por su mayor repercusión, aunque a la fecha de hoy quizá se vuelvan las tornas. Pero lo que antes era injusta ceguera, es ahora esnobismo trivial. A despecho de sus vidas tan diferentes –Manuel Machado fue un hombre de sociabilidad fácil y algo calavera en su dilatada juventud–, los dos hermanos se apreciaron mucho y, pese a lo que tantas veces se ha dicho, el franquismo y la religiosidad finales del mayor de los Machado fueron algo pegadizo y obligado, más sincero lo segundo que lo primero. Colaboraron largamente en el teatro para hacer unas comedias en verso, algo arcaicas y convencionales de factura, pero que intentaron renovar temas y planteamientos de aquella fórmula: *Juan de Mañara* (1926) fue una visión moralista del tema histórico del burlador de mujeres arrepentido; *Las adelfas* (1928), ya de tema contemporáneo, mezcló unas gotas de psicoanálisis; *La Lola se va a los puertos* (1929) sigue siendo, como *La duquesa de Benamejí,* una de las más llevaderas estilizaciones andalucistas y *La prima Fernanda* (1931) fue una comedia de aire benaventino pero políticamente avanzada. Su obra poética, que como la de Antonio no fue muy larga, tiene más de un punto en común con la de su hermano: comenzó también en un modernismo asordinado en el que destaca su nota fatalista y algo cínica –como en el poema autobiográfico «Adelfos», en *Alma* (1902)– que más adelante brilló por sí misma en *El mal poema* (1909), logrado ejercicio de una poética vulgar y confesional, quizá lo mejor que escribió. En la cuerda parnasiana y descriptiva superó a menudo a su hermano, que admiraba tanto sus sonetos: son inigualables sus descripciones de cuadros famosos en *Apolo. Teatro pictórico* (1911), que prosiguen una tónica que ya está presente en *Alma*, y luego en la segunda parte de su refundición *Alma. Museo. Los cantares* (1907). Suele afirmarse que su poesía posterior a 1910 es notablemente inferior a la precedente, como si también los dos hermanos se hubieran reencontrado en idéntico descorazamiento lírico por las mismas fechas, pero *Ars moriendi* (1921) tiene poemas notables y *Phoenix* (1936), que se abre con un espléndido «Nuevo autorretrato», es un libro de autocomplacencia en su propio declive que resulta sorprendentemente próximo a los temas –el retorno a la infancia, el paisaje simbólico– y a las formas –los versos breves y sentenciosos, los giros coloquiales– del último Antonio Machado.

Pero el modernismo poético español no se agota en los dos hermanos Machado. A fines del siglo XIX ya se señaló la presencia de un tono de vaguedad evocativa que suele conciliarse con la búsqueda de suntuosidad que nos sorprende en poetas como Ricardo Gil y Manuel Reina, usualmente tildados de «premodernistas»: pienso en el atrevimiento decadentista de «Morfina» del primero o en la poetización de sensaciones que el segundo combina al escuchar «El sueño de una noche de verano» de Mendelssohn. Sin embargo, no es fácil ni tiene ya demasiado sentido resolver el viejo pleito de si el modernismo fue un descubrimiento autóctono o si hizo falta la visita de Rubén Darío a España para que los nacionales descubrieran la nueva sensibilidad –esplendores y «correspondencias» parnasianas; musicalidades, ritmos atrevidos y misterios simbolistas– que ya circulaban por toda Europa y especialmente por la poesía francesa (Darío ya lo dijo en las palabras liminares de *Prosas profanas,* dirigiéndose a un presunto antepasado español –«Abuelo, preciso es decíroslo: mi esposa es de mi tierra; mi querida es de París»; quince años después, en 1913 Enrique Díez-Canedo y Fernando Fortún compilaron una antología de *La poesía francesa moderna* en la que figuran como traductores casi todos los modernistas españoles y que demuestra la larga vigencia de la poética vecina en los rumbos de la nacional.)

Lo que sí resulta evidente es comprobar la superioridad de Rubén sobre quienes, por las mismas fechas, iniciaron su misma andadura: el malagueño Salvador Rueda (que en 1892 publica *En tropel* y en 1897 *Camafeos*) y el almeriense Francisco Villaespesa, autor de *La copa del rey de Thule* (1900), *La musa enferma* (1901) y *Tristitae rerum* (1906). La madurez del modernismo español fue lenta y no dio obras decisivas hasta los pocos años que corren entre 1907 (fundación de la revista *Renacimiento*) y 1910, pero ya es un modernismo veteado de cierta ironía, nada triunfalista, más inclinado a la melancólica observación de lo provinciano que a las fantasías neorrománticas y que enlaza directamente con lo que se ha querido llamar post-modernismo: a estos años dorados –1907 fue la fecha de dos libros de los Machado (*Alma. Museo. Los cantares y Soledades. Galerías. Otros poemas*) y sendas obras de Valle-Inclán (*Aromas de leyenda*) y Unamuno (*Poesías*)– contribuyeron Juan Ramón Jiménez (*Baladas de primavera*, 1907), Gregorio Martínez Sierra (*La casa de la primavera*, 1907), Fernando Fortún (*La hora romántica*, 1907), Andrés González Blanco (*Poemas de provincia y otros poemas*, 1910) y el canario Tomás Morales (*Poemas de la gloria, del amor y del mar*, 1908) que, con mucho, es el más interesante, como demostró la colección definitiva de su obra en *Las rosas de Hércules* (1919 y 1922). La plenitud de lo que hemos llamado post-modernismo recoge poetas de temática deliberadamente localista, teñida –como se ha dicho– de cierta ironía melancólica y que prefieren a las formas vagas, los rasgos más expresionistas y a los colores difuminados del simbolismo, los tonos más *fauves*: ejemplo típico fue el poeta santanderino José del Río Sainz, siempre fiel a los temas marítimos (aunque también es autor de los estupendos poemas prostibularios de *Hampa*, 1923), el grancanario Saulo Torón, e incluso el bilbaíno Ramón de Basterra, que quiso dar amplitud cosmopolita y normativa cívica a las visiones de su ciudad natal en el tiempo feliz de sus vacas gordas (en términos parecidos a los que intentó Tomas Morales con su «Oda al Atlántico»). El mejor poeta de esta cuerda fue Rafael Romero, «Alonso Quesada», un canario que reflejó con compleja sencillez un mundo cotidiano e insular, transido, sin embargo, por la imagen de la muerte en *El lino de los sueños* (1915) y en el póstumo *Los caminos dispersos,* además de haber acertado a pintar como nadie el Madrid («absurdo, brillante y hambriento» había dicho Valle-Inclán) de 1920 en su «Poema truncado de Madrid (panfleto)» que apareció en la revista *España.* A cambio, el castellano Enrique de Mesa fue más tradicionalista en la forma y el contenido, mientras que el andaluz Fernando Villalón, con sus romances evocadores del ochocientos y sus exaltaciones clasicistas del mundo de los toros, suele extraviarse sin demasiado motivo en la nómina de los poetas de 1927. La mejor expresión de este posible post-modernismo vino, sin embargo, en libros de versos de Antonio Machado (*Nuevas canciones*) y Ramón del Valle-Inclán (*La pipa de kif*) que ya se han citado más arriba.

El teatro no dio ninguna figura de tal magnitud, aunque los prometedores cambios de los años noventa no solamente trajeron a Galdós y supusieron el abandono –¡sólo provisional!– del verso: en 1894 comenzó su carrera Jacinto Benavente, un dramaturgo que parecía destinado a ser el equivalente escénico de lo que fue la irrupción de Baroja o Valle-Inclán en el relato, de Azorín y Unamuno en la crónica. *El nido ajeno* (1894) fue, en efecto, un drama naturalista resuelto con sencillez, con un diálogo a media voz y con personajes agudamente descritos, y el acierto se repitió en *Gente conocida* (1896) y *La comida de las fieras* (1898) que fueron un verdadero *tour de force* por su aparente ausencia de trama, la multiplicidad de escenas y personajes y la naturalidad de los diálogos que parecían la viva impresión de ser los escuchados –respectivamente– en una fiesta aristocrática o en la almoneda de los bienes de una casa ducal. Su mejor logro sigue siendo *Los intereses creados* (1906), que supo jugar con la fantasía escénica de la vieja «comedia del arte», el juego del «teatro en el teatro» y, al cabo, con la dialéctica de una reflexión algo cínica sobre la vanidad y el egoísmo como motores del comportamiento humano. Siempre fue ese su tema, lo mismo cuando abordó una comedia regeneracionista sobre la ciudad imaginaria de Moraleda –*La gobernadora* (1904)–, otra sobre las infidelidades matrimoniales masculinas –*Rosas de otoño* (1905)– o dos muy aplaudidas sobre oscuras pasiones rurales –*Señora ama* (1908) y, sobre todo, *La malquerida* (1913)–. Su habilidad para construir, aunque perjudicada por cierto estatismo de la acción, y para dialogar, aunque estropeada por la moralina ingeniosa, se fueron acomodando progresivamente a los muy estrechos alcances de las plateas que desde 1900 había logrado ganar para una comedia moderna. Y a la postre, los críticos más exigentes le acabaron reprochando aquella servidumbre: la ruptura se produjo en torno a 1916 (cuando Benavente se hizo germanófilo, contra la opinión mayoritaria) y se agravó en los años sucesivos doncle el autor pareció empeñado en demostrar lo cierto de la queja de sus adversarios.

Benavente dominó la escena española en un tiempo en que Unamuno apenas estrenó y Valle-Inclán dejó el teatro comercial en 1911 para no regresar sino con una tardía representación de *Divinas palabras* en 1932. No conoció estas dificultades Manuel Linares Rivas, el más conspicuo discípulo de don Jacinto, más atrevido y melodramático que él en *La garra* (1914), ni los hermanos Serafín y Joaquín Álvarez Quintero que brillaron, sobre todo, en las piezas breves de tema andaluz, buen gusto algo casero, humor benevolente y moralina trivial (*El genio alegre*, 1906). Otro benaventino, Gregorio Martínez Sierra, destacó más como director editorial (fue el primero de la Biblioteca Renacimiento) y director de escena (en las más renovadoras temporadas del Teatro Eslava después de 1917), ya que la mayor parte de sus obras (como la popular *Canción de cuna*, 1911) fueron escritas en realidad por su esposa, María de la O Lejárraga, uno de los más atractivos personajes femeninos de la época. Muy alejado de ellos, Jacinto Grau arrastró su leyenda de gafe y de hombre malhumorado, pero su teatro simbólico e inquieto, no siempre bien resuelto, mereció mejor fortuna: su obra más lograda, *El señor de Pigmalión* (1921), es una atractiva farsa trágica de un creador y sus muñecos (que son personajes de cuentos tradicionales) y fue representada en París (Vieux Colombier) y en Praga (Teatro Nacional, bajo la dirección de Karel Čapek) antes de que en España fuera estrenada en 1928. Pero en estos años, dos géneros adquirieron importancia preponderante: el llamado «teatro poético» y el teatro de humor.

El primero, al que los Machado ofrendaron sus títulos ya conocidos, fue el teatro modernista en verso que duró poco y cuyo origen anda, sin duda, en el triunfal estreno de *Cyrano de Bergerac* (1894) por Edmond Rostand. Lo cultivó Eduardo Marquina, un catalán que destacó como poeta cívico (*Odas,* 1900; *Elegías,* 1905) y que logró su primer éxito con *Las hijas del Cid* (1908) y su más duradera prenda de fama con *En Flandes se ha puesto el sol* (1910), pastiche seudoclasicista para una época y un público que disfrutaban con la prosa campanuda de Ricardo León, compraban lóbregos muebles de estilo Renacimiento y admiraban las fotografías pictorialistas de Ortiz de Echagüe y los cuadros de Moreno Carbonero. Menos estima tuvo nuestro ya conocido Francisco Villaespesa (*El alcázar de las perlas,* 1913, *La leona de Castilla,* 1915 –con la que se encarnizó Pérez de Ayala– y *La maja de Goya,* 1917) y casi nadie recuerda ya a Ramón Goy de Silva (*La reina silencio,* 1911; *La corte del cuervo blanco,* 1914; *El velo de la reina Mab,* 1914) que, a cambio, fue fiel a los supuestos simbolistas del teatro poético de Maurice Maeterlinck en vez de al modelo rostandiano.

Lo cómico teatral se convirtió en una costumbre urbana desde que el tiempo de la Restauración conoció el éxito madrileño de los Bufos de Arderíus y el apogeo del «teatro por horas»: las largas sesiones de esta modalidad escénica devoraban ingentes cantidades de parodias de obras conocidas, juguetes cómicos en un acto, revisiones satíricas de la actualidad divididas en cuadros, sainetes madrileños con o sin cantables, etc. De entre el auténtico proletariado de la pluma que abastecía la voracidad de las «casas editoriales» (y que consiguió con la Sociedad General de Autores un cierto estatuto de profesionalidad frente a los explotadores), surgió Carlos Arniches, que fue el mejor sainetero madrileño de principios de siglo y quien plasmó el inamovible canon de figuras –la madre autoritaria, el marido calzonazos, la jovencita de rompe y rasga, el chulapo de mala sombra y el hortera tímido y honrado– que se mueven en obras tan divertidas como *El santo de la Isidra* (1898) y *El amigo Melquiades* (1909). Más tarde fue comediógrafo de más empeño en las que llamó «tragedias grotescas», donde aplicó su humor de siempre a temas de raigambre regeneracionista: *La señorita de Trevélez* (1916), *¡Que viene mi marido!* (1918), *Los caciques* (1920), *¡Es mi hombre!* (1920), etc. Mucho más tosco y menos crítico fue Pedro Muñoz Seca, inventor del «fresco» como personaje y de la «astracanada» como género: la más feliz de éstas –basadas en el retruécano, los juegos con los apellidos, los acentos regionales...– fue una divertida parodia del teatro histórico romántico, *La venganza de Don Mendo* (1918).

Lo que se buscaba conquistar desde principios de siglo ya lo estaba a la altura de 1910: un público extenso y diversificado que integraba en el ya captado desde 1875 a la clase media baja y a algún sector popular urbano. El número de impresos se multiplicó. El teatro, tradicionalmente difundido en ediciones baratas, conoció primero las de la Sociedad General de Autores y luego las de colecciones como *El Teatro Moderno*, *Comedias* o *La Farsa*, que difundían con rapidez los estrenos de la temporada madrileña (o de la breve *saison* veraniega donostiarra). En 1907 la novela se incorporó también a la edición periódica: Eduardo Zamacois (un novelista de éxito desde 1900, *El misterio de un hombre pequeñito*, 1914, y *Memorias de un vagón de ferrocarril*, 1922, fueron sus obras más leídas) inventó la fórmula ideal. Sobre el modelo tipográfico de las revistas ilustradas (populares desde 1890), decidió ofrecer con periodicidad semanal una novela corta de autor conocido. El título elegido para la invención, *El Cuento Semanal,* dice mucho de la falta de aclimatación y la novedad del género escogido (que era el cultivado por Chejov, Henry James, Maupassant... pero también por Clarín y Pardo Bazán, como sabemos), pero lo cierto es que muy pronto los autores se adaptaron muy bien a sus premisas: trama reducida e intensa, caracteres más perfilados, temática más atrevida. Muy pronto surgieron las imitaciones: *Los Contemporáneos* (1909) fue una escisión de *El Cuento Semanal*; *La Novela Corta* (1915) constituyó un hallazgo que logró abaratar los costes al imprimirse en papel prensa y con formato más reducido; *La Novela de Hoy, La Novela Semanal* y *La Novela Mundial,* ya en los comienzos de los años veinte, significaron el éxito de una modalidad que conoció rivales anarquistas (*La Novela Ideal*) y católicas (la *Biblioteca Patria*). Se suele asociar el cultivo de esta novela a los naturalistas rezagados dados a lo erótico (o, como se decía desde 1901 con palabra inventada, lo «sicalíptico») pero tal apreciación es falsa. Por supuesto, la novela corta fue el molde que hizo populares a narradores «atrevidos» como Pedro Mata, Alberto Insúa, Rafael López de Haro, Joaquín Belda, Antonio de Hoyos y Vinent, Álvaro Retana o «El Caballero Audaz» (un rufián que se llamaba José María Carretero Novillo), todos muy dispares entre sí. Pero en las satinadas páginas de *El Cuento Semanal* nos encontramos la primera edición del drama *Gerona* de Galdós y hasta tres relatos breves de Pardo Bazán, además de novelas de Unamuno, Valle-Inclán, Pérez de Ayala y la primera revelación nacional de Gabriel Miró, que obtuvo en 1908 el premio al mejor relato discernido por la empresa editora...

Y es que la novela empezó a ser un género que sustentaba famas y éxitos. El de Ricardo León, por ejemplo, fue enorme y creó una moda: *Casta de hidalgos* (1908) contribuyó a la boga del neocasticismo señorial (en tanto añoranza del mundo arcaico de lo provinciano) tanto como pudieron hacerlo las casi coetáneas *Comedias bárbaras* de Valle. El éxito de su autor en medios piadosos modificó en futuras ediciones la tónica de misticismo modernista de su primera versión y fijó el modelo que siguió en relatos posteriores como la novela anticaciquil *Alcalá de los Zegríes* (1910) y *El amor de los amores* (1911). Concha Espina, que tuvo estrecha relación personal con León, fue otro ejemplo de lectura conservadora aunque en su caso más de una novela desmiente esa convención: es el caso del relato minero *El metal de los muertos* (1920), aunque no el de las églogas neoperedianas *La esfinge maragata* (1914) y *Altar mayor* (1926). Distinto a medias fue el caso de Wenceslao Fernández Flórez, que, en rigor, fue un escéptico de ironía venenosa, conservador a fuer de humorista (pocas veces el humor se reveló tan claramente como arma de autodefensa sentimental y como descalificación de cualquier idea igualitaria). Sus primeros relatos son sombrías crónicas de destrucciones provincianas: *La procesión de los días* (1915) narra la sórdida relación sexual de un oficinista y una hipócrita hija de familia; *Volvoreta* (1917), la de un muchacho soñador y una criada nada escrupulosa, y *Ha entrado un ladrón* (1920), la de un desventurado chupatintas y una entretenida de lujo. En los años veinte escribió parábolas de cierto tono simbólico sobre la maldad inherente al ser humano –*El secreto de Barba Azul* (1923) y *Los siete pecados capitales* (1926)– al lado de una inolvidable y ácida sátira sobre la hipocresía sexual de la burguesía española –*Relato inmoral* (1930)– y una agria fábula sobre la bondad inherente a los infelices –*El malvado Carabel* (1935)–; tras la Guerra Civil, lo mejor que escribió fue una fantasía naturalista, *El bosque animado* (1944), que, pese a su tratamiento de «alto estilo» y a su impostada benevolencia, seguía revelando la profunda desconfianza de este agnóstico acerca de las motivaciones del alma humana.

En torno a 1910: la reconciliación con la realidad

La manía de las clasificaciones de escritores basadas en la rigurosa simetría ha querido entronizar, al lado de la más que presunta «generación del 98», una «generación de 1914» que agruparía a los autores nacidos en torno a 1880. Algo más de éxito que este marbete ha tenido otro concepto, el *novecentismo*, que vendría tomado del catalán *noucentisme* (y éste, subrogado del italiano). Pero el *noucentisme* se llamó así desde un comienzo y tuvo una fuerte coherencia programática en torno a su bautista, Eugenio D'Ors, como una suerte de toma de posesión del catalanismo político por parte de la *intelligentsia* burguesa que auspició una fuerte institucionalización de la cultura local entre 1906 y 1915. El caso español no fue exactamente el mismo aunque quepa buscar algún paralelo revelador porque fue evidente que, en torno a 1910, se produjeron cambios originales y reveladores. De uno y muy significativo –la consolidación de la conquista del público– hemos dado cuenta en los párrafos anteriores; de otro, bastante más significativo, también se ha esbozado algún apunte: la paulatina cristalización como material estético de una visión de España que se revela, a la par, heredera del regeneracionismo y de la sensibilidad finisecular pero, por otro lado, despojada de connotaciones demasiado dramáticas y subjetivistas. No vendrá mal repasar ahora algunos de los hitos ya señalados de esa nueva percepción de lo español: a ella pertenecen el nuevo rumbo que Azorín inaugura con *España: hombres y paisajes*, *Castilla* y *Lecturas españolas*, la inflexión cívica del Machado de *Campos de Castilla*, el Valle-Inclán de *La guerra carlista*, la huella espiritual de los primeros viajes de Unamuno e incluso, si se me apura, el casticismo acartonado de Ricardo León y Eduardo Marquina. Pero también coinciden con un momento único de la música nacionalista española: con los comienzos de Falla y Turina y cuando difunden sus obras pianísticas Albéniz y Granados, inevitablemente asociadas a la maestría interpretativa de Ricardo Viñes. Y se relacionan con el auge de la pintura realista de abolengo regionalista. Entre 1905 y 1910 Sorolla pinta paisajes de toda España pero, sin duda, el gran éxito y el gran escándalo fue el de Ignacio Zuloaga que, en su estudio de Segovia, acaba «El enano Gregorio el botero» y «Las brujas de San Millán» en 1907, «Los flagelantes» en 1908, «La víctima de la fiesta» en 1910 y «El cardenal» en 1912. La llamada «cuestión Zuloaga» (¿era legítima aquella representación brutal y tópica de España?) agitó el mundo intelectual y en ella terciaron Azorín –poco favorable al artista–, Unamuno, que le recomendaba alejarse de Madrid, Maeztu, que lo acogió con entusiasmo, y Ortega, que dictaminó que aquellos paisajes ásperos y aquellas figuras manieristas, rodeadas de espeso trazo de dibujo, encarnaban la incomunicabilidad y la violencia inherentes al alma española.

Por otro lado, se amortiguaba la pugnacidad radical que pareció inseparable del primer modernismo. No estaba el horno para otros bollos tras el fracaso de la insurrección popular de la Semana Trágica barcelonesa (julio de 1909) y proliferaron los intentos de constituir un bloque de izquierdas que entrara decididamente en la lucha política: la campaña contra Maura (por la represión de los hechos de Barcelona) auspició una efímera y significativa Conjunción Republicano-Socialista y, al poco, la constitución de un Partido Reformista (nutrido de militantes intelectuales) y, en el seno de éste, de una Liga para la Educación Política Española, creada en 1913 por Ortega y Gasset tras haber desechado la idea de alentar una suerte de Sociedad Fabiana. En 1914 el estallido de la guerra europea sirvió como pretexto aglutinante de toda una línea de política progresista cuando los intelectuales se hallaron masivamente favorables a los aliados y vieron en frente a los más reaccionarios convertidos en secuaces del Kaiser alemán. En el seno de esa curiosa rebatiña platónica de adhesiones nació una revista política, el semanario *España* (1915-1924), que creó Ortega y que fue el termómetro más veraz de una nueva actitud en la que convergieron todos: allí estuvo Pérez de Ayala como crítico de teatros, pero también publicaron páginas maestras Unamuno, Machado, Baroja, Maeztu, Valle-Inclán y Azorín.

Estos pasos indican un cambio de parámetros en la actuación intelectual. La vocación exclusivamente artística de los jóvenes de fin de siglo se convirtió en un arcaísmo. Estos jóvenes «más jóvenes» (como había escrito Machado en «Una España joven») quieren ser más «competentes»: Salvador de Madariaga, que es ingeniero y se ha formado en Francia e Inglaterra, cuyas lenguas domina, compara con cierta displicencia los caracteres de los tres pueblos en *Ingleses, franceses y españoles* (1920); el joven Ortega de 1902 escribía a su padre que quería ser ingeniero, químico y biólogo y, de hecho, en la Alemania de 1905 vacilará un tiempo entre la biología, la filología clásica y la filosofía, que fue la elección final; Gregorio Marañón se afana desde los comienzos de su carrera en la especialización y lo hace en endocrinología, una faceta novísima de la medicina; a despecho de su carácter contemplativo y vacilante, Manuel Azaña tarda poco en ingresar en la administración como letrado con un sueldo más que notable. El nuevo hogar de los jóvenes ya no es una desolada redacción periodística de madrugada ni los divanes mustios de un café sino las salas de trabajo de una biblioteca o la soledad confortable del despacho (incluso forrado de corcho para no oír el ruido de la calle, como era el de Juan Ramón Jiménez, o convertido en un santuario personal como fue el de Gómez de la Serna). La institucionalización de la vida de la cultura se incrementa y va a ofrecer a los todavía más jóvenes oportunidades excepcionales: de la inspiración de los hombres de la Institución Libre de Enseñanza, brotaron centros como la Junta de Ampliación de Estudios (1907) o la Residencia de Estudiantes madrileña (1910).

No es fácil ni aconsejable reducir a un fenómeno de renovación generacional este conjunto de cosas porque el tránsito entre el clima de fin de siglo y los horizontes de 1910 fue fluido y registra superposiciones de tendencias muy llamativas. Ramón Pérez de Ayala, por ejemplo, fue un conspicuo poeta modernista e incluso perpetró su novela de autorreconocimiento en 1902 –*Trece dioses*– y, como veremos, su camino de Damasco fue consecuencia del ciclo narrativo iniciado en 1907 con *Tinieblas en las cumbres*. A Juan Ramón Jiménez y a Gabriel Miró los veremos también en el mismo mundo de debilidades modernistas: el primero, incluso, en el post-romanticismo grandilocuente de algún poema de *Ninfeas* (1900) y al segundo en las complacencias decadentistas de *Del vivir* (1903), un libro inspirado en la leprosería levantina de Parcent, o en dos relatos de artistas y soñadores fracasados como *Nómada* y *La novela de mi amigo.* Gómez de la Serna pasó la etapa de su revista *Prometeo,* tan deudora de los decadentistas que leía en el *Mercure de France,* e incluso el mismo Ortega y Gasset reconocería que atravesó una «zona tórrida» bajo la influencia de Nietzsche y luego un purgatorio epistemológico que trasladó a su *alter ego* Rubín de Cendoya, al que califica de «místico español» en sus artículos de 1908-1910.

El análisis de la obra del joven Ortega –publicada casi toda ella en periódicos hasta sus *Meditaciones del Quijote* de 1914– revela con claridad el cambio de actitud. Lo que para los escritores finiseculares que ya conocemos fue la enunciación de un yo reconocible y, en lo poco que cabía, estable, para los nuevos escritores es empresa que deberá sumar la necesidad del reconocimiento del mundo exterior. No se puede ir a trompicones con la individualidad y caer en la «estética del improperio», reprochaba Ortega a Baroja en los aledaños de 1910. Pero ya en 1904 había aconsejado a Valle que se dejara de «bernardinas» (hablaba de las *Sonatas*) y usara su espléndida prosa para departir de cosas importantes. Y en 1909 imprecaba con virulencia a Unamuno por haber dicho que importaba más Juan de la Cruz que Descartes y en 1915 a Azorín por su prosa estática y melancólica. «Yo soy yo y mi circunstancia, y si no la salvo a ella no me salvo yo», escribía el joven pensador en el prólogo «Lector...» de aquel libro de 1914 cuya dedicatoria «A Ramiro de Maeztu, en gesto fraterno» desapareció significativamente de posteriores ediciones.

Podría decirse que la línea maestra del grupo que se ha de considerar –Miró, Pérez de Ayala, Juan Ramón Jiménez y Gómez de la Serna– vino caracterizada globalmente por una afirmación de la primacía del «principio de realidad» al lado de la conciencia del yo y por una superación del subjetivismo en busca de la armonía: la dimensión constructiva de la modernidad que completa, en tal sentido, los hallazgos individualistas del fin de siglo. Gabriel Miró fue, con todo, el más cercano a la doliente sensibilidad modernista. Una espléndida novela corta de 1912, «Los pies y los zapatos de Enriqueta» (en primera versión, «La señora, los suyos y los otros») puede ser considerada el quicio de su cambio: es siempre el mismo paisaje levantino, las mismas emociones contenidas, los mismos seres frágiles y sacrificados, pero hay aquí una visión más panorámica, más impasible y más crítica de la que hallamos, por ejemplo, en *Las cerezas del cementerio* (1910), una novela demasiado poseída por la enfermedad y el encanto macilento de Félix Valdivia. La capacidad de contemplar el mundo y reducir su aparente disgregación a un orden íntimo fue el mayor mérito de Miró, pero ese orden (que incluye la crueldad y la emoción a partes iguales) brilló sobre todo en dietarios de sensaciones como los que concibió en torno a su personaje Sigüenza (*Libro de Sigüenza,* 1917, y *Años y leguas,* 1928), alrededor de sus lecturas evangélicas (*Figuras de la Pasión del Señor,* 1916-1917), o narrados por un colectivo «nosotros» infantil como en el prodigioso conjunto de *El humo dormido* (1919). Su mejor logro fueron tres novelas donde encajó sus figuras y sus conflictos habituales en un marco histórico y social, armonizando sin fisuras la peripecia emocional y el diagnóstico sociológico: el mundo de Serosca (Alcoy), con su pugna entre la Marina mercantil y el mundo de los hidalgos propietarios, fue el clima de la consunción de una dinastía de los últimos en *El abuelo del rey* (1915);

Oleza (Orihuela), su transformación política (del carlismo al liberalismo) y social (de la hegemonía de los capellanes a la devoción jesuita) encajó otra saga familiar –la de los vulnerables Egeas frente a los crueles Galindos– en *Nuestro Padre San Daniel* (1921) y *El obispo leproso* (1926).

En el caso de Ramón Pérez de Ayala parece primar, sobre cualquier otra cualidad, aquella actitud intelectual que vio Antonio Machado en un soneto tardío: «resoluto/ el ademán y el gesto petulante,/ un sí es no es, de mayorazgo en Corte;/ de bachiller en Oxford». Este talante correspondía a quien fue el organizador de la campaña aliadófila de 1914, el agudísimo crítico teatral de la serie *Las máscaras* (con la condena de Benavente, el entendimiento de Valle-Inclán y el rescate de Galdós y Arniches) y el neorregeneracionista elitista e irónico de *Política y toros* (1918). Ya se ha dicho que su liberación del mundo modernista se produjo mediante la purga autobiográfica de una tetralogía novelesca en la que se hizo patente la voluntad de identificación generacional del personaje: su Alberto Díaz de Guzmán tuvo su iniciación sexual (y consiguiente descubrimiento de «lo otro») en *Tinieblas en las cumbres* (1907), rescató su pasado escolar en *A.M.D.G. La vida en los colegios de jesuitas* (1910), rompió con el maleficio provinciano y halló la libertad emocional y vital en *La pata de la raposa* (1912) y pasó a ser un testigo divertido del fin de la bohemia y de la plasmación de una nueva exigencia intelectual en *Troteras y danzaderas* (1913), una novela donde perora Valle-Inclán (Monte-Valdés), hace el ridículo Maeztu (Mazorral) y blasona de europeísmo Ortega (Tejero). Pero donde, sobre todo, naufraga la penuria intelectual, el epigonismo lírico y la vanidad del patético Teófilo Pajares, quizá inspirado por Villaespesa: es el final del sueño modernista y el comienzo de una nueva educación de la sensibilidad. Tal ruptura personal le permitió el paso adelante de las emotivas tres «novelas poemáticas» de 1916 que son tres metáforas de la necesaria transformación de España: el fracaso de la eugenesia fantasiosa («Prometeo»), el horror de la violencia política («Luz de domingo») y la lacra del caciquismo («La caída de los Limones»). *Belarmino y Apolonio* (1921) fue un apólogo intelectual que, sobre el fondo provinciano de Pilares (Oviedo), reflexiona en torno a la epistemología: el *noumenismo* del zapatero Belarmino, inventor de un nuevo lenguaje, y el *fenomenismo* de su colega Apolonio, dramaturgo. Sus novelas siguientes fueron, todavía más acusadamente, hipótesis ensayísticas revestidas de un realismo zumbón y paródico y narradas con el estilo algo afectado y casticista que fue siempre el suyo: *Luna de miel, luna de hiel* y *Los trabajos de Urbano y Simona* (ambas de 1923) tratan sobre la educación sexual de dos jóvenes y *Tigre Juan* y *El curandero de su honra* (ambas de 1926) sobre la debilidad del donjuanismo y la superación de los prejuicios sobre el honor.

Juan Ramón Jiménez y Ramón Gómez de la Serna: la devoción a la obra

Juan Ramón Jiménez fue un autor entregado a su Obra (la llamaba así, con mayúscula) hasta la extenuación. Hizo desaparecer la edición de sus dos primeros libros de 1900 –*Ninfeas* y *Almas de violeta*– y, de hecho, apenas rescató de su obra primeriza los poemas simbolistas y melancólicos de *Arias tristes* (1903) y *Jardines lejanos* (1904) que vio bajo la sombra de Bécquer y en la línea de un modernismo hispánico que reencontraba la sencillez tradicional del romance. Pero, como diría en sus conferencias puertorriqueñas de 1950 y pensando en lo paradigmático de su propia búsqueda personal, el modernismo era «un vasto movimiento de entusiasmo y de libertad hacia la belleza»: es decir, que modernismo era la totalidad de la evolución poética contemporánea. En su caso, pasó todavía por la etapa melancólica y dulzona que va de las *Baladas de primavera* (1907) y las *Elegías* (1907-1908) a los *Poemas mágicos y dolientes* (1911) que su admirador Ramón Gómez de la Sema consideraría en 1535 declaradamente «cursi» (aunque sin ánimo descalificatorio).

«Elegía andaluza» se llamó también su bellísima obra en prosa *Platero y yo* (1913), pero, en realidad, fue una ruptura con el mundo de sus trabajos anteriores: es una reflexión sobre la naturalidad, la sencillez poética, el desdén por el énfasis y, a veces, una denuncia de la crueldad y un libro (como los de Miró) particularmente sensible al dolor injusto. Pero el cambio más radical vino en *Diario de un poeta recién casado* (1917), volumen en el que mezcló la prosa y el verso para dibujar el perfil de una experiencia personal: su viaje a Estados Unidos para casarse con Zenobia Camprubí. La reflexión sobre el mar (como proceso de autoconocimientos paralelos del océano y del contemplador), la noción de poesía como captura afortunada de lo esencial y la plenitud vital como aspiración, son el umbral cognoscitivo que sustenta las diferentes partes del poemario. Y una de ellas –«América del Noreste»– significó la irrupción de la megalópolis (nada menos que Nueva York) en la poesía española para presentárnosla como una vivaz pugna de la capacidad transformadora de la belleza natural –la primavera, la luz, la rosa– frente a la conspiración de la fealdad –el humo, la noche, el ferrocarril elevado, la calle turbia, el anuncio luminoso–. *Eter-*

nidades (1918) fue una estación más en su ascenso hacia la «poesía pura» («Intelijencia, dame/ el nombre exacto de las cosas,/ que mi palabra sea/ la cosa misma/ creada por mi alma nuevamente») y en 1922 Juan Ramón cerró una etapa de su obra –que incluye también *Piedra y cielo, Poesía* y *Belleza*– al ofrecerla seleccionada y compilada en una *Segunda antolojía poética* (que ha sido el libro lírico más influyente del siglo XX hispánico, junto con el *Romancero gitano* de Lorca y los *Veinte poemas de amor y una canción desesperada* de Neruda). A partir de ahí, entre 1925 y 1936, su obra en prosa o verso se produjo en forma de cuadernos provisionales cuyos nombres son muy reveladores de la concepción global que el poeta tenía de su Obra (*Unidad, Obra en marcha, Sucesión...*) e intentó algunos ensayos de ordenación que nunca le satisficieron.

El exilio político de 1936-1939 le llevó a América de nuevo y comenzó un ciclo poético de muy alto valor: «en el otro costado» (como él decía) escribió poemas simples sobre su experiencia (*Romances de Coral Gables*), un prodigioso oratorio lírico que junta autobiografía y metapoesía (*Espacio*, 1943, uno de los mayores poemas del siglo XX en cualquier lengua) y abordó un proyecto que unas veces se llama *Animal de fondo* y otras *Dios deseado y deseante*. En cualquier caso, se trata de una mística nada religiosa (Dios suele ser el propio poeta –que no en vano recordaba siempre haber nacido en Nochebuena– y, a la vez, Dios se llama también una suerte de instancia secreta y semipanteísta que anima la naturaleza). El verso libre –descubierto en el *Diario* de 1916– se convierte en una playa de hallazgos y se acerca progresivamente a la linealidad indefinida de la prosa que, al final, fue la forma de expresión... poética preferida. La verbalización conceptuosa y algo espasmódica –sembrada de interjecciones, admiraciones, deícticos, afirmaciones, negaciones– quieren comunicar una experiencia en marcha pero también, muy a menudo, al borde del más elocuente silencio. Pero Juan Ramón Jiménez, tan aparentemente ególatra, distó de ser un pazguato: dejó el diseño de un libro, *Guerra en España* (recompuesto en 1986), que compilaba con ánimo de testimonio su visión de la contienda civil de 1936 desde sus convicciones republicanas, y trazó, con el título de *Españoles de tres mundos* (1941, edición definitiva en 1988), una excepcional galería de «caricaturas líricas» que es –junto a los poemas de Machado y los retratos de Gómez de la Serna– la más intencionada y certera historia poética del pensamiento y la literatura españoles.

En uno de esos esbozos Juan Ramón llamó a su casi tocayo Ramón Gómez de la Serna «jamono alegre de conciencia» y reflejó en esta síntesis no sólo su físico rotundo y su alegría vanguardista sino algo que no siempre se le ha reconocido: su entrega absoluta al oficio de escritor y cierta visión dramática y desesperada del mundo que se da de bofetadas con la trivialidad «años veinte» que habitualmente se le imputa. Quien tituló *Automoribundia* (1949) a la autobiografía que escribió en el destierro y que es una de las mejores escritas entre nosotros, no solamente era un hombre obsesionado con la imagen de la muerte sino un ser algo infantil e inmaduro en quien la violencia y lo erótico (que vienen a ser lo mismo) y el hecho de vivir se presentaron habitualmente como enigmas y dificultades dramáticos: la abundancia de personajes protagonistas que son ociosos hijos de familia desposeídos de su ámbito doméstico habitual revela mucho de quien no abandonó el hogar paterno hasta 1921, cuando tenía treinta y tres años.

Su obra encierra –como ya se ha indicado antes– el más característico tránsito del modernismo internacionalista y decadente al *modernism* vanguardista. Las páginas de su revista *Prometeo* (1908-1912) atesoran esos pasos pues la llenó con sus colaboraciones: allí está *El libro mudo* con su nietzscheanismo y su iconoclastia, a través de su implícito diálogo entre un Tristán (ojo a la resonancia wagneriana) y un Ramón que vienen a ser la escisión de un único yo; allí está también *El concepto de la nueva literatura* donde postula el «monismo literario» como síntesis del naturalismo más feroz y del intuitivismo más directo y, por último, los textos que luego formaron *Tapices* (curiosos poemas dramáticos que llama «pantomimas» y reflexiones sobre el alcance expresivo del lenguaje como «Palabras en la rueca»). Precisamente en *Tapices* publicó también las primeras «greguerías», que fueron su gran aportación a la gnoseología vanguardista: son una suerte de metáfora o asociación de ideas explicada que surge de la intuición personal o colectiva y que puede romper un tabú del conocimiento o la confianza en una certeza. Normalmente son breves como un aforismo pero en algún libro (como *Gollerías*, 1926) crecen hasta conformar pequeñas historias. Y éstas, a menudo, se asocian temáticamente para configurar volúmenes como *El Rastro* (1915), *Senos* (1917) y *El circo* (1917), un elenco de títulos que delimita muy bien sus obsesiones (el fetichismo edípico, la variedad enmascarada y jovial, la vida secreta de los objetos que han perdido su valor de uso) y, como fue el caso de *Ramonismo* (1923), la obstinada voluntad de referirlo todo a su personal percepción. Pero el tal «ramonismo» fue uno más de los *Ismos* (1931) que, en este libro de recapitulación, veía como característicos del arte contemporáneo, al lado del botellismo, del picassismo, del cubismo, del negrismo, del jazzbandismo o del futurismo (que había saludado precocísimamente en 1909 traduciendo en *Prometeo* el manifiesto de Marinetti): el arte para Ramón era libertad y búsqueda de lo otro a través de los laberintos de un yo que saludó con entusiasmo las exploraciones freudianas.

También dio libertad a los géneros. Había cultivado el teatro en sus primeros años y compiló bajo el título de una de sus piezas, *El drama del palacio deshabitado* (1926), las muchas que publicó en *Prometeo,* a las que cabe añadir un estreno de resonancias escandalosas, *Los medios seres* (1929), y una ópera, *Charlot* (1932), que se dio a conocer recientemente (1988). Pero su excursión más conseguida «a las afueras más respirables del vivir» usó como vehículo la novela. Las más significativas componen el ciclo de «novelas de la nebulosa» -así llamado por su aire metafísico y angustiado- que comprende *El incongruente* (1921), *El novelista* (1923), *¡Rebeca!* (1936) y, sobre todo, *El hombre perdido* (1947). Pero le fascinó también indagar en mundos falsos, previamente literaturizados: así sucede en *Cinelandia* (1923), su relato sobre Hollywood; *El torero Caracho* (1926), su novela taurina, y en las *Seis falsas novelas* (1927) que nos hacen recorrer unas imaginarias África, Rusia, China o Tartaria pero también unas inquietantes Alemania y Estados Unidos de los mismos años veinte, con sus cabarets de andróginos o sus millonarios asesinos. Pero sus novelas realistas y españolas no fueron menos «falsas» en lo que tienen de explosión imaginativa: *La viuda blanca y negra* (1917) reelabora un tortuoso idilio en el calor veraniego de Madrid, *El secreto del acueducto* (1922) cuenta una siniestra historia de celos seniles en la capital castellana, *El chalet de las rosas* (1923) perfila la vida de un Landrú de la Ciudad Lineal... Permanente vigía de las formas nuevas en su tertulia sabatina del café de Pombo (la mantuvo desde 1915 a 1936), fue un excepcional crítico. Escribió biografías de artistas que de algún modo sintió afines (*Goya,* 1928; *Azorín,* 1930; *El Greco,* 1935; *Solana,* 1944; *Valle-Inclán,* 1944) y prólogos o notas deslumbrantes sobre los artistas modernos (Nerval, Baudelaire, Ruskin, Wilde, Barbey d'Aurevilly, Cocteau, Morand...), algunos de los cuales se recogieron en *Efigies* (1929). En sus *Retratos contemporáneos* (1944) y *Nuevos retratos contemporáneos* (1946) se desahogó con gracejo y sagacidad acerca de la literatura española contemporánea: Galdós es «la Plaza Mayor llena de soldados, niños y amas de cría»; D'Ors, «un trozista»; Benavente, el «autor de buñuelos de pensamiento»; Blasco Ibáñez, «la llegada al mercado de todos los elementos para hacer la gran paella de la vida».

La recepción de la vanguardia: ruptura y continuidad

Durante mucho tiempo, el término de «generación de 1927» ha venido ocultando una realidad más amplia y vivaz que es la del vanguardismo español y, si se quiere, la de la continuidad y expansión de la modernidad española cuyo origen se rastrea en el mismo fin de siglo. No es fácil saber cuándo se acuñó ese marbete generacional pero más difícil todavía es desterrarlo de nuestros hábitos taxonómicos. En cualquier caso, la conciencia que lo sustentó como una suerte de «sociedad limitada» de poetas (y algún prosista) es muy temprana: en enero de 1927 la revista murciana *Verso y Prosa* publicó una «Nómina incompleta de la joven literatura» donde Melchor Fernández Almagro acierta casi con el elenco más duradero de futura promoción. Y ese mismo año, sus componentes se encontraron en los actos y en las revistas que celebraban el centenario de Góngora: la sesión del Ateneo de Sevilla, la bonita entrega de la malagueña *Litoral* o la jocosa «Crónica del centenario» que Gerardo Diego recogió en las dos entregas de *Lola*, revista santanderina vinculada a su hermana mayor *Carmen*. Pero la cronología de la vanguardia en España hay que empezarla bastantes años antes. El manifiesto futurista de Marinetti se tradujo al español en 1909, apenas un mes después de su aparición, en la revista ramoniana *Prometeo*. Y en 1912 Barcelona presenció en las galerías Dalmau la primera exposición de pintura cubista. En 1915 la tertulia de Pombo -otro invento de Ramón- se convirtió en un hervidero de nuevas actitudes y proporcionó -incluso sin ser un lugar de vanguardia- ese plus de jovialidad y desorden que fue su clima ideal. Del otoño de 1918 -es decir, con cierto retraso sobre el surgimiento de Dadá- data el primer escrito del «ultraísmo» español, que en el espacio de cuatro años escasos recorrió el camino que iba de una subversión de bohemios modernistas de segunda fila -capitaneados por Rafael Cansinos Assens que se había dado a conocer con *El candelabro de los siete brazos* (1914)- a un lúcido movimiento de vanguardia tal como aparece en los veinticuatro estupendos números de la revista *Ultra*, entre enero de 1921 y marzo de 1922.

En ellos colaboró Jorge Luis Borges, por entonces en España, y participó el joven Guillermo de Torre, que en 1925 publicaba *Literaturas europeas de vanguardia*, primera ventana abierta al cambio radical que las artes habían experimentado en la Europa de postguerra. Pero 1925 presenció también otros significativos acontecimientos. En mayo se presentó en Madrid el Salón de Artistas Ibéricos, una agrupación de pintores que incluía alguno de la floreciente Asociación de Artistas Vascos y que rompía decididamente con los moldes caducos de los salones oficiales. Y Max Jacob y Louis Aragon presentaron las novedades de la poesía francesa (de 1924 fue el primer manifiesto surrealista) en la Residencia de Estudiantes, convertida por entonces en un centro capital de actividad. Y los jurados de los premios nacionales otorgaron el de poesía a Rafael Alberti por *Marinero en tierra* y a Gerardo Diego por *Versos humanos,* mientras que los de Música daban el suyo a la *Sinfonietta* de Ernesto Halffter: ni éste ni Alberti habían cumplido todavía en aquella sazón los años que tenía el siglo. Todo era suficientemente llamativo como para que Ortega y Gasset abordara las raíces del problema en dos textos que conocieron una larga popularidad y que se publicaron este año de 1925 en un librito conjunto: en *Ideas sobre la novela,* muy influido por la lectura de Proust, proclamaba el final de la narrativa realista, panorámica y cronística, y la epifanía de relatos más poéticos, liberados de la peligrosa imitación de la vida ordinaria y que gozaran con la multiplicación lírica de la realidad; en el más famoso ensayo *La deshumanización del arte* –coincidente en la fecha con la edición alemana de *Realismo mágico* de Franz Roh y siete años posterior a *El gallo y el arlequín* de Jean Cocteau que sustentaron tesis muy similares– dictaminaba que el arte nuevo dividía al público entre los que lo entienden y los que no lo entienden. E, inmisericorde con estos últimos, concebía el arte como un juego intrascendente y eliminaba por principio la afectividad y la emoción que habían sido propias de lo romántico. Pero ya antes, en 1919, el primer soneto de *La pipa de kif* (1919) de Valle-Inclán, intuyendo que las cosas empezaban a cambiar, había dicho que «Mis sentidos tornan a ser infantiles,/ tiene el mundo una gracia matinal,/ mis sentidos como gayos tamboriles/ cantan en la entraña del azul cristal» y en el breve «Apostillón» que precede a la *Farsa y licencia de la reina castiza* (1920) concluía que «Mi musa moderna/ enarca la pierna,/ se cimbra, se ondula,/ se comba, se achula/ con el ringorrango/ rítmico del tango,/ y recoge la falda detrás».

Como el romanticismo, el vanguardismo fue más una actitud que un programa y, de hecho, estuvo más cerca de él de lo que pretendía Ortega al contraponer la efusividad de Beethoven y la gracia impresionista de Debussy. Fue, por supuesto, la consagración de la libertad en la búsqueda artística por más que Picasso prefiriera decir «yo no busco; encuentro». Pero hallazgo o indagación, el camino era la alegría creadora que, en los comienzos de la vanguardia, habían traído creadores como Erik Satie (con sus títulos musicales arbitrarios); Alfred Jarry, con su invención de la patafísica, e incluso los futuristas con su desapego por las formas deliberadamente artísticas y su gozosa exaltación de la máquina. Para la vanguardia la provocación fue un elemento más de la práctica artística: en 1913 Marcel Duchamp realizó su primer *ready-made* y su resultado –una rueda de bicicleta colocada verticalmente sobre un modesto taburete– todavía es admirado por los visitantes del Museo de Arte Moderno de Nueva York; en 1916 se iniciaron en Zurich las reuniones del grupo Dadá que llevó a su límite la noción de creatividad como espontaneidad y la ruptura con cualquier pretensión de contenido racional en el producto artístico. Pero no sólo cabe reducir la vanguardia a la suma de iconoclastia, ruptura de cualquier sentido reverencial y expulsión de la trascendencia: ya en 1918 Cocteau lanzaba un «rappel à l'ordre» que marcaría en muchos el regreso a una creación desenfadada pero constructiva. Otro sector de la vanguardia parecía más interesado en entronizar una nueva densidad expresiva que tenía poco que ver con la *deshumanización* que Cocteau aceptaba y que Ortega creía advertir en 1925. Por ejemplo, en el heterogéneo conjunto de manifestaciones que llamamos *expresionismo* y que remontamos al famoso cuadro de Munch, «El grito» (reproducido en *La Revue Blanche* en 1894), hay un deseo de privilegiar lo intencional sobre lo físico, la intensidad sobre la objetividad, la conmoción emotiva sobre lo racional, que lo mismo advertiremos en la búsqueda del *primitivismo* (una importante faceta de la vanguardia) que en la larga secuencia de estilizaciones que llevan a la *abstracción,* o en las violencias cromáticas de los *fauves,* como incluso en la proclamación de la inspiración en lo subconsciente que postuló el *surrealismo* desde 1924. En el marco de las vanguardias históricas nunca es fácil establecer fronteras entre lo que es la deliberada disgregación de la percepción y la voluntad de reconstrucción de una nueva forma (de hecho, se habla de un *cubismo analítico* y otro *sintético*), de lo que fue renuncia a cualquier norma compositiva (como la que postula el *surrealismo*) y obediencia a lo geométrico, preciso y funcional (como sucederá en el campo de la arquitectura y la decoración en movimientos como el *racionalismo* y la práctica de la Bauhaus).

Lo único cierto es que el arte contemporáneo se define por su variedad y su inestabilidad de doctrinas y también por su progresivo compromiso con la realidad contemporánea de unos años –los que transcurrieron entre las dos guerras mundiales– de dramáticas expectativas. Pero ni siquiera la política del arte de entreguerras fue unitaria: muchos futuristas italianos se hicieron fascistas mientras que sus homólogos rusos crearon –hasta que lo consintió la promulgación del «realismo socialista»– en favor de la construcción de la URSS; los surrealistas se pusieron en 1928 «al servicio de la Revolución», aunque no sin defecciones, y la Exposición Universal de París de 1937 ofreció un deslumbrante recorrido por las diferentes formas con que el arte rendía parias a las formas políticas de una Europa al borde del colapso.

En España estuvo presente todo esto: no olvidemos que entre 1914 y 1918 su neutralidad la hizo refugio propicio de náufragos europeos (desde los Ballets Rusos de Diaghilev, que trajo Martínez Sierra, hasta Francis Picabia, pasando por una buena porción de pintores polacos y de escritores sudamericanos en ruta interrumpida hacia París, como fue el caso del creacionista chileno Vicente Huidobro en 1918) y que, al fin del período, entre 1936 y 1939, la Guerra Civil la convirtió en piedra de escándalo y banderín de enganche emocional de todos los compromisos del mundo. A la vista de la presunta exclusividad de la llamada «generación del 27» podría hablarse de un panorama homogéneo presidido por la adopción de lo que se llamó «poesía pura», una suerte de mística juguetona y controlada acerca de la realidad que entronca con la experiencia lírica de Paul Valéry. Pero hubo más cosas. La recepción del surrealismo fue temprana y, aunque no les gustó a los pontífices de *Revista de Occidente* (Fernando Vela y Benjamín Jarnés), ganó adeptos en los años treinta y creó una significativa variante española del movimiento, más «ortodoxa» en el importante grupo canario de Agustín Espinosa (autor de *Crimen,* 1934, el más paradigmático de los textos españoles de esta corriente), Domingo López Torres, Emeterio Gutiérrez Albelo y Pedro García Cabrera, y más intuitiva y personal si se consideran las anteriores incursiones de José María Hinojosa (*La flor de California*, 1928), Ernesto Giménez Caballero (*Yo, inspector de alcantarillas*, 1928) e incluso Rafael Alberti (*Sermones y moradas*, 1929) y Lorca (*Poeta en Nueva York*, escrito en 1929).

El más atractivo dilema de la vanguardia española anidó en la latente (pero fecunda) contradicción entre la vocación internacionalista consustancial al movimiento y su deuda afectiva con España y con toda una tradición cercana de nacionalismo estético. Ya es de suyo paradójico que una buena parte de las novedades fueran, de hecho, revisiones de materia tradicional: desde *El retablo de Maese Pedro* (1924), tan quijotesco, de Manuel de Falla, al estilizado neofolclorismo de *Marinero en tierra* y *La amante* de Alberti o de las *Canciones* y el *Romancero gitano* de Lorca. Que la historia del arte nuevo español pasara por la celebración de centenarios hubiera sido algo impensable en parámetros europeos: primero fue el de Góngora (1927), visto como una aprobación de la libertad creativa y de la identificación de metáfora y poesía; luego vino el de Goya (1928), más atento a lo vital y racial, y después, en apretado pelotón, el de Lope de Vega (1935), reclamo de un arte popularista, y los de Garcilaso –regreso a las formas clásicas– y del romanticismo –importancia de la emoción–, ambos en 1936. Pero incluso en el mismo año bautismal de 1927 surgió un movimiento como la «Escuela de Vallecas» –creada por un pintor, Benjamín Palencia, y un escultor, Alberto Sánchez, ambos autodidactos– que quiso conciliar la vanguardia europea con la inspiración telúrica. No le faltaron críticos feroces como el marxista Josep Renau o Eduardo Westerdahl, al igual que también Lorca recibió feroces rapapolvos de sus amigos surrealistas Luis Buñuel y Salvador Dalí cuando publicó el *Romancero gitano*, que el último veía «ligado de pies y brazos a la poesía vieja». Aunque los jóvenes españoles tuvieron alguna sonada rebelión contra los «putrefactos» (como se decía en el dialecto de la Residencia de Estudiantes), prevaleció la continuidad. Cierto es que los organizadores del auto de fe con motivo del centenario de Góngora ordenaron quemar las obras completas de Valle-Inclán después de haberlas rociado de zotal, pero, en general, los motivos de ludibrio fueron escritores anticuados como Ricardo León, los Quintero, Benavente...

Los poetas de 1927

Pese a que, como se ha señalado, la hegemonía de los poetas ha deformado un tanto el panorama de la creación literaria entre 1925 y 1936, cumple reconocer que pocas veces en la lírica europea del siglo XX se ha dado una promoción de tan compacta calidad e importancia. No es fácil agruparlos convencionalmente, aunque el neofolclorismo juvenil parezca poder reunir a Lorca y Alberti, la poesía pura a Guillén y Salinas, el surrealismo a Cernuda y Aleixandre. Pero todos ellos, con pocas excepciones, cambiaron alguna vez de registros y por esa razón el orden de fechas de nacimiento es, a riesgo de su arbitrariedad, el que se ha elegido para ordenarlos en las páginas que siguen. Por razón de edad (ya que solamente era tres años más joven que Gómez de la Serna), el primero de estos fue Pedro Salinas, que publicó versos adolescentes en *Prometeo* y que fue (con Guillén) el más representativo de los que Juan Ramón Jiménez llamó con sorna malévola «poetas profesores». Lo fue de las universidades de Murcia y Sevilla, secretario de la Universidad Internacional de Santander y, tras la Guerra Civil, docente en importantes centros norteamericanos. Quizá por ello la obra de Salinas está marcada por su condición de experiencia de emoción intelectual que suele generar unas formas muy simples y accesibles: versos cortos, sin rima, enlazados en hábiles encabalgamientos que les dan un cierto aire de prosa hablada; metáforas deslumbrantes pero más ingeniosas que ardientes; tono metafísico pero siempre rebajado con alguna punta de ironía. La poesía inicial de Salinas deriva de la lírica pura de Juan Ramón pero tocada de un cierto cotidianeísmo propio: así en *Presagios* (1923), *Seguro azar* (1929) y, sobre todo, *Fábula y signo* (1931) que incluye con generosidad lo moderno (máquinas de escribir, cinematógrafo, automóviles...). Lo mejor de Salinas llegó con un ciclo erótico donde el primer volumen, *La voz a ti debida* (1933), constituye un poema unitario en el que el amor (un amor desigual y clandestino, llamado a la inevitable ruptura) aparece como una mágica llave que permite organizar la catarata de la realidad: los amantes, como nuevos Adán y Eva, toman posesión del mundo a través del lenguaje. En *Razón de amor* (1936) y todavía más en el mucho tiempo inédito *Largo lamento* se corrige el tono jubiloso y la experiencia amorosa, metáfora de la entera vida, reviste caracteres más dramáticos. Tras la Guerra Civil, los tres últimos libros de Salinas –*El contemplado* (1946), *Todo más claro* (1949) y *Confianza* (1955)– incorporaron a su poesía la reflexión moral, la preocupación por el porvenir de la humanidad y la búsqueda personal de la paz del espíritu a través de la vivencia de lo natural. Esa misma preocupación neohumanista se respira en cuanto escribió en su momento de euforia intelectual, vinculado a su estancia en Puerto Rico: en los bellos ensayos de *El defensor* (1948), en una novela de anticipación como *La bomba increíble* (1950) y en sus obras dramáticas (en las que no falta el toque arnichesco, la trascendencia unamuniana y la personal visión de la crueldad de la guerra civil en la bella fábula *Los santos*). Salinas fue, de otro lado, uno de los mejores epistológrafos españoles como demuestra la recientemente publicada *Correspondencia (1923-1951)* intercambiada con Jorge Guillén.

Esas mismas cartas reflejan muy bien la diferencia de personalidades de los dos amigos: la vivacidad, la sociabilidad y la iniciativa de Salinas contrastan con el talante más sosegado, meticuloso y absorto de Guillén. El estilo nervioso y movido del verso del primero se convierte aquí en unidades precisas (iniciadas siempre con mayúsculas), de forma exclamativa a menudo, adjetivos rotundos y metáforas totales. Profesionalmente, sus vidas fueron dos paralelas casi rigurosas y en poesía ambos arrancaron de la lección juanramoniana que Guillén pudo contrastar, sin embargo, con un conocimiento muy atento de las directas fuentes francesas. Desde un primer momento concibió su obra poética como un libro único y total, al modo de aquel *Livre* del que había hablado Stéphane Mallarmé y que también soñó, aunque de otro modo, Juan Ramón Jiménez (con quien desde muy temprano Guillén mantuvo relaciones tensísimas) al hablar de su *obra en marcha*. Esta obra única, que se inició en la playa bretona de Tregastel en 1919, se concluyó en 1968 bajo el nombre de *Aire nuestro*, cuyo título deja en deliberada ambigüedad si «aire» vale por atmósfera, inspiración o aspecto y si «nuestro» es colectivo o forma mayestática de «mío». El libro se compone a su vez de tres unidades previas (*Cántico,* editado por vez primera en 1928 y concluido en 1950), *Clamor* (junta de *Maremágnum,* 1957, *...Que van a dar en la mar,* 1960, y *A la altura le las circunstancias,* 1961) y *Homenaje.* Los subtítulos de cada una de estas partes revelan muy bien la intención sostenida del proyecto. «Fe de vida» como lema de *Cántico* define la poesía más cosmológica de un poeta agnóstico y al que no asustan las reservas kantianas de un Machado: la revelación, percepción y goce de un mundo que «está bien hecho». *Clamor* se subtitula «Tiempo de historia» -escrito como está tras la experiencia de dos guerras: la Civil y la Mundial- lleva su mirada al mundo de los hombres, con preocupación pero con la certeza de que la razón y el esfuerzo pueden lograr la paz. Y *Homenaje* es «Reunión de vidas» porque se vuelca hacia la humanidad más próxima, para hablar de lecturas predilectas, músicas oídas, amigos probados y para concluir con poemas tan espléndidos como «El cuento de nunca acabar» que tienen clara vocación testamentaria. No fueron su testamento, sin embargo, pero, fiel a sí mismo y a su título, Guillén bautizó *Y otros poemas* (1973) y *Final* (1976) sus dos largos libros últimos.

Gerardo Diego fue también profesor (catedrático de Instituto) y músico (sus tempranos «Nocturnos de Chopin (paráfrasis románticas)» y su tardío «Preludio, aria y coda a Gabriel Fauré» son bellas muestras del acercamiento de dos artes paralelas). Sus primeros libros deben mucho al *creacionismo* imaginativo y versolibrista con el que Huidobro deslumbró a Diego y Larrea -*Imagen* (1922) y *Manual de espumas* (1924)- pero ya *Versos humanos* (1925) contiene aforismos machadianos, poemas puros a lo Juan Ramón y formas tradicionales como el famoso soneto al ciprés de Silos. Esa línea clasicista prosigue en *Alondra de verdad* (1941), colección de sonetos, pero puede alternar con la línea vanguardista más pura (*Limbo*, 1951), con otra neopopularista -donde hay poemas religiosos o taurinos- y con otra personal y reflexiva como la que se advierte en los recuerdos emotivos de *Pai-*

saje con figuras (1956). La variedad y la habilidad formal son los atributos de Diego, cierta artificiosidad y aquí y allá algunos indicios de banalidad son sus peores enemigos.

Dámaso Alonso fue, fundamentalmente, un filólogo y catedrático al que se debió después de 1926 la rehabilitación del Góngora más difícil y luego la creación de la escuela estilística española con su admirable libro *Poesía española. Ensayo de métodos y límites estilísticos* (1952). En su creación personal se inició con unos *Poemas puros, poemillas de la ciudad* (1921) pero su auténtica revelación fue, ya en la postguerra, *Hijos de la ira* (1944), un libro existencial que busca, en largos versículos, una retórica imprecatoria poblada de imágenes poderosas y violentas, estructuras iterativas, apóstrofes..., que quiere reflejar la miseria de la postguerra cuando Madrid había llegado a ser una ciudad «de más de un millón de cadáveres». Del mismo año fue *Oscura noticia* y de 1955 *Hombre y Dios.* En 1985 apareció *Duda y amor sobre el Ser Supremo,* largo poema unitario y vacilante con toques de ingenuidad no precisamente buscada y otros de patetismo sincero, que en algún momento parece enlazar con la poesía satírica que el escritor no quiso publicar nunca.

Vicente Aleixandre fue un muchacho de condición enfermiza y empezó a publicar tarde: *Ámbito* (1928), libro juanramoniano, fue el primero de los suyos aunque los más personales pertenezcan ya a los años treinta y sean la espléndida serie surrealista compuesta por *Espadas como labios* (1932), *La destrucción o el amor* (1935) y *Mundo a solas* (que no se imprimió hasta 1950). El suyo es un surrealismo personal y controlado, lejano de la «escritura automática»: versos largos, poderosas imágenes -de animales, sobre todo- que exaltan un amor universal y la unión con lo telúrico, expresada en grandes disyuntivas (la conjunción «o» es la predilecta de Aleixandre), en largas series enumerativas y en estructuras anafóricas. Tras la Guerra Civil, el escritor permaneció en España como su amigo Dámaso Alonso. Pero si aquella experiencia inspiró al primero la violencia lírica de *Hijos de la ira*, a Aleixandre le llevó a la vívida evocación de un mundo de amor e inocencia perdidos en *Sombra del paraíso*, que también se publicó en 1944. Para el Aleixandre posterior la poesía fue «comunicación» (tesis que argumentó su discípulo y amigo Carlos Bousoño) y quizá el mejor logro de esa poética son los poemas trémulos, efusivos y humanistas, casi pedagógicos, de *Historia del corazón* (1954). Su tono perseveró en *En un vasto dominio* (1962) y se revistió de sosiego filosófico y caviloso en los dos libros de senectud –*Poemas de la consumación* (1968) y *Diálogos del conocimiento* (1974)– pero esa necesidad de correspondencia humana se advierte también en las prosas de *Los encuentros* (1958) que narra los del poeta con algunos escritores de su tiempo y con otros más jóvenes. Y es que, a lo largo de toda la postguerra, el domicilio madrileño de Aleixandre en la calle Velintonia se convirtió en una referencia obligada para todos los aprendices de poeta.

Las circunstancias de su muerte, su simpatía personal y su deslumbrante capacidad de improvisación hicieron de Federico García Lorca la figura más representativa de su generación, incluso por su capacidad de multiplicar su actividad artística: era músico mediano y dibujaba con ingenuidad e imaginación, hizo dramas y poesía, organizó el teatro ambulante estudiantil «La Barraca» y no faltó en ninguna de sus giras por España y, como demuestra la reciente *Antología modelna* (1995), podía ser un satírico francamente divertido. Pero la amable superficie del hijo de un agricultor acomodado de la vega granadina ocultaba problemas de inmadurez, de autoaceptación y de definición personal que hoy conocemos ya algo mejor: fueron la fuente secreta de su inspiración y también la explicación de su peculiar modo de escribir y difundir sus creaciones como ofrendas a un selecto grupo de amigos, como prendas de una complicidad que dejó huella en bellísimas dedicatorias. Sus comienzos -un volumen de prosas, *Impresiones y paisajes* (1918), una malísima obra teatral que se conserva incompleta, *El maleficio de la mariposa* (1920), y un *Libro de poemas* (1921)- tienen algo de modernistas y el tercero bastante de Juan Ramón. Bajo inspiración neopopularista compuso después las *Canciones* (1927) donde la estilización de formas y contenidos le lleva a unos gráciles extractos de poema y las *Suites* (desconocidas hasta hace poco) de formas algo más amplias. En el *Poema del cante jondo* (de redacción temprana pero aparecido en 1931) rindió tributo a la concentración sentimental de la copla y en *Romancero gitano* (1928), cabeza de una serie que no siguió, logró su libro más popular y, alrededor de la muerte, sus ámbitos metafóricos -caballos, cuchillos, agua, noche, luna- más insistentes.

Un viaje a Estados Unidos en 1929, tras un perturbador fracaso amoroso, le inspiró lo que llamamos *Poeta en Nueva York* y que seguramente consta de dos libros: el de ese título y *Tierra y luna*. En aquellos versos está su peculiar recepción del surrealismo y la exacerbación de temas que su poética ya conocía -el recuerdo de la infancia, el amor no correspondido, el sufrimiento injusto, la muerte violenta, la exaltación de las víctimas (negros o gitanos)- pero que ahora se exponen en un contexto nuevo: la gran ciudad precisamente en el marco de la crisis económica de otoño de 1929. En 1935 dio a conocer el *Llanto por Ignacio Sánchez Mejías,* estremecedora elegía dedicada a aquel torero-escritor y en 1936 la universidad de Granada tenía listo para su impresión –que impidió la Guerra Civil– el *Diván del Tamarit,* libro donde el marco de la poesía árabe culta sirve de cauce para un flujo de imágenes poderosas y desconcertantes que tampoco alcanzan a ocultar sus temas de siempre, los mismos que por entonces hallaban expresión más explícita en los recientemente conocidos *Sonetos,* abusivamente llamados «del amor oscuro».

El teatro de Lorca fue poético en la medida en que sus versos tenían también algo de escénico. Hay, como en el caso de Valle-Inclán, una suerte de trasvase inconsciente de formas que se advierte muy bien en las farsas pensadas para títeres o «para personas» como *La zapatera prodigiosa* (1930) y el precioso *Amor de don Perlimplín con Belisa en su jardín* (1931). El camino de un teatro más convencional no le fue tan fácil: tras el fracaso adolescente del estreno de *El maleficio de la mariposa, Mariana Pineda* (1927) –sobre la heroína liberal de 1830– no fue mucho más lejos del teatro poético del momento, como sucede en parte con *Bodas de sangre* (1933), drama rural excesivamente estilizado. *Yerma* (1934), al afrontar, desde la perspectiva femenina, el drama de la esterilidad, el amor no correspondido y el sacrificio, tuvo, sin embargo, una capacidad de conmoción que fue todavía mayor en la pieza póstuma *La casa de Bernarda Alba* («drama de mujeres en los pueblos de España» estrenado en Buenos Aires en 1945). Pero al margen de la serie rural, Lorca había demostrado su sensibilidad para la comedia sentimental y evocativa del pasado burgués cercano en *Doña Rosita la soltera o el lenguaje de las flores* (1935) y además su intuición para crear un teatro de vanguardia: a esa línea pertenecen sus dos mejores creaciones, *Así que pasen cinco años* (1931), «leyenda del tiempo» y reflexión sobre el riesgo en el amor y el cerco implacable de la muerte, y *El público* (1933), donde la sucinta trama (la rebelión del público en la representación de *Romeo y Julieta* por una pareja de actores masculinos) proporciona el marco de una reflexión sobre los límites del teatro como espectáculo y sobre la pugna de la autenticidad y el disimulo.

La poesía de Rafael Alberti se inició también en el neopopularismo de *Marinero en tierra* (1924) cuyo cañamazo temático tiene mucho que ver con las experiencias juanramonianas: el poeta recobra en el recuerdo la inmediatez del mar de su infancia. La misma línea y la misma capacidad para remedar las más delicadas formas de lírica popular están presentes en *La amante* (1925) y *El alba del alhelí* (1927), pese a que en ésta surjan temas más dramáticos. El centenario de Góngora y el entusiasmo por el festival vanguardista se combinan a partes iguales en *Cal y canto* (1929), libro cuya contagiosa simpatía se convierte en patetismo y premoniciones oscuras en *Sobre los ángeles* (1929), estación de tránsito para el surrealismo pleno de *Sermones y moradas* (1929-1930). Por entonces conoce a María Teresa León, escritora y separada de un marido militar, y ambos emprenden una aventura personal y política que les lleva al comunismo militante: son los años de la revista *Octubre* (1933), de los poemas satíricos y políticos (recogidos como *El poeta en la calle* en 1938) y, durante la Guerra Civil, de la organización de la Alianza de Intelectuales Antifascistas. Pero tras la derrota, el tono personal e intimista resurgió en la preciosa colección *Entre el clavel y la espada* (1941) y en *Pleamar* (1944). La gran fuente de inspiración del Alberti exiliado es la recuperación emotiva del recuerdo, ya sea éste el de su primera y nunca desmentida afición –*A la pintura. Cantata de la línea y del color* (1945)–, los amigos y vivencias familiares –*Retornos de lo vivo lejano* (1952)– o el recuerdo de su natal bahía gaditana –*Ora marítima* (1953)–, incluso cuando el pasado se combina con el presente como en *Baladas y canciones del Paraná*, en el mismo libro de 1953. En 1963 Alberti –convertido ya en poeta oficial del comunismo– pasó de Argentina a Italia, donde a su inspiración nostálgica y personal se añadió un cierto tinte de sarcasmo y humor visible en *Roma, peligro para caminantes* (1968) y en *Fustigada luz* (1980). El teatro de Alberti es atractivo pero secundario: el auto sacramental *El hombre deshabitado* (1930) tiene relación con la temática de *Sobre los ángeles*, mientras que *El adefesio* (1944) y *La Gallarda* (1944-1945) enlazan con la dramaturgia lorquiana. Dos bonitos volúmenes de memorias, *La arboleda perdida* (1959 y 1987), dan muy bien la tónica de este escritor entre público y privado, entre extrovertido e intimista, entre fácil e intenso: no en vano su más admirado artista ha sido Picasso con quien coinciden tantos aspectos de su obra de madurez.

Luis Cernuda organizó también su obra en un libro único como Jorge Guillén (poeta que influyó en su primer libro, *Perfil del aire*, 1927). Pero el propósito del poeta sevillano y alumno de Pedro Salinas fue distinto ya que la unidad de *La realidad y el deseo* (primera edición en 1936 y definitiva en 1964) consiste en integrar una trayectoria lineal sobre el hilo conductor de una biografía moral: el hermoso ensayo «Historial de un libro» (escrito en 1958 y recogido en *Poesía y literatura*, 1960) explica muy bien ese proceso de formación. Un mismo talante y diversas formas unifican, pues, el dibujo interior de una dialéctica permanente entre los dos términos de ese fascinante título general, realidad (mundo) y deseo (poeta): allí se integra la composición clasicista de *Égloga, elegía, oda* (1927-1928), el surrealismo de *Un río, un amor* y *Los placeres prohibidos*; el neorromanticismo densísimo de *Donde habite el olvido* (1934); la simplicidad no exenta de retórica poderosa en *Las nubes* y *Como quien espera el alba*, libros del exilio, y la meditación metaliteraria y autobiográfica de los poemas extensos de *Desolación de la Quimera* (1962), una de las cimas de la poesía hispánica de este siglo y donde el suave tono garcilasista anterior se hace más duro y conceptuoso. La vida de Cernuda no fue fácil y la propia naturaleza de su designio artístico hace obligado referirse a ella: fue un hombre descontentadizo y suspicaz que sobrellevó muy mal su postergación literaria y al que una homosexualidad reconocida hizo la vida solitaria y dura. Pero las inquinas y las cicaterías que a veces reflejan sus cartas contrastan con su espléndida capacidad de trocarse en un yo poético que protagoniza una espléndida experiencia moral de encuentro con la naturaleza (a menudo referida a los mitos helénicos) y el amor, con el orgullo diabólico y con la aniquilación, lo que a menudo comporta la muerte, el dolor y la ingratitud. La parte oscura del designio (pero necesaria y muy bella) la conforma el virulento misántropo y el negador de su propio país y en este campo se mueve también su parcial pero certera crítica literaria, unas veces sobre sus contemporáneos –*Estudios sobre poesía española contemporánea*, 1957, fue un libro polémico– y otras sobre sus preferencias –*Pensamiento poético en la lírica inglesa (siglo XIX)*, 1958)–. En el ámbito del luminoso reencuentro con el pasado infantil está, sin embargo, *Ocnos* (ediciones de 1942, 1949 y 1963), una de las mejores prosas poéticas españolas.

Otros escritores

Hubo otros poetas de interés y, en algún caso, no tan menores. Más ambicioso que acertado fue Juan Larrea, compañero de Gerardo Diego en su acercamiento al creacionismo y que desarrolló toda su obra, escrita desde 1919, en francés, idioma que conocía imperfectamente pero que acogía muy bien la *extraterritorialidad* que buscaba para su experiencia poética. Que no en vano se recogió en un breve libro titulado *Versión celeste,* que quiere decir traducción celestial o trascendente del mundo real. Simultáneamente escribió un diario en prosa, *Orbe,* que se ha dado a conocer parcialmente en 1990 y que está muy cercano al surrealismo. Allí aparecen sus primeras alusiones al mundo de la América precolombina que, cuando se exilió, se convirtió en su hogar y en el horizonte de su utopía: fue un importante coleccionista de objetos incaicos y escribió algunos ensayos sobre el continente como territorio espiritual del porvenir y sobre César Vallejo como profeta de aquella esperanza. Más limitado de horizontes, Emilio Prados vivió en la Residencia de Estudiantes, fue –como Cernuda– fugazmente comunista. Con esa militancia coincidió una etapa surrealista que, sin embargo, ya en México desembocó en una poética meditativa, de ámbito temático y figural reducido, de cierta intensidad cercana a una mística laica. Manuel Altolaguirre, malagueño como él, fundó la revista *Litoral* y fue el editor e impresor inveterado de los poetas de su tiempo. Como autor, lo es de un libro unitario, *Las islas invitadas* (1926 y 1936), de delicada factura en los poemas amorosos y cosmológicos (cercanos a los de Salinas) y de unas interesantes memorias, *Caballo griego para la poesía.* La filiación juanramoniana se advierte, a cambio, en Ernestina de

Champourcin y la herencia del Alberti juguetón en los primeros versos de Concha Méndez y Josefina de la Torre. Pero en estos años no faltan los poetas que, como sucedía en el siglo XVII, alcanzaban a acertar en las líneas distintas de una poética cada vez más madura: Eugenio Frutos en la poesía pura, Basilio Fernández y Luis Piñer en la de abolengo creacionista, Joaquín Romero Murube –como Adriano del Valle y Juan Sierra– en las formas neoandalucistas... De todos los jóvenes que, desde provincias, soñaban con la gloria, el que llegó a ser más conocido fue Miguel Hernández. No le costó poco porque era soberbio, más intuitivo que otra cosa y de modesto origen (aunque algo más acomodado de lo que blasonaba, entre retador y pedigüeño). Su extraordinaria capacidad mimética le inspiró un excelente pastiche neogongorino (*Perito en lunas,* 1933) que, poco más adelante, trocó en el ruralismo exaltado –que expresa en atrevidas metáforas y perfectos sonetos– de *El rayo que no cesa* (1936), libro asociable con el talante de la pictórica «Escuela de Vallecas» que frecuentó. Su compromiso en la guerra le convirtió en el poeta heroico y popular, de formas rotundas y garbosas (aunque algo vacuas a veces), de *Viento del pueblo* (1937); después, el sufrimiento y la cárcel le dieron la intensidad, que a veces había suplido la precoz maestría, en el póstumo *Cancionero y romancero de ausencias,* escrito entre 1938 y 1941.

Suele decirse que fue una etapa poco feliz para la novela porque gravitó sobre todos los jóvenes el interdicto que Ortega había impuesto a la novela realista. Benjamín Jarnés fue quien mejor representó una nueva narrativa que, en su caso al menos, es muy injusto llamar «deshumanizada». No fue muy rica en tramas pero –fiel a su admirado Gabriel Miró y también a la alegría intelectual de Jean

Giraudoux– reflejó la búsqueda de la serenidad, del amor y de la plenitud vital en libros que tienen mucho de transmutación de su difícil trayectoria personal y que están escritos y, por así decirlo dominados, en una admirable y vivaz lengua poética: así sucede en *El profesor inútil* (1926), en *El convidado de papel* (1928) y *Lo rojo y lo azul* (1932) –que narran la vida que conoció en un seminario y un cuartel, respectivamente–, en fantasías de abolengo unamuniano como *Locura y muerte de nadie* (1929) y *Escenas junto a la muerte* (1931) y en fábulas sobre la docencia y la ambición de la verdad vital –le apasionó la relación maestro-discípulos ya desde su primer relato– como *Viviana y Merlín* (1930), *San Alejo* (1934) y *Libro de Esther* (1935). Aquella modalidad de relato fue de amplio cultivo aunque, en la mayoría de los casos, se orientó a formas más humorísticas y propiamente vanguardistas: fue el caso de narraciones de José López Rubio (*Roque Six*, 1927), Edgar Neville (*Don Clorato de Potasa*, 1931), Antonio Espina, Claudio de la Torre, Samuel Ros y de la única novela de Mauricio Bacarisse (*Los terribles amores de Agliberto y Celedonia*, 1931). Escritores tan dispares como Rosa Chacel, Max Aub y Francisco Ayala empezaron en ese marco pero lo sustancial de su carrera literaria pertenece al período siguiente y allí los hallaremos.

Lo que se ha llamado «novela social de preguerra» o «novela de avanzada» no es un modelo tan homogéneo como el de la narrativa lírica. Entran en él escritores de formación modernista y arcaizante, como fue el caso de Joaquín Arderíus o de Ángel Samblancat, líderes obreros que escriben relatos testimoniales (como Isidoro Acevedo), algún narrador autodidacto que toma el modelo barojiano (como el interesante y malogrado Andrés Carranque de Ríos) y vanguardistas que pasan al compromiso político-social como fue el caso de César M. Arconada, musicólogo notable, autor de una biografía de Greta Garbo y, al fin, de una «novela social» como *La turbina* (1930). Procedencia parecida tuvo José Díaz Fernández que acertó a señalar en un ensayito el nuevo rumbo de la época –*El nuevo romanticismo* (1930)– y publicó unos relatos sobre la guerra de África –*El blocao* (1928)– y una novela sobre el ambiente artístico en el Madrid de la dictadura –*La Venus mecánica* (1929)–. Pero el más atractivo y valioso de los escritores de este registro fue Ramón J. Sender que dio con *Imán* (1930) la mejor novela de la guerra de Marruecos y con *Siete domingos rojos* (1932) el mejor fresco de la vivencia anarquista de la crisis de la época, además de reunir en sus ensayos *Proclamación de la sonrisa* (1935) la más completa panorámica de las inquietudes y azares de un mundo brillante y crepuscular en el que nadie confiaba ya. Por eso, conviene recordar que la «novela social» no fue solamente «novela proletaria»: la misma denuncia del estado de cosas se advierte en novelas francamente fascistas como la «deshumanizada» *Hermes en la vía pública* (1934) de Antonio de Obregón y la tosquísima *Bajo la luna nueva* (1935) de Guillén Salaya o en visiones expresionistas de la crisis del intelectual como la excelente *Un intelectual y su carcoma* (1934) de Mario Verdaguer.

Los años republicanos vieron algunas novedades en el teatro, sobre todo en lo que toca al cuidado de la representación y a la dirección de escena cuando Cipriano Rivas Cherif se encargó de la compañía de Margarita Xirgu. En el teatro de humor se confirmó el nombre de Enrique Jardiel Poncela, también autor de novelas muy divertidas, que estrenó *Usted tiene ojos de mujer fatal* (1933), *Angelina o el honor de un brigadier* (1934), *Las cinco adverten-*

cias de Satanás (1935) y *Cuatro corazones con freno y marcha atrás* (1936), cuya comicidad inteligente y algo absurda desconcertó a públicos y críticos: los mismos que en la postguerra llevaron al fracaso *Eloísa está debajo de un almendro* (1940) o *Los habitantes de la casa deshabitada* (1942). Alejandro Rodríguez Álvarez («Alejandro Casona») se dio a conocer con *La sirena varada* en 1934, inicio de una comedia que usa de la apariencia fantástica (inventada por los propios personajes) para redescubrir en la realidad las fuentes de conformidad y felicidad, ya sea al evocar el mundo estudiantil de los años treinta (*Nuestra Natacha,* 1936) y los casos de un pretendido sanatorio de suicidas (*Prohibido suicidarse en primavera,* 1937) o al jugar con las premoniciones y la realidad de la muerte (*La dama del alba,* 1944, y *La barca sin pescador,* 1945).

El ensayo fue en este tiempo un género artístico de primera magnitud: menos confesional que lo era a fin de siglo, más próximo a la alacre objetividad poética de Ortega (y de las «glosas» del catalán Eugenio D'Ors) y enriquecido con recursos, metáforas y bromas del vanguardismo. La *Revista de Occidente* –creada por Ortega en 1923– concitó un estupendo elenco de reseñistas jóvenes entre los que estaba nuestro conocido Jarnés pero también Melchor Fernández Almagro, Antonio Marichalar, Esteban Salazar Chapela y el secretario de la publicación, Fernando Vela. Libros como *Mentira desnuda* (1934) de Marichalar, *El arte al cubo* (1927) y *El futuro imperfecto* (1934) de Vela, *Fauna contemporánea* (1933) y *Cita de ensueños* (1936) de Jarnés, *Cóctel de verdad* (1935) de José Ferrater Mora, *El arte de quedarse solo* (1936) de Guillermo Díaz-Plaja, son una perdurable lección de persuasión y buena prosa. Pero los dos ensayistas más influyentes del momento son Giménez Caballero y Bergamín. Nada más opuesto que el fundador de *La Gaceta Literaria* (1927) y el de *Cruz y Raya* (1934), protofascista y fascista enfebrecido el primero; católico liberal, y compañero de viaje revolucionario el segundo («con los comunistas hasta la muerte, pero no más allá» había dicho), pero les unió una misma pasión por la función admonitoria de la literatura. Giménez se instituyó en albacea de la tradición liberal-nacionalista española que quiso fascistizar en libros descabellados, irritantes y siempre curiosos como *Trabalenguas sobre España* (1932), *Genio de España* (1932) y *Arte y Estado* (1935), aunque la misma obsesión, mezclada con sagaces aciertos críticos se advierte también en los *Carteles* (1927) –modo de crítica gráfico-literaria de abolengo futurista–, *Julepe de menta* (1929, pero con colofón de 1928) y *Hércules jugando a los dados* (1928), curiosa proclama sobre los deportes del pasado y del porvenir. Bergamín cultivó el aforismo y la paradoja en libros como *El cohete y la estrella* (1923), *La cabeza a pájaros* (1933) y sus indagaciones sobre el toreo, *El arte de birlibirloque* (1930). De más extensión pero de idéntico apasionamiento fueron la serie de *Disparadero español* (1936-1940, concluida en México), *El pozo de la angustia* (1941), *La corteza de la letra* (1958) y *Fronteras infernales de la poesía* (1959), ensayos escritos a la vez que produjo interesantes obras de teatro poco convencional y muy conceptuoso y una espléndida poesía derivada de sus queridos modelos barrocos. Si en Giménez Caballero la victoria de su causa política acabó enteramente con el escritor, en Bergamín el hundimiento y la progresiva resurrección de la suya lo hicieron cada vez más solitario, contradictorio y absurdo, nuevo Unamuno arbitrario que al final pareció haber perdido la fe que alentaba en sus primeros escritos.

Las consecuencias de la Guerra Civil: el exilio

La Guerra Civil de 1936-1939 constituyó una catástrofe colectiva inmensa en la vida nacional pero paradójicamente tuvo muchas menos consecuencias literarias de las que cabría atribuirle y, de hecho, no cabe considerarla un hito divisorio en la historia de las letras españolas. Hubo, en los dos bandos en liza, una literatura combatiente, movilizada por las circunstancias y cuyo valor, con excepciones, nunca fue muy alto: de ella cabe retener el registro nacionalista y comprometido, a la vez, de una revista republicana tan atractiva como *Hora de España* y el atrevimiento belicoso y popularista de otra como *El Mono Azul*, infinitamente mejores que la engolada *Jerarquía* o la trivial *Vértice* que fueron sus paralelas en las trincheras enemigas. Los versos y, en algún caso, los dramas y las novelas se convirtieron en armas de combate y a menudo se gastaron en empresas muy similares: los ridículos romances de Federico de Urrutia, *Poemas de la Falange eterna* (1939), usan del mismo troquel neopopularista con el que los grandes poetas, al lado de otros noveles, contribuyeron al republicano *Romancero de la guerra de España*; una novela del aristócrata fascista Agustín de Foxá como *Madrid de corte a cheka* (1938) compartió el empeño con otro «relato de conversión» de sentido opuesto como *Sueños de grandeza* de Antonio Sánchez Barbudo, aunque el vigoroso pastiche valleinclanesco de la primera supere con mucho lo que cabía esperar de las circunstancias; el brioso remedo lopesco que fue *El labrador de más aire* (1937) de Miguel Hernández o la adaptación que Rafael Alberti hizo de la *Numancia* cervantina fueron similares en pretensión a las representaciones de autos sacramentales iniciadas en el frente franquista con *El hospital de los locos* de Valdivielso.

Concluida la guerra con la victoria de los sublevados, la única ruptura era física y se cifraba en varios millares de exiliados entre los que se contaba lo más reconocido y lo más prometedor de la vida intelectual española –universitarios, escritores, artistas– que hubieron de reanudar su trabajo al margen de su público natural. Pero la ruptura de paradigmas estéticos apenas se había producido, salvo en el terreno (igualmente impositivo) de una censura férrea y, por otro lado, múltiple: la ejercía el Estado a través de organismos copiados de las legislaciones fascistas y, subrogados a él, la desempeñaban el ejército, la iglesia católica (de modo particularmente intenso y meticuloso) e incluso toda clase de asociación o grupo de presión que hubiera ganado la guerra (la «Cruzada»), ya que este hecho fue (hasta cuarenta años después) la única instancia de legitimación política conocida. Y, sin embargo, a pesar de circunstancias tan desfavorables (que no tenían antecedentes ni durante la dictadura militar de 1923), la vida literaria siguió marchando sobre las viejas huellas: no es casual que una revista como *Escorial* (1942) imitara a *Cruz y Raya*, ni que *La Estafeta Literaria* escogiera un nombre que recordaba el de *La Gaceta Literaria*, ni que un grupo de poetas cordobeses bautizara su revista como *Cántico*, en homenaje al título de Guillén, y otro de gaditanos diera a la suya el nombre de *Platero*. Pese a la legislación rigurosa y a los saqueos y quemas, siguieron circulando libros anteriores a 1936 y aunque el canon más respetable de autores pareció trastocarse –alzándose al rango de primeras figuras personajes como Concha Espina o Ricardo León y designándose académico al bufonesco «charlista» Federico García Sanchiz–, la tertulia de Baroja seguía siendo una referencia, Azorín fue un modelo muy imitado de prosa y hasta un falangista como Dionisio Ridruejo amparaba con un prólogo una edición oficial de la poesía de Antonio Machado. Y desde 1937 la benemérita colección Austral, iniciada en Argentina, fue el cauce donde los más jóvenes siguieron leyendo a Unamuno, Ortega, Marañón, Baroja y, desde principios de los sesenta, la obra esperpéntica de Valle-Inclán.

Ni siquiera los escritores exiliados estuvieron nunca muy lejos de quienes habían quedado en la península. Era parcialmente cierto, en lo que toca a la calidad, lo que escribió León Felipe en 1942 («Franco, tuya es la hacienda,/ la casa,/ el caballo/ y la pistola./ Mía es la voz antigua de la tierra./ Tú te quedas con todo y me dejas desnudo y errante por el mundo.../ Mas yo te dejo mudo... ¡mudo!») pero también es cierto que aquel dictador iletrado no pudo impedir que las voces desterradas se oyeran en España: libreros arriesgados, jóvenes que podían viajar, familiares o amigos de los exiliados y, sobre todo, la secreta labor de enlace de lo que fueron los expresivamente llamados «exiliados interiores» contribuyeron a una difusión clandestina y complicada pero segura de los frutos de la emigración. Y ya a finales de los años cincuenta revistas como *Ínsula* (sobre todo), *Índice* y *Papeles de Son Armadans* publicaron versos, cuentos o ensayos de escritores del exilio, en un proceso que hacia 1970 resultaba ya un fenómeno llamativo que acompañaron algunas visitas resonantes: las de Francisco Ayala, Max Aub y Ramón Sender alcanzaron una inusitada repercusión periodística incluso.

En 1949 y en un comentado artículo de la revista *Cuadernos Americanos*, Ayala, en nombre de la emigración, se había preguntado «¿Para quién escribimos nosotros?» y su conclusión respecto al destino del exilio fue bastante lúcida y pesimista: la doble integración del emigrado en su mundo de recepción y, al cabo, en el marco común de la literatura española convertían aquella situación en algo excepcional e inevitablemente transitorio. Y así hubo de ser pero no sin antes ofrecer una compleja, notable y dilatada trayectoria literaria en la que destacan dos circunstancias notables: en primer lugar, el hecho de que el mayoritario exilio en América Latina no supuso cambio de lengua y que el intelectual se pudo incorporar en condiciones favorables a sociedades en crecimiento y con amplias expectativas profesionales (un pensador, José Gaos, prefirió hablar de *transterrados* antes que de *desterrados*); en segundo lugar, la llamativa contumacia de casi todos los escritores en seguir fieles a la propia vivencia de la guerra y del país perdido. Algunas de las mayores obras del exilio están marcadas por una suerte de voluntad renacionalizadora que, en más de un caso, incluye la consideración de lo americano en el marco de la cultura española: pensemos en la apasionada interpretación historiográfica de Américo Castro *España en su historia. Cristianos, moros y judíos* (1948), en el trabajo que Manuel de Falla hizo sobre *La Atlántida* (1927-1946) o en las concepciones de Juan Ramón Jiménez sobre el modernismo como fenómeno pan-hispánico.

En poesía, el escritor más representativo de la queja y el dolor de la guerra perdida fue León Felipe quien, nacido en 1884, no era precisamente un mozo cuando abandonó España. Se había iniciado en 1920 y 1929 con los dos volúmenes de unos *Versos y oraciones de caminante* de tono sencillista y manifiestamente postmodernista, pero su camino de Damasco, ya presente en los poemas neoyorquinos del volumen de 1929, se percibe en *Drop a star* (1933): poesía de versículos, pensada para el recitado, unas veces familiar y prosaica, otras retórica e imprecatoria. A ella acomodó sus quejas de desterrado, su orgullo de «poeta prometeico» y su apasionada visión de una España cuyo motivo central es la pobreza, la traición y el escarnio de don Quijote: *Español del éxodo y del llanto* (1939), *El hacha* (1939), *Ganarás la luz* (1943), *Llamadme publicano* (1950), *¡Oh, este viejo y roto violín!* (1965). Fue además un excelente traductor de Walt Whitman, a quien siguió en la configuración de su personaje poético, y del teatro de Shakespeare. Muy distinto por su tono y por su edad fue Juan Gil Albert, que se había iniciado antes de la guerra en unas juveniles prosas de tono mironiano y, ya en tiempo de la contienda, en los poemas comprometidos y ardientes de *Candente horror* (1936) y *Son nombres ignorados* (1938). En el exilio, sin embargo, su tono evolucionó a una poética de cierto clasicismo formal y nota fundamentalmente intimista y añorante: *Las ilusiones* (1945) fue su libro clave. Vuelto discretamente a España en 1947, tardó en volver a publicar pero escribió mucho y su prosa personal, entre la confidencia, la divagación y la capacidad evocativa de un Proust mediterráneo, fue uno de los más atractivos descubrimientos literarios de los años setenta: *Crónica general* (1974), *Memorabilia* (1975), *Heraclés. Sobre una manera de ser* (1975, bellísimo ensayo sobre la homosexualidad), *Breviarium vitae* (1979) y una novela inspirada en la vida de Shakespeare, *Valentín* (1974), son algunos de sus mejores libros. De la misma experiencia literaria procedía un poeta como Arturo Serrano Plaja, epígono incómodo de los «poetas puros» de 1927, herederos de Juan Ramón y algo mayores que él, quien evolucionó del tono militante y clasicista de *El hombre y el trabajo* (1938) a una tardía poesía de componente religioso. El gallego Rafael Dieste, autor de los atractivos versos de *Rojo farol amante* (1933), cultivó el relato de fantasía (*Historias e invenciones de Félix Muriel,*

1943), el teatro farsesco (que ya inició de forma muy original antes de la guerra) y el ensayo. Con una edad parecida, Pedro Garfias, sin embargo, había sido ya un joven ultraísta aunque su mejor libro es un patético y hermoso testimonio del exilio, *Primavera en Eaton Hastings* (1941); el mismo tono de nostalgia, unido a la tendencia a lo popular andaluz, se advierte en Juan Rejano.

La novela no había sido precisamente un género muy cultivado en los años anteriores a la guerra pero ahora cobró un notable auge como vía natural de explicación o reflexión sobre la catástrofe que quedaba atrás. Ramón J. Sender había escrito importantes obras narrativas que ya hemos consignado, pero el corte de la guerra y sus consecuencias –la ruptura con el comunismo– dio ingredientes nuevos a su obra: elementos de simbología moral aparecieron en las obras inspiradas por la contienda (*El lugar de un hombre,* 1939, que se refiere al periodo de la Dictadura; *El rey y la reina,* 1949, y *Mosén Millán,* 1953, luego llamado *Réquiem por un campesino español,* que lo hacen a la propia guerra), mientras que la recuperación de la memoria y la añoranza de un mundo más inmediato, espontáneo y hasta mágico está presente en la evocación de su infancia y adolescencia titulada *Crónica del alba* (nueve volúmenes entre 1942 y 1966) y en las fantasías morales *La esfera* (1947) y *El verdugo afable* (1952). Pero fue la novela histórica el lugar predilecto de su sueño de héroes a la vez puros y culpables, cavilosos e intuitivos («ganglionares» decía él): así, en *Bizancio* (1958), *La aventura equinoccial de Lope de Aguirre* (1964) y *Las criaturas saturnianas* (1967).

De origen judeo-alemán, nacido en París y español porque (como él decía) «uno es de donde ha estudiado el bachillerato», Max Aub había escrito antes de la guerra algún relato lírico, alguna obra teatral breve y una novela sobre un escritor fracasado, *Luis Álvarez Petreña* (1934), que reescribió y prolongó hasta 1963. Su vivencia de la contienda y del destierro le inspiró el vasto ciclo «El laberinto mágico» que arranca de la víspera de 1936 (*Campo cerrado,* 1943) y llega, a través de *Campo de sangre* (1945) y de *Campo abierto* (1951), a los días finales de la lucha (*Campo del Moro,* 1963, y *Campo de los almendros,* 1968) e incluso al primer destierro (*Campo francés,* 1965), siempre fiel a una vasta galería de personajes y entrecruzando los destinos de unos y otros. Cuentista y dramaturgo también, muchas de sus otras obras afluyen al mismo río de recuerdos y pasiones: desde un logrado pastiche galdosiano (*Las buenas intenciones,* 1954) y una excelente novela sobre el mundo de los escritores durante la Dictadura de Primo de Rivera (*La calle de Valverde,* 1961) hasta vigorosos dramas trágicos inspirados en los acontecimientos de la Guerra Mundial (*San Juan,* 1942, sobre la persecución de judíos; *Morir por cerrar los ojos,* 1944, sobre la ocupación alemana de Francia; *No,* 1949, sobre la Alemania dividida por los vencedores). Pero Aub, testigo de su tiempo, sintió también el atractivo de la vanguardia como consecuencia histórica de unos días tan inciertos (pese a que su prosa tiene algunos arcaicos rasgos unamunianos, por su formación era un vanguardista): publicó *Jusep Torres Campalans* (1958) que presentó como si fuera una monografía académica sobre un pintor cubista desconocido, en la que reflejó el clima de la creatividad anterior a 1914, y trabajaba al morir en *Luis Buñuel. Novela* (1978), que hubiera sido un intento de explicación del surrealismo.

Pese a su juventud, Francisco Ayala parecía una trayectoria decidida en 1936 como un afortunado cultivador del relato «deshumanizado» (*Cazador en el alba,* 1929) y como catedrático de derecho político y funcionario. El exilio y las circunstancias de la postguerra universal le inspiraron dos colecciones de cuentos, *Los usurpadores* (1949) y *La cabeza del cordero* (1949), en que abordó respectivamente el significado de la violencia y el poder en unas estampas de la historia de España y la difícil vivencia moral de la Guerra Civil. El gusto por la moralización burlesca, por el juego de perspectivas en el relato y por una prosa de amplio empaque retórico (que, sin embargo, no excluye el contraste con lo vulgar y hasta escatológico) están patentes en colecciones de cuentos como *Historia de macacos* (1955) y *El as de bastos* (1963), así como en dos novelas de concepción polifónica (*Muertes de perro*, 1958, y *El fondo del vaso*, 1962) que tienen como ambientación la caída de un dictador hispanoamericano prototípico y la reconstrucción de una sociedad banal y ridícula tras su muerte. Pero el escritor se mueve mejor en las formas breves e incluso en los apólogos, escenas o rasgos intencionados que se agrupan en *El jardín de las delicias* (1971) o *El tiempo y yo* (1992). Un cierto parecido con los de Francisco Ayala tienen los libros de relatos *La venda* (1956), *La raya oscura* (1959) y *La puesta de Capricornio* (1959) de Segundo Serrano Poncela, quien, sin embargo, no tenía tan acusada intención irónica y tendía más a la configuración de ambientes: logró una excelente novela de ese signo en *Habitación para hombre solo* (1964), narrada en segunda persona, y se acercó a la novela histórica –a propósito de la Inquisición– en *El hombre de la cruz verde* (1969). Manuel Andújar recogió bajo el rótulo común de «Lares y penares» un vasto testimonio sobre la trayectoria de la España de su tiempo, desde la preguerra (en la trilogía *Vísperas*, formada por *Llanura*, 1947, *El vencido*, 1949, y *El destino de Lázaro*, 1959) hasta la guerra (*Historias de una historia*, 1973) y el exilio en México

(*Cita de fantasmas*, 1984) con una capacidad de creación de personajes y ambientes a la que (como sucede a menudo en el caso de Max Aub) perjudica un tanto la ambición de obtener un estilo «castizo» y «expresivo». En 1951 apareció la versión española de la trilogía *La forja de un rebelde* de Arturo Barea, previamente publicada en inglés en traducción de su esposa (1941-1946) y que tiene también el diseño y el propósito de una explicación personal de la vivencia de un derrotado: más atractiva en los capítulos de la infancia (*La forja*) y la juventud en la guerra de Marruecos (*La ruta*) que en los referidos a la guerra (*La llama*). Con menos acierto, Barea escribió una tardía novela (*La raíz rota*, 1955) sobre el regreso del exilio, tema que con más punzante acierto ya había abordado Ayala en varios cuentos de *La cabeza del cordero*.

Rosa Chacel, como Aub y Ayala, se inició en la novela lírica con *Estación. Ida y vuelta* (1930) y, de hecho, siempre fue fiel a variantes de ese modelo: *Teresa* (1941) es una biografía ficticia de la amante de Espronceda; *Memorias de Leticia Valle* (1945) es la historia de una adolescente y *La sinrazón* (1960), una sucesión de monólogos en torno al sentido de la vida. Su última trilogía, escrita ya en España, se compone de *Barrio de maravillas* (1976), *Acrópolis* (1984) y *Ciencias naturales* (1988) y viene enlazada por un tenue hilo argumental –la trayectoria de unas muchachas desde el Madrid de los años veinte hasta el exilio– y un dominante deseo de divagación emocional de base autobiográfica. La coherente obra de Chacel siempre ha partido de ese supuesto, lo que se advierte quizá mejor en formas ensayísticas –*La confesión* (1980)–, en el molde explícito del diario –*Alcancía. Ida* y *Alcancía. Vuelta* (1982)– y hasta en la interesante miscelánea de proyectos que fue *Novelas antes de tiempo* (1981). La misma homogeneidad de estilo que, sin embargo, no abandonó nunca el territorio propicio del ensayo personal se advierte en María Zambrano, que en 1937 publicó uno de los testimonios más impresionantes de la actitud populista en torno a la Guerra Civil: *Los intelectuales en el drama de España*. Su obra no es, en puridad, la exposición de un sistema filosófico sino el itinerario de un pensamiento intuitivo (muy cercano al irracionalismo que tiene algo de Nietzsche y mucho de mística laica) que unas veces se coloca en el difuso umbral de los grandes problemas del conocimiento –*El hombre y lo divino* (1955), *Claros del bosque* (1977), *Senderos* (1986)– y otras en una apasionante y significativa reflexión idealista sobre la esencia de lo español –*Pensamiento y poesía en la vida española* (1939), *La España de Galdós* (1960), *España: sueño y verdad* (1965)–. Seguramente, el exilio es clima propicio para las memorias: Andrés García de la Barga («Corpus Barga»), que había sido uno de los mejores periodistas españoles de los años veinte y treinta, compuso en su vejez un ciclo espléndido formado por *Los pasos contados* (1963), *Puerilidades burguesas* (1964), *Las Delicias* (1966) y *Los galgos verdugos* (1973), donde la novelería fantástica y la observación realista se mezclan al calor de una facundia sin freno y casi oral. Se trata, sin duda, de uno de los grandes libros españoles del siglo y quizá el mejor de su género con la *Automoribundia* de Ramón Gómez de la Serna, no por casualidad pariente de Corpus Barga.

La poética de la continuidad: la literatura hasta 1960

A la vista de la poesía que se escribió en el interior del país se advierte con claridad meridiana lo ilusorio de pensar en una nueva época o en una diferenciación de la poética del exilio y la del interior. En ambas hubo una búsqueda de «rehumanización» temática y de formas clasicistas que, por un lado, habían comenzado ya antes de la Guerra Civil y, por otro, fueron generales e incluso perceptibles en poetas de mayor edad. Lógicamente los escritores se conocían entre sí y no perdieron todo contacto. Bastantes de los poetas casi «oficiales» de Falange habían empezado en *Cruz y Raya,* la revista de Bergamín, como fue el caso de Luis Rosales, que en 1935 había publicado un bello libro «rehumanizador», *Abril,* y tras la guerra, dio un largo poema unitario, *La casa encendida* (1949), con matizado lenguaje surrealista (a lo Neruda) y tema muy espiritual y muy doméstico: el reencuentro del poeta con su pasado y su presente, cifrados en la seguridad cálida de su propia vivienda madrileña cuyas luces encendidas se perciben desde la calle. Luis Felipe Vivanco (que con Rosales compiló una famosa antología de *Poesía heroica del Imperio,* 1942) se había movido en el grupo de la «Escuela de Vallecas» y era sobrino de Bergamín: muy poco falangista y más afín a una poética meditativa de raíz machadiana, su libro *Tiempo de dolor* (1940) traza la continuidad de sus formas y temas desde principios de los años treinta, mientras que el bello y esperanzado *Continuación de la vida* (1949) fue su contribución a ese significativo año poético que fue también el de *La casa encendida,* las *Elegías* de Ridruejo y *Escrito a cada instante* de Panero. Mera coincidencia cronológica pero no banal del todo porque todos estos poetas, halagados por la crítica y por los escasos jerarcas falangistas que leían algo, mostraban en esta fecha un tono contenido, una fuerte preocupación moral y católica y una sombra de decepción en lo que Ridruejo llamó con acierto «el umbral de la madurez». Leopoldo Panero era un hombre complejo cuya poética, sin embargo, revela el poso de la metáfora vanguardista, la sensibilidad ante el paisaje, un cierto fatalismo confiado y una capacidad de emoción a veces algo trivial pero siempre efusiva. Más inquieto y activo, Dionisio Ridruejo fue el único que rompió con el régimen franquista, lo que ya se advierte en sus cuadernos de *Poesía en armas* (1944), escritos para recoger su experiencia de soldado de la División Azul en la entonces Unión Soviética.

A la vista de los versos, no resultaría nada fácil para un lector imparcial y poco informado de los antecedentes decir quienes habían sido vencedores y quienes vencidos en la Guerra Civil. Los impecables y tensos sonetos de Rafael Morales (*Poemas del toro,* 1943) no quedaron en simple reguero del Hernández de *El rayo que no cesa* sino que anticipaban metafóricamente una poética de tono existencial que el poeta desarrolló luego. José Luis Cano, sin embargo, contaba entre las filas de los vencidos y, pese a ello, sus *Sonetos de la bahía* (1942) se apuntan a la forma clasicista y a la emoción embridada que tienen también los poemas de José García Nieto, que fue vencedor y por mucho tiempo tenido como culpable del formalismo vacuo de la revista *Garcilaso* (1943) y de su «juventud creadora». Pero ni la revista fue homogénea ni todo García Nieto está en un libro como *Víspera hacia ti* (1940): una poesía más meditadora y comunicativa se aprecia ya en *Primer libro de poemas* y *Segundo libro de poemas,* ambos de 1951, y ha continuado acendrándose hasta la fecha. Vencido fue Ildefonso Manuel Gil cuyo tono elegíaco y gusto por las formas clásicas se aprecia en *Poemas de dolor antiguo* (1945), en *El tiempo recobrado* (1951) y en el poema unitario *El incurable* (1957), para buscar una implicación más colectiva y explícitamente crítica en *Los días del hombre* (1968) y equilibrar preocupación e intimismo en *Poemaciones* (1982), mientras que *Las colinas* (1989) mues-tra su más lograda síntesis de paisaje de alta temperatura simbólica.

La misma situación de escritores a contrapelo de la situación la tuvieron otros muchos y, a menudo, el uso de seudónimos delata el hecho. Fue el caso de Leopoldo de Luis (que inicia su poesía existencial con *Alba del hijo,* 1946, y *Huésped de un tiempo sombrío*, 1948, y pasa a lo social con *Teatro Real*, 1957) o Ramón de Garciasol, neorromántico a veces y siempre verboso. En Ángela Figuera Aymerich (*Mujer de barro,* 1948; *Belleza cruel,* 1958) la protesta es muy explícita y, sin embargo, en el canario Pedro García Cabrera –formado en el grupo surrealista tinerfeño de antes de la guerra– el humanitarismo tiene tintes popularistas y se proyecta en una visión muy rica del localismo (*Día de alondras,* 1951) mientras que la preocupación social se expresa como expansión de una rica intimidad (*La esperanza me mantiene,* 1959). A esa misma línea pertenece el menos conocido Manuel Pinillos, en quien temas muy frecuentados por otros poetas –la soledad, la esposa, la ciudad de provincias– cobran efusiva convicción moral (así en *Débil tronco querido*, 1959, o *Lugar de origen*, 1965).

Cualquiera hubiera dicho que la poesía se había hecho un fenómeno social de primera magnitud y, en cierto modo, hacia 1950, cuando asomaban los primeros poetas que habían sido niños o adolescentes en la guerra, así era. Había premios, juegos florales, revistas de provincias, tertulias y por doquier un aparente clima de creatividad y camaradería que, sin embargo, tenía mucho de compadreos, miserias, falsas famas y pedigüeñería: de aquellas «Alforjas para la Poesía» y de los muchos concursos –que ganaban siempre Carlos Murciano o Federico Muelas– no salió ni un poeta serio; otra cosa fueron las revistas y los grupos locales: *Espadaña* (1944-1950) de León sustentó una seria reflexión sobre la poesía comprometida y en ella escribió Eugenio García de Nora, poeta y crítico, de lucidez y alcance críticos poco comunes; *Cántico* (1947-1949 y 1954-1957), de Córdoba, recogió la huella de la poesía de anteguerra, matizada por cierto tono neorromántico en el que cuenta mucho la sombra moral de Luis Cernuda (Ricardo Molina es autor de las *Elegías de Sandua*, 1948, y el más complejo Pablo García Baena, de *Antiguo muchacho*, 1950, y *Julio*, 1957); de la heterogénea y muy mitificada tertulia de Niké en Zaragoza brotó un vigoroso, a veces infantil y siempre atractivo poeta, entre neorromántico y surrealista, Miguel Labordeta (*Sumido 25*, 1948; *Violento idílico*, 1949; *Transeúnte central*, 1950) que evolucionó hacia lo social (*Epiliríca*, 1961) y la poesía «concreta» de raíz gnóstica (*Los Soliloquios*,1969).

Labordeta significa una peculiar lectura de la tradición vanguardista (Juan Ramón, César Vallejo, el surrealismo...), descontextualizada a veces. No fue el único caso. Por ese terreno anduvo la curiosa experiencia lírica –entre iniciática y surrealista– de Juan Eduardo Cirlot, un informado y activo crítico de arte, y, sobre todo, caminó el grupo de fundadores del «postismo» (abreviatura de post-surrealismo) en 1945. En él estuvieron Carlos Edmundo de Ory, Gabino Alejandro Carriedo, Ángel Crespo y Antonio Fernández Molina cuyas obras –y particularmente la del último, narrador y poeta– merecen una revalorización. «Postista» fue también en sus comienzos Gloria Fuertes cuya sencillez afectiva y cuya mezcla de humor y denuncia (*Aconsejo beber hilo*, 1954; *Poeta de guardia*, 1968) conforman una atractiva personalidad poética también más olvidada de lo que se debiera. Y no pocas fueron las deudas con la vanguardia de 1927 que registra la poesía del santanderino José Luis Hidalgo, cuyo libro *Los muertos* (1947), metáfora implícita de la Guerra Civil, es lo más significativo que queda de una obra interrumpida por la muerte.

En una expresión que se hizo famosa, Dámaso Alonso había distinguido los «poetas arraigados» (que, como Rosales o Panero, se aferraban a la estabilidad de los sentimientos o a una religiosidad confortable) y los «poetas desarraigados» para quienes «el mundo nos es un caos y una angustia (...) y hemos gemido largamente en la noche». Claro está que predominaron los desarraigados incluso entre quienes, como Carlos Bousoño, el punto de partida poético está cercano a la experiencia mística (*Subida al amor,* 1945), aunque nada crédula, que se ratificó en el hervor metafísico de *Noche del sentido* (1957) y en los volúmenes significativamente llamados *Invasión de la realidad* (1962) y *Oda en la ceniza* (1967). Más razones para el desarraigo tenía José Hierro, antiguo preso político, que en su primer libro maduro, *Quinta del 42* (1953), dio una poesía directa en la que la identidad personal, el paso del tiempo, la derrota, son temas fundamentales de los poemas que llamó a veces «reportajes» y que prosiguen en *Cuanto sé de mí* (1957). A cambio, una lírica más imaginativa y fantástica pero no menos comprometida con la realidad moral ocupó el *Libro de las alucinaciones* (1964) y un repliegue de humor e intimismo compareció en su más reciente *Agenda* (1991). Ya en el límite, por su edad, de la promoción siguiente, José María Valverde, comenzó como un «arraigado» algo crítico, benjamín del grupo católico madrileño, en *Hombre de Dios* (1945) y *Versos del domingo* (1954) pero su tono y sus preocupaciones son ya muy otras –cercanas a los poetas del grupo barcelonés de los cincuenta– en *Años inciertos* (1970).

Los dos paradigmas de poetas «desarraigados» que citó Dámaso Alonso en su artículo fueron Gabriel Celaya y Blas de Otero. En rigor, el primero no lo fue pero su lugar de arraigo estuvo en cosas y pensamientos que no tenían cabida en la España de postguerra: su libro *Tranquilamente hablando* (1947) fue toda una autodefinición de su poética de la sencillez («Hablo de nosotros, que no somos sencillos/ pero sí vulgares...») y de la solidaridad humana, rigurosamente conducidas por un materialismo efusivo y una emoción de esperanza. Más explícitas todavía, *Las cartas boca arriba* (1951) son una hermosa colección de epístolas a amigos y poetas donde, como un nuevo Jovellanos a sus amigos de Salamanca, participa los descubrimientos de su nueva conciencia a la vez íntima y colectivizada. *Cantos iberos* (1955) fue su redescubrimiento popular de España, a la vez que *Rapsodia éuskara* (1961) lo fue de su tierra natal en una línea que llega a su propuesta federalista de *Iberia sumergida* (1978). Pero la poesía de Celaya no solamente estuvo dirigida por lo explícito y utilitario («la poesía es un arma cargada de futuro») sino que, más de una vez, buscó terrenos experimentales: fue el caso de *Los espejos transparentes* (1968), *Lírica de cámara* (1969, donde se refiere a la «cámara de Wilson» utilizada para fotografiar trayectorias atómicas) y *Campos semánticos* (1971). Blas de Otero hubo de desarraigarse con mucha más violencia del sentimiento religioso que inspiró *Cántico espiritual* (1942) y que apareció como un anhelo desesperado de fe para «una generación desarraigada./ Unos hombres sin más destino que/ apuntalar las ruinas» en *Ángel fieramente humano* (1950) y *Redoble de conciencia* (1951) que luego conjuntó bajo un título formado por la primera y última sílabas de los títulos, *Ancia*. La fuerza conceptuosa de las imágenes y la rotunda perfección retórica de estos primeros poemas nunca desaparecieron en Otero, que ha sido con Lorca el poeta español de más sentido verbal, pero halló otros caminos: en *Pido la paz y la palabra* (1955), *En castellano* (1960) –reunidos como *Hacia la inmensa mayoría*– y *Que trata de España* (1964), la robustez de la sintaxis deja paso a lo aforístico y sentencioso, a transiciones abruptas, a coloquialismos intencionados, a elipsis y a evocadores juegos de palabras con refranes, coplas populares o versos ajenos. Sus últimos poemas hubieran debido componer el libro *Hojas de Madrid* y los conocemos fragmentariamente por la publicación de *Mientras* (1970): son poemas más extensos y aparentemente más descuidados, frutos de un monólogo interior que se enfrentaba con marcada desesperanza a las duras expectativas personales y colectivas de aquel momento de la historia.

Como ya se señaló para el mundo del exilio, la restauración de la novela pareció también una consigna traída por los nuevos tiempos. Se volvieron a leer los relatos del XIX (objetos de alguna traslación cinematográfica) y se tradujo con intensidad la narrativa inglesa y francesa, como reveló desde finales de los años cuarenta el catálogo del editor catalán Josep Janés. Y, sobre todo, muchos escritores y nuevos editores participaron en la lotería de las letras. Se dijo que los premios literarios descubrían, en todo caso, lectores y no autores, lo que sólo es cierto a medias; novelistas importantes como Delibes, Laforet, Sánchez Ferlosio... fueron ganadores y no pocos aparecieron como más modestos accésit pero tampoco fue pequeña la lista de premiados de quienes nunca más se supo. Y muchos de los nuevos lectores que asociaron la lectura al libro de tapas de cartón con sobrecubierta jamás pasaron de los premios al resto de los libros de la colección. Pero también hacia 1955, como en el campo de la poesía, un activo mercado literario se había establecido: todavía limitado, no muy ventilado de horizontes, confuso a veces, pero materia prima indiscutible para nuevas conquistas.

Los primeros narradores importantes procedieron del mundo de los vencedores, sin apenas contribución de los vencidos. Juan Antonio de Zunzunegui escribió algún relato humorístico de tema bilbaíno –*El chiplichandle* (1940) y *La úlcera* (1948)– y novelas algo toscas, de tono crítico y estilo agrio y directo que quiere insertarse en la línea barojiana: *¡Ay, estos hijos...!* (1943), *La quiebra* (1947), *El supremo bien* (1951), *Esta oscura desbandada* (1952)... A veces se asocia su producción con la de Ignacio Agustí, falangista catalán, pero el tono poético de su evocación de la burguesía barcelonesa es muy dispar de la aspereza de la «flota» narrativa de Zunzunegui. Su ciclo «La ceniza fue árbol» se compone de *Mariona Rebull* (1944), *El viudo Rius* (1945), *Desiderio* (1957),*19 de julio* (1965) y *Guerra civil* (1972). Sus libros empezaron en la serie narrativa de editorial Destino y acabaron en la más popular y heterogénea de Planeta, de José Manuel Lara, que fue, de siempre, el asiento de unos éxitos de venta que hicieron ricos a su autor, José María Gironella, y a su editor: me refiero a la serie iniciada por *Los cipreses creen en Dios* (1953) –luego seguida por *Un millón de muertos* (1960), *Ha estallado la paz* (1966) y *Los hombres lloran solos* (1987)– que, por vez primera, ofrecía una interpretación católica y muy convencional de la guerra pero, a la par, un modesto intento de oír las razones de los enemigos. Autodidacto, prolífico, de cultura menos que mediocre y cierta pretenciosa trascendencia, Gironella daría muy bien la caricatura del novelista de éxito en la postguerra para un público no demasiado selectivo.

En otros especímenes, sin embargo, prevaleció la dimensión combatiente, como fue el caso de Rafael García Serrano, autor de briosas novelas de guerra (*La fiel infantería*, 1943; *Plaza del Castillo*, 1951) y de muchos otros textos, siempre ofrendados al recuerdo de la matonería cuartelera y los días de bronca y gloria, cada vez más remotos. A cambio, Rafael Sánchez Mazas, fundador de Falange Española, nunca dejó de ser un bilbaíno de clase alta: no publicó en vida su novela *Rosa Krüger* –que empezó a escribir durante la Guerra Civil y se imprimió en 1984– que era un terso y espléndido relato europeísta, entreverado de deliciosas miniaturas narrativas ajenas a la trama principal, que hubiera complacido por su simbolismo a Eugenio D'Ors y por su movimiento psicológico a Pío Baroja, pero dio a conocer, en cambio, *La vida nueva de Pedrito de Andía* (1951), una logradísima evocación del veraneo altoburgués (puesta en boca de un muchacho enamorado), cuya calidad sólo tiene parangón con la lograda en parecido empeño por Ramón J. Sender en *Crónica del alba.* No deja de ser curioso y aleccionador que un mismo proyecto entretuviera a dos ciudadanos de trayectoria civil tan antitética y tan lejanos física y moralmente uno del otro... Y es que no era fácil que en ese clima de elementalidad prevalecieran proyectos más complejos.

A la jovencísima Carmen Laforet, primer premio Nadal de 1944, le valió su insólita condición femenina y el raro encanto de su relato de adolescentes, romántico y tempestuoso, vinculado a la dureza de la alta postguerra y además titulado, con singular metáfora, *Nada* (1944). Ésta y alguna otra novela hicieron bueno el término de «tremendismo», un tanto exagerado a la vista de la realidad y que, en todo caso, convivió a menudo con relatos de evocación psicológica y sensibilidad refinada como pudieron ser la breve novelita *Helena o el mar del verano* (1952) de Julián Ayesta y *La tarde* (1955) de Mario Lacruz. No tuvieron ningún reconocimiento pero tampoco lo tuvo Gonzalo Torrente Ballester a quien el éxito llegó con muchos años de retraso. Muy pocos leyeron *Javier Mariño. Historia de una conversión* (1943), etopeya de un fascista español pedante y católico que vive en París los primeros días de la guerra, todo lo cual obedece a un sarampión neorromántico tan juvenil e imperdonable como significativo. Pero tampoco fueron muchos más los lectores iniciales de *Los gozos y las sombras* (*El señor llega*, 1957; *Donde da la vuelta el aire*, 1960, y *La Pascua triste*, 1962), relato ambientado en la Galicia anterior a la guerra y que no disimula ni la violencia ni los oscuros impulsos de una pugna por el poder y su metáfora, el sexo. En 1972, el ámbito galaico de su Pueblanueva del Conde se trocó en la fantasía de Castroforte del Baralla, sede física de una invención, *La saga/fuga de J. B.* (1972), en la que el humor y la inventiva se combinan. Fue ésta la receta de afortunados títulos posteriores como *La isla de los jacintos cortados* (1980), *Dafne y ensueños* (1983) y otras fantasías menos felices en las que el autor quizá ha abusado ya de su modelo y de la docilidad de su público.

La imaginación fantástica ha sido también la base principal de la literatura de Álvaro Cunqueiro, un escritor gallego bilingüe, cuyas prosas desenfadadas –escritas en su lengua nativa y traducidas al español por él mismo– gozan entremezclando las evocaciones arbitrarias de la materia artúrica, las aventuras de *Las mil y una noches*, la Grecia clásica y la Italia renacentista, como sucede en *Merlín y familia* (1957), *Cuando el viejo Simbad vuelva a las islas* (1962), *Un hombre que se parecía a Orestes* (1969) y *Vida y fugas de Fanto Fantini* (1972). A su memoria dedicó el catalán Juan Perucho su novela bizantina *Aventuras del caballero Kosmas* (1981), que combina muy bien la erudición curiosa, el anacronismo sistemático y un cierto fondo *naïf*. Como Cunqueiro, su autor es también un bilingüe absoluto cuyos textos tienen rango de originales en las dos lenguas –catalán y español– que maneja. En ambas ha escrito poemas muy notables (*El medium*, 1954; *El país de las maravillas*, 1956) y, sobre todo, novelas y cuentos que en los años ochenta han encontrado un público muy fiel: *Pamela* (1983), que es una continuación española de la célebre novela dieciochesca de Richardson, *Los laberintos bizantinos o un viaje con espectros* (1984) y *La guerra de la Cochinchina* (1986).

Pero el paradigma del éxito literario en la postguerra ha sido, sin duda, el caso de Camilo José Cela. Fue, por espacio de treinta y tantos años, el único escritor que vivió (y con holgura) de su oficio, aunque esto supusiera hacerlo de las regalías de obras repetitivas, de artículos de encargo, de libros misceláneos o de reportajes de viaje por la España que gusta llamar «carpetovetónica». Ha contado siempre con la prensa, que ha reído su desenfado y lo que, más que a menudo, puede calificarse de zafiedad, pero quien quiera descalificarle por ello deberá recordar que no es pequeña su erudición en temas –el sexo, el lenguaje bajuno– sobre los que ha dejado obras de referencia y hay que agradecerle, al cabo, su cruzada personal contra ciertos tabúes colectivos. Nunca ha sido muy explícita su filiación política y consta, en todo caso, su condición de excombatiente franquista, de candidato a policía político y de censor ejerciente; pero desde los años cincuenta habita un confortable conservadurismo liberal y algo misoneísta y a su voluntad de presentarse bajo esa advocación se debe un logro tan interesante como su revista *Papeles de Son Armadans* (1956-1979). Los más pacatos le reprochan con frecuencia su preferencia por la crueldad y la violencia y no ha de olvidarse que la palabra «tremendismo» surgió en los años cuarenta al hilo de sus primeras obras. Hay, es cierto, alguna enfadosa gratuidad en sus descripciones pero también es patente que brotan del centro mismo de una visión del mundo que –como la de su predilecto Quevedo– es acre y desesperanzada y de su visión del ser humano que –como en los libros de pícaros– no es mucho más halagüeña. Sus enemigos, que son legión, califican su estilo de amanerado y, en buena parte, lo es: sintaxis muy simple y mecánica, fáciles efectos iterativos, abuso de los retruécanos sobre los nombres propios, propensión a la oralidad... Pero la riqueza de su léxico, la brillantez de algunas metáforas, la musicalidad y el dominio del anticlímax con que sabe enfrentar la ternura y la violencia no son cosas tan fáciles de imitar como a primera vista parece.

Se suele acusar a la obra de Cela de frecuentes altibajos pero posee una notable homogeneidad –la de la escritura artística más que la del pensamiento– en su aparente variedad. Como tantas otras cosas que estamos viendo en estas páginas, hunde sus raíces en el pasado cercano: su primer libro de versos, *Pisando la dudosa luz del día* (1958 pero escrito en 1939), fue un vástago del surrealismo y nunca debe perderse de vista este entronque remoto con la vanguardia; su primera novela, *La familia de Pascual Duarte* (1942), enlaza con la tradición ruralista y, por ese camino, con Valle-Inclán y hasta con Lorca, aunque aquella confesión de un asesino paradójicamente inocente y sensible se irise atractivamente (y no sé si inconscientemente) entre la piedad y el humor, la estilización y la autoparodia. Sus obras siguientes no tuvieron nada que ver entre sí, como poseídas de una insistente comezón de demostrar su plural maestría: en *Pabellón de reposo* (1944) predomina la ternura sobre el naturalismo al describir un sanatorio de tuberculosos; en *Viaje a la Alcarria* (1948), ganan la contención sentimental y la capacidad descriptiva que inauguraron un género; en *La colmena* (1951) –prohibida largo tiempo en España– logró un complejo panorama de vidas y esperanzas, miserias y generosidades, en el Madrid de la postguerra sin que su tono entre estoico y regocijado pueda calificarse, ni de lejos, como «comprometido»; en *Mrs. Caldwell habla con su hijo* (1953) ensayó una suerte de monólogo arbitrario sobre la muerte y el incesto que tendría un eco en novelas más recientes. Para entonces, Cela podía escribir novelas por encargo (como *La catira,* 1955, de tema venezolano), elencos de personajes pintorescos y libros de viaje por España que jamás mejoraron el de 1948. Solamente en 1969 con *Vísperas, festividad y octava de San Camilo del año 1936 en Madrid* reencontró un tema –la experiencia de la sublevación militar en un mundo que reúne prostitutas de grandes burdeles, muchachitas de averiada reputación, mesócratas, funcionarios y aprendices de escritor– que, años después, se repetiría –ahora con ambientación rural gallega –en *Mazurca para dos muertos* (1983). Y justo al lado de la relativa eutrapelia de una y otra obra, *Oficio de tinieblas 5* en 1973 y *Cristo versus Arizona* en 1988 mostraron el Cela turbio, desesperado y pesimista en el que la liturgia de la muerte, la obsesión por la humillación y la violencia, la atracción por el sexo vejatorio y por el incesto, nunca se sabe del todo si son meros juegos literarios u oscuros fantasmas interiores.

Algo más joven que Cela, Miguel Delibes tiene mucho de su antítesis personal: escritor de provincias, nada amigo de estridencias, políticamente liberal, aficionado a la caza y al campo, se reveló al obtener el premio Nadal con *La sombra del ciprés es alargada* (1948) pero ha afianzado su prestigio de oráculo entre sus lectores gracias a una obra creativa y periodística continuada. No es difícil intuir en los lectores del escritor de Valladolid el relevo de varias generaciones de españoles nacidos, como él, en la clase media tradicional y que han ido descubriendo la piedad por los destinos frustrados, la profunda verdad de lo natural y la necesidad de una tolerancia impregnada de cristianismo. Casi nunca ha sido un escritor ambicioso –salvo en *Parábola del náufrago* (1969)– pero ha sido un novelista tenaz y leal a sus lectores. El intento de comprender la Guerra Civil desde su puestos de integración y comprensión asoma a menudo en sus obras: está presente en *Mi idolatrado hijo Sisí* (1953), *377 A, madera de héroe* (1987) y, sobre todo, en *Cinco horas con Mario* (1966), apasionante monólogo de una viuda a través del cual el lector reivindica el silencio de tanto criptorrojo y condena la majadería de una burguesía pretenciosa y patética. Sin necesidad de aludir a la guerra, otros personajes –los niños de *El camino* (1950), el bedel de *Diario de un cazador* (1955), el jubilado de *La hoja roja (1959)*– han reflejado la capacidad de superar la limitación y la desdicha con una moral que no es la resignación sino una suerte de estoicismo más consciente de su alcance ideológico en las obras posteriores a 1975: *El disputado voto del señor Cayo* (1978) o *Los santos inocentes* (1981).

El humor suaviza los perfiles también provincianos de los relatos de Francisco García Pavón, autor de novelas (desde *Cerca de Oviedo*, 1945) pero, sobre todo, constructor de cuentos: *Cuentos de mamá* (1952), *Cuentos republicanos* (1961), *Los liberales* (1965) y *La guerra de los dos mil años* (1967).

El teatro de postguerra compartió también algunas pautas con el que se hacía en el exilio. De hecho, la comedia fantástica de Alejandro Casona equivale en gran medida a la que cultivan con fortuna Víctor Ruiz Iriarte (*El landó de seis caballos,* 1950), José López Rubio (*Celos del aire,* 1950; *La venda en los ojos,* 1954; *Las manos son inocentes,* 1958) y Edgar Neville (*El baile,* 1952; *Veinte añitos,* 1954; *Alta fidelidad,* 1957; *La vida en un hilo,* 1959). En torno a esas comedias bien construidas, ligeras e ingeniosas fraguó una promoción de directores de escena (Luis Escobar, Huberto Pérez de la Ossa, Claudio de la Torre, entre otros) y de actores y actrices (Conchita Montes o Amparo Rivelles) que dieron al teatro de comienzos de los años cincuenta un notable brillo. De esto se benefició el más original de los comediógrafos del momento, Miguel Mihura, quien aportó a la comedia un sentido del humor original que debe tanto a la comicidad del absurdo (ya cultivada en revistas como *La Ametralladora* y *La Codorniz*) como al nuevo humor de la comedia cinematográfica americana de Preston Sturges y Frank Capra. En 1932 había escrito ya *Tres sombreros de copa*, que solamente se estrenó veinte años más tarde y después de haber puesto en escena comedias tan logradas como *¡Viva lo imposible!* o *El contable de estrellas* (1939, en colaboración con Joaquín Calvo Sotelo) y *Ni pobre ni rico sino todo lo contrario* (1943, con Antonio de Lara, «Tono»): la deliciosa invención de un novio a punto de casarse que, en su última noche de soltería y en la habitación de una pensión, encuentra el verdadero amor en la persona de una artista de variedades, está resuelta con toda la ternura y la acidez del caso y supone además un prodigioso juego escenográfico. Obras posteriores mitigaron esa acidez en beneficio de moralizaciones más convencionales pero nunca demasiado facilonas y siempre con los elementos básicos de su teatro: el uso de algún elemento absurdo en la escena, los diálogos aparentemente neutros pero inverosímiles, la mezcla de ternurismo y humor. Ése al menos fue el caso de *¡Sublime decisión!* (1955), que trató el tema del trabajo femenino, *Maribel y la extraña familia* (1959) que nos acercó a la conversión de una joven de vida airada ante la ingenuidad de una familia encantadora, y *La bella Dorotea* (1963), que inventó la historia de una novia desairada y rebelde contra su destino.

Incluso los autores que se iniciaron en otras fórmulas teatrales abordaron alguna vez la comedia ligera. Fue el caso de José María Pemán, vástago tardío del teatro en verso (*El divino impaciente,* 1933; *Cuando las Cortes de Cádiz,* 1934; *La Santa Virreina,* 1939; *Metternich,* 1943), que a finales de los cincuenta escribe piezas tan divertidas como *Los tres etcéteras de Don Simón* (1958) y *La viudita naviera* (1960), y de Joaquín Calvo Sotelo, autor del éxito más indiscutible del drama de denuncia (*La muralla,* 1954), sobre un caso de hipocresía familiar ante la restitución de lo robado, que, sin embargo, prefirió a menudo la ligereza de *La visita que no tocó el timbre* (1949) o *Una muchachita de Valladolid* (1957).

Pero fue un antiguo combatiente republicano, condenado a muerte tras la guerra y recién salido de la cárcel, quien en 1949 cambió el rumbo de la escena española: el estreno de *Historia de una escalera* por Antonio Buero Vallejo fue –como quince años antes la revelación de Casona– un éxito del Premio Lope de Vega, discernido por el Ayuntamiento de Madrid. Sin ese refrendo hubiera sido difícil que subiera a las tablas una obra de gente corriente, problemas vulgares y conflictos a media voz, en la que la escalera de vecindad resulta ser el símbolo de una mediocridad moral que Fernando y Carmina, hijos de los homónimos que conocimos en el primer acto como jóvenes animosos, quizá repitan o quizá logren superar. Al año siguiente, *En la ardiente oscuridad* (1950) fue precisamente como una antítesis de las comedias de la felicidad de Casona: la ficción de naturalidad y alegría en un moderno asilo de ciegos estalla cuando un invidente rebelde obliga a aceptar una realidad que es más dura pero también más digna. *Hoy es fiesta* (1956), *Las cartas boca abajo* (1957) y *El tragaluz* (1967) se centraron –como *Historia de una escalera*– en tres escenarios de la cotidianeidad de la clase media: la terraza donde confluyen los vecinos con sus vanas ilusiones por un premio de lotería, la salita donde se recuecen las ambiciones incumplidas y los odios reales de la familia de un opositor que fracasará; el semisótano donde otra familia rota repasa lo que significó para ellos la Guerra Civil. A finales de los años cincuenta Buero Vallejo y el más joven Alfonso Sastre mantuvieron una significativa polémica sobre el «posibilismo» en el teatro, lo que vale decir sobre el sentido y la utilidad de aceptar las cortapisas del teatro comercial y la censura franquista en función de los resultados morales que podían obtenerse de la acomodación. Por supuesto, Buero defendió noblemente ese «posibilismo» que quizá patentizan, más que sus obras realistas, los dramas históricos en que usó diferentes momentos de la historia para llevar a las tablas sus convicciones sobre la autenticidad, la rebeldía solitaria y la dignidad del humillado: *Un soñador para un pueblo* (1958) fue su interpretación populista del motín de Esquilache, favorable al ministro italiano y contraria al castizo Ensenada; *Las Meninas* (1960) y *El sueño de la razón* (1970) se apoyan en Velázquez y Goya, respectivamente, para indagar en la represión de la España del siglo XVII o de 1823; *El concierto de San Ovidio* (1962), quizá la mejor obra de Buero, vuelve al tema social de la ceguera ahora en el tiempo de la prerrevolución francesa; *La detonación* (1977) trata de las causas del suicidio de Larra.

Años de cambio: entre 1960 y la muerte de Franco

Los años de 1955-1965 se afianzan cada vez más como un momento de cambio fundamental en el largo periodo franquista. En ellos se produjeron cambios fundamentales en la vida social. El país se encaminó de una economía agraria a otra francamente industrial, lo que supuso dolorosas movilizaciones emigratorias, desordenado crecimiento de los núcleos urbanos y, sobre todo, afianzamiento de nuevas clases medias y obreras con todas sus consecuencias universitarias y sindicales. Esas circunstancias y un favorable contexto internacional –la abierta expansión económica y la moderada distensión de la guerra fría al final del periodo– condicionaron también la vida política española: a principios de los cincuenta, el franquismo entró por la puerta de servicio del llamado «mundo libre», amparado por los pactos con Estados Unidos y el Concordato con el Vaticano; a mediados del decenio, la inviabilidad de la política autárquica dio paso a los tecnócratas conservadores en aquellos gobiernos de Franco que solían ser una compleja coalición de sus diferentes apoyos; a finales del período, la sociedad manifestaba ya claramente haber sobrepasado por su propio desarrollo la capacidad de adaptación muy limitada del régimen. Y, de hecho, entre 1951—boicot a los tranvías barceloneses– y 1956 –sucesos de febrero en la universidad de Madrid por parte de quienes el propio Franco llamó, con notoria miopía, «jaraneros y alborotadores»– se abrió un tiempo de sorda protesta que a comienzos de los sesenta contabilizaba ya como victorias la existencia de un activo sindicato clandestino –Comisiones Obreras– y el desmantelamiento forzoso de la organización de afiliación obligatoria estudiantil, el SEU (Sindicato Español Universitario).

En ese marco hay que insertar una inevitable renovación biológica de los escalafones artísticos: sin necesidad de hablar de una «generación de los cincuenta» se hace patente la presencia de gente joven que ha vivido en su infancia la Guerra Civil y que postuló a menudo una insolente política de ruptura con los modelos caducos. Un texto como el «Manifiesto de las generaciones ajenas a la Guerra Civil» (escrito por Esteban Pinilla de las Heras con la colaboración de Castellet, Sacristán, Ferrater, etc.) que nunca pudo aparecer en la revista barcelonesa *Laye* resulta muy revelador de todo un talante respecto a la contienda: la mezcla de piedad imparcial por vencedores y vencidos, la sensación de secuestro de la verdad y la de búsqueda de una inocencia salvadora que advertimos en novelas como *Duelo en el Paraíso* de Juan Goytisolo y *Primera memoria* de Ana María Matute, en unos relatos como *Cabeza rapada* de Jesús Fernández Santos y en poemas tan punzantes como «Intento formular mi experiencia de la guerra» de Jaime Gil de Biedma, «Camposanto en Colliure» de Ángel González y «Tiempo de guerra» de José Ángel Valente. En el seno de esta nueva promoción –preparada habitualmente en la universidad y espectadora muy intensa de lo que se hacía en Europa– arraigaron las primeras discusiones ideológicas, bizantinas como casi todas, injustas en algún caso pero significativas siempre. Así fue la que, en torno a la «poesía como comunicación» enfrentó a su definidor Carlos Bousoño (que usaba como paradigma los nuevos libros de Vicente Aleixandre) y quienes en torno a la revista *Laye,* principalmente Carlos Barral, prefirieron definirla como «correlato» creativo del pensamiento. Parecidas polémicas suscitó el reconocimiento de la abstracción pictórica, iniciada ya a finales de los años cuarenta por el grupo Altamira, y el paralelo regreso a moldes surrealistas e informalistas en el grupo catalán *Dau al Set.* De 1955 fueron las conversaciones de Salamanca sobre cine que dictaminaron –en famosa frase de Juan Antonio Bardem– que el español era «políticamente ineficaz, socialmente falso, intelectualmente ínfimo, estéticamente nulo e industrialmente raquítico». Y de 1957 fue el número inicial de la revista *Primer Acto* donde en el editorial «Razón y sinrazón de una actitud» aseveraba su director que «mi generación no encontró en la mayor parte del teatro español contemporáneo camino por donde ordenar su intimidad. Una luz que diese sentido al misterio de su vida». También por aquel entonces, el camino de algunas revistas culturales –como *Índice* (siempre connotada por el falangismo de su director) o *Papeles de Son Armadans* (marcada por la personalidad de Cela)– y algunas atractivas experiencias editoriales (Taurus y Guadarrama en Madrid; Seix-Barral, sobre todo, en Barcelona) acotaban con claridad la existencia de una minoría de lectores exigente y crítica que, sin duda, se reconocía en las polémicas de *Índice* y las cartas de Cela al frente de los números de *Papeles* y rellenaba los boletines de preferencias que traía cada ejemplar de la «Biblioteca Breve» de Seix-Barral.

Los novelistas se lanzaron con ejemplar denuedo a esa tarea de dar «sentido al misterio de la vida» y, por más que lo hicieran en forma de novelas de corte objetivista, buscaron también «ordenar su intimidad». Conviene tener presente la simultaneidad de esos dos motivos solidarios que eligieron como vehículo narrativo el mismo que buena parte de la literatura europea de postguerra había elegido en 1945 –pensemos en el «Grupo 47» alemán o en los neorrealistas italianos– o elegiría poco después –como fue parcialmente el caso de los «jóvenes airados» británicos–: un realismo preciso y fotográfico que usó de personajes con representatividad colectiva, una preferencia de la novela panorámica y algo estática sobre la argumental y la búsqueda de una aparente impasibilidad del narrador-testigo. Pero debajo de esta superficie que intentaba evitar lo panfletario corrían ingredientes simbólicos de muy distinta naturaleza: que gente de veintitantos o treinta y pocos años y de procedencia burguesa escribiera así suponía el previo y doloroso descubrimiento de la auténtica realidad del país que la propaganda o la rutina celaban cuidadosamente. El libro de viajes –que fue un género muy cultivado, sobre las huellas del Cela de *Viaje a la Alcarria*– fue una metáfora muy explícita de ese itinerario personal. Y las lágrimas del autor, paralelas al estallido de una tormenta, que cerraron el recorrido de los *Campos de Níjar* (1959) de Juan Goytisolo fueron una traslación muy simple pero muy eficaz de un duelo impotente pero también de una esperanza cósmica en el futuro de la revolución. Se escribía, en suma, para acelerar ese cambio que requería, según la doctrina marxista elemental, una previa percepción por parte de los oprimidos: la «toma de conciencia» de la injusticia era el punto capital de esos relatos. En *Las afueras* (1959) de Luis Goytisolo, el reencuentro de Víctor, un burgués, con sus antiguos amigos campesinos o con su antiguo asistente, Ciriaco, generan en el personaje un desasosiego de mala conciencia que el lector traduce indudablemente en denuncia de su pasividad y en cierta compasión por su fracaso. En *El Jarama* (1956), es la muerte de la bañista Lucita lo que determina el surgimiento de comportamientos de solidaridad o de rebeldía entre los alegres obreros jóvenes y lo que ratifica la dignidad menestral de los maduros usuarios del merendero. Y que la saque del río un estudiante cuyas siglas (RSF) coinciden con las del autor, no deja de ser una sutil propuesta de aquella alianza de «las fuerzas del trabajo y de la cultura» que propugnaba la propaganda antifranquista.

Es significativa la austeridad casi espartana y la voluntad de objetivación de los títulos de muchas de estas novelas: enunciaciones escuetas como *Los bravos* (1954) de Jesús Fernández Santos, *Central eléctrica* (1958) de Jesús López Pacheco, *La mina* (1960) de Armando López Salinas, *Nuevas amistades* (1959) de Juan García Hortelano; formulaciones de situación física, temporal o moral determinantes como fue el caso de *Fiesta al noroeste* (1953) de Ana María Matute, *El Jarama* (1956) de Rafael Sánchez Ferlosio, *Con el viento solano* (1956) y *Gran Sol* (1957) de Ignacio Aldecoa, *En la hoguera* (1957) de Fernández Santos, *Entre visillos* (1958) de Carmen Martín Gaite, *Las afueras* (1959) de Luis Goytisolo, *Encerrados con un solo juguete* (1960) de Juan Marsé, *Dos días de septiembre* (1962) de José Manuel Caballero Bonald, *Tormenta de verano* (1962) de García Hortelano; apelaciones morales y significativas como *El fulgor y la sangre* (1954) de Aldecoa, *Los contactos furtivos* (1956) de Antonio Rabinad, *Ritmo lento* (1963) de Carmen Martín Gaite o el machadiano título «El mañana efímero» de la trilogía de Juan Goytisolo que se compone de títulos nominales de la primera especie considerada (*El circo,* 1957; *Fiestas,* 1958, y *La resaca,* 1958). A través de estas novelas desfiló el mundo aterido, desconcertado y a veces rebelde de la España del momento pues los escritores buscaron con denuedo revelar cada rincón de la sociedad que habían descubierto finalmente: Aldecoa, cuyos admirables cuentos constituyen lo que llamó «épica de los pequeños oficios», se fijó en el mundo de las casas-cuartel de la Guardia Civil o en los pescadores de altura; los narradores catalanes (los Goytisolo, Marsé...) y también García Hortelano se sintieron más atraídos por la decadencia inconsciente de la burguesía, mientras que Carmen Martín Gaite se aventuró en la vida mesocrática de provincias o en el autismo moral de representantes de la clase media intelectual; Fernández Santos se movió entre lo rural de su primer relato (la transmisión de un cacicazgo) y la dolorida peregrinación entre lo urbano y lo campesino del segundo.

El cuento fue un género que alcanzó notables cultivo y calidad en estos años. No constituyó un mero apéndice de la novela. Concentraba, a menudo, la fuerza lírica que aquella diluía, favorecía la presentación elíptica de temas y denuncias arriesgadas, se acomodaba muy bien a establecer el promedio entre objetividad y ternura y, por supuesto, se ajustaba por sus proporciones a las pautas de las revistas literarias del momento. En el fondo, fue una suerte de género subyacente, de *hipogénero* esencial de lo narrativo, lo que se hace muy visible, por ejemplo, en un libro tan excelente como *Las afueras,* de Luis Goytisolo: ¿es una novela dividida en partes o una guirnalda de cuentos artificiosamente entrelazados? No sólo Ignacio Aldecoa, de quien ya se ha hablado, fue un excelente autor de relatos breves; también lo fueron Carmen Martín Gaite, Jesús Fernández Santos y Juan García Hortelano entre los ya citados. Y algún otro escritor importante lo fue casi en exclusiva, como Francisco García Pavón y, sobre todo, Medardo Fraile, éste en colecciones tan memorables como *Cuentos con algún amor* (1954), *A la luz cambian las cosas* (1959) y *Cuentos de verdad* (1964). Un importante filólogo, Alonso Zamora Vicente, se aplicó también a las formas cortas que, en su caso, suelen ser soporte de las voces de sus personajes: *Primeras hojas* (1955), *Smith y Ramírez S.A.* (1957), *Un balcón a la plaza* (1964)... En todos (con mayor densidad plástica en García Pavón y Fraile, con más predominio de la imitación de lenguajes en Zamora), se alternan la vivacísima experiencia personal del recuerdo y la melancolía bienhumorada por un mundo rural –en el primer caso– o madrileño –en los otros dos– que estaba dejando de ser mesocrático y castizo para convertirse en proletario y tiernamente vulgar.

El ciclo de la narrativa neorrealista concluyó por una suerte de consunción y, sobre todo, por una seria crisis de conciencia de los escritores. Ésta atañía, por un lado, a la generalizada decepción por la inutilidad de su esfuerzo cívico: hacia 1964, cuando el país celebraba sus «25 años de Paz», según el lema oficial, nada había cambiado y aparentemente el franquismo estaba más consolidado que nunca. Pero también concernía a los medios artísticos utilizados y, sobre todo, a la renuncia expresa del estilo como herramienta propicia de interpretación de la realidad. Suele decirse que *Tiempo de silencio* (1962) de Luis Martín-Santos fue el aviso premonitorio de la deserción, pero, en gran parte, esta espléndida novela tiene un tema típicamente «social» (la destrucción de un joven y prometedor médico que se ve implicado en un aborto clandestino y en las redes amorosas de la hija de la patrona de su pensión), un título –como se ha visto– que es toda una época y su espectacular tratamiento –una polifonía de monólogos interiores, un narrador que aguza incansable su sarcasmo contra lo narrado– debe tanto al *Ulises* de Joyce como a las bromas y chistes de una típica tertulia intelectual de entonces. En todo caso, Martín Santos no pudo demostrar nunca la verdadera naturaleza de su propósito porque murió dos años después y su segunda e inconclusa novela –*Tiempo de destrucción* (1974)– reitera las debilidades de *amateur* inteligente más que los indiscutibles aciertos de la primera. Más solemnemente representativa de un nuevo horizonte fue *Señas de identidad* (1965) de Juan Goytisolo, que debe mucho a *Tiempo de silencio* y más todavía a un ajuste de cuentas autobiográfico que busca dimensiones colectivas y cuyo patrón fue Luis Cernuda: a través de Álvaro Mendiola se produce un reajuste de relaciones personales, de decepciones políticas y, al cabo, una ruptura con el tácito nacionalismo jeremiaco heredado, mal que le pese, del 98. Un proceso complejo que prosiguió en *Reivindicación del Conde Don Julián* (1970) y en *Juan sin Tierra* (1975) en forma de un dolorido e interminable monólogo liberador del autor-personaje. Su hermano, Luis Goytisolo, publicó en 1973 un largo volumen, *Recuento* (1973), con la intención lustral de una autobiografía personal y colectiva (a través del personaje Raúl Ferrer Gaminde) pero que, al insertarse en el ciclo de «Antagonía», siguió por senderos que, sin olvidar el propósito inicial, reflexionaron también sobre la forma de escribir novelas, las perspectivas, repeticiones y certidumbres que genera el hecho de contar (*Los verdes de mayo hasta el mar,* 1976; *La cólera de Aquiles,* 1979, y *Teoría del conocimiento,* 1981).

Pero todos los narradores buscaron una u otra salida. El sarcasmo inspiró el divertido apólogo sobre el compromiso social *Últimas tardes con Teresa* (1966) de Juan Marsé, antes de que *Si te dicen que caí* (1973) marcara su definitivo destino de testigo emocionado e inclemente del dolor de la postguerra barcelonesa. Y sarcasmo también hubo en el vasto friso madrileño de *El gran momento de Mary Tribune* (1972) de Juan García Hortelano, quien luego en *Gramática parda* (1982) tomó el rumbo del *pastiche* humorístico y deliberadamente arbitrario, lo que fue también parcialmente el caso de la primera novela de Miguel Espinosa, *Escuela de mandarines* (1974), jugosa parábola intelectual sobre la administración pública y la vida política. Un objetivismo radical y enigmático apareció, a cambio, en la última y espléndida novela de Aldecoa, *Parte de un historia* (1967), que recuerda en su intimismo objetivado a los relatos cinematográficos del primer Antonioni, lo mismo que un demorado buceo de motivos y destinos estuvo presente en *Ritmo lento* (1963), de Martín Gaite, que arriba ya se ha citado. Caballero Bonald, por su parte, prefirió inventar un mundo mítico hecho de corrosión y restos de tragedia en torno al paisaje familiar de las marismas andaluzas en *Ágata ojo de gato* (1974), pero en ese terreno de la invención no se puede quitar la primogenitura a Juan Benet, que tardíamente se dio a conocer con *Volverás a Región* (1967), un texto de prosa precisa y dilatada hasta la extenuación, trama concienzudamente confusa y poderosa e inolvidable capacidad de evocación física y moral: puede que el lector no sepa recomponer –ni quizá valga la pena que lo intente– el sentido de lo que ha leído con tanta dificultad como fascinación pero quedarán fijos en él un clima, una onomástica inquietante, unos personajes atados a su destino y la sombra de la Guerra

Civil, que, de hecho, fue el gran tema de Benet desde esta novela hasta *Herrumbrosas lanzas* (1983-1986), pasando por *Una meditación* (1970), *Un viaje de invierno* (1972) y *Saúl ante Samuel* (1980), quizá la mejor de todas. Pero otros muchos escritores simplemente se callaron: las biografías y las bibliografías de Sánchez Ferlosio, Femández Santos, Luis Goytisolo, Martín Gaite... registran largos o larguísimos períodos de ausencia de la letra impresa que revelaron indirectamente que la llamada «novela social» no fue una empresa banal, ni vana ni mimética y que, a fin de cuentas, la crisis literaria universal de los años sesenta estaba también presente en España.

La poesía lírica vivió también su particular forma de compromiso. Si ya en la narrativa se señalaba la ligazón que el neorrealismo tenía con la vivencia subjetiva del narrador, en el territorio de lo poético esa dimensión estuvo mucho más presente: la poesía fue experiencia dolorosa de la realidad y el conocimiento de uno mismo a través de aquélla. A veces tuvo mucho de conocimiento colectivo pues si en la novela fue importante la conciencia común de los escritores, en la lírica los lazos de amistad y escuela fueron decisivos. La llamada «escuela de Barcelona» no fue, sin duda, tanto como lo que enuncia, por más que una revista juvenil –*Laye* (1950-1954)—, una provocativa antología poética de José María Castellet –*Veinticinco años de poesía española* (1960)– y una colección de libros de poesía «Colliure» (1961-1965)– sean hitos de hermandad y de propósitos generales en los que confluyeron los avecindados en Cataluña y algunos amigos de fuera.

Las voces son, empero, bastante distintas porque corresponden a poetas de fuerte personalidad. Ángel González publicó en «Colliure» *Sin esperanza, con convencimiento* (1961) que afianza el tono de descorazonamiento y la maestría formal (que tanto recuerdan las mejores dotes de Blas de Otero) que ya había ofrecido *Áspero mundo* (1956). Pero Otero no fue capaz de la ironía metapoética que, tras *Tratado de urbanismo* (1967), está presente en *Muestra de algunos procedimientos narrativos y de las actitudes sentimentales que habitualmente comportan* (1976) y en *Prosemas o menos* (1985). Carlos Barral –que incluyó *19 figuras de mi historia civil* (1961)– en «Collioure» es, sin embargo, un poeta más cercano de lo metafísico, más eliotiano, y en el que la imagen casi barroca es muy importante (por ejemplo, en el poema unitario *Metropolitano,* 1957). Algún poema de Jaime Gil de Biedma como «Las afueras» mostró esa tentación eliotiana de hacer corresponder un pensamiento profundo con un «correlato objetivo» de imágenes atrevidas, pero pronto prevaleció en él una poética moralista acompasada de ironía intelectual, un matizado tono de evocación personal y la voluntad de camuflar en lo antirretórico el excepcional cuidado de la forma y la elegancia de la expresión (que quizá aprendió mucho de otro poeta inglés, W. H. Auden): los grandes libros de su obra muy parva son *Compañeros de viaje* (1959), *Moralidades* (1965, en la colección «Colliure») y *Poemas póstumos* (1968). *Años decisivos* (1961), de José Agustín Goytisolo, perteneció también a la colección «Colliure» e incluye *Salmos al viento* (1958), libro irónico donde está el poema «Los celestiales», una celebrada burla de la poesía «arraigada».

Tras los *Poemas a Lázaro* (1960), *La memoria y los signos* (1966) de José Ángel Valente fue su única ofrenda a la poética de la experiencia social aunque es uno de los libros mejores del ciclo. Pero ya *Siete representaciones* (1967), *Breve son* (1968) y *El inocente* (1970), sin abandonar del todo el compromiso político (convertido, no obstante, en una personalísima cuestión moral), iniciaron una reflexión sobre los alcances de la palabra poética y la misión del poeta. En sus últimos libros, la lírica se hace fragmentaria, tensa e intenta revelar estadios de conocimiento que tienen que ver con la intuición mística y con la corriente metafísica de la poesía contemporánea (*Mandorla,* 1982; *Al dios del lugar,* 1989). De origen simbolista y concretamente rimbaudiano fue también la espléndida y precoz poesía de Claudio Rodríguez (*Don de la ebriedad,* 1953), quien, sin embargo, incluyó esa búsqueda de una significación más allá de la experiencia sensible en poemas que se recuerdan precisamente por la humanísima ternura con que se acerca a lo cotidiano, gorrión, vaso de vino o baile de muchachas solas, en sus pausados volúmenes *Conjuros* (1958), *Alianza y condena* (1965), *El vuelo de la celebración* (1976) y *Casi una leyenda* (1991).

Francisco Brines también logra esa sensacion de inminencia a partir de la evocación de un mundo juvenil, casi siempre mediterráneo y casi nunca poseído con plenitud satisfactoria. Pero, al lado de la apelación a los sentidos, en *Las brasas* (1960) y *Palabras a la oscuridad* (1966), hay también la obsesión del final del tiempo y de la nada, más que de la muerte, en *Aún no* (1971). «Nunca podrás dejar de ser el que eres» dice el lema inicial de *El otoño de las rosas* (1986) y esa certeza, su goce y su desolación, está también presente en *La última costa* (1995). De forma obstinada, Carlos Sahagún era tan joven y simbolista como Rodríguez cuando con *Profecías del agua* (1958) ganó el premio Adonais; fue desde entonces el poeta desposeído de la infancia, un tema central en el que confluyen la experiencia amorosa de pareja, la visión del paisaje y una fuerte componente de rebeldía antifranquista: *Estar contigo* (1973), *Primer y último oficio* (1978). En Luis

Feria la infancia es también importante pero no como prenda de acusación sino como obstinación de un desamparo (*Conciencia*, 1961; *Fábula de octubre*, 1964) que pronto se convirtió en la creación del mundo imaginario y travieso de las bellísimas prosas poéticas de *Dinde* (1981) y *Más que el mar* (1986) y la cosmología menuda y chispeante, de greguería sin pecado original, que hay en los versos de *Salutaciones* (1985). Lejos de los círculos y los premios, Antonio Gamoneda se dio a conocer con *Descripción de la mentira* (1977), libro de versículos recurrentes, sin otra ilación que la sorpresa de sus imágenes atrevidas tras la que parece alentar una «poética del conocimiento» que, en este caso, predicaría la imposibilidad de cualquier modo de conocimiento.

Los dramaturgos tuvieron menos suerte que los poetas y novelistas. Caso ejemplar fue el de Alfonso Sastre a quien hemos conocido debatiendo con Buero Vallejo sobre el posibilismo y la intransigencia, poco después de haber publicado un texto téorico tan explícito como *Drama y sociedad* (1956) y poco antes de hacerlo con *Anatomía del realismo* (1963). En 1953 se había dado a conocer con un intenso drama de situación -unos soldados que esperan el ataque en un frente perdido y acaban por matar a su cabo– titulado *Escuadra hacia la muerte*, aunque el éxito de crítica no garantizó mucha continuidad a unas obras realistas y duras que metaforizaron con bastante explicitud temas políticos: la complicidad del silencio en *La mordaza* (1954), la lucha por la verdad y el poder en *Guillermo Tell tiene los ojos tristes* (1955), la pugna por la sucesión en *La cornada* (1960, la lucha clandestina en *En la red* (1961). En esos años Sastre acabó por romper toda relación con el teatro comercial y de sus cavilaciones sobre el porvenir de un teatro popular y crítico vino lo que llamó la «tragedia compleja», mezcla del didactismo marxista del teatro de Brecht, de la libertad imaginativa del expresionismo y de la burla corrosiva del esperpento de Valle-Inclán, todo ello a la vez que se implicaba en una actitud personal revolucionaria en contacto con el fundamentalismo independentista vasco. Pero a este tramo oscuro pertenecen, sin embargo, obras ambiciosas, desmesuradas y estimables como *La taberna fantástica* (1983), *Tragedia de la gitana Celestina* (1985), *Los últimos días de Emmanuel Kant* (1990) y *El viaje infinito de Sancho Panza* (1992).

Dramaturgos algo más jóvenes y menos exigentes que Sastre tampoco tuvieron mejores posibilidades, si se exceptúa la actividad ascendente de «teatros independientes» –muy a menudo universitarios– o las páginas inquietas de la revista *Primer Acto.* En ellas se publicó *El tintero* (1961), drama entre lo farsesco y la denuncia, original de Carlos Muñiz. O el impresionante cuadro valleinclanesco sobre el caciquismo que fue *Guadaña al resultado* (1966) de Ramón Gil Novales. Contadas veces se repitió la buena acogida inicial de obras primerizas como *La camisa* (1961) de Lauro Olmo, *Los inocentes de la Moncloa* (1961) de José María Rodríguez Méndez y *Las salvajes en Puente San Gil (* 1963) de José Martín Recuerda, pese a que sus autores siguieron trabajando con intensidad. Muerto Franco, estos dramaturgos llevaron algún nuevo estreno a los escenarios, casi siempre de tema más o menos histórico y de un realismo de fuerte trazo expresionista: fue el caso de *Tragicomedia del Serenísimo Príncipe Don Carlos* (estrenada en 1978) de Muñiz, *Las arrecogías del beaterio de Santa María Egipciaca* (1977) de Martín Recuerda y *Bodas que fueron famosas del Pingajo y la Fandanga* (1978) de Rodríguez Méndez. Un caso excepcional fue el de Antonio Gala, que había estrenado *Los verdes campos del Edén*

(1963) y *Noviembre y un poco de hierba* (1966) en la línea de un realismo poético comprometido, pero que, tras el éxito del melancólico drama histórico sobre las relaciones de Jimena y el Cid, *Anillos para una dama* (1973), ha conocido una insólita buena carrera comercial que hoy, tras algún fracaso, parece reorientar hacia la novela y el periodismo. Dos autores de teatro más experimental conocieron, por último, dos modos más de fracaso: Fernando Arrabal había estrenado *El triciclo* en 1958 pero solamente en Francia logró ver reconocida la importancia de su «teatro pánico»; el escenógrafo Francisco Nieva supo, sin embargo, del silencio ya que ni estrenó ni publicó hasta después de la muerte de Franco su peculiar y atrayente «teatro furioso» (*La carroza de plomo candente* y *El combate de Ópalos y Tasia* se estrenaron en 1976; *Coronada y el toro* en 1982). El éxito y el público acompañaron siempre, sin embargo, a Alfonso Paso que se inició en la comedia de tono social (*Los pobrecitos*, 1957) pero pronto se dedicó a una frenética sucesión de estrenos y, con el tiempo y el despecho, a una patética involución de sus ideas tímidamente reformistas del comienzo. Pero con la misma rapidez de su éxito, la buena estrella del teatro de Paso se eclipsó definitivamente ya antes de la muerte del dictador.

Las letras de hoy (1975-1995)

Por lo que toca a la vida de la cultura, Franco y el franquismo murieron mucho antes del 20 de noviembre de 1975. Al final del largo período de dictadura, desde 1966 (promulgación de la Ley de Prensa) cuando menos, de la presencia cultural del franquismo únicamente quedaba la censura que, todavía en la víspera del final, retenía novelas tan importantes como *Señas de identidad, Recuento* y *Si te dicen que caí,* poemarios como *Colección particular* de Jaime Gil de Biedma, films de Buñuel como *Viridiana* y de Berlanga como *Tamaño natural* e incluso impedía la ejecución de una cantata de Cristóbal Halffter dedicada al objetor de conciencia José Luis Beunza. Por eso, mucha de la literatura de estos años era ya declaradamente postfranquista y tanto su complejidad culturalista como sus apelaciones a la irracionalidad (Nietzsche volvió a estar de moda), como su tono informal e informalista, fueron, a la vez, el reflejo del arte universal del momento y una forma de romper con el luto político y la compunción moral que se habían mantenido en los años anteriores.

Una famosa antología de poesía titulada *Nueve novísimos poetas españoles* (1970), compilada por José María Castellet, pareció abrir el fuego en un nuevo frente literario. Veinticinco años después, ni la nómina de los poetas elegidos parece suficientemente representativa, ni la cohesión de éstos bastante como para sustentar un espíritu común, ni este último parecía ser la estética *pop* y una sensibilidad intelectualista por lo *camp.* De todo ello había algo, sin embargo, e incluso mucho en dos poetas como Pedro Gimferrer (que en 1966 había publicado *Arde el mar* y en 1968 *La muerte en Beverly Hills)* y Guillermo Carnero (que dio *Dibujo de la muerte* en 1967): ambos eran muy cultos, componían con la cabeza muy fría y, mal que pesara a su antifranquismo, no estaban dispuestos a que lo inmediato interfiriera una imagen feliz o un hallazgo intelectual. Porque José María Álvarez había hecho poesía social antes de encerrarse en las referencias culturales de su *Museo de cera* (1974) y Antonio Martínez Sarrión aplicaría la lección surrealista a versos sobre su infancia (*Teatro de operaciones,* 1967) y tan políticamente insurrectos como los de *Pautas para conjurados* (1970). Y lo acusadamente *camp* y *pop* de Manuel Vázquez Montalbán en *Una educación sentimental* (1967) o *A la sombra de las muchachas sin flor* (1973) era una forma de denunciar la miseria del franquismo y de buscar en la emoción lúcida una forma de sobrevivencia: cosa que expuso en su sabroso *Manifiesto subnormal* (1970) y que le llevó a inventar bajo la forma del detective Pepe Carvalho (presente por vez primera en *Yo maté a Kennedy,* 1972, y consolidado en *Los mares del Sur,* 1979) un testigo de cargo de la vida española (y universal) de la transición política. Pero ni la nómina de poetas se cerraba en los nueve de la fama ni es lícito dejar fuera de la nueva sensibilidad a novelistas como José María Guelbenzu que escribió en *El mercurio* (1968) un retrato de la vida juvenil de entonces, en el surco intenso que había dejado la *Rayuela* de Cortázar. Y las mismas razones valen para el hoy olvidado J. Leyva, el narrador experimental Mariano Antolín Rato y el irónico Félix de Azúa (que, incluido en la nómina de «novísimos» como poeta, escribió un interesante relato de iniciación juvenil, *Las lecciones de Jena,* 1972, y años después una divertida y aguda caricatura del espíritu de los setenta en *Historia de un idiota contada por él mismo o el contenido de la felicidad,* 1986).

El año de 1975 no fue de producción especialmente feliz, pero el recuerdo de algunos de sus libros más notorios puede servirnos de clave para cuanto siguió. En poesía vio aparecer la compilación definitiva de Jaime Gil de Biedma, *Las personas del verbo,* que veinte años después todavía seguirá siendo invocada como quicio fundamental de la llamada «poesía de la experiencia» a la que, en esta fecha, se aplicaba también un desenvuelto Juan Luis Panero en *Los trucos de la muerte;* Antonio Colinas se reveló con *Sepulcro en Tarquinia,* acertada muestra de las habilidades de la poesía iniciada por Gimferrer, mientras que Guillermo Camero llegó al ápice de su poética intelectual con *El azar objetivo.* En narrativa, Francisco Umbral publicó *Mortal y rosa* que hizo un escritor muy importante de quien hasta entonces parecía poco más que un ocurrente periodista de moda (la intensidad sentimental de su memoria se volvió a demostrar en la excelente novela *El hijo de Greta Garbo,* 1982, y tanto ésta como la capacidad de síntesis de su prosa en la espléndida *Trilogía de Madrid,* 1984). Y Eduardo Mendoza dio a conocer, con éxito inusitado, *La verdad sobre el caso Savolta,* una novela sobre la Barcelona de los años veinte, narrada con la peculiar combinación de imaginación y evocación que ese mismo año usaba el norteamericano E. L. Doctorow en *Ragtime:* había nacido entre nosotros la literatura post-moderna y Mendoza lograría en ese ámbito novelas tan logradas como *La ciudad de los prodigios* (1985). Pero quizá la mejor prosa del año fue -junto a la de Umbral- la muy distinta (diáfana y burlona) del primer tomo de memorias de Carlos Barral, *Años de penitencia,* pórtico de unos *Años sin excusa* (1978) y de *Cuando las horas veloces* (1986) que vendrían después: entre todos legitimarían la moda de la escritura personal -memorias, diarios, dietarios- que se afianzará luego, según veremos, como un género imprescindible.

Y si agrandamos nuestro campo de observación, veremos que en 1974 Luis Antonio de Villena concluye *El viaje a Bizancio* (1978), que abrió una carrera literaria (de poeta y novelista) y una imagen pública de notable interés. Algo parecido fue el caso de Fernando Savater, un profesor de filosofía que había publicado un libro sobre Cioran y que acertó con un ensayo delicioso, *La infancia recupe-*

rada, sobre sus lecturas adolescentes: este libro y *La tarea del héroe* (1982) consolidaron el mejor ensayista de su generación. Y ese año de 1976, por último, fue el de la fundación del Teatre Lliure en Barcelona, hito final de una época del llamado «teatro independiente» cuyos espectáculos y adaptaciones habían conocido desde 1965 un extraordinario apogeo que ahora terminaba: para el espectador inquieto de entonces, teatro era lo que habían hecho o hacían el grupo Tábano (*Castañuela 70*), Els Joglars (*Cruel ubris* y *Alias Serrallonga*), Los Goliardos (*La boda de los pequeños burgueses*), TEI (*Terror y miseria del III Reich*), Teatro Estudio Lebrijano *(Oratorio)*, La Cuadra (*Quejío*), etc. También 1976 vio la creación del diario *El País* que muy pronto adquirió el peso específico de lo que José Luis Aranguren llamó con acierto un «intelectual colectivo» como tribuna que fue de los intelectuales individuales más comprometidos con la democracia: en sus páginas –que continuaban en tal sentido las de *Informaciones* y las revistas *Cambio 16* y *Triunfo* en los años anteriores– la cultura tomó carta de naturaleza como ingrediente activo en la vida del país. Y el reconocimiento de lo que se ha llamado «Estado cultural» vino en 1977 con la creación administrativa del primer Ministerio de Cultura que sustituyó en buena hora al de Información y Turismo.

No solamente se ha incrementado la atención del Estado a la cultura (hasta convertirse esos desvelos en un tema polémico). Han aumentado también, y mucho, los lectores al hacerse adultas las muy nutridas generaciones nacidas desde 1960 al calor del desarrollo económico: han sido beneficiarias de la enorme extensión de la escolarización, de la notable mejora de los medios de enseñanza y, por supuesto, de más ocio y más libertad de expresión. Y hoy los lectores, más mujeres que hombres, son jóvenes y esto se nota en sus preferencias. Leen, sobre todo novela... Entre ellos y los autores parecen haber acordado el final del experimentalismo, que ya tiene pocos cultivadores (la excepción podría ser Julián Ríos, autor de *Larva*, 1983), lo que ha provocado la adopción de escritores maduros cuyos modos de narrar están cercanos a los intereses del público: los casos de Miguel Delibes, Carmen Martín Gaite (con novelas tan importantes y significativas como *Retahílas*, 1974, *El cuarto de atrás*, 1978, y *Nubosidad variable*, 1993) o José Luis Sampedro (*Octubre, octubre*, 1981; *La sonrisa etrusca*, 1985) ilustrarían bien este apartado.

Pero la demanda de accesibilidad y emoción no exclusivamente intelectual, no quiere decir que se haya producido un retorno generalizado a la novela más convencional. La de los nuevos escritores plantea agudos problemas de identidad, ajustes y desajustes de cuentas con la memoria, crisis de relaciones sociales (y fundamentalmente de pareja) e indagaciones que a menudo eligen como vía de resolución la forma policíaca. *Visión del ahogado* (1977), de Juan José Millás, la primera novela importante de la llamada «transición», tiene algo de todo eso: destinos equivocados, personalidades no resueltas, un pasado adolescente que vuelve como un vómito, el ejercicio del sexo como ocultación de otros problemas de relación y, al fin, un cerco policial, todo ello narrado con esa precisión microscópica que es marca del autor y que ha llevado a relatos femeninos (*El desorden de tu nombre*, 1990) y a un tono casi alegórico en *Tonto, muerto, bastardo e invisible* (1995). Para José María Merino, en cambio, la identidad más que enojosa resulta ser fugitiva y parece transmigrar a través de cuerpos y paisajes en *La orilla oscura* (1985) o en *El centro del aire* (1991), sus dos mejores relatos extensos. Luis Mateo Díez ha llevado sus relatos de soledades provinciales entre poéticos y humorísticos (*La fuente de la edad,* 1985) a la inquietud metafísica que irisa el mismo tema en *Camino de perdición* (1995). Y, por su lado, Javier Tomeo ha tramado personajes irrisorios perdidos en tramas kafkianas (*Los enemigos,* 1974; *La ciudad de las palomas,* 1989). Tras un preludio muy distinto, José María Guelbenzu es quizá el novelista que mejor justifica el marbete de «generación de 1968» ya que sus protagonistas suelen encarnar pasados y presentes donde entran en conflicto la libertad y el orden, la espontaneidad y lo consabido: sus mejores relatos son, a la fecha, *El río de la luna* (1981), *La tierra prometida* (1991) y *El sentimiento* (1995). Pero esa representatividad histórica ha estado también presente en novelas de Lourdes Ortiz (*Luz de la memoria,* 1976), Clara Janés (*Los caballos del sueño,* 1989) y José Antonio Gabriel y Galán (*Muchos años después,* 1992).

Álvaro Pombo y Eduardo Mendicutti han acotado como territorio preferente el descubrimiento del propio interior (a menudo, la homosexualidad) en personas tan pronto frágiles como crueles. Pombo es un maestro de la ambigüedad humorística y de la mimetización de su lenguaje con el de sus protagonistas en novelas tan excelentes como *El héroe de las mansardas de Mansard* (1983), *El hijo adoptivo* (1983) y *Aparición del eterno femenino contada por S. M. el Rey* (1993). Tramas psicológicas pero de rara nitidez desapasionada suelen tejer también los relatos de Soledad Puértolas (como *Burdeos,* 1986) e Ignacio Martínez de Pisón (a destacar las tres narraciones sutilmente imbricadas que componen *El fin de los buenos tiempos,* 1994), frente al relato mucho más dilatado por la observación emotiva que cultiva Almudena Grandes (*Malena es un nombre de tango*, 1994). Javier Marías despliega su peculiar estilo minucioso y conversacional para curiosear en personajes que también descubren algo –su madurez habitualmente– pero sin demasiadas ganas de hacerlo. Es el novelista del egoísmo inquietado por el mundo exterior en relatos tan bien construidos como *Todas las almas* (1989), *Corazón tan blanco* (1992) y *Mañana en la batalla piensa en mí* (1994). Y egoístas sin ventura son también los curiosos personajes de las novelas de Luis Landero que deben mucho de su fantasía coral a Cervantes y a García Márquez: *Juegos de la edad tardía* (1989) y *Caballeros de fortuna* (1993). Vázquez Montalbán es, a cambio, un hombre preocupado por la pérdida de la conciencia histórica: además de sus novelas de Carvalho, hemos de traer aquí investigaciones más explícitas como *El pianista* (1985) –sobre un imaginario compositor republicano–, *Galíndez* (1990) –sobre un político del exilio vasco, asesinado por Trujillo y la CIA– y la reciente y desigual *Autobiografía del general Franco* (1992). Otra recuperación apasionada de la memoria reciente –la generación artística de la república y los días de la Guerra Civil– fue el primer y excelente relato de Antonio Muñoz Molina, *Beatus ille* (1986), quien –tras un ejercicio de novela negra, *El invierno en Lisboa* (1987), y otro *pastiche* de novela de espías, *Beltenebros* (1989)– ha usado su prosa envolvente y brillante para narrar otro redescubrimiento de la Guerra Civil desde el presente en *El jinete polaco* (1992).

El teatro casi ha desaparecido como género literario. Son pocas las obras que alcanzan el estreno y los centros generosamente subvencionados prefieren apostar sobre seguro en «recuperaciones» de Valle-Inclán o Lorca. Por eso, el fenómeno más notable ha sido el regreso a una comedia que a veces ronda el sainete de costumbres y que han escrito, con buen conocimiento de la carpintería escénica, escritores que, a menudo, se iniciaron en el marco del «teatro independiente»: es el caso de José Luis Alonso de Santos, que ha obtenido merecidos éxitos con *La estanquera de Vallecas* (1981), sobre un atraco muy disculpable, y *Bajarse al moro* (1985), sobre el mundo de los pequeños traficantes de hachís; Fermín Cabal con *Tú estás loco, Briones* (1978), sobre el franquismo residual, y *Vade retro!* (1982), sobre la crisis vocacional de los sacerdotes; Fernando Fernán Gómez con *Las bicicletas son para el verano* (1982), deliciosa visión de la retaguardia del Madrid republicano, y Sebastián Junyent con *Hay que deshacer la casa* (1983) que trata el conflicto de sensibilidades entre dos generaciones.

La poesía parece registrar desde principios de los años ochenta una pugna –a menudo artificiosa– entre los llamados «poetas de la experiencia» (poetas de «la otra sentimentalidad», como se ha definido un conjunto de sus cultivadores granadinos, o «poetas figurativos» por oposición a los «abstractos», como quiere José Luis García Martín) que optan por unos versos personales, emocionalmente accesibles y no siempre autobiográficos (sino referidos, en todo caso, a un «yo poético» imaginario) y aquellos que quisieran atenerse a formas más atrevidas, de trasfondo irracionalista o intelectual, que no renuncian a la herencia vanguardista. El enemigo de los primeros es la facilidad blanda, y el de los segundos, la pretenciosidad abstrusa; el peor consejero de ambos, la manía de las formulaciones elementales y las oposiciones tajantes, ya que ni la imaginación metafórica está reñida con la experiencia vivencial, ni la iluminación mística y la expresión mínima y sentenciosa debería ser tan tajantemente diferenciada de la efusividad más narrativa (Machado y Juan Ramón experimentaron ambas, por ejemplo). Nadie podrá sustentar que la extremada condensación de elementos de paisaje que es propia de Andrés Sánchez Robayna (*Clima,* 1978; *La roca,* 1984; *Palmas sobre la losa fría,* 1989) sea algo ajeno a una vivencia interior, refinadamente predispuesta por la cultura y dotada de una notable lista de referentes poéticos (José Ángel Valente, Octavio Paz, Wallace Stevens... pero también Góngora y Juan de la Cruz). Del mismo modo, la ironía y el talante iconoclasta están presentes en los versos experimentales, abundantes en juegos fónicos, de José Miguel Ullán (*Maniluvios,* 1972; *Manchas nombradas,* 1984), como el izquierdismo militante y la biografía descontenta en los de Juan Carlos Suñén (*Por fortuna peores,* 1991) y Jorge Riechmann (*Cuaderno de Berlín,* 1989). Mientras que advertimos que el cuidado formal y la vuelta a la rima no son patrimonio exclusivo de los poetas de la «experiencia» como demuestra la trayectoria de Jaime Siles –un «novísimo» tardío– que desde *Canon* (1973) a *Columnae* (1987) y *Semáforos, semáforos* (1990) ha sido un refinado constructor de poesía intelectual, siempre reminiscente de modelos clásicos o barrocos. Y tan buen artífice, cuando menos, como Siles lo ha sido Antonio Carvajal (ausencia clamorosa de los «novísimos» de 1970) cuyos dos primeros libros –*Tigres en el jardín* (1968) y *Serenata y navaja* (1973)–, espléndidamente neobarrocos, han dado paso, después de *Siesta en el mirador* (1979) y los sonetos de *Sitio de Ballesteros* (1981), a una poesía que, sin perder un ápice de la complejidad formal, revela un mundo inquieto y dramático (*Testimonio de invierno,* 1990).

Pero lo cierto es que la indiscutible calidad y quizá el don de la oportunidad histórica han acompañado más a los «poetas de la experiencia» que se han agrupado bajo la advocación de algunos líricos de los años cincuenta (Gil de Biedma, Brines y Ángel González) y en las páginas de alguna revista como las andaluzas *Fin de siglo, Renacimiento* y *Hélices:* entre estos, los más interesantes son –por orden alfabético– Felipe Benítez Reyes (*Los vanos mundos,* 1985; *La mala compañía,* 1989), Luis Alberto de Cuenca (*La caja de plata,* 1985), Miguel D'Ors (*Curso superior de ignorancia,* 1987), Luis García Montero (*Diario cómplice,* 1987; *Las flores del frío,* 1991; *Habitaciones separadas,* 1994); Jon Juaristi (*Diario de un poeta recién cansado,* 1986; *Suma de varia intención,* 1987; *Los paisajes domésticos,* 1993), Carlos Marzal *(El último de la fiesta,* 1987), Javier Salvago (*La destrucción o el humor,* 1980), Eloy Sánchez Rosillo (*Elegías,* 1984).

Muchos de ellos han cultivado como forma de enlace con el lector el diario o el dietario en prosa, signo inequívoco de la necesidad de una comunicación privada y cómplice que se apoya en la emoción directa de la sensación, la opinión sobre lo cercano y, en definitiva, una confianza general en la definitiva «privatización de la literatura» que ha llegado después de su «colectivización» social primero e intelectual después. No es que el género carezca de antecedentes significativos: muchos han leído *El quadern gris* del catalán Josep Pla (que tradujo muy bien Dionisio Ridruejo) y es indudable que carnets de notas personales son muchos libros del más reciente Rafael Sánchez Ferlosio (citaré, sobre todo, la calidad de prosa y la sombría desesperanza del muy machadiano *Vendrán más años malos y nos harán más ciegos,* 1993); diarios fueron también las *Alcancías,* ya citadas, de Rosa

Chacel y cuaderno de notas fue *El cuento de nunca acabar* (1983), verdadera y amenísima poética de la narración escrita por Carmen Martín Gaite. Pero la boga actual del género personal debe mucho a los *Dietaris* que Pedro Gimferrer escribió en catalán a fines de los setenta y que fueron traducidos en 1982, o al hecho de que Umbral publicara algunos de sus mejores artículos bajo el rótulo de «Diario de un snob» y escriba habitualmente bajo esa forma: la opinión que se disfraza de capricho personal y apasionamiento privado al hilo de lo que acontece es quizá la nueva forma de intervención «intelectual» en una sociedad más fluida, olvidadiza y permisiva. Entre los más notables escritores del género -ligado estrechamente a los periódicos en más de una ocasión- está Miguel Sánchez Ostiz, que es también novelista (*Los papeles del ilusionista*, 1983; *El pasaje de la luna*, 1984; *Las pirañas*, 1992), quien inició en *La negra provincia de Flaubert*, 1986, un personal recorrido sentimental por la literatura francesa, la música y los objetos y recuerdos de una cultura emotiva, siempre vistos desde Pamplona. El mismo 1986, nuestro ya conocido Muñoz Molina recogía también en *Diario del Nautilus* sus reflexiones periodísticas que todavía sigue publicando con cadencia semanal. Y más recientemente Antonio Martínez Sarrión ha revelado con un diario (*Cargar la suerte*, 1995) y la primera entrega de unas memorias (*Infancia y corrupciones*, 1993) ser un dignísimo sucesor, menos jactancioso, del irónico Barral de *Años de penitencia*. A su lado, Manuel Vicent usa de una prosa de bulto casi carnal para evocar -a medias entre la novela y las memorias imaginarias- parajes levantinos en *Contra paraíso* (1993) y *Tranvía a la Malvarrosa* (1994). Pero quizá los mejores diarios son los que ha creado *ex professo*, casi como una interminable novela de reminiscencias sabiamente barojianas y en un estilo de asombrosa nitidez, Andrés Trapiello (que pudimos citar también entre los «poetas de la experiencia» o los novelistas), quien bajo el título común de «Salón de los pasos perdidos» ha escrito los volúmenes *El gato encerrado* (1990), *Locuras sin fundamento* (1992), *El tejado de vidrio* (1994) y *Las nubes por dentro* (1996).

En suma, este dilatado fin de siglo (1975-1995) no parece que vaya a desmerecer por la calidad de sus escritores del inmediato anterior que también fue largo, descorazonador y propicio a los desvaríos: la diferencia es que aquel siglo concluía un largo período de paz universal y ahora termina la centuria más conflictiva y cruel de la historia; que la España de aquel fin de siglo estaba muy lejos de la Europa del momento y que, sin embargo, la España de hoy es una pieza más del azaroso porvenir de un continente que ha perdido definitivamente la hegemonía universal. Entonces, la peculiaridad histórica de España fue el tema de Unamuno, de Azorín o de Baroja y sus personajes padecieron la impotencia y la rabia de ser españoles; ahora, y por una elección que no deja de ser significativa, los protagonistas de *El jinete polaco* de Muñoz Molina y *Corazón tan blanco* de Marías trabajan como traductores y viven sus conflictos entre salas de espera de aeropuertos y sábanas extranjeras.

Cronología

Edad Media

1070-1100	*Nota Emilianense.* Nace Yehudáh ha-Leví, poeta y médico (h. 1070-1141). Alfonso VI, rey de Castilla (1072). Concilio de Burgos: el rito mozárabe es sustituido por el romano (1080). Alfonso VI conquista Toledo (1085). El Cid conquista Valencia (1094). Muere Almotamid de Sevilla. Predicación de la primera Cruzada (1095). Muere Rodrigo Díaz de Vivar (1099). Los cruzados toman Jerusalén (1099). Jarchas.
1101-1150	Los almorávides toman Sevilla. Pedro Alfonso, *Disciplina clericalis.* Guilhem de Peitieu inicia la poesía de los trovadores (h. 1100). *Chanson de Roland* (h. 1100).

Expulsión de los mozárabes de al-Andalus por los almorávides (1125).
Nace Averroes (1126-1198), comentarista de Aristóteles.
Raimundo de Salvetat, arzobispo de Toledo (1125-1151), promueve la traducción de textos científicos árabes.
Geoffrey de Monmouth, *Historia Regum Britanniae* (1135).
Primeras citas de juglares en Castilla (1136).
Marcabrú, trovador provenzal, visita Castilla y León (h. 1137).
Muere Avempace (1139).
Muere Mosheh ibn Ezra (h. 1055-post. 1135).
Nace Yosef ibn Zabarrah (h. 1140-h. 1195).
Muere Pedro Abelardo (1142).
Portugal se convierte en reino (1143).
Reinos de taifas.
Ibn Quzman publica sus zéjeles.
Conquista de Lisboa y Almería (1147).
Poema de Almería (1147-1157).
Invasión almohade: toman Sevilla (1147) y Córdoba (1149).
Esplendor de la poesía goliárdica.
Organización de la Universidad de París (h. 1150).

1151-1200 Florecimiento de la poesía trovadoresca.
Chronica Najerense (h. 1160).
El Señor de Kürenberg, primer poeta lírico en alemán (mediados s. XII).
Cantar paralelístico de Zorraquín Sancho (h. 1158).

Bernart de Ventadorn, trovador (mediados s. XII).
Benoit de Saint-Maure, *Roman de Troie.*
Abentofáil (m. 1185), *El filósofo autodidacta* (1165).
Muere Abraham ibn-Ezra (1167).
Benjamín de Tudela, viajero (h. 1130-h. 1175).
Florecimiento de Chrétien de Troyes (1170-1190).
María de Francia (último tercio s. XII).
Asesinato de Thomas Becket, arzobispo de Canterbury (1170).
Andreas Capellanus, *De amore* (h. 1185).
Primeras ramas del *Roman de Renart.*
Carmina Rivipullensia.
Saladino recupera Jerusalén (1187).
Ricardo Corazón de León, rey de Inglaterra (1189).
Tercera Cruzada (1189).
Maimónides (1138-1204), *Guía de los perplejos* (1191).
Béroul, *Tristan.*
Los cruzados conquistan San Juan de Acre (1191).
Victoria de los almohades en Alarcos (1195).
Primeros testimonios fechables de poesía gallego-portuguesa.

1201-1225 Robert de Boron, *Roman de l'Estoire dou Graal* (h. 1210).
Libro de Alexandre (¿?).
Nibelungos (h. 1210).

Los cruzados toman Constantinopla (1204).
Fazienda de Ultramar (¿?).
Poema de Mio Cid (1207).
Poemas de debates.
Santo Domingo de Guzmán funda la orden de predicadores (1208).
San Francisco de Asís funda su orden (1209).
Batalla de Las Navas (1212).
Fundación del Estudio General de Palencia (1212-1214).
Universidad de Bolonia (1214).
IV Concilio de Letrán (1215).
Universidad de Salamanca (h. 1220).
Nace Todros ben Yosef ha-Levi Abulafiah (1220-h. 1298), cabalista.
Federico II es coronado emperador (1220).
Snorri Sturluson, *Eddas*.
Gautier de Coinci, *Milagros de Nuestra Señora*.
Lanzarote en prosa (Vulgata).
San Francisco de Asís, *Cántico del Sol* (1224).

1226-1250 Universidades de Montpellier y Toulouse (1229).
Carmina Burana (h. 1230).
Fernando III, rey de Castilla y León (1230).
Cantar de Roncesvalles.
Escuela poética siciliana.
Gonzalo de Berceo en plena actividad literaria (mediados s. XIII).
Guillaume de Lorris, *Roman de la Rose* (h. 1235).
Lucas de Tuy, *Chronicon Mundi* (h. 1236).

Nace Ramon Llull (h. 1235-1315).
Conquista de Córdoba (1236).
Libro de Apolonio (h. 1240- 1260).
Rodrigo Jiménez de Rada, *Historia Gothica* (1245).
Construcción de la Sainte-Chapelle en París.
Conquista de Jaén (1246).
Conquista de Sevilla (1248).
Abu l-Baqa' de Ronda (1204-1285) escribe su elegía por Sevilla.
Séptima Cruzada (1248).

1251-1275 Traducción castellana del *Calila e Dimna* (1251).
Alfonso X coronado rey (1252-1284).
Étienne de Bourbon, *Tractatus* (h. 1255).
Santo Tomás de Aquino comenta a Aristóteles.
Ibn Sa'id al-Magribi (1213-1286), poeta, reúne su *Libro*.
Universidad de Valladolid (1260).
Conquista de Murcia (1266).
Roger Bacon, *Opus maius* (1267).
Humberto de Romans, *Tractatus* (h. 1270).
Octava Cruzada (1270).
Muere San Luis (IX) de Francia (1270).
Marco Polo emprende su viaje (1271).
Ramon Llull está en plena actividad literaria.

1276-1300 Jean de Meun, *Roman de la Rose* (h. 1280).
Dolce Stil Novo en pleno florecimiento (h. 1270-h. 1330).

Nace don Juan Manuel (1282).
Rutebeuf escribe sus principales obras (m. h. 1285).
Adam de la Halle (h. 1235-1285) compone sus piezas teatrales.
Últimas obras de Alfonso X.
Dante inicia su actividad literaria (1265-1321).
Guiraut Riquier y Cerverí de Girona, últimos trovadores.
Ramon Llull continúa su actividad.
Lucidario (h. 1290).
Gran Conquista de Ultramar (1291).
Estudios Generales de Alcalá (1293).
Marco Polo dicta el relato de sus viajes (1298).

1301-1325 *Libro del Cavallero Zifar* (h. 1300).
Alfonso de Valladolid, converso (h. 1270-h. 1340).
Nace Petrarca (1304).
Últimos *stilovisti.*
Nace Juan Fernández de Heredia (h. 1310-1391), prehumanista.
Dante escribe la *Commedia* (1304-1321).
Muere Arnaldo de Vilanova (1240- 1311).
Primeros textos artúricos en Castilla (1313).
Nace Boccaccio (1313).

1326-1350 Ibn al-Jatib (1313-1375), poeta de la Alhambra.
Nace Francesc Eiximenis (h. 1327-1409), franciscano.
Libro de buen amor (h. 1330).

	Nace Pero López de Ayala (1331-1407). Don Juan Manuel (1282-1348) escribe el *Conde Lucanor* (1335). Petrarca (1304-1374) en plena actividad poética. Crónica de Ramon Muntaner. Comienza la Guerra de los Cien Años (1336). Nace Bernat Metge (h. 1343-1413). Peste Negra (1347). Ordenamiento de Alcalá (1348). La epidemia de peste se extiende por Italia y España (1348). Boccaccio (1313-1375) comienza a escribir el *Decamerón*. Fin de la escuela poética gallego-portuguesa (1350). Nace san Vicente Ferrer, predicador (1350-1419).
1351-1375	Nace Pablo de Santa María (h. 1352-1435). El cardenal Albornoz funda el colegio español de Bolonia (1358). Nace Leonor de Córdoba (1362-1412). Fratricidio de Montiel (1369). Casa de Trastámara. Fernández de Heredia impulsa las traducciones al aragonés. Mueren Petrarca (1374) y Boccaccio (1375).
1376-1400	Cisma de Occidente (1378). Nace Fernán Pérez de Guzmán (h. 1378-1460). Nace don Alvaro de Luna (h. 1381-1453).

Ibn Jaldún, *Historia Universal* (1382).

Batalla de Aljubarrota (1385).

Nace Alfonso García de Santa María (h. 1386-1456).

Chaucer, *Cuentos de Canterbury* (1387).

Pablo de Santa María (1352-1435) se convierte al Cristianismo (1390).

Destrucción de juderías y persecución de judíos (1391).

Consistori de la Gaia Sciència en Barcelona (1393).

Benedicto XIII, papa (1394).

Piers Plowman, de William Langland (1398).

Nace el Marqués de Santillana (1398-1458).

1400-1425 Embajada a Tamorlán (1403).

López de Ayala termina el *Rimado de palacio* (h. 1378-1403).

Conquista de Antequera (1410).

Compromiso de Caspe (1412).

Discusión de Tortosa, sobre el Talmud (1413).

Nace Diego de Valera (1413-1488).

Concilio de Constanza (1414).

Primer romance conservado (1421).

Jordi de Sant Jordi (h. 1400-1425).

Anselm Turmeda (h. 1370-1423) escribe sus principales obras.

Don Enrique de Villena (h. 1384-1434) en plena actividad.

Fin del Cisma de Occidente (1417).

Nace Alfonso de Palencia (1423-1492), primer humanista castellano.

	Alain Chartier (h. 1390-1430) escribe la *Belle Dame sans mercy* (1425). Muere el poeta Alfonso Álvarez de Villasandino (h. 1345-1425). Nace Hernando del Pulgar (h. 1425-1493).
1426-1450	*Cancionero de Baena* (1430). Traducciones de textos clásicos. Concilio de Basilea (1431). Muerte de Juana de Arco (1431). Don Enrique de Villena continúa con su actividad literaria. El Marqués de Santillana sigue su actividad literaria. Arcipreste de Talavera, *Corbacho* (1438). *Cancionero de Palacio* (h. 1440). Juan Rodríguez del Padrón (h. 1390-1450) en plena actividad. Primeras ficciones sentimentales. Poesía cancioneril. Ausias March (h. 1397-1459) escribe la mayor parte de su obra. Batalla de Olmedo y *Coplas de Ay, panadera* (1445). Nace Ambrosio de Montesino, predicador franciscano (1445-1514). Juan de Mena (1411-1456) en plena actividad literaria. Efervescencia del humanismo italiano. *Curial e Güelfa* (1435-1462).
1451-1475	Fin de la Guerra de los Cien Años (1453). Constantinopla en poder de los turcos (1453).

	François Villon (h. 1431-post. 1463) escribe su obra (1461). Charles d'Orléans (1394-1465) en plena actividad poética. Nebrija (1444-1522) en Salamanca (1476-1488). Imprenta en Castilla (1473). Diego de Valera y Fernán Pérez de Guzmán están en plena actividad.
1476-1511	Isabel la Católica, reina (1476). Hernando del Pulgar (h. 1425-1493) al servicio de los Reyes Católicos. Jorge Manrique (h. 1440-1479) escribe su obra. Matteo Boiardo (1441-1494) alcanza la fama. Primeros testimonios teatrales castellanos. Inquisición en Castilla (1478). Luigi Pulci (1432-1484), *Morgante* (1483). Juan de Flores (h. 1470-1525) escribe sus ficciones sentimentales. Jacopo Sannazaro (h. 1456-1530) y Angelo Poliziano (1454-1494) en plena actividad literaria. Guerra de Granada (1482-1492). Pietro Martir de Angleria (1459-1526), en España (1487). Nebrija continúa su actividad filológica. Joanot Martorell y Martí Joan de Galba, *Tirant lo Blanc* (1490). Diego de San Pedro, *Cárcel de Amor* (1492). Conquista de Granada (1492). Expulsión de los judíos (1492).

Tratado de Tordesillas (1494).
Juan del Encina (h. 1468-1530) publica su *Cancionero* (1496).
Erasmo de Rotterdam (1466-1536) en plena actividad.
Miguel Angel Buonarroti (1475-1564) esculpe La Pietà.
La Celestina (1499).
Lucas Fernández (1474-1541) compone sus piezas teatrales.
Publicación del *Amadís de Gaula* (1508).
Hernando del Castillo, *Cancionero General* (1511).

Siglo XVI

1500 *Cancionero musical de Palacio* (h. 1500-1520).
1502 F. de Rojas, *La Celestina* (en 21 actos).
1503 *Enchiridion* de Erasmo.
1508 *Amadís de Gaula,* de G. Rodríguez de Montalvo.
1511 *Cancionero general* de Hernando del Castillo. *Elogio de la locura* de Erasmo.
1513 Nace Ambrosio de Morales.
1517 B. de Torres Naharro, *Propalladia*.
1518 Nace Hernando de Acuña.
1521 *Comedia Thebayda*.
1526 Encuentro de J. Boscán y A. Navagero en Granada.
1527 Nacen Arias Montano y fray Luis de León. Alfonso de Valdés escribe su *Diálogo de las cosas acaecidas en Roma*.
1528 *Retrato de la Lozana andaluza,* de F. Delicado.

1529 Juan de Valdés, *Diálogo de doctrina cristiana.* Fray A. de Guevara, *Relox de príncipes.*
1530 Nacen Baltasar del Alcázar y el humanista Pedro Simón Abril.
1532 Mueren Alfonso de Valdés y Francesillo de Zúñiga.
1534 J. Boscán traduce *El cortesano* de B. de Castigione. Nace Fernando de Herrera.
1536 *El Maestro*, libro de música de vihuela, de Luis Milán.
1538 Nace Bartolomé Cairasco de Figueroa.
1539 *Menosprecio de corte y alabanza de aldea* de fray A. de Guevara.
1540 *Silva de varia lección* de Pero Mexía. Muere J. L. Vives.
1543 *Obras* de Boscán y Garcilaso de la Vega.
1542 Nace san Juan de la Cruz.
1547 Nacen Miguel de Cervantes, Mateo Alemán, Juan Rufo, Luis Barahona de Soto y Cristóbal Mosquera de Figueroa. *Cancionero de romances* (ap.) de Martín Nucio.
1550 Muere Cristóbal de Castillejo.
1554 *Lazarillo de Tormes. Cancionero* de J. de Montemayor.
1556 *Guía de pecadores* de fray Luis de Granada. Muere Ignacio de Loyola.
1557 Muere Gutierre de Cetina.
1559 Publicación del índice de libros prohibidos del inquisidor Valdés. Prohibición de estudiar en universidades no dependientes del rey de España. Nace Lupercio L. de Argensola.
1561 Primera edición fechada de la *Diana* (h. 1559) de J. de Montemayor, con la interpolación del *Abencerraje*. Nace Luis de Góngora.
1562 Gil Vicente (m. a.1536), *Copilaçam de todas las*

obras. Nacen Lope de Vega y Bartolomé Leonardo de Argensola.

1564 *Diana enamorada* de G. Gil Polo. Nacen W. Shakespeare, Marlowe y Galileo. Muere Miguel Ángel.

1565 Muere Lope de Rueda.

1566 Muere el padre Las Casas.

1567 Edición en castellano de *Sonetos y canciones* de Petrarca. El *Patrañuelo* de J. Timoneda.

1569 *Araucana*, primera parte, de A. de Ercilla. Se inicia la publicación de la *Biblia Políglota* de Amberes, bajo la dirección de Arias Montano. Nacen Guillén de Castro y G. B. Marino. Muere Bernardo Tasso.

1570 Nace F. de Medrano.

1571 Nacen B. Cellini y J. Kepler. Muere Juan de Mal Lara.

1572 El Santo Oficio encarcela a fray Luis de León. *Os Lusiadas* de Camoens. *La Franciada* de Ronsard. Nace John Donne.

1573 Edición de las *Obras* de C. de Castillejo. *Aminta* de T. Tasso.

1574 La obra de Garcilaso anotada y comentada por El Brocense.

1575 Huarte de San Juan, *Examen de ingenios*.

1576 Fray Luis es puesto en libertad. Muere Tiziano.

1577 San Juan de la Cruz, encarcelado. Nace Rubens. Francisco Salinas, *De musica libri septem*. Epístola de F. de Aldana a Arias Montano.

1578 John Lily, *Euphues*.

1579 Se abre en Madrid el corral de la Cruz.

1580 *Anotaciones* de F. de Herrera a la obra de Garcilaso. T. Tasso, *Jerusalén libertada*. Montaigne, *En-*

sayos. P. de Padilla, *Tesoro de varias poesías.* Nacen F. de Quevedo y J. Ruiz de Alarcón.

1582 *Algunas obras* de F. de Herrera. Muere santa Teresa. Nacen el conde de Villamediana y fray Gabriel Téllez (Tirso de Molina). Gregorio XIII reforma el calendario.

1583 Nace Francisco de Rioja. *La perfecta casada, De los nombres de Cristo,* de fray Luis de León.

1584 Nacen P. Soto de Rojas y D. Saavedra Fajardo.

1585 Muere Ronsard. *La Galatea* de Miguel de Cervantes.

1588 Se publican el *Libro de la vida* y *Las Moradas* de santa Teresa. Malón de Chaide, *La conversión de la Magdalena.*

1589 Francisco de Aldana, *Obras,* primera parte. *Flor de varios romances,* recogidos por Pedro de Moncayo.

1591 Mueren fray Luis de León y san Juan de la Cruz. Francisco de Aldana, *Obras,* segunda parte.

1592 Muere Montaigne.

1594 Muere Alonso de Ercilla.

1595 *Guerras civiles de Granada,* primera parte, de G. Pérez de Hita.

1596 A. López Pinciano, *Filosofía antigua poética.* Nace Descartes. Shakespeare, *El mercader de Venecia.*

1597 Muere Fernando de Herrera.

1598 Lope de Vega, *Arcadia.* Muere Arias Montano. Nacen Zurbarán y Bernini.

1599 Primera parte del *Guzmán de Alfarache* de Mateo Alemán. Nace Velázquez.

Siglo XVII

1600 Nace P. Calderón de la Barca. Se publica el *Romancero general.* Giordano Bruno muere en la hoguera por orden de la Inquisición. *Hamlet* de Shakespeare.

1601 Nace Baltasar Gracián.

1602 T. Campanella escribe *La ciudad del sol.*

1603 Nace Gabriel Bocángel.

1604 Segunda parte del *Guzmán* de Alfarache. *Rimas* y primera parte de las *Comedias* de Lope de Vega.

1605 Primera parte del *Quijote. Flores de poetas ilustres,* recopilación de Pedro Espinosa. *La pícara Justina* de F. López de Úbeda. Shakespeare, *El rey Lear* y *Macbeth.*

1606 Nacen Corneille y Rembrandt. Muere Baltasar del Alcázar.

1607 Muere Francisco de Medrano. Nace F. de Rojas Zorrilla.

1608 Nace Milton.

1609 *Arte nuevo de hacer comedias, Jerusalén conquistada,* segunda parte de las *Comedias* de Lope de Vega. Garcilaso de la Vega, el inca, primera parte de los *Comentarios reales.*

1610 Mueren Juan de la Cueva y Luis Carrillo y Sotomayor.

1611 *Obras* de L. Carrillo y Sotomayor. *Tesoro de la lengua castellana,* de S. de Covarrubias. Shakespeare, *La tempestad.*

1612 *El bastardo Mudarra* de Lope de Vega. Fecha probable de la «Epístola moral a Fabio» de Fernández de Andrada. Góngora escribe el *Polifemo.*

1613 *Novelas ejemplares* de M. de Cervantes. *La dama boba* de Lope de Vega. Se difunden el *Polifemo* y la primera *Soledad* de Góngora. Mueren Lupercio L. de Argensola y S. de Covarrubias.

1614 *Rimas sacras* y cuarta parte de las *Comedias* (que incluye *Peribáñez*) de Lope de Vega. *Viaje del Parnaso* de M. de Cervantes. Muere el Greco. Beatificación de santa Teresa.

1615 Segunda parte del *Quijote* y *Ocho comedias y ocho entremeses* de Miguel de Cervantes. Quinta parte de las *Comedias* de Lope de Vega.

1616 Mueren M. de Cervantes y W. Shakespeare.

1617 *Los trabajos de Persiles y Sigismunda* de M. de Cervantes. Nace Nicolás Antonio. Compone Góngora el «Panegírico al duque de Lerma».

1618 Vicente Espinel, *Marcos de Obregón*.

1619 Kepler, *Harmonia mundi*. Parte XII de las *Comedias* de Lope de Vega, con *Fuente Ovejuna*.

1620 Bacon, *Novum organum*.

1621 Nace La Fontaine.

1622 El conde de Villamediana muere asesinado. Muere Juan de Arguijo. Nace Molière.

1623 Nace Pascal.

1624 *Discurso poético* de J. de Jáuregui. *Los cigarrales de Toledo* de Tirso de Molina. *Sucesos y prodigios de amor* de J. Pérez de Montalbán.

1625 Muere G. B. Marino.

1626 Se publica *El Buscón* de F. de Quevedo.

1627 Muere Luis de Góngora. Nace Bossuet. *Sueños y discursos* de F. de Quevedo.

1629 Se publican las *Obras* de Villamediana. *La dama duende* y *Casa con dos puertas mala es de guardar* de Calderón.

1630 Edición de *El burlador de Sevilla* (ap.).

1631 *El castigo sin venganza* de Lope de Vega. Mueren Bartolomé L. de Argensola y Guillén de Castro.

1632 *La Dorotea* de Lope de Vega. Nacen Locke y Spinoza.

1634 *Rimas* de los Argensola. *Las bizarrías de Belisa* y *Rimas humanas y divinas del licenciado Tomé de Burguillos* de Lope de Vega.

1635 Muere Lope de Vega. Fecha probable del estreno de *La vida es sueño* de Calderón.

1636 Primera parte de las *Comedias* de Calderón. C. de Salazar Mardones, *Ilustración y defensa de la Fábula de Píramo y Tisbe* de Góngora. *Soledades de don Luis de Góngora comentadas* por G. de Salcedo Coronel. Corneille, *El Cid*. Nace Boileau.

1637 María de Zayas, *Novelas ejemplares y amorosas*. Descartes, *Discurso del método*. *La lira de las Musas* de G. Bocángel.

1639 Muere P. Ruiz de Alarcón. Nace Racine. Muere T. Campanella.

1640 Muere Rubens. Saavedra Fajardo, *Empresas políticas*.

1641 *El diablo cojuelo* de Vélez de Guevara. Muere Juan de Jáuregui.

1642 Muere Galileo. Nace Newton. *Agudeza y arte de ingenio* de B. Gracián.

1644 Mueren L. Vélez de Guevara y A. Mira de Amescua. Cierre de los corrales hasta 1649.

1645 Muere Francisco de Quevedo.

1646 *Vida y hechos de Estebanillo González*. B. Gracián, *El discreto*. Nace Leibniz.

1647 *Oráculo manual* de B. Gracián. *Desengaños amorosos* de María de Zayas.

1648 *El Parnaso español,* obra poética de F. de Quevedo editada por J. González de Salas. Mueren Tirso de Molina, Saavedra Fajardo y F. de Rojas Zorrilla.

1651 *El criticón,* primera parte, de B. Gracián. Muere L. Quiñones de Benavente.

1553 *El criticón,* segunda parte.

1656 *Las Meninas* de Velázquez.

1657 *El criticón,* tercera parte.

1658 Mueren B. Gracián y P. Soto de Rojas.

1659 Muere Francisco de Rioja.

1660 Muere Velázquez.

1664 Molière, *Tartufo.*

1665 Molière, *Don Juan.*

1667 Milton, *El paraíso perdido.* Muere Juan de Zabaleta.

1669 Muere Agustín Moreto y E. Manuel de Villegas.

1670 *Las tres Musas últimas castellanas,* edición de poesía de Quevedo por P. Aldrete.

1672 Nicolás Antonio, *Biblioteca Hispana Vetus.*

1673 Muere Molière.

1674 Muere Milton. Boileau, *Arte poética.*

1676 Nace Feijoo. Muere S. J. Polo de Medina.

1677 Racine, *Fedra.* Spinoza, *Ética.*

1679 Muere J. Pellicer de Ossau.

1681 Muere P. Calderón de la Barca.

Siglo XVIII

1702 Nace Ignacio de Luzán.

1703 Nace el padre José Francisco de Isla.

1719 Daniel Defoe, *Robinson Crusoe.*

1721 Barón de Montesquieu, *Cartas persas.*
1726 Benito J. Feijoo publica el primer tomo del *Teatro crítico universal.*
La Academia Española inicia la publicación del *Diccionario de Autoridades.*
Jonathan Swift, *Viajes de Gulliver.*
1729 J. S. Bach, *La Pasión según San Mateo.*
1737 Se inicia el *Diario de los Literatos de España.*
Gregorio Mayans, *Orígenes de la lengua española.*
Ignacio de Luzán, *Poética.*
1742 Edward Young, *Pensamientos nocturnos.*
1743 Diego Torres Villarroel, *Vida.*
1744 Nace Gaspar Melchor de Jovellanos.
1746 Nace Francisco de Goya.
1749 Henry Fielding, *Tom Jones.*
1751 Aparece el primer tomo de la *Enciclopedia.*
1755 Samuel Johnson, *Diccionario de la lengua inglesa.*
1758 José Francisco de Isla, *Fray Gerundio de Campazas.*
Voltaire, *Cándido.*
1760 Nace Leandro Fernández de Moratín.
1762 Nicolás Fernández de Moratín, *La petimetra.*
J. J. Rousseau, *Emilio o De la educación.*
1773 Gaspar Melchor de Jovellanos, *El delincuente honrado.*
1774 Johann Wolfgang Goethe, *Las cuitas del joven Werther.*
1781 Félix M. Samaniego, *Fábulas morales.*
Enmanuel Kant, *Crítica de la razón pura.*
Friedrich Schiller, *Los bandidos.*
1782 Tomás de Iriarte, *Fábulas literarias.*
1785 Juan Meléndez Valdés, *Poesías.*

1787 Bernardin de Saint-Pierre, *Pablo y Virginia*.
Wolfgang Amadeus Mozart, *Don Giovanni*.
1789 José de Cadalso, *Cartas marruecas*.
1791 Nace el Duque de Rivas.
1792 Leandro Fernández de Moratín, *La comedia nueva o El café*.
1794 Gaspar Melchor de Jovellanos, *Informe sobre la ley agraria*.
1795 Juan Pablo Forner, *Exequias de la lengua castellana*.
1798 W. Wordsworth y S. Coleridge, *Baladas líricas*.
1799 Francisco de Goya, *Los Caprichos*.

Siglo XIX

1801 François René de Chateaubriand, *El genio del cristianismo*.
1806 Leandro Fernández de Moratín, *El sí de las niñas*.
1807 Georg Wilhelm Friedrich Hegel, *Fenomenología del espíritu*.
1808 Ludwig van Beethoven, *Quinta Sinfonía*.
Nace José de Espronceda.
1809 Nace Mariano José de Larra.
1811 Muere Gaspar Melchor de Jovellanos.
1812 Lord Byron, *Childe Harold*.
1813 Manuel José Quintana, *Poesías*.
Jane Austen, *Orgullo y prejuicio*.
1814 Walter Scott, *Waverley*.
1816 Gioacchino Rossini, *El barbero de Sevilla*.
1817 Muere Juan Meléndez Valdés.
Nace Ramón de Campoamor.
1818 John Keats, *Endimión*.

1823 Luwig van Beethoven, *Novena Sinfonía.*
1824 Nace Juan Valera.
1826 Alessandro Manzoni, *Los novios.*
James Fenimore Cooper, *El último mohicano.*
1827 Heinrich Heine, *Libro de los cantares.*
1828 Larra inicia la serie «El duende satírico del día».
Mueren Leandro Fernández de Moratín y Francisco de Goya.
1830 Victor Hugo, *Hernani.*
Hector Berlioz, *Sinfonía fantástica.*
1831 Honoré de Balzac, *La piel de zapa.*
Stendhal, *El rojo y el negro.*
Vincenzo Bellini, *Norma.*
1832 Larra adopta el seudónimo de «Fígaro».
1834 Robert Schumann, *Carnaval.*
1835 Duque de Rivas, *Don Álvaro o la fuerza del sino.*
José de Espronceda, *El estudiante de Salamanca.*
Ramón de Mesonero Romanos, *Panorama matritense.*
Nicolai Gogol, *Las almas muertas.*
1836 Antonio García Gutiérrez, *El trovador.*
Charles Dickens comienza la publicación de *Los papeles póstumos del Club Pickwick.*
Nace Gustavo Adolfo Bécquer.
1837 Juan Eugenio Hartzenbusch, *Los amantes de Teruel.*
1838 Edgar Allan Poe, *Narración de Arthur Gordon Pym.*
1840 José de Espronceda, *El Diablo Mundo.*
Etiènne Cabet, *Viaje a Icaria.*
Pierre Joseph Proudhon, *¿Qué es la propiedad?*
1843 Nace Benito Pérez Galdós.
1844 José Zorrilla, *Don Juan Tenorio.*
Enrique Gil Carrasco, *El señor de Bembibre.*

Sören Kierkegaard, *El concepto de la angustia.*
Alexandre Dumas, *Los tres mosqueteros.*
Joseph Mallord William Turner, *Lluvia, vapor, velocidad.*

1846 Ramón de Campoamor, *Doloras.*

1847 Emily Brontë, *Cumbres borrascosas.*

1848 Karl Marx y Friedrich Engels, *Manifiesto comunista.*

1849 Fernán Caballero, *La gaviota.*
John Ruskin, *Las siete lámparas de la arquitectura.*
Jean-François Millet, *Los sembradores.*

1851 Herman Melville, *Moby Dick.*
Giuseppe Verdi, *Rigoletto.*
Nace Emilia Pardo Bazán.

1855 Walt Whitman, *Hojas de hierba.*

1857 Gustave Flaubert, *Madame Bovary.*
Charles Baudelaire, *Las flores del mal.*
Muere Manuel José Quintana.

1859 Primera rima escrita por Gustavo Adolfo Bécquer.

1862 Victor Hugo, *Los miserables.*

1863 Rosalía de Castro, *Cantares gallegos.*
Edouard Manet, *La merienda campestre.*

1864 Leon Tolstoi, *Guerra y paz.*
Nace Miguel de Unamuno.

1865 Richard Wagner, *Tristán e Isolda.*

1866 Fedor Dostoievski, *Crimen y castigo.*
Nace Ramón del Valle-Inclán.

1869 Émile Zola comienza el ciclo *Los Rougon-Macquart.*

1870 Benito Pérez Galdós, *La Fontana de Oro.*
Muere Gustavo Adolfo Bécquer.

1871 Publicación póstuma de las obras de G. A. Bécquer.
1872 Nace Pío Baroja.
1873 Galdós comienza los *Episodios nacionales*.
1874 Juan Valera, *Pepita Jiménez*.
Arthur Rimbaud, *Las iluminaciones*.
Jules Barbey d'Aurevilly, *Las diábolicas*.
Primera exposición de los impresionistas.
1875 Gaspar Núñez de Arce, *Gritos de combate*.
Pedro Antonio de Alarcón, *El escándalo*.
Georges Bizet, *Carmen*.
Nace Antonio Machado.
1881 Benito Pérez Galdós, *La desheredada*.
Henrik Ibsen, *Espectros*.
1882 José María de Pereda, *El sabor de la tierruca*.
Emilia Pardo Bazán, *La tribuna*.
Guy de Maupassant, *Una vida*.
1883 Nace José Ortega y Gasset.
1884 Rosalía de Castro, *En las orillas del Sar*.
Leopoldo Alas, *La Regenta*.
1886 Benito Pérez Galdós, *Fortunata y Jacinta*.
Emilia Pardo Bazán, *Los pazos de Ulloa*.
Friedrich Nietzsche, *Más allá del bien y del mal*.
Henry James, *Las bostonianas*.
Robert L. Stevenson, *El extraño caso del doctor Jekyll y mister Hyde*.
1888 Rubén Darío, *Azul*.
August Strindberg, *La señorita Julia*.
1889 Henri Bergson, *Ensayo sobre los datos inmediatos de la conciencia*.
Vincent Van Gogh, *Los cipreses*.
1891 Leopoldo Alas, *Su único hijo*.
Joris-Karl Huysmans, *Allá lejos*.
Oscar Wilde, *El retrato de Dorian Gray*.

1893 Muere José Zorrilla.
1894 Vicente Blasco Ibáñez, *Arroz y tartana.*
Ramón del Valle-Inclán, *Femeninas.*
Rudyard Kipling, *El libro de las tierras vírgenes.*
Gabrielle D'Anunzzio, *El triunfo de la muerte.*
Edvard Munch, *El grito.*
1895 Juan Valera, *Juanita la larga.*
José María de Pereda, *Peñas arriba.*
Joaquín Dicenta, *Juan José.*
1896 Leopoldo Alas, *Cuentos morales.*
1897 Benito Pérez Galdós, *Misericordia.*
Miguel de Unamuno, *Paz en la guerra.*
Ángel Ganivet, *La conquista del reino de Maya.*
André Gide, *Los alimentos terrestres.*
1898 Vicente Blasco Ibáñez, *La barraca.*
Jacinto Benavente, *La comida de las fieras.*
Joseph Conrad, *El negro del «Narciso».*
Nacen Vicente Aleixandre, Dámaso Alonso y Federico García Lorca.
Muere Ángel Ganivet.
1900 Pío Baroja, *Vidas sombrías.*
Sigmund Freud, *La interpretación de los sueños.*

Siglo xx

1901 Mueren Leopoldo Alas y Ramón de Campoamor.
1902 José Martínez Ruiz, Azorín, *La voluntad.*
Pío Baroja, *Camino de perfección.*
Ramón del Valle-Inclán, *Sonata de otoño.*
Máximo Gorki, *Los bajos fondos.*
Nacen Rafael Alberti y Luis Cernuda.
1905 Muere Juan Valera.

1906 Muere José María de Pereda.
1907 Antonio Machado, *Soledades. Galerías. Otros poemas.*
Manuel Machado, *Alma. Museo. Los cantares.*
Miguel de Unamuno, *Poesías.*
Ramón del Valle-Inclán, *Romance de lobos.*
Ramón Pérez de Ayala, *Tinieblas en las cumbres.*
Pablo Picasso, *Las señoritas de Avignon.*
1908 Ramón Gómez de la Serna, *Morbideces.*
1912 Azorín, *Castilla.*
Antonio Machado, *Campos de Castilla.*
Pío Baroja, *El árbol de la ciencia.*
Vassili Kandinsky, *Sobre lo espiritual en el arte.*
1913 Juan Ramón Jiménez, *Platero y yo.*
Marcel Proust comienza a publicar *A la busca del tiempo perdido.*
Guillaume Apollinaire, *Alcoholes.*
Primer *ready-made* de Marcel Duchamp.
Igor Stravinsky, *La consagración de la primavera.*
1914 José Ortega y Gasset, *Meditaciones del Quijote.*
Miguel de Unamuno, *Niebla.*
1915 Alonso Quesada, *El lino de los sueños.*
Edgar Lee Masters, *Antología de Spoon River.*
1916 Carlos Arniches, *La señorita de Trevélez.*
Franz Kafka, *La metamorfosis.*
Muere Rubén Darío.
Nacen Antonio Buero Vallejo, Camilo José Cela y Blas de Otero.
Surge en Zurich el grupo «Dadá».
1917 Wenceslao Fernández Flórez, *Volvoreta.*
Juan Ramón Jiménez, *Diario de un poeta recién casado.*
Hermann Hesse, *Demian.*

Los ballets de Diaghilev estrenan *Parade* con música de E. Satie, libreto de J. Cocteau y decorados de P. Picasso.

1920 Muere Benito Pérez Galdós.

1921 Ramón Gómez de la Serna, *El incongruente*.
Luigi Pirandello, *Seis personajes en busca de autor*.

1922 Juan Ramón Jiménez, *Segunda antología poética*.
T. S. Eliot, *La tierra baldía*.
James Joyce, *Ulises*.

1923 Pedro Salinas, *Presagios*.
Rainer Maria Rilke, *Elegías de Duino*.
Italo Svevo, *La conciencia de Zeno*.

1924 Gerardo Diego, *Manual de espumas*.
Rafael Alberti, *Marinero en tierra*.
Thomas Mann, *La montaña mágica*.
Primer manifiesto del surrealismo.
Nace Luis Martín-Santos.

1925 José Ortega y Gasset, *La deshumanización del arte. Ideas sobre la novela*.
Pablo Neruda, *Residencia en la tierra*.
Charles Chaplin, *La quimera del oro*.
Serguei M. Eisenstein, *El acorazado Potemkim*.

1927 Ramón Gómez de la Serna, *Seis falsas novelas*.
Luis Cernuda, *Perfil del aire*.
Martin Heidegger, *El ser y la nada*.
Nacen Juan Benet, Francisco Nieva y Rafael Sánchez Ferlosio.

1928 Jorge Guillén, *Cántico*.
Federico García Lorca, *Romancero gitano*.
Vicente Aleixandre, *Ámbito*.
Benjamín Jarnés, *El convidado de papel*.
Aldous Huxley, *Contrapunto*.
Virginia Woolf, *Orlando*.

D. H. Lawrence, *El amante de Lady Chatterley*.
1929 Rafael Alberti, *Sobre los ángeles*.
Ernest Hemingway, *Adiós a las armas*.
William Faulkner, *El ruido y la furia*.
Nacen Jaime Gil de Biedma y José Ángel Valente.
1930 Ramón J. Sender, *Imán*.
Robert Musil empieza a publicar *El hombre sin atributos*.
Le Corbusier construye «Villa Savoie».
1933 Pedro Salinas, *La voz a ti debida*.
André Malraux, *La condición humana*.
Nace Juan Marsé.
1934 Agustín Espinosa, *Crimen*.
Federico García Lorca, *Yerma*.
Alejandro Casona, *La sirena varada*.
Robert Graves, *Yo, Claudio*.
1935 Vicente Aleixandre, *La destrucción o el amor*.
Jorge Luis Borges, *Historia universal de la infamia*.
Alfred Hitchcock, *39 escalones*.
1936 Pedro Salinas, *Razón de amor*.
Luis Cernuda, *La realidad y el deseo*.
Manuel Altolaguirre, *Las islas invitadas*.
Miguel Hernández, *El rayo que no cesa*.
Antonio Machado, *Juan de Mairena*.
Alban Berg, *Concierto a la memoria de un ángel*.
Charles Chaplin, *Tiempos modernos*.
Mueren Miguel de Unamuno, Ramón del Valle-Inclán y Federico García Lorca.
1939 León Felipe, *Español del éxodo y del llanto*.
Ramón J. Sender, *El lugar del hombre* (desde 1958, *El lugar de un hombre*).
Muere Antonio Machado.

Nacen Manuel Vázquez Montalbán y Antonio Martínez Sarrión.

1941 Gerardo Diego, *Alondra de verdad.*

1942 Camilo J. Cela, *La familia de Pascual Duarte.*
Ramón J. Sender, *Crónica del alba.*
Max Aub, «*San Juan*».
T. S. Eliot, *Cuatro cuartetos.*
Albert Camus, *El extranjero.*
Richard Strauss, *Capricho.*
Nace Eduardo Mendoza.

1943 Max Aub, *Campo cerrado.*
Jean Paul Sartre, *El ser y la nada.*

1944 Vicente Aleixandre, *Sombra del paraíso.*
Dámaso Alonso, *Hijos de la ira.*
Azorín, *La isla sin aurora.*
Pío Baroja inicia la publicación de *Desde la última vuelta del camino.*
Jorge Luis Borges, *Ficciones.*
Tennesee Williams, *El zoo de cristal.*
Nacen Félix de Azúa y José María Guelbenzu.

1945 Juan Gil-Albert, *Las ilusiones.*
Se estrena en Buenos Aires, *La casa de Bernarda Alba* de Federico García Lorca.
Jacques Prévert, *Palabras.*
Roberto Rossellini, *Roma, ciudad abierta.*

1948 Rafael Alberti, *A la pintura.*
Miguel Labordeta, *Sumido 25.*
Camilo J. Cela, *Viaje a la Alcarria.*

1949 Luis Rosales, *La casa encendida.*
Leopoldo Panero, *Escrito a cada instante.*
Francisco Ayala, *La cabeza del cordero.*
Antonio Buero Vallejo, *Historia de una escalera.*
Ezra Pound, *Cantos pisanos.*

1951 Camilo J. Cela, *La colmena*.
Marguerite Yourcenar, *Memorias de Adriano*.
Alberto Moravia, *El conformista*.
Jerome D. Salinger, *El guardián entre el centeno*.
Nacen Luis Antonio de Villena y Javier Marías.

1952 Paul Celan, *Amapola y memoria*.
Samuel Beckett, *Esperando a Godot*.
Nace la *action paiting* de Jackson Pollock como parte del «expresionismo abstracto».

1953 José Hierro, *Quinta del 42*.
Miguel Mihura, *Tres sombreros de copa*.
Alfonso Sastre, *Escuadra hacia la muerte*.
Roland Barthes, *El grado cero de la escritura*.
Arnold Schönberg, *Moisés y Aarón*.
Francis Bacon, *Caras*.

1954 Jesús Fernández Santos, *Los bravos*.
Ignacio Aldecoa, *El fulgor y la sangre*.
Heinrich Böll, *Casa sin amo*.

1955 Gabriel Celaya, *Cantos iberos*.
Blas de Otero, *Pido la paz y la palabra*.
Vladimir Nabokov, *Lolita*.
Muere José Ortega y Gasset.

1956 Rafael Sánchez Ferlosio, *El Jarama*.
John Osborne, *Mirando hacia atrás con ira*.
Muere Pío Baroja.
Nace Antonio Muñoz Molina.

1957 Jack Kerouac, *En el camino*.
Lawrence Durrell, *Justine*.

1958 Carmen Martín Gaite, *Entre visillos*.
Carlos Sahagún, *Profecías del agua*.
Claudio Rodríguez, *Conjuros*.
Max Aub, *Jusep Torres Campalans*.
Francisco Ayala, *Muertes de perro*.

Carlos Fuentes, *La región más transparente.*
Muere Juan Ramón Jiménez.

1959 Luis Goytisolo, *Las afueras.*
Jaime Gil de Biedma, *Compañeros de viaje.*
Günter Grass, *El tambor de hojalata.*
Alan Sillitoe, *La soledad del corredor de fondo.*

1960 Ana María Matute, *Primera memoria.*
Eugène Ionesco, *El rinoceronte.*
Nacen Felipe Benítez Reyes y Almudena Grandes.

1962 Luis Cernuda, *Desolación de la Quimera.*
Luis Martín-Santos, *Tiempo de silencio.*
Antonio Buero Vallejo, *El concierto de San Ovidio.*

1963 Corpus Barga, *Los pasos contados.*
Julio Cortázar, *Rayuela.*
Italo Calvino, *La jornada de un interventor electoral.*
Mueren Luis Cernuda y Ramón Gómez de la Serna.

1964 Philip Larkin, *Bodas de Pentecostés.*
Presentación internacional del *pop-art* en la Bienal de Venecia.

1966 José Ángel Valente, *La memoria y los signos.*
Juan Goytisolo, *Señas de identidad.*
Francisco Brines, *Palabras a la oscuridad.*
Pedro Gimferrer, *Arde el mar.*
Miguel Delibes, *Cinco horas con Mario.*
Thomas Pynchon, *La subasta del lote 49.*
José Lezama Lima, *Paradiso.*
Peter Handke, *Insultos al público.*

1967 Ángel González, *Tratado de urbanismo.*
Manuel Vázquez Montalbán, *Una educación sentimental.*
Juan Benet, *Volverás a Región.*

Antonio Buero Vallejo, *El tragaluz.*
Gabriel García Márquez, *Cien años de soledad.*

1970 Jorge Luis Borges, *El informe de Brodie.*
Thomas Bernhard, *La Calera.*
Michel Tournier, *El rey de los alisos.*

1972 Gonzalo Torrente Ballester, *La saga/fuga de J. B.*
Juan García Hortelano, *El gran momento de Mary Tribune.*
Juan Benet, *Un viaje de invierno.*

1973 Luis Goytisolo, *Recuento.*
Bohumil Hrabal, *Yo que he servido al rey de Inglaterra.*
E. M. Cioran, *Del inconveniente de haber nacido.*
Mueren Pablo Neruda y Pablo Picasso.

1974 Juan Gil-Albert, *Crónica general.*
Leonardo Sciacia, *Todo modo.*

1975 Jaime Gil de Biedma, *Las personas del verbo.*
Juan Goytisolo, *Juan sin Tierra.*
Eduardo Mendoza, *La verdad sobre el caso Savolta.*
Francisco Umbral, *Mortal y rosa.*
Carlos Barral, *Años de penitencia.*
Peter Weiss, *La estética de la resistencia.*
Martin Amis, *Niños muertos.*
E. L. Doctorow, *Ragtime.*
Patrick Modiano, *Villa Triste.*
Gabriel García Márquez, *El otoño del patriarca.*

1977 Francisco Brines, *Insistencias en Luzbel.*
Juan José Millás, *Visión del ahogado.*
Pere Gimferrer, *L'espai desert.*
Manuel Puig, *El beso de la mujer araña.*
Elias Canetti, *La lengua absuelta.*
Inauguración del Centro Pompidou (Renzo Piano y Richard Rogers).

1978 Luis Antonio de Villena, *El viaje a Bizancio* (1976).
Carmen Martín Gaite, *El cuarto de atrás.*
Augusto Monterroso, *Lo demás es silencio.*
Georges Perec, *La vida. Instrucciones de uso.*
Hans Magnus Enzensberger, *El hundimiento del «Titanic».*

1980 Juan Benet, *Saúl ante Samuel.*
John Kennedy Toole, *La conjura de los necios.*
Cees Nooteboom, *Rituales.*
Umberto Eco, *El nombre de la rosa.*
Muere Jean Paul Sartre.

1981 José María Guelbenzu, *El río de la luna.*
José Lius Alonso de Santos, *La estanquera de Vallecas.*
Raymond Carver, *De qué hablamos cuando hablamos de amor.*

1984 Álvaro Pombo, *El héroe de las mansardas de Mansard.*
Martín Amis, *Dinero.*
Milan Kundera, *La insoportable levedad del ser.*
Alfredo Bryce Echenique, *La vida exagerada de Martín Romaña.*
José Saramago, *El año de la muerte de Ricardo Reis.*
Thomas Bernhardt, *Tala.*
David Lodge, *El mundo es un pañuelo.*

1985 José María Merino, *La otra orilla.*
Manuel Vázquez Montalbán, *El pianista.*
Ángel González, *Prosemas o menos.*
Felipe Benítez Reyes, *Los vanos mundos.*
Luis Alberto de Cuenca, *La caja de plata.*
Jon Juaristi, *Diario del poeta recién casado.*
Martín Walser, *Oleaje.*

John Irving, *El Hotel New Hampshire*.
Paul Auster, *Trilogía de Nueva York*.

1986 Soledad Puértolas, *Burdeos*.
Eduardo Mendoza, *La ciudad de los prodigios*.
Antonio Muñoz Molina, *Beatus ille*.
Félix de Azúa, *Historia de un idiota contada por sí mismo*.
Fernando Savater, *El contenido de la felicidad*.
Miguel Sánchez-Ostiz, *La oscura provincia de Flaubert*.
Patrick Suskind, *El perfume*.
David Leavitt, *El lenguaje perdido de las grúas*.
Albert Cohen, *Bella del señor*.
Antonio Tabucchi, *La línea del horizonte*.
Amin Maalouf, *León el africano*.
Muere Jorge Luis Borges.
Inauguración del Cetro Reina Sofía.

1987 Luis García Montero, *Diario cómplice*.
Tom Wolfe, *La hoguera de las vanidades*.

1989 Luis Landero, *Juegos de la edad tardía*.
George Steiner, *Presencias reales*.

1990 Andrés Trapiello, *El gato encerrado* (*Salón de los pasos perdidos*, 1).
Dereck Walcott, *Omeros*.

1992 Luis Goytisolo, *Estatua con palomas*.
Javier Marías, *Corazón tan blanco*.
Joseph Brodsky, *Marca de agua*.
Marc Fumaroli, *El Estado cultural. Una religión moderna*.

1993 Juan Marsé, *El embrujo de Shangai*.
Manuel Vicent, *Contra Paraíso*.
Eduardo Mendicutti, *Los novios búlgaros*.
Juan Luis Panero, *Los viajes sin fin*.

Rafael Sánchez Ferlosio, *Vendrán más años malos y nos harán más ciegos*.

1995 Luis Mateo Díez, *Camino de perdición*.

Antonio Martínez Sarrión, *Cantil*.

Felipe Benítez Reyes, *Vidas improbables*.

Traducción y polémica de *El canon occidental* (1994) de Harold Bloom.

François Furet, *El pasado de una ilusión. Ensayo sobre la idea comunista en el siglo* XX.

W. G. Sebald, *Los anillos de Saturno*.

Bibliografía

Esta Bibliografía sólo pretende guiar al lector interesado un poco más allá de donde ha llegado con el libro que tiene entre las manos; presenta, pues, un carácter muy general, y se ha prescindido en ella de muchos estudios que no están escritos en español o que se encuentran publicados en revistas especializadas. Es posible, no obstante, que la información aquí suministrada no sea suficiente: en ese caso, el curioso lector deberá dirigirse o a manuales y repertorios bibliográficos, o a historias de la literatura más extensas.

Los repertorios bibliográficos más difundidos están ya algo anticuados, aunque siguen dando buenos servicios: es el caso de la obra de J. Simón Díaz, *Bibliografía de la Literatura Hispánica*, Madrid, a partir de 1950, y del volumen más resumido del mismo autor, *Manual de bibliografía de la literatura española.* Barcelona, 1966 (hay una nueva edición que recoge información hasta 1970). Más reciente es la *Bibliografía de autores españoles del siglo XVIII*, de F. Aguilar Piñal, Madrid, desde 1981, aunque se limita a un período de tiempo muy concreto. Otro carácter tienen las bibliografías que se publican sistemáticamente en la *Revista de Literatura* (Madrid), que por su aparición periódica permiten un seguimiento más al día de las novedades. Por último, los medievalistas disponen de un *Boletín Bibliográfico de la Asociación Hispánica de Literatura Medieval,* que se publica en Barcelona bajo la dirección de V. Beltrán, desde 1987, con periodicidad anual y con breves informaciones de todo trabajo que haya visto la luz referido a la literatura en la Edad Media.

Tres diccionarios de planteamientos y fines muy distintos merecen ser citados: el de R. Gullón (ed.), *Diccionario de literatura española e hispanoamericana,* Madrid, Alianza Editorial, 1993, 2 vols., dedicado a los autores; el *Diccionario de retórica, crítica y terminología literaria,* de A. Marchese y J. Forradellas, Barcelona, 1986; y el *Diccionario de términos literarios,* de D. Estébanez Calderón, Madrid, Alianza Editorial, 1996.

Los principales textos de la literatura española se pueden encontrar en las más variadas editoriales, aunque los estudiosos prefieren las ediciones anotadas, según se suelen encontrar en algunas colecciones que gozan de cierto prestigio; así, las dos series de Clásicos Castellanos (Espasa Calpe), o los Clásicos Castalia (de la editorial Castalia), Letras Hispánicas (de Cátedra) y Biblioteca Clásica (de Crítica); en algunas ocasiones se encuentran buenas ediciones, bien anotadas, en la serie de Autores Hispánicos (de Planeta) y en Alianza Editorial.

Tanto la Biblioteca de Autores Españoles (desde 1844, reanudada en 1941 por Atlas) como la Biblioteca Castro publican abundantes textos, aunque de desigual valor y, lamentablemente, sin anotar.

Son, también, abundantes las historias de la literatura, algunas de ellas ya clásicas, por las generaciones de universitarios que las han utilizado; tal es el caso de la de A. Valbuena Prat, *Historia de la literatura española,* Barcelona, Gustavo Gili, 1937 (con actualización de A. Prieto y P. Palomo, 5 vols., Barcelona, 1984) o la de J. L. Alborg, *Historia de la literatura española,* Madrid, Gredos, 1966-1995, en 5 vols. también, aunque el último es el de la época realista del XIX. Más recientemente se han publicado otras historias de la literatura realizadas por varios estudiosos, que se ocupan de parcelas más o menos amplias de su campo de conocimientos: J. M.ª Díez Borque coordinó de esta forma una *Historia de la literatura española,* Madrid, Taurus,

1980, en 3 vols., y otro más dedicado a la *Historia de las literaturas hispánicas no castellanas* (es revisión de la publicada en Madrid, Guadiana, en 1974-1975); R. O. Jones dirigió la *Historia de la literatura española,* Barcelona, Ariel, 1975-1983, 6 vols. (en inglés, 1971-1972); la *Historia crítica* de *la literatura hispánica,* dirigida por J. I. Ferreras, Madrid, Taurus (35 vols.) se publicó a partir de 1987; por su parte, R. de la Fuente coordina otra *Historia de la literatura española,* Madrid, Júcar, a partir de 1991, programada en 50 vols.; mientras tanto, en León J. Menéndez Peláez dirigía otra obra en tres vols. con el mismo título (Everest, 1993); más recientemente se ha traducido (a cargo de R. Navarro Durán) la *Historia de la literatura española,* Barcelona, Ariel, 1994 (en 6 volúmenes); por último, V. García de la Concha coordina una más, en Espasa Calpe, que ha comenzado a ver la luz en 1995. Todas éstas son obras colectivas, que ponen de manifiesto las dificultades, cada vez mayores, para redactar individualmente obras de tanta amplitud.

Por otra parte, hay a disposición del público otros materiales didácticos o de estudio, como la serie *Literatura* de los *Cuadernos de Estudio* de Ed. Cincel (coordinada por F. Marcos Marín y A. Basanta) desde 1980, formada por 35 pequeños volúmenes; la colección *Lectura crítica de la literatura española,* coordinada por J. Huerta Calvo, (Madrid, Playor), en 25 vols.; o con carácter más elevado, la *Historia y crítica de la literatura española,* dirigida por F. Rico, (Barcelona, Crítica), publicada a partir de 1979 en 9 vols., a los que se han añadido otros siete de suplementos con las novedades surgidas desde su aparición.

Además de todas las indicaciones precedentes, hay bibliografía específica, publicada en revistas especializadas tanto españolas como extranjeras, con lo que cualquiera puede darse cuenta de que las referencias que se incluyen a continuación, lejos de ser exhaustivas, sólo pretenden orientar a quienes deseen ampliar conocimientos.

Edad Media

ALÍN, J. M. (ed.), *El cancionero español de tipo tradicional,* Madrid, 1991.

ALVAR, C., *La poesía trovadoresca en España y Portugal,* Madrid, 1977.

—, *Textos trovadorescos sobre España y Portugal,* Madrid, 1978.

ALVAR, C. y ALVAR, M., *Épica Medieval Española,* Madrid, 1991.

—, (eds.), *Cancionero de Estúñiga,* Zaragoza, 1981.

ALVAR, M., *Poesía tradicional de los judíos españoles,* México, 1966.

—, (ed.), *Libro de Apolonio,* 3 vols., Madrid, 1976.

ÁLVAREZ-PELLITERO, A. M.ª, *Teatro medieval castellano,* Madrid, 1990.

ARMISTEAD, S. G. y SILVERMAN, J. H., *Judeo-Spanish Ballads from Oral Tradition: I. Epic Ballads,* Berkeley, 1986.

AVALLE-ARCE, J. B., *«Amadís de Gaula»: el primitivo y el de Montalvo,* México, 1990.

BALLESTEROS BERETTA, A., *Alfonso X el Sabio,* Barcelona-Murcia, 1963.

BATTESTI PELLEGRIN, J., *Lope de Stúñiga. Recherches sur la poésie espagnole du XVe. siècle,* 3 vols., Aix-en-Provence, 1982.

BELTRÁN LLAVADOR, R. (ed.), Gutierre Díaz de Games, *El Victorial,* Madrid, 1994.

BELTRÁN, V. (ed.), Jorge Manrique, *Poesía,* Barcelona, 1993.

—, *La canción de amor en el otoño de la Edad Media,* Barcelona, 1988.

BEYSTERVELDT, A. VAN, *La poesía amatoria del siglo XV y el teatro de Juan del Encina,* Madrid, 1972.

BLECUA, A., *La transmisión textual de «El conde Lucanor»,* Universidad Autónoma de Barcelona, 1980.

—, (ed.), Juan Ruiz, Arcipreste de Hita, *Libro de buen amor,* Madrid, 1992.

BLECUA, J. M. (ed.), Juan Manuel, *Obras completas,* 2 vols., Madrid, 1982.

BOASE, R., *El resurgimiento de los trovadores*, Madrid, 1981.

CACHO BLECUA, J. M. (ed.), Garci Rodríguez de Montalvo, *Amadís de Gaula*, 2 vols., Madrid, 1987.

CACHO BLECUA, J. M. y LACARRA, M.ª J. (eds.), *Calila e Dimna*, Madrid, 1984.

CATALÁN, D., *La «Estoria de España» de Alfonso X. Creación y evolución*, Valencia, 1992.

CÁTEDRA, P. M., *La historiografía en verso en la época de los Reyes Católicos. Juan Barba y su «Consolatoria de Castilla»*, Salamanca, 1989.

—, *Sermón, sociedad y literatura en la Edad Media. San Vicente Ferrer en Castilla (1411-1412). Estudio bibliográfico, literario y edición de los textos inéditos*, Valladolid, 1994.

DEYERMOND, A. D., *«El Cantar de Mio Cid» y la épica medieval española*, Barcelona, 1987.

—, *Tradiciones y puntos de vista en la ficción sentimental*, México, 1993.

DI STEFANO, G. (ed.), *Romancero*, Madrid, 1993.

DUTTON, B. y GONZÁLEZ CUENCA, J. (eds.), *El «Cancionero» de Juan Alfonso de Baena*, Madrid, 1994.

DUTTON, B., *El Cancionero del siglo XV (1360-c. 1520)*, 7 vols., Salamanca. 1989-1991.

FERNÁNDEZ-ORDÓÑEZ, I., *«Estorias» de Alfonso el Sabio*, Madrid, 1992.

FRAKER, Ch. F., *Celestina: Genre and Rhetoric*, Londres, 1990.

FRENK, M. (ed. con la colab. de J. A. Bickford y K. Kruger-Hickman), *Corpus de la antigua lírica popular hispánica (siglos XV al XVII)*, Madrid, 1987.

FRENK, M., *Las jarchas mozárabes y los comienzos de la lírica románica*, México, 1975, publicado también en *La lírica pretrovadoresca*, en *Grundriss der romanischen Literaturen des Mittelalters*, 1, 2, Heidelberg, 1979.

GALMÉS DE FUENTES, A., *Las jarchas mozárabes. Forma y significado*, Barcelona, 1994.

GARCÍA GÓMEZ, E., *Las jarchas romances de la serie árabe en su marco*, Barcelona, 1975[2].

GARCÍA-GALLO, A., *Los libros de leyes del Rey Alfonso X el Sabio,* Madrid, 1984.

GILMAN, S., *«La Celestina»: arte y estructura,* Madrid, 1974.

GIMÉNEZ SOLER, A., *Don Juan Manuel. Biografía y estudio crítico,* Zaragoza, 1932.

GÓMEZ MORENO, A., *El teatro medieval castellano en su marco románico,* Madrid, 1991.

GÓMEZ MORENO, A. y KERKHOF, M. A. P. M. (eds.), Marqués de Santillana, *Obras completas,* Barcelona, 1988.

GÓMEZ REDONDO, F. (ed.), *Poesía española 1. Edad Media: juglaría, clerecía y Romancero,* Barcelona, 1996.

GONZÁLEZ, J., *Reino de Castilla en la época de Alfonso VIII,* 3 vols., Madrid, 1960.

GONZÁLEZ, J., *Reinado y diplomas de Fernando III,* 3 vols., Córdoba, 1980.

GRACIA, P., *Las señales del destino heroico,* Barcelona, 1992.

HORRENT, J., *Historia y poesía en torno al Cantar del Cid,* Barcelona, 1973.

—, *L'épopée dans la Péninsule Ibérique,* en *Grundriss der romanischen Literaturen des Mittelalters,* III, t. 1/2, fasc. 9:B, Heidelberg, 1987.

JACKSON, G., *Introducción a la España medieval,* Madrid, 1974.

JOSET, J. (ed.), Arcipreste de Hita, *Libro de buen amor,* Madrid, 1990.

—, *Nuevas investigaciones sobre el «LBA»,* Madrid, 1988.

Juan del Encina et le Theatre au 15me siècle, Aix-en-Provence, 1987.

KELLER, J. E., *Alfonso X el Sabio,* Nueva York, 1967.

LACARRA, M.ª E. (ed.), *La Celestina,* Barcelona, 1990.

—, *El «Poema de Mio Cid»: Realidad histórica e ideología,* Madrid, 1980.

LACARRA, M.ª J. (ed.), *Cuentos de la Edad Media,* Madrid, 1986.

—, *Pedro Alfonso,* Zaragoza, 1991.

—, *Cuentística medieval en España: los orígenes,* Zaragoza, 1979.

LADERO QUESADA, M. A., *Granada: historia de un país islámico (1232-1571),* Madrid, 1969.

LAPESA, R., *De la Edad Media a nuestros días. Estudios de historia literaria*, Madrid, 1967.

—, *La obra literaria del Marqués de Santillana*, Madrid, 1957.

LE GENTIL, P., *La poésie lyrique espagnole et portugaise à la fin du Moyen Âge*, 2 vols., Rennes, 1949-1953.

LECOY, F., *Recherches sur le «Libro de Buen Amor»*, París, 1938, [reed. con introd. y bibliografía de A. D. Deyermond, 1974].

LIDA DE MALKIEL, M.ª R., *Dos obras maestras españolas: el «Libro de Buen Amor» y «La Celestina»*, Buenos Aires, 1966.

—, *Estudios de Literatura Española y Comparada*, Buenos Aires, 1966.

—, *Juan de Mena, poeta del prerrenacimiento español*, México, 1950.

—, *La originalidad artística de «La Celestina»*, Buenos Aires, 1962.

LIHANI, J. (ed.), Lucas Fernández, *Farsas y églogas*, Nueva York, 1969.

LÓPEZ ESTRADA, F., *Prosa narrativa de ficción*, en *La littérature dans la Péninsule Ibérique aux XIVe et XVe siècles*, en *GRLMA* IX/1, Heidelberg, 1985, pp. 15-44.

—, *Introducción a la literatura medieval española*, Madrid, 1979, 4.ª ed.

—, *Poemas narrativos del siglo XIV* en *La littérature dans la Péninsule Ibérique aux XIVe et XVe siècles*, en *GRLMA* IX/1, Heidelberg, 1985, pp. 55-58.

MACPHERSON, I. R., *Juan Manuel Studies*, Londres, 1977.

MÁRQUEZ VILLANUEVA, F., *El concepto cultural alfonsí*, Madrid, 1994.

—, *Orígenes y sociología del tema celestinesco*, Barcelona, 1993.

MENÉNDEZ PIDAL, R., *«Cantar de Mio Cid». Texto, gramática y vocabulario*, 3 vols. (1908-1911), Madrid, 1977, 5.ª ed.

—, *Estudios sobre el romancero*, Madrid, 1973.

—, *La épica medieval española. Desde sus orígenes hasta su disolución en el romancero*, ed. D. Catalán y M.ª de Bustos, Madrid, 1992.

—, *Poesía juglaresca y orígenes de las literaturas románicas,* Madrid, 1957.

—, *En torno al «Poema del Cid»,* Barcelona, 1970.

—, *La España del Cid* (1929), 2 vols., Madrid, 1969, 7.ª ed.

—, *Reliquias de la Poesía Épica Española,* Madrid, 1951 [*Reliquias de la poesía épica española acompañadas de Epopeya y Romancero,* I, adicionadas con una introducción crítica de D. Catalán, Madrid, 1980, 2.ª ed.

—, *Romancero Hispánico (Hispano-Portugués, Americano y Sefardí). Teoría e historia,* 2 vols., Madrid, 1953.

MICHAEL, I., *The Treatment of Classical Material in the «Libro de Alexandre»,* Manchester, 1970.

MITRE, E., *Evolución de la nobleza en Castilla bajo Enrique III (1369-1406),* Valladolid, 1968.

MONTANER, A. (ed.), *Cantar de Mio Cid,* Barcelona, 1993.

PARRILLA, C. (ed.), Diego de San Pedro, *Cárcel de Amor,* Barcelona, 1995.

PATTISON, D. G., *From Legend to Chronicle: The Treatment of Epic Material in Alphonsine Historiography,* Oxford, 1983.

PENNA, M. (ed.), *Prosistas castellanos del siglo XV,* Madrid, 1959.

PÉREZ PRIEGO, M. A. (ed.), Juan de Mena, *Obras completas,* Barcelona, 1989.

—, Juan del Encina, *Teatro completo,* Madrid, 1991.

PÉREZ, J., *L'Espagne des Rois Catholiques,* París, 1971.

PROCTER, E. S., *Alfonso X of Castile, patron of Literature and learning,* Oxford, 1951.

RICO, F., *Alfonso el Sabio y la «General Estoria»,* Barcelona, 1984, 2.ª ed.

—, *Texto y contextos. Estudios sobre la poesía española del siglo XV,* Barcelona, 1990.

—, *Predicación y Literatura en la España medieval,* Cádiz, 1977.

RIQUER, M. de, *Estudios sobre el «Amadís de Gaula»,* Barcelona, 1987.

RUBIO TOVAR, J., *Libros españoles de viajes medievales,* Madrid, 1986.

RUSSELL, P. E. (ed.), *Comedia o Tragicomedia de Calisto y Melibea*, Madrid, 1991.

SALINAS, P., *Jorge Manrique o tradición y originalidad*, Barcelona, 1947.

SALVADOR MIGUEL, N., *La poesía cancioneril. El cancionero de Estúñiga*, Madrid, 1977.

SEVERIN, D. C. (ed.), *La Celestina*, Madrid, 1987.

SMITH, C., *La creación del «Poema de Mio Cid»*, Barcelona, 1985.

SOLÁ-SOLÉ, J. M., *Las jarchas romances y sus moaxajas*, Madrid, 1990.

STAMM, J. R., *La estructura de «La Celestina»*, Salamanca, 1988.

SUÁREZ FERNÁNDEZ, L., *Historia de España. Edad Media*, Madrid, 1977.

—, *Historia del reinado de Juan I de Castilla*, 2 vols., Madrid, 1977-1982.

SURTZ, R. E., *Teatro castellano de la Edad Media*, Madrid, 1992.

TATE, R. B., *Ensayos sobre la historiografía peninsular del siglo XV*, Madrid, 1970.

URÍA, I. (coord. y ed.), Gonzalo de Berceo, *Obra completa*, Madrid, 1992.

VALDEÓN BARUQUE, J., *Enrique II de Castilla: la guerra civil y la consolidación del régimen (1366-1371)*, Valladolid, 1966.

WATT, M., *Historia de la España islámica*, Madrid, 1970.

WHINNOM, K., *La poesía amatoria cancioneril en la época de los Reyes Católicos*, Durham, 1981.

Edad de Oro

ABELLÁN, J. L., *Historia crítica del pensamiento español. 2: La Edad de Oro*, Madrid, 1979.

ALONSO, D., *Poesía española. Ensayo de métodos y límites estilísticos*. Madrid, 1981, 5.ª edic.

—, *Obras completas, V: La lengua poética de Góngora*, Madrid, 1978.

—, *Obras completas, VI: Góngora y el gongorismo*, Madrid, 1982.

ALVAR, M., *El romancero. Tradicionalidad y pervivencia*, Barcelona, 1974, 2.ª edic.

ARELLANO, I., *Poesía satírico-burlesca de Quevedo*, Pamplona, 1984.

—, *Historia del teatro español del siglo XVII*, Madrid, 1995.

ARELLANO, I. y CANEDO, J., eds., *Crítica textual y anotación filológica en obras del Siglo de Oro*, Madrid, 1991.

ASENSIO, E., *Itinerario del entremés, desde Lope de Rueda a Quiñones de Benavente*, Madrid, 1971, 2.ª edic.

AVALLE-ARCE, J. B., *La novela pastoril española*, Madrid, 1974, 2.ª edic.

—, *Nuevos deslindes cervantinos*, Barcelona, 1975.

AYALA, F., *Cervantes y Quevedo*, Barcelona, 1984.

BATAILLON, M., *Varia lección de clásicos españoles*, Madrid, 1964.

—, *Erasmo y España*, México-Buenos Aires, 1966, 2.ª edic.

BENNASSAR, B., *La España del Siglo de Oro*, Barcelona, 1983.

BLECUA, A., *Manual de crítica textual*, Madrid, 1983.

BLECUA, J. M., *Sobre poesía de la Edad de Oro (Ensayos y notas eruditas)*, Madrid, 1970.

—, *Sobre el rigor poético en España y otros ensayos*, Barcelona, 1977.

BOTREL, J. F. y SALAUN, S. (eds.), *Creación y público en la literatura española*, Madrid, 1974.

CANAVAGGIO, J., *Cervantes*, Madrid, 1987.

CARREÑO, A., *El romancero lírico de Lope de Vega*, Madrid, 1979.

CASTRO, A., *Hacia Cervantes*, Madrid, 1957.

—, *El pensamiento de Cervantes*. Barcelona, 1980, 2.ª edic.

CORREA CALDERÓN, E., *Baltasar Gracián. Su vida y su obra*, Madrid, 1970.

COSSÍO, J. M.ª de, *Fábulas mitológicas en España*, Madrid, 1952.

CUEVAS, Cristóbal, *La literatura como signo*, Madrid, 1981.

CURTIUS, E., *Literatura europea y Edad Media latina*, México, 1989, 4.ª edic.

CHEVALIER, M., *Lectura y lectores en la España de los siglos XVI y XVII*, Madrid, 1976.

—, *Folklore y literatura. El cuento oral en el Siglo de Oro*, Barcelona, 1978.

—, *Quevedo y su tiempo: la agudeza verbal*, Barcelona, 1992.

DIEZ BORQUE, J. M.ª, *Sociología de la comedia española del siglo XVII*, Madrid, 1 976.

—, *Sociedad y teatro en la España de Lope de Vega*, Barcelona, 1978.

DOMÍNGUEZ ORTIZ, A., *La sociedad española en el siglo XVII*, Madrid, 2 vols., 1963-70.

—, *Instituciones y sociedad en la España de los Austrias*, Barcelona, 1985.

EGIDO, A., *Fronteras de la poesía en el Barroco*, Barcelona, 1990.

—, *Cervantes y las puertas del sueño. (Estudios sobre «La Galatea»: el «Quijote» y el «Persiles»)*, Barcelona, 1994.

—, *La rosa del silencio. Estudios sobre Gracián*, Madrid, 1996.

ÉTIENVRE, J. P., *Figures du jeu. Études lexico-sémantiques sur le jeu de cartes en Espagne (XVIe-XVIIIe siècle)*, Madrid, 1987.

—, *Márgenes literarios del juego. Una poética del naipe. Siglos XVI-XVIII*, Londres, 1990.

FERNÁNDEZ ALVAREZ, M., *La sociedad española en el Siglo de Oro*, Madrid, 1989, 2.ª edic.

FRENK, Margit, *Estudios sobre lírica antigua*, Madrid, 1978.

—, *Corpus de la antigua lírica popular hispánica (siglos XV a XVII)*, Madrid, 1987.

FUCILLA, J. G., *Estudios sobre el petrarquismo en España*, Madrid, 1960.

GALLEGO MORELL, A., *Garcilaso de la Vega y sus comentaristas*, Madrid, 1972., 2.ª edic.

GARCÍA MARTÍN, M., ed., *Estado actual de los estudios sobre el Siglo de Oro*, Salamanca, 1993.

GARCÍA BERRIO, A., *España e Italia ante el conceptismo*, Madrid, 1968.

—, *Formación de la teoría literaria moderna, II: Teoría poética del Siglo de Oro*, Murcia, 1980.

GARCÍA DE ENTERRÍA, M.ª C., *Sociedad y poesía de cordel en el barroco*, Madrid, 1973.

García de la Concha, V., *El arte literario de Santa Teresa*, Barcelona, 1978.

—, *Nueva lectura del «Lazarillo»*, Madrid, 1981.

—, ed. *Academia literaria renacentista. I. Fray Luis de León*, Salamanca, 1981.

—, ed. *Academia literaria renacentista. IV. Garcilaso*, Salamanca, 1986.

García Lorenzo, L., ed., *El teatro menor en España a partir del siglo XVI*, Madrid, 1983.

García Lorenzo, L. y Yarey, J. E., eds. *Teatro y vida teatral en el Siglo de Oro a través de las fuentes documentales*, Londres, 1991.

Gómez, J., *El diálogo en el Renacimiento español*, Madrid, 1988.

Gómez Moreno, Á., *España y la Italia de los humanistas. Primeros ecos*, Madrid, 1994.

González Rovira, J., *La novela bizantina de la Edad de Oro*, Madrid, 1996.

Guillén, C., *El primer Siglo de Oro. Estudios sobre géneros y modelos*, Barcelona, 1988.

Hermenegildo, A., *La tragedia en el Renacimiento español*, Barcelona, 1973.

Jammes, R., *La obra poética de don Luis de Góngora y Argote*, Madrid, 1987.

Jauralde, P.; Noguera, D. y Rey, A., eds., *La edición de textos (Actas del I Congreso de la AISO)*, Londres, 1990.

Kamen, H., *La inquisición española*, Barcelona, 1985 (edic. renovada).

Lapesa, R., *Poetas y prosistas de ayer y hoy. Veinte estudios de historia y crítica literarias*, Madrid, 1977.

—, *De la Edad Media a nuestros días*, Madrid, 1967.

—, *Garcilaso: Estudios completos*, Madrid, 1985.

Laspéras, J. M., *La nouvelle en Espagne au siècle d'or*, Perpiñán, 1987.

Lázaro Carreter, F., *Estilo barroco y personalidad creadora*, Madrid, 1974.

—, *«Lazarillo de Tormes» en la picaresca*, Barcelona, 1983, 2.ª edic.

LIDA DE MALKIEL, M.ª R., *La tradición clásica en España*, Barcelona, 1975.

LÓPEZ BUENO, B., *La poética cultista. De Herrera a Góngora. (Estudios sobre la poesía barroca andaluza)*, Sevilla, 1987.

LÓPEZ ESTRADA, F., *Los libros de pastores en la literatura española. La órbita previa*, Madrid, 1974.

LÓPEZ GRIGERA, L., *La retórica en la España del Siglo de Oro*, Salamanca, 1994.

MACRÍ, O., *Femando de Herrera*. Madrid, 1972, 2.ª edic.

MARAVALL, J. A., *La cultura del Barroco*, Barcelona, 1980, 2.ª edic.

—, *La literatura picaresca desde la historia social (siglos XVI y XVII)*, Madrid, 1986.

MARICHAL, J., *La voluntad de estilo. Teoría e historia del ensayismo hispánico*, Madrid, 1971, 2.ª edic.

MONTESINOS, J. F., *Estudios sobre Lope de Vega*, Salamanca, 1967.

—, *Ensayos y estudios de literatura española*, Madrid, 1970, 2.ª edic.

MORLEY, S. G. y BRUERTON, C., *Cronología de las comedias de Lope de Vega*, Madrid, 1968.

NAVARRO DURÁN, R., *¿Por qué hay que leer los clásicos?* Barcelona, 1996.

OLEZA, J., *Teatro y prácticas escénicas. II: La comedia*, Londres, 1986.

OROZCO DÍAZ, E., *Lope y Góngora frente a frente*, Madrid, 1973.

—, *Introducción al Barroco*, Granada, 1988.

PABST, W., *La novela corta en la teoría y la creación literaria*, Madrid, 1972.

PALOMO, P., *La poesía en la Edad de Oro (Barroco)*, Madrid, 1987.

PARKER, A. A., *La filosofía del amor en la literatura española 1480-1680*, Madrid, 1986.

PORQUERAS MAYO, A., *La teoría poética en el Renacimiento y Manierismo españoles*, Barcelona, 1986.

—, *La teoría poética en el Manierismo y Barroco españoles*, Barcelona, 1989.

PRIETO, A., *La poesía española del siglo XVI*, Madrid, 2 vols., 1984-87.

—, *La prosa española del siglo XVI*, Madrid, 1986.

RECKERT, S., *Gil Vicente: espíritu y letra*, Madrid, 1977.

REY, Alfonso, *Quevedo y la poesía moral española*, Madrid, 1995.

RICO, F., *Nebrija frente a los bárbaros*, Salamanca, 1978.

—, *Problemas del «Lazarillo»* Madrid, 1988.

—, *El sueño del humanismo. De Petrarca a Erasmo*, Madrid, 1993.

RILEY, E. C., *Teoría de la novela en Cervantes*, Madrid, 1966.

—, *Introducción al «Quijote»*, Barcelona, 1990.

RIQUER, M. de, *Nueva aproximación al «Quijote»*, Barcelona, 1989.

RODRÍGUEZ, E. y TORDERA, A., *Calderón y la obra corta dramática del siglo XVII*, Londres, 1987.

RODRÍGUEZ DE LA FLOR, F., *Emblemas. Lecturas de la imagen simbólica*, Madrid, 1995.

RODRÍGUEZ-MOÑINO, A., *Construcción crítica y realidad histórica en la poesía española de los siglos XVI-XVII*, Madrid, 1965.

ROZAS, J. M., *Estudios sobre Lope de Vega*, Madrid, 1990.

RUANO DE LA HAZA, J. M. y ALLEN, John J., *Los teatros comerciales del siglo XVII y la escenificación de la comedia*. Madrid, 1994.

RUIZ RAMÓN, F., *Historia del teatro español. Desde sus orígenes hasta 1900*, Madrid, Cátedra, 1979, 3.ª edic.

SALOMON, N., *Lo villano en el teatro del Siglo de Oro*, Madrid, 1985.

SÁNCHEZ ROMERALO, A., *El villancico. (Estudios sobre la lírica popular en los siglos XV y XVI)*, Madrid, 1969.

SAVOYE FERRERAS, J., *Les dialogues espagnols du XVIe siècle ou l'expression littéraire d'une nouvelle conscience*. París, 1985.

SCHWARZ LERNER, L., *Metáfora y sátira en la obra de Quevedo*. Madrid, 1983.

SHERGOLD, N. D. y YAREY, J. E., *Representaciones palaciegas: 1603-1699. Estudios y documentos*, Londres, 1982.

SENABRE, R., *Tres estudios sobre fray Luis de León*, Salamanca, 1978.

—, *Gracián y «El Criticón»* Salamanca, 1979.

—, *Literatura y público*, Madrid, 1987.

VAREY, J. E., *Cosmovisión y escenografía: el teatro español en el Siglo de Oro*, Madrid, 1987.

VILANOVA, A., *Las fuentes y los temas del «Polifemo de Góngora»*, Barcelona, 1992, reimpresión.

—, *Erasmo y Cervantes*. Barcelona, 1989.

VITSE, M., *Élements pour une théorie du théatre espagnol du XVIIe siècle*. Toulouse, 1990, 2.ª edic.

WARDROPPER, B. W., *Historia de la poesía lírica a lo divino en la cristiandad occidental*, Madrid, 1958.

YNDURÁIN, D., *Aproximación a San Juan de la Cruz. Las letras del verso*, Madrid, 1990.

—, *Humanismo y Renacimiento en España*, Madrid, 1994.

Siglo XVIII

AA. VV., *Coloquio internacional sobre José Cadalso*, Abano Terme, 1985.

—, *Coloquio internacional sobre Leandro Fernández de Moratín*, Abano Terme, 1980.

—, *El Padre Feijoo y su siglo*, Oviedo, 3 vols., 1966.

AGUILAR PIÑAL, F., «Introducción al siglo XVIII», en R. de la Fuente (ed.), *Historia de la literatura española*, 25, Madrid, 1991.

—, *La prensa española del siglo XVIII. Diarios, revistas y pronósticos*, Madrid, 1978.

ÁLVAREZ DE MIRANDA, P., *Palabras e ideas. El léxico de la Ilustración temprana en España*, Madrid, 1992.

ANDIOC, R., *Teatro y sociedad en el Madrid del siglo XVIII*, Madrid, 1976.

ARCE, J., *La poesía del siglo ilustrado*, Madrid, 1981.

CARNERO, G., *La cara oscura del siglo de las Luces*, Madrid, 1984.

CASO, J. M., *De Ilustración y de ilustrados*, Oviedo, 1988.

DEMERSON, G., *Don Juan Meléndez Valdés y su tiempo*, Madrid, 2 vols., 1971.

DÉROZIER, A., *Manuel José Quintana y el nacimiento del liberalismo en España*, Madrid, 1978.

ELORZA, A., *La ideología liberal en la Ilustración española*, Madrid, 1970.

GUINARD, P. J., *La Presse espagnole de 1737 à 1791. Formation et signification d'un genre*, París, 1973.

GLENDINNING, N., *Vida y obra de Cadalso*, Madrid, 1962.

HELMAN, E., *Trasmundo de Goya*, Madrid, *1983*.

HERRERO, J., *Los orígenes del pensamiento reaccionario español*, Madrid, 1971.

JURETSCHKE, H., *Vida, obra y pensamiento de Alberto Lista*, Madrid, 1951.

LÓPEZ, F., *Juan Pablo Forner et la crise de la conscience espagnole au XVIIIe siècle*, Burdeos, 1976.

MARAVALL, J. A., *Estudios de historia del pensamiento español* (*siglo XVIII*), Barcelona, 1991.

MERCADIER, G., *Diego de Torres Villarroel. Masques et miroirs*, 3 vols., París, 1981.

MESTRE, A., *Influjo europeo y herencia hispánica: Mayans y la ilustración valenciana*, Valencia, 1987.

OTERO PEDRAYO, R., *El Padre Feijoo. Su vida, doctrina e influencias*, Orense, 1972.

SARRAILH, J., *La España ilustrada de la segunda mitad del siglo XVIII*, México, 1957.

SEBOLD, R. P., *El rapto de la mente. Poética y poesía dieciochescas*, Barcelona, 1987.

VARELA, J., *Jovellanos*, Madrid, 1988.

ZAVALA, I. M., *Lecturas y lectores del discurso narrativo dieciochesco*, Amsterdam, 1987.

Siglo XIX

AA. VV., *Clarín y «La Regenta» en su tiempo*, 1987.

ALLISON PEERS, E., *Historia del movimiento romántico español*, 2 vols., Madrid, 1954.

ALONSO CORTÉS, N., *Zorrilla. Su vida y sus obras*, Valladolid, 1943.

BAKER, E., *Materiales para escribir Madrid. Literatura y espacio urbano de Moratín a Galdós*, Madrid, 1991.

BESER, S. (ed.), *Clarín y «La Regenta»*, Barcelona, 1982.

BLY, P. A., *Galdós's Novel of the Historical Imagination*, Liverpool, 1983.

CALDERA, E. (ed.), *Romanticismo. Atti del Congresso sul Romanticismo spagnolo ed ispanoamericano*, I-IV, Génova, 1982-1988.

COSSÍO, J. M.ª de, *Cincuenta años de poesía española (1850-1900)*, Madrid, 1960, 2 vols.

DÍAZ, J. P., *Gustavo Adolfo Bécquer. Vida y poesía*, Madrid, 1964.

FERNÁNDEZ MONTESINOS, J., *Costumbrismo y novela*, Madrid, 1961.

—, *Galdós*, Madrid, Castalia, 1968-1972, 3 vols.

—, *Pereda o la novela idilio*, México, 1961.

—, *Valera o la ficción libre*, Madrid, 1957.

GIES, D. T. (ed.), *El romanticismo*, Madrid, 1989.

—, *El teatro en la España del siglo XIX*, Madrid, 1996.

GILMAN, S., *Galdós y el arte de la novela europea, 1867-1887*, Madrid, 1985.

GULLÓN, G., *La novela del siglo XIX. Estudio sobre la evolución formal*, Amsterdam, 1990.

HEMINGWAY, M., *Emilia Pardo Bazán. The Making of a Novelist*, Cambridge University Press, 1983.

HERRERO, J., *Fernán Caballero: un nuevo planteamiento*, Madrid, 1963.

HINTERHÄUSER, H., *Los «Episodios Nacionales» de Benito Pérez Galdós*, Madrid, 1963.

KIRKPATRICK, S., *Larra: el laberinto inextricable de un romántico liberal*, Madrid, 1977.

—, *Las románticas. Escritoras y subjetividad en España (1835-1850)*, Madrid, 1991.

LISSORGUES, Y., *Clarín político*, 2 vols., Barcelona, 1989.

LLORENS, V., *El romanticismo español*, Madrid, 1978.

—, *Liberales y románticos. Una emigración española en Inglaterra (1823-1834)*, Madrid, 1979.

MARRAST, R., *José de Espronceda y su tiempo*, Barcelona, 1989.

MAYORAL, M., *La poesía de Rosalía de Castro*, Madrid, 1974.

NAVAS, R., *El romanticismo español*, Madrid, 1990.

OLEZA, J., *La novela del siglo XIX del parto a la crisis de una ideología*, Barcelona, 1984.

PAGEARD, R., *Bécquer, leyenda y realidad*, Madrid, 1990.

PALENQUE, M., *El poeta y el burgués (Poesía y público 1850-1900)*, Sevilla, 1990.

ROMERO TOBAR, L., *Panorama crítico del romanticismo español*, Madrid, 1994.

SEBOLD, R. P. (ed.), *Gustavo Adolfo Bécquer*, Madrid, 1985.

SILVER, PH., *Ruina y restitución: reinterpretación del romanticismo en España*, Madrid, 1996.

SOBEJANO, G., *Clarín en su obra ejemplar*, Madrid, 1985.

Siglo XX

ABELLÁN, J. L. (ed.), *El exilio español de 1939*, 6 vols., Madrid, 1976-1978.

ALLEGRA, G., *El reino interior*, Madrid, 1986.

BAEZA, F. (ed.), *Baroja y su mundo*, 3 vols., Madrid, 1963.

BLANCO AGUINAGA C., *Juventud del 98*, Madrid, 1970.

—, *El Unamuno contemplativo*, México, 1959.

BLASCO, J., *La poética de Juan Ramón Jiménez. Desarrollo, contexto y sistema*, Salamanca, 1981.

BONET, L., *El jardín quebrado. La escuela de Barcelona y la cultura del medio siglo*, Barcelona, 1994.

BOUSOÑO, C., *Poesía postcontemporánea*, Madrid, 1984.
BRETZ, M. L., *La evolución novelística de Pío Baroja*, Madrid, 1979.
CELMA, M.ª P., *La pluma ante el espejo (visión autocrítica del fin de siglo, 1888-1907)*, Salamanca, 1990.
CEREZO GALÁN, P., *Las máscaras de lo trágico. Filosofía y tragedia en Miguel de Unamuno*, Madrid, 1995.
DEBICKI, A. P., *Poesía del conocimiento. La generación española de 1956-1971*, Madrid, 1987.
DENNIS, N. (ed.), *Studies on Ramón Gómez de la Serna*, Ottawa, 1988.
DÍAZ PLAJA, G., *Estructura y sentido del novecentismo español*, Madrid, 1975.
DOUGHERTY, D. y VILCHES, M. F. (eds.), *El teatro en España entre la tradición y la vanguardia (1918-1939)*, Madrid, 1992.
FERNÁNDEZ CIFUENTES, L., *Teoría y mercado de la novela en España. Del 98 a la República*, Madrid, 1982.
FOX, I., *Ideología y política en las letras españolas de fin de siglo (1898)*, Madrid, 1988.
—, *La invención de España. Nacionalismo liberal e identidad nacional*, Madrid, 1997.
GARCÍA DE LA CONCHA, V., *La poesía española de 1939 a 1975*, 2 vols., Madrid, 1987.
GRACIA, J., *Estado y cultura. El despertar de la conciencia crítica bajo el franquismo (1940-1962)*, Toulouse, 1996.
GULLÓN, G., *La novela moderna en España (1885-1902). Los albores de la modernidad*, Madrid, 1995.
GULLÓN, R. y PHILIPS, A. W. (eds.), *Antonio Machado*, Madrid, 1973.
GULLÓN, R., *Direcciones del modernismo*, Madrid, 1990.
GUTIÉRREZ GIRARDOT, R., *Modernismo. Supuestos históricos y culturales*, México, 1988.
JOHNSON, R., *Crossfire: Philosophy and the Novel in Spain, 1900-1934*, Lexington, 1993.
JORDAN, B., *Writings and Politics in the Franco's Spain*, Londres, 1990.

LIMA, R., *Valle-Inclán. El teatro de su vida*, Santiago de Compostela, 1995.

MAINER, J. C., *De postguerra (1951-1990)*, Barcelona, Crítica, 1994.

—, *La Edad de Plata (1902-1939). Ensayo de interpretación de un proceso cultural*, Madrid, 1981.

MARRA-LÓPEZ, J. R., *Narrativa española fuera de España (1939-1963)*, Madrid, 1964.

MOLINA, C. A., *Medio siglo de prensa literaria española (1900-1950)*, Madrid, 1990.

MORRIS, C. B., *Una generación de poetas españoles (1920-1936)*, Madrid, 1989.

—, *Surrealism and Spain 1920-1936*, Cambridge University Press, 1972.

NORA, E. G. de, *La novela española contemporánea (1898-1962)*, 3 vols., Madrid, 1958-1963.

OLIVA, C., *El teatro desde 1936*, en *Historia de la literatura española actual*, 3, Madrid, 1989.

PÉREZ FIRMAT, G., *Idle Fictions. The Hispanic Vanguard Novel (1926-1934)*, Durham, 1982.

ROZAS, J. M., *La generación del 27 desde dentro*, Madrid, 1986.

RUBIO, F., *Las revistas poéticas españolas (1939-1975)*, Madrid, 1976.

RUIZ RAMÓN, F., *Historia del teatro español. Siglo XX*, Madrid, 1975.

SALAÜN, S. y SERRANO, C. (eds.), *1900 en España*, Madrid, 1990.

SÁNCHEZ BARBUDO, A., *La segunda época de Juan Ramón Jiménez*, Madrid, 1972.

SÁNCHEZ VIDAL, A., *Buñuel, Lorca, Dalí: el enigma sin fin*, Barcelona, 1972.

SANTIÁÑEZ-TIÓ, N., *Angel Ganivet, escritor modernista. Teoría y novela en el fin de siglo español*, Madrid, 1994.

SANZ VILLANUEVA, S., *Historia de la novela social española (1942-1975)*, 2 vols., Madrid, 1980.

SIEBENMANN, G., *Los estilos poéticos en España desde 1900*, Madrid, 1973.

SOBEJANO, G., *Nietzsche en España,* Madrid, 1967.

—, *Novela española de nuestro tiempo (en busca del pueblo perdido)*, Madrid, 1975.

SOLDEVILA, I., *La novela desde 1936,* en *Historia de la literatura española actual,* Madrid, 1980.

SORIA OLMEDO, A., *Vanguardismo y crítica literaria en España (1910-1930)*, Madrid, 1988.

SPIRES, R. C., *Transparent Simulacra. Spanish Fiction 1902-1926,* Columbia, 1988.

TRAPIELLO, A., *Las armas y las letras. Literatura y guerra civil (1936-1939)*, Barcelona, 1994.

VALVERDE, J. M.ª, *Antonio Machado,* Madrid, 1975.

—, *Azorín,* Barcelona, 1971.

VILLANUEVA, D. (ed.), *La novela lírica (Azorín, Gabriel Miró, Pérez de Ayala, Jarnés)*, 2 vols., Madrid, 1983.

ZAHAREAS, A., CARDONA, R. y GREENFIELD, S. (eds.), *Ramón del Valle-Inclán. An Appraisal on his life and his Works,* Nueva York, 1968.

ZAVALA, I. M., *Colonialism and Modernism. Hispanic Modernism and the Social Imaginary,* Bloomington, 1992.

Índice onomástico

Índice